LIBRO HOMENAJE A JESÚS CABALLERO ORTIZ

TOMO II

Coordinadores:
Gustavo Urdaneta Troconis
Rafael Badell Madrid
Belén Ramírez Landaeta
Carlos Luis Carrillo Artiles
Antonio Silva Aranguren
Gonzalo Pérez Salazar

CARACAS / VENEZUELA / 2022

Fundación Estudios de Derecho Administrativo FUNEDA
Av. Tamanaco, El Rosal, Edif. IMPRES, S3, Chacao. Caracas 1050, Venezuela
Telf. (58) 212 9531995 - (58) 212 9532665 - (58) 212 9531471
Fax. (58) 212 9535375
funeda@gmail.com
Página web: www.funeda.net

Academia de Ciencias Políticas y Sociales
Avenida Universidad, Bolsa a San Francisco,
Palacio de las Academias
Caracas 1121-A
Teléfonos: (0212) 482.88.45 - 482.86.34
Fax: (0212) 483.26.74
e-mail: academiadecienciaspoliticas@gmail.com
Página Web: www.acienpol.org.ve

Obra completa:
Depósito legal: DC 2022000604
ISBN: 978-980-416-042-4

Tomo II
ISBN: 978-980-416-044-8

Diseño de portada: Sandra Malvic
Diagramación: Oralia Hernández

Impreso en Venezuela - *printed in Venezuela*

LIBRO HOMENAJE A JESÚS CABALLERO ORTIZ

TOMO II

Coordinadores:
Gustavo Urdaneta Troconis
Rafael Badell Madrid
Belén Ramírez Landaeta
Carlos Luis Carrillo Artiles
Antonio Silva Aranguren
Gonzalo Pérez Salazar

CARACAS / VENEZUELA / 2022

Fundación Estudios de Derecho Administrativo FUNEDA
Av. Tamanaco, El Rosal, Edif. IMPRES, S3, Chacao. Caracas 1050, Venezuela
Telf. (58) 212 9531995 - (58) 212 9532665 - (58) 212 9531471
Fax. (58) 212 9535375
funeda@gmail.com
Página web: www.funeda.net

Academia de Ciencias Políticas y Sociales
Avenida Universidad, Bolsa a San Francisco,
Palacio de las Academias
Caracas 1121-A
Teléfonos: (0212) 482.88.45 - 482.86.34
Fax: (0212) 483.26.74
e-mail: academiadecienciaspoliticas@gmail.com
Página Web: www.acienpol.org.ve

Obra completa:
Depósito legal: DC 2022000604
ISBN: 978-980-416-042-4

Tomo II
ISBN: 978-980-416-044-8

Diseño de portada: Sandra Malvic
Diagramación: Oralia Hernández

Impreso en Venezuela - *printed in Venezuela*

LIBRO HOMENAJE A JESÚS CABALLERO ORTIZ

TOMO II

Autores

Adolfo Hobaica
Alejandro Canónico Sarabia
Alejandro Fuenmayor
Carlos Luis Carrillo Artiles
Cosimina G. Pellegrino Pacera
Gabriel Ruan Santos
Humberto Romero-Muci
Irene Loreto González
José Antonio Muci Borjas
José Gregorio Torrealba R.
Luis Fraga-Pittaluga
Manuel Rojas Pérez
María Amparo Grau
Nicolás Badell Benítez
Rosibel Grisanti de Montero

Coordinadores:
Gustavo Urdaneta Troconis
Rafael Badell Madrid
Belén Ramírez Landaeta
Carlos Luis Carrillo Artiles
Antonio Silva Aranguren
Gonzalo Pérez Salazar

JESÚS CABALLERO ORTIZ

CONTENIDO

TOMO I

II. ORGANIZACIÓN ADMINISTRATIVA

TOMO II

III. ACTIVIDAD ADMINISTRATIVA, FUNCIÓN PÚBLICA Y SUS IMPLICACIONES

V. DERECHO TRIBUTARIO

IV. RAMA JUDICIAL

CONTENIDO

TOMO I

I. FUNDAMENTOS POLÍTICOS, FILOSÓFICOS Y CONSTITUCIONALES

II. ORGANIZACIÓN ADMINISTRATIVA

TOMO II

III. ACTIVIDAD ADMINISTRATIVA, FUNCIÓN PÚBLICA Y SUS IMPLICACIONES

TOMO II

III. ACTIVIDAD ADMINISTRATIVA, FUNCIÓN PÚBLICA Y SUS IMPLICACIONES

IV. RAMA JUDICIAL

V. DERECHO TRIBUTARIO

III. ACTIVIDAD ADMINISTRATIVA, FUNCIÓN PÚBLICA Y SUS IMPLICACIONES

CONSTITUCIÓN ECONÓMICA Y EL SERVICIO PÚBLICO DE CONTENIDO ECONÓMICO EN VENEZUELA

MARÍA AMPARO GRAU*

SUMARIO

I. INTRODUCCIÓN

En un libro homenaje al profesor Jesús Caballero Ortiz luce pertinente tratar un tema al que éste ha dedicado especial atención en su muy destacada obra jurídica, como es el del servicio público. Nos regocija que en una obra que reconoce a nuestro querido y admirado profesor Caballero podamos aportar unas notas sobre un aspecto de un tema que tiene además mucho interés en la actualidad en Venezuela, habida cuenta de la inmensa intervención del Estado en la economía, entre otras, como prestador principal de los servicios públicos de contenido económico.

Al analizar el tema del servicio público, el profesor Caballero Ortiz ha planteado lo que es objeto de la reflexión de este trabajo, y que se hace muy patente cuando se enseña la materia, como es "*la errada utilización de conceptos, en materia jurídica, que se presentan como ambivalentes, sin que la jurisprudencia haya podido dar una solución*

* Abogada de la Universidad Católica Andrés Bello, mención cum laude. Master en Derecho Administrativo de la Universidad Central de Venezuela. Doctora en Derecho por la Universidad CEU-San Pablo, Madrid-España. Profesora de Derecho Administrativo de la Universidad Católica Andrés Bello.

definitiva al respecto."[1] La noción del servicio público, en este sentido, se ha formulado desde la perspectiva orgánica, material, formal, normativa, doctrinaria y jurisprudencial, atendiendo a sus características en sus orígenes y teniendo en cuenta los cambios en su evolución, pero en todo caso dando lugar a una multiplicidad de nociones que abarcan desde el servicio público como actividad de titularidad estatal y con exclusión del sector privado hasta la del servicio público prestado por particulares en ejercicio de su libertad de empresa, bajo la regulación estatal, respecto de lo cual el profesor Caballero Ortiz ha indicado su rechazo al señalar que "*No existe prácticamente actividad particular cuyo régimen no se encuentre limitado por reglamentaciones propias de la policía administrativa, ya bien sea a nivel nacional o a nivel municipal: panaderías, tintorerías, abastos, restaurantes y comercios de diversa índole se encuentran bajo estas regulaciones. ¿Son entonces esas actividades acreedoras de la calificación de servicio público?. Nunca se ha planteado ni considerado de esta forma (...) En síntesis, creemos que de la noción servicio público no puede darse una noción unívoca, y ello como consecuencia de la libre importación del término.*"[2]

Lo cierto es que el servicio público no encuentra una clara definición, y puede decirse que nos enfrentamos, en palabras de Sánchez Pavón[3], a una "*azarosa polisemia del término*" "*con un variopinto elenco de significados*"[4], y muy diferenciado de las características que le dieron origen en Francia. De allí que pueda entenderse que sea "*lo característico del servicio público como categoría jurídica diferenciada (...) su configuración como título habilitante de potestades administrativas, o justificación de la acción del poder público en general si se prefiere"*[5]; o "*...aquellas necesidades de interés general para las que la autoridad*

1 Jesús Caballero Ortiz. *La Actividad Administrativa de Servicio Público*, en: II Jornadas Internacionales de Derecho Administrativo Allan Randolph Brewer-Carías. Funeda, Caracas, 1996, p. 364.

2 Ídem.

3 Bernardo Sánchez Pavón. *La positivización del concepto de servicio público*, en: Anuario da Facultade de Dereito da Universidade da Coruña, 2016, pp. 1-28.

4 Ídem.

5 José Luis Meilán Gil. *El servicio público en el derecho actual*, en: Anuario da Facultade de Dereito, no 1, Universidade da Coruña, 1997, p. 371.

haya decidido establecer unas reglas especiales" o "la presencia de un Estado y el imperativo hacia éste de prestar ciertos servicios."[6]

Nos proponemos, en este sentido, plantear que siendo cierta esta premisa, no es, sin embargo, imposible, y sí muy necesario, precisar qué debe entenderse por servicio público, como uno de los contenidos de la actividad administrativa, junto a la actividad de coacción o policía, fomento y gestión económica. La cláusula social de la Constitución justifica la actividad del Estado destinada a procurar el disfrute efectivo de los derechos constitucionales, tanto mediante la actividad del servicio público asistencial como el de contenido económico, el que se preste en base a una competencia legal o simplemente en virtud de la iniciativa pública. Esta precisión de la noción ha de tener en cuenta que el servicio público de contenido económico es sólo una parcela de este tipo de actividad administrativa de naturaleza prestacional, y es también parte de la actividad económica del Estado (unida a la de gestión económica); de allí que su régimen jurídico varíe según que se trate de una actividad reservada o no, pues en el segundo caso, regirán en todo vigor los principios del sistema económico y los límites a la actividad empresarial del Estado.

Entonces, para tratar el tema de los servicios públicos asistenciales y, especialmente los de contenido económico, y su régimen constitucional, consideramos que es importante la precisión de varios conceptos, a saber, servicio público, servicio público asistencial y servicio público de contenido económico, competencia legal e iniciativa pública, Constitución Económica, modelo económico y principio de libre competencia, reserva de la actividad y concesión, derechos económicos de los particulares en actividades no reservadas, descentralización funcional y empresa del Estado.

II. EL SERVICIO PÚBLICO DESDE SUS PERSPECTIVAS MATERIAL, ORGÁNICA Y FORMAL

El servicio público es una modalidad de la acción administrativa que consiste en satisfacer una necesidad pública a través de una activi-

---

6 Gaston Jèze. *Los principios generales del Derecho Administrativo*, Reus, 1928 pp. 283 y sigs.

dad de carácter prestacional. El estudio del servicio público puede ser realizado desde diferentes perspectivas, material, orgánica y formal.

Lares Martínez denomina servicio público en sentido material a "*...toda actividad asumida por una entidad pública territorial con la finalidad de dar satisfacción a una necesidad de interés general*"[7] y el autor español Santamaría Pastor explica que "*Desde una perspectiva material deben ser considerados exclusivamente servicios públicos aquellas actividades cuya finalidad es prestar una utilidad necesaria para el normal desenvolvimiento de la vida social, ya se considere ésta en su conjunto (servicios públicos denominados uti universi: p. Ej. Los archivos nacionales) ya a sus miembros individualmente considerados (servicios conocidos como* uti singuli: *p. Ej. El abastecimiento domiciliario de agua). Desde esta perspectiva pues, no son servicios públicos las actividades de carácter interno de la Administración (p. Ej. La intervención o el asesoramiento jurídico).*"[8]

Como destaca la profesora Ninoska Rodríguez, lo importante es el carácter esencial de la actividad prestacional, y en este sentido cita a los autores García de Enterría y Ramón Tomas Fernández cuando afirman que la noción de servicio público es la que ha permitido al Derecho Administrativo encontrar un equilibrio entre "*la pura defensa de la libertad y de la propiedad individual, a la cual estaba inicialmente obligado de forma casi exclusiva, aunque esta función siga siendo imprescindible, encauzar adecuadamente una tarea de asistencia vital, de procura existencial, de aseguramiento de las bases materiales de la existencia individual y colectiva y a proporcionarle al ciudadano los medios apropiados para exigir y obtener de los entes públicos todo lo que, siéndole estrictamente necesario para subsistir dignamente quede fuera del espacio vital por él denominado*"[9]. Esta concepción de servicio público es entendida como un conjunto armónico de prestaciones

---

7 Eloy Lares Martínez. *Manual de Derecho Administrativo.* Octava Edición. Caracas, 1990, p. 257.

8 Juan A. Santamaría Pastor. *Principios de Derecho Administrativo.* Volumen II. Segunda Edición. Colección Ceura. Editorial Centro de Estudios Ramón Areces, S.A. Madrid, 2000, p. 310.

9 Ninoska Rodríguez Laverde. *Servicio público y potestad administrativa*, en: Fines y medios del Derecho Administrativo. Servicio Público, Balance & Perspectiva (José Araujo Juárez, coordinador). Caracas, 1999, p. 51.

orientado a lograr la satisfacción del interés público, definiendo a su vez, el ámbito del derecho administrativo y en consecuencia la función administrativa.

Desde esta perspectiva material, esto es, del contenido prestacional, distinguimos los servicios públicos asistenciales, administrativos o personales de los servicios públicos de contenido económico. En el primer caso, veremos cómo su posibilidad de prestación se deduce de las normas constitucionales que establecen el Estado social de Derecho y de las que proclaman los principios y valores superiores del ordenamiento jurídico, así como los derechos humanos fundamentales.

Además de estas normas referentes al servicio público administrativo o asistencial, la Constitución también prevé el servicio público de contenido económico, aquél que supone la realización de una actividad prestacional, pero al mismo tiempo constituye una explotación económica a cargo del Estado y que puede ser o no reservada, es decir, con exclusión del sector privado.

El servicio de contenido económico, que es, se insiste, también parte de esta perspectiva material del servicio público, involucra, a diferencia del servicio administrativo o asistencial, el aspecto económico que lo acerca al ámbito de lo privado, al ámbito de libertad económica de los particulares, lo que no niega la posibilidad de su prestación por parte del Estado, pero lo que sí obliga a cumplir ciertos requisitos y a armonizar su prestación con los principios de la Constitución económica, a saber, modelo económico, libre competencia, derechos económicos de los particulares o reserva de la actividad y sometimiento a un régimen jurídico público especial.

Pero el servicio público también puede ser estudiado desde la perspectiva orgánica y formal. El concepto de servicio público en sentido orgánico hace referencia a un "*conjunto de agentes y de medios que una persona pública afecta a una misma tarea*". Desde esta perspectiva lo relevante es quién presta la actividad del servicio público, es decir, qué complejo organizativo realiza la prestación. Por el contrario, en sentido material la expresión designa "*una actividad de interés general que la administración ha de asumir*"[10], en este sentido lo determinante es la

10 Jean Rivero. *Derecho Administrativo*, Ediciones Jurídicas Olejnik, Santiago de Chile, 2019, p. 271.

naturaleza de la actividad independientemente de quien preste el servicio público, pudiendo ser un ente público o un ente privado.

En sentido orgánico o formal señala Lares Martínez, el servicio público *"es el aparato administrativo u organismo estatal encargado de realizar o controlar actividades de la naturaleza expresada"*.[11] Se trata de las estructuras estatales destinadas a la realización de la actividad prestacional, así, desde el punto de vista orgánico, además de la norma sobre la competencia de la Comisión delegada durante el receso de la Asamblea para "a*utorizar al Ejecutivo Nacional por el voto favorable de las dos terceras partes de sus integrantes para crear, modificar o suspender servicios públicos en caso de urgencia comprobada"* (artículo 196, 6), en la Constitución del 99 destaca además la regulación de la descentralización funcional para el cumplimiento de fines sociales o empresariales (artículo 300). Adicionalmente, en materia de servicios de contenido económico cobra importancia la empresa del Estado como ente societario de derecho privado regido por un régimen jurídico mixto, de mayoría estatal, y adecuado al cumplimiento de fines de naturaleza empresarial, en este caso del servicio público, sería mediante actividades prestacionales.

Asimismo, desde esta perspectiva resulta de mucha importancia distinguir, cómo se reparte la competencia en esta materia entre los distintos niveles territoriales, poder nacional, estadal y municipal. Ciertamente, la Constitución realiza una asignación desde el punto de vista orgánico territorial de los servicios públicos en los tres niveles de organización política, lo cual da lugar a las competencias exclusivas en materia de servicio públicos o según Lares Martínez, lo que correspondería a la clasificación de los servicios públicos mixtos o concurrentes que define como "*aquéllos son los que a un tiempo pueden ser atendidos por las autoridades nacionales, de los estados y municipales; como los de sanidad, educación y asistencia social.*" [12]

La asignación territorial se contempla en efecto en la repartición territorial de las competencias, debiendo destacar que además de los servicios concurrentes (educación y salud, por ejemplo, artículos 156, 24, 178), la Constitución se refiere además a cada uno de los niveles el

---

[11] Eloy Lares Martínez. Ob. cit., p. 257.

[12] Ibídem, p. 250.

tema del servicio público cuando regula sus competencias, y en algunos casos distingue respecto de aquella que atañe a la legislación o políticas del servicio, que atribuye, por ejemplo, al poder nacional, de las relativas a la prestación del mismo que puede asignar a los tres niveles territoriales de forma concurrente, o de forma exclusiva a uno de ellos. Así, por ejemplo, cuando en el artículo 156 (5) la Constitución alude al servicio de identificación, correos y telecomunicaciones (artículo 156 (28)); los servicios públicos estatales (artículo 164 (8)); y los servicios públicos municipales, en especial los domiciliarios, transporte urbano de pasajeros, limpieza, recolección y tratamiento de la basura, protección civil, agua potable, electricidad, gas doméstico, servicios funerarios, etc. (artículos 173 y 178).[13]

Finalmente, el aspecto formal del servicio estaría referido a la necesidad de cumplir determinados requisitos, como, por ejemplo, la norma previa de competencia o la justificación jurídica de su prestación, la necesidad o no de una reserva al Estado, así como el sometimiento a un régimen de derecho público especial.

De forma tal que la "*publicatio*" de la actividad prestacional puede provenir bien de la obligación legal o constitucional que se impone a la Administración de garantizarla o desarrollarla directamente, sin exclusión de los particulares, o bien de la reserva de la actividad prestacional de contenido económico, elemento necesario para disponer la exclusividad dado la excepción que ello representa respecto del sistema de mercado. La noción moderna del servicio público, señala Sánchez Morón, es más restringida, y proviene del "*...rechazo de la concepción omnicomprensiva de la Escuela del Servicio Público*" dando "*paso, allí donde su influencia permanece, a una segunda noción, más restringida, del servicio público, que lo identifica tan sólo con las actividades de titularidad pública que tienen como objeto directo la prestación material de un servicio a los ciudadanos (...) las notas que caracterizan esta segunda noción de servicio público son por consiguiente la atribución del servicio a la titularidad de una Administración, ya sea en régimen*

13 El profesor Gustavo Urdaneta Troconis ha destacado la importancia de reconsiderar el tema de los servicios públicos para dar prioridad a su prestación municipal en su reciente obra intitulada *La idea de Municipio en Venezuela. El arduo tránsito del municipio territorial al municipio-colectividad.* Colección Compactos N° 5, FUNEDA, Cidep, Caracas, 2020.

de monopolio o en competencia con la iniciativa privada –como sucede con la enseñanza o la sanidad– y la finalidad prestacional".[14]

III. SERVICIO PÚBLICO Y CONSTITUCIÓN

Desde las primeras Constituciones en Venezuela puede verificarse la consagración de la institución de los servicios públicos como una obligación del Estado de cumplir con ciertas actividades de prestación con el fin de satisfacer las necesidades de sus ciudadanos. La Constitución de 1858 utiliza por primera vez la expresión "servicio público" en el artículo 94, numeral 16, el cual reza: "*Es atribución del Presidente de la República separar de sus destinos a los funcionarios de libre nombramiento del Poder Ejecutivo, cuando así lo exija el 'servicio público*'". La Constitución de 1864 usaba la expresión "servicio público" en dos de sus artículos (artículos 13 y 43),[15] más desde una perspectiva funcionarial; dichas disposiciones se mantendrían en las Constituciones de 1874, 1881 y 1891, siendo eliminadas en las Constituciones de 1893 y 1901, en las cuales se estableció que el Congreso debía estar en capacidad de atender al servicio público en todos sus ramos y cubrir los gastos que éste requiriese (artículo 4).

En la Constitución de 1914 se incluyó un nuevo artículo, el cual facultó al Presidente de la República para crear y dotar los nuevos servicios públicos que fueren necesarios, cuando las Cámaras Legislativas estuvieren en receso. Ello se conservó en las Constituciones de 1922, 1925, 1928, 1929 y 1931.

Es la Constitución de 1936 la que incluyó por vez primera la institución de la reserva al Estado del ejercicio de determinadas industrias para asegurar los servicios públicos y la defensa y crédito de la Nación[16]. Este artículo se perfeccionó en la Constitución de 1947, en

---

[14] Miguel Sánchez Morón. *Derecho administrativo*. Parte General, Séptima Edición, Editorial Tecnos, Madrid, 2011, p. 766.

[15] Artículo 43, numeral 25, de la Constitución de la República de Venezuela de 1864 establece como atribución de la Legislatura Nacional permitir o no la admisión de extranjeros al servicio público. Y el artículo 13, numeral 7, prohíbe a los Estado de la Unión la imposición a los empleados nacionales deberes incompatibles con el servicio público nacional.

[16] Artículo 32, ordinal 9°.

favor de proteger a la iniciativa privada, instituyendo que el Estado podrá reservarse el ejercicio de determinadas industrias, explotaciones o servicios de interés público para asegurar el normal funcionamiento de éstos o la defensa y crédito nacional (artículo 73).

La Constitución de 1961, que tuvo vigencia durante 38 años, establecía de manera directa la reserva de los servicios públicos, del mismo modo que lo hacía la Constitución de 1947. La Constitución de 1961 sólo utilizó la expresión "*servicio público*" respecto de los servicios de salud (artículo 136, 17); creación de servicios públicos por vía ejecutiva en caso de urgencia comprobada (artículo 179, 5 y 190, 11) y de la limitación a la huelga de los servicios públicos (artículo 92).

La Constitución de 1999 contiene la expresión servicio público referido a los servicios básicos esenciales (vivienda, artículo 78; salud, artículos 83 y 84, 156 (24),178 (5); seguridad social, artículo 83; educación, artículos 102, 103, 156 (24); medios de comunicación, artículo 108; servicios de información, artículo 110; prestación del servicio público por parte del Estado, con exclusividad o sin ella y la necesidad de concesión en el primero de los supuestos mencionados, artículo 113; servicios de formación profesional y asistencia técnica de los pueblos indígenas, artículo 123; servicios de identificación, artículo 156 (5); correo y telecomunicaciones, artículo 156 (28); competencia del poder nacional en el régimen de los servicios públicos domiciliarios, en especial, electricidad, agua potable y gas, artículo 156 (29); servicios públicos estadales, artículo 164 (8); descentralización y transferencia por parte de los Estados a los Municipios de los servicios que éstos estén en capacidad de prestar, dentro de las áreas de competencias concurrentes, artículo 165; referencia a los ingresos por servicios estadales, artículo 167; mejor prestación de los servicios públicos como criterio en la creación de las parroquias, artículo 173; norma de competencia general municipal en materia de servicios públicos domiciliarios, artículo178; servicio público de transporte urbano de pasajeros, artículo 178 (2); servicios de protección a la primera y segunda infancia, a la adolescencia y a la tercera edad; educación preescolar, servicios de integración familiar del discapacitado al desarrollo comunitario, actividades e instalaciones culturales y deportivas, servicios de prevención y protección, vigilancia y control de los bienes y las actividades relativas a las materias de la competencia municipal, artículo 178 (5); servicio de agua potable, electricidad y gas doméstico, alcantarillado, canalización y disposición de aguas servidas; cementerios y servicios funerarios, artículo 178 (6); servicios de policía municipal, artículo 178 (7); ingresos municipales de las tasas por servicios, 179 (2); transferencia por los Municipios a las comunidades y grupos vecinales organizados de los servicios que éstos gestionen previa demostración de su capacidad para prestarlos, artículo 184; apoyo del Consejo Federal de Gobierno en la dotación de servicios esenciales en las regiones y comunidades de menor desarrollo relativo, artículo 185; competencia de la Comisión Delegada de la Asamblea Nacional para autorizar al Ejecutivo Nacional por el voto favorable de las dos terceras partes de sus integrantes para crear, modificar o suspender servicios públicos en caso de urgencia comprobada, artículo 196; novedosa inclusión de la competencia de la jurisdicción contencioso administrativa para conocer de los reclamos por la prestación de los servicios públicos, artículo 259; competencia del Defensor del Pueblo para velar por el correcto funcionamiento de los servicios públicos, e interponer cuando fuere procedente las acciones necesarias para exigir al Estado el resarcimiento a los administrados de los daños y perjuicios que les sean ocasionado con motivo del funcionamiento de los servicios públicos, artículo 281; aunque no se mencionan las palabras servicio público, está implícito la posibilidad de su prestación por las entidades funcionalmente descentralizadas para la realización de actividades sociales o empresariales, cuyas condiciones de creación se establecerán por la ley nacional, con el objeto de asegurar la razonable productividad económica y social de los recursos públicos que en ellas se inviertan, artículo 300; reserva al Estado, mediante la ley orgánica respectiva, y por razones de conveniencia nacional, de los servicios de interés público y de carácter estratégico, artículo 302; servicios de capacitación y asistencia técnica en materia de actividad agrícola, artículo 306; y, finalmente, imposición de la obligación a la Asamblea Nacional para que dicte una ley que asegure la vigencia de los principios establecidos en el artículo 113 de la Constitución, y, en este sentido, establezca en las concesiones de servicios públicos, la utilidad para el concesionario y el financiamiento de las inversiones estrictamente vinculadas a la prestación del servicio, Disposición Transitoria Decimoctava.

IV. LOS SERVICIOS PÚBLICOS ADMINISTRATIVOS Y EL ESTADO DE BIENESTAR

Los servicios públicos vinculados a los fines del Estado se refieren a lo contemplado en los artículos 2 y 3 de la Constitución, los cuales rezan, artículo 2: "*el Estado democrático y social de Derecho y de Justicia que constituye Venezuela, propugna como valores superiores de su ordenamiento jurídico y de su actuación, la vida, la libertad, la justicia, la igualdad, la solidaridad, la democracia, la responsabilidad social y, en general, la preeminencia de los derechos humanos, la ética y el pluralismo político*". Por su parte, el artículo 3 dispone: "*El Estado tiene como fines esenciales la defensa y el desarrollo de la persona y el respeto a su dignidad, el ejercicio democrático de la voluntad popular, la construcción de una sociedad justa y amante de la paz, la promoción de la prosperidad y bienestar del pueblo y la garantía del cumplimiento de los principios, derechos y deberes consagrados en esta Constitución*".

La jurisprudencia de la Sala Político-Administrativa del Tribunal Supremo de Justicia ha acogido la noción amplia de servicio público, expresando en varios fallos que "*...la noción de servicio público, en sentido amplio, ha sido criterio asumido y mantenido por esta Sala en términos tales que, al tener el contrato por objeto la prestación de un servicio de utilidad pública, es y debe así admitirse su naturaleza eminentemente administrativa y, de ese modo, el objeto vinculado al interés general se constituye como el elemento propio y necesario de la definición en cuestión. Un servicio será público, cuando la actividad administrativa busque el desarrollo de una tarea destinada a satisfacer un interés colectivo*".[17]

Hildegard Rondón de Sansó ha considerado que la noción de servicio público en la Constitución de 1999 "*se refiere a tres conceptos diferentes, a saber: a) Servicio Público en el ámbito de los sistemas, como es el caso del sistema público nacional de salud; b) Servicio público como conjunto de los medios destinados a la satisfacción de las necesidades básicas de la ciudadanía; y c) Servicio público vinculado*

[17] Sentencia de fecha 30 de mayo de 2000. Caso: Francisco Buysse.

a las competencias territoriales, este es, a las del Poder Nacional, del Poder de los estados y del Poder Municipal"[18].

Por su parte, Allan Brewer-Carías indica que las normas constitucionales que contienen servicios públicos pueden identificarse en 4 grandes grupos:

(i) Servicios públicos vinculados a los derechos de la nación.
(ii) Servicios públicos vinculados a los fines del Estado.
(iii) Servicios públicos de carácter social.
(iv) Servicios públicos para garantizar el ejercicio de derechos y libertades individuales.[19]

(i) Los servicios públicos vinculados a los derechos de la nación están reservados exclusivamente al Estado, lo que quiere decir que los particulares no pueden participar en su prestación. El artículo 1 de la Constitución declara como "*derechos irrenunciables de la Nación, la independencia, la libertad, la soberanía, la inmunidad, la integridad territorial y la autodeterminación*". En este grupo se ubicarían los servicios públicos de defensa y seguridad (artículo 322 de la Constitución),[20] el servicio público exterior y diplomático (artículo 152)[21],

---

18 Hildegard Rondón de Sansó. *El Contencioso de los Servicios Públicos*, en: VI Jornadas Internacionales de Derecho Administrativo "Allan R. Brewer-Carías". El Nuevo Servicio Público. Actividades Reservadas y Regulación de Actividades de Interés General (Electricidad, Gas, Telecomunicaciones y Radiodifusión), Tomo II, Fundación Estudios de Derecho Administrativo, Caracas, 2002, p. 251.

19 Allan R. Brewer-Carías. *El Régimen constitucional de los Servicios Públicos*, en: VI Jornadas Internacionales de Derecho Administrativo "Allan Randolph Brewer-Carías". El Nuevo Servicio Público, Actividades reservadas y regulación de actividades de interés general (Electricidad, Gas, Telecomunicaciones y Radiodifusión), Tomo I, Fundación Estudios de Derecho Administrativo. Caracas 2002, pp. 31-46.

20 El artículo 322 de la Constitución dispone: "*La seguridad de la Nación es competencia esencial y responsabilidad de Estado*".

21 "*Las relaciones internacionales de la República responden a los fines del Estado en función del ejercicio de la soberanía y de los intereses del pueblo; ellas se rigen por los principios de independencia, igualdad entre los Estados, libre determinación y no intervención en sus asuntos internos, solución pacífica de los conflictos internacionales, cooperación, respeto de los derechos humanos y solidaridad entre los pueblos en la lucha por su emancipación y el bienestar de la humanidad. La República mantendrá la más firme y decidida defensa de estos principios y de la práctica democrática en todos los organismos e instituciones internacionales*".

y el servicio público de promoción y ordenación de la economía (artículo 299 de la Constitución).[22]

(ii) Los Servicios Públicos vinculados a los fines del Estado los refiere Brewer-Carías a lo contemplado en los artículos 2 y 3 de la Constitución que definen el Estado de derecho y justicia, los valores superiores del ordenamiento jurídico y la preeminencia de los derechos humanos.[23] En este grupo incluye, los servicios públicos de seguridad y protección ciudadana (artículo 55 de la Constitución)[24] que abarcarían las instituciones de la policía, los bomberos, protección civil, entre otros; el servicio público de justicia (artículo 26 de la Constitución)[25]; los servicios públicos en materia de desarro-

---

[22] Artículo 299: "*El régimen socioeconómico de la República Bolivariana de Venezuela se fundamenta en los principios de justicia social, democratización, eficiencia, libre competencia, protección del ambiente, productividad y solidaridad, a los fines de asegurar el desarrollo humano integral y una existencia digna y provechosa para la colectividad. El Estado conjuntamente con la iniciativa privada promoverá el desarrollo armónico de la economía nacional con el fin de generar fuentes de trabajo, alto valor agregado nacional, elevar el nivel de vida de la población y fortalecer la soberanía económica del país, garantizando la seguridad jurídica, solidez, dinamismo, sustentabilidad, permanencia y equidad del crecimiento de la economía, para garantizar una justa distribución de la riqueza mediante una planificación estratégica democrática participativa y de consulta abierta*".

[23] Artículo 2: "*El Estado democrático y social de Derecho y de Justicia que constituye Venezuela, propugna como valores superiores de su ordenamiento jurídico y de su actuación, la vida, la libertad, la justicia, la igualdad, la solidaridad, la democracia, la responsabilidad social y, en general, la preeminencia de los derechos humanos, la ética y el pluralismo político*". El artículo 3, por su parte, dispone: "*El Estado tiene como fines esenciales la defensa y el desarrollo de la persona y el respeto a su dignidad, el ejercicio democrático de la voluntad popular, la construcción de una sociedad justa y amante de la paz, la promoción de la prosperidad y bienestar del pueblo y la garantía del cumplimiento de los principios, derechos y deberes consagrados en esta Constitución*".

[24] Artículo 55: "*Toda persona tiene derecho a la protección por parte del Estado a través de los órganos de seguridad ciudadana regulados por ley, frente a situaciones que constituyan amenaza, vulnerabilidad o riesgo para la integridad física de las personas, sus propiedades, el disfrute de sus derechos y el cumplimiento de sus deberes.*"

[25] Artículo 26: "*Toda persona tiene derecho de acceso a los órganos de administración de justicia para hacer valer sus derechos e intereses, incluso los colectivos o difusos, a la tutela efectiva de los mismos y a obtener con prontitud la decisión correspondiente.*
El Estado garantizará una justicia gratuita, accesible imparcial, idónea, transparente, autónoma, independiente, responsable, equitativa y expedita, sin dilaciones indebidas, sin formalismos o reposiciones inútiles".

llo rural integral y seguridad alimentaria (artículo 305 de la Constitución)[26]. La legislación de este grupo de servicios es competencia exclusiva del Poder Nacional, pudiendo los Estado y Municipios definir las políticas y estrategias para su desarrollo; finalmente los servicios públicos de protección y conservación ambiental (artículo 127).[27]

(iii) Los servicios públicos sociales referidos a aquella normas constitucionales que establecen obligaciones del Estado en relación con la garantía de los derechos sociales y familiares y que son competencia concurrente de la República, el Estado y los Municipios, pero cuya legislación corresponde de forma exclusiva al Poder Nacional, incluyen: los servicios públicos de asistencia y protección social (artículo 75)[28]; los servicios públicos de salud y sanidad (artículos 83 y 84);[29] los servi-

---

26 "*El Estado promoverá la agricultura sustentable como base estratégica del desarrollo rural integral, y en consecuencia garantiza la seguridad alimentaria de la población (...) La seguridad alimentaria deberá alcanzarse desarrollando y privilegiando la producción agropecuaria interna (...). A tales fines, el Estado dictará las medidas de orden financiera, comercial, transferencia tecnológica, tenencia de la tierra, infraestructura, capacitación de mano de obra y otras que fueran necesarias para alcanzar niveles estratégicos de autoabastecimiento. Además, promoverá las acciones en el marco de la economía nacional e internacional para compensar las desventajas propias de la actividad agrícola.*"

27 Artículo 127 "*Es un derecho y un deber de cada generación proteger y mantener el ambiente en beneficio de sí misma y del mundo futuro. Toda persona tiene derecho individual y colectivamente a disfrutar de una vida y de un ambiente seguro, sano y ecológicamente equilibrado. El Estado protegerá el ambiente, la diversidad biológica, genética, los procesos ecológicos, los parques nacionales y monumentos naturales y demás áreas de especial importancia ecológica (...). Es una obligación fundamental del Estado, con la activa participación de la sociedad, garantizar que la población se desenvuelva en un ambiente libre de contaminación, en donde el aire, el agua, los suelos, las costas, el clima, la capa de ozono, las especies vivas, sean especialmente protegidos, de conformidad con la ley*".

28 "*El Estado protegerá a las familias como asociación natural de la sociedad y como el espacio fundamental para el desarrollo integral de las personas. Las relaciones familiares se basan en la igualdad de derechos y deberes, la solidaridad, el esfuerzo común, la comprensión mutua y el respeto recíproco entre sus integrantes. El Estado garantizará protección a la madre, al padre o a quienes ejerzan la jefatura de la familia...*".

29 Artículo 83: "*La salud es un derecho social fundamental, obligación del Estado, que lo garantizará como parte del derecho a la vida. El Estado promoverá y desarrollará políticas orientadas a elevar la calidad de vida, el bienestar colectivo y el acceso a los servicios...*". Artículo 84: "*Para garantizar el derecho a la salud, el Estado creará, ejercerá la rectoría y gestionará un sistema público nacional de salud, de carácter intersectorial, descentralizado y participativo, integrado al sistema de seguridad social, regido por los principios de gratuidad, universalidad, integralidad, equidad, integración social y solidaridad...*".

cios públicos de seguridad social (artículo 86)[30]; los servicios públicos de educación en concurrencia con los particulares (artículos 102 y 103);[31] y los servicios públicos de vivienda (artículo 82);[32] los servicios públicos de aseguramiento, fomento y protección del empleo (artículo 87);[33] los servicios públicos culturales (artículo 99);[34] y los servicio públicos de-

---

30 Artículo 86: "*Toda persona tiene derecho a la seguridad social como servicio público de carácter no lucrativo, que garantice la salud y asegure protección en contingencias de maternidad, paternidad, enfermedad, invalidez, enfermedades catastróficas, discapacidad, necesidades especiales, riesgos laborales, pérdida de empleo, desempleo, vejez, viudedad, orfandad, vivienda, cargas derivadas de la vida familiar y cualquier otra circunstancia de previsión social. El Estado tiene la obligación de asegurar la efectividad de este derecho, creando un sistema de seguridad social universal, integral, de financiamiento solidario, unitario, eficiente y participativo, de contribuciones directas o indirectas...*".

31 Artículo 102 "*La educación es un derecho humano y un deber social fundamental (...) El Estado la asumirá como función indeclinable y de máximo interés en todos sus niveles y modalidades, y como instrumento del conocimiento científico, humanístico y tecnológico al servicio de la sociedad. La educación es un servicio público y está fundamentada en el respeto a todas las corrientes del pensamiento, con la finalidad de desarrollar el potencial creativo de cada ser humano y el pleno ejercicio de su personalidad en una sociedad democrática basada en la valoración ética del trabajo y en la participación activa, consciente y solidaria en los procesos de transformación social consustanciados con los valores de la identidad nacional, y con una visión latinoamericana y universal. El Estado, con la participación de las familias y la sociedad, promoverá el proceso de educación ciudadana de acuerdo con los principios contenidos de esta Constitución y en la ley*"; y Art. 103 "*Toda persona tiene derecho a una educación integral, de calidad, permanente, en igualdad de condiciones y oportunidades, sin más limitaciones que las derivadas de sus aptitudes, vocación y aspiraciones. La educación es obligatoria en todos sus niveles, desde el maternal hasta el nivel medio diversificado... El Estado creará y sostendrá instituciones y servicios suficientemente dotados para asegurar el acceso, permanencia y culminación en el sistema educativo...*".

32 Artículo 82: "*Toda persona tiene derecho a una vivienda adecuada, segura, cómoda, higiénica, con servicios básicos esenciales que incluyan un hábitat que humanice las relaciones familiares, vecinales y comunitarias. La satisfacción progresiva de este derecho es obligación compartida entre los ciudadanos y ciudadanas y el Estado en todos sus ámbitos". La expresión "el Estado en todos sus ámbitos" se refiere a que es competencia concurrente de la República, el Estado y los Municipios.*

33 Artículo 87: "*Toda persona tiene derecho al trabajo y el deber de trabajar. El Estado garantizará la adopción de las medidas necesarias a los fines de que toda persona pueda obtener ocupación productiva, que le proporcione una existencia digna y decorosa y le garantice el pleno ejercicio de este derecho. Es fin del Estado fomentar el empleo...*".

34 Artículo 99: "*Los valores de la cultura constituyen un bien irrenunciable del pueblo venezolano y un derecho fundamental que el Estado fomentará y garantizará (...). El Estado garantizará la protección y preservación, enriquecimiento, conservación y restauración del patrimonio cultural, tangible e intangible, y la memoria histórica de la Nación...*".

portivos y de recreación a cargo del Estado (artículo 111),[35] lo que comprendería los tres niveles políticos-territoriales, República, Estados y Municipios.

(iv) Finalmente, los servicios públicos para garantizar el ejercicio de derechos y libertades individuales que abarcan el ejercicio de los derechos individuales a la circulación[36], a cargo también de los 3 niveles territoriales e incluyen la vialidad y el transporte, el derecho a las comunicaciones e información (artículos 58 y 101)[37] (v.g. correos y telecomunicaciones, ambas, competencias del Poder Nacional) y el derecho a la calidad de vida, que contemplan los servicios públicos domiciliarios, entre los que se encuentran los servicios de electricidad, agua potable y gas (artículo 178).

José Araujo Juárez expone la siguiente clasificación de los servicios públicos constitucionales:[38]

(i) Servicios públicos constitucionales de "primer rango": comprende aquellos servicios públicos "*vinculados a las funciones de soberanía del Estado*", entre los cuales encontramos:
a. Servicios públicos garantes de la seguridad y el orden público.

---

35 Artículo 111: "*Todas las personas tienen derecho al deporte y a la recreación como actividades que benefician la calidad de vida individual y colectiva. El Estado asumirá el deporte y la recreación como política de educación y salud pública y garantizará los recursos para su promoción...*".

36 Artículo 50: "*Toda persona puede transitar libremente y por cualquier medio por el territorio nacional, cambiar de domicilio y residencia, ausentarse de la República y volver, trasladar sus bienes y pertenencias en el país, traer sus bienes al país o sacarlos, sin más limitaciones que las establecidas por la ley...*"

37 El artículo 58 dispone: "*La comunicación es libre y plural, y comporta los deberes y responsabilidades que indique la ley... Toda persona tiene derecho a estar informada oportuna, veraz e imparcial, sin censura de acuerdo con los principios de esta Constitución, así como el derecho de réplica y rectificación cuando se vean afectados directamente por informaciones inexactas o agraviantes*". En el artículo 101 se establece que "*El Estado garantizará la emisión, recepción y circulación de la información cultural. Los medios de comunicación tienen el deber de coadyuvar a la difusión de los valores de la tradición popular y la obra de los artistas, escritores, escritoras, compositores, compositoras, cineastas, científicos, científicas y demás creadores y creadoras culturales del país*"."

38 José Araujo Juárez. *Los Derechos Fundamentales Económicos y el Derecho de los Servicios Públicos*. Servicio Público, Balance & Perspectiva. Editores Hermanos Vadell. Caracas, 1999, p. 21.

b. Servicios públicos garantes de la soberanía económica y financiera del Estado.
c. Serviciospúblicosgarantesdelasoberaníaexternadel Estado.

(ii) Servicios públicos constitucionales de "segundo rango": se refiere a aquellos servicios públicos que, por su naturaleza económica y social, requieren de la intervención concurrente de diferentes organismos públicos y hasta de personas privadas. Este tipo de servicios públicos constitucionales se dividen en:
a. Servicios públicos de protección de la economía nacional.
b. Servicios públicos de la protección de la vida intelectual.
c. Servicios públicos de protección de la vida material.

Los servicios administrativos y asistenciales pueden derivarse en efecto de las normas constitucionales que contemplan los derechos, tales como, el servicio de planificación familiar (artículo 76), la salud (artículo 83), seguridad social (artículo 86), educación (artículo 102), entre otros.

Realizar esta derivación del servicio público de las normas que consagran los derechos constitucionales o aquellas que contemplan los principios y valores del ordenamiento jurídico o que sustentan el Estado de bienestar no debe llevar a confundir el servicio público con la función pública, como bien enseña Bernardo Sánchez Pavón[39], citando a Gaspar Ariño[40], cuando "*enumera las diferencias entre las actividades consideradas como "funciones públicas del Estado" y las calificables como "servicios Públicos":*

a) Las funciones del Estado se encontrarían en los fines esenciales del Estado, dentro de su actividad propiamente soberana; mientras que el "servicio público" encuentra su auténtico sentido en la consecución de fines que no constituyen la razón de ser de aquél y, por ello, su titularidad originariamente estuvo en manos de la iniciativa privada, siendo razones coyunturales las que exigieron o permitieron su asunción por el Estado por (insuficiencias en la

[39] Bernardo Sánchez Pavón, Bernardo. Ob. cit., p. 15.
[40] Gaspar Ariño Ortiz. *Principios de Derecho Público Económico*. Editorial Comares, 1999, pp. 491 y sigs.

prestación, incapacidad para la financiación, etc.). Las funciones son esenciales para la vida del Estado, los servicios son indispensables para la vida social.
b) La función pública, dadas su inherencia y esencialidad, son de incuestionable titularidad estatal; es decir, su ejercicio no es susceptible de traspaso a los particulares porque conlleva la utilización de poderes públicos. Por su parte, el servicio público no supone el ejercicio de poderes soberanos, tratándose de prestaciones de índole técnica y perfectamente delegables porque no implican ejercicio inherente a los poderes públicos.
c) La función pública se ejecuta siempre en el marco del Derecho público, mientras que el servicio público puede llevarse a cabo recurriendo al Derecho privado.
d) La función pública es una actividad coactivamente impuesta y que se ejerce a través de actos jurídicos como sentencias, certificaciones, órdenes, etc. El servicio público no se impone, sino que se ofrece. Con ello no se quiere decir que la Administración no pueda ejercitar potestades en este ámbito.
e) La función pública es financiada con cargo a los presupuestos públicos, mientras que las actividades de servicio público son financiadas a través de precios o tarifas."

La construcción del concepto del servicio público es compleja y salvo en el caso de los servicios económicos, no está basada necesariamente en la idea de una titularidad pública y no concurrencia. Salud y educación, por ejemplo, convertidos constitucionalmente en servicios públicos "*no supone la creación de un monopolio de titularidad, y menos aún de titularidad y gestión. De hecho, la libre iniciativa privada va a estar incluso garantizada constitucionalmente, como en el caso de la educación. En estos servicios públicos, a los que pueden añadirse algunos servicios sociales, lo relevante es que la prestación se reconoce como un derecho de los ciudadanos y, por tanto, esta prestación es una obligación que la Administración debe garantizar. Son servicios que por otra parte se reconocen en el texto constitucional y cuyo contenido concreto se determina en las leyes de desarrollo y en las cartas de servicios.*"[41]

[41] Joaquín Tornos Más. *El Concepto de Servicio Público a la luz del derecho comunitario*, en: Revista de Administración Pública, número 200, Mayo-Agosto, Madrid, 2016, p. 197.

En el caso de la educación y la salud, la intervención del Estado en concurrencia se impone desde la Constitución y aun cuando la titularidad pública no se contempla, la actividad sí es de prestación obligatoria por parte del Estado en ambas materias, en la educación, debiendo crear y sostener instituciones y servicios que aseguren el acceso, permanencia y culminación en el sistema educativo (artículo 103) y la creación de un sistema público nacional de salud, cuyos bienes y servicios públicos le pertenecen y no podrán ser privatizados (artículo 84).

Al lado de estas actividades prestacionales llamadas asistenciales, administrativas o personales, el concepto de servicio público sustenta también las actividades igualmente prestacionales que resultan esenciales para la vida colectiva y que el mercado no garantiza, por lo cual se extrae de la libre iniciativa económica mediante la reserva. Son estos los servicios de contenido económico, que califican como tal "*...en virtud de su publicatio, de la asunción de su titularidad por los poderes públicos. Ello no supone monopolio de gestión, ya que se mantiene la libertad por el mercado, pero para la prestación de estos servicios se requiere un título habilitante, generalmente el título concesional. Público y privado colaboran de este modo en la prestación de servicios públicos, es decir, de las actividades de contenido económico que se han sustraído del juego de la libre iniciativa económica. Esta realidad es igualmente visible en el mundo local. La vida en las ciudades exige garantizar el acceso al agua, gas, electricidad, se deben construir cloacas e instalar el alumbrado público, recoger las basuras y tratarlas y atender a los servicios funerarios. El Estatuto municipal convierte estas actividades en servicios públicos locales, que los municipios deben asumir bajo su responsabilidad a través de la municipalización. Una vez municipalizados, podrán optar entre su gestión directa o indirecta. De esta forma el concepto de servicio público se vincula a los servicios de contenido económico, muchos de los cuales se deben prestar en red. Por otra parte, los servicios públicos son actividades económicas excluidas de la libre iniciativa económica, lo que obliga a modular el principio de libre iniciativa económica, como libertad de libre acceso a toda actividad. La libertad en el ejercicio de actividades económicas se reconduce a la libertad por el mercado a través de la gestión indirecta y* *la imposición de procedimientos de concurrencia para acceder a estas prestaciones."*[42]

V. SERVICIO PÚBLICO Y CONSTITUCIÓN ECONÓMICA

La Constitución económica, definida como el conjunto "*el conjunto de las normas básicas destinadas a proporcionar el marco jurídico fundamental para la estructura y funcionamiento de la actividad económica, o dicho de otro modo, para el orden y proceso económico*"[43] es la fuente primaria para ubicar la competencia estatal en la prestación de los servicios públicos de contenido económico. En igual sentido la ha definido el Tribunal Supremo de Justicia en Sala Constitucional al afirmar que la Constitución Económica "*es el conjunto de normas constitucionales destinadas a proporcionar el marco jurídico fundamental para la estructura y funcionamiento de la actividad económica, no está destinada, salvo el caso de las constituciones socialistas de corte soviético, a garantizar la existencia de un determinado orden económico, sino que actúan como garantes de una economía social de mercado, inspiradas en principios básicos de justicia social y con una 'base neutral' que deja abierta distintas posibilidades al legislador, del cual sólo se pretende observe los límites constitucionales*".[44]

Esa Constitución económica resulta de importancia fundamental para el estudio de los servicios públicos de contenido económico, porque si bien son éstos actividad de carácter prestacional, tienen un contenido económico que impone la consideración de las normas fundamentales que regulan el sistema económico del país.

La importancia de la Constitución Económica en el Estado de Derecho deriva del principio de supremacía constitucional, que en nuestro Texto Fundamental se contempla en el artículo 7, el cual dispone: "*La*

---

42 Ibídem, p. 196.

43 Manuel García Pelayo. *Consideraciones sobre las cláusulas económicas de la Constitución*, en: Obras Completas, Volumen III. Centro de Estudios Constitucionales, Madrid, 1991, p. 1158.

44 Criterio de la sentencia de la Corte Suprema de Justicia de fecha 15 de diciembre de 1998, caso nulidad de la Ley de Privatizaciones, reiterada en sentencias de fechas 6 de febrero de 2001, 1 de octubre de 2010 y 19 de julio de 2005.

Constitución es la norma suprema y el fundamento del ordenamiento jurídico. Todas las personas y los órganos que ejercen el Poder Público están sujetos a esta Constitución").

Nuestra Constitución Económica se refiere concretamente a:

1) El modelo socio económico del país (Título VII: Del Sistema Socio Económico, Capítulo I: Del Régimen Socio Económico y la Función del Estado en la Economía, artículos 299 al 310).
2) El régimen presupuestario (Título VII: Del Sistema Socio Económico, Capítulo II: Del Régimen Fiscal y Monetario, Sección Primera: Del Régimen Presupuestario, artículos 311al 315).
3) El sistema tributario (Título VII: Del Sistema Socio Económico, Capítulo II: Del Régimen Fiscal y Monetario, Sección Segunda: Del Sistema Tributario, artículos 316 y 317).
4) El sistema monetario (Título VII: Del Sistema Socio Económico, Capítulo II: Del Régimen Fiscal y Monetario, Sección Tercera, artículos 318 y 319).
6) La coordinación macroeconómica (Título VII: Del Sistema Socio Económico, Capítulo II: Del Régimen Fiscal y Monetario, Sección Cuarta, artículos320 y 321)
7) Los derechos económicos de los particulares, libre iniciativa privada y derecho de propiedad (Título III, Capítulo VII, artículos 112 al 118).

Indudablemente que la norma más importante de la Constitución Económica es el sistema económico escogido, lo cual se regula en el artículo 299 en los siguientes términos: "*El régimen socioeconómico de la República Bolivariana de Venezuela se fundamenta en los principios de justicia social, democracia, eficiencia, libre competencia, protección del ambiente, productividad y solidaridad, a los fines de asegurar el desarrollo humano integral y una existencia digna y provechosa para la colectividad. El Estado, conjuntamente con la iniciativa privada, promoverá el desarrollo armónico de la economía nacional con el fin de generar fuentes de trabajo, alto valor agregado nacional, elevar el nivel de vida de la población y fortalecer la soberanía económica del país, garantizando la seguridad jurídica, solidez, dinamismo, sustentabilidad, permanencia y equidad del crecimiento de la economía, para lograr una justa distribución de la riqueza mediante una planificación estratégica democrática, participativa y de consulta abierta.*"

La norma transcrita reconoce entonces el modelo social de mercado, con respeto a la iniciativa privada y a la libre competencia, pero también se refiere a la iniciativa pública, así, en efecto, al lado de la iniciativa privada se consagra en el referido artículo 299, la pública, por lo cual éste puede asumir actividad económica en general, con carácter reservado o no, pero siempre enderezado al cumplimiento de una finalidad de interés público.

Desde la perspectiva de la Constitución Económica, el Estado puede desenvolverse como prestador de servicio públicos de contenido económico. La iniciativa pública está consagrada junto con la privada o con exclusión de ella, por lo cual el Estado puede intervenir como agente prestador de los servicios, bien, porque una norma legal le obligue a ello, o bien, porque así lo decida por motivos de interés público y en ejercicio de la iniciativa pública que el modelo constitucional expresamente le reconoce. Esta iniciativa puede concretarse en tres distintos campos de la actividad económica, en la explotación de bienes del dominio público (minas, petróleo), en la prestación de servicios de contenido económico con carácter reservado o no (servicio público), en la actividad de naturaleza comercio industrial (actividad de gestión económica).

Sobre la consagración constitucional de esta iniciativa pública en relación con los servicios públicos de contenido económico, pueden invocarse las siguientes normas:

1) El artículo 299: El Estado conjuntamente con la iniciativa privada promoverá el desarrollo armónico de la economía nacional...".

2). El artículo 113 que se refiere a la proscripción de los monopolios y el abuso de la posición de dominio, pero que igualmente reconoce la iniciativa pública en materia de servicios, al disponer "*Cuando se trate de explotación de recursos naturales propiedad de la Nación o de la prestación de servicios de naturaleza pública con exclusividad o sin ella, el Estado podrá otorgar concesiones por tiempo determinado, asegurando siempre la existencia de contraprestaciones o contrapartidas adecuadas al interés público*".

3) El artículo 302 que contempla la reserva de por razones de conveniencia nacional de "*la actividad petrolera y otras industrias, explotaciones, servicios y bienes de interés público y de carácter estratégico.*"
4) El artículo 300 que establece la administración funcionalmente descentralizada para la realización de actividades sociales o empresariales, al disponer: "*La ley nacional establecerá las condiciones para la creación de entidades funcionalmente descentralizadas para la realización de actividades sociales o empresariales, con el objeto de asegurar la razonable productividad económica y social de los recursos públicos que en ellas se inviertan.*"

Es importante destacar que esta iniciativa pública no es subsidiaria, de manera que la actividad económica del Estado no debe estar supeditada a aquellas actividades en las cuales no exista iniciativa privada, o cuando ésta sea insuficiente para suplir las necesidades del mercado. La Constitución y el ordenamiento jurídico venezolano no contemplan el principio de subsidiariedad, el sector público puede intervenir en la actividad económica y reservarse rubros de esa actividad, permitiendo a los particulares actuar en ellas mediante concesiones.

Precisado lo anterior, tener en cuenta que no debe confundirse la actividad prestacional del Estado con la de gestión económica, que se refiere al Estado empresario, realizando actividad de índole comercio-industrial, por tanto, rechazamos las clasificaciones del servicio público que confunden estos dos tipos de actividad y que responde a esta falta de unanimidad doctrinal respecto de la delimitación de un concepto que tradicionalmente se ha entendido como básico en el ámbito del Derecho Administrativo y que como hemos señalado se explica en la heterogeneidad que se deriva de las diversas etapas del servicio público y sus caracteres específicos,[45] sin embargo, insistimos, bien puede y debe

45 Fernando Garrido Falla. *Tratado de Derecho Administrativo.* Volumen II (parte general: conclusión). Undécima edición. Editorial Tecnos. Madrid, 2002, pp. 329 y 330.

precisarse este concepto hoy día en base a su naturaleza y a su regulación constitucional y legal.

Así, desde la perspectiva del derecho administrativo el tema del servicio público, como uno de los contenidos de la actividad administrativa, impone incluir en la noción del servicio público, toda la actividad prestacional asistencial o de contenido económico (lo que la distingue de la actividad de gestión económica), que con carácter reservado realice una organización administrativa. Cuando se trate de una actividad reservada, lo hará directa o indirectamente mediante concesionarios, y cuando se trata de una actividad no reservada lo hará en concurrencia con los particulares, y siempre que exista esta concurrencia de agentes prestadores del servicio de contenido económico, el modelo económico de mercado, impondrá la necesidad de admitir la libre competencia entre ellos.

De manera que en el caso de que el Estado opte -en base a su iniciativa pública y con justificación en motivos de interés público- por asumir una actividad prestacional de contenido económico en concurrencia con los particulares, éste habrá de sujetarse a las reglas de competencia y en respeto de los derechos económicos de los particulares con quienes compite. Asimismo, ocurrirá cuando el Estado lo haga con reserva legal de la actividad si decide otorgar el derecho de explotarla a más de un concesionario, pues por esta vía estaría creando una participación de varios agentes en el mercado del servicio de que se trate. En este sentido se pronunció la sentencia del caso Aerovías Venezolanas, dictada por la Sala Político Administrativa de la Corte Suprema de Justicia el 18 de junio de 1998, al indicar: "*En el caso presente, emerge que, la actividad aeronáutica es un servicio público por calificación expresa de la Ley, pero no así una actividad reservada al Estado. Incluso es posible dentro de un sistema de reserva (siempre y cuando no lo impida de forma expresa una norma, como fuera el caso de la industria de los hidrocarburos) que el Estado otorgue concesiones a varias empresas, lo cual las va a colocar entre sí en condiciones de competencia. En efecto, las nociones de libertad económica y reserva al Estado no resultan excluyentes entre sí, lo que sucede es que, cuando existe una 'reserva' en los términos señalados se afecta uno de los atributos de la libertad económica como lo es la posibilidad de libre concurrencia, es decir, de acceder al ejercicio de la actividad. Una vez levantada dicha limitación en virtud del otorgamiento de una concesión, nada autoriza a deducir que la libertad económica del sujeto así habilitado, haya sido destruida, y vaciada de contenido en forma general."*[46]

La competencia, base fundamental de un sistema social de mercado, como es el escogido por nuestra Constitución, se impone entonces en materia de servicio público de contenido económico desarrollada por el Estado en concurrencia con los particulares y también cuando aun siendo una actividad reservada al Estado, éste otorgue la participación en la actividad a varios concesionarios, quienes entrarán en competencia por virtud de la multiplicidad de agentes en el desarrollo de una actividad económica prestacional concreta.

VI. SERVICIO PÚBLICO DE CONTENIDO ECONÓMICO Y GESTIÓN ECONÓMICA

Servicio público y gestión económica conforman, junto a la actividad de policía o coacción y la de fomento, los contenidos de la actividad administrativa que encuentran su base en la teoría general del intervencionismo estatal, lo cual significa que, del mayor o menor desarrollo o expansión de estos contenidos, dependerá la mayor o menor intervención del Estado, a través de su Administración Pública, en la vida individual, social, política y económica de sus ciudadanos.

El servicio público de contenido económico, en concreto, es una modalidad de la acción administrativa que consiste en satisfacer una necesidad pública a través de una actividad de carácter prestacional con una contraprestación económica. Si bien en principio la concepción del servicio público en este caso se estudiaba como una publicitación de lo privado[47], esta consecuencia hoy puede atribuirse más bien a la institu-

---

[46] Sentencia de la Sala Político-Administrativa de la Corte Suprema de Justicia, de fecha 09 de junio de 1998. Caso Aerovías Venezolanas, S.A.

[47] Se observa en efecto esta tendencia originaria de considerar al servicio público como contrapuesto al ámbito de lo individual y privado. En este sentido citando a Rousseau se afirma que *"el concepto de servicio público aparece como todo aquello que dice en relación a los intereses colectivos del Estado y, por tanto, algo que atañe personalmente a todos los que integran la Nación, algo que se contrapone a asuntos privados"*. Gaspar Ariño Ortiz. Ob. cit. pp. 534 y 535.

ción de la reserva de la actividad, porque, como antes se indicó, alguna doctrina incluye en los servicios públicos hasta aquellos prestados por particulares (administrados), bajo un régimen de disposiciones reglamentarias establecidas por la Administración Pública,[48] y en los cuales también podría concurrir el Estado, en base a la cláusula social del Estado de derecho o a la iniciativa pública, según que el mismo tenga o no contenido económico o naturaleza empresarial[49]. Es decir que de algunas clasificaciones doctrinarias del servicio público puede deducirse que se admitiría como tal tanto las actividades prestacionales de los particulares en base a la libertad de empresa y bajo un régimen de policía administrativa (como sería el caso de la Banca, por ejemplo), como la actividad empresarial del Estado de provisión de bienes, cuestión que, como ya hemos indicado niega el profesor Caballero. Pero ¿podría entonces predicarse lo mismo respecto de la actividad prestacional de contenido económico realizada por el Estado en un régimen de concurrencia con los particulares quienes la ejercen en base a su libertad de empresa?, en cuyo caso podría afirmarse que el Estado lo hace en base a la iniciativa pública y como parte de una actividad empresarial o de gestión económica.

El carácter orgánico del servicio, parece en este sentido, cuando estamos tratando de definirlo como una parte de los contenidos de la actividad administrativa, elemento indispensable junto al elemento material. Pero éste vinculado al tema de la "publicatio", que según Santamaría Pastor surge a consecuencia de las doctrinas económicas para excluir ciertas actividades del ámbito privado cuando los Estados europeos comienzan a llevar a cabo actividades prestacionales de servicio

48 Es lo que la doctrina, incluido Marienhoff, califica como servicios públicos impropios. Miguel Marienhoff. *Tratado de Derecho Administrativo.* Tomo II. Tercera edición actualizada. Abeledo Perrot. Buenos Aires, pp. 119 y sigs.

49 Vemos por ejemplo como Lares Martínez incluye en la clasificación del servicio público, los servicios públicos administrativos: aquellos extraños a la actividad comercial, tales como los de sanidad y asistencia social, conservación del patrimonio histórico y cultural de la nación, y los servicios públicos comerciales o industriales: aquellos cuya actividad principal consiste en la realización de actos de comercio. Estas actividades asumidas por el Estado serán realmente servicio público cuando tengan por objeto dar satisfacción a una necesidad de interés general; tales como el ferrocarril, la radiodifusión, la televisión, los acueductos. Eloy Lares Martínez. Ob. cit., pp. 250 y sigs.

público, viéndose forzado a transformarse en una organización productora de bienes y servicios destinados a alcanzar la satisfacción general de sus ciudadanos. Este fenómeno –expone Santamaría Pastor- tuvo lugar en tres etapas:

(i) La asunción de servicios asistenciales: debido a la pérdida por parte de la Iglesia de los medios necesarios para realizar estos cometidos y que en un primer momento no se consideraron actividades públicas, ya que su realización por parte del Estado se debió a la necesidad de suplir la ausencia de iniciativa privada; de allí que el Estado no se atribuyera la titularidad o el monopolio de la prestación, quedando abierta la posibilidad de que pudiera eventualmente ser ejercida por sujetos privados.

(ii) La creación de infraestructura: en esta segunda etapa, el Estado empieza a crear grandes infraestructuras que vienen a constituir la base física de otros tantos servicios, primero, de servicios como: los canales, los embalses, los puentes, los ferrocarriles y demás obras públicas; más tarde aparece el telégrafo, la producción y distribución de electricidad y el servicio telefónico.

(iii) La realización de actividades empresariales: El Estado asume la propiedad y la gestión directa de empresas mercantiles y actividades de producción y distribución de bienes y servicios.[50]

Esta evolución descrita por Santamaría Pastor permite entonces identificar los aspectos antes mencionados que complican el estudio del servicio público por el derecho administrativo, pues si el mismo se entiende sólo como la "*prestación obligatoria y concreta, de naturaleza económica-social que satisface una necesidad básica y directa del habitante*", y que realiza el Estado "*en cumplimiento de una obligación constitucional o legal, y en relación con las cuales los particulares no tienen derecho a desarrollarlas libremente*",[51] quedarían excluidos los servicios asistenciales y económicos no reservados.

---

50 Juan A. Santamaría Pastor. Ob. cit., p. 304.
51 Allan R. Brewer-Carías, Ob. cit., p. 23.

De manera que hay dos aspectos que deben precisarse cuando se estudia el servicio público como contenido de la actividad administrativa: (i) la naturaleza prestacional de la actividad y su carácter asistencial o comercial y (ii) la reserva al Estado, que es lo que produciría la "publicatio" y la exclusión de la misma del ámbito de acción de los particulares, quienes sólo podrían desarrollarla en régimen de concesión. Lo importante para el derecho administrativo, en nuestra opinión, es llevar la noción del servicio público a su vinculación con las nociones de administración pública en sentido orgánico y material, es decir, a la existencia de una organización administrativa a cargo de la actividad, y a la posibilidad de que dicha actividad, cuando se trate de la explotación de una actividad económica prestacional, sea sólo de tal índole, es decir, reservada al Estado, quien la ejecutaría a través de dicha organización.

Y esta "publicatio" requiere un acto expreso de declaratoria de reserva, un acto expreso de limitación de la actividad económica particular porque como contrapartida a la asignación de la misma al Estado en exclusividad opera una disminución del ámbito de la libertad económica de los particulares. El efecto limitante y la necesidad de una expresa reserva de la actividad para producirlo necesitó ser precisado por la jurisprudencia ante la proliferación de leyes declaratorias de ciertas actividades económicas como de servicio público. Esta reserva y no la mera declaratoria legal de una actividad como de servicio público dependerá, como afirma Peña Solís, "*de los criterios históricos, políticos y sociales que priven en cada Estado en determinada época, de tal manera que resulta perfectamente posible que una actividad conceptuada legalmente como servicio público en un país, no reciba esa misma calificación en otro*".[52]

Apunta el autor Araujo Juárez, que "*las exigencias del ejercicio pleno de los derechos fundamentales económicos imponen el respeto, aún dentro del Derecho de los servicios públicos, a un sistema general de derechos y garantías fundamentales; cualquier restricción o discriminación deberá ser justificada y ser indispensable para la consecución de los objetivos concretos del superior interés público; así mismo, las intervenciones administrativas que se han fundado en la protección*

52 José Peña Solís. Ob. cit., p. 321.

del interés público y que ha constituido el paradigma de la regulación e intervención públicas, deberán llevarse a cabo sólo mediante aquellos medios o técnicas que sean lo menos restrictivo para el goce pleno de los derechos de la libertad de empresa, de propiedad u otros derechos fundamentales y deberán ser adecuados al fin, transparentes, proporcionados y no discriminatorios".[53]

En ese sentido, la Sala Constitucional del Tribunal Supremo de Justicia estableció que la reserva, y no la mera declaratoria de una actividad como de servicio público, es en efecto lo que implica una clara manifestación de voluntad del Estado de excluir al sector privado de la posibilidad de realizar la actividad y aunque "*...la jurisprudencia ha manejado indistintamente los conceptos de servicio público y reserva al Estado de las actividades, con lo cual se ha entendido que toda actividad que se declare servicio público se encuentra reservada al Estado...La Sala encuentra que el equívoco de la decisión que se apeló se halla en la consideración de que todo servicio público se encuentra reservado al Estado y, por tanto, el derecho a la actividad económica de los particulares se encuentra altamente restringido.*" Por esta razón, *"la Sala aclara que no toda actividad que se declara servicio público se encuentra necesariamente reservada al Estado, y tampoco es cierto que toda actividad, que ha sido reservada formalmente al Estado, es servicio público.*

En ese orden de ideas, se encuentra el caso de la educación, actividad que el artículo 4 de la Ley Orgánica de Educación declara como servicio público. De seguirse el criterio que adoptó la decisión que se apeló, y que esta Sala corregirá, habría necesariamente que concluir que, en la enseñanza, los particulares no tendrían derecho alguno a la intervención en cuanto a la prestación de la misma, cuando lo cierto es que tal derecho está expresamente reconocido en el artículo 106 de la Constitución de la República Bolivariana de Venezuela, cuando señala que toda persona puede 'fundar y mantener instituciones educativas privadas'.

Otro caso que ya ha sido objeto de tratamiento por esta Sala y que resulta pertinente al análisis que se hace, es la declaratoria de servicio

---

53 José Araujo Juárez, Ob. cit., p. 40.

público sobre todas las actividades del mercado eléctrico que hizo la Ley Orgánica del Servicio Eléctrico (ex artículo 4)."

La Constitución de 1999, al igual que la de 1961, consagra de manera expresa la figura de la reserva legal, mediante la cual solo puede el Estado reservarse con carácter de exclusividad determinada industria, explotación o servicio público, mediante Ley por razones de conveniencia nacional, excluyendo así a los particulares de dichas actividades. El artículo 302 de la Constitución dispone: "*El Estado se reserva, mediante ley orgánica respectiva, y por razones de conveniencia nacional, la actividad petrolera y otras industrias, explotaciones y servicios y bienes de interés público y de carácter estratégico. El Estado promoverá la manufactura nacional de materias primas provenientes de la explotación de los recursos naturales no renovables, con el fin de asimilar, crear e innovar tecnologías, generar empleo y crecimiento económico, y crear riqueza y bienestar para el pueblo*".

Nos encontramos ante una verdadera reserva constitucional al pautar "*el Estado se reserva*", lo cual limita la potestad del Estado a las actividades, industrias, explotaciones y servicios taxativamente enumerados y definidos. No obstante, la reserva admite una matización, cuando es producto de la calificación legal del servicio, ya que en principio el estado conserva la titularidad y la gestión, pero ello no impide que la Administración pueda permitir la actuación de los particulares, generalmente mediante el contrato de concesión de servicio público.

Expresa Peña Solís que "*La tesis montada sobre el carácter absoluto de la reserva, no puede, en nuestro criterio, ser aplicada a los servicios públicos, mucho menos ahora que tanto la globalización como la liberalización de la economía son fenómenos que inclusive se imponen por la fuerza de los hechos, aun contra la fuerza formal del derecho en el mundo occidental, y obligan a la transformación del concepto de servicio público. Tratar de ignorar esa situación en la interpretación de una norma, tan sensible en el marco de la economía nacional, en el cual se inscriben la gran mayoría de los servicios públicos, como es el artículo 302 constitucional, resultaría una grave error y casi una insensatez, pues que ello conduciría a excluir cualquier grado distinto de reserva al contemplado en el artículo 302, y soslayaría la derivada de la calificación legal del servicio público contenida en distintos artículos de las Constitución y en dispositivos de rango legal*".[54]

Como antes se indicó, no es suficiente la calificación normativa de la actividad como servicio público, se requiere la declaratoria de una reserva expresa para que la actividad quede excluida del ámbito de la libertad económica de los particulares. La decisión de la Sala Constitucional lo ratifica al señalar "... *la Sala encuentra que el equívoco de la decisión que se apeló se halla en la consideración de que todo servicio público se encuentra reservado al Estado y, por tanto, el derecho a la actividad económica de los particulares se encuentra altamente restringido. Ahora bien, la Sala aclara que no toda actividad que se declara servicio público se encuentra necesariamente reservada al Estado, y tampoco es cierto que toda actividad, que ha sido reservada formalmente al Estado, es servicio público (...) Con base en lo anterior, se concluye que no es cierto lo que afirmó la decisión que se apeló en cuanto a que el servicio público excluye la libertad económica porque es de la titularidad del Estado, por cuanto lo determinante es la expresa reserva al Estado de la actividad, que se dicte con fundamento en lo que preceptúa el artículo 302 de la Carta Magna*".[55]

Resulta importante subrayar que la reserva, al implicar la sustracción de la actividad del ámbito del mercado y limitar el derecho económico de los particulares debe entenderse que está restringida a estos parámetros constitucionalmente fijados, a saber, el interés público y su carácter estratégico. La ley debe en todo caso motivar la decisión de la reserva calificando cuál es el interés público y el carácter estratégico que justifica la exclusión de la libre iniciativa privada en este tipo de explotaciones y servicios.

VII. CONCLUSIONES

La actividad de servicio público de contenido económico, entendida como parte de uno de los contenidos de la actividad administrativa supone la intervención de la administración pública en la economía, lo

54 Ibídem. p. 424.

55 Sentencia de la Sala Constitucional de fecha 29 de agosto de 2003. Caso: Arnaldo González Sosa.

que trae como consecuencia excluir la iniciativa privada de la participación en la prestación de los mismos. Si el servicio se presta en concurrencia con los particulares, se tratará de una actividad basada en la iniciativa pública y sujeta a las reglas del mercado.

La reserva de la actividad es una cuestión excepcional, desde que la Constitución Económica contempla un sistema de mercado y libre competencia, en el cual el Estado debe promover la iniciativa privada en pro de impulsar el desarrollo integral de la economía del país. y con reconocimiento de la libertad económica (artículo 112), derecho conforme al cual dispone las personas pueden dedicarse libremente a la actividad económica de su preferencia, respetando las limitaciones establecidas en la Constitución y en las leyes.

La exclusión de una actividad económica del derecho de libre empresa a que se contrae el artículo 112, se permite conforme al artículo 299, sujeto a una ley orgánica y limitado por la circunstancia del que el servicio o explotación debe atender a la satisfacción de un interés público concreto y en vista a su carácter estratégico.

Si la actividad económica prestacional se halla reservada, la Administración podrá llevarla a cabo directamente, a través de su administración funcionalmente descentralizada (artículo 300), y específicamente mediante la empresa del Estado, que es la forma organizativa acorde a los fines empresariales que el servicio público de contenido económico supone y respetando el principio de la racionalidad del gasto (artículo 300).

La Administración podrá, sin embargo, decidir su prestación en concurrencia o de forma indirecta a través de particulares, los cuales, a estos efectos, requerirán de una concesión que les otorgue el derecho a realizar la actividad del cual carecen por virtud de la reserva. De acuerdo a la jurisprudencia del Tribunal Supremo de Justicia, en caso de concurrencia, es decir, de existir varios operadores del servicio, retomará vigencia el principio de libre competencia.

En concreto, la tensión entre libertad económica y reserva revela que, desde la perspectiva del Estado, los cometidos estatales de contenido económico pueden ser asumidos por él en forma exclusiva o concurrente, según el grado en que se encuentre restringida la participación de los particulares. En exclusiva (por disposición Constitucional o legal), en principio, está excluida la intervención de los particulares, quienes solo podrán participar en tales sectores de la economía, previa habilitación del Estado mediante una concesión. Queda atemperado, por tanto, en dicho supuesto, el derecho de libertad económica que consagra el artículo 112 de la Constitución, se restringe el ámbito de actuación de servicios de naturaleza pública o recursos naturales propiedad de la Nación.

No debe confundirse la regulación económica con el servicio público, ya que el servicio público, como síntesis de una actividad prestacional que satisface necesidades primordiales de los habitantes, constituye el objeto de la regulación económica. El sentido que asume la regulación económica -desarrollada con una intensidad mayor en el campo de los servicios públicos- no implica que el Estado abdique de las otras finalidades básicas establecidas en los diferentes marcos regulatorios. Estas finalidades se centran en los aspectos siguientes: (i) asegurar la estabilidad de los suministros; (ii) alcanzar grados óptimos de eficiencia y calidad en los servicios; y (iii) proteger las libertades de los usuarios.[56]

Y terminamos con la reafirmación del criterio del maestro Caballero Ortiz, con las palabras de Tornos Mas, en el sentido de "*Junto a los servicios públicos se sitúan las actividades económicas fuertemente reglamentadas, algunas de las cuales están directamente vinculadas con fines de interés general, pero sin que sobre las mismas se haya llevado a cabo una publicatio y su exclusión del mercado.*"[57]

VIII. BIBLIOGRAFÍA

ARAUJO JUÁREZ, José, *Los Derechos Fundamentales Económicos y el Derecho de los Servicios Públicos*. Servicio Público, Balance & Perspectiva. Editores Hermanos Vadell. Caracas, 1999.

ARIÑO ORTIZ, Gaspar. *Principios de Derecho Público Económico*. Editorial Comares, 1999.

[56] Juan Carlos Cassagne. *El Futuro de los Servicios Públicos*. Congreso de Derecho Administrativo, Homenaje al Dr. Luis Henrique Farías Mata. Tomo I. Editorial Tecnos, Caracas, 2006, pp. 99 y 100.

[57] Joaquín Tornos Más, Joaquín. Ob. cit. p. 196.

BREWER-CARÍAS, Allan R., *El Régimen constitucional de los Servicios Públicos*, en: VI Jornadas Internacionales de Derecho Administrativo "Allan Randolph Brewer-Carías". El Nuevo Servicio Público, Actividades reservadas y regulación de actividades de interés general (Electricidad, Gas, Telecomunicaciones y Radiodifusión). Caracas–Venezuela 2002.

CABALLERO ORTIZ, Jesús, *La Actividad Administrativa de Servicio Público*, en: II Jornadas Internacionales de Derecho Administrativo Allan Randolph Brewer-Carías. FUNEDA, Caracas, 1996.

CASSAGNE, Juan Carlos, *El Futuro de los Servicios Públicos*. Congreso Internacional de Derecho Administrativo en Homenaje al Prof. Luis H. Farías Mata. Editorial Texto, Caracas, 2006.

GARCÍA PELAYO, Manuel, *Consideraciones sobre las cláusulas económicas de la Constitución*, en: Obras Completas, Volumen III. Centro de Estudios Constitucionales, Madrid, 1991.

GARRIDO FALLA, Fernando, *Tratado de Derecho Administrativo*. Volumen II (parte general: conclusión). Undécima edición. Editorial Tecnos. Madrid, 2002.

JÉZE, Gastón, *Los principios generales del Derecho Administrativo*, Reus, 1928.

LARES MARTÍNEZ, Eloy, *Manual de Derecho Administrativo*. Octava Edición. Caracas, 1990.

MARIENHOFF, Miguel, *Tratado de Derecho Administrativo*. Tomo II. Tercera edición actualizada. Abeledo Perrot. Buenos Aires, 1981.

MEILÁN GIL, José Luis, *El servicio público en el derecho actual*, en: Anuario da Facultade de Dereito, no 1, Universidade da Coruña, 1997.

RIVERO, Jean, *Derecho Administrativo*, Ediciones Jurídicas Olejnik, Santiago de Chile, 2019.

RODRÍGUEZ LAVERDE, Ninoska, *Servicio público y potestad administrativa*, en: Fines y medios del Derecho Administrativo. Servicio Público, Balance & Perspectiva (José Araujo Juárez, coordinador). Caracas, 1999.

RONDÓN DE SANSÓ, Hildegard, *El Contencioso de los Servicios Públicos*, en: VI Jornadas Internacionales de Derecho Administrativo "Allan R. Brewer-Carías". El Nuevo Servicio Público. Actividades Reservadas y Regulación de Actividades de Interés General (Electricidad, Gas, Telecomunicaciones y Radiodifusión), Tomo II, Fundación Estudios de Derecho Administrativo, Caracas, 2002.

SÁNCHEZ MORÓN, Miguel, *Derecho administrativo*. Parte General, Séptima Edición, Editorial Tecnos, Madrid, 2011.

SÁNCHEZ PAVÓN, Bernardo, *La positivización del concepto de servicio público*, en: Anuario da Facultade de Dereito da Universidade da Coruña, 2016.

SANTAMARÍA PASTOR, Juan A. *Principios de Derecho Administrativo.* Volumen II. Segunda Edición. Colección Ceura. Editorial Centro de Estudios Ramón Areces, S.A. Madrid, 2000.

TORNOS MÁS, Joaquín, *El Concepto de Servicio Público a la luz del derecho comunitario*, en: Revista de Administración Pública, número 200, Mayo-Agosto, Madrid, 2016.

URDANETA TROCONIS, Gustavo, *La idea de Municipio en Venezuela. El arduo tránsito del municipio territorial al municipio-colectividad.* Colección Compactos N° 5, Caracas, 2020.

RETOS DE LA TRANSPARENCIA Y LA PUBLICIDAD EN LA CONTRATACION PÚBLICA

ALEJANDRO CANÓNICO SARABIA*

SUMARIO

RESUMEN

Resulta fundamental que dentro de los procedimientos de compras públicas se cumpla con el principio de transparencia y especialmente con una adecuada publicidad, para garantizar la libre concurrencia, la competencia y la eficiencia en dichos procedimientos. Una de las formas de garantizar la transparencia es implementando y fortaleciendo un sistema de contratación pública electrónica. Adicionalmente, la publicidad posee límites que también se encuentran recogidos y garantizados en las especiales normas de contratación pública, como es la confidencialidad, cuya limitación debe ser interpretada como una excepción a la regla de la publicidad; por lo que se constituye en un reto tratar de armonizar el cumplimiento de la transparencia con la garantía de la confidencialidad y la reserva por razones específicas y justificadas.

---

* Abogado. Profesor de Derecho Administrativo. Doctor en Derecho Administrativo Iberoamericano por la Universidad de La Coruña. Miembro del Foro Iberoamericano de Derecho Administrativo y del Instituto Internacional de Derecho Administrativo. Coordinador Nacional de la Red Iberoamericana de Contratación Pública. email: *canonico1511@gmail.com*

I. LA TRANSPARENCIA COMO PRINCIPIO GENERAL DE LA ADMINISTRACIÓN PÚBLICA

La transparencia nos induce a pensar en escenarios abiertos de absoluta claridad, donde se pueda observar con facilidad el desarrollo de los procesos administrativos que ejecutan los sujetos con facultades para ello. Si en el plano meta jurídico, la transparencia es un fenómeno que permite el paso de los rayos luminosos para observar con claridad determinados objetos, en el escenario de lo jurídico-público, la transparencia le ordena a la Administración Pública actuar con la mayor visibilidad posible, permitir la observación e incluso, la interacción del ciudadano en los procedimientos que ésta adelante, para posibilitarle su verificación y control.

El principio de transparencia se constituye en un principio fundamental, universal, global y transversal, en el seno de la administración pública, que obliga a los órganos y entes del sector público a estar y ser abiertos a la exposición pública. Como lo señala RAZQUIN LIZARRAGA, *"...deben ser espacios de cristal en los que el ciudadano pueda mirar en todo momento cómo se efectúa la gestión de los asuntos públicos"*[1].

La transparencia en la gestión administrativa adquiere una connotación sumamente importante, toda vez, que si tomamos en consideración el término transparencia, el mismo denota claridad o visibilidad, lo cual aplicado al ámbito administrativo se refiere a la claridad, transparencia o visibilidad de la gestión pública. La transparencia administrativa es una obligación de toda administración, traducida precisamente en el deber que la misma tiene de informar a los ciudadanos de las diversas actuaciones o aspectos relevantes de una gestión administrativa, garantizando a su vez el cumplimiento del derecho que tienen las personas a mantenerse informadas de las actuaciones de los órganos públicos y específicamente el derecho de acceder a la información pública.

El principio *in comento* ha sido considerado, al igual que el principio de publicidad como la regla que debe regir toda actuación

---

1 Martín María Razquín Lizarraga (2015). *El derecho de acceso a la información pública.* San Sebastián. Instituto Vasco de Administración Pública. p. 29.

administrativa, por lo que a través del mismo se debe garantizar el flujo constante de información, no solo hacia las personas sino también a los demás órganos y entes que conforman la administración pública. Es por ello que la transparencia administrativa tiene por objeto no solo la información contenida en archivos, registros, expedientes y documentos sino toda la relativa al entero desenvolvimiento de la actuación y gestión administrativa, incluyendo la función, competencias, procedimientos, organización, recursos humanos, materiales y financieros.

En la actualidad nadie duda que la transparencia deba estar presente en todas las fases de las actividades de los órganos y entes que ejercen el Poder Público, así como de cualquier entidad que gestione asuntos públicos; y es que, tanto los organismos internacionales como los propios estados han apostado a este principio, como parte sustancial de la noción de democracia, con el objeto de garantizar la eficiencia en la gestión pública, proteger los derechos de los ciudadanos, preservar el interés general y, al mismo tiempo, para disminuir los índices de corrupción que se puedan verificar en las actuaciones de estos órganos[2].

La Administración, en ejercicio de sus atribuciones, garantiza el principio de transparencia, si desarrolla una actividad de planificación previa que justifique su accionar, estableciendo racionalmente los motivos, las circunstancias, los procedimientos y los objetivos a alcanzar en los asuntos que acometa, que debe necesariamente hacerlos público, esto quiere decir, de fácil conocimiento de todos; si además establece mecanismos adecuados para solicitar y rendir cuentas, y si genera espacios o vías de comunicación para mantener informadas a las personas, sobre sus órganos, funciones y actividades en general; garantizando el acceso a la información pública y a la participación ciudadana. Es por ello que se afirma con propiedad que la aplicación efectiva del principio de transparencia está vinculada indisolublemente con otros principios

---

2 Moreno Molina y Cancino Gómez, nos recuerdan que "[l]a transparencia es un arma eficaz en la lucha contra la corrupción y los fraudes de todo tipo respecto de los fondos públicos" (José Antonio Moreno Molina y Rodolfo Canicno Gómez (2018) *La contratación pública internacional. Unión Europea-México*, Chartridge Books Oxford, p. 21); en el mismo sentido el Profesor Milan Gil: "La transparencia, que es un antídoto de la corrupción, está ligada a la publicidad." (Meilan Gil José Luis, (2011) *Una aproximación al derecho administrativo global*, Global law press, Sevilla, p. 159).

que informan la gestión pública, como la publicidad, la planificación, la objetividad, la honestidad, la rendición de cuentas, la eficiencia, la participación, la seguridad jurídica y la buena fe.

La consagración y garantía del principio de transparencia en la Administración pública, como se viene planteando, se asocia actualmente a la noción de Gobierno Abierto, el cual busca fortalecer y actualizar las relaciones entre los órganos o entes que ejercen el Poder Público y las personas en general, a través de la apuesta decidida por la transparencia pública, lo que incluye, la verdadera participación y la colaboración ciudadana, para que contribuyan en la eficiencia pública y en la lucha contra la corrupción.

Es importante resaltar que estos principios a los que nos hemos referido se replican en ordenamientos jurídicos de diferentes países, incluso en los postulados de distintos organismos multilaterales, mucho más cuando los principios se confunden con derechos humanos, que se hacen trasladables a cualquier órbita[3]. En palabras de Meilan

---

[3] El principio de transparencia y sus elementos integradores se pueden observar consagrados y protegidos en muchos instrumentos jurídicos internacionales, destacando su importancia en los sistemas políticos contemporáneos. Vemos como se reconoce y regula la libertad de pensamiento y expresión, conjuntamente con el derecho a la rectificación, en los artículos 13 y 14 de la CONVENCIÓN AMERICANA DE DERECHOS HUMANOS (Pacto de San José, 1969). Más tarde, se recoge la transparencia como un principio fundamental, en los artículos 5, 7, 9, 10 y 13 de la CONVENCIÓN DE LAS NACIONES UNIDAS CONTRA LA CORRUPCIÓN, adoptada mediante Resolución 58/4 de la Asamblea General, de 31 de octubre de 2003. Por otra parte, la transparencia aparece como un principio clave, que permite confirmar el cumplimiento efectivo de los procedimientos y principios, en la LEY MODELO DE LA COMISIÓN DE LAS NACIONES UNIDAS PARA EL DERECHO MERCANTIL INTERNACIONAL, 2011 (CNUDMI). En la CARTA DEMOCRÁTICA INTERAMERICANA, adoptada en Lima, mediante resolución de la Organización de Estados Americanos, de 11 de septiembre de 2011, que sustituyó a la Ley Modelo de la CNUDMI sobre la Contratación Pública de Bienes, Obras y Servicios de 1994; a través de esta Ley Modelo se determina que la transparencia en las actividades gubernamentales se constituye en uno de los componentes fundamentales para el ejercicio de la democracia (Artículo 4). Así mismo, en los artículos 3, 7 y 28 del CÓDIGO IBEROAMERICANO DE BUEN GOBIERNO, aprobado por la VIII Conferencia Iberoamericana de Ministros de Administración Pública y Reforma del Estado Montevideo, Uruguay, 22 y 23 de junio de 2006 Adoptado por la XVI Cumbre Iberoamericana de Jefes de Estado y de Gobierno Montevideo, Uruguay, del 3 al 5 de noviembre de 2006 (Resolución Nº 15 de la "Declaración de Montevideo"). El punto 42 de la CARTA IBEROAMERICANA DE PARTICIPACIÓN CIUDADANA EN LA GESTIÓN PÚBLICA, adoptada en Lisboa, en 2009. Y especialmente en el reconocimiento del derecho fundamental de la persona a la buena

Gil[4], los principios se constituyen en un *corpus común* que vincula a los Estados, que pueden y deben desarrollarlos; como así ha ocurrido, y que por lo tanto condicionan la aplicación de todo el ordenamiento jurídico estatal haciéndolos de obligatoria observancia. El hecho que podamos discutir en distintos países con absoluta propiedad sobre los principios que informan a la Administración Pública, es producto de la globalidad con la que se aborda esta temática desde los organismos llamados a determinarlos y a garantizar su efectividad, así como dentro de los espacios académicos.

La transparencia como obligación estatal, se manifiesta en dos sentidos: i. La transparencia activa o publicidad, en la cual la Administración tiene que actuar y publicitar información sin que se lo demanden los ciudadanos, se constituye en una obligación de los órganos y entes públicos que consiste en exhibir y poner a la disposición de todos, la mayor cantidad de información relevante; y ii. La transparencia pasiva: manifestada a través del derecho de acceso de los ciudadanos a la información pública, supone la exigencia de las personas a obtener la información requerida, que maneje la autoridad correspondiente. Ambas manifestaciones se interrelacionan y complementan, para entender que debe existir un cumplimiento integral y efectivo del principio instrumental y garantista de la transparencia en la gestión pública.

En virtud de lo anterior, conviene destacar la íntima relación entre la manifestación activa y la manifestación pasiva del principio de transparencia. La transparencia activa es un presupuesto del derecho de acceso a la información. Cuanta más transparencia activa, o sea, cuanta más facilidad e información pública y relevante ofrezcan los entes u órganos públicos, menos documentación tendrán que pedir las perso-

---

Administración Pública, que se consagra en la CARTA IBEROAMERICANA DE LOS DERECHOS Y LOS DEBERES DEL CIUDADANO EN RELACION CON LA ADMINISTRACION PUBLICA, 2013; aprobada por el Consejo Directivo del CLAD en reunión presencial-virtual celebrada desde Caracas el 10 de octubre de 2013 En cumplimiento del mandato recibido por la XV Conferencia Iberoamericana de Ministras y Ministros de Administración Pública y Reforma del Estado Ciudad de Panamá, Panamá, 27 y 28 de junio de 2013 Adoptada por la XXIII Cumbre Iberoamericana de Jefes de Estado y de Gobierno, Panamá 18 y 19 de octubre de 2013 (punto 22). Entre otros instrumentos internacionales que se pronuncian sobre este trascendente principio.

4 José Luis Meilan Gil (2011), *Una aproximación...*, ob cit., p.164.

nas mediante la presentación de solicitudes de acceso a la información. Normalmente, en el contexto de la transparencia pasiva, los ciudadanos piden aquello que la entidad pública no ha facilitado clara, directa o correctamente. En virtud de lo anterior se ha reconocido que una buena página web institucional o un buen portal de transparencia es una excelente vía preventiva para evitar el incremento de solicitudes de acceso a la información[5].

En Venezuela, la transparencia como principio transversal, que se traduce en una obligación de cumplimiento por parte de los actores públicos y que se relaciona estrechamente con la publicidad y el derecho de acceso a la información, aparece directa e indirectamente consagrado en varias disposiciones de la Constitución de la República (CRBV), como veremos seguidamente. Partiendo principalmente del artículo 141 constitucional que destaca los principios informadores de las actuaciones de la Administración Pública, colocando el acento en el carácter vicarial de la gestión pública y señalando a la transparencia como uno de sus principios rectores[6]. Sin embargo, no sólo la actuación de la Administración Pública propiamente dicha, debe regirse por la transparencia, según el texto constitucional, también la obligación de transparencia aparece en otras manifestaciones del ejercicio de los órganos y entes que ejercen el Poder Público; efectivamente en la actuación de la administración electoral (Artículos 293 y 294 CRBV), en la gestión fiscal (Artículo 311 CRBV), la transparencia como una de las características esenciales del sistema de justicia (Artículo 26 CRBV) y en la rendición de cuentas de las autoridades públicas en general (Artículo 66 CRBV).

Por lo tanto, el principio de transparencia está ligado en la actualidad con la noción de democracia y de Estado de Derecho, mucho más dentro de la concepción de democracia directa en la que se inscribe la constitución venezolana, es por ello que la base fundamental del sistema

---

5 En los artículos 18, 19 y 20 de la Ley de Infogobierno se regula la obligación de los órganos y entes que ejercen el Poder Público en contar con un portal de internet para cumplir con su responsabilidad de transparencia.

6 Esta disposición constitucional se encuentra replicada y profundizada en el artículo 10 del Decreto Con Rango, Valor y Fuerza de Ley Orgánica de la Administración Pública (DLOAP).

político y por lo tanto de los elementos que la componen, se desprende inicialmente de la interpretación de los artículos 2, 3, 6 y 19 de la Constitución de la República Bolivariana de Venezuela (CRBV), donde se describe el concepto y alcance del Estado democrático y social de Derecho y de Justicia, se destacan los fines del estado y se determinan las características del sistema democrático de gobierno, teniendo como punto central la dignidad de la persona.

Como hemos observado, la transparencia como principio instrumental y garantista, se relaciona además con varias nociones fundamentales o derechos de las personas, por una parte guarda una relación muy estrecha con el derecho de acceso a la información pública, que encuentra consagración fundamental en los artículos 28, 117, 143 y 337 del texto constitucional; así mismo se relaciona con el derecho de petición, previsto en el artículo 51 de la CRBV[7]; con el derecho a la libertad de expresión y la prohibición de la censura a los funcionarios púbicos para dar cuenta de los asuntos que se encuentran bajo sus responsabilidades (Artículos 57 y 58 de la CRBV); y , por supuesto, con el derecho a la participación pública, como manifestación de la democracia directa (Artículos 62, 70 de la CRBV). Todos ellos vinculados a la posibilidad cierta de que las personas puedan contar con el acceso a la información sobre la gestión pública, y principalmente sobre los asuntos que les conciernen.

Lamentablemente el anterior basamento constitucional no se ha traducido en un desarrollado por la vía legislativa nacional, a través de la sanción de una ley general de transparencia y acceso a la información pública en el país; colocándose Venezuela dentro del selecto grupo de países latinoamericanos que no cuenta con una ley general de transparencia, acompañado por Bolivia, Costa Rica, Cuba, Haití y Surinam[8]. En consecuencia, la obligación general estatal de transparencia y de pu-

---

7 Vid. Artículo 9 del Decreto Con Rango, Valor y Fuerza de Ley Orgánica de la Administración Pública (DLOAP), el artículo 10 del Decreto Con Rango, Valor y Fuerza de Ley Contra la Corrupción, y el artículo 5 de la Ley Orgánica de Procedimientos Administrativos (LOPA).

8 Disponible en: https://observatoriop10.cepal.org/es/recursos/america-latina-caribe-paises-que-cuentan-ley-acceso-la-informacion-publica-ano, consultada el 21 de diciembre de 2020.

blicidad, se debe cumplir en ejecución directa del texto constitucional, y adicionalmente, se ha verificado en normativas nacionales sectoriales y en leyes estadales dictadas para ser aplicadas en los ámbitos territoriales propios de cada entidad federal.

En conclusión, la transparencia desde su perspectiva activa se vincula al principio de publicidad, como obligación estatal para la optimización de la gestión pública, y en su manifestación pasiva, la transparencia se relaciona con el derecho fundamental que tienen las personas de acceso a la información pública, que se encuentra reconocido y garantizado por diversos instrumentos internacionales y por la Constitución de la República.

II. LA TRANSPARENCIA EN LAS COMPRAS PÚBLICAS

La Administración Pública, en ejercicio de la función o actividad administrativa o realizando actividades de gestión económica, no siempre procede por vía unilateral mediante actos administrativos o por vía reglamentaria, sino que con frecuencia requiere de acuerdos en sus diversas formas, celebrando convenios o actos bilaterales de distinta naturaleza. Sus múltiples y complejos fines la obligan a la celebración de numerosos actos jurídicos, solicitando la colaboración voluntaria de sujetos privados u operadores económicos y de otros órganos o entes públicos para hacer más eficiente la gestión del interés general.

El contrato es, en suma, una de las formas jurídicas de la función administrativa, y también una de las técnicas de colaboración voluntaria de las personas con la Administración Pública, en materia de obras, bienes y servicios, entre otros[9]; que en la actualidad trasciende el simple objeto puntual y concreto de la convención para contribuir adicionalmente con objetivos sociales, ambientales y estratégicos. A través de la actividad contractual pública los poderes adjudicadores deben garantizar la satisfacción del interés general, contando con la colaboración del sector privado, debido a que: "*...tales actividades no se pueden realizar directamente por la propia Administración y segundo porque, de esta manera, se asocia a la sociedad en la función de servicio al*

9 José Araujo-Juárez (2011), *Derecho Administrativo General. Acto y Contrato Administrativo*, Ediciones Paredes, Caracas, p. 255.

interés general, que ni es privativa de la Administración ni sólo a ella concierne"[10].

Adicionalmente, en la concepción general de la gestión pública se ha pasado de la preponderancia de los privilegios y prerrogativas del estado, a la consideración de la garantía de aplicación de los principios generales, poniendo en el centro de relevancia a la dignidad de la persona; es por ello que la eficiencia, la publicidad, la integridad, la participación y la transparencia, se colocan en un primer plano dentro del universo de la gestión pública, en obsequio del interés general.

En el campo de las contrataciones públicas, los principios de transparencia y publicidad deben operar con igual profundidad y trascendencia, para garantizar la claridad, honestidad, eficiencia, la competencia, la seguridad jurídica y la mejora sustancial e integral en la gestión de los operadores del sector público, dentro de los parámetros objetivos de la buena administración, eliminando el riesgo de favoritismo y arbitrariedad por parte de los poderes adjudicadores o contratantes[11].

En ese sentido el artículo 2 del Decreto con Rango, Valor y Fuerza de Ley de Contratación Pública (DLCP), establece que sus disposiciones se desarrollarán respetando los principios de economía, planificación, transparencia, honestidad, eficiencia, igualdad, competencia, publicidad y simplificación de trámites[12]; debiendo promover la parti-

---

10 Jaime Rodríguez Arana-Muñoz (2013), "La contratación del sector público como política pública", en J. José Pernas García (Dir.) *Contratación Pública Estratégica*, Editorial Aranzadi, Madrid, p.31.

11 Meilan Gil, determina el objeto de la transparencia en la contratación pública de la siguiente forma: *"...al principio de transparencia, que constituye el colorario del principio de igualdad, tiene esencialmente por objeto garantizar que no exista riesgo de favoritismo y arbitrariedad por parte de la entidad adjudicadora. Exige que todas las condiciones y modalidades del procedimiento de licitación estén formuladas de forma clara, precisa e inequívoca en el anuncio de licitación o en el pliego de condiciones, con el fin de que, por una parte, todos los licitadores razonablemente informados y normalmente diligentes puedan comprender su alcance exacto e interpretarlas de la misma forma y, por otra parte, la entidad adjudicadora pueda comprobar efectivamente que las ofertas presentadas por los licitadores responden a los criterios aplicables al contrato de que se trate"(...) "La transparencia, que es un antídoto de la corrupción, está ligada a la publicidad."* (José Luis Meilan Gil (2011), Una aproximación al derecho administrativo global, Global law press, Sevilla, p. 159).

12 En el artículo 6 del Reglamento de la Ley de Contrataciones Públicas se ratifica la obligación del cumplimiento de los principios generales aplicables a la materia.

cipación ciudadana, desde la contratación pública, a través de cualquier forma asociativa de producción. En esta disposición se le otorga una especial consideración a la planificación y a las actividades previas al procedimiento de selección de contratistas, para garantizar la concurrencia y la eficiencia en las compras públicas. Todas estas actividades deben ser realizadas cumpliendo con los parámetros y mecanismos que garanticen la transparencia, constituyendo los medios electrónicos o telemáticos, elementos fundamentales para verificar los mencionados principios, los cuales además ayudarán a la efectividad de los procesos y el acceso de las personas a ese mercado.

Efectivamente, el principio instrumental de la transparencia, asociado a la publicidad, determina que toda la información esté suficientemente clara, precisa y a disposición de los oferentes o participantes, desde el anuncio de la contratación, pasando por las especificaciones en el pliego de condiciones y las precisas reglas del juego público implícito, con el objeto de que todos los participantes, y los ciudadanos en general, estén debidamente informados de los proyectos que adelantan los poderes adjudicadores y sus condiciones específicas de celebración y ejecución, lo que genera por una parte, que los licitadores tengan muy claras las reglas para participar, y por la otra, permite efectuar un control jurídico y ciudadano sobre la gestión y la inversión de los recursos públicos.

Se trata pues de una garantía que debe imperar para todos los operadores económicos que decidan participar en los procedimientos de contratación, sin distinción, ni discriminación. Garantizarle a los operadores económicos, el acceso a la información pertinente sobre la oportunidad de negocios en el ámbito de las compras públicas resulta de absoluta importancia para, en primer lugar, preservarle ese derecho fundamental previo a estar informados; en segundo lugar, para brindarle la posibilidad cierta de su participación en dichos procedimientos licitatorios, y por último, a partir de lo anterior, para que puedan seguir contribuyendo al crecimiento sostenible de la economía local o nacional.

La supranacionalidad del derecho de contratos, asociado a la preservación de los principios rectores de esta materia, como la objetividad, la igualdad, la integridad, la honestidad, la publicidad, la eficiencia, la participación, la seguridad jurídica, y por supuesto, la transparencia, permiten verificar la eficiencia pública y se convierte en un argumento eficaz en la lucha contra la corrupción, como lo reconoce la citada Convención de las Naciones Unidas Contra la Corrupción[13]. En fin, dentro de la noción amplia de transparencia, a los parámetros de la publicidad, se le otorgó una posición de trascendencia para la valoración de los estándares de un buen gobierno y en definitiva, para el correcto funcionamiento del sistema democrático en general.

1. ¿Transparencia o publicidad?

Dentro del estudio de las situaciones y relaciones que ocurren en la gestión pública de forma directa o que inciden en ella de manera tangencial, los términos principistas transparencia y publicidad son empleados muchas veces como sinónimos o de forma indistinta, y en otras circunstancias son entendidos en una relación de continente a contenido. Sin embargo, consideramos que no hay dudas en la actualidad que ambos conceptos tienen como elemento central la idea de la información y se constituyen en características generales e indispensables de las actuaciones de los órganos y entes que ejercen el Poder Público. Sólo nos quedaría reflexionar si en el universo de la contratación pública pudieran tener connotaciones distintas, o se consideran partes de un mismo principio general de carácter amplio.

Observamos que en el citado artículo 141 de la CRBV, se utiliza el término transparencia como uno de los principios fundamentales de la Administración Pública, omitiendo la referencia a la noción de publicidad en todo el texto constitucional. Lo mismo se puede observar de las normas contenidas en los artículos 1 y 37 del DLCP, en donde se señala a la transparencia como el gran principio a garantizar. No obstante, en los artículos 2 y 104 del mismo DLCP, cuando se refiere a los principios generales que aplican en los procedimientos de contratación pública, se identifica de forma individual y separada a la transparencia y a la publicidad, generando la idea de que se trata de nociones distintas; pero si se revisa la exposición de motivos de ese decreto ley, nos encontramos con que los ubica asociados dentro de una concepción integral, entendiendo

13 Ver nota 5 de pie de página.

que se tratara de lo mismo[14]. Adicionalmente, el artículo 46 *eiusdem,* titulado publicidad, regula el derecho que posee cualquier persona de consultar toda la información contenida en el Registro Nacional de Contratistas, lo que representa la manifestación más clara del principio de transparencia, específicamente la vertiente identificada como publicidad pasiva, vinculado al derecho de acceso a la información pública, y por otra parte, observándose la publicidad activa, desde la perspectiva de la obligación de la Administración de contar con un registro de contratistas completo, informado y actualizado.

A partir de estas ideas se pudiera concluir a priori que las normas de contratación pública no distinguen un concepto del otro, es más, nos inducen a entender que al principio general se le denomina transparencia y que una de las formas de cumplirlo es precisamente a través de la garantía de la publicidad de los actos y actuaciones.

Nos permitimos colocar a título comparativo al ordenamiento jurídico español, donde se distingue el derecho de los licitadores de acceso sin coste a la información relativa a las compras públicas, que se define como uno de los objetivos de la garantía del principio de eficiencia en esa materia, en el artículo 28.2 de la Ley 09/2017, de 8 de noviembre, de contratos del sector público (LCSP); con respecto al derecho a la información pública que tienen todas las personas y que representa un derecho humano previsto en distintos instrumentos internacionales, y constituye un derecho fundamental recogido en la Constitución Española[15].

---

14 En la exposición de motivos del DLCP, expresamente se señala: *"Entre otros elementos importantes, se incluye el carácter público del monto total del "presupuesto base", permitiéndose al órgano o ente contratante mantener reserva sobre los detalles. Ello a los fines de reforzar los principios de publicidad y transparencia que conforme a la Constitución de la República Bolivariana de Venezuela y las leyes, deben ser respetados en las actuaciones de la Administración Pública"*. Esta referencia no es tan cierta, ya que en líneas anteriores mencionamos que la CRBV no hace referencia al término publicidad, por lo que debemos entender que para el DLCP la publicidad es lo mismo que la transparencia o se entiende que una forma parte de la otra.

15 Vid. Artículos 20.1.d) y 105b) de la CE, que consagran el derecho a la información de la siguiente forma: "Artículo 20. *1. Se reconocen y protegen los derechos: (...) d) A comunicar o recibir libremente información veraz por cualquier medio de difusión. La ley regulará el derecho a la cláusula de conciencia y al secreto profesional en el ejercicio de estas libertades." Artículo 105. La ley regulará: (...)* b) El acceso de los ciudadanos a los archivos

El derecho de acceso a la información como licitador o participante en un procedimiento de contratación pública, se desprende de la interpretación de los principios de publicidad, transparencia y libertad de acceso que consagran las Directivas europeas y que se reafirman en el artículo 1 de la LCSP; se regula por lo tanto la garantía que debe imperar para todos los operadores económicos que decidan participar en los procedimientos de contratación pública, sin distinción ni discriminación, partiendo de la situación adversa que le produciría a los operadores económicos, la falta de información oportuna y de calidad sobre el proceso de contratación, siendo determinante para su efectiva participación en el mercado de las compras públicas.

Por otra parte, el derecho a la información pública que tienen todas las personas, además de constituir un derecho fundamental, previsto en normas internacionales y en la propia Constitución, ha sido desarrollado en términos generales, salvando los precedentes autonómicos, en la Ley 19/2013, de 9 de diciembre, de transparencia, acceso a la información pública y buen gobierno (LTAIBG), donde dentro de la noción amplia de transparencia se le otorgó una posición de trascendencia para la valoración de los estándares de un buen gobierno y en definitiva, para el correcto funcionamiento del sistema democrático en general[16]. Se hace referencia a las anteriores normas, debido a que aun cuando no obedezcan exclusivamente al ámbito de las compras públicas, la regulación que aportan basada en principios generales y en la garantía de derechos fundamentales, penetra e influye en todo el ordenamiento jurídico, incluyendo la contratación pública; por lo tanto deben ser observadas por las Administraciones públicas y, en el caso que nos ocupa, por los poderes adjudicadores o contratantes, para respetar y garantizarle ese derecho fundamental que poseen todas las personas a estar informadas sobre los procedimientos en general de la contratación pública

y registros administrativos, salvo en lo que afecte a la seguridad y defensa del Estado, la averiguación de los delitos y la intimidad de las personas."

16 Resulta conveniente señalar que previo a que se adoptara la LTAIBG, el Comité de Ministros del Consejo de Europa adoptó el convenio núm. 205, de 27 de noviembre de 2008, sobre acceso a los documentos públicos, el cual , aun cuando España no lo ratificó expresamente, resultó determinante para la ordenación del derecho de acceso a la información pública en la LTAIBG: Severiano Fernández Ramos y José María Pérez Monguio (2017) *El derecho al acceso a la información pública en España*, Editorial Aranzadi, Pamplona, p.35.

que llevan a cabo los poderes adjudicadores; mientras que el derecho a la información que poseen los participantes o licitadores, aplicable en las compras públicas, se refiere a los documentos contractuales, y se desprende específicamente del principio de publicidad contractual[17].

Garantizarle a los operadores económicos, el acceso a la información pertinente sobre la oportunidad de negocios en el ámbito de las compras públicas resulta de absoluta importancia para, en primer lugar, preservarle ese derecho fundamental previo a estar informados; segundo, para brindarle la posibilidad cierta de su participación en dichos procedimientos licitatorios, y por último, a partir de lo anterior, para que puedan seguir contribuyendo al crecimiento sostenible de las economías nacionales o comunitaria.

A partir de esta disposición, la LCSP, dispone de una serie de acciones que deben implementar los poderes adjudicadores para garantizar el acceso a la información de los operadores económicos en las compras públicas, dentro del contexto de los principios de publicidad y transparencia. Teniendo como única excepción a estos principios, las razones de confidencialidad, de acuerdo con las condiciones establecidas en el artículo 133 de la LCSP.

2. Contratación pública electrónica y transparencia

Hoy más que nunca, nos encontramos sumergidos dentro de la denominada *sociedad de la información*, que se caracteriza porque los

---

17 Ver Resolución nº 47/2013, de 30 de enero, del Tribunal Administrativo Central de Recursos Contractuales de España (TACRC), mediante el cual afirma que en materia de contratación pública priva la ley de contratos por sobre a ley general de transparencia, de siguiente forma: "Por tanto, la pretendida vulneración del derecho a acceder al expediente no puede ser analizada desde la perspectiva de la aplicación de los principios generales del ordenamiento jurídico-administrativo que la recurrente invoca, sino partiendo de la regulación concreta de la publicidad de la información que se contiene en el régimen de la contratación del Sector Público, y que se concreta en la verificación del cumplimiento de la obligación de información impuesta por el artículo 151.4 del TRLCSP". http://www.hacienda.gob.es/TACRC/Resoluciones/A%C3%B1o%202013/Recurso%200006-2013%20(Res%2047)%2030-01-13.pdf consultada el 20 de octubre de 2018. En esa misma línea de razonamiento ver: Recomendación 1/2014, de 1 de octubre, de la Junta Consultiva de Contratación Administrativa de la Comunidad Autónoma de Aragón, relativa al fomento de la transparencia en la contratación pública. Disponible en: https://www.aragon.es/estaticos/GobiernoAragon/OrganosConsultivos/JuntaConsultivaContratacionAdministrativa/Documentos/R12014.pdf consultada el 20 de mayo de 2017.

medios de producción de bienes y servicios, así como la demanda de las personas para satisfacer sus necesidades, se encuentran determinados por un recurso esencial, que es la información[18], y en para ello se pone a la disposición de los ciudadanos, las nuevas tecnologías de la información y comunicación, lo que altera mayoritariamente positivo la forma de relación tradicional de las personas con la Administración. En consecuencia, se impone un nuevo modelo de gestión pública administrativa, donde el uso de los medios electrónicos y digitales ocupa un lugar determinante, del que evidentemente surgen nuevas modalidades de interacción personales e institucionales; donde se puede observar una nueva forma de relacionarse por vía telemática, hasta llegar a constituirse un derecho instrumental de las personas a relacionarse electrónicamente con los órganos de la administración pública[19].

Ahora bien, como lo señala el profesor JINESTA LOBO[20], la administración digital debe extenderse a todos los campos de la gestión pública, y especialmente, por razones de eficacia, eficiencia y celeridad, a los procedimientos de contratación administrativa, partiendo desde la publicación del llamado o cartel de condiciones, pasando por el acto de adjudicación y su eventual impugnación, hasta la verificación del cumplimiento del contrato. Se reitera que en este tipo de procedimientos administrativos de selección de contratistas, como en toda la actividad administrativa, debe prevalecer el principio de legalidad, garantizándose al mismo tiempo la simplicidad, agilidad y transparencia; pero con especial énfasis, se deben destacar los principios de publicidad, igualdad y concurrencia de los participantes, como características es-

18 Víctor Rafael Hernández Mendible (2001), "El derecho administrativo en la sociedad de la información", (Reflexiones sobre el impacto de las telecomunicaciones y la informática), en Armando Rodríguez y Fernando Parra Aranguren (Eds.) *Libro Homenaje Universidad Central de Venezuela. Facultad de Ciencias Jurídicas y Políticas. 20 años de Especialización en Derecho Administrativo. Estudios de Derecho Administrativo,* Volumen II, Tribunal Supremo de Justicia y UCV, Caracas, p. 27.

19 Alejandro Canónico Sarabia, "El Derecho de los Ciudadanos a Relacionarse Electrónicamente con las Administraciones Públicas". *Revista Galega de Administración Pública.* REGAP Nro. 48. julio-diciembre 2014. Editada por la Escola Galega de Administración Pública. http://egap.xunta.es/Documentos/Publicacions/[1441181134]REGAP_48.pdf

20 Ernesto Jinesta Lobo (2009), "Administraciones públicas electrónicas: Retos y desafíos para su regulación en Iberoamérica", en Víctor Hernández-Mendible (Coord.) *Desafíos del Derecho Administrativo Contemporáneo,* Ediciones Paredes, Caracas, p. 190.

peciales que deberán ser considerados durante toda la tramitación de la contratación pública, y para ello, los medios electrónicos serán de suma utilidad, siendo quizás en los escenarios donde alcancen una aplicación más intensa[21].

El planteamiento anterior, referido a la ampliación de la administración electrónica hacia los procedimientos de contratación pública, nos coloca en una nueva concepción de la contratación pública electrónica, que se puede definir "*...como aquel acuerdo de voluntades perfeccionado a través de medios electrónicos o informáticos. Es decir, para calificar una contratación de "electrónica" debemos observar la incidencia del medio de comunicación utilizado entre las partes en la formación de la voluntad"*[22].

Por lo tanto, el impulso de la contratación electrónica *"...favorece la competencia, ya que facilita el acceso a la información pertinente sobre oportunidades de negocio"*[23]. Además contribuye, definitivamente, a reducir el gasto público, a facilitar la relación comercial entre la Administración Pública y los operadores económicos, empresas, cooperativas o pymes, y a asegurar la transparencia y, en fin, a generar mayor control en los procesos de contratación pública, contribuyendo en la reducción o disminución de hechos de corrupción en el sector de las compras públicas[24].

Resulta conveniente recordar que ya nos habíamos pronunciado sobre el usos de los medios electrónicos en las contrataciones públicas al estudiar los principios generales que deben regir en esas tramitaciones administrativas, efectivamente el citado artículo 2 del DLCP,

---

21 Víctor Rafael Hernández Mendible, "Los procedimientos administrativos en Venezuela", ob. cit., p. 149.

22 Verónica Cubek Quevedo (2000), "Condiciones generales de la contratación por medios electrónicos", *en Foro de Integración y Comercio Internacional (FICI)*, Fundación Estudios de Derecho Administrativo (FUNEDA), Caracas, p. 77.

23 José María Gimeno Feliú (2014), *El nuevo paquete legislativo comunitario sobre contratación pública. de la burocracia a la estrategia. (El contrato público como herramienta del liderazgo institucional de los poderes públicos)*, Pamplona, Editorial Aranzadi p. 59.

24 Alejandro Canónico Sarabia y Leticia Espinoza Carrión, **(2019) "Los medios electrónicos en la contratación pública venezolana",** *Transformación digital, modernización e innovación en la administración pública.* **Con motivo de los 25 años de FUNEDA. José Rafael Belandria García (coordinador)**. CIDEP. Colección Colectivos Nº 2. Caracas.

destaca la necesidad fundamental de esta modalidad de gestión electrónica, para garantizar a su vez el cumplimiento de los principios de transparencia, publicidad, eficiencia y seguridad jurídica[25]; disposición que debe ser interpretada conjuntamente con el artículo 104 *eiusdem*, donde se reafirma que los procedimientos de selección de contratistas deben realizarse utilizando medios y dispositivos de tecnologías de información y comunicaciones para garantizar la honestidad, eficiencia, igualdad, competencia, publicidad, autenticidad, seguridad jurídica y confidencialidad necesaria, pero especialmente para garantizar la materialización del principio de transparencia.

Este mandato legislativo de avanzar hacia la modernización de los procedimientos de contratación pública, a través del empleo de los medios electrónicos y digitales, para garantizar que las prestaciones del sector público sean eficaces, eficientes, transparentes y posibles de ser controladas por la sociedad, se encuentra reforzado en algunas normas legales que regulan directamente la materia de la contratación pública y en otras, de forma indirecta, pero referidas a la gestión de los órganos y entes que ejercen el Poder Público. En el primer grupo de disposiciones identificamos al artículo 8 del mismo DLCP, que obliga a realizar todas las notificaciones que se produzcan en los procedimientos de compra públicas por medios electrónicos[26]; así mismo los artículos 54.8, 120, 121 y 122 del Reglamento de la Ley de Contrataciones Públicas, todos referidos al uso de la tecnología de la información y comunicación en los procedimientos de compras públicas; así como los artículos 8, 12 y 13 de la Ley Constitucional Contra La Guerra Económica Para La

---

25 El mismo DLCP define en su artículo 6.22 a los medios electrónicos, de la siguiente forma: *"Son instrumentos, dispositivos, elementos o componentes tangibles o intangibles que obtienen, crean, almacenan, administran, codifican, manejan, mueven, controlan, transmiten y reciben de forma automática o no, datos o mensajes de datos cuyo significado aparece claro para las personas o procesadores de datos destinados a interpretarlos"*.

26 El artículo 8 del DLCP, expresamente señala: *"Todas las notificaciones que deban practicarse en ejecución del presente Decreto con Rango, Valor y Fuerza de Ley, indistintamente del tipo de procedimiento de que se trate, deberán realizarse en forma electrónica siempre que el destinatario de la notificación hubiere previamente aceptado tal condición y deberán publicarse en la página web del contratante. Para el caso de rescisiones unilaterales por incumplimiento del contratista y decisiones que deriven de un procedimiento administrativo que afecten derechos subjetivos, adicionalmente las notificaciones deberán ser publicadas en la página web del Servicio Nacional de Contrataciones."* (...)

Racionalidad y Uniformidad en la Adquisición de Bienes, Servicios y Obras Públicas (LCCGERUABSOP), dictada por la Asamblea Nacional Constituyente[27] y publicada en la Gaceta Oficial de la República Bolivariana de Venezuela Nº 41.318 de fecha 11 de enero de 2018. Mientras que en el segundo grupo podemos situar a: i. El Decreto con Rango, Valor y Fuerza de Ley Sobre Acceso e Intercambio Electrónico de Datos, Información y Documentos Entre los Órganos y Entes del Estado[28]; ii. El Decreto con Rango, Valor y Fuerza de Ley Sobre Mensajes de Datos y Firmas Electrónicas[29]; y iii. La Ley de Infogobierno[30].

En conclusión, este nuevo modelo de gestión pública administrativa, que consiste en el empleo de la tecnología de la información y comunicación, y que avanza sin cesar cada día, penetrando todos los espacios sociales y gubernamentales, contribuirá definitivamente a garantizar -a su vez- el cumplimiento de los principios fundamentales de la transparencia y la publicidad, en los procedimientos de contratación pública, aportando a la consolidación de lo que la doctrina calificada en la materia ha denominado el paso de una contratación pública burocrática a las compras públicas estratégicas[31], en donde el uso de los medios electrónicos es vital.

No obstante, esa implementación y consolidación de un nuevo sistema de gestión no sólo consiste en sustituir simplemente los medios

27 En el mes de agosto de 2017 fue instalada, de forma irregular, una Asamblea Nacional Constituyente en Venezuela, integrada sólo con seguidores del partido político del gobierno nacional. Aquella Asamblea Nacional Constituyente con el argumento de la supra constitucionalidad, mal interpretada, se dedicó a dictar leyes y otros actos, denominados constituyentes o constitucionales, que han incidido en el ordenamiento jurídico venezolano. Cabe destacar que esta Asamblea Nacional Constituyente cesó en sus funciones en el mes de diciembre de 2020, sin dictar el nuevo texto constitucional, para lo que fue instalada.

28 Publicado en la Gaceta Oficial Nº 39.945, del 15 de junio de 2012.

29 Publicado en la Gaceta Oficial Nº 37.148 de 28 de febrero de 2001, y su reglamento aparece en la Gaceta Oficial Nº 38.086, de 14 de diciembre de 2004.

30 Publicada en la Gaceta Oficial Nº 40.274 de 17 de octubre de 2013.

31 "*La concepción de lo que es la contratación pública –y su fundamento- ha cambiado de forma muy notable en los últimos años. Lejos queda la visión burocrática de la compra pública, diseñada desde una perspectiva hacendística y con escasa prospectiva. Hoy puede afirmarse que la contratación pública debe ser visualizada como una potestad o herramienta jurídica al servicio de los poderes públicos para el cumplimiento efectivo de sus fines o sus políticas públicas*". (José María Gimeno Feliú (2013), "Compra pública estratégica", en J. José Pernas García (Dir.) *Contratación Pública Estratégica*, Editorial Aranzadi, Madrid, p. 45).

físicos con medios electrónicos, realmente supone un cambio de paradigma y de concepción principista. Es por ello que la transformación de la contratación pública tradicional a una verdadera contratación pública electrónica y digital, se convierte en uno de los grandes retos de la Administración Pública venezolana.

III. LA TRANSPARENCIA Y LA PUBLICIDAD EN LAS ETAPAS DE LA CONTRATACIÓN PÚBLICA

Ha quedado suficientemente claro que el principio de transparencia se cumple y se garantiza cuando se suministra o se pone a disposición de las personas la respectiva información pública. Sin embargo, para que la garantía se considere plenamente cumplida, la información que se le permita visualizar a las personas o aquella que se transmita, debe ser de calidad, esto es, la información debe ser suficiente, absolutamente comprensible y utilizable. La información tendrá estas características, cuando le permita al operador económico conocer con claridad y exactitud el objeto del contrato, el cual deberá estar conectado con las necesidades del contratante y con las características de la contratación; además que le permita tener certeza sobre el trámite procedimental que se va a seguir, y cuáles son los requisitos que se deberán cumplir para participar válidamente en el procedimiento, así como las condiciones de ejecución. Todo esto, para que el participante tenga la posibilidad cierta de poder formular una oferta adecuadamente, en tiempo y objeto y se disminuya el margen de discrecionalidad de los funcionarios, que pudieran llevar a actos de corrupción.

Adicionalmente, para que el principio de transparencia sea efectivo y se garantice correctamente los estándares internacionales, la publicidad debe ser de forma adecuada, con el objeto de que permita abrir la competencia a la mayor cantidad de operadores económicos posibles, sin fragmentar el mercado[32]. Recordemos que sin publicidad adecuada

---

[32] Vid. STJUE de 29 de abril de 2004, Comisión de las Comunidades Europeas contra CAS Succhi di Frutta Spa, C496/99 P, Rec. P. I-3801, apartado 111. Recuperada de: https://contratodeobras.com/images/Sentencia-TJCE-Asunto-C-496-99-P_CAS-Succhi-di-Frutta-SpA.pdf; y STG (Sala Octava) de la Unión Europea de 31 de enero de 2013, asunto T-235/11, España contra Comisión Europea, apartado 48: "*Por lo que respecta al principio*

o sin información suficiente, no existe transparencia, y por lo tanto, se elimina la posibilidad de la amplitud del acceso de los participantes, con lo que se disminuye la oferta y por lo tanto la calidad de las contrataciones. Sólo de esta forma se garantizaría una mayor concurrencia colaborativa de los operadores económicos en los procedimientos de contratación pública, y así el acceso efectivo y posible de los distintos actores económicos para su contribución al desarrollo sostenible del estado.

Cabe destacar que las regulaciones sobre contratación pública venezolana parten de la premisa del carácter público del expediente de contratación[33], pero reservado hasta la culminación de la selección del contratista; luego de ocurrido ese evento se les permitirá a los oferentes el derecho de revisión de su contenido y requerir copia del mismo si lo desean[34]. Lo anterior no obsta para que los participantes en los procedimientos de contratación pública puedan solicitar las informaciones y aclaratorias que correspondan dentro del referido procedimiento, y para que los contratantes cumplan con el resto de las obligaciones de transparencia exigidas en las normas.

Así mismo, debemos tener presente las recomendaciones formuladas en la Guía para la incorporación al derecho interno de la Ley Modelo de la CNUDMI sobre contratación Pública, en su sección 6.32, p. 53, referida en la cita 5 del presente trabajo, las cuales nos indican que el concepto de transparencia en la contratación pública comprende cinco elementos principales: i. La difusión pública de las normas aplicables

de transparencia, que constituye el corolario del principio de igualdad, tiene esencialmente por objeto garantizar que no exista riesgo de favoritismo y arbitrariedad por parte de la entidad adjudicadora. Exige que todas las condiciones y modalidades del procedimiento de licitación estén formuladas de forma clara, precisa e inequívoca en el anuncio de licitación o en el pliego de condiciones, con el fin de que, por una parte, todos los licitadores razonablemente informados y normalmente diligentes puedan comprender su alcance exacto e interpretarlas de la misma forma y, por otra parte, la entidad adjudicadora pueda comprobar efectivamente que las ofertas presentadas por los licitadores responden a los criterios aplicables al contrato de que se trate". Recuperado de: http://curia.europa.eu/juris/document/document.jsf?text=&docid=133182&pageIndex=0&doclang=ES&mode=lst&dir=&occ=first&part=1&cid=2752839.

33 Negar a los interesados el acceso al expediente de contratación, se constituye en una causal de responsabilidad administrativa, según el numeral 15 del artículo 166 del DLCP.

34 Vid. Artículo 20 del DLCP.

al proceso de contratación; ii. La publicación de los contratos próximamente adjudicables; iii. La determinación y publicación previas del objeto de contratación y del modo en que examinarán las ofertas; iv. La administración visible del proceso de contratación conforme a las normas y a los procedimientos prescritos; y v. La existencia de un sistema que permita supervisar el cumplimiento de esas normas y, de ser necesario, hacerlas cumplir."[35]

En virtud de lo anterior, a continuación haremos un repaso de las manifestaciones del principio de transparencia y la publicidad, en las fases procedimentales de la contratación pública, con base en las normas jurídicas venezolanas, partiendo de las obligaciones generales de transparencia, observando la etapa preparatoria a la formación de la voluntad contractual o actividades previas, pasando por las etapas centrales de selección de contratista y de la adjudicación, hasta la etapa de ejecución y seguimiento del cumplimiento del contrato.

1. Obligaciones generales de transparencia en el sistema venezolano de contrataciones públicas

Son muchas las manifestaciones generales de la publicidad y la transparencia a las que obligan las normas de las contrataciones públicas, como hemos adelantado antes; sin embargo trataremos de presentar simplemente una muestra de las obligaciones legales vinculadas directamente a los señalados principios, que deben observarse en el sistema que engloba la tramitación de estos procedimientos contractuales.

En primer lugar, resulta necesario notificar oportunamente al Servicio Nacional de Contrataciones (SNC) las designaciones de las personas que pasarán a integrar las Comisiones de Contrataciones en los diferentes órganos y entes contratantes. Además estas personas que integren las Comisiones de Contrataciones deberán certificarse ante el SNC. (Artículo 14 del DLCP). Igualmente, los secretarios de las comisiones de contrataciones tienen la obligación legal de informar al SNC sobre el desarrollo de los procesos de contratación en los cuales se

---

[35] Disponible en: https://uncitral.un.org/sites/uncitral.un.org/files/media-documents/uncitral/es/guide-enactment-model-law-public-procurement-s.pdf consultada el 3 de noviembre de 2020

encuentren participando, previa solicitud formulada por el SNC (Artículo 16 del DLCP).

Por otra parte, como una forma de interpretar la obligación de rendición de cuentas que poseen todos los agentes públicos, las personas que integran las Comisiones de Contrataciones, al culminar definitivamente sus respectivas actividades, estarán obligadas a presentar un informe de la gestión realizada ante el SNC, dentro de los veinte días hábiles siguientes a la fecha de la designación de la nueva persona que la sustituya o de la nueva comisión; aun cuando la norma no lo menciona, se interpreta que esta notificación debe hacerse ante el SNC, debido a que el resto de las obligaciones de notificación e información se plantean ante este órgano (Artículo 15 del DLCP).

En cuanto a los contratantes, las normas les imponen la obligación de presentar informes ante el SNC, para que se coloquen a disposición del público. Estas informaciones vinculadas al principio de planificación, son las siguientes: i. Informe sobre la programación de la adquisición de bienes, prestación de servicios y ejecución de obras a contratar para el próximo ejercicio fiscal, cuya remisión se hará en el último trimestre del año, con base al proyecto de presupuesto; ii. Así mismo, se debe informar cualquier modificación a la programación de la adquisición de bienes, prestación de servicios y ejecución de obras, incluyendo la variación que se verifique entre el proyecto y el presupuesto aprobado; estas notificaciones deberán efectuarse dentro de los quince días siguientes a la aprobación de las modificaciones; y iii. Se deberá rendir la información de las contrataciones públicas realizadas por el contratante, informe que se deberá presentar dentro de los primeros quince días continuos siguientes al vencimiento de cada trimestre. Estas conductas de rendición de contenido por parte de los contratantes, representan la más clara manifestación del principio de transparencia (publicidad activa), ya que dicha información debe ser colocada a disposición de cualquier persona para su libre consulta (Artículos 38 y 39 del DLCP).

Mientras tanto, el SNC es la autoridad técnica competente para solicitar, recibir, recabar, automatizar, actualizar y sistematizar la información relacionada con la materia de contrataciones públicas en el país. En esa tarea este órgano deberá desarrollar, administrar y operar un sistema electrónico de contrataciones del estado, así como gestionar otros modelos de desarrollo tecnológicos; y en fin, deberá dar prioridad a la implementación de medios electrónicos en sus procesos internos y en sus relaciones con las personas públicas o privadas. Así mismo, la norma obliga al SNC a implementar mecanismos que permitan la conversión de los expedientes y archivos físicos en documentos digitales, aplicando la Ley de Mensaje de Datos (Artículos 37 y 104 del DLCP).

La transparencia también se manifiesta a través de las atribuciones que tiene asignadas el Registro Nacional de Contratistas (RNC) y que guardan relación con el manejo de la información y la publicidad en el universo de las compras públicas; se puede afirmar que el sistema de información de las contrataciones del estado que debe llevar el RNC, es la mayor garantía de la transparencia en esta materia. La principal premisa es que el Registro de Contratistas es público, convirtiéndolo en la vitrina ideal para exhibir toda la información correspondiente a las personas inscritas y calificadas en ese órgano, permitiendo a los contratantes consultar dicha información sin ninguna limitación, así como a cualquier persona que la solicite. En virtud de ello, el RNC está obligado a sistematizar, organizar y consolidar una base de datos que garantice el flujo de información para mejorar los procesos de contratación pública, a través del referido sistema de información de las contrataciones públicas.

Dentro de las funciones que debe desarrollar el RNC vinculadas a la garantía del principio de transparencia, se pueden destacar: i. Elaborar y publicar el directorio de contratistas, donde se refleje la calificación y clasificación por especialidad; ii. Consolidar la captación de la información de la programación anual de compras; ii. Consolidar la captación de la información de la rendición trimestral de las contrataciones realizadas; iii. Consolidar la información referente a la aplicación de las medidas temporales que se encuentren vigentes; iv. Publicar en la página web del Servicio Nacional de Contrataciones, los llamados a participar en los concursos abiertos y concursos abiertos anunciados internacionalmente; y v. Desarrollar mesas técnicas para incentivar a los órganos y entes públicos de la Administración Pública, para la oportuna rendición de la información requerida (Artículos 42, 46 y 53 del DLCP).

2. Etapa preparatoria a la formación de la voluntad contractual

De conformidad con lo establecido en el artículo 7 del Reglamento de la Ley de Contrataciones Públicas (RLCP), el contratante o poder adjudicador está en la obligación de efectuar actividades previas o preliminares que garanticen una adecuada selección del contratista[36], con base en los principios de planificación, eficiencia, igualdad, publicidad y transparencia; estas actividades preliminares se deben realizar siempre, para cualquier modalidad de contratación, incluyendo a las modalidades no competitivas y procedimientos excluidos.

Las actividades preliminares que se deben desarrollar son las siguientes: i. La preparación del presupuesto base; ii. La programación o asignación presupuestaria; iii. Se deben determinar las especificaciones técnicas de la contratación; iv. Se deben determinar las ventajas económicas y técnicas de la contratación; v. Se debe proyectar el modelo del contrato; vi. Si el procedimiento tiene carácter plurianual efectuar la notificación al órgano competente en la planificación central; vii. Se debe evaluar la recurrencia de la contratación y determinar si es viable agruparla en un solo procedimiento o bajo la modalidad de contrato marco, estimando las cantidades de bienes servicios u obras a contratar. Ahora bien, las anteriores actividades previas se deben desarrollar con absoluta eficiencia y transparencia, para garantizar el principio de igualdad de trato y el principio de seguridad jurídica.

La forma específica y efectiva de darle publicidad y visibilidad a las actividades previas, antes señaladas, es a través del pliego de condiciones, que consiste en el instrumento jurídico-técnico donde constan las reglas, normas particulares, condiciones y criterios aplicables a cada contratación, y que debe estar disponible para cualquier interesado que desee participar en el procedimiento de contratación[37]. Estas reglas y criterios deben ser objetivos, de posible revisión y verificación, y de

36 El profesor José Araujo ubica a las actividades previas o preliminares dentro de la fase o etapa técnico-jurídica denominada preparatoria, la cual tiene por objeto garantizar una adecuada selección del contratista. En: José Araujo Juárez (2011) *Derecho Administrativo General. Acto y contrato* administrativo, Caracas, Ediciones Paredes, p. 314 y 315.

37 Vid. Artículos 65 y 66 del DLCP.

fácil accesibilidad, con lo que se garantiza la transparencia, la libre concurrencia y la igualdad.

En consecuencia, en el pliego de condiciones o en las condiciones de la contratación deben incluirse, por lo menos: i. El monto del presupuesto base[38]; ii. Las características de los bienes a adquirir, los servicios a prestar o las obras a ejecutar con listas de cantidades, servicios conexos y planos; iii. Las especificaciones técnicas detalladas de los bienes a adquirir o a incorporar en la obra, los servicios a prestar; iv. La determinación de la moneda de las ofertas y su conversión a moneda nacional; v. El establecimiento de los lapsos y lugar en que los participantes podrán solicitar aclaratorias del pliego de condiciones y la autoridad competente para responderlas; vi. La determinación de la fecha, lugar y mecanismo para la recepción y apertura de las manifestaciones de voluntad y ofertas; vii. La forma en que se corregirán los errores aritméticos o disparidades en montos en que se incurra en las ofertas; viii. Los criterios de calificación, su ponderación y la forma en que se cuantificarán dichos criterios; ix. La matriz de evaluación para determinar el puntaje de la oferta, su ponderación y la forma en que se cuantificarán el precio y los demás factores definidos como criterios de evaluación, así como los criterios que permitan la preferencia para la calificación y puntajes adicionales; x. La forma del cumplimiento del compromiso de responsabilidad social; xi. El proyecto de contrato que se suscribirá con el beneficiario de la adjudicación y las garantías; xii. Las normas, métodos y pruebas que se emplearán para determinar si los bienes, servicios u obras, una vez ejecutados, se ajustan a las especificaciones definidas; y xiii. La forma, plazo y condiciones de entrega de los bienes, ejecución de obras o prestación de los servicios objeto de la contratación.

3. Etapa de formación de la voluntad contractual o selección de contratistas

En el curso de la tramitación de los procedimientos de contratación pública se deben celebrar actos donde se verifiquen y cumplan con re-

---

[38] El artículo 59 del DLCP determina que el presupuesto base deberá ser informado a los participantes a través del pliego de condiciones, por formar parte de éste. Así mismo, la falta de elaboración del presupuesto base es una causal de determinación de responsabilidad administrativa (Artículo 166.4 del DLCP).

quisitos encaminados a garantizar los principios de publicidad y transparencia. La publicidad del procedimiento de contratación se manifiesta desde su convocatoria o llamado a participar, específicamente en los procedimientos celebrados por medio de las modalidades de concurso abierto y concurso abierto anunciado internacionalmente[39].

Efectivamente, los contratantes deben publicar en su página web oficial la convocatoria o llamado a participar en los concursos abiertos, hasta un día antes de la recepción de sobres. Estos avisos públicos deben contener como mínimo, la siguiente información: i. El objeto de la participación; ii. La identificación del contratante; iii. La dirección, dependencia, fecha a partir de la cual estará disponible el pliego de condiciones, horario, requisitos para su obtención y su costo; iv. El lugar, día y hora de inicio del acto público, o término, en que se recibirán las manifestaciones de voluntad de participar en la contratación, documentos para la calificación y ofertas; y v. La identificación del procedimiento a utilizar en la modalidad de selección.

Adicionalmente, los contratantes deberán remitir al SNC, el llamado a participar en los concursos abiertos para que sean publicados en la página web de ese órgano durante el lapso correspondiente. Por último, y por vía de excepción, los contratantes, previa aprobación de la Comisión Central de Planificación, podrán publicar los llamados a concursos abiertos en medios de comunicación de circulación nacional o regional, especialmente en la localidad donde se vaya a suministrar el bien o servicio, o a ejecutar la obra. Sin menoscabo, de poder divulgar el llamado a través de otros medios de difusión, nacionales o internacionales, como en las redes sociales.

Otra de las manifestaciones del principio de transparencia en la tramitación de los procedimientos de contratación pública, se verifican en las reglas para sustanciar y notificar las modificaciones y aclaratorias sobre las condiciones de la contratación, las cuales están concebidas para aportar igualdad y seguridad. Todas las modificaciones de las condiciones establecidas en el pliego, que fueran legalmente aprobadas, y las respuestas a las aclaratorias formuladas por los participantes, además que deben ser notificadas a los intervinientes, pasan a formar parte

[39] Vid. Artículos 79, 80 y 82 del DLCP

integrante del pliego de condiciones y adquieren su mismo valor. Con ocasión a las modificaciones aprobadas, se le otorga a los contratantes la potestad para prorrogar los términos originalmente establecidos para la presentación de manifestaciones de voluntad, a partir de la última notificación de las modificaciones o aclaratorias (Artículos 68, 69 y 72 del DLCP).

Así mismo, la publicidad está presente en las características de los actos públicos de recepción y apertura de sobres contentivos de las manifestaciones de voluntad y ofertas, con motivo de la aplicación de las modalidades de selección de contratistas que establece la norma. De esas actuaciones deberá levantarse el acta respectiva, que será firmada por las personas presentes en el acto, donde constarán la celebración del acto y todo lo ocurrido en el mismo, ya sea la recepción de las manifestaciones de voluntad y ofertas, como la apertura de los sobres y la constancia de la documentación consignada (Artículos 91, 92 y 93 del DLCP).

Por último, si por cualquier circunstancia el contratante decide poner fin al procedimiento de contratación pública que se esté desarrollando o si decide la descalificación de algún participante, deberá notificar a todos los oferentes de dicha decisión, que debió ser adoptada mediante acto motivado por la autoridad competente. Las referidas notificaciones deberán ser practicadas preferiblemente por medios electrónicos, salvo que los oferentes no hubieran suministrado sus respectivas direcciones de correo electrónico, en cuyo caso, el contratante deberá notificar conforme a las reglas tradicionales.

4. Etapa de ejecución y seguimiento del contrato.

El principio de transparencia no sólo es relevante en las actividades previas y en la etapa de formación de la voluntad contractual, cuya transcendencia se dejó establecida *ut supra*, sino también en la etapa de ejecución del contrato o fase de seguimiento del cumplimiento del contrato[40].

---

[40] El Tribunal Supremo de Justicia venezolano (TSJ), consideró que cuando se efectúan modificaciones irregulares al contenido del contrato original, se afecta al *ius variandi* y por lo tanto se vulnera el principio de transparencia en la fase de ejecución del contrato. Ver, sentencia de la Sala Político Administrativa del TSJ, N° 753, de 2 de julio de 2008: http://histo-

Los contratantes mantienen la obligación de seguimiento y control sobre la ejecución de las prestaciones contenidas en el contrato; así mismo mantienen el deber de seguimiento de las actividades de las comunas, consejos comunales u otra organización de participación ciudadana, cuando se encuentren ejecutando recursos transferidos por los órganos y entes de la Administración Pública; esta actividad se encuentra asociada a la obligación de rendición de cuentas que tienen aquellas organizaciones e instancias de participación directa de las personas en la gestión pública, ante la Asamblea de Ciudadanos y ante el SNC (Artículos 26, 27 y 28 del DLCP).

Todas las partes, están obligadas a mantener las condiciones originales de la contratación; esto quiere decir que debe mantenerse lo contemplado en el pliego de condiciones o reglas particulares de la contratación y en la oferta beneficiaria de la adjudicación, salvo que existan razones que justifiquen la modificación y que sean debidamente sustanciadas y aprobadas por el contratante. En caso de que se ejecute un contrato en evidente contradicción con las condiciones establecidas en el respectivo pliego o condiciones de la contratación y de la oferta beneficiaria de la adjudicación, sin que haya mediado la debida motivación conforme a las normas que regulan la modificación, el contrato podrá ser declarado nulo (Artículos 119 y 121 del DLCP).

Las modificaciones contractuales deben realizarse cumpliendo con el principio de transparencia. El contratante podrá, antes o después de iniciado el suministro de los bienes, la prestación de los servicios o la ejecución de la obra, introducir las modificaciones que estime necesarias, las cuales serán notificadas por escrito al contratista. Así mismo, el contratista podrá solicitar al contratante cualquier modificación que considere conveniente para las prestaciones contratadas, la cual deberá ir acompañada del correspondiente estudio técnico, económico y presupuestario, y el contratante deberá dar respuesta a la solicitud en tiempo oportuno. El contratista sólo podrá realizar las modificaciones propuestas cuando reciba autorización por escrito del contratante, debidamente

rico.tsj.gob.ve/sr/Default3.aspx?url=../decisiones/spa/julio/00753-2708-2008-2004-0766.html&palabras=reversion , consultada el 15 de diciembre de 2020.

firmada por la máxima autoridad del órgano o de quien éste delegue (Artículo 130 del DLCP).

En el contexto de la obligación de información permanente que tienen los contratantes para nutrir de contenido al RNC y así cumplir con el principio de transparencia, se encuentra el deber de remitir al RNC la información relativa a la actuación o desempeño del contratista en la ejecución del contenido contractual, incluyendo los casos de rescisión unilateral del contrato (Artículo 51 del DLCP). Igualmente los contratantes tienen la obligación ineludible de informar al RNC sobre los contratos y su ejecución, que se hayan formalizado bajo supuestos de exclusión de aplicación de las normas generales de la contratación pública, específicamente, i. La ejecución de obras, la adquisición de bienes y la prestación de servicios, que se encuentren en el marco del cumplimiento de obligaciones asumidas en acuerdos internacionales entre la República Bolivariana de Venezuela y otros Estados, o en el marco de contratos o convenios suscritos con organismos internacionales, y ii. La contratación con empresas constituidas en el marco de acuerdos internacionales (Artículo 4 del DLCP).

Así mismo, los contratantes están en la obligación de preparar y remitir mensualmente a su órgano de control interno o unidad de auditoría interna, una relación detallada de las decisiones de contratación fundamentadas en emergencia comprobada[41], anexando los actos motivados, con la finalidad de que evalúe si la emergencia fue declarada justificadamente o si fue causada o agravada por la negligencia, imprudencia, impericia, imprevisión o inobservancia de normas por parte del funcionario del contratante, en cuyo caso procederá a instruir el procedimiento para determinar las responsabilidades administrativas a que hubiere lugar (Artículo 102 del DLCP).

---

41 Según el artículo 6.22 del DLCP, se considera emergencia comprobada: *"son los hechos o circunstancias sobrevenidas que tienen como consecuencia la paralización, o la amenaza de paralización total o parcial de las actividades, o del desarrollo de las competencias del contratante"*. Mientras que el artículo 102 eiusdem, determina que: *"La emergencia comprobada deberá ser específica e individualmente considerada para cada contratación, por lo que deberá limitarse al tiempo y objeto estrictamente necesario para corregir, impedir o limitar los efectos del daño grave en que se basa la calificación y su empleo será sólo para atender las áreas estrictamente afectadas por los hechos o circunstancias que lo generaron"*.

Por último, se debe precisar que la inobservancia general o la contravención a los principios fundamentales de la contratación pública, previstos expresamente en la ley, se consideran supuestos generadores de responsabilidad administrativa, lo que puede ocasionar sanciones para los funcionarios de los contratantes que incurran en tales conductas irregulares, cuyas sanciones pueden consistir en multa e inhabilitaciones para el ejercicio de la función pública[42].

IV. LA CONFIDENCIALIDAD COMO EXCEPCIÓN A LA PUBLICIDAD Y LA TRANSPARENCIA

Como estudiáramos en los puntos anteriores la publicidad y la transparencia, son principios que garantizan la honestidad, la concurrencia, la libertad de acceso de los licitadores y la libre competencia, por lo que se convierte en elementos fundamentales en los procedimientos de contratación pública. Sin embargo, la obligación de brindarle publicidad y transparencia al procedimiento de contratación tampoco es absoluta, posee límites razonables. El límite principal del principio de publicidad y de la transparencia, lo constituye la protección o el respeto de la confidencialidad.

El postulado de respeto de la confidencialidad en las compras públicas está vinculado al derecho integral a la libertad de empresa, prevista en el artículo 112 de la CRBV que, según el artículo 299 *eiusdem,* debe ejercerse dentro de una economía de mercado[43], constituyendo la

---

[42] Se consideran infracciones a las normas de las contrataciones públicas, negar a los particulares, el acceso a los expedientes administrativos en los cuales posean interés, e incumplir con el deber de suministrar al SNC, la información requerida, entre otros. Para ampliar más los supuestos se recomienda consultar el artículo 166 ordinales 3°, 4°, 6°, 7°, 15° y 16° del DLCP.

[43] "Artículo 299 de la CRBV: *"El régimen socioeconómico de la República Bolivariana de Venezuela se fundamenta en los principios de justicia social, democracia, eficiencia, libre competencia, protección del ambiente, productividad y solidaridad, a los fines de asegurar el desarrollo humano integral y una existencia digna y provechosa para la colectividad. El Estado conjuntamente con la iniciativa privada promoverá el desarrollo armónico de la economía nacional con el fin de generar fuentes de trabajo, alto valor agregado nacional, elevar el nivel de vida de la población y fortalecer la soberanía económica del país, garantizando la seguridad jurídica, solidez, dinamismo, sustentabilidad, permanencia y equidad del crecimiento de la economía, para lograr una justa distribución de la riqueza mediante una planificación estratégica democrática participativa y de consulta abierta".*

defensa de la competencia un presupuesto y al mismo tiempo un límite de dicha libertad, evitando las prácticas que puedan perjudicar la concurrencia de las empresas en el referido mercado.

Así mismo la confidencialidad es reconocida en la carta magna, como parte del derecho constitucional a la protección al honor, la intimidad y la reputación de las personas[44], a la par del reconocimiento como derecho fundamental, a partir de la interpretación del artículo 11 de la Convención Americana de Derechos Humanos (Pacto de San José), que señala: *"1. Toda persona tiene derecho al respeto de su honra y al reconocimiento de su dignidad. 2. Nadie puede ser objeto de injerencias arbitrarias o abusivas en su vida privada, en la de su familia, en su domicilio o en su correspondencia, ni de ataques ilegales a su honra o reputación. 3. Toda persona tiene derecho a la protección de la ley contra esas injerencias o esos ataques".*

Ahora bien, en el ámbito de las contrataciones públicas, donde se encuentran en juego importantes cantidades de dinero, de origen público o privado, el respeto por la confidencialidad reviste una transcendencia particular, debido a que los operadores económicos al presentar sus ofertas exhiben información interna, privilegiada y confidencial, relacionada, muchas veces, con secretos técnicos, profesionales o comerciales, que no desean ni deben compartir por razones estratégicas. Y por su parte, los contratantes, frecuentemente poseen ciertas informaciones clasificadas sólo para el consumo de los participantes de los procedimientos de contratación, que deben manejar con discreción para garantizar la concurrencia y la igualdad de los participantes.

Dentro de las disposiciones del DLCP se establecen supuestos en los que se determina la reserva de cierta información de forma temporal, por varias razones, principalmente por razones de confidencialidad y para preservar la seguridad, pulcritud e integridad del procedimiento de selección del contratista; por ejemplo en el artículo 18, se le ordena a los miembros de las Comisiones de Contrataciones, y a cualquier persona que participe en las actuaciones de los referidos procedimientos, a

---

44 Artículo 60 de la CRBV: *"Toda persona tiene derecho a la protección de su honor, vida privada, intimidad, propia imagen, confidencialidad y reputación.*
La ley limitará el uso de la informática para garantizar el honor y la intimidad personal y familiar de los ciudadanos y ciudadanas y el pleno ejercicio de sus derechos".

mantener debida reserva de la información contenida en la documentación presentada, así como, de los informes, opiniones y deliberaciones que se realicen con ocasión al procedimiento sustanciado.

Así mismo, y a pesar de la declaratoria del carácter público del expediente de contratación, sólo después de culminada la selección del contratista, es cuando los oferentes tendrán la posibilidad de solicitar la revisión del expediente y requerir las copias que deseen[45]; por otra parte, según la norma, se declara reservada la información sobre la calificación, el examen y evaluación de las ofertas, en el lapso comprendido desde la apertura de los sobres contentivos de las manifestaciones de voluntad u ofertas, hasta la notificación de los resultados del concurso.

En cuanto al empleo de los medios y dispositivos vinculados a las tecnologías de la información y la comunicación en las modalidades de selección de contratistas, a través de los cuales se potencia el cumplimiento de los principios de transparencia, eficiencia, igualdad, competencia, publicidad, autenticidad y seguridad jurídica en las contrataciones públicas, no se puede obviar la garantía de la confidencialidad[46], sobre la base de las normas constitucionales y convencionales antes señaladas; constituyéndose en una excepción a la publicidad en este tipo de trámites.

En lo que respecta al contenido de la información, sólo se limita el acceso a los documentos que integran el expediente de contratación, cuando hayan sido declarados formalmente reservados o confidenciales, de conformidad con lo establecido en la ley. Tal restricción de publicidad encuentra cobertura en los artículos 7.1, 158, 159, 168, 169 y 172 del Decreto de Ley Orgánica de la Administración Pública (DLOAP) y en el artículo 59 de la Ley Orgánica de Procedimientos Administrativos (LOPA)[47]. En dichas disposiciones se establece que la declaratoria o calificación de un documento reservado por confidencial, debe ser efectuado por la máxima autoridad del órgano o ente contratante, a través de un acto administrativo debidamente motivado; dicho documento deberá ser archivado en un cuaderno separado del expediente principal.

---

45 Vid. Artículos 20 del DLCP, 31 del Reglamento de la Ley de Contrataciones Públicas y 172 de la Ley Orgánica de Procedimientos Administrativos.

46 Vid. Artículo 104 del DLCP.

47 Vid. 143 y 277 de la CRBV.

En materia de contratación pública, la calificación de confidencialidad de un documento pudiera obedecer, entre otros, a los secretos técnicos o comerciales, a los aspectos confidenciales de las ofertas y a cualesquiera otras informaciones cuyo contenido pueda ser utilizado para falsear la competencia, ya sea en ese procedimiento de licitación o en otros posteriores. Sin embargo, el deber de confidencialidad no podrá extenderse a todo el contenido de la oferta del adjudicatario, ni a todo el contenido de los informes y documentación que, en su caso, genere directa o indirectamente el órgano de contratación, únicamente podrá abarcar los documentos o los puntos de ellos, que tengan una difusión restringida, por una razón específica y motivada. En consecuencia, la reserva se circunscribe al documento confidencial, no a la razón o motivo por el cual se calificó confidencial el mismo, lo que si debe ser tratado con absoluta transparencia.

El deber de confidencialidad tampoco podrá impedir la divulgación pública de partes no confidenciales de los contratos celebrados, tales como, la liquidación, los plazos finales de ejecución de la obra, las empresas con las que se ha contratado y subcontratado, y, en todo caso, las partes esenciales de la oferta y las modificaciones posteriores del contrato; debido a que esta información forma parte de la garantía general del principio de transparencia.

Cabe destacar que en el derecho comparado, específicamente en el Derecho Comunitario Europeo, se consideró la regulación de la confidencialidad como excepción a la publicidad, recordando que su filosofía regulatoria está basada en la libre competencia y en la innovación. Por tal motivo, en el artículo 21 de la Directiva 2014/24/UE del Parlamento Europeo y del Consejo de 26 de febrero de 2014, sobre contratación pública y por la que se deroga la Directiva 2004/18/CE, se reconoce la confidencialidad desde su doble aproximación, esto es, desde la perspectiva del derecho del licitador o participante, en el apartado 1; y en el apartado 2, desde la perspectiva de la facultad del poder adjudicador.

En ese sentido, con vista en el derecho de los operadores económicos, el poder adjudicador no podrá divulgar la información facilitada por los operadores económicos que estos hayan designado como confidencial, por ejemplo, los secretos técnicos o comerciales y los aspectos confidenciales de las ofertas, salvo que se disponga de otro modo en las normas europeas o en las normas nacionales o locales, a que esté sujeto el poder adjudicador, en particular la legislación relativa al acceso a la información, y sin perjuicio de las obligaciones en materia de publicidad de los contratos adjudicados y de información a los candidatos y a los licitadores[48].

En ese régimen, los poderes adjudicadores podrán imponer a los licitadores requisitos destinados a proteger el carácter confidencial de la información que aquellos les proporcionen durante el procedimiento de contratación pública, para asegurar tal información estratégica y por lo tanto, preservar el interés general. En idénticos términos se reguló la confidencialidad, como limitación del principio de publicidad, en el artículo 133 de la LCSP, donde además se agregó que los órganos de contratación no podrán divulgar la información facilitada por los empresarios que estos hayan designado como confidencial en el momento de presentar su oferta.

A todo evento deberá respetarse lo dispuesto en la Ley 15/1999, de 13 de diciembre, de protección de datos de carácter personal (LPDCP)[49] y en el artículo 90 del Reglamento (UE) 2016/679 del Parlamento Europeo y del Consejo, de 27 de abril de 2016, relativo a la protección de las personas físicas en lo que respecta al tratamiento de datos personales y a la libre circulación de estos datos y por el que se deroga la Directiva 95/46/CE (RGPD)[50].

1. Consideraciones sobre la limitación a la transparencia y la publicidad en la contratación pública, a propósito de la vigencia de la Ley antibloqueo en Venezuela

La Asamblea Nacional Constituyente de 2017, dictó la Ley Constitucional Antibloqueo para el Desarrollo Nacional y la Garantía de los Derechos Humanos (Ley Antibloqueo)[51], que tiene por objeto establecer:

---

48 Sobre el necesario equilibrio que debe existir entre el principio de publicidad de la contratación pública y la confidencialidad, se pueden consultar: la Resolución del TACRC nº 710/2014, de 26 de Septiembre, y la Resolución del TACRC nº 863/2014, de 20 de noviembre de 2014.

49 Publicada en el BOE núm. 298, de 14 de diciembre de 1999, disponible en: https://www.boe.es/buscar/doc.php?id=BOE-A-1999-23750 consultada el 25 de abril de 2016

50 Disponible en: https://eur-lex.europa.eu/legal-content/ES/ALL/?uri=CELEX%3A32016R0679, consultada el 12 de enero de 2021.

51 Publicada en la Gaceta Oficial Nº 6.583 Extraordinario, del 12 de octubre de 2020.

"un marco normativo especial y temporal que provea a los órganos y entes del Poder Público venezolano de herramientas jurídicas para contrarrestar, mitigar y reducir, de manera efectiva, urgente y necesaria, los efectos generados por la imposición, contra la República Bolivariana de Venezuela y su población, de medidas coercitivas unilaterales y otras medidas restrictivas o punitivas, emanadas o dictadas por otro Estado o grupo de Estados, o por actos u omisiones derivadas de estos, por organizaciones internacionales u otros entes públicos o privados foráneos, que afectan los derechos humanos del pueblo venezolano"[52].

Esta norma se trata, en la práctica, de la respuesta que el gobierno de Venezuela le otorga a las medidas sancionatorias o restrictivas que diferentes estado o grupo de ellos han adoptado en contra de varias personas integrantes del gobierno nacional y de otras instituciones del estado o relacionados con aquel. En los últimos años hemos observado como organismos de los EEUU, Canadá y la Unión Europea, entre otros, han anunciado este tipo de medidas o sanciones.

En la referida ley se reguló un régimen transitorio sobre reserva, confidencialidad y limitación en la divulgación de información, basado además en la disposición contenida en el artículo 325 de la CRBV[53], que permite al ejecutivo nacional reservarse la clasificación y divulgación de aquellos asuntos relacionados con la seguridad de la nación. Aun cuando la citada disposición constitucional le atribuye tal competencia sólo al presidente de la República y por razones de seguridad de la nación.

La citada ley reconoce la potestad de las máximas autoridades de los órganos y entes de la Administración Pública Nacional, central y descentralizada, por razones de interés y conveniencia nacional, para otorgar el carácter de reservado, confidencial o de divulgación limitada a cualquier expediente, documento, información, hecho o circunstancia, que en cumplimiento de sus funciones estén conociendo, en sintonía con las disposiciones de la LOPA.

---

[52] Vid. Artículo 1 de la Ley Antibloqueo.

[53] Artículo 325 de la CRBV: *"El Ejecutivo Nacional se reserva la clasificación y divulgación de aquellos asuntos que guarden relación directa con la planificación y ejecución de operaciones concernientes a la seguridad de la Nación, en los términos que la ley establezca"*.

Se reitera que la calificación como reservado, confidencial o de divulgación limitada, debe hacerse por medio de acto debidamente motivado, por tiempo determinado y con el fin último de garantizar la efectividad de las medidas destinadas a contrarrestar los efectos adversos de las medidas coercitivas unilaterales y otras medidas restrictivas o punitivas impuestas. Y que la documentación calificada como confidencial será archivada en cuerpos separados del o los expedientes y con mecanismos que aseguren su seguridad. Por lo tanto, cada cuerpo separado que contenga documentación confidencial o reservada, deberá contener en su portada la advertencia correspondiente, expresando la restricción en el acceso y divulgación y las responsabilidades a que hubiera lugar para aquellos funcionarios o personas que puedan infringir el régimen respectivo.

Con base en la comentada ley, el SNC dictó la Providencia Nº DG/2020/009[54], mediante la cual establece que la información contenida en la base de datos de los sistemas y archivos administrados por el SNC y del RNCE, tendrán carácter reservado y de divulgación limitada; restringiendo el acceso a la información sólo a los órganos y entes del Estado, a través de la página web de la institución; haciendo uso de sus respectivas claves y usuarios, que le será suministrada únicamente a las máximas autoridades de los contratantes o a los funcionarios que estos designen como responsables. Por último, a esta restricción de limitación en la información se le establece una duración que va desde el 13 de octubre de 2020, hasta que cesen los efectos de las medidas coercitivas unilaterales y otras medidas restrictivas o punitivas que afectan al país.

En conclusión, como comentáramos en líneas anteriores las restricciones al principio de transparencia, deben ser consideradas excepciones a la regla general que invita a la publicidad activa y pasiva en los procedimientos de contratación pública; por lo que las limitaciones en el acceso a la información no pueden ser generales, deben ser selectivas, por razones específicas y por un tiempo preciso y determinado, sin dejar ambigüedades e indeterminaciones, como pareciera que ocurre en este caso particular.

---

[54] Publicada en la Gaceta Oficial de la Republica Nº 42.022, de 4 de diciembre de 2020.

V. REFLEXIONES FINALES

El principio de transparencia y la publicidad adecuada deben operar en el ámbito de las contrataciones públicas para garantizar la concurrencia, la igualdad y la no discriminación, a los fines de favorecer la libre competencia, lo que contribuiría a la reducción de los costes y el aumento de la calidad de los productos, servicios y obras, dentro de los parámetros del derecho a la buena administración; y esto se cumple cuando los requisitos de fondo y de forma en los procedimientos de contratación pública, están definidos pública y claramente por anticipado, e incluso durante la ejecución del contrato, especialmente las obligaciones que recaen sobre los participantes.

A partir de estas ideas se pudiera concluir que las normas de contratación pública no distinguen el concepto de transparencia de la publicidad, es más, nos inducen a entender que al principio general se le denomina transparencia y que una de las formas de cumplirlo es precisamente a través de la garantía de la publicidad adecuada de los actos y actuaciones. Lo transcendente es que se debe garantizar el derecho de acceso a la información pública que tienen todas las personas en los asuntos públicos y principalmente en aquellos que le conciernen; y al mismo tiempo, se debe garantizar la libre concurrencia, en condiciones de igualdad, a los participantes en los procedimientos de compras públicas y que estos cuenten con la información necesaria para poder participar.

En ese sentido, uno de los grandes retos que se le presenta al principio de transparencia y a la publicidad, en los procedimientos de contrataciones públicas, es incrementar los niveles de transparencia en todas las fases de la contratación pública y hacer más visibles ese tipo de gestión pública; reduciendo los escenarios ocultos, disminuyendo por lo tanto las excepciones a la publicidad, como es el caso de la confidencialidad y la reserva de documentos o actos. Debe pensarse en avanzar a un siguiente nivel con el cambio de conciencia hacia las compras públicas abiertas.

En fin, los contratantes deben idear y aplicar mecanismos conducentes a conciliar, en todo momento, el cumplimiento del deber de transparencia, publicidad y no discriminación, en la tramitación de los procedimientos de compras públicas, con el cumplimiento efectivo de la confidencialidad, cuando proceda excepcionalmente.

Por otra parte, el uso de los medios electrónicos está muy lejos de los estándares internacionales de la región. Se debe profundizar sinceramente en la implementación de la contratación electrónica, más allá del simple uso de medios electrónicos esporádicos. Esa implementación y consolidación de un nuevo sistema de gestión no sólo consiste en sustituir simplemente los medios físicos con medios electrónicos, realmente supone un cambio de paradigma y de concepción principista transformadora. Es por ello que la transformación de la contratación pública tradicional a una verdadera contratación pública electrónica y digital, se convierte en uno de los grandes retos de la Administración Pública venezolana, para cumplir con los principios de transparencia y eficiencia.

Todo esto contribuirá, sin dudas, a la mejora de los procesos de compras públicas con base en criterios estratégicos y de eficiencia; y muy importante, para disminuir o eliminar los actos de corrupción en esta importante actividad, que determina fundamentalmente el desarrollo sostenible de los estados.

Isla de Margarita/febrero 2021.

APUNTES SOBRE LA EFICACIA DEL ACTO ADMINISTRATIVO (UTILIZACIÓN DE WHATSAPP COMO MEDIO DE NOTIFICACIÓN)

COSIMINA G. PELLEGRINO PACERA*

SUMARIO

I. A MODO DE INTRODUCCIÓN

Es un auténtico honor participar en esta obra colectiva, promovida por la Fundación de Estudios de Derecho Administrativo (FUNEDA), que rinde tributo al doctor Jesús Caballero Ortíz. Tuve el privilegio de haber recibido clases en el Curso de Doctorado en Ciencias, mención Derecho, de la Facultad de Ciencias Jurídicas y Políticas, en la Universidad Central de Venezuela, aparte de que fuera mi tutor en la tesis que presenté para optar al título de doctor, y al mismo tiempo tutor en el programa de formación y capacitación de instructor que llevé a cabo luego de ingresar por concurso de oposición en la asignatura de Derecho Administrativo, celebrado en la Escuela de Derecho, de la misma casa de estudios, en el año 2000.

* Universidad Central de Venezuela (UCV). Facultad de Ciencias Jurídicas y Políticas. Abogado, mención *Magna Cum Laude*. Especialista en Derecho Administrativo. Doctor en Ciencias, mención "Derecho". Profesora de Derecho Administrativo II, en pregrado de la Escuela de Derecho (UCV). Profesora del Doctorado en Derecho, en el seminario sobre Derecho, Cine y Literatura, en la Facultad de Ciencias Jurídicas y Políticas (UCV). Profesora de Derecho Administrativo, en pregrado de la Escuela de Estudios Internacionales (UCV). Actualmente cursando el Diplomado Introducción a la Justicia Transicional, en Universidad Católica Andrés Bello (UCAB).Correo electrónico: cosiminap@yahoo.com

Como contribución para este homenaje, hemos seleccionado un tema básico en el Derecho Administrativo como es la eficacia del acto administrativo, y más específicamente el uso de una aplicación de mensajería instantánea (WhatsApp) como medio utilizado por la Administración pública para comunicar sus decisiones a las personas.

Para algunos, seguramente, no es un medio válido para notificar actos administrativos desde la Ley Orgánica de Procedimientos Administrativos, sin embargo mientras esa herramienta tecnológica permita garantizar que el notificado tome conocimiento en forma cierta del acto administrativo, podría considerarse como un medio de publicidad válida.

Exponemos, en general, algunas ideas sobre el tema especialmente por su peculiaridad y novedad en la doctrina, y concretamente por el impacto que tiene WhatsApp actualmente en nuestra sociedad. Este artículo solo pretende ser un aporte para dar pie a una discusión y reflexión mucho más profunda.

II. NOCIONES PRELIMINARES

La mayor parte de los autores, sin duda, han estudiado la eficacia de los actos administrativos por intermedio de la notificación y la publicación como canales de comunicación para que las decisiones administrativas sean capaces de producir sus efectos jurídicos.

Sin embargo, el siglo XXI ha impuesto mayores canales de intercomunicación sobre todo cuando la informática, la tecnología y, particularmente el internet, se han convertido en herramientas de comunicación por excelencia.

De igual forma, la irrupción y posicionamiento de la banda ancha móvil, lanzamiento de la red 4G, así como de los smartphones y el crecimiento exponencial del número de usuarios con conexión a la red, ha fomentado la creación de nuevas plataformas que propician y facilitan la comunicación y el servicio de la información tipo Twitter, u otras como Facebook, Instagram, LinkedIn, YouTube, Telegram y WhatsApp, que son aplicaciones interactivas basadas en internet, que permiten a sus usuarios crear, compartir e intercambiar todo tipo de contenido.

Uno de los avances tecnológicos alcanzados en la última década es la creación de la plataforma WhatsApp, que apareció en el entorno digital en el año 2010 como un servicio gratuito de mensajería instantánea para teléfonos inteligentes (smartphones). Pues bien, el caso es que WhatsApp como una aplicación que permite a las personas conversar, enviar mensajes de voz y hacer video llamadas, y que actualmente responde a los nuevos retos del mundo digital, sobre todo como medio o herramienta eficaz de comunicación, no puede ser ajena a la Administración pública venezolana.

En esencia, para nosotros la importancia de esta red de mensajería de WhatsApp es porque facilita la comunicación directa entre las personas. De hecho ofrece:

> *... mantener una conversación directa con otra persona que también tenga una cuenta (siempre que alguna de las dos personas tenga el número de teléfono de la otra)... podemos mantener conversaciones a partir de listas de difusión (esto solo funciona si previamente se han agregado los números telefónicos a la lista de contactos... permite una comunicación sencilla y directa a través de mensajes de texto o voz entre dos o más personas, y fundamentalmente su propósito continúa siendo el de mantener a las personas comunicadas pese a la distancia.*[1]

Sin duda que dado la irrupción a escala global de las tecnologías y comunicación la Administración pública se ha reinventado en los últimos años, y de este modo ha fomentado el uso de plataformas digitales para facilitar el acceso a una red de comunicación mediante la cual la información facilitada por la Administración sea más eficiente y sirva de herramienta de comunicación más interactiva con las personas.

Advierte, al respecto, Sira Santana que actualmente existe un amplio uso de las redes sociales "*para informar el quehacer diario de*

---

1 Reinald Besalú Casademont, Carles Pont Sorribes, Metzeri Sánchez Meza, Santiago Castelo Heymann y Edgar Rovira Sebastiá. *El uso de WhatsApp como herramienta de información política.* Barcelona (España), 2019. Disponible en: https://www.upf.edu/documents/220602201/0/Estudio+sobre+el+uso+de+WhatsApp+como+herramienta+de+informaci%C3%B3n+pol%C3%ADtica.pdf/b698a6c7-d5fd-1765-4ce8-2b2667c79e71; consultado en fecha 14 de febrero de 2021.

la Administración Pública a través de cuentas institucionales o personales de algunos funcionarios", incluso destaca que *"...ha venido trabajándose internacionalmente desde hace algún tiempo, pudiendo observarse su auge reciente en los diversos boletines mensuales sobre la materia que publica la Organización de Estados Americanos (OEA), a través del Departamento para la Gestión Pública Efectiva, desde el año 2005".*[2]

Asimismo, Hernández González puntualiza que la evolución tecnológica *"ha permitido a la Administración llevar a cabo su actividad a través de mecanismos que facilitan la interacción con los ciudadanos, más allá de la distancia física entre éstos y la Administración. Tales tecnologías han introducido cambios importantes en la organización administrativa, pues para cumplir el cometido acercar la Administración Pública al ciudadano, ya no es necesario promover procesos de descentralización y desconcentración... "*.[3]

Y en este mismo sentido, señala el autor uruguayo Schiavi que la Administración no puede prescindir de las ventajas de las nuevas tecnologías de la información y las comunicaciones:

"...y tiene como principal deber capitalizarlo en servicios más eficaces y eficientes que redunden en mejores condiciones de vida para todos los ciudadanos. Y de esto se trata, de que la ciudadanía, o la llamada nueva "ciudadanía digital" tenga la posibilidad de acceder a más y mejores servicios públicos, a más y mejor información, a controlar a las autoridades, a obtener trato igualitario y aumentar la eficiencia en el uso del tiempo y demás recursos, accediendo a nuevos servicios y a nuevas gestiones... "[4]

---

[2] Gabriel Sira Santana. "Algunas notas sobre la Ley de Infogobierno y el Gobierno Electrónico en Venezuela", en *Revista Electrónica de Derecho Administrativo Venezolano*, número 6, 2015, pp. 259-298. Disponible en: http://redav.com.ve/wp-content/uploads/2016/01/Algunas-notas-sobre-La-Ley-de-Infogobierno.pdf, consultado en fecha 20 de febrero de 2021.

[3] José Ignacio Hernández González. *La Administración electrónica, la destrucción de los mecanismos de mercado y la corrupción en Venezuela*. Disponible en: https://www.academia.edu/41706324/LA_ADMINISTRACI%C3%93N_ELECTR%C3%93NICA_LA_DESTRUCCI%C3%93N_DE_LOS_MECANISMOS_DE_MERCADO_Y_LA_CORRUPCI%C3%93N_EN_VENEZUELA, consultado en fecha 11 de febrero de 2021.

[4] Pablo Schiavi. "Acto administrativo electrónico y nuevas tecnologías, evolución o disrupción", en *Revista Electrónica de Derecho Administrativo Venezolano*, N° 16. Univer-

Este avance vertiginoso no solo ha ocurrido con el uso de los medios electrónicos y las redes sociales, sino también con la mensajería instantánea WhatsApp, especialmente en el actual contexto de crisis sanitaria derivada de la pandemia del COVID-19 que ha impuesto medidas de protección como cuarentenas, cierres de lugares públicos y medidas de distanciamiento social que han forzado la incorporación abrupta de la tecnología para atender e informar a las personas de una manera directa e inmediata acerca de sus requerimientos.[5]

Sin embargo, esta dinámica digital por parte de la Administración no es novedosa en Venezuela, dado que el reconocimiento por el uso de los medios tecnológicos en la actuación administrativa data del año 2000. Y es que el potencial de Internet en el país trajo consigo que en ese año el Ejecutivo Nacional declarara el acceso y el uso de este medio de comunicación público y masivo como política prioritaria para el desarrollo cultural, económico, social y político del país, según decreto presidencial número 825 de fecha 10 de mayo.[6]

La incorporación de las nuevas tecnologías de la información a su vez provocaría cambios de tal magnitud como el caso del Decreto con Fuerza de Ley número 1.204 de Mensaje de Datos y Firmas Electrónicas[7] dictado por el Presidente de la República en el 2000 con el principal objetivo de *"adoptar un marco normativo que avale los desarrollos tecnológicos sobre seguridad en materia de comunicación y negocios electrónicos, para dar pleno valor jurídico a los mensajes de datos que hagan uso de estas tecnologías"*.[8]

Este instrumento legal configuró, sin duda, una innovación en el andamiaje jurídico venezolano, concretamente tras reconocer el valor

---

sidad Monteávila, Centro de Estudios de Derecho Público, Caracas, 2018. Disponible en: http://redav.com.ve/wp-content/uploads/2020/03/Pablo-Schiavi-Acto-administrativo-electr%C3%B3nico-y-nuevas-tecnolog%C3%ADas-%C2%BFevoluci%C3%B3n-o-disrupci%C3%B3n.pdf, consultado en fecha: 22 de febrero de 2021.

5 Dos ejemplos: el de la Compañía Anónima Nacional de Teléfonos de Venezuela (**CANTV**) y la empresa Telecomunicaciones Movilnet C.A., que habilitaron canales de comunicación por medio de WhatsApp para atender las quejas y denuncias de situaciones irregulares relacionadas con el servicio por parte de los usuarios.

6 *Vid.* Gaceta Oficial N° 36.955 del 22 de mayo de 2000.

7 *Vid.* Gaceta Oficial N° 37.148 del 28 de febrero de 2000.

8 Exposición de Motivos del Decreto con Fuerza de Ley N° 1.204 de Mensaje de Datos y Firmas Electrónicas

probatorio a los mensajes de datos y firmas electrónicas, y equiparar la data electrónica con la documental, lo cual hasta ahora es lo que ha ofrecido certeza jurídica a las operaciones realizadas a través de los medios digitales.

Al mismo tiempo el legislador nacional se hizo eco del impacto tecnológico en el país cuando en 2012 sancionó la Ley sobre Acceso e Intercambio Electrónico de Datos, Información y Documentos entre los Órganos y Entes del Estado[9] (conocida como Ley de Interoperabilidad), y en 2013 Ley de Infogobierno,[10] que entre sus objetivos está el de promover el desarrollo de las tecnologías de información libres en el Estado.

Sira Santana, al respecto, también nos recuerda que a los textos anteriores se le suma la Ley Orgánica de la Administración Pública de 2001, luego de que estableciera que

> *"...los órganos y entes de la Administración Pública deben utilizar las nuevas tecnologías para su organización, funcionamiento y relación con las personas; manteniendo una página en la Internet "que contendrá, entre otra información que se considere relevante, los datos correspondientes a su misión, organización, procedimientos, normativa que lo regula, servicios que presta, documentos de interés para las personas, así como un mecanismo de comunicación electrónica con dichos órganos y entes disponible para todas las personas vía internet" (artículo 12). En el vigente Decreto con Rango, Valor y Fuerza de Ley Orgánica de la Administración Pública esta disposición se encuentra en el artículo 11 sin mayores modificaciones"*[11].

Así como el Decreto con rango y fuerza de Ley sobre Simplificación de Trámites Administrativos de 2008,[12] reformado en 2014,[13] que igualmente impone el uso de las tecnologías de la información y comunicación.

---

[9] *Vid.* Gaceta Oficial N° ° 39.945 de 15 de junio de 2012.

[10] *Vid.* Gaceta Oficial N° 40.274 de fecha 17 de octubre de 2013.

[11] Gabriel Sira Santana. ob. cit.

[12] *Vid.* Gaceta Oficial N° 5.891 Extraordinario, de fecha 31 de julio de 2008.

[13] *Vid.* Gaceta Oficial N° 40.549 de fecha 26 de noviembre de 2014 (reimpreso por error material), originalmente publicado en Gaceta Oficial N° 6.149 Extraordinario, de fecha 18 de noviembre de 2014.

Obviamente el régimen legal por el uso de las tecnologías de la información y medios electrónicos por parte de la Administración en Venezuela es dispersa, y en cierto modo desordenado, como advierte Hernández González, hasta tal punto que la experiencia con la Administración electrónica en el país ha obrado a la sombra *"del sistema de pesos y contrapesos del Derecho Administrativo"*, debido a la ausencia de cobertura legal y ante el deterioro del Estado de derecho.[14]

Para Hernández González, de hecho, las leyes que se han dictado en esta materia *"no han derogado a la Ley Orgánica de Procedimientos Administrativos ni, tampoco han dado cobertura legal a todo el procedimiento electrónico. Más bien se ha tratado de Leyes generales, principistas y bastante desordenadas, que realzan las bondades de la Administración electrónica pero no otorgan cobertura legal adecuada a la forma electrónica"*.

Pero más allá de esta posición doctrinaria, sobre todo ante la falta de regulación expresa en la Ley Orgánica de Procedimientos Administrativos,[15] legislación preconstitucional (1981) sin duda alguna algo desfasada en tiempos de Internet,[16] o de una normativa especial que regule el uso de los medios electrónicos por la Administración pública, consideramos que no sería aventurado plantear el empleo WhatsApp, especialmente enmarcándolo a la luz de las actuales normas existentes en el país, que consideramos tienen una especial relevancia jurídica que permiten, a nuestro modo de ver, justificar la implementación de esa herramienta por la Administración en favor de las personas.

---

14 José Ignacio Hernández González. *Ob. cit.*

15 *Vid.* Gaceta Oficial N° 2.818 Extraordinaria de 1° de julio de 1981.

16 Sobre este punto, hemos afirmado que "… *la Ley Orgánica de Procedimientos Administrativos precisa de una reforma o modificación profunda para responder a los cambios trascendentales que exige el mundo virtual que vivimos. Es necesario replantear la regulación del procedimiento administrativo desde el tamiz de las nuevas tecnologías, para que sean más eficaces y eficientes las relaciones entre las administraciones públicas y las personas". Vid.* Cosimina G., Pellegrino Pacera, "La necesidad de replantear la noción del acto administrativo en un mundo virtual (Una propuesta para la reforma de la Ley Orgánica de Procedimientos Administrativos)", en *Revista Venezolana de Legislación y Jurisprudencia*, N° 3, Editorial Revista Venezolana de Legislación y Jurisprudencia, Caracas, 2004. Disponible en: http://rvlj.com.ve/wp-content/uploads/2014/03/ciencias-juridicas3-283-296.pdf, consultado en fecha: 20 de febrero de 2021.

Es de vital importancia para nosotros tomar conciencia el valor que tiene los avances en las tecnologías de la información, de las telecomunicaciones y de Internet en la sociedad hoy en día. Por ello, las ventajas de WhatsApp son indiscutibles en los tiempos presentes, y puede ser una herramienta tan útil que facilite la inmediatez en la comunicación entre la Administración y las personas, concretamente como medio de notificación para dar a conocer de forma eficiente y eficaz sus decisiones administrativas, lo que podría reducir actuaciones complicadas y costosas.

III. LA EFICACIA DE LOS ACTOS ADMINISTRATIVOS

a. Aspectos básicos sobre la notificación de acuerdo con la LOPA

1. Nociones generales

Según el catedrático español Parada, la eficacia de los actos administrativos significa la producción de los efectos propios de cada uno, definiendo derechos y creando obligaciones de forma unilateral.[17] La eficacia de un acto administrativo supone su capacidad de producir los efectos, es decir que presume la obligatoriedad del cumplimiento del contenido de la decisión.

En puridad, los actos administrativos necesitan ser comunicados para que adquieran eficacia, y de este modo producir sus efectos jurídicos. De acuerdo con la Ley Orgánica de Procedimientos Administrativos, las modalidades por medio de las cuales los actos administrativos son dados a conocer a sus destinatarios son la notificación (artículo 73) y la publicación (artículo 72).

La notificación se corresponde con la puesta en conocimiento de los actos administrativos particulares, mientras que la publicación refiere la publicidad en Gaceta Oficial de los actos administrativos generales.[18] Advierte en este sentido Garrido Falla, que la publicación se

---

17 Ramón Parada. *Derecho Administrativo.* Volumen I. Parte General. Decimoséptima edición. Marcial Pons, Madrid, 2008, p. 145.

18 Sobre la distinción entre actos administrativos generales y particulares, véase CABALLERO ORTÍZ, Jesús. "Algunas consideraciones sobre la distinción entre actos administrati-

corresponde, por su naturaleza, con los actos administrativos de carácter general y con aquellos que tengan por destinatario una pluralidad indeterminada de sujetos; pero no existe ningún impedimento para que también los actos especiales o concretos se publiquen. Lo único que no es lícito a la Administración, indica el referido catedrático español, es intentar suplir la notificación, en los casos en que sea obligatoria, con la publicación.[19]

Ahora bien, concretamente sobre las notificaciones administrativas, explica Cornielles Hernández que:

> *...constituyen el mecanismo por excelencia para informar o comunicar a los interesados el contenido de los actos administrativos de efectos particulares dictados con ocasión a un procedimiento administrativo, y su finalidad consiste en hacer del conocimiento a los interesados sobre la existencia de un procedimiento o un acto administrativo; así, la notificación de los actos administrativos, constituye una herramienta para que se realice el derecho a la defensa, por ello, resulta adecuado afirmar que si el proceso constituye una garantía, el acto mediante el cual se materializa dicha garantía fundamental, es la notificación.*[20]

Por su parte, cabe destacar que la Sala Político-Administrativa del Tribunal Supremo de Justicia mediante sentencia 1.623 de fecha 13 de julio de 2000 (caso *Ana Rosa Domínguez González vs. Consejo Supremo Electoral,* hoy Consejo Nacional Electoral), consideró que la notificación *"es un requisito esencial para la eficacia de los actos administrativos, tanto más importante para aquellos que afecten los derechos*

vos generales y actos administrativos individuales (con especial referencia a la Constitución de 1999)", en *Revista de Derecho Administrativo,* N° 7, Editorial Sherwood, Caracas, 1999, p. 7.

19 Fernando Garrido Falla, "La eficacia de los actos administrativos en la nueva ley de procedimientos", en *Revista de la Administración Pública,* N° 6, 1958, pp.207-230. Disponible en: https://dialnet.unirioja.es/servlet/articulo?codigo=2112401, consultado en fecha 30 de enero de 2021.

20 José Ángel Cornielles Hernández. "Notificaciones en materia de control fiscal", en *Revista Electrónica de Derecho Administrativo Venezolano,* N° 9.Universidad Monteávila, Centro de Estudios de *Derecho Público, Caracas, 2017.* Disponible en: http://redav.com.ve/wp-content/uploads/2017/04/Notificaciones-en-materia-control-fiscal-JACH.pdf, consultado en fecha 22 de febrero de 2021.

de los particulares o interesados... constituye además, el presupuesto para que transcurran los lapsos de impugnación...".[21]

Para nosotros la notificación no solo se trata de un requisito o condición esencial, sino que es un acto administrativo de trámite destinado a poner en conocimiento a las personas el contenido de una determinada decisión administrativa, a fin de garantizar el derecho a la defensa de las personas.

Justamente, dado su importancia, pues de ella dependen no solo los efectos del acto administrativo sino el respeto por la garantía constitucional del derecho a la defensa, la Ley Orgánica de Procedimientos Administrativos se ha preocupado de señalar con rigurosidad los requisitos formales necesarios para su práctica.

En el artículo 73 se establece que la notificación deberá contener el texto íntegro del acto,[22] con la indicación de los recursos que contra la misma procedan, órgano -administrativo o judicial- ante el que deberá presentarse y el plazo para interponerlos.

Asimismo, la ley de procedimientos administrativos regula detalladamente el sistema de cómo practicar la notificación en el que admite como forma ordinaria la notificación domiciliaria (artículo 75), obviando cualquier otro medio (telegrama, telex, telefax)[23] que permita tener constancia de la recepción, de la fecha y de la identidad del acto notificado. Caballero Ortiz advierte, al respecto, que la notificación que

---

21 Consultada en original.

22 Rondón de Sansó sostiene que la exigencia del texto íntegro es exagerada, toda vez que *"La doctrina más moderna considera que en los actos vinculados, establecida como lo está la obligación de llevar todas las actuaciones procedimentales a un expediente administrativo, basta con que el texto de los mismos contenga la motivación jurídica ya que la motivación fáctica emerge de dicho expediente. La exigencia de la narración de los hechos en el acto es contraria al principio de economía y constituye un obstáculo que actúa contra la agilización del procedimiento". Vid.* Hildegard Rondón de Sansó, "Análisis crítico de la Ley Orgánica de Procedimientos Administrativos", en *Boletín de la Academia de Ciencias Políticas y Sociales*. Academia de Ciencias Políticas y Sociales. Caracas, Venezuela. Vol. 38, No. 85-86, 1981, p. 82.

23 En Argentina, por ejemplo, las notificaciones pueden efectuarse indistintamente por alguno de los siguientes medios: a) acceso directo del interesado al expediente, dejando constancia expresa de ella; b) préstamo del expediente; c) recepción de copias; d) presentación espontánea del interesado; e) cédula; f) telegrama con aviso de entrega o carta documento; g) edictos. *Cfr.* Roberto Dromi. *El acto administrativo.* Ediciones Ciudad Argentina, Buenos Aires, 1997, p. 72.

regula la mencionada *"no requiere ser personal, basta que se entregue a la persona que habite o se encuentre en la residencia o a la persona que se encuentre en el local donde el interesado tiene el asiento de sus negocios e intereses, por ejemplo una secretaria"*.[24]

En tal sentido, Caballero Ortiz comenta que la ley lo que quiso evitar *"fue que el interesado eludiera por cualquier medio la notificación y, de allí, la fórmula prevista y las exigencias formales requeridas, todo ello bajo la base de que la persona que se encuentre en la oficina o residencia del administrado le informará lo conducente"*.[25]

Ahora bien, en caso que no se pueda practicar la notificación,[26] esta se hará por medio de un anuncio en la prensa escrita (denominada '*publicación subsidiaria*') (artículo 76). En este supuesto, la ley establece que se hará en un diario de mayor circulación de la entidad territorial donde la autoridad que conoce del asunto tenga su sede y, en este caso, se entenderá notificada la persona 15 días después de la publicación, circunstancia que deberá será advertida de manera expresa.

Este carácter estrictamente formal de la notificación descrito, indiscutiblemente comporta una consecuencia capital, y es el hecho de que la notificación que *"no haya sido hecha en debida forma no produce efectos, de lo cual se sigue que la propia resolución notificada tampoco podrá producirlos en contra del interesado, ya que la notificación demora el comienzo de la eficacia del acto"*,[27] tal como lo dispone el artículo 74 de la Ley Orgánica de Procedimientos Administrativos.

---

[24] Jesús Caballero Ortíz. "La eficacia de los actos administrativos", en *Revista de Derecho,* N° 2. Tribunal Supremo de Justicia, Caracas, 2000, p. 20.

[25] *Ibídem.*

[26] Para Cornielles Hernández existen, al menos, cuatro (4) supuestos que usualmente constituyen casos de notificación impracticable, a saber: *"i) que no se cuente con la dirección del domicilio o residencia o que teniéndola, el domicilio o residencia no exista o no pueda ser ubicado; ii) que existiendo y habiendo sido ubicado domicilio o residencia, no se encuentre en el lugar persona alguna; iii) que encontrándose el domicilio o residencia, y encontrándose allí personas (o incluso al propio interesado), aquellos se nieguen a recibir o a firmar la notificación; iv) que no se tenga certeza mediante poder o carta poder debidamente otorgados sobre la existencia de un apoderado del interesado con facultades expresas, caso en el cual debe ser ubicado el domicilio o residencia de su apoderado".* Vid. José Ángel Cornielles Hernández. *Ob. cit.* p.87.

[27] Eduardo García de Enterría y Tomás-Ramón Fernández. *Curso de Derecho Administrativo.* Tomo I. Octava edición. Editorial Civitas, Madrid, 1997, pp.573-575.

Esta rigurosidad, para los catedráticos García de Enterría y Fernández, es una garantía para la persona *"exclusivamente y debe ser en consecuencia, interpretado y aplicado desde esta perspectiva. La falta de notificación (o de publicación, en su caso) en forma, demora la eficacia del acto cuando éste es susceptible de producir un perjuicio a su destinatario, pero no en caso contrario".*[28]

De forma que si sobre la base de información errónea, contenida en la notificación, la persona *"hubiere intentado algún procedimiento improcedente el tiempo transcurrido no será tomado en cuenta a los efectos de determinar el vencimiento de los plazos que le corresponden para interponer el recurso apropiado"* (artículo 77 de la Ley Orgánica de Procedimientos Administrativos), es decir que se no producen efectos desfavorables al interesado.

Sobre esta cuestión de la notificación defectuosa, la jurisprudencia de la Sala Político-Administrativa del máximo tribunal parece admitir algunas excepciones. De hecho, ha señalado que si bien puede ocurrir que un acto no ha sido debidamente notificado *"llegue a ser eficaz por haber cumplido con el objeto que se persigue con la aludida exigencia, siendo entonces aplicable el principio del "logro del fin". Ante esta circunstancia, una defectuosa notificación quedará convalidada si el interesado, conociendo de la existencia del acto que le afecta, recurre del mismo oportunamente, por ante el órgano competente".*[29]

Debe advertirse, al respecto, que los actos administrativos que fueran publicados de manera defectuosa no afectan la validez del acto, quedando su ejecución en suspenso hasta que cumplan con las formalidades de la ley para su eficacia, dado que los vicios en las notificaciones no invalidan los actos administrativos que se comunican, sino que los hacen ineficaces.[30]

---

28 *Ibídem.*

29 *Vid.* Sentencia número 1.623 de fecha 13 de julio de 2000, caso *Ana Rosa Domínguez González vs. Consejo Supremo Electoral* (hoy Consejo Nacional Electoral).

30 Cosimina G. Pellegrino Pacera, "Requisitos de validez del acto administrativo: un recorrido por el tren de Las Instituciones Fundamentales del Derecho Administrativo y la Jurisprudencia Venezolana, del catedrático Allan R. Brewer-Carías", en AA.VV. *Libro Homenaje a Las Instituciones Fundamentales del Derecho Administrativo y la Jurisprudencia Venezolana del profesor Allan R. Brewer-Carías en el cincuenta aniversario de su publicación 1964-2014.* José Ignacio Hernández (Coordinador). Editorial Jurídica Venezolana, Caracas, 2015, pp. 200-201.

b. Viabilidad del uso de WhatsApp como medio para notificar

Es cierto que la Ley Orgánica de Procedimientos Administrativos no deja abierta la puerta para la utilización de diversos medios de notificación, sin embargo el foro venezolano ha sido más flexible hasta tal punto que de manera progresiva ha admitido la utilización de otros mecanismos o herramientas, especialmente el uso de instrumentos sencillos, como el fax, aunque hoy en día también ha caído prácticamente en desuso ante otras ventajas y beneficios de la comunicación electrónica.

De hecho, la sentencia 917 del 6 de junio de 2007 (caso *Constructora Mergabi, C.A. vs. Ministerio del Ambiente y de los Recursos Naturales Renovales*, hoy Ministerio del Poder Popular para el Ambiente) dictada por la Sala Político-Administrativa consideró respecto del uso del fax, como mecanismo para practicar la notificación, que:

> *"...aun cuando la Ley Orgánica de Procedimientos Administrativos que data del año 1982, sólo prevé la notificación en el domicilio del interesado o en su defecto mediante su publicación en un diario de mayor circulación (...) no es menos cierto que actualmente la Administración no sólo dispone de mayores herramientas para lograr sus cometidos sino que "deberán utilizar las nuevas tecnologías que desarrolle la ciencia, tales como los medios electrónicos, informáticos y telemáticos, para su organización, funcionamiento y relación con las personas...(artículo 12 de la Ley Orgánica de Administración Pública).*
>
> *El ordenamiento jurídico en aras de adaptarse a las nuevas tecnologías, en normativas especiales como la tributaria, ha incluido preceptos en los que se prevé que las notificaciones podrán ser practicadas "(...) Por correspondencia efectuada mediante correo público o privado, por sistemas de comunicación telegráficos, facsimilares, electrónicos y similares, siempre que se deje constancia en el expediente de su recepción." (Artículo 162 del Código Orgánico Tributario, publicado en la Gaceta Oficial de la República Bolivariana de Venezuela N° 37.305 del 17 de octubre de 2001).*
>
> *El avance tecnológico ha llevado a que este Supremo Tribunal, para marchar a la par de la realidad social, considere válidamente interpuestos los amparos por vía electrónica, bajo ciertas condiciones, aun cuando ello no esté previsto en la Ley Orgánica de Amparo*

sobre Derechos y Garantías Constitucionales (Decisión de la Sala Constitucional Nº 523 del 09 de abril de 2001 dictada en el expediente Nº 00-2317).
En el caso de autos, si bien es cierto que la recurrente fue notificada mediante un fax en el que se le envió el oficio Nº 00532 de fecha 15 de julio de 1998, no lo es menos que ésta admitió que dicha notificación fue recibida.
A juicio de la Sala, la recepción por parte de la recurrente de ese fax, permitió que ésta tuviese conocimiento de las irregularidades y deficiencias que habían sido detectadas en la obra, prueba de esto es que, como ha sido señalado, en igual fecha, también mediante el uso del fax, la actora envió una comunicación al Director Estadal Ambiental de Falcón del M.A.R.N.R. (...)
De manera que en el caso de autos, el mencionado instrumento cumplió su finalidad que era la de notificar a la recurrente de las irregularidades detectadas en la ejecución de la obra, a fin de que "aclarar" la situación, y de ser el caso, subsanar "de inmediato" las deficiencias, y en fin pedirle que respondiera "a la mayor brevedad posible esta solicitud", lo cual implicaba que aquella expusiera lo que considerara conveniente a los fines de ejercer s derecho a la defensa, como en efecto lo hizo.
(...)
Las consideraciones anteriores llevan a esta Sala a concluir que el hecho de haber notificado por fax a la recurrente del procedimiento administrativo que se le seguía, no le impidió a ésta defenderse de las irregularidades que se le imputaban en cuanto a la obra; por lo que, en efecto, sí ejerció su derecho a la defensa en vía administrativa, debiendo ser desestimada su denuncia en este sentido. Así se decide"[31].

Se trata de un fallo interesante porque para nosotros, además de analizar la eficacia de las comunicaciones por fax -que carecía de cobertura legal- prioriza el uso de los medios electrónicos, informáticos y telemáticos por parte de la Administración frente a la falta de regulación general en la ley de procedimientos administrativos, que no admite otras formas de practicar la notificación que no sea la domiciliaria o en su defecto mediante la publicación en un diario de mayor circulación.

[31] Consultada en original.

Es más, con el fin de alentar la implementación de los avances tecnológicos, el juez administrativo sustenta su decisión en leyes especiales existentes en el país para ese momento que fomentan la modernización de la actuación de la Administración (Ley Orgánica de la Administración Pública y el Código Orgánico Tributario) por medio del uso de los medios electrónicos.

Esta decisión podría servir hoy día como orientación para justificar que la Administración pública pueda implementar la mensajería instantánea de WhatsApp, de la mejor forma posible, para facilitar una comunicación más ágil y eficaz con las personas que interactúan con ella.

Es cierto que la cuestión no está regulada expresamente en el orden jurídico venezolano, por lo que tiene esa desventaja actual con respecto a otras herramientas tecnológicas, como es el caso del correo electrónico. Sin embargo, existe un sistema normativo positivo a partir del cual podría garantizar una cobertura legal que respalde el uso de WhatsApp por la Administración, especialmente por las bondades que supone tiene como medio de comunicación directa, y que ha irrumpido a escala global.

Entre las normas que justificarían el empleo de esta herramienta está el artículo 17 del Decreto con rango, valor y fuerza de Ley de Simplificación de Trámites Administrativos, cuyo texto prevé que la Administración Pública dará preferencia a la utilización de medios tecnológicos a los fines de la emisión de los actos o resultados de los trámites que realiza.

Cabe advertir, al respecto, que la Administración no podría establecer la obligación de practicar notificaciones por medio de la plataforma de WhatsApp sin el consentimiento de la persona, quien debería expresarlo explícitamente a la propia Administración en el momento de presentar su petición, solicitud o recurso. Es decir, que su uso dependerá de la disponibilidad que tenga la persona dado que no todos tienen acceso a esta herramienta, no obstante que se trata de un canal de comunicación que llega a muchas personas.

Conviene indicar, al respecto, que el principio de la seguridad jurídica tiene una gran implicación en esta materia, sobre todo para la persona frente a la Administración, puesto que, sabe a qué atenerse y qué puede esperar de la instancia administrativa. Obviamente, este principio se encuentra a su vez vinculado a otros tales como el de la buena fe, la confianza legítima y, especialmente el de la buena administración, el cual se desprende del artículo 141 constitucional que consagra la denominada cláusula de Administración servicial o la posición vicarial de la Administración pública.[32]

Lo antes dicho guarda relación con el artículo 8, numeral 1 de la Ley de Infogobierno, que contempla el derecho que tienen las personas a dirigir peticiones haciendo uso de tecnologías de la información y la comunicación, en cuyo caso el Poder Público está obligado a responder y resolver las mismas de igual forma que si se hubiesen realizado por los medios tradicionales, como advierte Belandria García.[33]

Por otra parte, el artículo 8, numeral 3 de la mencionada legislación de infogobierno también contempla el derecho a recibir notificaciones por medios electrónicos en los términos y condiciones establecidos en el Decreto con Fuerza de Ley sobre Mensajes de Datos y Firmas Electrónicas, y las normas especiales que la regulan.

Obviamente esta propuesta puede levantar voces cuestionándola, especialmente porque no cumplir con los requisitos legales que se exigen para las notificaciones en los términos que contempla la Ley Orgánica de Procedimientos Administrativos. Frente a esta posición es importante traer a colación que la Sala Político-Administrativa en sentencia 1.368 de fecha 21 de noviembre de 2002 (caso *Medardo Vargas Salas vs. Ministro de la Defensa*) admitió expresamente que la comunicación de un acto administrativo particular se logra:

---

32 Cosimina G. Pellegrino Pacera, "Algunas reflexiones sobre la buena Administración pública desde la mirada del cortometraje venezolano 'Cédula Ciudadano', de Diego Velasco", en *Revista Electrónica de Derecho Administrativo Venezolano*, Nº 11. Universidad Monteávila, Centro de Estudios de Derecho Público, Caracas, 2017. Disponible en: http://redav.com.ve/wp-content/uploads/2018/02/Algunas-reflexiones-sobre-la-buena-administraci%C3%B3n-p%C3%BAblica-CPP.pdf, consultado en fecha 25 de enero de 2021.

33 José Rafael Belandria García. "Los Derechos Humanos en la Administración pública a través de Internet", en *Revista Electrónica de Derecho Administrativo Venezolano*, Nº 17-19. Universidad Monteávila, Centro de Estudios de Derecho Público, Caracas, 2019. Disponible en: http://redav.com.ve/wp-content/uploads/2021/01/Los-derechos-humanos-en-la-Administracion-P%C3%BAblica-Jos%C3%A9-Rafael-Belandria-Garc%C3%ADa.pdf, consultado en fecha 23 de febrero de 2021.

"... mediante la notificación por medio idóneo: telegrama, memorando y oficio. Pero también debe admitirse como notificación, la que resulte de algún comportamiento del administrado o de la Administración, activa o pasiva, del que surja indubitablemente, que éste se halla enterado de la resolución o decisión respectivas de aquélla.
(...)
...Se ha admitido la notificación verbal de un acto, así como, una notificación excepcional como es la expresada por gestos y señales inequívocos, que lleven en forma efectiva la voluntad del ente administrativo. Estos últimos, traducen comportamientos, hechos o actitudes materiales de la Administración, de los cuales se deriva una voluntad expresada en determinado sentido".

Y en el caso que analizamos, hay que considerar que el propósito de este mecanismo de mensajería instantánea es garantizar aún más una comunicación directa e inmediata, y mientras la Administración por medio de su uso no vulnere los derechos constitucionales de la persona, concretamente el derecho al debido proceso y la defensa, podría configurar un medio válido y eficaz, aparte del valor probatorio que tendría como mensaje electrónico, según el Decreto con rango, valor y fuerza de Ley sobre Mensaje de Datos y Firmas Electrónicas.

IV. APRECIACIONES FINALES

Hay que entender que existe un incremento en el uso de las redes sociales en el país, marcado principalmente por la fuerte presencia de plataformas como WhatsApp, Twitter, Facebook, Telegram e Instagram, sobre todo en los últimos tiempos debido a las medidas de distanciamiento social, suspensión de actividades educativas en todos los niveles, cierre de locales comerciales, etc., dictadas por el gobierno nacional para contener y mitigar los efectos de la pandemia del COVID-19, que se han traducido en una limitación en el ejercicio de los derechos de las personas, entre ellos el de la libertad de movimiento.

Aunque no existe ninguna disposición legal que regule en el país la utilización de estas aplicaciones electrónicas, consideramos justo asomar la discusión acerca de la viabilidad y eficacia de WhatsApp empleada por la Administración pública como medio para practicar notificaciones administrativas, no obstante que las características del tema exigen de un esfuerzo de análisis mucho más profundo.

Estimamos que no hay recetas únicas ni soluciones mágicas para enfrentar los nuevos desafíos tecnológicos y las transformaciones que hoy el país está viviendo. Esta realidad, sin duda, impone que sea atendida. En ese sentido, parece indispensable continuar el estudio y reflexión en los espacios académicos sobre las ideas trazadas en el presente trabajo, que no es más que una muestra de preocupación e inquietud en torno al Derecho Administrativo actual.

Caracas, febrero 2021

REFLEXIÓN SOBRE LAS TELECOMUNICACIONES EN LA ERA DIGITAL, UNA REFORMA NORMATIVA NECESARIA

IRENE LORETO GONZÁLEZ*

I. INTRODUCCIÓN

El presente trabajo pretende ser un modesto y agradecido homenaje a un caballero que ha enriquecido a todos, y en especial a sus discípulos, con exquisita humildad y sapiencia en la ciencia de servir y hacer el bien a través del Derecho. Jesús Caballero Ortiz ha sido profesor de Derecho Público por generaciones, pero su enseñanza no queda en la letra de una Ley o en la estructura de una entidad jurídica, sino que se extiende a muchas áreas del Derecho, entendido éste como el modo de buscar la paz y el bien común, de las cuales nuestro homenajeado ha dado generoso ejemplo. El doctor Caballero, dentro de su obra, incluidas las sentencias en las que fue ponente como magistrado de la Corte Primera de lo Contencioso Administrativo, también incursionó desde los años 1960 en el siempre tan vigente mundo de las telecomunicaciones.

---

* Doctora en Derecho y Especialista en Derecho Administrativo por la Universidad Central de Venezuela (UCV). Visiting Scholar Harvard Law School y Columbia University. Postgrado en Derecho Constitucional Universidad de Salamanca. Profesora de Derecho Administrativo de la Escuela de Derecho (UCV). Árbitro de la lista del Centro de Arbitraje de la Cámara de Comercio de Caracas (CCA) y del Centro Empresarial de Conciliación y Arbitraje (CEDCA). Miembro de la Comisión Internacional de la (ICC) París, para la elaboración del reglamento ICC en materia de medidas cautelares en el arbitraje.

Participó en comisiones redactoras de leyes y reglamentos como miembro de la Comisión Redactora del Proyecto de Ley de Telecomunicaciones, del Proyecto de Reglamento de Radiocomunicaciones (1969),[1] del Proyecto de la Ley de Tránsito Terrestre (1970), del Reglamento de Transmisión de Propaganda Alcohólica, (1970), miembro de la Comisión de Radiodifusión (1970), miembro de la Comisión encargada de estudiar la constitución de un organismo al cual se le asignarían los servicios de telegrafía (Resolución del Ministerio de Comunicaciones N.º 161 del 15 de enero de 1970).

En las siguientes líneas queremos observar el alcance que ha tenido la normativa de telecomunicaciones en Venezuela con vista a ciertas realidades contemporáneas, el vertiginoso movimiento de la tecnología y la paralización en el crecimiento del marco regulatorio. El Derecho, concebido como hasta ahora, podría quedarse atrapado en el pasado desvirtuando su naturaleza de ser canal y vía para la búsqueda del bien común y por ello también se requiere una actualización en la legislación. Un punto interesante, que nos lleva a reflexionar, son las estadísticas de las escuelas de Derecho a nivel mundial, donde se ha experimentado una importante disminución en el número de sus estudiantes; diversas universidades se están planteando hace años, cambios en los *pensum* de estudio, o inclusive en la configuración y estructura de la carrera de Derecho.

Es por ello que en nuestra opinión merece una especial atención la regulación del área digital en materia de telecomunicaciones, ya que el modo centralizado al control del Estado como funciona actualmente, pareciera coartar las libertades constitucionales. Por otra parte, las nuevas tecnologías deberían no estar sujetas a las potestades de control absoluto del Estado, y menos aun concibiendo a algunas como la prestación de un "servicio público". Ejemplo llamativo es la realidad de

[1] Venezuela. *Reglamento de Radiocomunicaciones*. Decreto N.º 2.427 de fecha 1º de febrero de 1984, mediante el cual se dicta la Reforma Parcial del Reglamento de Radiocomunicaciones, publicado en la Gaceta Oficial de la República de Venezuela Nº 3.336 Extraordinario de esa misma fecha. Disponible en https://pandectasdigital.blogspot.com/2017/03/reglamento-de-radiocomunicaciones.html#:~:text=Decreto%20N%C2%BA%202.427%20de%20fecha,Extraordinario%20de%20esa%20misma%20fecha. Consultado el 9 de enero 2021.

Twitter que elimina la cuenta del presidente de los Estados Unidos Donald Trump el pasado enero de 2021[2]. Así mismo, distinto pero dentro de este orden de ideas, a pesar de que la previsión Constitucional establezca una moneda de curso legal, "comunicacionalmente", a través de las telecomunicaciones y las plataformas digitales, puede existir una moneda electrónica, como el *Bitcoin*, que se convierte en un medio de pago diferente a la moneda de curso legal. Es decir que la actualidad plantea un ambicioso y necesario cambio para orientar la legislación, y un gran reto para lograr que el Derecho continúe siendo un canal que facilite la justicia y el bien común, probablemente "escapando" del control directo del Estado a través del tradicionalmente llamado "servicio público de las telecomunicaciones".

II. NOCIÓN DE SERVICIOS PÚBLICOS Y LAS TELECOMUNICACIONES

Tradicionalmente a partir de los finales del siglo XVIII, el servicio público ha sido parte de la actividad administrativa del Estado, hay quienes afirman que su noción inicial como institución jurídica tuvo sus orígenes en Francia, sin embargo, "la doctrina francesa moderna ha venido observando incongruencias y errores en el concepto (de servicio público), modificándolo frecuentemente en sucesivos esfuerzos por adecuarlo a una realidad que a su vez se empeña en contradecirlo; algunos autores consideran que debe ser eliminado".[3]

Nos apartamos de la radicalidad en la afirmación sobre los orígenes franceses del "servicio público"; entendemos que el término pudo haber surgido allí, sin embargo la noción y contenido de servicio público viene desde los orígenes de la humanidad, cuando comenzaron a establecerse los sistemas de gobierno, en cualquiera de sus formas, y el control de las actividades necesarias para los pueblos y garantizar una vida digna o medianamente decorosa. En Grecia por ejemplo, en el impero Romano y en otras comunidades de la antigüedad, se manifiesta

2 Cfr. https://elpais.com/tecnologia/2021-01-08/twitter-suspende-permanentemente-la-cuenta-de-trump.html . Consultado el 20 de enero de 2021.

3 Cfr. https://www.gordillo.com/pdf_tomo8/capitulo11.pdf . Consultado el 20 de enero de 2021.

la existencia de un ente o gobierno controlador de esas actividades primordiales y necesarias para la subsistencia de todos los habitantes, por ejemplo los acueductos de agua potable.

En este orden de ideas, y sin pretender abarcar ni de lejos la historia general de los servicios públicos, podemos declarar que servicio público, *stricto sensu*, ha sido entendido como la prestación de una actividad que satisface necesidades de la mayoría de la población y que deberá ser asegurada mediante el control del Estado, para que exista la generalidad, uniformidad, regularidad y continuidad del servicio. "El poder público se hace así presente a través de un régimen jurídico especial que subordina los intereses privados al interés público, fundamentalmente en razón de proteger la continuidad del servicio."[4] Así pues, de la calificación de un servicio como público, vendría a depender una eficacia para su continuidad, que será amparada por el Estado, con todos los privilegios que eso implica, como lo son: (i) el apoyo de la fuerza pública, (ii) el apoyo del Estado para la expropiación y consecuente pago de bienes que se requieran para la prestación del servicio, (iii) el establecimiento de servidumbres, (iv) que los contratos sean calificados de "administrativos", (v) la adscripción a un organismo regulador, y posteriormente (vi) el control judicial de las actuaciones de ese organismo por la jurisdicción especial contencioso administrativa[5], en el sistema "continental", ya que como sabemos, en el "common law" todas estas actividades son controladas por una misma jurisdicción.

Las telecomunicaciones en general, estaban sometidas a las regulaciones del Estado por ser consideradas un servicio público, y era el Estado quien otorgaba, como concesión, dicha actividad a entes privados, fundamentándose en el principio de la subsidiaridad administrativa.

---

4 Cfr. https://www.gordillo.com/pdf_tomo8/capitulo11.pdf . Consultado el 20 de enero de 2021.

5 Para ampliar los criterios que rigen la institución jurídica de los servicios públicos, recomendamos la lectura de: 1) José Ignacio Hernández. *El régimen legal del servicio universal de telecomunicaciones en Venezuela* FUNEDA. Caracas, 2005. 2) Varios autores. *Ley De Responsabilidad Social en Radio y Televisión*. Funeda.2007. 3) Varios autores. *VI Jornadas internacionales de Derecho Administrativo "Allan Randolph Brewer-Carias": El nuevo servicio público, las actividades reservadas y la regulación de actividades de interés general (electricidad, gas, telecomunicaciones y radiodifusión)*. Funeda 2002.

Recordemos que las telecomunicaciones, hasta finales del siglo pasado, se circunscribían al correo, telégrafo, radio y televisión, no existía internet, televisión privada, tampoco ninguna de las plataformas actuales de comunicación o de prestación de servicios por internet.

De seguidas nos referiremos especialmente a la Ley Orgánica de Telecomunicaciones y su Reglamento sobre el Servicio General de las telecomunicaciones del 11 de noviembre de 2004[6], donde se plantea el concepto entendido como "liberalización del servicio público de telecomunicaciones" en Venezuela.

III. "LIBERALIZACIÓN DEL SERVICIO PÚBLICO DE TELECOMUNICACIONES". PRINCIPIO CONSTITUCIONAL DE LIBERTAD ECONÓMICA

En nuestra opinión, la mal llamada "liberalización" del servicio público de telecomunicaciones, tiene su origen en Venezuela a raíz del principio de libertad económica recogido en la constitución de 1999, a través de la Ley Orgánica de Telecomunicaciones, "liberando" este sector del citado servicio público tradicional, convirtiéndolo en la falacia de un "nuevo servicio público". Si bien es cierto que esta Ley introduce nuevos elementos como la calificación de actividad económica privada, la actividad de control queda igualmente supeditada al Estado, y puede suceder que el Estado no renueve una "concesión" de servicio y cierre estaciones de radio o canales de televisión, por supuestos incumplimientos, o simplemente por el ejercicio de la "potestad discrecional" de la administración.

Si nos fijamos en la Exposición de Motivos del Proyecto de Ley de Telecomunicaciones, observaremos que se persigue la libre competencia, fundamentada sin embargo en el concepto de que las telecomunicaciones son una actividad del estado, que se "concede" a un particular a través de la "concesión".

---

[6] Venezuela. Reglamento de la Ley Orgánica de Telecomunicaciones Sobre el Servicio Universal de Telecomunicaciones. Gaceta Oficial Extraordinaria N.° 5.735 del 11 noviembre de 2004.

IV. NORMATIVA DE TELECOMUNICACIONES EN VENEZUELA

A partir de la Constitución de 1999[7], en Venezuela se han dictado un conjunto de normas que regulan las telecomunicaciones:

- Decreto 3.390 con rango y fuerza de Ley Orgánica de Ciencia, Tecnología e Innovación. 2001
- Decreto 6.265/08 (Gaceta Oficial Nº 5891 de Jul/08): Ley de Simplificación de Trámites Administrativos. | (Deroga: Decreto N.º 368 de fecha 05 de octubre de 1999)|
- Decreto Nº 1423 (Gaceta Oficial Nº 40.549 de 26 de noviembre de 2004) con rango, valor y fuerza de Ley de Simplificación de Trámites Administrativos.
- Decreto Nº 825 de fecha 10 de mayo de 2000 Ley Especial contra los Delitos Informáticos.
- LEY DE RESPONSABILIDAD SOCIAL EN RADIO Y TELEVISIÓN. Varios autores. FUNEDA 2007
- Ley Orgánica de Telecomunicaciones Ley sobre Mensajes de Datos y Firmas Electrónicas Ley de Tecnología de Información de fecha 11 de agosto de 2005.[8]
- Ley para la Protección de Niños, Niñas y Adolescentes en Salas de Uso de Internet, Videojuegos y otros Multimedias.[9]
- Ley para la prohibición de videojuegos y juguetes bélicos. Providencia Administrativa Nº 171 | Normas relativas a la recopilación o captación de datos personales de los solicitantes de los servicios de telefonía móvil y telefonía fija a través de redes inalámbricas o número no geográfico con servicio de voz nómada.

---

7 Marianne Díaz Hernández. "Internet regulado. Una mirada a la normativa legal de los derechos digitales en Venezuela." https://ipysvenezuela.org/2018/09/27/internet-regulado-una-mirada-a-la-normativa-legal-de-los-derechos-digitales-en-venezuela/ , consultado el 9 de enero de 2021.

8 José Ignacio *Hernández, El régimen legal del servicio universal de telecomunicaciones en Venezuela*, FUNEDA, Caracas, 2005. Véase: Varios autores. "Ley de Responsabilidad Social en Radio y Televisión". 2007

9 VI Jornadas Internacionales de Derecho Administrativo "Allan Randolph Brewer-Carias": El nuevo servicio público, las actividades reservadas y la regulación de actividades de interés general (electricidad, gas, telecomunicaciones y radiodifusión). Varios autores 2002.

El contenido común que vincula a todas estas normas es el ejercicio del poder del Estado para regular y sancionar las actividades de las telecomunicaciones. En este aspecto, consideramos que debe haber un cambio en la adaptación de la legislación a la era digital, para que fundamentándose en unos principios que preserven el bien común y el Estado de Derecho, se traspasen a manos de los particulares toda esa serie de actividades, donde las regulaciones se refieran al área del Derecho privado, y no directamente del Derecho Público, ya que en nuestra opinión, ambas áreas del Derecho deben ir de la mano.

V. LA REGULACIÓN DE INTERNET EN EL MARCO NORMATIVO INTERNACIONAL. IMPACTO EN LA LIBERTAD DE EXPRESIÓN

En nuestra opinión, la actualidad exige que la regulación de las telecomunicaciones debe ser tratada de manera universal, entendiendo que la regulación interna de un país deba estar sometida a la autoridad legislativa competente, pero siempre en concordancia con el marco legislativo internacional, con el fin de garantizar la libertad de expresión y la protección de los usuarios en sus derechos humanos, civiles, mercantiles y de la persona en general.

En este sentido observamos que ya existen mecanismos como el Sistema Interamericano de Derechos humanos, que comprende los estándares establecidos en la Declaración Americana de Derecho Humanos, la convención Americana de Derechos humanos, y la interpretación jurisprudencial de la Corte y Comisión interamericana de Derechos Humanos (CADH). Por ejemplo, el artículo 13 de la CADH proclama que "toda persona tendrá derecho a buscar, recibir y difundir", informaciones e ideas de toda índole sin censura previa y sujeto únicamente a responsabilidades ulteriores. También establece los límites permisibles a este derecho, que no son absolutos, como lo son el derecho a la reputación de terceros, la seguridad nacional, odio racial, religioso, violencia, etc.

La libertad de expresión tiene sus restricciones, que deben cumplir el requisito de la legalidad, necesidad-proporcionalidad y objetivo legítimo.[10]

[10] Cfr. https://observatoriolegislativocele.com/wp-content/uploads/La-regulaci%C3%B3n-de-internet-y-su-impacto.pdf. Consultado el 20 de enero de 2021.

Además de estos principios generales de la protección a la integridad a la persona y sus Derechos humanos, se encuentra una categoría no menos importante, como la es la protección del usuario de internet en las compras *"on line"*, es decir que la persona tenga la seguridad de que sus datos no van a ser violados al comprar con sus tarjetas bancarias en línea, que su cuenta no va a ser *"jaqueada"*, que sus datos no van a pasar a otros comerciantes para enviar al comprador un sin fin de propagandas que atormenten su correo electrónico y al final, que la mercancía recibida sea la adecuada, la que el compró y si no es así, pueda tener la posibilidad de cambiarla, sin ningún estrés exagerado.

Con la idea de obtener alguna luz en el necesario cambio de la legislación venezolana en el área de las telecomunicaciones, haremos a continuación unos breves comentarios sobre el llamado "internet de las cosas" en los Estados Unidos, que se refiere a la protección de los datos del consumidor en compras *on line*, o en el uso del internet.

VI. ¿QUIÉN ESTÁ A CARGO DE REGULAR EL "INTERNET DE LAS COSAS (IOT)[11]" EN LOS ESTADOS UNIDOS?

Coloquialmente en los Estados Unidos se habla del "internet de las cosas (IoT)", sin que exista aún una definición formal por parte de las agencias federales, aunque podrían estar hablando del mismo concepto general de conectividad. Es decir, la regulación de las cosas que se conectan a internet.

En el pasado, por ejemplo, la *Statute Federal Trade Commission*[12] (FTC) lo definió como "dispositivos o sensores", sin incluir computadoras, teléfonos inteligentes y tabletas, "que se conectan, almacenan o transmiten información entre sí a través de Internet".

El Instituto Nacional de Estándares y Tecnología (NIST) intentó recientemente crear un léxico definitivo para el concepto. En su nuevo esquema, distingue entre una red de objetos habilitados para Internet (una "Internet de las cosas") y un grupo de objetos y dispositivos conectados entre sí, pero no necesariamente a Internet: una "red de cosas".

---

11 *Internet of Things*.

12 Cfr. https://www.ftc.gov/es/enforcement/statutes/federal-trade-commission-act. Consultado el 21 de enero 2021.

La intención, es brindar a los tecnólogos un vocabulario que garantice que están hablando de los mismos elementos cuando discuten partes del "Internet de las cosas".

NIST describió los componentes básicos de dicha red conectada, que incluye sensores, agregadores, canales de comunicación, sistemas externos y un disparador de decisiones. Por ejemplo, una luz de detección de movimiento podría revelar que no hay nadie en la habitación y transmitir esa información a través de algún canal de comunicación a un agregador. El agregador recopila datos de los sensores y los envía a un sitio externo, como una computadora portátil, que los transmite a un disparador de decisión que apaga la luz.

El Departamento de Comercio[13] ha comenzado a recopilar comentarios públicos sobre Internet y qué papel debería desempeñar el gobierno. "Con respecto a las leyes, regulaciones y / o políticas actuales o previstas", hay ejemplos que fomentan el desarrollo y la implementación de internet de las cosas, al tiempo que brindan un nivel adecuado de protección a los trabajadores, consumidores, pacientes u otros usuarios del Internet de las cosas.

¿Hay ejemplos que inhiban innecesariamente internet de las cosas? La Administración Nacional de Telecomunicaciones e Información de Comercio no discutirá los hallazgos con *NextGov*[14], pero eventualmente planea emitir un informe identificando importantes problemas de política.

Dos informes de la *Statute Federal Trade Commission*[15] (FTC) describen algunas de las preocupaciones del gobierno, dentro de ellas el peligro de facilitar ataques a otros sistemas y el acceso no autorizado y el uso indebido de información personal. Por ejemplo, las empresas podrían recolectar, y luego usar, los datos recolectados de Internet de las cosas en casos en que el consumidor no ha autorizado, y producirse pagos no queridos por el tarjetahabiente.

---

13 Cfr. https://www.commerce.gov/. Consultado el 21 de enero de 2021.

14 En 2007, los informes sobre tecnología de la información de *Government Executive* se convirtieron en una nueva publicación: *NextGov*, que cubre la tecnología y el futuro del gobierno.

15 Cfr. https://www.ftc.gov/es/enforcement/statutes/federal-trade-commission-act. Consultado el 21 de enero 2021.

Las primeras conversaciones sobre las regulaciones se centran en mantener la privacidad de los datos del consumidor; para ello el gobierno pretende recopilar la experiencia para resolver los problemas de internet y ver la conveniencia de crear una Ley federal.

Debido a la enorme cantidad de datos personales que se recopilan, incluidos datos que, si se toman una o dos partes, podrían ser técnicamente anónimos, sin embargo es muy fácil reunirlos en una imagen muy detallada y personalizada de las personas.

También se está intentando resolver este asunto a través del establecimiento de regulaciones que protejan la seguridad física de las personas: partes de los automóviles, las casas, las tostadoras.

Existe gran preocupación en las regulaciones de los dispositivos médicos y los automóviles conectados; probablemente serían las primeras prioridades del gobierno para una mayor regulación, ya que esos dispositivos tienen un impacto directo en la vida de las personas.

Actualmente no hay un fuerte impulso para crear un nuevo organismo regulador que se centre en "Internet de las cosas", y estiman que su regulación podría compararse libremente con la de los aviones. La Administración Federal de Aviación se encarga de la seguridad de los vuelos, la Administración de Seguridad del Transporte examina a los pasajeros y los grupos policiales estatales y locales también intervienen cuando es necesario. Todos se triangulan alrededor de una sola industria.

El mayor desafío sería lograr que las agencias coordinen sus esfuerzos regulatorios. Sin embargo, las empresas tecnológicas y los defensores del espíritu empresarial, han advertido al Congreso que evite una regulación estricta del "Internet de las cosas".

La aspiración parecería ser que los formuladores de políticas deberían enviar una luz verde clara a los empresarios, para hacerles saber que la posición política predeterminada sigue siendo 'innovación permitida[16].

16 Cfr. Adam Thierer, investigador del Centro Mercatus de la Universidad George Mason, durante una audiencia en el Senado sobre el internet de las cosas al final del año. Y las intervenciones políticas no deben basarse en "escenarios hipotéticos del peor de los casos, o de lo contrario nunca se producirán los mejores escenarios". Cfr. https://lawshelf.com/videocourses/entry/online-speech--module-5-of-5?ac=xcxrper4mj . Consultado el 20 de enero de 2021.

Pero los defensores de la privacidad del consumidor, el Proyecto de Privacidad del Consumidor en el Centro para la Democracia y la Tecnología[17], han instado al Congreso a crear una ley integral sobre la recopilación de información personal.

Como ejemplo sobre la necesidad de regulación, señaló que la Smart TV de Samsung, había estado recopilando información potencialmente confidencial de los espectadores, que hablaban lo suficientemente cerca del dispositivo como para que un micrófono detectara sus conversaciones: y en este sentido exigir a las empresas que ofrezcan a los consumidores una transparencia y un control razonables sobre cómo se recopilan sus datos.

Por otra parte, la Asociación para la Tecnología Competitiva[18], que representa a los fabricantes de aplicaciones, instó al Congreso a intervenir en la privacidad de los datos, durante el testimonio para una audiencia de "internet de las cosas" de la Cámara celebrada el verano pasado. El problema surge cuando se le advierte a un cliente que no se sabe cuáles de sus datos pasarán al gobierno. Durante esa audiencia, un representante republicano por Texas, sugirió actualizar la Ley de Privacidad de Comunicaciones Electrónicas, según la cual la información basada en la nube se considera privada durante seis meses. Pero en seis meses y un día, el gobierno puede tenerlo y no hay expectativas de privacidad.

Se ha considerado que el Congreso debe "establecer la expectativa de privacidad para las personas que han compartido su información con diferentes entidades".

La Corte Suprema se enfrenta a desafíos especiales al abordar la regulación del discurso en Internet. Las cualidades únicas de Internet, como su capacidad para difundir información potencialmente peligrosa de forma rápida y amplia, así como su fácil acceso para los menores, han llevado a los legisladores a exigir restricciones más estrictas del discurso en Internet. Otros argumentan que el Congreso y los tribunales deberían abstenerse de limitar las posibilidades de Internet de forma innecesaria y prematura porque es un medio nuevo que evoluciona

---

17 Cfr. https://cdt.org/. Consultado el 23 de enero de 2021.

18 Cfr. https://actonline.org/consultado el 23 de enero de 2021.

tecnológicamente. Por su parte, la Corte Suprema sigue equilibrando precedentes con las novedades tecnológicas del medio.

El Congreso ha intentado proteger a los menores de contenidos dañinos en Internet. Un área importante de la regulación de Internet en la que ha entrado el Congreso es la protección de los menores de la pornografía y otros discursos indecentes u obscenos en Internet. Por ejemplo, la Ley de Decencia de las Comunicaciones (CDA) de 1996 prohibió "la transmisión consciente de mensajes obscenos o indecentes" a menores de edad a través de Internet. Sin embargo, en Reno v. *American Civil Liberties Union* (1997), la Corte Suprema derogó esta ley por ser demasiado vaga. El Tribunal sostuvo que el reglamento creaba un "efecto paralizador" en el habla y prohibía más habla de la necesaria para lograr el objetivo de proteger a los niños. El Tribunal también rechazó los argumentos del gobierno de que el discurso en Internet debería recibir un nivel reducido de protección de la Primera Enmienda, similar al de los medios de difusión. En cambio, el Tribunal dictaminó que el discurso en Internet debería recibir el más alto nivel de protección de la Primera Enmienda, como el que se extiende a los medios impresos. (Primera enmienda constitucional, 1787, *Comunication Decent Act* 1996).[19]

En respuesta al fallo del Tribunal, en 1998 el Congreso aprobó la Ley de Protección Infantil en Línea (COPA), que se ocupaba únicamente del acceso de los menores a la pornografía comercial y proporcionaba métodos claros para que los propietarios de los sitios los utilizaran para evitar el acceso de los menores. Sin embargo, en 2004 la Corte anuló COPA (Ashcroft v. American Civil Liberties Union), argumentando que en su lugar deberían usarse métodos menos restrictivos como el filtrado y el bloqueo. La Corte sostuvo que estos métodos alternativos eran al menos en teoría más efectivos que los especificados en COPA debido al gran volumen de pornografía extranjera que el Congreso no puede regular.

El Congreso también ha intentado regular la pornografía infantil virtual. El Congreso también se aventuró en el área de la pornografía infantil, aprobando la Ley de Prevención de la Pornografía Infantil

[19] Cfr. https://lawshelf.com/videocourses/entry/online-speech--module-5-of-5?ac=xcxrper 4mj . Consultado el 20 de enero de 2021.

(CPPA) en 1996. La CPPA criminalizó la pornografía infantil virtual, es decir, la pornografía que representa sexualmente o transmite la impresión de representar a menores. Aunque la ley apuntó a obras generadas por computadora o alteradas anunciadas como pornografía infantil, en *Free Speech Coalition* v. Reno (9th Cir.1999) la Corte Federal de Apelaciones encontró que algunos términos en el estatuto eran tan amplios y vagos que gran parte del discurso protegido sería estar cubierto por la CPPA. El tribunal señaló que el interés del estado en proteger a los niños del abuso físico y psicológico que surge de su participación en la producción de pornografía, la base de su prohibición en Nueva York v. Ferber (1982), no estaba presente en la pornografía infantil virtual. Primera enmienda constitucional, 1787, *Comunication Decent Act* 1996.

Otro aspecto regulado es la materia de "Protección al consumidor" de compras a través de cualquier medio, también de internet. En este sentido existe la *Federal Trade Commission* (FTC)[20]- agencia federal bipartidista- con una misión dual única de proteger a los consumidores y promover la competencia. Durante cien años ha defendido los intereses de los consumidores estadounidenses. Actualmente la FTC se dedica a promover los intereses de los consumidores al mismo tiempo que fomenta la innovación y la competencia en la actual y dinámica economía. La FTC desarrolla herramientas de investigación y políticas a través de audiencias, talleres, conferencias y colabora con socios encargados de hacer cumplir la ley en todo el país y en todo el mundo para realizar su misión de protección al consumidor y evitar la competencia desleal. También cooperan con agencias y organizaciones internacionales para proteger a los consumidores en el mercado global.

La FTC protege a los consumidores al detener las prácticas injustas, engañosas o fraudulentas en el mercado. Llevando a cabo investigaciones, demandando a empresas y personas que violan la ley, desarrollan reglas para garantizar un mercado dinámico y educan a los consumidores y las empresas sobre sus derechos y responsabilidades. La competencia en Estados Unidos se basa en el precio, la selección y el servicio. Beneficia a los consumidores al mantener los precios bajos, la calidad, y la elección de bienes y servicios de altos estándares. Al

---

20 Cfr. https://www.ftc.gov/es, consultado el 3 de febrero de 2021.

hacer cumplir las leyes antimonopolio, la FTC ayuda a garantizar que los mercados sean abiertos y libres. La FTC hace frente las fusiones anticompetitivas y las prácticas comerciales que podrían dañar a los consumidores al generar precios más altos, menor calidad, menos opciones o tasas reducidas de innovación, incluyendo las compras *on line*.[21]

[21] Cfr. https://www.ftc.gov/about-ftc/what-we-do , Consultado el 20 de enero de 2021.

LA CARTA IBEROAMERICANA DE INNOVACIÓN EN LA GESTIÓN PÚBLICA DEL CLAD Y ALGUNAS REFERENCIAS SOBRE AUTOMATIZACIÓN E INTELIGENCIA ARTIFICIAL EN LA ADMINISTRACIÓN PÚBLICA

MANUEL ROJAS PÉREZ*

SUMARIO

La aceleración de las innovaciones digitales debe ser aprovechada aún más por los países para que la prestación de los servicios sea más rápida y eficaz. Es el tiempo de dar un salto cualitativo y empezar a trabajar con más intensidad en el uso de big data e inteligencia artificial para predecir, analizar y evaluar, tanto en la formulación como en la directa prestación de servicios públicos.

Declaración de Lisboa, 2020.

* Profesor de Derecho Constitucional en la Universidad Central de Venezuela. Director de la Revista de Derecho Funcionarial. Miembro de la Junta Directiva de la Asociación Venezolana de Derecho Administrativo. Socio de Omnia, asesoría legal estratégica.

Me honra poder participar en este, más que merecido, homenaje al profesor Jesús Caballero Ortiz, referente del derecho público venezolano.

La Revista de Derecho Funcionarial dedicó su número 26 a honrar el legado del profesor Caballero Ortiz, entre otras cosas, por su importantísima impronta en el estudio doctrinario del régimen jurídico de la función pública. Pero su obra va mucho más allá del derecho funcionarial.

Por ello, aprovechamos la oportunidad de homenajear nuevamente al profesor Caballero Ortiz, escribiendo algunas ideas sobre una línea de investigación que venimos desarrollando desde hace un tiempo: la innovación en el sector público -y su implicación en el régimen de los empleados públicos-, analizando brevemente la Carta Iberoamericana de Innovación en la Gestión Pública suscrita por el Centro Latinoamericano de Administración para el Desarrollo (CLAD).

1. SOBRE LAS CARTAS DEL CLAD COMO INSTRUMENTO DE *SOFT LAW*

Cada día se hace más patente el concepto de *soft law*. Se ha venido utilizando esta descripción en el derecho internacional, para referirse a acuerdos, principios y declaraciones que no son jurídicamente vinculantes, pero que contienen toda una serie de normas de conducta que sirvan de referencia en un tema específico.

Así, el *soft law* -o ley blanda- viene a referirse a reglas en el sistema internacional que no son estrictamente vinculantes y por tanto no son jurídicamente exigibles, pero que tampoco carecen de significado legal[1], esto es, pautas, declaraciones de política o códigos de que establecen ciertos estándares de conducta.

Parte de la doctrina[2] señala que el *soft law* permite flexibilidad, al evitar los procesos formales y pueden cambiarse rápidamente, redac-

---

1 Mauricio Iván Del Toro Huerta. "El fenómeno del soft law y las nuevas perspectivas del derecho internacional" en *Anuario Mexicano de derecho internacional* vol. VI. Ciudad de México, 2006. p. 531.

2 Stephen Daly. "The rule of (soft) law". Disponible en https://papers.ssrn.com/sol3/papers.cfm?abstract_id=3732231

tando códigos con lenguaje menos técnico, lo que -en teoría- permite más eficiencia.

Otra parte de la doctrina aclara que el *soft law* se identificaba inicialmente con normas cuyo contenido era formulado a través de principios y tenía como objetivo solamente promover la práctica de los estados en una determinada dirección, pero que el concepto ha evolucionado a que algunos instrumentos alojen contenidos normativos específicos, pudiendo llegar a ser éstos incluso más potentes que los propios instrumentos convencionales, ya que el componente autonormativo de los dispositivos *soft*, los torna obligatorios a través del consentimiento, por lo que este fenómeno adquiere un efecto, de alguna manera, vinculante entre las partes y posee la virtud de equiparar los actores estatales y no estatales en la creación de un marco regulador uniforme para establecer reglas comunes y proveer resoluciones coherentes, eficaces que permitan operar en un escenario mundial marcado por la dinámica del cambio y la globalidad, en las que los sistemas estatales evidencian su ineptitud[3].

En fin, este concepto del *soft law* viene a ser un instrumento jurídicamente no vinculante y sin poder de coercibilidad pero con relevancia jurídica, propio del derecho internacional, que busca influir en los derechos internos, que puede considerarse como una fuente alternativa del derecho[4].

El derecho internacional ha dado paso a nuevas formas de pensar al derecho, a nuevos actores y a nuevas fórmulas jurídicas y extrajurídicas[5]. Actores que no necesariamente forman parte de la estructura estatal de los países.

Piénsese en muchas de las resoluciones y declaraciones de la Asamblea General de la Organización de las Naciones Unidas, en las resoluciones y recomendaciones del Consejo de Europa, así como la Organización Mundial de Propiedad Intelectual (OMPI) y la Comisión

---

3 Mónica M. Boretto. "Soft law. Nuevos enfoques para el desarrollo progresivo del derecho internacional de la propiedad intelectual". En "Ars boni et aequi". *Revista jurídica de la Universidad Bernardo O'Higgins*. Año 8, número 2. Santiago de Chile, 2012. p. 83.

4 Ídem. Pág. 85.

5 Snidal Duncan. "Hard and soft law in international governance", en *International Organization* vol. 54. Londres, 2000. p. 424.

de las Naciones Unidas para el derecho mercantil internacional (UNCITRAL), entre muchos otros ejemplos que podríamos citar. Cuando no se tratan de tratados internacionales, que han cumplido con todos los mecanismos legislativos internos para que sean vinculantes y exigir su exigibilidad, los mismos carecen de ese elemento indispensable de la norma jurídica que es la coercibilidad para su cumplimiento.

En materia de innovación tecnológica podemos encontrar diversos ejemplos de dispositivos *soft law* en el mundo. A saber, entre muchos otros, la Comunicación "Inteligencia artificial para Europa[6]", la Declaración de Tallin sobre Administración Electrónica, el Plan Coordinado sobre la Inteligencia Artificial[7], las Directrices Éticas para una IA fiable[8], el Libro Blanco sobre la Inteligencia Artificial[9], la Recomendación del Consejo sobre Inteligencia Artificial[10], el Plan España Digital 2025[11], la Estrategia Nacional de Inteligencia Artificial española[12], o la Declaración de Montreal[13], entre muchos otros ejemplos.

Pero, esos nuevos actores, aun sin esa potestad normativa, han venido haciéndose un espacio en el derecho internacional para establecer códigos de conducta.

En Latinoamérica tenemos al Centro Latinoamericano de Administración para el Desarrollo (CLAD), es un "organismo público internacional, de carácter gubernamental" constituido en 1972 bajo la iniciativa de los gobiernos de México, Perú y Venezuela, con la idea de "establecer una entidad regional que tuviera como eje de su actividad la

6 COM (2018), 237 final, de 25 de abril. https://ec.europa.eu/transparency/regdoc/rep/1/2018/ES/COM-2018-237-F1-ES-MAIN-PART-1.PDF.

7 COM (2018) 795 final, de 7 de diciembre. https://ec.europa.eu/transparency/regdoc/rep/1/2018/ES/COM-2018-795-F1-ES-MAIN-PART-1.PDF.

8 https://op.europa.eu/es/publication-detail/-/publication/d3988569-0434-11ea-8c1f01a-a75ed71a1

9 https://ec.europa.eu/info/sites/info/files/commission-white-paper-artificial-intelligence-feb2020_es.pdf

10 https://legalinstruments.oecd.org/en/instruments/OECD-LEGAL-0449

11 http://espanadigital.org/plan-2025/

12 https://www.lamoncloa.gob.es/presidente/actividades/Documents/2020/ENIA2B.pdf.

13 https://recherche.umontreal.ca/english/strategic-initiatives/montreal-declaration-for-a-responsible-ai/

modernización de las administraciones públicas, un factor estratégico en el proceso de desarrollo económico y social[14]" y cuyo objeto es el cooperar con los gobiernos a fin de aumentar su capacidad administrativa para ejecutar sus programas de desarrollo económico y social[15] y su misión es promover el análisis y el intercambio de experiencias y conocimientos en torno a la reforma del Estado y la modernización de la Administración Pública, mediante la organización de reuniones internacionales especializadas, la publicación de obras, la prestación de servicios de documentación e información, la realización de estudios e investigaciones y la ejecución de actividades de cooperación técnica entre sus países miembros y proveniente de otras regiones[16].

En fin, el CLAD se conformó como un organismo internacional de cooperación para la mejora de las Administraciones Públicas latinoamericanas, que busca ayudar a los Estados a enfrentar problemas íntimamente ligados a la capacidad estatal y lograr una buena gobernanza[17].

En ese contexto, con el transcurso de los años, el CLAD ha venido adelantando la creación de instrumentos de *soft law* para que los Estados que forman parte de dicho Centro los utilicen como referencia para dictar sus normas internas. Así, han nacido, entre otras, las Cartas Iberoamericanas de la Función Pública, de Gobierno Electrónico, de Calidad en la Gestión Pública, de Participación Ciudadana en la Gestión Pública, de Derechos y Deberes del Ciudadano en relación con la Administración Pública, de Gobierno Abierto, de Ética e Integridad en la Función Pública y de Innovación en la Gestión Pública.

No pretendemos hacer un análisis ni del concepto del *soft law* ni de la naturaleza jurídica del CLAD, Simplemente creemos necesario hacer esta puntual referencia para entender el marco de los instrumentos que

---

14 Resolución 2845-XXVI de la Asamblea General de las Naciones Unidas que dio respaldo a la creación del CLAD

15 *Eiusdem.*

16 https://clad.org/acerca-de/clad/

17 Manuel Viloria. "La transformación del Estado para el desarrollo en Iberoamérica. Introducción conceptual" en *La transformación del Estado para el desarrollo en Iberoamérica. Aportes para la discusión.* Centro Latinoamericano de Administración para el Desarrollo. Caracas, 2013. p. 15.

dicta el CLAD, que son aprobados por la mayoría de los ministerios con competencia en materia de Administración Pública de los países miembros del Centro y concretamente, la Carta de Innovación en la Gestión Pública que queremos analizar sucintamente, para poder con ello entender un poco hacia dónde quiere ir Latinoamérica en ese tema.

2. INNOVACIÓN Y NUEVAS TECNOLOGÍAS EN EL SIGLO XXI

Las nuevas tecnologías han ido cambiando la manera de entender al mundo. La relación humana, en cuanto a su comunicación y expresión ha cambiado, por los avances tecnológicos[18]. La irrupción en el escenario jurídico de las tecnologías modernas relacionadas con el uso de herramientas informáticas ha llamado la atención de los operadores del derecho por su impacto en las posiciones jurídicas de los sujetos del ordenamiento jurídico. El internet es hoy considerado un derecho humano fundamental, una herramienta básica de la educación, de la cultura, la manera mediante la cual hoy la globalización es un fenómeno que existe y es un hecho cierto, que llegó para no irse jamás. Y a raíz de ello, se han venido creando herramientas y aplicaciones que vienen a formar parte regular del mundo y de la vida de los ciudadanos.

Siendo que el derecho público -y especialmente el derecho administrativo- debe ir de la mano con los cambios sociales, el Estado en su conjunto debe adecuarse a esos cambios, a esa innovación.

En particular, el impacto que pueden tener en la acción administrativa es la primera área de atención por parte de operadores y académicos, incluso de diferentes sectores del conocimiento. El *big data*, los datos abiertos, los algoritmos, y en general, la innovación tecnológica, son, sin duda, aspectos para la reflexión, no solo sobre la importancia de las nuevas tecnologías digitales en el ámbito de la acción administrativa, sino sobre todo sobre el impacto conceptual que han tenido en la relación entre Administración Pública y ciudadano[19].

---

18 Véase "Competencias digitales, innovación y prospectiva". Corporación CIMTED. Medellín, 2017.

19 Giorgio Orsoni; Elena D'Orlando. "Nuove prospettive dell'amministrazione digitale: Open Data e algoritmi" en "Le istituzioni del federalismo: *rivista di studi giuridici e politici*" nro. 49. Emilia Romana, Italia, 2019. p. 594.

Europa, Estados Unidos, Canadá. Nueva Zelanda y parte de Asia (especialmente Japón y Corea del Sur) han avanzado mucho en la tecnologización de su sociedad -y por ende, de su Administración Pública-. España, para no ir muy lejos, plantea legislativamente la necesidad -y obligatoriedad- de la automatización de sus Administraciones Públicas en el artículo 41 de la Ley 40/2015, de 1 de octubre, de Régimen Jurídico del Sector Publico, así como en otros instrumentos no normativos, propios del *soft law*, como el Plan España Digital 2025 o la Estrategia Española de Investigación, Desarrollo e Innovación. Nueva Zelanda se convirtió en el primer país que reguló jurídicamente los algoritmos para su aplicación al sector público[20].

Se vienen dando en esos países importantes avances que conjugan a la Administración Pública y a su objetivo principal, que es servir al ciudadano en el cumplimiento de los servicios públicos y actividades de interés general con automatización, inteligencia artificial, algoritmos, *machine learning*, *deep learning*, robótica, *chatbots*, *clustering*, redes bayesianas, árboles de decisión, redes neuronales, procesamiento de lenguaje natural, reconocimiento facial artificial mediante máquinas, entre muchos otros.

Algunas experiencias que resultan interesantes en este sentido: el uso de chatbots para atención y asistencia al usuario, como lo hace la Agencia Tributaria Española con el asistente virtual para Suministro de Información (SII) del impuesto al valor agregado, herramienta de ayuda para resolver dudas sobre la modificación de la base imponible; *Jaume*, el asistente virtual conversacional basado en inteligencia artificial de la Generalitat de Valencia, España, para dar respuesta a consultas de los empleados públicos; la calculadora de impuestos de la Administración Tributaria Francesa; el proyecto *Savana* del Servicio de Salud de Castilla La Mancha, en España, sistema inteligente de análisis de historias clínicas; el proyecto que viene adelantando la Universidad de Granada para, mediante inteligencia artificial detectar el virus COVID-19 mediante lecturas de radiografías con mayor precisión que lo harían los radiólogos humanos; el robot del Tribunal de Cuentas de Brasil que

20 https://data.govt.nz/use-data/data-ethics/government-algorithm-transparency-and-accountability/algorithm-charter/

apoya al control posterior al hacer una monitorización del gasto público; el *Algorithm Registrer* del Ayuntamiento de Ámsterdam, para denuncias de mantenimiento de servicios públicos, vehículos estacionados irregularmente, entre muchos otros ejemplos que se están dando en diversos países[21]. En Londres han cambiado todas las paradas de los autobuses una vez analizado el *big data* adquirido de compañías telefónicas, y pudieron detectar los movimientos reales de los ciudadanos, adaptando el sistema de transportes (paradas y recorridos de los autobuses) a sus necesidades; en materia de sanidad, hay un convenio entre la Universidad de Harvard y cientos de hospitales estadounidenses por el cual se intercambian los múltiples datos de monitoreo de los pacientes en cuidados intensivos, y con ese *big data* crearon un programa en el que un ordenador analiza los datos de un paciente y decide el tipo de intervención médica[22]. En Dinamarca, la inteligencia artificial ayuda a salvar vidas al permitir a los servicios de emergencias diagnosticar paradas cardíacas u otras dolencias analizando la voz de la persona que llama. En Austria, ayuda a los radiólogos a detectar tumores con mayor precisión, al facilitarles la comparación instantánea de las radiografías con una gran cantidad de otros datos médicos[23].

Venezuela ha dado algunos pasos. Una década después que Europa, Estados Unidos o Canadá[24]. Pero no hay mayor desarrollo de la automatización real de la Administración Pública. Hasta ahora, no hay procedimientos administrativos realmente telemáticos, mucho menos procesos autónomos. Solo, en todo caso, páginas web que reciben información de ciudadanos y algunos recaudos para dar citas a los fines

21 Ejemplos que viene analizando la profesora Matilde Castellanos Garijo en su cátedra "Experiencias prácticas de uso de inteligencia artificial en las Administraciones Públicas" que imparte en el Curso de Especialización en Derecho Administrativo e Inteligencia Artificial" en la Universidad de Castilla-La Mancha, en conjunto con el Centro de Estudios Europeos Luis Ortega Álvarez.

22 Carles Ramió. Inteligencia artificial y administración pública. Robots y humanos compartiendo el servicio público". Los libros de la Catarata. Madrid, 2019. https://books.apple.com/us/book/inteligencia-artificial-y-administraci%C3%B3n-p%C3%BAblica/id1450204589?l=es

23 https://data.consilium.europa.eu/doc/document/ST-8507-2018-INIT/es/pdf

24 José Rafael Belandria García. "Organización administrativa para la ordenación de la Administración Pública telemática" en *Revista Venezolana de Legislación y Jurisprudencia*. Número 7. Caracas. 2016. p. 461.

que un funcionario reciba al ciudadano y prosiga con la actividad administrativa.

En Latinoamérica, en general, y salvo algunas excepciones puntuales, la situación no está tan avanzada como en otros países. Por las razones sociales, culturales y económicas propias de nuestro continente, la innovación no es propiamente una de nuestras prioridades, aunque debería serlo.

3. LA CARTA IBEROAMERICANA DE INNOVACIÓN EN LA GESTIÓN PÚBLICA SUSCRITA POR EL CENTRO LATINOAMERICANO DE ADMINISTRACIÓN PARA EL DESARROLLO

Sin embargo, hay avances significativos en la búsqueda de ese futuro tecnológico para nuestros Estados, y en ese sentido, el Centro Latinoamericano de Administración para el Desarrollo ha venido trabajando en una Carta Iberoamericana de Innovación en la Gestión Pública.

Dicho texto fue aprobado por la XIX Conferencia Iberoamericana de Ministras y Ministros de la Administración Pública y Reforma del Estado, en Andorra el 8 de octubre de 2020 y contiene unas líneas programáticas muy interesantes en cuanto a la posible aplicación, de manera sistemática por parte de la Administración Pública, de tecnologías en la ejecución de sus políticas públicas.

De manera optimista, la Carta Iberoamericana de Innovación, señala que nuestras Administraciones Públicas están abiertas a los nuevos conocimientos, pero, sensatamente reconoce que existen barreras importantes para que esto permee de manera debida en la ejecución pública y "La innovación en sus mecanismos internos de toma de decisiones y de gestión es la gran asignatura pendiente"[25].

3.1. Sobre el concepto de innovación

Arranca la Carta del CLAD, en su preámbulo, aclara que: "El concepto de innovación tiene un carácter elástico y está en permanente actualización", donde existe, entonces, la necesidad de la Administración

[25] Preámbulo de la Carta.

Pública en "anticiparse y adaptarse a los cambios sociales y, en general, a todo tipo de cambios que haga que la relación entre ciudadano-Administración se transforme y que la Administración pública tenga los mecanismos necesarios y optimizados para poder satisfacer las necesidades de los ciudadanos." Así, lo que se entienda por innovación va a ir cambiando en función de los retos de cada momento.

Retos que vienen surgiendo con mayor rapidez: "Se puede anticipar un cambio radical en los modelos y metodologías de gestión vinculados a las tecnologías emergentes y disruptivas: la Administración digital, al manejo de grandes fuentes de datos (*Big Data & Anaylitcs*), internet de las cosas, realidad virtual, blockchain y, especialmente, la introducción en la gestión pública de la inteligencia artificial y de la automatización de procesos mediante la robotización[26]."

Un tema que la Carta aborda de manera inteligente, también en su preámbulo, es el alcance de la innovación y la tecnología, señalando que estas deben ser consideradas solo un instrumento, y no un fin en sí mismo, y que es necesario, en ese sentido, que la Administración Pública renueve y transforme conceptos y paradigmas, siendo un error canalizar la innovación de la gestión pública solo por la vía de la renovación tecnológica. La innovación pública, así, supone repensar, adaptar y transformar las políticas, los servicios, las arquitecturas institucionales y los planes de formación de los servidores públicos orientándolos al desarrollo de la cultura de innovación en función de las nuevas necesidades de los ciudadanos y buscar la máxima eficacia y eficiencia del sector público.

La innovación, en ese proceso de ideas, deberá generar nuevas formas de pensamiento y se posicione como una herramienta democratizadora, incrementando la eficiencia de sus procesos y ampliando la garantía de derechos de los ciudadanos.

En su segundo capítulo, la Carta define algunos conceptos básicos de la innovación tecnológica. La idea aquí es que los países miembros del CLAD tengan un marco conceptual del cual echar mano para legislar internamente en esta materia.

Y, evidentemente, el primer concepto a desarrollar es el de innovación, que la define como: "el proceso de explorar, asimilar y explotar

---

26 Preámbulo de la Carta.

con éxito una novedad, en las esferas institucional, organizativa y social, de forma que aporte soluciones inéditas, originales y creativas a los problemas y permita así responder de manera óptima a las nuevas y tradicionales necesidades de los ciudadanos y de la sociedad".

Resulta interesante que el concepto que nos da la Carta no se refiere solo a la innovación tecnológica, como si lo hace el Diccionario de conceptos y términos de la Administración Electrónica[27], que equipara la innovación a los conceptos de 'Innovación Tecnológica' y de 'Nuevas Tecnologías[28]', sino en general, al proceso de crear nuevas modalidades, nuevos procesos, introducir novedades.

Ya decíamos que la idea de innovación en la Administración debe entenderse como un proceso dinámico de cambio social al cual la Administración Pública debe necesariamente acoplarse. En ese sentido, el ejemplo del virus COVID-19, que "...ha ofrecido oportunidades que podrían haber tardado años en aflorar en las Administraciones Públicas... Es muy probable que tengamos que innovar, inventar y redefinirnos para acelerar nuestro ritmo habitual y hacer frente a situaciones novedosas[29]".

En efecto, la innovación debe estar definida dentro de los constantes cambios sociales a los cuales la Administración Pública debe adecuarse, y no solo desde una perspectiva meramente tecnológica o telemática, sino de cambio de paradigmas, de visiones, de procedimientos administrativos, de formas de control internos y judiciales, de normativas, etc.

---

27 Miguel Solano Gadea. *Diccionario de conceptos y términos de la Administración Electrónica.* Publicación elaborada para la Secretaría General de Administración Digital . Ministerio de Política Territorial y Función Pública. 5ta edición electrónica. Centro de Publicaciones, Madrid, 2019. https://administracionelectronica.gob.es/pae_Home/pae_Estrategias/pae_Leyes-39-y-40-2015/materiales-ayuda/diccionario-terminos-y-conceptos-administracion-electronica.html

28 Dice el mencionado Diccionario, en la voz 'NNTT': "Nuevas tecnologías. Abarca las biotecnologías (BT), las de los nuevos materiales (NM) y las tecnologías de la información (TI). En el contexto de este diccionario, NNTT es sinónimo de TIC Tecnologías de la Información y las comunicaciones. Debería denominarse 'Innovación Tecnológica'".

29 Carmen Cabanillas, "La visión tecnológica" *en "Retos 2021 para una Administración Innovadora.* Fundación NovaGob. Febrero 2021. Disponible en https://novagob.org/wp-content/uploads/2021/02/Publicacion-Retos-NovaGob-2021_compressed.pdf

3.2. Objetivos y naturaleza de la Carta

Los objetivos de la Carta Iberoamericana para la Innovación son, fundamentalmente, tres, a tenor de su artículo primero: sustentar la innovación para enriquecer la gobernanza y buen gobierno iberoamericano; proponer un conjunto de pilares, principios, criterios y componentes fundamentales que establezcan un marco de referencia y un lenguaje común sobre la innovación inteligente para las Administraciones Públicas iberoamericanas y; proponer recomendaciones y orientaciones que promuevan impulsar los pilares y principios de la innovación inteligente en todos los órganos y entes del Estado, para procurar una perspectiva integral y sistémica y contribuir a la configuración de un enfoque de Estado Inteligente.

Nótese el carácter que la Carta le da a su vinculación jurídica. Ella reconoce que su función, más que normativa, en el sentido estricto de una norma jurídica con carácter vinculante y de obligatorio cumplimiento y ejecutabilidad por parte del Poder Judicial, es la de establecer principios de conducta, proponer recomendaciones y establecer marcos generales para que se generen legislaciones internas más o menos comunes y similares en los países que la han suscrito. Esto ratifica su carácter de dispositivo *soft law*, como arriba mencionamos.

3.3. Administración Pública Inteligente

Después, la Carta conceptualiza lo que se define como Administración Pública inteligente, entendiéndola como "la extracción, análisis e interpretación de los datos, tanto a nivel tecnológico (mediante el diseño de algoritmos y sistemas de entrenamiento de los mismos) como de conocimiento humano (sistemas de inteligencia colectiva internos y externos a la Administración), que faciliten la detección proactiva de las nuevas necesidades sociales e individuales para poder renovar e innovar los catálogos de servicios públicos y los sistemas internos de gestión, con el objetivo de poder aportar un mayor bienestar social".

Ahora sí, entramos al terreno de la actividad administrativa con innovación tecnológica, donde se insta a que los Estados se aboquen a modernizar su visión y sus procesos, con nuevas tecnologías, especialmente con extracción, análisis e interpretación de datos, para utilizar los mismos a los fines de lograr mejoras en su accionar.

Ciertamente, la inclusión de herramientas informáticas, como en particular el uso de algoritmos, da a la administración la posibilidad de una mayor fluidez en el procesamiento de la información y, por tanto, de los datos que de otro modo serían más difíciles de hacer disponibles y utilizables, y sería difícil evaluarlos con la velocidad necesaria que imponen las necesidades de la sociedad contemporánea[30]. Y en tal sentido, la Carta determina que la innovación en las Administraciones Públicas debe estar orientada necesariamente a crear valor público mediante procesos decisionales (inteligencia artificial y gestión del conocimiento), que se traduzca en un mayor bienestar y prosperidad, en mejores servicios públicos y calidad de vida de las personas "para contribuir al fortalecimiento de la democracia, afianzar la confianza de la ciudadanía en la Administración pública y al desarrollo efectivo de las máximas del bien común".

3.4. Componentes de la Innovación: la profesionalización de la gestión pública

El capítulo tercero de la Carta refiere a los componentes y dimensiones de la innovación en la gestión pública, que vienen a ser la profesionalización de la Administración Pública y un necesario complemento entre la dimensión política y la profesional; fomento de interacciones e intercambios de ideas entre los sectores administrativos; definición de espacios de trabajo y de tiempo exclusivamente para el pensamiento estratégico y prospectivo, la creatividad y la innovación; fomentar gobernanza y colaboración público-privada que fomente lógicas de innovación abierta, dinámicas de participación ciudadana y de colaboración con las organizaciones sociales y empresariales; establecimiento de incentivos o políticas de compensación para que los empleados públicos puedan innovar en las políticas y los servicios públicos; establecimiento de instancias de investigación aplicada de innovación en el sector público con aseguramiento de presupuestos que garanticen su funcionamiento en el tiempo.

---

[30] Orsoni; D'Orlando. ob. cit. p. 616.

De aquí, puede verificarse que la innovación, según el planteamiento de la Carta Iberoamericana para la Innovación pretende, por una parte incentivar la mejora de los servicios públicos y la percepción por parte del ciudadano de esa mejora e incluso transformarlos, para que esos servicios sean digitales e inteligentes, con ello, creando más satisfacción a la población y economizando recursos públicos, y por otra, el perfeccionamiento del diseño de políticas públicas, que requiere abrir las instituciones de la Administración a una mayor participación ciudadana que, incluso lleve al co-diseño de esas políticas, permitiendo con ello, transparencia y apertura de los datos a la sociedad civil.

3.5. Gestión del conocimiento e inteligencia colectiva como grandes bases de la innovación en la Administración Pública

La Carta da una gran importancia a los mecanismos de gestión del conocimiento por la vía de la inteligencia colectiva. La gestión del conocimiento consiste en la gestión de operaciones que son básicas para producir un conocimiento válido, accionable y productivo, por lo que dirige y gestiona las operaciones de recopilación, clasificación, almacenamiento y procesamiento de los datos y la conversión de los datos en información relevante para los gobiernos y los ciudadanos. Hace referencia a la gestión de actividades de adquisición, producción, procesamiento, almacenamiento, difusión, codificación, aplicación práctica e innovación de los conocimientos que los organismos públicos requieren para realizar sus funciones públicas y que llevan a cabo mediante el empleo de dispositivos y sistemas tecnológicos de información y comunicación.

La gestión del conocimiento atiende a la idea de que las decisiones públicas, las políticas y los servicios públicos no pueden ser eficaces a menos que se sustenten en el conocimiento, donde, como se señaló anteriormente, la visión de la Carta -a nuestro entender, visión correcta- la tecnología es solo un instrumento para lograr una Administración Pública inteligente, la cual es una simple utopía si no existe la intervención directa de la política y de la gestión mediante nuevos sistemas de gestión del conocimiento.

Por su parte, la inteligencia colectiva, a tenor de la Carta, es una forma de inteligencia que surge a partir de la colaboración de diversas personas para la resolución de un problema determinado. Es la inteligencia repartida en todas partes[31], entre muchas personas, que conduce a una movilización efectiva de las competencias. El objetivo de la inteligencia colectiva "es el reconocimiento y el enriquecimiento mutuo de las personas y grupos para alcanzar determinados objetivos[32]".

Así, la Carta incentiva la idea de que las Administraciones deben trabajar en mejorar sus conocimientos, que estos sean amplios, suficientes y siempre en constante revisión. Aunque no lo señala, somos de la opinión que los redactores de la Carta aquí quisieron plasmar no solo la idea de la gestión del conocimiento manejado entre varias personas para generar inteligencia colectiva, sino que estaban pensando que ese conocimiento se hace más amplio y eficiente con información, mucha información. Para lo que debe generarse una cultura de generar, recibir, recopilar y analizar datos. Esta es la llamada "cultura del dato", que a nuestro entender es parte esencial de los procesos de innovación. Estas nuevas tecnologías se basan fundamentalmente en grandes y complejas cantidades de información, información que recibe la Administración Pública para mejorar sus cometidos. Ya señalábamos el ejemplo de Londres, donde mediante datos a gran escala *-big data-*, recopiló una inmensa cantidad de información de usuarios y mejoró sustancialmente el servicio de trasporte público.

Volviendo a la Carta, esta señala que la gestión del conocimiento puede llegar a ser una gestión de gran valor público, si contribuye a dar forma y estabilidad a los gobiernos digitales y a administrar los procesos estructurados y accionables por la inteligencia artificial en la Administración Pública.

La Carta señala algo que resulta importante: la gestión el conocimiento mediante inteligencia colectiva, es decir, el trabajo mancomunado de diversas personas, diversas áreas pero con una misma visión de satisfacción del interés general, facilita una gobernanza pública y

---

31 Definición de Pierre Levy que hace suya la Carta. Véase Juan Pablo Martínez Doñate. "Qué es y cómo funciona la inteligencia colectiva". Disponible en https://redsocial.rededuca.net/red-educa/content/que-es-y-como-funciona-la-inteligencia-colectiva

32 Punto 7 de la Carta.

colaborativa con la ciudadanía, ya que facilita un tipo de gobierno con asociaciones con capital social, basada en desarrollos tecnológicos que posibilitan empoderamiento de los ciudadanos para participar en la toma de decisiones. En Venezuela, de aplicarse una idea de este tipo, no serían suficientes los procesos de participación ciudadana que conocemos como los Consejos Locales de Planificación Pública sino que se pretendería una participación mucho más profunda.

3.6. Teletrabajo en la Administración Pública como elemento de la innovación y las nuevas realidades

Interesante destacar que la Carta, hablando de innovación, toca temas muy novedosos, valga aquí la redundancia, como el teletrabajo. A partir de la pandemia por el COVID-19 y las necesarias cuarentenas que hemos tenido que guardar en el mundo entero, los procesos tecnológicos han servido para que el motor laboral y profesional de los países no se paralice. A tal evento, la Carta dedica todo un capítulo denominado "Teletrabajo y organización flexible y abierta del trabajo[33]".

Ante el necesario fomento del teletrabajo, las Administraciones Públicas deberían dotar de dotarse de los recursos tecnológicos e implantar sistemas de capacitación necesarios para fomentar y facilitar dicha forma de trabajo a distancia. Imaginemos al funcionario con veinte, veinticinco años en el sector público, que está acostumbrado a lidiar con el expediente en físico, con el papel, con la copia y que de la noche a la mañana se le exija asistir a reuniones por plataformas digitales (Zoom, WhatsApp, Google Meet, Skype, YouTube, entre muchas otras que hoy se utilizan en el contexto del teletrabajo) y que además se le requiera proactividad, que intervenga, que forme parte de la discusión, para lo cual tendría que conocer como pedir la palabra, encender y apagar el micrófono, compartir pantalla para mostrar una presentación... ese funcionario sufriría a tal punto que podría ver mermada su carrera, frustrando años y años de trabajo y sacrificios.

A eso se refiere la Carta cuando dice: "También hay que tomar en consideración que con la sobrevenida crisis del covid-19 han aflorado, lógicamente ante la improvisación y brusquedad en la introducción del

---

33 Punto 21 de la Carta.

teletrabajo, problemas y disfunciones de los que debemos aprender y, por tanto, resolver. Múltiples canales tecnológicos y colaborativos de trabajo que generan una sensación de un cierto desorden, equipos tecnológicos insuficientes que deben ser subsanados de manera personal por los empleados públicos, viviendas particulares no pensadas para convivir con las exigencias del trabajo profesional e incluso horarios excesivos y caóticos".

Lo cierto es que la Carta incentiva a la formación en este sentido, Cierto es que el teletrabajo en las Administraciones Públicas ya forma parte del desenvolvimiento del sector público debido a la crisis del Covid-19. Pero, esta pide no confundir teletrabajo como opción de futuro con el trabajo en casa que se ha implementado a raíz de la pandemia. Y señala "no parece excesivamente complejo solventar estos problemas y beneficiarnos de la eficacia, eficiencia y de las virtudes colaborativas de una organización del trabajo mucho más abierta que, además, facilita la conciliación entre la vida laboral y personal de los empleados públicos. En definitiva, habría que repensar un modelo de trabajo híbrido para el futuro".

Los países que forman parte del CLAD ven a futuro, una Administración Pública donde el teletrabajo tenga más preponderancia, independientemente de la realidad actual con la pandemia. Pensamos, entonces, que podría ser posible, por ejemplo, autenticaciones o registros de Notarías o Registros Públicos sin necesidad de trasladarse a la oficina notarial o registral, y sin que el funcionario tenga que movilizarse al sitio donde se encuentra la persona que desea el servicio, todo esto mediante utilización de tecnologías de comunicación.

También podemos pensar -y creo que así lo visualizaron los autores de la Carta Iberoamericana para la Innovación- en valores agregados que se le pueden dar a decisiones públicas con la inclusión de actores expertos en determinado tema, y que no puedan acudir a la sede de la Administración Pública. Imagino aquí, a un legislador o a un funcionario público que está preparando un acto administrativo, y este pueda, mediante estas herramientas, solicitar la asesoría de un experto en el tema determinado, y esa asesoría o dictamen quede debidamente registrado en los archivos digitales de la Administración.

Y digo que los redactores de la Carta pensaban en ello, cuando puede leerse de la misma: "Los profesionales de las administraciones públicas atesoran mucho conocimiento, pero que, en determinadas situaciones, es insuficiente. Una de las lecciones de la crisis del COVID-19 es que hay que recurrir al conocimiento científico y también al conocimiento de gestión fuera de los dominios de la Administración pública convencional. Las administraciones deben dejar de vivir con una lógica insular y abrir sus puertas (innovación abierta) a expertos de otras administraciones, de las universidades, de los centros de investigación, del sector privado y, también, de las organizaciones con y sin ánimo de lucro. Habrá que buscar la manera de canalizar estas interconexiones de conocimiento y experiencia práctica (red de redes vinculadas a los nodos de pensamiento y de cocreación) mediante una lógica de incentivos institucionales y económicos para que sean atractivas para los diversos agentes. En todo caso hay que garantizar un adecuado equilibrio entre la flexibilidad, agilidad y apertura con la ineludible garantía de neutralidad, objetividad y legalidad que deber regir toda actuación de la Administración[34].

3.7. Inteligencia Artificial y Administración Pública

Mención aparte merece -para la Carta pero también para este servidor- la implementación de la inteligencia artificial en la gestión pública[35].

La inteligencia artificial ha sido definida por la Universidad de Stanford[36] como una ciencia y un conjunto de técnicas que están inspiradas, aunque típicamente operan de una manera diferente, en como los seres humanos utilizan su sistema nervioso y su cuerpo para sentir, aprender, razonar y actuar.

Y aunque no hay una definición universalmente aceptada de la inteligencia artificial, ya que esta es el nombre genérico que engloba varias tecnologías y que dependen del campo científico al que se aplican,

---

34 Punto 23 de la Carta.

35 Punto 24 de la Carta.

36 "Introduction to artiicial Intelligence for security professionals". Cylance Data Science Team. San Francisco, 2017. Pág. 12.

se puede ver como la disciplina del ámbito de la computación y los sistemas de información que pretende simular computacionalmente comportamientos humanos que pueden ser considerados como inteligentes.

No es solamente la automatización de un proceso o donde la maquina representa la voluntad humana anticipada a través de la programación sino a procesos intelectuales (capacidad de la máquina de percibir lo que le rodea y actuar en consecuencia, tomas decisiones autónomas sin que un humano lo determine, aprendizaje de patrones o modelos de conducta y amoldarse a ellos, razonamiento, en fin, automatización del proceso decisorio humano y una suerte de imitación de facultades intelectuales humanas) llevados a cabo por algoritmos.

La inteligencia artificial está mucho más cerca de los ciudadanos de lo que tiende a pensarse. Estamos utilizando inteligencia artificial diariamente, por ejemplo, para traducir de un idioma a otro, generar subtítulos en los vídeos, utilizar el asistente por voz en los teléfonos (Siri, Asistente Google), al ver las recomendaciones personales que nos hacen aplicaciones como Instagram, Twitter, Netflix, Disney + o Youtube, o cosas tan básicas como el bloqueo de correos electrónicos no solicitados (bandeja spam).

La Administración Pública inteligente, a la que hicimos mención anteriormente, tiene mucho que ver con este concepto. Expresar la idea de combinación entre gestión inteligente de los datos y uso de técnicas y herramientas de inteligencia artificial.

Como se adelantó, el mundo viene avanzando hacia un nuevo modelo de gobernanza pública inteligente y de una Administración Pública inteligente. La Administración Pública, con la existencia de la inteligencia artificial, tiene la oportunidad de implementar ese tipo de herramientas a sus realidades, y generar diferentes tipos de actividades administrativas basadas en esa tecnología.

Y en ese orden de ideas, reconoce señala la Carta[37] que es una realidad que los actuales desarrollos del análisis de grandes volúmenes de datos han hecho posible la producción de algoritmos, que han generado procesos automatizados cognoscitivos y operativos en la gestión de numerosos asuntos, demandas y obligaciones de los ciudadanos y en la

[37] Punto 24 de la Carta.

provisión de un buen número de servicios públicos, con el resultado de volverlos más transparentes, seguros, costo-eficientes y personalizados.

Así, la inteligencia artificial "representa una racionalidad instrumental, que tiene sentido y valor público a condición de que esté en función de la racionalidad política y social de los valores y los principios de los derechos humanos y del bienestar y de la seguridad jurídica, que son la esencia del gobierno democrático".

Nada más cierto: es necesario encontrar un término medio entre la tecnología de inteligencia artificial, los objetivos de la Administración Pública y los derechos y necesidades de los ciudadanos, teniendo en cuenta que tanto el *big data* como la inteligencia artificial pueden contribuir al bien común y a la realización del principio de eficacia de la Administración Pública y, en general, a la buena Administración .

En sus clases en el Curso de especialización en derecho administrativo e inteligencia artificial de la Universidad Castilla-La Mancha, el profesor Isaac Martín Delgado, recuerda que cada revolución tecnológica ha traído consigo sus propias transformaciones, y la llamada revolución 4.0 que hoy inunda al mundo, trae a la inteligencia artificial como una realidad a la cual la Administración Pública, simplemente no puede esconderse.

Revolución 4.0 que, refiriéndose a la Administración Pública y sus actividades, describe la posibilidad de que el procedimiento de formación de la decisión administrativa se encomiende a un software, en el que se ingresan una serie de datos para llegar, mediante la automatización del procedimiento, a la decisión final, y que se caracteriza por el crecimiento en la cantidad de datos disponibles (y la inteligencia artificial se nutre de ellos) el incremento de la capacidad de las computadoras así como del almacenamiento y el desarrollo de nuevas técnicas de procesamiento de esos datos con el fin de hacer predicciones que, en general, la mente humana no puede hacer ni entender.

Mediante algoritmos, la Administración Pública puede tener la oportunidad de guiar el tráfico mediante semáforos operados por máquinas, vigilar espacios públicos con drones, encontrar terrenos más idóneos para la expropiación, determinar qué empresas deben ser inspeccionadas por la Administración Tributaria, realizar el concurso público para seleccionar funcionarios que ingresen a la Administración o selección de contratistas en contratos públicos[38].

En fin, múltiples formas tienen la Administración Pública y el derecho administrativo de mejorar sus procesos con las herramientas de la inteligencia artificial, la cual no pretendemos analizar con profundidad en este artículo, sino limitarnos a las oportunidades que el CLAD ve para las Administraciones Públicas iberoamericanas, especialmente las latinoamericanas.

En todo caso, la inteligencia artificial puede ser muy útil para el sector público con la automatización de tareas repetitivas que consumen tiempo, liberando a los empleados públicos de esas tareas (tecnología *softbots*); mejora de las decisiones públicas proporcionando información más precisa, pronósticos y predicciones que lleven a mejores resultados (aprendizaje automático); mejora de los servicios públicos mediante el uso de inteligencia artificial para proporcionar soluciones más cercanas y personalizadas (*chatbots*); simulación de sistemas complejos que permiten experimentar con diferentes opciones y detectar consecuencias no deseadas antes de tomar decisiones; reconocimiento de imágenes (redes neuronales artificiales)[39].

3.8. Ética en la Administración Pública Inteligente

Otro elemento, esencial a nuestro entender, por ser además de los temas que más preocupan en el análisis de la automatización de las actividades administrativas automatizadas, tiene que ver con la ética en la actividad administrativa automatizada[40].

La Carta consagra la necesidad de introducir valor y ética pública para evitar estereotipos excluyentes en el diseño de los algoritmos y en los mecanismos de entrenamiento de la inteligencia artificial en la Administración Pública. Se quiere con esto evitar que las herramientas

---

[38] Algunos ejemplos en ese sentido pueden verse en Isaac Martín Delgado. "Naturaleza, concepto y régimen jurídico de la actuación administrativa automatizada" en *Revista de Administración Pública*. Número 198. Madrid, 2009.

[39] Montana Merchán Arribas. *Guía de uso de la inteligencia artificial en el sector público.* Colección Tecnologías emergentes. Octubre de 2020. Disponible en http://digitalrevolution.info.

[40] Punto 28 de la Carta.

de innovación, especialmente las que trabajan mediante sistemas algorítmicos, sean discriminatorias, sexistas o racistas, sino que, por el contrario, procuren garantizar mejor que un ser humano, la debida equidad, equilibrio e igualdad en el acceso a los servicios públicos y en las decisiones administrativas.

Uno de los problemas que se han detectado en la inteligencia artificial, es justamente, los sesgos de los operadores que crean los algoritmos. Las máquinas de inteligencia artificial están entrenadas por seres humanos, que pudieran introducir sus propios sesgos humanos discriminatorios, con lo que resultaría el algoritmo igual de discriminatorio que su autor[41].

Para ello, la Carta sugiere soluciones: primero, que los algoritmos públicos sean aprobados por una comisión multidisciplinar que valore si responden a la ética y los valores públicos (igualdad, género, equidad por razón de raza o etnia, religión, etc.); luego, que los procesos y la información con los que se entrenan los dispositivos de inteligencia artificial sean también aprobados por una comisión multidisciplinar para los mismo fines; otra, que los algoritmos y los dispositivos robóticos puedan superar una prueba de estrés de ética pública en una fase piloto y conseguir la acreditación de una agencia pública independiente, y; que los algoritmos, sus procesos de entrenamiento y los dispositivos robóticos deben ser sistemáticamente monitorizados internamente y, también, evaluados cada cierto período de tiempo por una agencia pública independiente.

Por otra parte, señala la Carta que los diseños de los algoritmos y los procesos de entrenamiento en el sector público deben ser transparentes y no blindados con patentes y ciudadanos y organizaciones no gubernamentales deben tener la capacidad de evaluar externamente ambos procesos.

Aquí no lo dice expresamente, y creemos que es una omisión importante de la Carta, pero debería interpretarse esta disposición como la obligación de determinar que los algoritmos deberían ser conocidos por los ciudadanos, para saber cómo razona el sistema de inteligencia

---

41 https://www.abc.es/tecnologia/informatica/soluciones/abci-funcionan-sesgos-inteligencia-artificial-202009130134_noticia.html

artificial cuando dicta una decisión de carácter público. No solamente debido al principio de transparencia, sino como garantía de motivación del acto administrativo automatizado[42].

Así se dijo en una reciente -y muy interesante- sentencia del Consejo de Estado Italiano, la sentencia 8472: "Este conocimiento del algoritmo debe garantizarse en todos los aspectos: desde sus autores hasta el procedimiento utilizado para su elaboración, pasando por el mecanismo de decisión, pasando por las prioridades asignadas en el procedimiento de evaluación y toma de decisiones y los datos seleccionados como relevantes. Esto es para poder verificar que los criterios, condiciones y resultados del procedimiento robótico cumplan con los requisitos y propósitos establecidos por la ley o por la propia administración aguas arriba de este procedimiento y para que los métodos y procedimientos sean claros - y en consecuencia pueden ser las reglas bajo las cuales se estableció".

En fin, se requiere de más tecnología e innovación en la Administración Pública, pero sin olvidar de empaparla no solo de automatización, inteligencia artificial y algoritmos, sino también de ética, que es a aquellas, como el alma al cuerpo[43].

3.9. Robótica y Administración Pública

Entrando a temas más futuristas, la Carta pretende que los Estados regulen normativamente la utilización de la robótica en la Administración Pública, esto es, robots al servicio de la Administración, robots que presten función pública.

El profesor español Carles Ramió ha sido muy enfático en su libro en aseverar que los robots son el futuro de la Administración Pública[44], que en algunos años estos suplantarán muchas de las funciones de los funcionarios y empleados al servicio de la Administración. Eso es pro-

42 Véase Martín Delgado. Ob. cit. p. 368. A la misma conclusión llega Fabio Bravo. "Access to source code of proprietary software used by public administrations for automated decision-making. what proportional balancing of interests?" en *European review of digital administration & law.* Volume 1, Issue 1-2, June-December 2020. pp. 157-165. Disponible en http://www.aracneeditrice.it/pdf2/978882553896014.pdf.

43 Joaquín Meseguer. "La visión abierta e íntegra" ob. cit.

44 Carles Ramió. ob cit.

bable, y algo de esto ya puede verse en la actualidad, cosa que evaluaremos en el último capítulo de este trabajo, pero en todo caso, aun no es un elemento definitorio de la Administración Pública actual.

Sin embargo, la Carta busca echar las bases para su regulación[45]. Así, señala que los dispositivos robóticos públicos que interaccionen con ciudadanos deben evitar, en su dimensión estética, discriminaciones por razón de género, raza o etnia, esto es, que si tiene que parecerse a un ser humano, no imiten solo a una raza o género específico. También pide la Carta que robots públicos que interaccionen con personas sean fácilmente reconocibles como robots.

Se debe respetar el rechazo a ser cuidado por un robot. Y cada vez que la Administración Pública robotice un servicio público deberá definir un conjunto de acciones para evitar la pérdida de lazos sociales, y ese mismo orden de ideas, la presencia de servidores públicos humanos en algunas partes del servicio deberá ser preservada o estimulada para que existan contrapesos emocionales.

Las fuerzas de seguridad del Estado deben implantar sistemas robóticos de vigilancia, de prevención y de lucha contra el delito que no vulneren la libertad de las personas.

3.10. Oficinas de Datos en nuestras Administraciones Públicas

La Carta señala[46] que es un error pensar que la implantación de la innovación (especialmente en sus formas más avanzadas: inteligencia artificial, *machine* y *deep learning*, robótica) solo está al alcance de países que se encuentren en una situación institucional y tecnológica más avanzada, "ya que las disrupciones tecnológicas representan un reto y una dificultad para todas las administraciones públicas".

Pero para llegar a ese avanzado estado de cosas, habría que dar, según la Carta, algunos pasos:

Primero, potenciar las capacidades institucionales analíticas sobre la gestión del conocimiento, logrando que las unidades sectoriales de análisis de datos de nuestras Administraciones Públicas pasen de ser organismos aislados, sin visión integrada y por tanto, con una capa-

---

45 Punto 34 de la Carta.

46 Punto 45 de la Carta.

cidad analítica fragmentada a lograr unidades centrales de análisis de datos que integren coordinen y analicen de manera integrada todos los datos generados por los diversos ámbitos sectoriales, con equipos profesionales con habilidades de análisis, con funcionarios formados para tener una visión innovadora del servicio público, donde, además tengan esas Administraciones repositorios de datos suficientes para manejar y analizar la gran cantidad de información que deben manejar de forma integral;

Segundo, enfocar la idea de gobernanza en tres ideas básicas; (i) poner en valor los datos como un activo de la organización que debe gestionarse, es decir, lograr una verdadera cultura del dato, e incluso crear una unidad de dirección de datos (*Chief Data Officer* o CDO), como hizo España al crear la División Oficina del Dato[47]; (ii) establecer responsabilidades en la toma de decisiones (derechos) y las tareas asociadas (deberes), y (iii) establecer pautas y normas para velar por la calidad de los datos y su uso adecuado.

Esa División de Oficina del Dato de España es un buen ejemplo de lo que la Carta aspira: una oficina que tenga como competencia:

a. Diseño de estrategias y marcos de referencia en materia de gestión de datos, creación de espacios de compartición de datos entre empresas, ciudadanos y Administraciones Públicas de manera segura y con gobernanza (*sandboxes*, *data spaces* nacionales y europeos, ecosistemas de datos para uso sectorial tanto público como privado, etc.) y el empleo masivo de los datos en los sectores productivos de la economía mediante tecnologías *big data* e inteligencia artificial;
b. Diseño de políticas de Gobernanza y estándares en la gestión y análisis de datos; coordinación de modelos, recomendaciones y valoraciones sobre soluciones tecnológicas de codificación, anonimización y tratamiento de datos, sistemas de geolocalización, plataformas y modelos de intercambio, interacciones, modelizaciones y valoración de riesgos, seguridad en la gestión y almacenamiento de los datos, entre otros.

---

47 https://www.boe.es/diario_boe/txt.php?id=BOE-A-2020-10008.

c. Desarrollo de un Centro de Competencia de analítica avanzada de datos que defina las metodologías y mejores prácticas y que asegure que se desarrollan las competencias tecnológicas y las herramientas necesarias para la toma de decisiones basadas en datos, permitiendo el desarrollo de políticas basadas en evidencia.
d. La formación y desarrollo de mecanismos de transferencia de conocimiento.

La Carta señala que no es recomendable ubicar esta responsabilidad en el ámbito tecnológico de la Administración, sino que propone distinguir la adquisición de insumos tecnológicos de la gobernanza de datos.

4. INNOVACIÓN, ADMINISTRACIÓN PÚBLICA AUTOMATIZADA, INTELIGENCIA ARTIFICIAL, ROBÓTICA EN EL SECTOR PÚBLICO... ¿Y EN DÓNDE QUEDA EL FUNCIONARIO?

Del breve paneo que hemos hecho por la extensa Carta Iberoamericana de Innovación, salta a la vista algo que la propia Carta reconoce: "El impacto de la inteligencia artificial y de la robótica en el mercado laboral va a ser probablemente muy significativo. Se puede pronosticar que un volumen significativo de los actuales puestos de trabajo del ámbito público puede ser sustituidos por la inteligencia artificial y la robótica en los próximos años".

Si lo pensamos, esto ya viene ocurriendo de hecho. Hace años, se podían ver en las oficinas públicas a empleados públicos que servían como ascensoristas o que fungían como porteros, por poner dos ejemplos. Hoy, la tecnología hace que los ascensores no necesiten de operadores humanos, ya que podemos encontrar ascensores a los que se les anuncia por voz o simplemente pulsamos un par de botones en la planta baja para informarle a que al piso al que deseamos ir. Ese funcionario que en aquel entonces era necesario para abrir las puertas de las oficinas, hoy no se ven en las Administraciones, ya que muchas puertas hoy abren automáticamente mediante sensores de reconocimiento de movimiento.

Eso seguramente ocurre en otras instancias: jardineros, choferes, operadores de semáforos… todos ellos se han visto afectados por la introducción de la innovación y la automatización en la Administración Pública.

Ramió ha señalado al respecto que: "…la Administración pública va a prescindir del personal menos cualificado como telefonistas, conductores, conserjes, auxiliares, etc., por la automatización de sus tareas[48]"

Así, afirma que las tareas más burocráticas, la elaboración de informes, las auditorías y controles financieros y contables, los trámites repetitivos y numerosas tareas de este tipo se realizarán total o parcialmente con herramientas inteligentes y que no solo implicaría sustituir a empleados menos preparados, sino a aquellos cuya labor ha quedado obsoleta. Podríamos estar hablado de personal sanitario o docente.

Por ello, la pregunta ¿y dónde queda a todas estas el funcionario?

Creemos que la aplicación de innovación cambia por completo el paradigma del empleo público, pero no lo hace desaparecer. Resta realidad lo que implica es una nueva visión, obliga a que la función pública no sea vista solamente desde la perspectiva del ser humano que cumple la función profesional para la Administración, sino desde la provisión de funcionarios que sean capaces de entenderse con la tecnología, que sean los autores de los algoritmos, que entrenen a las maquinas. En fin, un nuevo funcionario que no solamente ejecuta sino que hace que la maquina ejecute la actividad administrativa.

Somos de la tesis que la innovación en el ámbito estatal no supone en ningún caso reemplazar al ser humano por una máquina, sino que la máquina debe servir para mejorar las capacidades del empleado público. La idea aquí es que siempre exista una relación de jerarquía del ser humano sobre la máquina, esto es, que los sistemas tecnológicos sean meros instrumentos en la toma de decisiones, controlados por humanos que serán los responsables de los órganos de la Administración -cumpliéndose además la teoría del órgano donde la responsabilidad de la actuación estatal sigue estando en cabeza del funcionario-.

---

48 Carles Ramio. ob. cit, p. 35.

La Carta determina dentro de las estrategias de innovación a lo interno de la organización administrativa, y dentro de estas estrategias está el aplicar innovaciones de cultura y gestión del personal público, entendiendo estos como cambios que se introducen en las políticas de gestión de los empleados al servicio de la Administración para fomentar una mejor actitud y aptitud hacia la innovación, así como más calidad y eficacia en su trabajo. La Carta determina, que en esta categoría se incluyen los "procesos de gestión del cambio" que buscan cambios culturales en el funcionariado, así como nuevos abordajes para la gestión del talento y el conocimiento, la comunicación interna y la formación de los trabajadores públicos.

La aplicación la innovación en la Administración Pública, especialmente de algoritmos en la actividad administrativa, ofrece varias posibilidades para la simplificación de la burocracia, automatizar y eliminar tareas dentro del procedimiento administrativo[49], tareas auxiliares, rutinarias y de poco valor, donde la inteligencia artificial permite una operación "ultra eficiente, logrando un funcionamiento burocrático más productivo y ágil, que facilitaría a las personas empleadas públicas dedicarse a tareas de mayor valor como el análisis y la decisión[50]".

Entonces, la innovación no debe entenderse como una fórmula que deja del lado al funcionario público, sino que obliga a que la función pública tenga otra visión, un funcionario entrenado para entrenar máquinas, capacitado para entenderse con las nuevas tecnologías y con mentalidad innovadora.

5. NOTA FINAL

Uno de los grandes desafíos a los que se enfrentan los entes y órganos del Estado en estos tiempos es su adaptación a la sociedad digital.

---

49 Véase al respecto, José Rafael Belandria García. "El procedimiento administrativo telemático en Venezuela: existencia, validez y una propuesta de solución". En "Jornada anual de la Asociación Venezolana de Derecho Administrativo" año 2020. Asociación Venezolana de Derecho Administrativo. Caracas, 2020. pp. 223.

50 Óscar Cortés. "Algoritmos y algunos retos jurídico-institucionales para su aplicación en la Administración Pública" en *Revista Vasca de gestión de personas y organizaciones públicas*, número 18. Euzkadi, 2018. p. 56.

El desarrollo de las tecnologías de la información y la comunicación ha penetrado en todos los ámbitos de la vida y de las relaciones sociales, y no sería comprensible ni admisible que la Administración permaneciese al margen o, simplemente, se quedase retrasada en su implantación, frente a lo que es ya común en la experiencia cotidiana de los individuos y las empresas[51].

La Carta Iberoamericana para la Innovación que ha dictado el Centro Latinoamericano de Administración para el Desarrollo (CLAD) hace un enorme esfuerzo en dar a las Administraciones Públicas iberoamericanas, especialmente las latinoamericanas, marcos referenciales para que en sus legislaciones internas se puedan dictar normas que permitan avanzar en políticas públicas para crear procesos basados en innovación, especialmente en innovación tecnológica.

La tecnología debe ser utilizada para servir a la Administración Pública y que esta cumpla sus objetivos de servir a los ciudadanos. Recogemos uno de los apartados de la Carta, cuando señala que la tecnología es una herramienta, no es un fin en sí mismo, sino un mecanismo, un medio, una utilidad para que nuestras Administraciones Públicas sean más eficientes, más rápidas y eficaces en sus respuestas y prestación de servicios públicos.

Lo que se quiere, entonces, es que la tecnología sea utilizada por la Administración, no que la Administración sea utilizada o dirigida por la tecnología. La Administración debe tener muy claros sus objetivos para que pueda darle un buen uso a la innovación.

Esto, va de la mano con la conclusión que llegamos más arriba sobre el futuro de los servidores del Estado: la tecnología es un mecanismo para que el funcionario pueda cumplir su función, no para sustituirlo.

Pero, claro, el funcionario tiene necesariamente que adaptarse a esa realidad, tiene que formarse para tener una visión integradora y

---

51 Marcos Almeida Cerreda; Luis Míguez Macho. "Breve contextualización del estudio del nuevo régimen jurídico del funcionamiento por medios electrónicos del sector público y de la tramitación informática del procedimiento administrativo común" en *La actualización de la Administración electrónica,* Andavira Editora, S. L. Santiago de Compostela, 2016. p. 13.

pueda hacer que la innovación le permita cumplir con sus obligaciones estatutarias.

Uno de los retos es que la profesionalización de los servidores públicos tenga esa visión tecnológica. Que ese empleado público esté debidamente capacitado para entrenar a la máquina, crear el algoritmo, y hacer el seguimiento necesario para que la innovación cumpla su verdadera función; ayudar a la Administración Pública.

Ojalá que los países latinoamericanos, especialmente Venezuela, tomen en cuenta la Carta Iberoamericana de Innovación y podamos llegar a tener Administraciones Públicas inteligentes que permitan mejorar -mucho se necesita- la prestación de nuestros servicios públicos.

REGULACIÓN ADMINISTRATIVA DE LAS EMPRESAS *FINTECH*. ESPECIAL REFERENCIA AL DERECHO VENEZOLANO

NICOLÁS BADELL BENÍTEZ*

SUMARIO

I. INTRODUCCIÓN

Es un honor para mí atender la invitación que se me ha formulado para participar en este Libro homenaje al Doctor Jesús Caballero Ortiz, a quien a través de estas líneas manifiesto mi respeto y admiración por el valioso aporte que ha significado para el Derecho Administrativo venezolano su actividad académica y destacada obra bibliográfica, particularmente sus libros y artículos publicados en revistas jurídicas sobre temas de organización administrativa y derecho funcionarial en Venezuela, materias que muy pocos autores han abordado en el país.

---

* Abogado egresado de la Universidad Católica Andrés Bello. Postgrado en Derecho Administrativo en la Universidad Central de Venezuela. Diplomado de Estudios Avanzados Universidad Complutense de Madrid. Socio Badell & Grau Despacho de Abogados. Profesor de Derecho Administrativo Postgrado Universidad Católica Andrés Bello y Universidad Monteávila.

En ese sentido, me complace colaborar en este merecido reconocimiento que se ha organizado para el Doctor Jesús Caballero Ortiz, desarrollando un tema novedoso en el derecho comparado y, tanto más, en el venezolano, no solo por lo incipiente de la legislación que lo trata, sino por originarse en el acelerado impacto que ha tenido la tecnología en los mercados financieros durante los últimos años.

En específico, estudiaremos el fenómeno de las empresas *FinTech* que ha evolucionado con gran celeridad en el derecho moderno, como modelo de transformación significativa de la prestación de los servicios que integran la industria financiera, mediante la implementación disruptiva de mecanismos tecnológicos soportados en procesos y plataformas digitales que prescinden de las estructuras físicas convencionales.

En efecto, no cabe duda que la tecnología ha tenido un impacto trascendental en el crecimiento de los diversos sectores que comprenden el sistema financiero a nivel mundial (banca, seguros, mercado de valores, entre otros), pero ello no solo ha incidido en el funcionamiento de los distintos operadores que participan comúnmente en ese ámbito económico, sino aún con mayor rapidez, ha provocado la generación de nuevos modelos y prestadores de servicios mucho más dinámicos, innovadores y sofisticados que los tradicionales, facilitando el acceso de las personas a una nueva oferta productos financieros.

Nos referimos, en concreto, a las empresas *FinTech,* acrónimo que proviene de la combinación de las palabras en inglés *Financial Techonologies* que en conjunto aluden a la "*aplicación de tecnología de forma innovadora para el desarrollo y mejora de productos, modelos de negocio o servicios financieros tradicionales*"[1]. Tal y como lo define el Diccionario de la Universidad de Oxford el término *FinTech* se refiere a "*programas de computadora y otras tecnologías utilizados para proveer servicios bancarios y financieros*"[2].

---

1 Rodrigo Sánches Mujíca Serrano: "Fintech en un entorno regulado: alcance, oportunidades y recomendaciones" en Obra Colectiva *Ley para regular las instituciones de tecnología financiera. Contexto, contenido e implicaciones*, Tirant Lo Blanch, México, 2020, p. 248.

2 "Computer programs and other technology used to provide banking and financial services". Ver. https://www.oxfordlearnersdictionaries.com/us/definition/english/fintech?q=FINTECH.

Asimismo, el Libro Blanco de la Regulación *FinTech* en España[3] incluye en este modelo a "*todas aquellas actividades que impliquen el empleo de la innovación y los desarrollos tecnológicos para el diseño, oferta y prestación de productos y servicios financieros*", haciendo referencia a las entidades que "*...actúan en algún punto de la cadena de valor del servicio financiero aportando un nivel diferencial de innovación y quienes ofrecen servicios de soporte tecnológico a operadores financieros regulados quienes externalizan en tales proveedores terceros algún proceso relevante esencial o importante para la prestación de un servicio u oferta y contratación de un producto financiero*".

En igual sentido lo define el Consejo de Estabilidad Financiera (*Financial Stability Board*) como "*la innovación en los servicios financieros, posibilitada por la tecnología, que podría dar lugar a nuevos modelos de negocios, aplicaciones, procesos o productos y podría conllevar efectos asociados significativos en los mercados e instituciones financieras y en el modo en que se prestan los servicios financieros*"[4].

Así, impulsado por la tecnología, se trata de un sector que ha tenido un crecimiento acelerado y amplio, llegando a abarcar actividades propias de los sistemas bancarios (medios de pago electrónicos, transferencias, cambio de divisas, financiamientos); así como del servicio de mercado de valores (como la asesoría a inversionistas de valores); los sistemas de financiamientos colectivos (*crowfunding*); el manejo y administración de las criptomonedas; o, inclusive, servicios especializados requeridos por los bancos y demás entidades financieras tales como la gestión automatizada de procesos y administración de datos, gestión de riesgo, *compliance*, *big data* y modelos predictivos[5].

Todo lo anterior permite observar la participación de nuevas entidades en los mercados financieros, que si bien desarrollan actividades

---

3 Asociación Española de Fintech e Insurtech, "Libro blanco de la regulación del Fintech en España". Disponible en:https://asociacionfintech.es/wp-content/uploads/2018/06/AEFI_LibroBlanco_02_10_2017.pdf, consultado el 25 de marzo de 2021.

4 Financial Stability Board, "Financial Stability Implications from FinTech (2017)". Disponible en: https://www.fsb.org/wp-content/uploads/R270617.pdf ; consultado en fecha 30 de marzo de 2021.

5 Maestre, Raúl Jaime, "Qué es el Fintech, definición, sectores y ejemplos de startups", 16 de octubre de 2020. Disponible en: https://www.iebschool.com/blog/que-es-fintech-finanzas/ ; consultado el 25 de marzo de 2021.

vinculadas en cuanto a su funcionamiento a aspectos propios del derecho privado (como ocurre con las tradicionales), es claro que también abarcan, cada vez con más importancia, un interés público económico particular dentro de esos mercados que justifica la implementación de una regulación administrativa especializada conjuntamente con la intervención de órganos de la Administración Pública, todo lo cual se rige por las normas y principios del Derecho Administrativo[6]. En concreto, subyace a ese sector un interés público conformado por los inversionistas que dirigen sus recursos a la formación de las empresas *FinTech*, así como los usuarios de los servicios que prestan esas entidades, que requieren igualmente un marco de protección.

Efectivamente, su vinculación con la industria financiera y, en especial como veremos en este estudio, las características propias de las empresas *FinTech*, justifica la implementación de regulaciones sectoriales de orden público encomendada a órganos administrativos dotados de potestades de supervisión y control con la finalidad de evitar los fallos y las asimetrías comunes de ese tipo de mercados, para garantizar así la estabilidad financiera. Un fenómeno que ha obligado a los órganos reguladores y supervisores, con mayor o menor medida según cada país, a adaptar sus potestades y técnicas de intervención en aras de proteger el interés público que subyace a esos nuevos modelos financieros.

En Venezuela no existe una legislación especial que rija el funcionamiento de las empresas *FinTech,* sino escasas regulaciones administrativas que de forma separada se refieren a actividades específicas que, por su naturaleza y la forma como se desarrollan, pueden categorizarse dentro de ese especial sector; pero, sin embargo, ningún tratamiento expreso se les hace como entidades financieras tecnológicas, quedando

---

6 Se trata de un sector económico de reciente creación en los diversos ordenamientos jurídicos, en el cual resulta aplicable lo que explica en la doctrina española el autor Hernando Delgado al estudiar sectores económicos afectados por la intervención administrativa, afirmando que supone un "*continuo entronque entre materias privadas y públicas que difícilmente pueden quedar seleccionadas en dos ordenamientos diferenciados*". Inclusive, afirma que particularmente los asuntos privados de estos sectores "*...no resultan viables sino en la medida en que su aplicación no viene limitada, coartada o prohibida por regulaciones públicas*". Justo Hernando Delgado, "Ordenamiento Sectorial de la Banca y Responsabilidad", en *Anales del CUNEF*, 1978-1979. Colegio Universitario de Estudios Financieros. Universidad Complutense, Consejo Superior Bancario. Madrid, 1979, p. 267.

pendiente aún mayor claridad en el tema sobre las distintas categorías, el manejo de la información, los derechos de los consumidores, la administración de riesgos, las medidas de prevención de lavado de dinero, entre otros.

Por tal razón, y teniendo en cuenta la especial relevancia que ha adquirido el tema en los últimos años, nos ha parecido interesante realizar una revisión general de la materia, haciendo especial referencia, en primer lugar, a los preceptos comunes que han justificado en diversos ordenamientos la regulación administrativa, así como los principios básicos que han servido de marco para el desarrollo de toda la legislación en ese sector, lo cual bien podría servir de inspiración y modelo para una eventual regulación en Venezuela.

Seguidamente revisaremos la normativa en el derecho comparado, destacando aquellos modelos legislativos en Hispanoamérica que se encuentran más avanzados en la materia. En tercer lugar explicaremos los distintos modelos de actividades que pueden ejercer las entidades *FinTech*; para luego referirnos a las específicas y muy concretas regulaciones que contiene el ordenamiento jurídico venezolano, quedando claro los desafíos que tiene por delante el legislador y los órganos que ejercen la supervisión del sector financiero en Venezuela (Banco Central de Venezuela, Superintendencia de las Instituciones Bancarias, y la Superintendencia Nacional de Valores).

II. NOCIONES GENERALES

1. Justificación de la regulación administrativa de las *FinTech*

La implementación de soluciones tecnológicas en los mercados financieros a través de los distintos servicios que ofrecen las empresas *FinTech* se ha traducido en inmensas ventajas para los usuarios y operadores de ese mercado.

No solo se ha tratado de un fenómeno disruptivo que ha inyectado dinamismo al sector financiero, sino ha provocado otros múltiples efectos como son: la ampliación significativa de las ofertas de servicios que pueden proveerse a través de la nueva tecnología; una mayor penetración de los servicios financieros y mejora en las condiciones de acceso al mercado por parte de la población no bancarizada, o, inclusive, sectores empresariales que no resultan compatibles con los estándares de riesgo de la banca tradicional; disminución de los tiempos y obstáculos en la atención al cliente mediante la prestación de servicios más eficientes que se apoyan preponderantemente en la tecnología en lugar del recurso humano; y en particular, la oferta variada y especializada de múltiples servicios financieros que se materializan a través de las diversas modalidades *FinTech* que ofrece cada ordenamiento[7].

Sin embargo, lo anterior no escapa de los riesgos propios de los mercados financieros aun cuando en estos nuevos modelos estén presentes innovaciones tecnológicas; pues igualmente pueden ocurrir *fallos del mercado* que también justifican una intervención pública a través de la regulación y ordenación del derecho a la libertad económica de quienes allí participan, las cuales se materializan a través de múltiples técnicas administrativas (i.e. autorizaciones de funcionamiento, deberes de información, registros especiales, entre otros) que, aunque generalmente en menor medida que las que se aplican a los sectores tradicionales como la banca, seguros y mercado de valores, también inciden desde el acceso al mercado, durante el desarrollo de la actividad e, inclusive, en su finalización o salida del sector.

En ese sentido, en la doctrina se afirma que el desarrollo de las empresas *FinTech* ha obligado a que organismos reguladores revisen la regulación de los sistemas financieros, teniendo en cuenta los principales objetivos, como son: *"definir el nuevo perímetro regulatorio del sistema financiero para mantener su integridad, seguridad, solvencia y confianza; determinar donde ésta la necesidad de regular a estas empresas o actividades, y como encontrar el balance adecuado entre la eficiencia, innovación, competencia y protección a los intereses de los usuarios"*[8].

Lo anterior supone la justificación de la intervención de la Administración Pública en este sector para garantizar la eficiencia del mercado, objetivo que se alcanza -como explica la autora Rocío Robles-

7 Catalina Munita Roncagliolo, "Regulación para Fintech. Experiencia desde el regulador del mercado de valores", en *Revista Iberoamericana de Mercado de Valores*, N° 60/2020. Julio 2020, pp. 4-5 en https://www.iimv.org

8 Rodrigo Sánches Mujíca Serrano, ob. cit., p. 248.

mediante la implementación de mecanismos que permitan corregir cualquier "falla de mercado", dentro de lo cual se incluye[9]:

a) Comportamiento racional de los actores del mercado, al delimitar expresamente el ámbito de actuación de cada operador otorgando certeza jurídica sobre la legalidad de las actividades y los requisitos que debe cumplir para su funcionamiento.
b) Corrección de asimetrías de información que puedan generarse por el anonimato que provee la tecnología y el internet a los proveedores de servicios *FinTech,* mediante la implementación de correctivos para disuadir comportamientos perjudiciales. Al mismo tiempo, ello puede configurar un impacto positivo para todo el sector financiero en tanto las empresas de tecnología financiera tienen acceso de forma más dinámica a la información y necesidades de los consumidores que puede ser utilizada para la prestación de un mejor servicio por parte de todo el sector[10].
c) Control de prácticas negativas propias de los sistemas financieros como es el riesgo sistémico que se produce por la cada vez más amplia interrelación de las distintas entidades *FinTech*, así como prácticas de lavado de dinero y el financiamiento de actividades ilícitas que justifican el desarrollo de una regulación especial y;
d) Preservación de la garantía de la competencia, necesaria en todo mercado para que exista calidad y eficiencia del servicio y, en particular, para disminuir los costes y fomentar la innovación en el sector de tecnología financiera.

Explica así el autor Tomás Martínez Navarro que la regulación de este sector se fundamenta en la "*misma racionalidad que justifica la regulación bancaria, que no es más que atender a razones sistémicas debido al especial papel de la actividad crediticia (conexa a la actividad bancaria); la corrección de fallas de mercado; la protección de los consumidores e inversionistas respecto del ejercicio de sus derechos*

---

9 Rocío Robles Peiro, "Prólogo" en Obra Colectiva, *Ley para regular las instituciones de tecnología financiera. Contexto, contenido e implicaciones*, Tirant Lo Blanch, México, 2020, p. 30.

10 Asociación Española de Fintech e Insurtech, ob. cit., consultado el 25 de marzo de 2021

económicos (p.e. acceso a información y protección ante establecimiento de monopolios); y prevención de delitos asociados con fraude, legitimación de capitales y financiamiento al terrorismo"[11].

En ese orden de ideas, no cabe duda de que la regulación prudencial y ordenada del sector *FinTech* promueve su desarrollo, pues los inversionistas prefieren invertir en mercados que ofrezcan seguridad jurídica respecto a la actividad que realizan en lugar de participar en mercados no regulados en los cuales los órganos supervisores pueden actuar con mayor discrecionalidad y considerar -sin fundamento jurídico- sus operaciones como ilegales.[12]

2. Principios que rigen la regulación *FinTech*

La creación de un marco jurídico que regule el sector de empresas *FinTech*, tanto a nivel legislativo como en su desarrollo mediante regulaciones administrativas, exige que el mismo esté integrado por disposiciones *especiales* y *flexibles* que permitan su adecuación a los cambios constantes que se presentan en este particular sector. Ello así, en tanto se trata de un ámbito fundamentalmente soportado en los avances de la tecnología, lo cual cambia permanentemente y no puede responder a un ordenamiento rígido que no evolucione a la par de las transformaciones que ocasiona la innovación tecnológica en el sistema financiero.

Por lo anterior, en el derecho comparado se reconoce la necesidad de un marco jurídico que otorgue certeza jurídica al desarrollo de las actividades *FinTech*, pero que al mismo tiempo se identifique con las especiales características de innovación y dinamismo que presenta ese sector. De esa forma, utilizando experiencias extranjeras[13], conviene

---

[11] Tomás Martínez Navarro, "Crowdfunding como alternativa para el financiamiento de empresas", en *Revista Venezolana de Derecho Mercantil*, Nº 2, Caracas, 2019.

[12] *Prácticas Globales de Regulación y Supervisión de Fintech, Regulación para la Innovación responsable y competitiva del sector financiero*, Asociación de Supervisores Bancarios de las Américas, diciembre, 2019.

[13] Alianza del Pacífico, "Principios orientadores para la regulación del Fintech en la Alianza del Pacífico", Colombia 2017-2018. Disponible en: https://alianzapacifico.net/wp-content/uploads/Principios-orientadores-para-la-regulacio%CC%81n-Fintech.pdf. Véase igualmente: Comisión Nacional del Mercado de Valores, Boletín Internacional, Marzo 2021, Madrid España. http://www.boletininternacionalcnmv.es/ficha.php?menu_id=0&jera_id=0&cont_id=762#. La legislación mexicana reconoce expresamente varios de estos

destacar los principios básicos que debe cumplir cualquier regulación que se implemente en la materia como son los siguientes[14]:

a) **Inclusión e innovación financiera**, supone la implementación de una normativa que permita el acceso a los servicios prestados por las *FinTech* a aquellas personas o empresas que no tienen acceso al sistema bancario tradicional, promoviendo el conocimiento y la asesoría sobre los nuevos modelos[15]. Este principio se complementa con la innovación en la medida en que se reconozca la evolución del sistema y la posibilidad de incorporar progresivamente herramientas que optimicen el uso de los servicios en beneficio de los usuarios y demás operadores.

b) **Regulaciones flexibles,** para mantener una regulación dinámica capaz de adaptarse a los constantes cambios que genera la innovación tecnológica, permitiendo tanto la adaptabilidad de los requisitos que deben cumplir los distintos operadores como la posibilidad de que los órganos reguladores, a través del reconocimiento de potestades administrativas normativas, puedan desarrollar los aspectos técnicos y específicos que exijan los cambios que sufra cada modalidad *FinTech* durante el tiempo.

c) **Regulación especial por actividades,** ya que a diferencia de los mercados tradicionales que se enfocan en la regulación por el tipo de entidades, la amplia diversidad de actividades que pueden desarrollar las empresa *FinTech* justifica una regulación especial que se adapte a las específicas particularidades que pre-

---

principios como marco orientador de la regulación FinTech. México, "Ley para regular las Instituciones de Tecnología Financiera", en *Diario Oficial de la Federación*, del 9 de marzo de 2018. http://www.diputados.gob.mx/LeyesBiblio/pdf/LRITF_090318.pdf

14 Cabe destacar que aunque de forma muy específica en la regulación venezolana, el artículo 27 de la Resolución N° 18-12-01 contentiva de las "*Normas Generales sobre los sistemas de pago y proveedores no bancarios de servicios de pago que operan en el país*" hace referencia a algunos de estos principios, pues al regular la posibilidad que tienen los Proveedores no Bancarios de Servicios de Pago de ser admitidos en los sistemas de pago que funcionan en el país según la normativa interna de cada Administrador del sistema de pago, advierte que dicha normativa debe ser "*objetivas, no discriminatorias, proporcionales y no dificultarán el acceso, sin perjuicio de que se realicen las acciones necesarias para prevenir riesgos de crédito, de liquidez, operacional y legal, y garantizar la estabilidad operativa y financiera del propio Sistema de Pago*". Gaceta Oficial N° 41.547 del 17 de diciembre de 2018.

15 Rocío Robles Peiro, ob. cit., p. 34.

senta cada una en su respectivo ámbito. Esto también puede incidir en la determinación de las competencias de supervisión y regulación, en la medida en que ello corresponda al órgano que tenga las competencias específicas según el mercado en el cual se desempeñe la actividad *FinTech* regulada.

d) **Promoción de la competencia,** principio que debe estar presente en todos los ordenamientos sectoriales, cuya garantía en este caso específico se traducirá en beneficios para todos los actores, promoviendo la innovación, el desarrollo tecnológico, diversidad y mejores soluciones para los usuarios, sin controles económicos excesivos que desnaturalicen el alcance de este principio y preserven la libertad económica de aquellos sujetos que desean participar en ese mercado.

e) **Proporción de la regulación,** derivado del principio de proporcionalidad y razonabilidad administrativa, los requisitos técnicos, económicos y legales, así como las limitaciones que se impongan para el ejercicio de la actividad, deben ser razonables y adecuarse al fin que se pretende proteger en función de los riesgos asociados y complejidad de las operaciones. En igual sentido, la aplicación de este principio debe regir la previsión de las potestades del órgano supervisor a los fines de que su ejercicio se adecúe a la finalidad de la normativa y a los límites que imponga el legislador, impidiendo actuaciones arbitrarias y carentes de fundamento legal.

   Desde el ámbito jurídico administrativo este principio se complementa con el de la buena regulación que aplica tanto en el ámbito legislativo como en la regulación administrativa.

f) **Principio de neutralidad tecnológica**, conforme al cual la regulación del sector debe ser amplia y abarcar todo el espectro tecnológico, sin hacer restricciones o preferencias de uso a una determinada tecnología. Este principio deriva del derecho a la libertad, de modo que cada sujeto elija la tecnología más adecuada a sus necesidades[16].

---

16 FINTECH ACMX, A.C "Comentarios a la Circular 4/2019 Disposiciones de Carácter General Aplicables a las Instituciones de Crédito e Instituciones de Tecnología Financiera en

g) **Protección al consumidor,** lo cual supone la regulación expresa de derechos del consumidor y usuario así como de obligaciones del proveedor a los fines de suministrar un servicio bajo condiciones de calidad y compensando las asimetrías propias de la actividad en cuanto al manejo de la información y la disposición de los recursos, así como protegiendo la privacidad y la gestión de los datos de los clientes.

h) **Integridad y estabilidad financiera**, mediante un marco normativo integral que contemple el desarrollo de una normativa prudencial para que las actividades *FinTech* cuenten con una adecuada gestión de riesgos operacionales, de liquidez y solvencia cuando aplique, tecnología, ciberseguridad y resguardo de la información, creando a un órgano administrativo con potestades suficientes para supervisar y controlar la actividad a fin de evitar cualquier conducta que ponga en riesgo el adecuado desarrollo de las actividades, reconociendo, inclusive por vía legislativa, la imposición de sanciones por incumplimientos.

3. Regulación de las *FinTech* en el derecho comparado

3.1. México

El ordenamiento jurídico mexicano cuenta con una ley especial que de forma integrada regula todo el sector *FinTech*, denominada "*Ley para regular las Instituciones de Tecnología Financiera*" (Ley *FinTech*), publicada en el Diario Oficial de la Federación el 9 de marzo de 2018[17]. Este instrumento normativo, que ha servido de modelo para otros ordenamientos jurídicos por su regulación integral de la materia, define a las empresas que participan en ese sector como Instituciones

las Operaciones que Realicen con Activos Virtuales, emitida por el Banco de México y publicada en el Diario Oficial de la Federación el 8 de marzo de 2019., Ciudad de Médico, 2019, consultado en www.banxico.org.mx.

17 "Ley para regular las Instituciones de Tecnología Financiera", en *Diario Oficial de la Federación*, del 9 de marzo de 2018. http://www.diputados.gob.mx/LeyesBiblio/pdf/LRITF_090318.pdf. Véase igualmente: Juan M. Diehl Moreno, María Manuela Lava, "Investigación y estudio de regulación comparada, Fintech, Nota Técnica Nro. IDB-TN2012", Banco Interamericano de Desarrollo, Octubre de 2020.

de Tecnología Financieras (ITF), incluyendo en el especial ámbito de regulación que desarrolla a instituciones de financiamiento colectivo (conocidas como "*Crowdfunding*"), instituciones de fondos de pago electrónicos, operaciones con activos virtuales y los modelos novedosos (*sandboxes*) que funcionan como un banco de prueba regulatorio para desarrollar empresas con propuestas viables y disruptivas diferentes a las expresamente reguladas en la ley.

En particular, según el artículo 11 de la Ley *FinTech*, se somete a un régimen de autorización previa el ejercicio de cualquiera de las actividades reguladas, la cual debe ser otorgada por la Comisión Nacional Bancaria y de Valores (CNBV) previo cumplimiento de los requisitos técnicos, económicos y legales establecidos en dicha ley para cada modalidad de empresa. Se trata de autorizaciones de funcionamiento especiales que habilitan al solicitante para la realización de una actividad en específico de las reguladas en la ley, pudiendo solicitar la incorporación de actividades adicionales en la medida en que demuestre contar con los recursos y la estructura corporativa necesaria.

El artículo 71 otorga las potestades de supervisión y control para garantizar el cumplimiento de la Ley a la CNBV, pero igualmente faculta al Banco de México para supervisar el cumplimiento de las disposiciones que dicho ente haya emitido de forma particular para desarrollar la materia en los términos en que se encuentra habilitado según la referida ley. En virtud de que para la fecha de entrada en vigencia de la Ley existían diversas empresas prestando servicios *FinTech* que quedaron bajo su ámbito de aplicación, el legislador previó un régimen transitorio (Disposición Transitoria Octava) que permite operar a dichas empresas mientras se otorga la autorización de funcionamiento conforme al nuevo régimen jurídico.

3.2. Colombia

En Colombia la regulación *FinTech* se encuentra contenida de forma dispersa en diversos instrumentos normativos que rigen de manera específica cada tecnología financiera. Encontramos así la *Ley 1735*[18]

[18] Colombia. "Ley 1735 por la cual se dictan medidas tendientes a promover el acceso a los servicios financieros transaccionales y se dictan otras disposiciones", en *Diario Oficial*

del 2014 publicada en el Diario Oficial en fecha 21 de octubre de 2014, que regula las medidas tendientes a promover el acceso a los servicios financieros transaccionales, y abarca las sociedades especializadas en depósitos y pagos electrónicos las cuales están sujetas a la fiscalización y vigilancia de la Superintendencia Financiera de Colombia, tal y como lo establece en el cuarto y quinto párrafo del artículo 1.

> En específico, el *Decreto 1357*[19] emitido por el Ministerio de Hacienda y Crédito Público del 31 de julio de 2018, desarrolla la regulación aplicable a la actividad de financiación colaborativa "*... que tengan como propósito poner en contacto a un número plural de aportantes con receptores que solicitan financiación en nombre propio para destinarlo a un proyecto productivo...*" (artículo 2.41.1.3), sometiendo su ejercicio a una autorización previa y al control y supervisión de la Superintendencia Financiera de Colombia.

De otra parte, siguiendo la tendencia de los demás ordenamientos jurídicos que rigen los *sandboxes*, el *Decreto 1234*[20], publicado por el Ministerio de Hacienda y Crédito Público el 14 de septiembre de 2020, regula aquellos espacios que permiten "*...probar desarrollos tecnológicos innovadores en la prestación de actividades propias de las entidades vigiladas por la Superintendencia Financiera de Colombia (...)*".

3.3. Uruguay

El régimen jurídico de *FinTech* en Uruguay cuenta con la *Ley 19.820 de Fomento del Emprendedurismo* publicada el 27 de noviembre de 2019[21]. Esta Ley regula el sistema de financiamiento colectivo

---

de la Republica de Colombia, del 21 de octubre de 2014. http://www.mipymes.gov.co/mipymes/media/mipymes/Documentos/Ley-1735-del-21-de-octubre-de-2014.pdf

19 Colombia. *Decreto N° 1357. Por el cual se modificó el Decreto 2555 de 2010 en lo relacionado con la actividad de financiación colaborativa.* Publicado por el Ministerio de Hacienda y Crédito Público del 31 de julio de 2018 .

20 Colombia, *Decreto N° 1234. En lo relacionado con el espacio controlado de prueba para actividades de innovación.* Publicado por el Ministerio de Hacienda y Crédito Público, del 14 de septiembre de 2020. https://www.funcionpublica.gov.co/eva/gestornormativo/norma.php?i=142005

21 José Antonio Licandro, *Uruguay: Nueva legislación para la operativa Crowdfunding*, Superintendencia de Servicios Financieros del Banco Central del Uruguay, 2020.

y las plataformas dedicadas al financiamiento colectivo, sometiendo a un régimen de autorización previa el ejercicio de esa actividad, la cual según el artículo 50, debe ser emitida por la Superintendencia de Servicios Financieros, órgano supervisor de esas plataformas tecnológicas[22].

3.4. Perú

En Perú, aunque se ha desarrollado un número importante de empresas *FinTech*, la legislación ha sido parcial, dirigido principalmente a las empresas de financiamiento colectivo. Así, en el año 2020 se dictó el Decreto de Urgencia N° 013-2020 que promueve el financiamiento de la MIPYME, Emprendimientos y STARUPS[23], del 22 de enero de 2020, el cual tiene como objeto establecer medidas o directrices que promuevan el financiamiento participativo de ese tipo de empresas[24].

En ese sentido, el artículo 28 establece una serie de condiciones que deben cumplir los sujetos que desarrollen el "financiamiento participativo financiero", quienes promoverán proyectos de sujetos receptores, y estarán dirigidos a personas naturales, jurídicas o entes colectivos de inversionistas, tener objetivo de financiamiento y un plazo máximo de recaudación. Para constituirse como una sociedad administradora de un financiamiento colectivo debe obtenerse una autorización, la cual es expedida por la Superintendencia del Mercado de Valores (artículo 22), órgano que establece el procedimiento aplicable y crea un registro público para tal fin. Se prevé igualmente una obligación de estas entidades de proporcionar información a los órganos reguladores sobre las operaciones que realicen, cuyo incumplimiento puede generar la imposición de sanciones penales y administrativas (artículo 34).

---

22 Uruguay. *Ley 19.820*, decretada por el Senado y la Cámara de Representantes de la República Oriental del Uruguay en 27 de noviembre de 2019. https://legislativo.parlamento.gub.uy/temporales/docu7099882639166.htm

23 Perú. Decreto de Urgencia N° 013-2020 *"DECRETO DE URGENCIA QUE PROMUEVE EL FINANCIAMIENTO DE LA MIPYME, EMPRENDIMIENTOS Y STARTUPS"*, dictado el 22 de enero de 2020 http://www.gacetajuridica.com.pe/boletin-nvnet/ar-web/decreto-de-urgencia-n-013-2020.pdf

24 Startupeable, "Fintech en Perú: 11 fintechs peruanas a seguir en 2021", 20 de diciembre de 2020. Disponible en: https://startupeable.com/fintech-peru/ ; consultado el 25 de marzo de 2021.

3.5. España

El sistema jurídico español aún no cuenta con una ley general que unifique la regulación aplicable a los distintos tipos de tecnologías financieras; por el contrario, establece diversas regulaciones para referirse a las entidades de financiamiento colectivo denominadas "plataformas de financiación participativa", y de otra parte, los espacios controlados o *sandboxes*.

Así, respecto lo primero, la *Ley 5/2015* de fecha 27 de abril de 2015 y publicada en el Boletín Oficial del Estado en fecha 28 de abril 2015[25], relativa al fomento de la financiación empresarial, somete a un régimen de autorización previa a las plataformas de financiación colectiva, la cual es otorgada por la Comisión Nacional de Valores previo informe preceptivo y vinculante del Banco de España (artículo 53).

A tales efectos, el artículo 46 de esta Ley define las plataformas de financiación participativa como "*empresas autorizadas cuya actividad consiste en poner en contacto, de manera profesional y a través de páginas web u otros medios electrónicos, a una pluralidad de personas físicas o jurídicas que ofrecen financiación a cambio de un rendimiento dinerario, denominados inversores, con personas físicas o jurídicas que solicitan financiación en nombre propio para destinarlo a un proyecto de financiación participativa, denominados promotores.*" En ese sentido, el artículo 89 somete a las empresas que realizan esa actividad al régimen de supervisión, inspección y sanción de la Comisión Nacional de Valores.

En segundo lugar, destaca la Ley *7/2020* del 13 de noviembre de 2020, publicada en el Boletín oficial del Estado en fecha 14 de noviembre de 2020, para la transformación digital del sistema financiero, en cuyo artículo 1 se regula "*...un entorno controlado de pruebas que permita llevar a la práctica proyectos tecnológicos de innovación en el sistema financiero con pleno acomodo en el marco legal y supervisor, respetando en todo caso el principio de no discriminación (...)*".

---

25 España. *Ley 5/2015 de fomento de la financiación empresarial*, Boletín Oficial del Estado, del 27 de abril de 2015. https://www.boe.es/buscar/act.php?id=BOE-A-2015-4607&tn=1&p=20200507

En España la iniciativa privada ha tenido una importante influencia en la regulación y organización del sector *FinTech*, a través de la Asociación Española de Fintech e Insurtech (AEFI) en el año 2016[26]. Esta Asociación ha impulsado la investigación para la implementación de buenas prácticas y el desarrollo de productos para la industria. Dentro de las acciones más importante de la AEFI destaca la publicación del Libro Blanco de la Regulación del Sector Fintech que establece los parámetros regulatorios para el correcto desarrollo del sector[27].

4. Modelos de empresas *FinTech*

4.1. Financiamiento colectivo (*Crowfunding*)

Las plataformas de financiamiento colectivo o *crowfunding* son modelos de *FinTech* que funcionan como mecanismos alternativos de financiamiento, por medio del cual varias personas contribuyen con pequeños o grandes aportaciones financieras a un proyecto, iniciativa o persona determinada[28]. En la doctrina se definen como empresas que operan *"...a través de una plataforma de internet, en el que diversas personas interesadas en el proyecto contribuyen con recursos económicos para el desarrollo del mismo"*[29].

Estas plataformas son creadas con el fin de que personas naturales, pequeñas y medianas empresas e, inclusive, emprendedores, puedan solicitar financiamiento mediante campañas electrónicas a través de las cuales presentan su proyecto. De esa forma ofrecen procesos de colocación de recursos eficientes que unen, por una parte, solicitantes de

---

26 Asociación Española de Fintech e Insurtech. https://asociacionfintech.es.

27 Natalia Nieto Isla, *Análisis del fenómeno fintech y su marco regulatorio: el caso MytripleA*, Trabajo Final de Grado, Facultad de Ciencias Empresariales y del Trabajo de Soria, Soria, 2019.

28 Ana Patricia Rodríguez Chamorro, en Obra Colectiva *Ley para regular las instituciones de tecnología financiera. Contexto, contenido e implicaciones*, Tirant Lo Blanch, México, 2020, p. 80.

29 Armando Reyna citado en BBVA , "El 'Crowdfunding', su regulación e impacto en la inclusión financiera", 2018. Disponible en: https://www.bbva.com/es/crowdfunding-regulacion-impacto-inclusion-financiera/; consultado en fecha 30 de marzo de 2021. actividad "*solicitar y recibir financiamiento por un grupo grande de personas a través de plataformas tecnológicas donde concurren proveedores y solicitantes de fondo.*" Sobre este tema también puede consultarse en la doctrina venezolana a Tomás Martínez Navarro, ob. cit.

financiamiento con tasas de crédito accesible y, por otra, inversionistas interesados en participar en los proyectos presentados en la plataforma para obtener rendimientos atractivos y mejores que los ofrecidos por el sistema tradicional. Tiene un beneficio inmediato en el acceso al crédito, en la medida en que funciona como una herramienta más fácil y alternativa al crédito bancario para las empresas pequeñas o medianas, quienes normalmente tienen dificultad de recibir créditos bancarios.

El *crowdfunding* tiene como característica principal que requiere de varias personas apoyando el proyecto pero que a pesar de que éstas hagan un aporte mínimo, la suma de todo lo aportado resultará ser un monto significativo para la persona solicitante. En la actualidad existen distintos modelos de *crowfunding* según los objetivos que persiga o la relación contractual que surja entre los actores, entre los cuales destacan los siguientes:

a) ***Financiamiento o crowdfunding* de deuda:** En este caso los inversionistas otorgan recursos en forma de crédito o préstamos a los solicitantes (personas naturales o jurídicas) para el desarrollo de un determinado proyecto, quienes se obligan a la devolución a cada inversionista de lo invertido más un rendimiento dentro del plazo pactado[30]. Este modelo es utilizado cada vez con mayor frecuencia para el desarrollo de proyectos especiales que por sus características de riesgo no son admitidos en la banca tradicional, y asimismo, para financiar proyectos inmobiliarios que requieren importantes recursos y de los cuales los inversionistas pueden obtener tasas atractivas de retorno.

b) ***Financiamiento o crowdfunding* de capital:** también conocido como *equity crowdfunding* en el cual se financia un determinado proyecto a cambio de una participación en el capital, es decir el inversionista obtiene a cambio de su inversión títulos representativos del capital social del solicitante[31].

---

[30] La autora mexicana Rocío Haydee Robles Peiro lo define como un crédito que se otorga a "*...los Proyectos Promovidos, obligándose a pagar el monto prestado, y en su caso, intereses a los Inversionistas*", "Crowdfunding: razones para regularlo", en *RIMV* N°45/2015. México.

[31] *Ibídem.*

c) ***Financiamiento o crowdfunding* de copropiedad o regalías:** en este caso los inversionistas y solicitantes celebran acuerdos de participación, por medio de los cuales se pacta el derecho del inversionista a obtener rendimientos, ingresos, regalías u otras utilidades producto del mismo negocio financiado. Este mecanismo es utilizado para el levantamiento de recursos que sirvan para impulsar el crecimiento de franquicias, o para la explotación de una marca o patente, entre otros"[32].

d) ***Financiamiento o crowdfunding benéfico*:** En este caso, la aportación de recursos no tiene como finalidad la obtención de rendimientos de un negocio ni se genera una deuda con el beneficiario, sino que busca la ayuda, sin beneficio económico para el aportante, de una determinada causa o persona.

4.2. Proveedores o medios de pago electrónico

Otro de los modelos *FinTech* que ha tenido un impacto significativo en el sector financiero ha sido el de los *proveedores, fondos o medios de pago electrónicos* según se le han denominado en distintas jurisdicciones, los cuales están dirigidos a la atención de servicios de pago, transferencia y, en general, disposición de dinero electrónico.

Ofrecen así importantes soluciones de pago a través de internet y canales digitales que actúan de forma alternativa a los bancos y sin necesidad de utilizar el dinero en efectivo que se maneja el sistema tradicional, permitiendo la ejecución de transacciones entre las personas y las empresas, y brindando importantes beneficios para que los usuarios realicen pagos de forma más directa y efectiva a través de las diversas plataformas tecnológicas. Estos modelos "*incluyen a todas aquellas entidades que prestan (directamente o por medio de otras entidades) medios de pago electrónico*."[33]

---

[32] Privesa, "El financiamiento colectivo o Crowdfunding" (2020). Disponible en: https://privesasofom.mx/etiquetas/crowdfunding-de-copropiedad-y-regalias/ ; consultado en fecha 30 de marzo de 2021.

[33] Asociación Española de Fintech e Insurtech, "Libro blanco de la regulación del Fintech en España". Disponible en: https://asociacionfintech.es/wp-content/uploads/2018/06/AEFI_LibroBlanco_02_10_2017.pdf

Existen diversas modalidades de proveedores de pago dentro de los cuales destacan, i) los monederos digitales (*digital wallets*), los cuales permiten realizar transferencias financieras a través de dispositivos electrónicos a los fines de pagar tarjetas de crédito, débito así como proveer información sobre cuentas de pagadores; ii) los proveedores de transferencias P2P (*peer to peer*), a través de los cuales se realizan transferencias de dinero entre particulares mediante el uso del internet, bien a nivel nacional o internacional; y iii) pagadores de facturas (*direct carrier billing)* que funcionan como medios de pago online para que los usuarios puedan cargas pagos de facturas de servicios o gastos corrientes.[34]

En términos generales, si bien los proveedores de pago electrónico reciben recursos de parte de los clientes o usuarios para ser mantenidos en fondos electrónicos, la actividad no significa una captación de depósitos ni intermediación financiera, ya que el prestador de servicio tiene como función principal la ejecución de pagos o transferencias electrónicas según las instrucciones del titular, sin que pueda la empresa disponer de esos fondos para el otorgamiento de créditos o realización de inversiones con terceros como ocurre con el sistema bancario.

Se justifica así una regulación especial diferente a la de la actividad bancaria, que si bien reconozca la supervisión de órganos reguladores y la obtención de autorizaciones previa para el ejercicio de la actividad, contenga mecanismos de control más flexibles dirigidos a garantizar la debida administración y disposición por parte de los clientes de los recursos mantenidos en los fondos electrónicos.

4.3. Operadores de criptomonedas

El acelerado crecimiento a nivel mundial del uso de las criptomonedas como medios digitales de intercambio alternativo al dinero fiduciario se encuentra estrictamente vinculado con el desarrollo de soluciones tecnológicas que faciliten la administración, disposición e inversión de ese tipo de activos[35].

---

34 Gloria M. Soto Pacheco y María Teresa Botía Martínez, "La revolución *FinTech* en los medios de pago: situación actual y perspectivas", en *Revista de Estudios Empresariales*, Segunda época, Número: 2 (2020). Pp.112-133.

35 Francisco Javier Almazán Arnau, "Transformación digital del sector financiero: El fenómeno Fintech. Análisis y desafío regulatorio." Madrid, 2019.

Las criptomonedas son activos digitales derivados de la tecnología *blockchain*, que tienen una determinada valorización registrada electrónicamente y, como tales, pueden ser utilizados como medios de pago a través de mecanismos tecnológicos[36].

Dentro de este ámbito, se estructuran agentes que prestan servicios para la disposición y realización de operaciones con tales activos, incluyendo su almacenamiento en billeteras digitales *(wallet)*, compra, venta o intercambio de criptomonedas, transferencias electrónicas nacionales e internacionales como medios de pago, entre otras, que si bien conforman un segmento especial en las operaciones electrónicas se consideran parte del sector *FinTech.*

4.4. Regulatory Sandboxes

Como manifestación de la flexibilidad y adaptabilidad que debe tener el régimen regulatorio *FinTech*, en varios ordenamientos jurídicos se promueven sistemas controlados "*que permiten a las entidades financieras probar, en conformidad con un plan de pruebas específico previamente acordado y fiscalizado por la autoridad competente, productos financieros innovadores, servicios financieros o modelos de negocios.*"[37]

Se trata de plataformas para el desarrollo de emprendimientos o *start ups* en el ámbito *FinTech* que presentan productos realmente especiales e innovadores que no encuadran en las otras modalidades reguladas, con el objetivo de que se puedan probar y determinar cómo se desenvuelven en el mercado. El fin del *Regulatory Sandbox* es otorgar una

---

36 Sobre este particular en la doctrina venezolana, Luisa Lepervanche destaca los elementos de las criptomonedas, como son: i) representación digital de valor; ii) posibilidad de negociarlas digitalmente; iii) pueden funcionar como medios de intercambio, medida para fijar valor a bienes y servicios, y medida para atesorar valor en el tiempo; iv) y no son monedas de curso legal en ninguna jurisdicción. Luisa Lepervanche, "Consideraciones Jurídicas sobre Criptoactivos y Petros", *Revista venezolana de Derecho Mercantil* /Nro. 1-2018, p.3, www.sovedem.com

37 María Ruiz de Velasco Camiño, "La proliferación de Sandboxes en los reguladores financieros como consecuencia de la innovación financiera: El caso Portugués", en *Revista Iberoamericana de Mercados de Valores* N° 56, marzo 2019. Disponible en: https://www.rimv.org/es/revista-2019-marzo/articulo-completo/1396/la-proliferacion-de-sandboxes-en-los-reguladores-financieros-como-consecuencia-de-la-innovacion-financiera-el-caso-portugues

autorización temporal y limitada para que las entidades puedan operar en el mercado y ser asistidos por un supervisor; otorgándose, inclusive, un régimen de inaplicación de sanciones y el apoyo continuo a las mismas por el regulador.

4.5. Servicios de asesoramiento financiero

Este modelo *FinTech* funciona como plataforma para prestar servicios de asesoría en la gestión de patrimonios de inversores, mediante la gestión de sus finanzas personales, organización de cuentas, consultoría para el ahorro de dinero, estrategias de inversión, administración de activos, entre otros. Dentro de estas modalidades destacan los *robot advisors* como servicios online de gestión financiera que se ocupan del manejo automatizado de carteras de inversión a través de tecnologías de algoritmos que adaptan los portafolios al perfil y nivel de riesgo de cada cliente[38].

4.6. Otras modalidades

Además de lo anterior, existen otras modalidades de empresas tecnológicas que funcionan como proveedores de servicios para satisfacer necesidades internas de los distintos operadores del sector financiero funcionando como auxiliares o colaboradores de la banca y seguro, como son[39]:

a) *Big Data*, que funcionan para la recopilación y gestión de datos a gran escala con la implementación de inteligencia artificial y prestando servicios en relación con esos datos.
b) *Identificación online de clientes*, empresas que ofrecen servicios para identificar determinados perfiles de clientes a través de medios electrónicos.
c) *Infraestructuras o tecnología financieras*, entidades que se dedican a la investigación, mejora y aprovechamiento de la

---

[38] Obra colectiva, *La financiación de las micro, pequeñas y medianas empresas a través de los mercados de capitales en Iberoamérica*, Capítulo 5 Actividades FinTech para PYMES, Fundación Instituto Iberoamericano del Mercado de Valores, Madrid, 2017, p. 232. www.iimv.org

[39] Francisco Javier Almazán Arnau, ob. cit.

tecnología para optimizar los procesos existentes en la prestación de servicios financieros, así como para el análisis de riesgos para el otorgamiento de créditos por parte de la banca.

III. REVISIÓN DE LA REGULACIÓN ADMINISTRATIVA EN VENEZUELA

En Venezuela no existe una legislación especial que desarrolle un marco jurídico aplicable a las distintas modalidades de plataformas tecnológicas que presten servicios financieros. Únicamente existen instrumentos jurídicos dictados de forma dispersa, de los cuales pueden desprenderse regulaciones que resultan aplicables a empresas que desarrollan actividades que, por su naturaleza y características, podemos clasificar como *FinTech*. Así, como se detallará a continuación, de la normativa revisada podría indicarse que, aunque aún no de forma integral y sin contar con un marco legal que le sirva de base- en Venezuela existen disposiciones aplicables a empresas que desarrollen servicios de pago electrónico y operaciones de criptoactivos.

1. Proveedores no Bancarios de Pago Electrónico

1.1. Regulación general

En fecha 17 de diciembre de 2018, el Banco Central de Venezuela dictó, con fundamento en los artículos 61 y siguientes de la Ley que rige su funcionamiento, la Resolución N° 18-12-01[40] contentiva de las "*Normas Generales sobre los sistemas de pago y proveedores no bancarios de servicios de pago que operan en el país*" (la Resolución).

De las disposiciones contenidas en esta Resolución se desprende la existencia de una regulación administrativa que resulta aplicable a aquellas empresas que pretendan: i) implementar sistemas de pagos o (ii) fungir como proveedores no bancarios de servicios de pago, actividades que pueden desarrollarse mediante las tecnologías financieras. Dentro de este modelo encuadran aquellas plataformas tecnológicas que presenten servicios de pago electrónico distintos a la banca y, por

40 Gaceta Oficial N° 41.547 del 17 de diciembre de 2018.

ende, quedan sometidas a estas regulaciones administrativas dictadas por el Banco Central de Venezuela.

En efecto, conforme al artículo 1, la Resolución "*...tiene por objeto determinar el procedimiento que deberán cumplir aquellos sujetos que pretendan administrar un sistema de pago o fungir como* proveedores no bancarios de servicios de pago, para que puedan desarrollar su actividad en el país; así como establecer los términos y condiciones *bajo los cuales los sistemas de pago debidamente reconocidos y autorizados por el Banco Central de Venezuela, podrán operar en el territorio de la República Bolivariana de Venezuela, su calificación, y el régimen de garantías aplicable a los sujetos que intervienen en los mismos, con el fin de propiciar su adecuado y eficiente funcionamiento dentro de los más altos niveles de seguridad para los participantes y el público en general.*"

A tales efectos el artículo 2 define los dos supuestos antes mencionados:

(i) Administrador de un Sistema de Pago: "Toda persona jurídica de carácter financiero o no, que opere un sistema de pago y coordine la actuación de los participantes del mismo." (numeral 1). Los participantes del sistema de pago son igualmente definidos en la Resolución como la "institución financiera, proveedor de servicios de pago o entidades autorizadas por un Administrador de un Sistema de Pago, que haya sido aceptado por este último como un emisor o receptor válido para la transferencia de fondos y/o valores en el Sistema." (numeral 13).

(ii) **Proveedor No Bancario de Servicios de Pago**: "Cualquier persona jurídica pública o privada autorizada por el Banco Central de Venezuela para prestar en el país y en moneda nacional, los servicios de pago contemplados en la presente normativa, siempre que hubiere sido autorizado por el BCV". (numeral 14).

Por otra parte, la Resolución define los servicios de pago como la *"ejecución de orden de transferencia instruida por los usuarios de un Proveedor no Bancario de Servicios de Pago con cargo a los fondos que mantengan en sus respectivas cuentas."* (numeral 16).

También se define la cuenta producto, la cuenta transaccional y el esquema de prepago de servicios. La cuenta producto (numeral 5), como: la "*cuenta asociada a un instrumento de pago, que no requiere de identificación personal para ser abierta y se utiliza, exclusivamente, para realizar pagos de bajo valor...*" (un salario mínimo). La segunda, cuenta transaccional, como el "*Registro de movimientos contables de los usuarios del servicios de pago, originados por la ejecución de las actividades vinculadas a la prestación de tales servicios.*" (numeral 6), y finalmente la tercera, el esquema de prepago de servicios, como los "*Servicios donde los fondos entregados en calidad de pago adelantado, son mantenidos por el propio prestador del servicio.*" (numeral 7).

1.2. Régimen de autorización de los Proveedores no Bancarios de Servicio de Pago

De conformidad con el artículo 17 de la Resolución, ubicado dentro del Capítulo III referido a los Proveedores no Bancarios de Servicios de Pago, se establece que las personas jurídicas, públicas o privadas, "*que pretendan brindar servicios de pago, distintos a aquellos integrados a infraestructuras de pagos de las instituciones bancarias autorizadas por la Superintendencia de las Instituciones del Sector Bancario, deberán obtener la respectiva autorización del Banco Central de Venezuela para operar tales servicios en el territorio de la República Bolivariana de Venezuela*".

Como se puede observar de la citada norma, se excluyeron de este régimen los servicios de pago electrónico integrados a infraestructuras de pagos de los Bancos, en el entendido que tales sujetos cuentan con el régimen de supervisión y control que ejerce la Superintendencia de Instituciones Bancarias respecto ese mercado, sin que justifique su inclusión en el régimen que desarrolla la Resolución. Por tanto, esta normativa se aplica aquellos sujetos que proveen sistemas de pago de forma independiente a los bancos, lo cual, en nuestro criterio abarca las empresas proveedoras de pago electrónico no bancarios que actúan en plataformas digitales en Venezuela, teniendo en cuenta la definición que de tales sujetos establece la Resolución.

Para la solicitud de autorización las empresas deberán cumplir con los requisitos y aspectos técnicos que establezca el Banco Central mediante Circular que se dicte a tales efectos (artículo 18).

La autorización que emita el Banco Central de Venezuela establecerá los términos, condiciones y plazos a los que deberá sujetarse la actuación de cada proveedor de servicio. De ese modo se utiliza la técnica autorizatoria (denominada por la misma Resolución como de funcionamiento) como un instrumento de delimitación o configuración del derecho a la libertad de empresa de la entidad que desea desarrollar su actividad dentro de los parámetros y previo cumplimiento de los requisitos exigidos en la Resolución.

También debe señalarse que de acuerdo con la previsión del artículo 1, numeral 14 (antes indicada) que define al Proveedor No Bancario de Servicios de Pago se dispone que "*Estas entidades podrían estar conectadas entre sí mediante su participación en Sistemas de Pago.*", lo cual se entiende que serán aquellas que han sido previamente autorizadas por el Banco Central de Venezuela.

1.3. Sujetos excluidos de la Resolución

El artículo 19 de la Resolución establece supuestos en los cuales, pese a que se preste el servicio de pago, estarán excluidos de su ámbito de aplicación. En concreto, ello ocurre en tres supuestos: (i) Los bancos, respecto de las actividades de pago regidas por la Ley de Instituciones Bancarias (cheques, transferencias, etc.); (ii) Entidades que realicen prestación de servicios de pago regulados por Ley especial (es el caso de las emisoras de tarjetas de crédito, débito y prepagadas reguladas por la Ley Tarjetas de Crédito, Débito, Prepagas y demás tarjetas de financiamiento o pago electrónico publicada en la Gaceta Oficial N° 39.021, del 22 de septiembre de 2008, autorizadas por la SUDEBAN); y (iii) Empresas con esquemas de prepago de servicios y cupones de descuento (referido a empresas cuya actividad principal es provisión de un servicio o suministro de bienes en los que se ofrecen sistema de prepago o cupones de descuento)

1.4. Registro Especial de Proveedores no Bancarios de Servicio de Pago

El Banco Central de Venezuela lleva un Registro Especial de Proveedores no Bancarios de Servicios de Pago, en el cual se publican los Proveedores que han obtenido la autorización de funcionamiento prevista en el artículo 17. Dicho registro se encuentra a disposición del público para su consulta a través del portal web del BCV (www.bcv.org.ve)[41]

1.5. Obligaciones de los Proveedores no Bancarios de Servicio de Pago

Una vez obtenida la referida autorización el sujeto regulado estará sometido a todas las obligaciones impuestas por la Resolución, en concreto, conforme al artículo 21 de la Resolución, deberán:

(i) Incluir en su denominación comercial, los términos "Proveedor no Bancario de Servicios de Pago" y/o las siglas "PSP"

(ii) Indicar en su publicidad y/o página web que son un "Proveedor no Bancario de Servicios de Pago autorizado por el Banco Central de Venezuela".

(iii) Declarar en su publicidad y/o página web, de manera expresa, que la administración de los fondos del usuario del servicio es responsabilidad exclusiva del Proveedor no Bancario de Servicios de Pago; que los usuarios pueden solicitar en cualquier momento el retiro o transferencia parcial o total de los fondos disponibles en su cuenta; y que el Banco Central de Venezuela no es responsable ni garantiza los fondos entregados a dicho Proveedor No Bancario de Servicios de Pago.

Adicionalmente, de conformidad con lo establecido en el artículo 28 de la Resolución tendrá las siguientes obligaciones:

1. Garantizar que los instrumentos de pago provistos cuenten con elementos de seguridad adecuados que sean accesibles sólo para los usuarios de servicios de pago, y procurar que los mismos no puedan ser vulnerados.
2. Salvaguardar las bases de datos de información personal de los clientes, preservando la integridad de los registros electrónicos, producto de las operaciones de pago.

---

41 A la fecha de elaboración de este artículo, el BCV ha publicado en ese registro 5 empresas autorizadas para el funcionamiento bajo la modalidad de Proveedor no Bancario de Servicios de Pago, lo cual puede consultarse en http://www.bcv.org.ve/sistemas-de-pago/proveedores-servicios-pago

3. Asumir la responsabilidad por la ejecución defectuosa de las operaciones del usuario de servicios de pago cuando éstas se inicien en el sistema operado por el Proveedor No Bancario de Servicios de Pago.
4. Asegurar que los fondos recibidos se encuentren disponibles para los usuarios en todo momento.
5. Garantizar la disponibilidad de medios adecuados y gratuitos que permitan a los usuarios de servicios de pago mantener una continua comunicación con el Proveedor no Bancario de Servicios de Pago, en particular, en aquellos casos de extravío, sustracción o utilización no autorizada del instrumento de pago.
6. Contar con sistemas de seguridad y de alerta temprana con el fin de evitar la comisión de fraudes.
7. Remitir toda la información que el Banco Central de Venezuela requiera, en los términos y plazos que se estipulen al efecto.

Asimismo, según el artículo 29, los Proveedores no Bancarios de Servicios de Pago deberán suministrar al Banco Central, cuando así se los solicite, cualquier información operativa, contable, administrativa o financiera que le permita verificar el fiel cumplimiento de la normativa aplicable, el buen gobierno y la adecuada administración de los riesgos.

De otra parte, debe advertirse que los Proveedores no Bancarios de Servicios de Pago *"únicamente podrán mantener cuentas de pago cuyo uso exclusivo estará limitado a operaciones de pago. Dichas cuentas no podrán devengar intereses y quedarán sujetas a las limitaciones operativas que se establecen la Resolución y las que sean dispuestas en las Circulares que emita el Banco Central de Venezuela"* (artículo 24). En ese sentido, los fondos que reciben los referidos Proveedores con ocasión de sus servicios, no serán considerados captación de depósitos.

Por último, el artículo 26 establece la obligación de los Proveedores no Bancario de Servicios de Pago de llevar un registro y seguimiento activo de las operaciones realizadas por los usuarios y reportar a la Unidad de Inteligencia Financiera (UNIF), sobre cualquier evento irregular o sospechoso. Asimismo, podrán establecer las limitaciones que consideren pertinentes para evitar que sus servicios puedan ser empleados para fines ilícitos.

1.6. Habilitaciones

Los Proveedores no Bancarios de Servicios de Pago pueden realizar, según el artículo 23 de la Resolución, las siguientes actividades: a) abrir cuentas transaccionales; b) suministrar instrumentos de pago asociados a una cuenta transaccional o una cuenta producto; c) efectuar actividades asociadas al manejo de una cuenta, tales como la emisión de estados de cuenta y consultas de saldo; d) recibir fondos en efectivo para ser abonados en una cuenta; e) retirar fondos en efectivo con cargo a una cuenta; f) ejecutar transferencias de fondos u órdenes de pago con cargo a una cuenta; g) recibir transferencias de fondos o pagos a ser abonados en una cuenta; h) proveer a los clientes de mecanismos para la recepción de pagos; i) recibir y enviar remesas en moneda nacional, según instrucción de los usuarios, de fondos asociados a las cuentas; j) Cualquier otra actividad que sea autorizada por el Banco Central de Venezuela al momento de emitir la autorización de funcionamiento.

1.7. Revocatoria de la autorización otorgada por el BCV

El parágrafo segundo del artículo 5 de la Resolución establece la posibilidad de que el BCV modifique o revoque en cualquier momento la autorización otorgada a los sujetos regulados para operar en un sistema de pago *"cuando existan circunstancias que, a juicio del Directorio del Instituto, así lo justifiquen"*, lo cual configuraría una cláusula sancionatoria en blanco violatoria del artículo 49 de la Constitución Nacional.

Sin embargo, la misma Resolución en el caso concreto de los Proveedores no bancarios de servicios de pago, establece los supuestos de revocatoria de la autorización en su artículo 22, el cual dispone:

> *"El Banco Central de Venezuela podrá revocar la autorización que haya otorgado a un Proveedor no Bancario de Servicios de Pago, en caso de:*
> *a) Interrupción de la prestación de los servicios de pago durante un período superior a seis (06) meses continuos.*
> *b) Insolvencia del Proveedor no Bancario de Servicios de Pago.*
> *c) Verificación de información falsa u otro medio irregular, para la obtención de la autorización para operar otorgada por el Banco*

Central de Venezuela.
d) Renuncia expresa del Proveedor no Bancario de Servicios de Pago a la autorización otorgada por el Banco Central de Venezuela."

1.8. Régimen sancionatorio

De conformidad con la Disposición Final Tercera de la Resolución, el incumplimiento de las disposiciones contenidas en ese acto administrativo serán sancionadas conforme al artículo 135 del Decreto con Rango, Valor y Fuerza de Ley del Banco Central de Venezuela. En concreto, conforme a este artículo, la sanción será de hasta el uno por ciento (1%) del capital pagado y reservas del infractor.

2. Operaciones con criptoactivos

En segundo lugar, conviene referirnos a los operadores de criptoactivos que aunque no cuenta con una normativa especial que les otorgue la categoría especial de entidades financieras tecnológicas o *FinTech*, es lo cierto que su funcionamiento encuadra en el ámbito de la regulación administrativa de ese sector. En efecto, utilizando la categorización que se formula en el derecho comparado y como quiera que este tipo de entidades en Venezuela (denominadas Casas de Intercambio o *Exchanges*) pueden utilizar soluciones tecnológicas para la prestación de sus servicios, consideramos pertinentes incluir en este estudio el régimen jurídico que les es aplicable a esos modelos.

En específico, la materia es regulada por el "*Decreto Constituyente sobre el Sistema Integral de Criptoactivos*"[42] (el Decreto), publicado en la Gaceta Oficial de la República Bolivariana de Venezuela N° 41.575 de fecha 30 de enero de 2019, el cual tiene como ámbito de aplicación los bienes, servicios, valores o actividades relacionados con la constitución, emisión, organización, funcionamiento y uso de criptoactivos y criptoactivos soberanos dentro del territorio nacional, así como

[42] Al margen de las consideraciones que puedan formularse respecto a la inconstitucionalidad de este Decreto, nos referimos al mismo por ser el instrumento jurídico que desarrolla la materia en Venezuela. "Decreto Constituyente sobre el Sistema Integral de Criptoactivos", publicado en la *Gaceta Oficial de la República Bolivariana de Venezuela* N° 41.575, en fecha 30 de enero de 2019.

la compra, venta, uso, distribución e intercambio de cualquier producto o servicio derivado de ellos y demás actividades que le sean conexas.

Particularmente el artículo 27 establece que las Casas de Intercambio (*Exchanges*) forman parte del sistema integral y *"...serán la plataforma que brinde la infraestructura para la negociación secundaria de los criptoactivos, donde compradores y vendedores, abrirán y cerrarán posiciones, y donde se podrá realizar el cambio de un criptoactivo por el equivalente en moneda fiduciaria y/o por otro criptoactivo."*

El funcionamiento de estas entidades se encuentra sometido a un régimen de control y supervisión que se detalla a continuación:

2.1. Régimen de autorización

Según el artículo 28 del Decreto el funcionamiento de las Casas de Intercambio estará condicionado a la obtención de una Licencia de Operación, la cual deberá otorgar la Superintendencia Nacional de Criptoactivos y Actividades Conexas (SUNACRIP). Este acto administrativo habilitará a la empresa solicitante a los fines de que se realice la actividad según los atributos que le otorgue el referido órgano administrativo, teniendo en cuenta que "*Cada atributo establecerá, entre otros aspectos, los tipos de intercambio, los criptoactivos, las monedas fiduciarias y los tipos de usuarios autorizados.*"

Según prevé la citada norma, "*la asignación de cada atributo responderá a un proceso administrativo individual, diferenciado y con requisitos propios. Los atributos podrán ser revocados y modificados por la Superintendencia Nacional de Criptoactivos y Actividades Conexas (SUNACRIP), atendiendo a lo establecido en el ordenamiento que dicte a tal efecto.*"

2.2. Sistema de registro

El Decreto establece la creación por parte de la SUNACRIP de un sistema de registro para sistematizar la información de las Casas de Intercambio y demás servicios financieros dedicados a los criptoactivos y la intermediación de estos (artículo 29), en el cual deberá participar quienes realicen actividades directas y conexas con los criptoactivos y su negociación en el mercado nacional e internacional. El registro en ese sistema es de carácter obligatorio para realizar operaciones de criptoactivo (artículo 30).

2.3. Órgano regulador

De conformidad con el artículo 11 del Decreto, la SUNACRIP es el órgano encargado de vigilar y fiscalizar "*...las actividades de negociación creación, emisión, transferencia, comercialización e intercambio de criptoactivos que tengan lugar en el territorio de la República Bolivariana de Venezuela (...)*".

En ese sentido, la SUNACRIP tiene dentro de sus principales competencias el otorgamiento de la autorización de las entidades dedicadas al intercambio de los criptoactivos, de las billeteras digitales, de las monedas utilizadas en las Casas de Intercambio, de las actividades de minería digital, constituidas en el territorio nacional, que deseen operar en el extranjero o aquellas constituidas en el extranjero que deseen operar en el territorio nacional (artículo 20, numeral 9). Asimismo, le corresponde revocar esas licencias previo cumplimiento de los procedimientos correspondientes (artículo 20, numeral 11).

2.4. Sanciones

En el Decreto se establecen un conjunto de sanciones aplicables a aquellas personas naturales o jurídicas que violan las disposiciones allí contenidas. En particular, el artículo 42 sanciona a quienes operen o realicen cualquier tipo de actividad relacionada con la constitución, emisión, organización, funcionamiento y uso de criptoactivos o criptoactivos soberanos, sin la debida autorización del ente rector y en incumplimiento de las demás formalidades exigidas por este Decreto Constituyente, con multa equivalente de 100 a 300 criptoactivos soberanos. La imposición de las sanciones previstas en el Decreto deberá realizarse previa sustanciación del procedimiento administrativo que establecen los artículos 53 y siguientes.

3. Financiamiento Colectivo (*Crowfunding*)

El financiamiento colectivo o *crowdfunding* no ha sido regulado de forma expresa en el ordenamiento jurídico venezolano en alguna de sus modalidades. No obstante lo anterior, en la actualidad existen plataformas de esa naturaleza con fines benéficos para obtener recursos que son canalizados a causas sociales o ayudas personales, bien sea necesidades médicas, becas de estudios para personas con bajos recursos, fundaciones para personas de la tercera edad, proyectos artísticos, entre otros[43].

En cuando al financiamiento colectivo de negocios o proyectos lucrativos son muy pocas las opciones que existen en el país, destacando la plataforma "CrowdVenezuela social" que ofrece una red de financiación colectiva para apoyar emprendimientos personales, proyectos artísticos o musicales, en el cual los inversionistas bien pueden hacer donaciones o recibir a cambio de sus aportaciones determinadas recompensas[44].

El desarrollo de esta actividad no se fundamenta en una normativa especial que lo regule; sino deriva del ejercicio del derecho a la libertad económica de los operadores de estas plataformas consagrado en el artículo 112 de la Constitución Nacional y, muy especialmente, de la vigencia del principio *de favor libertatis*[45] conforme al cual la prohibición o medida limitativa de la Administración Pública que afecte el ejercicio de una determinada actividad económica debe contar con el debido respaldo legal[46].

De modo que al no estar prohibida la actividad de financiamiento colectivo en el país, y ser una actividad que presenta elementos distintos a la intermediación financiera reservada a la banca, cualquier sujeto que tenga interés en su desarrollo puede realizarlo libremente, respetando, claro está, los límites que derivan de las actividades del sector financiero expresamente reguladas. La falta de regulación expresa no

---

43 Véase: "Asociación Civil Dar y Recibir", "FundArte" y "Apóyalo 2019". Crowdfunding Venezuela - Plataformas Crowdlending 2021, consultado en todocrowdlending.com.

44 Véase https://www.linkedin.com/company/crowd-venezuela/

45 Como claramente lo explica la doctrina, "*en virtud de este principio, la Administración no puede obligar a los particulares a hacer lo que no mande la ley, o prohibirle lo que ella expresamente no prohíba*". Juan Carlos Cassagne, "La Intervención Administrativa", Editorial Abeledo-Perrot, Buenos Aires, 1992, p. 88.

46 Santiago González-Varas Ibáñez, Francisca Villalba Pérez, Juan Carlos Cassagne, "El Principio del *favor libertatis* y la necesidad de respaldo normativo para establecer actos de gravamen sobre los particulares", en obra colectiva *El Derecho Administrativo Iberoamericano*, INAP, Madrid, 2005.

debe comportar un impedimento para el ejercicio de esta especial modalidad *FinTech*.

4. Regulación respecto a los productos de empresas *FinTech* ofrecidos a través del Sistema Bancario Nacional

La regulación administrativa venezolana ha tomado en consideración la interrelación que, cada vez en mayor medida, ha tenido el sector *FinTech* con el sistema bancario nacional, en particular la implementación de productos o servicios financieros en conjunto que permitan satisfacer necesidades de usuarios de ambos sectores.

En ese orden de ideas, la SUDEBAN dictó la Circular SIB-DSB-CJ-OD-00240 del 14 de enero de 2021, la cual fue enviada a todas las instituciones del sector bancario estableciendo las instrucciones para la promoción de productos, instrumentos o servicios financieros y publicidad y propaganda. Un acto administrativo de supervisión dictado por la SUDEBAN en ejercicio de la potestad consagrada en el numeral 7 del artículo 69 del Decreto con Rango, Valor y Fuerza de Ley de Instituciones del Sector Bancario, dirigida a informar y orientar al público en general sobre los servicios o procedimientos para efectuar cualquier operación o transacción bancaria. En específico, la Circular se fundamentó en el artículo 70 de la referida Ley, que condiciona a los Bancos a ofrecer a través de la banca virtual únicamente aquellos productos o servicios a los que se refiere esa Ley.

En particular, la Circular instruyó a las instituciones bancarias al envío de toda la documentación indicada en ese acto administrativo, con 30 días hábiles bancarios de anticipación al ofrecimiento a través de la banca electrónica de nuevos productos, instrumentos o servicios en el Sistema Bancario Nacional o cuando sean modificados los productos bancarios autorizados previamente por la SUDEBAN. En ese sentido, se estableció que a partir de la fecha en que se emitió la Circular (14/01/2021), los productos, instrumentos o servicios ofrecidos a los usuarios del Sistema Bancario Nacional, para su implementación, requieren autorización previa de la SUDEBAN. Si no se ha emitido la referida autorización, dicho ente regulador podrá suspender la introducción de los nuevos productos, instrumentos o servicios en el mercado bancario, así como su publicidad, sin perjuicio de las sanciones que correspondan según el Decreto con Rango, Valor y Fuerza de Ley de Instituciones del Sector Bancario.

Del análisis del contenido de la Circular se observa que la misma incide en el funcionamiento las empresas *FinTech* que operen en Venezuela y que se interrelacionen con el sistema bancario, toda vez que aunque la instrucción que contiene se dirige a los bancos, es el caso que la misma se aplica -de forma general- a aquellos productos y servicios ofrecidos a los "usuarios del Sistema Bancario Nacional", lo cual incluye productos que supongan la interacción de plataformas tecnológicas distintas a los propios Bancos.

Lo anterior se desprende claramente de la lista de los requisitos y documentos que deben informar los bancos antes de la implementación del producto o servicio a través de la banca electrónica, dentro de lo cual deben suministrar la información que se indica en los numerales 8, 9 y 10 de la Circular, como son:

> *"8.- Autorización expresa emitida por el Banco Central de Venezuela (BCV) cuando se trate de la promoción de productos, instrumentos o servicios, cuyas características particulares obligue a solicitar la autorización del ente emisor;*
> *9.- Autorización expresa emitida por la Superintendencia Nacional de Criptoactivos y actividades conexas (SUNACRIP), cuando se trate de la promoción de productos, instrumentos o servicios relacionados con Criptoactivos o productos conexos; (...)*
>
> *11.- Autorización que acredite a la sociedad mercantil cuando el servicio o producto cuente con la participación de empresas calificadas como Proveedores no Bancarios de Servicios de Pago".*

Como se puede observar, la Circular tiene en cuenta la posibilidad de que alguno de los productos que ofrezcan las instituciones bancarias pueden hacerse con la participación de otros sujetos distintos a los Bancos (i.e. productos con criptoactivos, o productos de proveedores no bancarios de servicios de pago), de quienes se les obliga informar a la Superintendencia de Instituciones Bancarias la debida autorización de funcionamiento de esas plataformas tecnológicas, a los fines de que se pueda autorizar el producto que pretenda lanzar el banco en conjunto con tales empresas. Con ello se busca controlar que los bancos mantengan relaciones comerciales, para el ofrecimiento de sus productos electrónicos, únicamente con aquellas empresas *FinTech* que hayan obtenido las autorizaciones que le correspondan según las actividades que desarrollen y la normativa que le sea aplicable en Venezuela.

IV. A MODO DE CONCLUSIÓN. RETOS DE LA REGULACIÓN ADMINISTRATIVA DE LAS FINTECH EN VENEZUELA

Del estudio anteriormente expuesto, puede observarse que el surgimiento de las entidades de tecnología financiera ha producido una transformación integral e irreversible de los mercados financieros; inclusive, en ordenamientos jurídicos intensamente controlados que afecten el ejercicio del derecho a la libertad de empresa, como sucede en el mercado venezolano.

Ninguna duda cabe que el desarrollo de este nuevo modelo de entidades trae importantes beneficios para el sector, particularmente mediante el incremento del acceso al crédito y la optimización de los sistemas de pago. En especial, en Venezuela, las restricciones que existen en la actualidad respecto al manejo del dinero en efectivo, los altos volúmenes de operaciones que se realizan en el país con criptomonedas, las limitaciones para el acceso a la banca, la necesidad de utilizar divisas por la pérdida de valor del bolívar, los altos costos operativos de la banca, entre otros factores, hacen inevitable el desarrollo progresivo de entidades que se dediquen a la prestación de servicios a través mecanismos electrónicos.

Por tal razón, a pesar de las dificultades económicas del país, consideramos que se trata de un sector que tendrá un continuo crecimiento en los próximos años, lo cual exigirá un marco jurídico mucho más amplio y detallado respecto de todos los aspectos que integran esa actividad, lo cual comporta importantes retos para la regulación, como son los siguientes:

a) Una legislación especial que regule de forma expresa las distintas actividades que pueden desarrollar las entidades de tecnología financiera, a los fines de darle sustento legal a todo el régimen de control y supervisión que se aplica para el acceso y funcionamiento en ese sector, teniendo en cuenta la debida flexibilidad y proporcionalidad que debe privar en ese ámbito. Lo mismo se requiere para la regulación de todo el régimen sancionatorio, el cual carece actualmente de la debida tipicidad de los ilícitos sancionables y no se encuentra desarrollado por normas de rango legal.

b) Delimitación específica, a nivel legal y sublegal, de cada una de las modalidades que comprende el sector FinTech en el país, estableciendo de forma más concreta su ámbito de desarrollo dentro del sistema financiero nacional, los atributos y habilitaciones de cada actividad, así como las competencia de cada órgano administrativo que le corresponde ejercer la supervisión y fiscalización de esas empresas.

c) Creación y regulación de espacios controlados (*regulatory sandboxes*) que contribuyan a la innovación financiera mediante la creación de productos y modalidades FinTech específicas dirigidas a satisfacer necesidades del mercado venezolano.

d) Desarrollo normativo de las modalidades de financiamiento colectivo como mecanismo de financiamiento del sector de la pequeña y mediana empresa, en virtud de las importantes ventajas que tiene esa modalidad para mejorar los mecanismos de acceso al crédito.

e) Debe tratarse de un régimen que se complemente con una regulación expresa -inexistente actualmente- sobre la debida administración y manejo de los datos personales, así como la previsión de mecanismos de protección del derecho a la privacidad de los usuarios del sector financiero.

f) Reconocimiento de los derechos de los usuarios y consumidores de los servicios prestados por entidades de tecnología financiera, así como de mecanismos capaces de proteger tales derechos ante los órganos competentes, visto que se trata de una materia no regulada en la normativa vigente de protección al consumidor.

g) Creación de una regulación particular que desarrolle las normas y procedimientos que deben cumplir las entidades FinTech para prevenir la legitimación de capitales y el financiamiento al terrorismo, en concordancia con el resto de la normativa que rige el sistema financiero nacional.

BIBLIOGRAFÍA

Alianza del Pacífico, "Principios orientadores para la regulación del Fintech en la Alianza del Pacífico", Colombia 2017-2018. Disponible en: https://alianzapacifico.net/wp-content/uploads/Principios-orientadores-para-la-regulacio%CC%81n-Fintech.pdf

ALMAZÁN ARNAU, Francisco Javier, "Transformación digital del sector financiero: El fenómeno Fintech. Análisis y desafío regulatorio." Madrid, 2019.

Asociación Española de Fintech e Insurtech, "Libro blanco de la regulación del Fintech en España". Disponible en: https://asociacionfintech.es/wp-content/uploads/2018/06/AEFI_LibroBlanco_02_10_2017.pdf

CASSAGNE, JUAN CARLOS, "La Intervención Administrativa", Editorial Abeledo-Perrot, Buenos Aires, 1992, p. 88.

DIEHL, Juan M; LAVA, María M, "Investigación y estudio de regulación comparada – Fintech", Nota Técnica Nro. IDB-TN2012", Banco Interamericano de Desarrollo, Octubre de 2020, Disponible en: https://camarafintech.com.ar/wp-content/uploads/2020/12/Investigacion-y-estudio-de-regulacion-comparada-Fintech.pdf

FINANCIAL STABILITY BOARD, "Financial Stability Implications from FinTech (2017)". Disponible en: https://www.fsb.org/wp-content/uploads/R270617.pdf ; consultado en fecha 30 de marzo de 2021.

FINTECH ACMX, A.C "Comentarios a la Circular 4/2019 Disposiciones de Carácter General Aplicables a las Instituciones de Crédito e Instituciones de Tecnología Financiera en las Operaciones que Realicen con Activos Virtuales, emitida por el Banco de México y publicada en el Diario Oficial de la Federación el 8 de marzo de 2019., Ciudad de Médico, 2019, consultado en www.banxico.org.mx

GONZÁLEZ-VARAS IBÁÑEZ, Santiago; VILLALBA PÉREZ, Francisca; CASSAGNE, Juan Carlos, "El Principio del *favor libertatis* y la necesidad de respaldo normativo para establecer actos de gravamen sobre los particulares", en obra colectiva *El Derecho Administrativo Iberoamericano*, INAP, Madrid, 2005.

HERNANDO DELGADO, Justo, "Ordenamiento Sectorial de la Banca y Responsabilidad", en *Anales del CUNEF*, 1978-1979. Colegio Universitario de Estudios Financieros. Universidad Complutense, Consejo Superior Bancario. Madrid, 1979.

LEPERVANCHE, Luisa, "Consideraciones Jurídicas sobre Criptoactivos y Petros", *Revista venezolana de Derecho Mercantil* /Nro. 1-2018, www.sovedem.com

LICANDRO, José Antonio, *Uruguay: Nueva legislación para la operativa Crowdfunding*, Superintendencia de Servicios Financieros del Banco Central del Uruguay, 2020.

MAESTRE, Raúl Jaime, "Qué es el Fintech, definición, sectores y ejemplos de startups", 16 de octubre de 2020. Disponible en: https://www.iebschool.com/blog/que-es-fintech-finanzas/ ; consultado el 25 de marzo de 2021.

MARTÍNEZ NAVARRO, Tomás, "Crowdfunding como alternativa para el financiamiento de empresas", en *Revista Venezolana de Derecho Mercantil* / Nº 2 – 2019, Caracas, 2019.

MUJÍCA SERRANO, Rodrigo Sánches, "Fintech en un entorno regulado: alcance, oportunidades y recomendaciones" en Obra Colectiva *Ley para regular las instituciones de tecnología financiera. Contexto, contenido e implicaciones*, Tirant Lo Blanch, México, 2020.

MUNITA RONCAGLIOLO, Catalina, "Regulación para Fintech. Experiencia desde el regulador del mercado de valores", en *Revista Iberoamericana de Mercado de Valores*, Nº 60/2020. Julio 2020, en https://www.iimv.org.

NIETO ISLA, NATALIA, "Análisis del fenómeno FinTech y su marco regulatorio: el caso MytripleA", Trabajo Fin de Grado, Facultad de Ciencias Empresariales y del Trabajo de Soria, Soria, Febrero, 2019.

PRIVESA, "El financiamiento colectivo o Crowdfunding" (2020). Disponible en: https://privesasofom.mx/etiquetas/crowdfunding-de-copropiedad-y-regalias/ ; consultado en fecha 30 de marzo de 2021.

REYNA, Armando, citado en BBVA , "El 'Crowdfunding' , su regulación e impacto en la inclusión financiera", 2018. Disponible en: https://www.bbva.com/es/crowdfunding-regulacion-impacto-inclusion-financiera/; consultado en fecha 30 de marzo de 2021

ROBLES PEIRO, Rocío, "Prólogo" en *Obra Colectiva Ley para regular las instituciones de tecnología financiera. Contexto, contenido e implicaciones*, Tirant Lo Blanch, México, 2020.

RODRÍGUEZ CHAMORRO, Ana Patricia, en Obra Colectiva *Ley para regular las instituciones de tecnología financiera. Contexto, contenido e implicaciones*, Tirant Lo Blanch, México, 2020.

RUIZ DE VELASCO CAMIÑO, María, "La proliferación de Sandboxes en los reguladores financieros como consecuencia de la innovación financiera: El caso Portugués", en *Revista Iberoamericana de Mercados de Valores* N° 56, marzo 2019. Disponible en: https://www.rimv.org/es/revista-2019-marzo/articulo-completo/1396/la-proliferacion-de-sandboxes-en-los-reguladores-financieros-como-consecuencia-de-la-innovacion-financiera-el-caso-portugues

SOTO PACHECO, Gloria M y BOTÍA MARTÍNEZ, María Teresa, "La revolución *FinTech* en los medios de pago: situación actual y perspectivas", en *Revista de Estudios Empresariales*, Segunda época, Número: 2 (2020).

FUNCIÓN PÚBLICA Y SEGURIDAD SOCIAL EN EL MUNICIPIO

ROSIBEL GRISANTI DE MONTERO*

SUMARIO

RESUMEN

Cuando fue promulgada la Ley del Estatuto de la Función Pública (2002), se planteó la discusión en torno a si la misma regiría en las administraciones públicas municipales; o si por el contrario, se aplicaba la Ley Orgánica del Poder Público Municipal, según la cual era competencia del Municipio el estatuto de la función pública municipal (art. 56), que sería dictado mediante ordenanza, de conformidad con la Constitución y las leyes (art. 78). Sin embargo, esta discusión doctrinaria quedó zanjada cuando fueron anulados los artículos 56 y 78 de la Ley Orgánica del Poder Público Municipal, en lo que se refiere a la competencia

* Profesora de pregrado en la Cátedra de Derecho, Facultad de Ciencias Económicas y Sociales de la Universidad de Carabobo, y Profesora de la Especialización en Derecho Administrativo de la Universidad Católica Andrés Bello, Valencia, Venezuela. Egresada como Abogada, mención *Summa Cum Laude*, de la Universidad de Carabobo, Especialista en Derecho Administrativo y Derecho Procesal por la Universidad Católica Andrés Bello. Asesora jurídica municipal. Miembro de AVEDA.

del Municipio de dictar el estatuto funcionarial, mediante sentencia del Tribunal Supremo de Justicia (2013), al considerar que estaban viciados de nulidad por inconstitucionalidad, al violar el principio de la reserva legal. No obstante, surgía el problema de cuál era el alcance de la Ley del Estatuto de la Función Pública en el ámbito municipal, en atención al papel del Alcalde como director de la función pública en el Municipio. Por otra parte, se destaca el papel de la legislación nacional en el ámbito de la seguridad social, en materia de jubilaciones y pensiones, y la subsistencia de regímenes especiales en algunos Municipios. En efecto, la Ley del Estatuto sobre el Régimen de Jubilaciones y Pensiones de los Funcionarios o Empleados de la Administración Pública Nacional, de los Estados y Municipios (1986), no estableció un régimen único en esta materia, sino que dejó en vigencia una serie de regímenes especiales. Es importante determinar cuál es el sentido y alcance de estos regímenes de jubilaciones existentes en la Administración Pública Municipal.

I. CONSIDERACIONES PREVIAS

Constituye para mí un gran honor el haber sido invitada a participar en el libro homenaje al profesor Jesús Caballero Ortiz, con ocasión de su 80° cumpleaños, promovido por la Fundación Estudios de Derecho Administrativo y la Academia de Ciencias Políticas y Sociales de Venezuela. Así se lo expresé a la Dra. Belén Ramírez Landaeta, cuando me hizo llegar tan gentil invitación, y le manifesté igualmente la grata impresión que tuve cuando lo escuché en el aula virtual Brewer-Carías, en las videoconferencias realizadas en homenaje por sus 80 años, por tan impecables razonamientos. Quiero destacar, igualmente, que los primeros pasos en el ámbito del Derecho Administrativo los di guiada por la obra del Maestro Caballero Ortiz. Era el año 1989 e iniciaba mi Especialización en Derecho Administrativo en la Universidad Católica Andrés bello; la primera materia que cursé fue *Teoría General de las Personas Públicas*, con el Profesor Enrique Sánchez Falcón, gran docente. En esa asignatura elaboré un trabajo sobre la *Empresa Pública en Venezuela*, y la investigación que me aclaró el panorama de esta intricada materia, fue el libro del Maestro Caballero, sobre las empresas públicas en el derecho venezolano[1]. Posteriormente, en mi ejercicio profesional, dedicado en gran parte a la materia funcionarial, han sido de una valiosa utilidad los libros y artículos del Maestro Caballero Ortiz.

II. CRITERIOS SOBRE EL ESTATUTO DE LA FUNCIÓN PÚBLICA EN EL MUNICIPIO

A nivel doctrinario se produjo un dilema en cuanto al ámbito territorial de aplicación de la Ley del Estatuto de la Función Pública (2002): Una primera posición sostenía que esta ley se aplicaba, de manera uniforme, a los funcionarios públicos nacionales, estadales y municipales, y que por lo tanto, las leyes estadales y ordenanzas en materia de personal, anteriores a la precitada ley, habían quedado derogadas. Por otra parte, la segunda posición, diametralmente distinta, consideraba que seguían vigentes las leyes estadales y las ordenanzas que regulaban el régimen jurídico de los funcionarios públicos, ya que la Ley del Estatuto de la Función Pública se aplicaba supletoriamente en los Estados y Municipios, al igual que se hacía con la derogada Ley de Carrera Administrativa. Una y otra posición se fundamentaban en criterios disímiles de interpretación del artículo 144 de la Constitución de la República Bolivariana de Venezuela. Esta interesante discusión finalizó cuando el Tribunal Supremo de Justicia, en el año 2013, anuló las normas que atribuían competencia al Municipio para regular el estatuto de la función pública. Luego, se planteó el problema de determinar el alcance de la Ley del Estatuto de la Función Pública en el Municipio, en atención a la potestad del Alcalde de establecer las directrices en materia de personal, y lo atinente a la gestión de la función público, el sistema de remuneraciones y el ejercicio de la potestad disciplinaria.

1. Aplicación preferente de la legislación nacional

La primera posición, al interpretar el artículo 114 de la Constitución de la República Bolivariana de Venezuela (2000), estimó que se contemplaba el establecimiento del estatuto de la función pública para

[1] Jesús Caballero Ortiz, *Las empresas públicas en el derecho venezolano*, colección Estudios Jurídicos No. 13, Editorial Jurídica Venezolana, Caracas, 1982.

toda la Administración Pública, nacional, estadal y municipal, puesto que esa norma no limitaba su ámbito de aplicación a la Administración Pública Nacional, como sí lo hacía la Constitución de la República de Venezuela (1961). En efecto, el citado artículo 144 preceptúa que: *"La ley establecerá el estatuto de la función pública mediante normas sobre el ingreso, ascenso, traslado, suspensión y retiro de los funcionarios o funcionarias de la Administración Pública, y proveerá su incorporación a la seguridad social"*. En cambio, el artículo 122 de la Constitución de la República de Venezuela (1961) disponía: *"La ley establecerá la carrera administrativa mediante las normas de ingreso, ascenso, traslado, suspensión, retiro de los empleados de la Administración Pública Nacional, y proveerá su incorporación al sistema de seguridad social"* (resaltados nuestros). Este criterio consideraba, por lo tanto, que el mencionado artículo 144 conducía a una nacionalización del régimen de la función pública, y el mismo se sustentaba, además, en la ubicación del citado artículo 144 de la Constitución de la República Bolivariana de Venezuela (2000): En la Sección Tercera (De la Función Pública) del Capítulo I del Título IV (Del Poder Público), de donde se colige que la intención era establecer por ley nacional un estatuto de la función pública para todos los niveles del Poder Público. Este criterio era sostenido por gran parte de la doctrina, como destaca Álvarez Iragorry[2].

2. Regulación por ordenanza

Por su parte, la segunda posición consideraba que el artículo 144 de la Constitución de la República Bolivariana de Venezuela (2000) no reservaba a la ley nacional la regulación del estatuto de todos los funcionarios públicos de la Administración Pública, pues sólo se refería a la ley; y que cuando la intención del constituyente era realizar tal reserva así lo establecía expresamente. Al respecto, cita la disposición que se encuentra más adelante, en el aparte último del artículo 147, el cual prevé que la ley nacional establecerá el régimen de las jubilaciones

2 Andrés Álvarez Iragorry, "Comentarios sobre el Régimen de la Función Pública", *Derecho Administrativo Iberoamericano*, tomo 1, pp. 875 a 906, Editorial Paredes, Caracas, 2007, p, 882, nota 17.

y pensiones de los funcionarios públicos nacionales, estadales y municipales. Por consiguiente, la Ley del Estatuto de la Función Pública (2002) no imposibilitaba el ejercicio de la potestad legislativa de los Estados y Municipios en materia de personal, pues lo contrario implicaría una violación de la autonomía de la que gozan los Estados y los Municipios[3].

3. Posición asumida

Por nuestra parte, compartimos la primera posición, en cuanto a la uniformidad del estatuto de la función pública, que se aplica por igual a los funcionarios nacionales, estadales y municipales[4]. Además de que nos convencía la interpretación constitucional de esta posición, estimamos que existían otros elementos, que forman parte también de la interpretación de las normas jurídicas que regulan la materia, que se debían tomar en cuenta. Y al respecto destacamos los siguientes aspectos:

3.1. El contenido de las normas

Dispone el artículo 1° de la Ley del Estatuto de la Función Pública, lo que sigue: *"La presente Ley regirá las relaciones de empleo público entre los funcionarios y funcionarias públicos y las* ***administraciones públicas nacionales, estadales y municipales****...".* Por su parte, establece el artículo *eiusdem* que: *"Las normas que se refieran en general a la Administración Pública, o expresamente a los estados y municipios, serán de obligatorio cumplimiento por éstos. Sólo por leyes especiales podrán dictarse estatutos para determinadas categorías de funcionarios y funcionarias públicos o para aquellos que presten servicios en determinados órganos o entes de la Administración Pública".* Al realizar la conexión de los dos artículos, tenemos que la mencionada Ley del Estatuto rige por igual a los funcionarios nacionales, estadales y municipales; y que esta ley es de obligatorio cumplimiento por los Estados y Municipios, por lo que se establece un régimen único en cuanto al

---

3 Jorge Kiriakidis, "El régimen constitucional de la función pública", *Revista de Derecho Funcionarial*, volumen 3, pp. 19 a 62, FUNEDA, Caracas, 2011.

4 Rosibel Grisanti de Montero, "*Las peculiaridades del régimen jurídico de los funcionarios públicos en el ámbito estadal y municipal*", *Régimen Jurídico de la Función Pública en Venezuela*, tomo II, pp. 41 a 59, FUNEDA, Caracas, 2003.

estatuto del funcionario público, que busca uniformar la normativa de la materia en los tres niveles territoriales del Poder Público. Ahora bien, la misma Ley del Estatuto de la Función Pública deja abierta la posibilidad de que existan estatutos especiales para determinada categoría de funcionarios, pero los mismos deben establecerse en leyes especiales, y estimamos que ha de entenderse que se trate, igualmente de leyes nacionales, que consagren las excepciones a la Ley del Estatuto de la Función Pública, que prevé el régimen general.

3.2. Criterio histórico de interpretación

En las discusiones de la Asamblea Nacional Constituyente del citado artículo 144 de la Constitución (2000), se dejó claro que la intención era la de establecer un estatuto único del funcionario público a nivel nacional, estadal y municipal. Como puso de relieve Caballero Ortiz[5], el Constituyente estaba consciente de la reserva al Poder Nacional del régimen de la función pública, fuese ésta no sólo nacional, sino estadal o municipal. En efecto, al discutirse el artículo 144, el constituyente Froilán Barrios precisó: *"Pienso que el artículo que trae la Comisión tiene elementos muy importantes que mejoran la redacción actual de la Constitución porque identifica a los funcionarios de la Administración Pública. Con eso comprende no sólo a los funcionarios de la Administración Pública Nacional sino también a la Municipal y la Estadal"*.

3.3. Derecho comparado

Finalmente, pensamos que no se puede dejar de lado la experiencia de otros países, donde ha proliferado la diversidad de regímenes funcionariales, a través de normativas nacionales y locales, lo cual ha desembocado en una complicación –en lugar de una mejora- del ámbito funcionarial. Al respecto, cabe resaltar el caso de España, y encontramos el criterio del autor Carrasco Canals[6], según el cual hasta la Constitución

[5] Jesús Caballero Ortiz, "Bases Constitucionales del Derecho de la Función Pública", *Revista de Derecho Constitucional* No. 5, julio-diciembre, pp. 21-46, Editorial Sherwood, Caracas, 2001.

[6] Carlos Carrasco Canals, "Los funcionarios propios y otros empleados locales", *Tratado de Derecho Municipal*, tomo II, Editorial Civitas, Madrid, 1985.

española de 1978 existía una situación bipolar de los funcionarios locales. A partir de la Ley 7/1985 de 2 de abril, Ley Básica del Régimen Local, su Título VII es un auténtico Estatuto del funcionario local, y se aborda el tema con una clasificación variada del personal (funcionarios de carrera, contratados –en régimen de Derecho laboral-, eventual –para puestos de confianza o de especial asesoramiento-, y también existen los funcionarios con habilitación de carácter nacional). Y luego de una detallada exposición de estas clases de funcionarios, señala: *«Queda claro en la anterior exposición la compleja y abigarrada pléyade, tanto de disposiciones como de circunstancias que conforman los recursos humanos dedicados a la Administración Local... En la confianza de que en un futuro próximo se produzca la máxima latina de "pocas normas, claras, breves y duraderas", lo cual es hoy cuestionable, y reducir los contenciosos para evitar lo que ya en el s. XVII reiteradamente se afirmaba: los pleitos son costosos y sus fines dudosos».*

4. Discusión

4.1. La autonomía municipal

Estimamos que la posición asumida, en cuanto a la aplicación uniforme del estatuto de la función pública, no entraña vulneración alguna de la autonomía de las entidades territoriales municipales. Esta figura de la autonomía, propia de la forma federal del Estado venezolano, consiste en la potestad legislativa de los Estados y Municipios para regular las materias de su competencia, para así hacer posible la descentralización política, a que se refiere el artículo 4 de la Constitución de la República Bolivariana de Venezuela. Es así como esta Constitución dispone en el artículo 168 que los Municipios gozan de autonomía, dentro de los límites de la Constitución y de la ley; y de seguidas expone qué comprende esa autonomía municipal. Así mismo se observa que en la norma que consagra cuáles son las materias de la competencia del Municipio, contenida en el artículo 178, no se menciona la atribución de dictar un estatuto de los funcionarios públicos municipales. En consecuencia, la autonomía de los Municipios se circunscribe a las materias que han sido atribuidas constitucionalmente. Además, es preciso tener en cuenta la competencia del Poder Nacional en materia de legislación de los derechos, deberes y garantías constitucionales, según lo dispone el artículo 156, numeral 32, de la vigente Constitución. Y es claro que el estatuto de la función pública, dirigido a mantener los principios de la carrera administrativa y a brindar una fuerte estabilidad a los funcionarios públicos, constituye una materia que regula derechos, deberes y garantías constitucionales. En efecto, en el estatuto de la función pública se consagra el principio de la estabilidad de los funcionarios públicos, y que sólo pueden ser retirados por las causales permitidas en la ley. Además de este derecho a la carrera del funcionario público, también el estatuto de la función pública regula el ingreso de los funcionarios de carrera a través del concurso público, el cual está establecido en el artículo 146, aparte único, de la Constitución de la República Bolivariana de Venezuela. Y en definitiva el estatuto de la función pública constituye una garantía del funcionario público, en cuanto define todo el régimen de su carrera, desde el ingreso hasta su retiro, y de este modo se pone un freno a la arbitrariedad de organismos de la Administración Pública.

Por consiguiente, en atención a lo dispuesto en la propia Constitución, al realizar la distribución de competencias en los distintos niveles territoriales del Poder Público, es claro que se atribuye la competencia al Poder Nacional de establecer el estatuto de la función pública para los funcionarios de la Administración Pública Nacional, Estadal y Municipal. Tal interpretación en nada vulnera la autonomía de los Municipios, pues no hay que caer en un "autonomismo" –término al que se refirió Parra Pérez[7] con la entrada en vigencia del Código Orgánico Tributario-, lo cual puede ocasionar, por el contrario, un complicado conjunto de regímenes de personal, en las diferentes entidades territoriales del país.

4.2. La suspensión de la competencia de los Municipios en materia funcionarial

Este tema del estatuto de la función pública como competencia de regulación por las entidades municipales, se vio afectado en un primer momento por la decisión del año 2005 emitida por el Tribunal Supremo

[7] Jaime Parra Pérez, Conferencia *Competencia Tributaria Municipal,* junio 20, Fundación Procuraduría General de la República, Caracas, 1991.

de Justicia[8], por la cual se **suspendieron** provisionalmente los efectos de los artículos 56, letra h, 95, cardinal 12, y 78, de la Ley Orgánica del Poder Público Municipal, en lo que se refiere a la competencia del Municipio respecto del estatuto funcionarial. Al respecto observó la Sala Constitucional que ciertamente, el mero contraste del texto de los artículos 144 y 147 de la Constitución de la República Bolivariana de Venezuela respecto de las normas de la Ley Orgánica del Poder Público Municipal objeto de la pretensión de nulidad, hacía afirmar de manera presuntiva y sin que ello mermara el análisis de constitucionalidad que debía realizarse durante el debate judicial, la existencia de una dicotomía normativa que sustentaba suficientemente la presunción de buen derecho.

Más adelante, la decisión *in commento* expresa que la sola lectura de estas normas constitucionales lleva a considerar, en esta fase previa al debate, que el Constituyente de 1999 optó por la disposición de la existencia de *un* Estatuto de la Función Pública que regirá los aspectos principales del régimen aplicable a los funcionarios de *la* Administración Pública, sin distinción alguna respecto del ámbito de la organización administrativa a la que éstos pertenezcan, esto es, sea nacional, estadal o municipal. Precisamente, con fundamento en esa interpretación, se dictó la Ley del Estatuto de la Función Pública.

4.3. La nulidad de las normas que establecían competencia a los Municipios para dictar su estatuto funcionarial

En el año 2013, el Tribunal Supremo de Justicia mediante sentencia de su Sala Constitucional[9], **anuló parcialmente** las normas contenidas en la Ley Orgánica del Poder Público Municipal que establecían la potestad de las entidades municipales de establecer normas para regular el régimen de personal de sus funcionarios. En primer lugar, destacó la referida sentencia que la Constitución de la República Bolivariana de Venezuela dedica las Secciones Segunda y Tercera del Capítulo I del Título IV a la regulación del régimen de la función pública, a fin de fijar

8 Sala Constitucional del Tribunal Supremo de Justicia, sentencia No. 2005-3082 del 14 de octubre de 2005. Magistrado Ponente: Pedro Rafael Rondón Haaz.

9 Tribunal Supremo de Justicia, decisión No. 2013-07 del 29 de enero de 2013. Magistrado Ponente: Arcadio Delgado Rosales.

sus principios básicos e intangibles; y con fundamento en las interpretación de esas normas, la Sala considera que se dictó la Ley del Estatuto de la Función Pública, para regir las relaciones de empleo público entre los funcionarios públicos y las administraciones públicas nacionales, estadales y municipales, y al respecto citó el criterio expuesto en la sentencia de 2005 al admitir el recurso de nulidad.

A su vez, indica la mencionada sentencia que a tal conclusión llega la Sala luego de hacer una interpretación histórica y comparativa entre el artículo 144 de la Constitución de la República Bolivariana de Venezuela, respecto del artículo 122 de la Constitución de 1961, cuando este último en su encabezamiento limitaba la carrera administrativa a la Administración Pública Nacional, a diferencia de la vigente en la que no se hace tal distinción y se cambia la terminología de "carrera administrativa" por "estatuto de la función pública". El Tribunal Supremo de Justicia estimó, en la mencionada sentencia de 2013, que debe añadirse a lo anterior, que en el desarrollo legislativo de la carrera administrativa –actualmente función pública- se han dictado varios cuerpos legislativos que por un lado establecían un régimen funcionarial limitado al ámbito de la Administración Pública Nacional como sucedió con la Ley de Carrera Administrativa, frente a otros cuerpos normativos que se encargaban de hacer lo propio en la materia de función pública a nivel municipal, que comenzó (en 1989) con los artículos 153 y 155 de la Ley Orgánica de Régimen Municipal, y prosiguió, una vez dictada la Constitución de la República Bolivariana de Venezuela, con la Ley Orgánica del Poder Público Municipal (2005), objeto específico del recurso de nulidad.

Finalmente, el Tribunal Supremo de Justicia, en la sentencia bajo examen, **anuló parcialmente** los artículos 56 letra h, 95 cardinal 12, y 78, de la Ley Orgánica del Poder Público Municipal (2005), reiterados en las reformas parciales realizadas en el 2006 y en la vigente Ley Orgánica del Poder Público Municipal (2010), al considerar que eran inconstitucionales las normas que atribuían competencia a los municipios de legislar en materia de estatuto de la función pública y seguridad social, por violar la reserva legal del Poder Nacional consagrada en los artículos 144 y 147 de la Constitución de la República Bolivariana de Venezuela.

III. NORMATIVA APLICABLE A LOS FUNCIONARIOS MUNICIPALES EN MATERIA DE ADMINISTRACIÓN DE PERSONAL

En atención a lo antes expuesto, tenemos que actualmente la Ley del Estatuto de la Función Pública es la normativa aplicable a los funcionarios públicos que prestan servicios en el Municipio. Por lo tanto, es necesario fijar algunas precisiones en la materia, en cuanto a la aplicación de esta ley en el ámbito municipal.

1. La dirección de la función pública municipal

De acuerdo con el artículo 4, aparte único, de la Ley del Estatuto de la Función Pública, los Alcaldes ejercerán la dirección de la función pública en los municipios. En los institutos autónomos municipales la ejercerán sus máximos órganos de dirección (usualmente, una junta directiva). Con fundamento a esta norma, es claro que **en todo el Municipio, y no sólo en la Alcaldía, la dirección la tiene el Alcalde**. Esto es, en todos y cada uno de los organismos a través de los cuales actúan los Municipios, son los Alcaldes los directores de la función pública. Por otra parte, las directrices de la función pública en los institutos autónomos municipales, corresponden a sus máximos órganos de dirección; más los referidos entes se encuentran bajo la tutela de la Alcaldía, por lo que, en definitiva, deberán seguir las directrices que emita el Alcalde en materia de personal, para mantener la uniformidad de la función pública en el Municipio.

2. La gestión de la función pública municipal

De conformidad con el artículo 5, numeral 4, de la Ley del Estatuto de la Función Pública, la gestión de la función pública corresponde a los Alcaldes. Y según el numeral 5 del mismo artículo, tal gestión les corresponde a las máximas autoridades directivas y administrativas de los institutos autónomos municipales. En los órganos o entes de la Administración Pública dirigidos por cuerpos colegiados, la competencia de gestión de la función pública corresponderá a su presidente, salvo cuando la ley u ordenanza que regule el funcionamiento del respectivo órgano o ente le otorgue esta competencia al cuerpo colegiado que lo dirige o administra.

Como se ve, la Ley del Estatuto de la Función Pública diferencia la actividad de dirección y la de gestión de la función pública. Y para comprender el sentido y alcance de estas dos actividades, hemos de tener presente que materias comprende el sistema de administración de personal, previsto en la citada Ley (Título V): Selección, ingreso y ascenso, clasificación de cargos, remuneraciones, evaluación de desempeño, capacitación y desarrollo del personal, jornada de servicio, situaciones administrativas, retiro y reingreso. Por lo tanto, la dirección de la función pública comprende el conjunto de lineamientos emitidos para aplicar idóneamente el sistema de administración de personal; y la actividad de gestión comprende la administración de personal que es efectuada por los órganos y entes municipales. Por consiguiente, en las predichas materias, les corresponde a los Alcaldes emitir las directrices en materia de personal en el Municipio; como por ejemplo, establecer la escala de sueldos de los funcionarios o la descripción de los cargos. Ahora bien, la gestión de tales materias, esto es, decidir quién ingresa, realizar el procedimiento de selección, así como la clasificación del cargo, otorgar la remuneración que se le asigna al cargo a ocupar por el funcionario, realizar la evaluación de desempeño, etc., le corresponde al órgano o ente que ejerza la administración del personal en el Municipio.

3. Sistema de remuneraciones

Según el art. 147, aparte 1°, de la Constitución de la República Bolivariana de Venezuela, las escalas de salarios en la Administración Pública se establecerán reglamentariamente conforme a la ley. De acuerdo con la Ley del Estatuto de la Función Pública, artículo 54, se define qué es el sistema de remuneraciones, y allí se incluye la escala general de sueldos y cómo se confecciona (divididas en grados, con montos mínimos, intermedios y máximos). Y dispone el artículo 55 *eiusdem* que el sistema de remuneraciones lo deberá aprobar mediante decreto el Presidente de la República; mas no señala quién lo dictará en la Administración Pública Municipal. Si la dirección de la función pública en el Municipio corresponde al Alcalde –así como al Presidente le corresponde la dirección en la Administración Pública Nacional, según el artículo 4 de la citada ley–, pues entonces le compete al **Alcalde** aprobar el sistema de remuneraciones del **Municipio**, incluyendo por supuesto la escala de sueldos de los funcionarios municipales, que forma parte del sistema de remuneraciones.

Ahora bien, hay que destacar que actualmente, desde el 1° de septiembre de 2018, cuando tuvo lugar la reconversión monetaria en nuestro país, el Ejecutivo Nacional, a través de los lineamientos remitidos por la Oficina Nacional de Presupuesto (ONAPRE), adscrita al Ministerio del Poder Popular de Economía y Finanzas, establece la Tabla de Remuneraciones de la Administración Pública Nacional, Estadal y Municipal. Así mismo, el Ejecutivo Nacional envía los recursos a los Municipios para el pago de las nóminas correspondientes, en atención a las maquetas que son remitidas a la ONAPRE. Al respecto, tales directrices en materia de remuneraciones son remitidas a cada Municipio por el Ejecutivo Nacional, cada vez que existen variaciones en la referida Tabla de Remuneraciones. La referida normativa apareció publicada en Gaceta Oficial en el año 2019[10].

4. Régimen disciplinario

En el Municipio se aplica el régimen previsto en los artículos 82 a 91 Ley del Estatuto de la Función Pública. Con respecto al procedimiento administrativo de destitución, la opinión jurídica (informe preceptivo no vinculante) la emitirá la Consultoría Jurídica o unidad similar del órgano o ente (la Consultoría jurídica de la Alcaldía, la del

---

[10] Gaceta Oficial Extraordinaria N° 6.452 de fecha 25 de abril de 2019, en la cual fue publicado el Decreto N° 3.830 del Presidente de la República, mediante el cual se estableció la Escala General de Sueldos para Funcionarios Públicos de Carrera de la Administración Pública (art. 2). A su vez, dispuso este Decreto en su artículo 7: "La Escala de sueldos establecida en el artículo 2° de este Decreto, es aplicable para las funcionarias o funcionarios que prestan sus servicios a las gobernaciones y alcaldías y sus entes adscritos. En todo caso, la Dirección de Gestión Humana de éstas, podrá realizar el respectivo estudio de clasificación y definición de las tareas, perfiles y competencias de los cargos requeridos para el cumplimiento de los objetivos y metas institucionales, de conformidad con las directrices establecidas en este Decreto y en concordancia con las políticas del órgano de planificación de cada estado o municipio, así como las respectivas previsiones presupuestarias. El ejecutivo nacional garantizará los recursos presupuestarios en atención a las previsiones financieras y de disponibilidad en función de la escala salarial referida en el artículo 2° del presente Decreto".

Concejo, el consultor jurídico de un instituto autónomo, y si no existe unidad similar, entonces la Sindicatura Municipal).

En cuanto a la sanción de destitución, por ser una forma de retiro como funcionario municipal, corresponde a la máxima autoridad en materia de administración de personal en el Municipio: al Alcalde, al Concejo, al Contralor o a la junta directiva del instituto autónomo.

IV. JUBILACIONES Y PENSIONES EN EL MUNICIPIO

Es preciso poner de relieve que en nuestro país han existido -y aún perviven- diversos regímenes de jubilaciones, lo cual constituye un grave problema dentro de la Administración Pública, por la complejidad de las normas aplicables. Y ello, además, conlleva una discriminación entre los mismos trabajadores públicos, pues el beneficio de jubilación –su contenido y alcance- dependerá del organismo o ente en el cual presten sus servicios. En tal sentido se observa que en algunos Municipios se aplican regímenes de jubilaciones y pensiones más flexibles, previstos en convenciones colectivas o en legislaciones especiales, y en los demás rige el régimen general previsto en la ley nacional que regula la materia.

1. Origen de la regulación actual de jubilaciones y pensiones

Con fundamento en la Enmienda No. 2 de la Constitución de la República de Venezuela (1983), fue dictada la Ley del Estatuto sobre el Régimen de Jubilaciones y Pensiones de los Funcionarios o Empleados de la Administración Pública Nacional, de los Estados y de los Municipios (1986). En tal sentido, disponía el artículo 2 de la citada Enmienda lo siguiente: *"El beneficio de jubilación o de pensión se regulará en una Ley Orgánica a la cual se someterán todos los funcionarios o empleados públicos al servicio de la administración central o descentralizada de la República, de los estados o de los municipios"*.

Ahora bien, la preindicada Ley del Estatuto sobre el Régimen de Jubilaciones y Pensiones (1986) permitió la subsistencia de regímenes especiales de jubilaciones, como de seguidas veremos, por lo que la diversidad de normativas en la materia que existían para la época, no fue totalmente eliminada con el referido instrumento legal. Más adelante, esa Ley fue reformada el 28 de abril de 2006, y luego el 24 de mayo de 2010 también fue objeto de una reforma parcial. Posteriormente, esta ley fue derogada por el Decreto con Rango, Valor y Fuerza de Ley sobre el Régimen de Jubilaciones y Pensiones de los Trabajadores y Trabajadoras de la Administración Pública Nacional, Estadal y Municipal (2014), que es la normativa actualmente en vigor.

2. Diversos regímenes de jubilaciones

La Ley del Estatuto sobre el Régimen de Jubilaciones y Pensiones (1986), cuya finalidad debía ser la de establecer un régimen único de jubilaciones -según los lineamientos de la mencionada Enmienda No. 2 de la Constitución de la República de Venezuela, dejó sin embargo en vigencia una serie de regímenes especiales de jubilaciones: Aquellos que estaban consagrados en leyes nacionales especiales y que habían establecidos las empresas del Estado (art. 4) y los previstos en convenios o contratos colectivos (art. 27 Ley 1986, luego disposición cuarta Ley 2010). Tales excepciones han configurado un abigarrado conjunto de normativas especiales en materia de jubilación, que representan realmente uno de los aspectos más complejos en el ámbito de los recursos humanos de la Administración Pública.

2.1. Régimen general

La normativa de la Ley del Estatuto sobre el Régimen de Jubilaciones y Pensiones (1986) consagró el régimen general de las jubilaciones en la Administración Pública, con un ámbito personal de aplicación bastante amplio, pues incluyó a los funcionarios públicos (regidos por el estatuto de la función pública) y a los empleados públicos (regulados por la legislación laboral) de los organismos y entes de la Administración Pública Central y Descentralizada, en los tres niveles territoriales del Poder Público: nacional, estadal y municipal. Ahora el régimen general está previsto en términos más amplios en cuanto al ámbito personal por el Decreto con Rango, Valor y Fuerza de Ley sobre el Régimen de Jubilaciones y Pensiones de los Trabajadores y Trabajadoras de la Administración Pública Nacional, Estadal y Municipal (2014), porque además de los funcionarios y empleados, están incluidos los obreros y los contratados.

Por otra parte, este régimen general también prevé los requisitos para obtener el beneficio de jubilación, pues no basta haber prestado servicios en organismos de la Administración Pública Nacional, Estadal o Municipal, sino que es menester acumular una antigüedad como funcionario, empleado, obrero o contratado en organismos o entes públicos. En efecto, la citada Ley del Estatuto sobre el Régimen de Jubilaciones y Pensiones (1986) establecía estos requisitos en su artículo 5, que son los mismos que prevé el vigente Decreto con Rango, Valor y Fuerza de Ley sobre el Régimen de Jubilaciones y Pensiones (2014) en su artículo 8. Es importante resaltar que estos requisitos contemplan, además de acumular la antigüedad en el servicio, alcanzar la edad exigida, de manera concurrente; salvo las excepciones que más adelante se analizarán. Esto es, se configura un régimen de jubilaciones amplio en cuanto al ámbito personal de aplicación, pero rígido en cuanto a los requisitos para su obtención.

El Decreto con Rango, Valor y Fuerza de Ley sobre el Régimen de Jubilaciones y Pensiones establece, de entrada, su ámbito personal de aplicación, cuando en su artículo 1 prevé que tiene por objeto regular las jubilaciones y pensiones de los trabajadores y trabajadoras de los órganos y entes de la Administración Pública; y en el artículo 4, al definir qué se entiende por trabajador o trabajadora, amplia el ámbito personal de aplicación, cuando comprende a todos los funcionarios o funcionarias, empleados o empleadas, obreros u obreras, contratados o contratadas cualquiera sea su naturaleza, al servicio de la Administración Pública Nacional, Estadal o Municipal, tanto de los órgano centralizados como descentralizados. Luego, en el artículo 2 del citado Decreto con Rango, Valor y Fuerza de Ley sobre el Régimen de Jubilaciones y Pensiones, se prevén cuáles son los organismos de la Administración Pública a los que se aplica, comprendiendo allí a las personas jurídicas territoriales, así como a entes y organismos de la Administración Pública Nacional, Estadal y Municipal. En consecuencia, tanto los funcionarios públicos, sujetos a normas estatutarias de la función pública, como los empleados, obreros y contratados de la Administración Pública, sometidos a la legislación laboral, están amparados por ese régimen general de jubilaciones.

Por otra parte, este Decreto con Rango, Valor y Fuerza de Ley sobre el Régimen de Jubilaciones y Pensiones también establece los requisitos para obtener el beneficio de jubilación, pues no basta haber prestado servicios en la Administración Pública, sino que es menester **acumular una antigüedad** de veinticinco (25) años en organismos o entes públicos, **y además alcanzar una edad determinada:** la edad de cincuenta y cinco (55) años si es mujer, o de sesenta (60) años si es hombre (artículo 8, numeral 1). Cabe destacar que estos requisitos son **concurrentes**: la antigüedad y la edad exigidas. Sin embargo, prevé la citada norma que el derecho a la jubilación lo adquiere el trabajador cuando haya cumplido treinta y cinco (35) años de servicio independientemente de la edad (artículo 8, numeral 2); en este caso, por lo tanto, no se requiere alcanzar determinada edad como requisito concurrente para obtener el mencionado beneficio. Por otra parte, según el régimen general, si el trabajador tiene más de veinticinco (25) años de servicios en la Administración Pública sin llegar a los treinta y cinco (35) años antes referidos, es posible no obstante que esos años de servicio en exceso de veinticinco (25) sean tomados en cuenta como si fueran años de edad (parágrafo segundo del artículo 8).

2.2. Regímenes especiales

En cuanto a la existencia de los **regímenes especiales de jubilaciones,** hay que destacar que el artículo 4 de la Ley del Estatuto sobre el Régimen de Jubilaciones y Pensiones (1986) dispuso lo siguiente: *"Quedan exceptuados de la aplicación de la presente ley, los organismos o categorías de funcionarios o empleados cuyo régimen de jubilación o pensión esté consagrado en leyes nacionales y las empresas del Estado y demás personas de derecho público con forma de sociedades anónimas que hayan establecido sistemas de jubilación o de pensión en ejecución de dichas leyes. En ambos casos deberán hacerse contributivos en forma gradual y progresiva de acuerdo a las respectivas leyes y en caso de que los beneficios sean inferiores a lo dispuesto en esta ley, se equipararán a los aquí establecidos. La contribución en los supuestos a que se refiere este artículo podrá ser hecha en forma mensual o al final de la relación laboral"*. Esta norma está contenida en similares términos en el artículo 3 del Decreto con Rango, Valor y Fuerza de Ley sobre el Régimen de Jubilaciones y Pensiones (2014).

Por su parte, el artículo 27 de la Ley del Estatuto sobre el Régimen de Jubilaciones y Pensiones (1986), preceptuó la siguiente norma: *"Los regímenes de jubilaciones y pensiones establecidos a través de convenios o contratos colectivos seguirán en plena vigencia y en caso de que sus beneficios sean inferiores a lo establecido en esta Ley, se equipararán a la misma. Estos regímenes se harán contributivos en forma gradual y progresiva en los términos que establezca el Reglamento, en la oportunidad en que se discutan los convenios o contratos colectivos. La ampliación futura de esos beneficios deberá ser autorizada por el Ejecutivo Nacional. Las jubilaciones y pensiones a que se refiere este artículo, seguirán siendo pagadas por los respectivos organismos. Los beneficios salariales obtenidos a través de la contratación colectiva para los trabajadores activos, se harán extensivos a los pensionados y jubilados de los respectivos organismos"*. Por su parte, el vigente Decreto con Rango, Valor y Fuerza de Ley sobre el Régimen de Jubilaciones y Pensiones, en su Disposición Final Segunda, se refiere a los regímenes preexistentes, pero no recoge en los mismos términos la normativa del citado artículo 27, sino que los regula de la siguiente manera: *"Las jubilaciones y pensiones derivadas de regímenes establecidos antes del 19 de julio de 1986, y los posteriormente autorizados por el Ejecutivo Nacional seguirán siendo pagados por los respectivos órganos y entes. Todos los trabajadores y trabajadoras de estos regímenes cotizarán a la Tesorería de la Seguridad Social. Cuando las jubilaciones y pensiones sean otorgadas mediante un régimen especial, luego de la entrada en vigencia del presente Decreto con Rango, Valor y Fuerza de Ley, la Tesorería de Seguridad Social podrá asumir el pago del monto determinado mediante la base de cálculo establecida en el presente Decreto con Rango, Valor y Fuerza de Ley y la diferencia con respecto al monto total del beneficio, estará a cargo del órgano o ente que la otorgue"*.

Con fundamento en lo dispuesto por los citados artículos de la Ley del Estatuto sobre el Régimen de Jubilaciones y Pensiones (1986), en distintos órganos y entes de la Administración Pública, así como en personas jurídicas territoriales, se siguieron aplicando los regímenes de jubilaciones que se encontraban establecidos en leyes nacionales especiales y en convenciones colectivas vigentes para el momento de la promulgación de esa Ley (19 de julio de 1986). Tal es el caso del régimen de jubilaciones de los docentes, que estaba previsto en la Ley Orgánica de Educación (1980), en su Capítulo VI, De las pensiones y jubilaciones, según el cual el personal docente adquiere el derecho de jubilación con veinticinco (25) años de servicio activo en la educación (art. 106)[11]. Este régimen especial rige, por lo tanto, en los Municipios para el caso de los funcionarios de la carrera docente. Tal régimen encuadra dentro de las excepciones previstas en la Ley del Estatuto sobre el Régimen de Jubilaciones y Pensiones (1986), en el citado art. 4, ahora establecido en el art. 3 del Decreto con Rango, Valor y Fuerza de Ley sobre el Régimen de Jubilaciones y Pensiones (2014). Así mismo, podemos mencionar el caso de los regímenes de jubilaciones de funcionarios públicos de algunos Municipios del país, que se encontraban previstos en las convenciones colectivas que estaban vigentes para el momento de la promulgación de esta ley (1986); los cuales, por su parte, constituyen un ejemplo de la excepción establecida en el mencionado artículo 27 de la Ley del Estatuto sobre el Régimen de Jubilaciones y Pensiones (1986), hoy prevista en la Disposición Final Segunda del Decreto con Rango, Valor y Fuerza de Ley sobre el Régimen de Jubilaciones y Pensiones (2014).

Así mismo, hay que destacar que recientemente fue promulgada la Ley Orgánica del Servicio de Bombero y de los Cuerpos de Bomberos y Bomberas y Administración de Emergencias de Carácter Civil (2015), la cual establece un régimen especial en su artículo 90, al reconocer el derecho de jubilación a los veinte años de servicios en el ejercicio de la profesión de bombero, independientemente de la edad; o si llega a la edad de 50 años si es mujer, o de 55 años si es hombre, con una antigüedad de quince años como bombero. Esta ley contempla, por lo tanto, un régimen especial previsto en una ley nacional, una de las excepciones contempladas en la normativa que estatuye el régimen general. Esta

[11] Ese régimen aparece en la vigente Ley Orgánica de Educación (2009), en su artículo 42: El personal docente adquiere el derecho de jubilación con veinticinco años de servicio activo en la educación, con un monto del cien por ciento del sueldo y de conformidad con lo establecido en la ley especial.

normativa especial se aplica, por lo tanto, en los Cuerpos de Bomberos de los Municipios, para los funcionarios bomberiles.

3. Posición jurisprudencial

Vista la situación antes planteada, resulta necesario determinar el sentido y el alcance de los regímenes especiales de jubilación. En efecto, el ámbito de aplicación de esos regímenes especiales, así como los requisitos para el otorgamiento de las jubilaciones, no podían ser modificados, salvo para equiparar los beneficios establecidos en tales regímenes a los previstos en la Ley del Estatuto sobre el Régimen Jubilaciones y Pensiones (1986), si es que aquéllos eran inferiores a éstos, según se desprende de las disposiciones citadas en el punto anterior. Por otra parte, su aplicación ha de ceñirse a los términos en los que estaban previstos tales regímenes especiales para el momento de la entrada en vigencia de la Ley del Estatuto sobre el Régimen de Jubilaciones y Pensiones (1986). Esto significa, a su vez, que aquellos organismos o entes de la Administración Pública Municipal que no tenían un régimen especial de jubilación, ni por ley nacional ni por convención colectiva, para el momento de la entrada en vigencia de la precitada Ley del Estatuto sobre el Régimen Jubilaciones y Pensiones (1986), no podían establecer un régimen distinto del consagrado en esta Ley, ni adherirse a un régimen especial ya existente. A menos, claro está, que una ley nacional establezca un régimen especial de jubilación, como el caso antes citado de los funcionarios bomberiles, en ejercicio de la reserva legal en esta materia. Necesariamente, las jubilaciones de los funcionarios o empleados municipales tenían que regirse por la normativa contenida en el régimen general que preveía la mencionada Ley del Estatuto sobre el Régimen Jubilaciones y Pensiones (1986), y ahora deben atenerse al régimen consagrado en el citado Decreto con Rango Valor y Fuerza de Ley de Jubilaciones y Pensiones (2014), para todos los trabajadores del sector público.

Es por ello que la jurisprudencia patria ha dejado muy claro que lo relativo a las jubilaciones es materia de la reserva legal nacional, y en consecuencia han sido anuladas leyes estadales y ordenanzas municipales que han regulado esta materia. En tal sentido, cabe citar el criterio del Tribunal Supremo de Justicia (2004), en la sentencia No. 1.452 de la

Sala Constitucional, por la cual fue anulado el texto completo de la Ordenanza Modificatoria de la Ordenanza sobre Pensiones y Jubilaciones para los Funcionarios y Empleados al servicio de la Municipalidad del Distrito Federal, publicada en la Gaceta Municipal del Distrito Federal Nº 1602 del 3 de julio de 1996, al considerar que la competencia para legislar sobre el régimen de la seguridad social en general, sea o no funcionarial, corresponde en exclusiva al Poder Nacional, en atención a lo dispuesto en los artículos 86, 147, 156.22, 156.32, 187.1 del Texto Fundamental, con lo que resultaba inconstitucional que los Estados o Municipios dictasen leyes y ordenanzas en esa materia. A su vez, la sentencia señala que, en vista de que han sido varios los casos similares presentados ante ese Tribunal, la Sala se ve compelida a formular nuevamente la siguiente exhortación: *"Ya los Consejos Legislativos y Concejos Municipales están al tanto de la apreciación que ha hecho este Máximo Tribunal acerca de la evidente inconstitucionalidad en que se incurre cuando actos distintos a la ley nacional regulan la materia de la seguridad social. Por ello, se exhorta a todos esos órganos deliberantes a derogar sus normas sobre esa materia, sin esperar a que sean impugnadas, así como a no legislar esos aspectos en lo sucesivo"*.

En cuanto a los regímenes especiales establecidos en convenciones colectivas con anterioridad a la Ley del Estatuto sobre el Régimen de Jubilaciones y Pensiones (1986), estos regímenes perviven por mandato de la misma ley, según lo dispuesto en el citado artículo 27 -actualmente, de acuerdo con la Disposición Final Segunda del Decreto con Rango, Valor y Fuerza de Ley sobre el Régimen de Jubilaciones y Pensiones (2014). Así lo ha dejado claramente sentado el Tribunal Supremo de Justicia en sentencia No. 00736 del año 2009 de la Sala Político Administrativa[12], por la cual declaró interpretado el artículo 27 de la Ley del Estatuto sobre el Régimen de Jubilaciones y Pensiones de los Funcionarios o Empleados de la Administración Pública Nacional, de los Estados y de los Municipios (1986). En tal sentido, la referida sentencia señaló que: *"...advierte la Sala que de un análisis al sentido evidente de los términos en que fue redactado el artículo 27 de la Ley*

[12] Sala Político-Administrativa del Tribunal Supremo de Justicia, sentencia. No. 2009-736 del 27 de mayo de 2009. Magistrado Ponente: Levis Ignacio Zerpa.

del Estatuto sobre el Régimen de Jubilaciones y Pensiones de los Funcionarios o Empleados de la Administración Pública Nacional, conforme lo preceptuado en el artículo 4 del Código Civil, antes transcrito, se desprende ***que inequívocamente los regímenes de jubilaciones y pensiones establecidos a través de convenios o contratos colectivos antes de la entrada en vigencia de la Ley del Estatuto Sobre el Régimen de Jubilaciones y Pensiones de los Funcionarios o Empleados de la Administración Pública Nacional de los Estados y de los Municipios de 1986, mantienen su vigencia y prevalecen sobre la ley siempre que dichos regímenes sean más beneficiosos para los trabajadores****, pues de lo contrario los beneficios establecidos en los contratos o convenios colectivos deben ser equiparados a los de la ley... Ello en sintonía con los principios contenidos en nuestro Texto Fundamental... ...atendiendo al principio constitucional de progresividad de los derechos laborales contenido en el artículo 89 de la Constitución de la República Bolivariana de Venezuela"* (subrayado nuestro).

V. CONCLUSIONES

Si bien el dilema planteado por la doctrina fue interesante, en el ámbito funcionarial y en lo atinente la autonomía municipal, qué duda cabe de que ahora el estatuto de la función pública en el Municipio viene fijado por las normas contenidas en la Ley del Estatuto de la Función Pública, en atención a la sentencia de la Sala Constitucional del Tribunal Supremo de Justicia del año 2013. No obstante, vale destacar que la referida polémica doctrinaria permitió estudiar aspectos tan importantes como la uniformidad de normas en materia funcionarial, para garantizar los derechos de los funcionarios públicos, así como para delinear el sentido y alcance de la autonomía municipal en la materia.

Visto que actualmente la Ley del Estatuto de la Función Pública es la normativa aplicable a los funcionarios que prestan servicios en el Municipio, resulta importante resaltar que la interpretación de las disposiciones allí contenidas, que establecen el sistema de administración de personal, debe realizarse partiendo de la idea fundamental de que el Alcalde es el director de la función pública municipal, a los fines de mantener la uniformidad de políticas y lineamientos en esta materia.

En cuanto al tema de los diversos regímenes en materia de jubilaciones, se ha determinado el sentido y alcance de los mismos, a la luz de la legislación y la jurisprudencia patrias. Al respecto, hemos observado como actualmente perviven en los Municipios del país, junto al régimen general de las jubilaciones en la Administración Pública Nacional, Estadal y Municipal, una serie de regímenes especiales en materia de jubilación, previstos en leyes nacionales especiales y en convenciones colectivas celebradas con anterioridad a la vigencia de la Ley del Estatuto sobre el Régimen de Jubilaciones y Pensiones de los Funcionarios o Empleados de la Administración Pública Nacional, de los Estados y Municipios (1986). La jurisprudencia nacional ha venido aclarando la interpretación que debe darse a estos regímenes especiales, delimitando el ámbito personal de aplicación y los requisitos de los mismos.

VI. BIBLIOGRAFÍA

ÁLVAREZ IRAGORRY, Andrés, "Comentarios sobre el Régimen de la Función Pública", *Derecho Administrativo Iberoamericano*, tomo 1, pp. 875 a 906, Editorial Paredes, Caracas, 2007.

CABALLERO ORTIZ, Jesús, "Bases Constitucionales del Derecho de la Función Pública", *Revista de Derecho Constitucional* No. 5, julio-diciembre, pp. 21-46, Editorial Sherwood, Caracas, 2001.

CARRASCO CANALS, Carlos, "Los funcionarios propios y otros empleados locales, *Tratado de Derecho Municipal*, tomo II, Editorial Civitas, Madrid, 1985.

GRISANTI DE MONTERO, Rosibel, **"Las peculiaridades del régimen jurídico de los funcionarios públicos en el ámbito estadal y municipal"**, *Régimen Jurídico de la Función Pública en Venezuela*, tomo II, pp. 41 a 59, FUNEDA, Caracas, 2003.

KIRIAKIDIS, Jorge, "El régimen constitucional de la función pública", *Revista de Derecho Funcionarial*, volumen 3, pp. 19 a 62, FUNEDA, Caracas, 2011.

PARRA PÉREZ, Jaime (1991). Conferencia *Competencia Tributaria Municipal,* junio 20, Fundación Procuraduría General de la República, Caracas.

Sala Constitucional del Tribunal Supremo de Justicia, sentencia No. 2005-3082 del 14 de octubre de 2005. Magistrado Ponente: Pedro Rafael

Rondón Haaz. Disponible: http://historico.tsj.gob.ve/decisiones/scon/octubre/3083-141005-04-2800.HTM. Consultado en fecha 24 de febrero de 2021.

Sala Constitucional del Tribunal Supremo de Justicia, sentencia No. 2013-07 del 29 de enero de 2013. Magistrado Ponente: Arcadio Delgado Rosales. Disponible: http://historico.tsj.gob.ve/decisiones/scon/enero/07-29113-2013-05-1315.HTML. **Consulta**: Consultado en fecha 24 de noviembre de 2020.

Sala Constitucional del Tribunal Supremo de Justicia, sentencia No. 2004-1452 del 3 de agosto de 2004. Magistrado Ponente: Antonio García García. Disponible: http://historico.tsj.gob.ve/decisiones/scon/agosto/1452-030804-02-2585.HTM. Consultado en fecha 24 de noviembre de 2020.

Sala Político Administrativa del Tribunal Supremo de Justicia, sentencia. No. 2009-736 del 27 de mayo de 2009. Magistrado Ponente: Levis Ignacio Zerpa. Disponible: http://historico.tsj.gob.ve/decisiones/spa/mayo/00736-27509-2009-2005-5473.HTML. Consultado en fecha 24 de noviembre de 2020.

Venezuela. *Constitución de la República de Venezuela,* publicada en Gaceta Oficial de la República de Venezuela No. 662 Extraordinario, del 23 de enero de1961.

Venezuela. *Enmienda No. 2 de la Constitución de la República de Venezuela,* publicada en Gaceta Oficial de la República de Venezuela No. 3.119 Extraordinario, del 26 de marzo de 1983.

Venezuela. *Constitución de la República Bolivariana de Venezuela*, publicada en Gaceta Oficial de la República Bolivariana de Venezuela No. 5.453 Extraordinario, del 24 de marzo de 2000.

Venezuela. *Ley del Estatuto de la Función Pública*, publicada en Gaceta Oficial de la República Bolivariana de Venezuela No. 37.522 del 6 de septiembre de 2002.

Venezuela. *Ley Orgánica del Poder Público Municipal,* publicada en Gaceta Oficial de la República Bolivariana de Venezuela No. 38.204, del 8 de junio de 2005.

Venezuela. *Ley Orgánica del Poder Público Municipal*, publicada en Gaceta Oficial de la República Bolivariana de Venezuela No. 6.015 Extraordinario, del 28 de diciembre de 2010.

Venezuela. *Ley del Estatuto sobre el Régimen de Jubilaciones y Pensiones de los Funcionarios o Empleados de la Administración Pública Nacional, de los Estados y de los Municipios*, publicada en Gaceta Oficial de la República de Venezuela No. 3.850 Extraordinario, del 18 de julio de 1986.

Venezuela. *Ley Orgánica de Educación*, publicada en Gaceta Oficial de la República de Venezuela No. 2.635 Extraordinario, del 28 de julio del1980.

Venezuela. *Ley Orgánica de Educación*, publicada Gaceta Oficial de la República Bolivariana de Venezuela No. 5.929 Extraordinario, de fecha 15 de agosto de 2009.

Venezuela. *Decreto con Rango, Valor y Fuerza de Ley sobre el Régimen de Jubilaciones y Pensiones de los Trabajadores y Trabajadoras de la Administración Pública Nacional, Estadal y Municipal*, publicado en Gaceta Oficial de la República Bolivariana de Venezuela No. 6.156 Extraordinario, del 19 de noviembre de 2014.

IV. RAMA JUDICIAL

Discrecionalidad Judicial.
Breve disertación sobre la discrecionalidad de los tribunales de justicia en el ejercicio de la función jurisdiccional.
José Antonio Muci Borjas

Peculiaridades de la Disciplina Judicial en el Derecho Comparado.
Carlos Luis Carrillo Artiles

Conflicto de Jurisdicciones.
Estados Unidos de Norteamérica y Venezuela Caso Direct TV.
Alejandro Fuenmayor
Adolfo Hobaica

DISCRECIONALIDAD JUDICIAL. BREVE DISERTACIÓN SOBRE LA DISCRECIONALIDAD DE LOS TRIBUNALES DE JUSTICIA EN EL EJERCICIO DE LA FUNCIÓN JURISDICCIONAL

JOSÉ ANTONIO MUCI BORJAS*

* Abogado egresado de la Universidad Católica Andrés Bello (UCAB, 1986), con estudios de postgrado en Derecho Administrativo, Tributario y Procesal Civil (*Università La Sapienza* (1987-1988), Derecho Constitucional y Derecho Tributario (*University of Miami*, 1994) y Derecho Financiero (UCAB, 1996-1998). Profesor Titular de Derecho Administrativo en la Ucab. Individuo de Número de la Academia Nacional de Ciencias Políticas y Sociales (Sillón N° 27).

I. INTRODUCCIÓN: LA DISCRECIONALIDAD NO ES UN CONCEPTO UNÍVOCO

En el Derecho Público, discrecional es un adjetivo –y discrecionalidad una cualidad– cuyo verdadero significado varía en función de (i) el órgano del Poder Público actuante, (ii) la función estatal (política, normativa, administrativa o judicial) que dicho órgano ejerce, y (iii) la norma de Derecho atributiva de la potestad con base en la cual se actúa. Ciertamente, el sentido de este vocablo polisémico puede variar por diversas razones, a saber:

a. Primero, la potestad discrecionalidad puede derivar de normas de rango constitucional, legal e incluso reglamentaria[1]. La redacción de las normas constitucionales, poco dadas a especificar o detallar las circunstancias que han de ser observadas al ejercer las potestades que ellas reconocen a la autoridad, por una parte, y la mayor concreción de las normas legales y reglamentarias atributivas de poder, por la otra, hacen que la extensión o amplitud de la discrecionalidad *–lato sensu–* varíe en función de la jerarquía de la norma jurídica que sirve de fundamento a la actuación.

[1] Artículo 12 de la Ley Orgánica de Procedimientos Administrativos (*Gaceta Oficial de la República* N° 2.818 Extraordinario, del 1 de julio de 1981).

b. Segundo, la discrecionalidad puede ser reconocida a órganos del Poder Público[2] que desempeñan roles esencialmente diversos. La discrecionalidad del Parlamento como cuerpo colegiado que adopta una decisión sin contenido normativo –esto es, carente de previsiones generales y abstractas– en ejercicio de sus funciones constitucionales de control y con base en razones de orden fundamentalmente político, difiere notablemente de la discrecionalidad conferida a un tribunal para que, en ejercicio de la función jurisdiccional y con fundamento en razones de orden legal, adopte una decisión en el marco de una controversia judicial.
c. Tercero, la discrecionalidad de la Asamblea Nacional y del Presidente de la República descansa sobre el principio de legitimidad democrática[3]. La discrecionalidad ejercida por los tribunales de justicia y la Administración Pública Nacional –excepción hecha del Presidente de la República, cuando este obra en ejecución de ley– carece de esa legitimidad.
d. Cuarto, en el ejercicio de la discrecionalidad la autoridad puede ejercer función normativa y producir actos de efectos generales –*i.e.*, con contenido normativo–o ejercer alguna otra función estatal y producir actos de efectos particulares. La discrecionalidad que ejerce el Presidente de la República en Consejo de Ministros para elaborar y aprobar un reglamento de ley contentivo de preceptos generales, abstractos e impersonales, diseñados para regular hechos futuros, es distinta a la discrecionalidad administrativa –llamémosla típica– con base en la cual la Administración Pública adopta una medida para un caso puntual o específico[4].

---

2 J.M. Hernández Ron, "La Potestad Administrativa Discrecional y su Ejercicio en el Derecho Público Venezolano" (Discurso de Incorporación a la Academia Nacional de Ciencias Políticas y Sociales), *Boletín de la Academia Nacional de Ciencias Políticas y Sociales*, Volumen N° 7, N° 1-2, Academia Nacional de Ciencias Políticas y Sociales, Caracas, 1942, p. 35.

3 *Mutatis mutandis*, José Antonio Muci Borjas, *Potestad Reglamentaria y Reglamento*, coedición de la Editorial Jurídica Venezolana y la Academia Nacional de Ciencias Políticas y Sociales, Caracas, 2017, pp. 155-157.

4 José Antonio Muci Borjas, *Potestad Reglamentaria y Reglamento, ob. cit.*, pp. 111-113.

II. LA DISCRECIONALIDAD DEL PODER LEGISLATIVO Y DEL PODER EJECUTIVO EN EJERCICIO DE POTESTADES ASIGNADAS EN VIRTUD DE NORMAS CONSTITUCIONALES

El Poder Legislativo goza de discrecionalidad al momento de valorar qué exige el interés público[5] y, a partir de esa valoración, decidir si (i) aprueba los términos y condiciones de un contrato de interés público nacional, (ii) autoriza el empleo de misiones militares venezolanas en el exterior o extranjeras en el país, o (iii) autoriza al Ejecutivo Nacional para enajenar bienes inmuebles del dominio privado de la Nación[6]. Por su parte, el Poder Ejecutivo goza de discrecionalidad al (i) fijar el contingente de la Fuerza Armada Nacional, (ii) convocar a la Asamblea Nacional a sesiones extraordinarias, (iii) conceder indultos o (iv) disolver la Asamblea Nacional en los supuestos de excepción previstos por la Constitución[7].

La discrecionalidad del Poder Legislativo en ejercicio de su función de control y del Poder Ejecutivo en ejercicio de la función de go-

---

5 En propósito, Emilio Betti, *Interpretazione della Legge e degli Atti Giuridici* (Teoria Generale e Dogmatica), 2ª edizione, Dott. A. Giuffrè Editore, S.p.a., Milano, 1971, pp.149-162. También Sala Constitucional del Tribunal Supremo de Justicia, Sentencia No. 1002, de fecha 26 de mayo de 2004, asunto *Federación Médica Venezolana.*

6 El artículo 187 –numerales 9°, 11 y 12– de la Constitución (*Gaceta Oficial de la República* N° 5.908 Extraordinario, del 19 de febrero de 2009) establece textualmente: «Corresponde a la Asamblea Nacional: [...] 9. Autorizar al Ejecutivo Nacional para celebrar contratos de interés nacional, en los casos establecidos en la ley. Autorizar los contratos de interés público municipal, estadal o nacional con Estados o entidades oficiales extranjeros o con sociedades no domiciliadas en Venezuela. [...] 11. Autorizar el empleo de misiones militares venezolanas en el exterior o extranjeras en el país. 12. Autorizar al Ejecutivo Nacional para enajenar bienes inmuebles del dominio privado de la Nación, con las excepciones que establezca la ley».

7 A tenor del artículo 236 de la Constitución, «son atribuciones y obligaciones del Presidente o Presidenta de la República: [...] 5. Dirigir la Fuerza Armada Nacional en su carácter de Comandante en Jefe, ejercer la suprema autoridad jerárquica de ella y fijar su contingente. [...] 9. Convocar a la Asamblea Nacional a sesiones extraordinarias. [...] 19. Conceder indultos. [...] 21. Disolver la Asamblea Nacional en el supuesto establecido en esta Constitución». Consúltese Sala Constitucional del Tribunal Supremo de Justicia, Sentencia N° 1.368, del 13 de agosto de 2008, asunto *Fiscal General de la República*; y, Brewer-Carías, Allan Randolph, *Actividad Administrativa, Actividad de Gobierno y Poder Discrecional*, coedición de Ediciones Olejnik y Editorial Jurídica Venezolana, Chile, 2019, pp. 75-80.

bierno es una discrecionalidad fundada en razones de «oportunidad política»[8] y contenido esencialmente político[9]. La intensidad del control judicial que cabe ejercer sobre los actos dictados en ejercicio de esa "discrecionalidad política" es «muy inferior» a la intensidad del control que los jueces contencioso-administrativos pueden ejercer, *verbi gratia*, sobre los actos administrativos discrecionales[10].

III. LA DISCRECIONALIDAD DE LA ADMINISTRACIÓN PÚBLICA

Desde el punto de vista normativo, la discrecionalidad administrativa debe estudiarse a partir del artículo 12 de la Ley Orgánica de Procedimientos Administrativos, de acuerdo con el cual

> «aun cuando una disposición legal o reglamentaria deje alguna medida o providencia a juicio de la autoridad [administrativa] competente, dicha medida o providencia deberá mantener la debida proporcionalidad y adecuación con el supuesto de hecho y con los fines de la norma, y cumplir los trámites, requisitos y formalidades necesarios para su validez y eficacia»[11].

De acuerdo con la norma legal citada con anterioridad, el estudio de la discrecionalidad administrativa ha de adelantarse a partir de la

---

8 Corte Suprema de Justicia en Pleno, Sentencia del 11 de marzo de 1993 (*vid.*, Brewer-Carías, Allan Randolph, *Actividad Administrativa, Actividad de Gobierno y Poder Discrecional*, *ob. cit.*, p. 75).

9 Diogo Freitas do Amaral, *Curso de Direito Administrativo*, Volume II, 4ª edição, Ediçoes Almedina, S.A., Coimbra, 2018, p. 49.

10 Sala Constitucional del Tribunal Supremo de Justicia, Sentencia N° 1.368, del 13 de agosto de 2008, asunto *Fiscal General de la República*. En sentido coincidente, Gomes Canotilho afirma que mientras más tenue es la vinculación del Ejecutivo a la ley –como ocurre, precisamente, con los actos de gobierno–, tanto más fuerte es su vinculación inmediata a los derechos, libertades y garantías constitucionales (Gomes Canotilho, J.J., *Direito Constitucional*, 7ª ediçao, Ediçōes Almedina, S.A., Coimbra, 2003, p. 446).

11 Sobre la discrecionalidad administrativa puede consultarse Brewer-Carías, Allan Randolph, *Actividad administrativa, actividad de gobierno y poder discrecional*, *ob. cit.*, pp. 95-142; y, José Antonio Muci Borjas, "La discrecionalidad administrativa (Consideraciones a partir de la decisión judicial que resolvió el asunto "Depositaria Judicial")", *Boletin de la Academia de Ciencias Políticas y Sociales* N° 159, Caracas, julio-diciembre 2019, pp. 303-319.

norma atributiva de la potestad pública. Existe poder discrecional cuando la norma habilita a la autoridad competente para escoger la solución que ha de darse al asunto, esto es, cuando la norma la faculta para determinar la consecuencia jurídica que debe producirse una vez comprobados y calificados los hechos legalmente previstos[12]. Pero el estudio de la discrecionalidad administrativa no se agota en la norma atributiva del poder ejercido por la Administración Pública, porque debe también tomar en consideración (i) el procedimiento administrativo y demás formalidades que la autoridad debe observar, (ii) el fin que justificó la asignación de la potestad discrecional y (iii) los principios generales del Derecho, incluido el principio de proporcionalidad al cual expresamente alude el precitado artículo 12, pues estas circunstancias representan límites –explícitos o implícitos– al ejercicio del Poder Público[13].

IV. LA DISCRECIONALIDAD JUDICIAL

§1. Delimitación del tema

Los tribunales de justicia están habilitados para ejercer función jurisdiccional y pronunciar sentencias. En ejecución de ley, pueden tam-

---

[12] Aude Bouveresse, *Le pouvoir discrétionnaire dans l'ordre juridique communautaire*, Établissements Émile Bruylant, S.A., Bruxelles, 2010, p. 67.

[13] En palabras de Galligan, cuando la ley establece principios generales de Derecho, *implícitamente* impone límites a todo comportamiento de la Administración, incluidas sus actuaciones discrecionales (Galligan, Denis J., *La discrezionalità amministrativa*, Dott. A. Giuffrè Editore, S.p.a., Milano, 1999, p. 236). Los principios generales que condicionan la actuación de la Administración se encuentran consagrados, *inter alia*, en los artículos 141 de la Constitución (*Gaceta Oficial de la República* N° 36.860, del 30 de diciembre de 1999, reimpresa en la *Gaceta Oficial de la República* N° 5.453, del 24 de marzo de 2000) y 10 de la Ley Orgánica de la Administración Pública (*Gaceta Oficial de la República* N° 6.147 Extraordinario del 17 de noviembre de 2014), que establecen, respectivamente, (i) que «la Administración Pública está al servicio de los ciudadanos y ciudadanas y se fundamenta en los *principios* de honestidad, participación, celeridad, eficacia, eficiencia, transparencia, rendición de cuentas y responsabilidad en el ejercicio de la función pública, con sometimiento pleno a la ley y al derecho»; y, (ii) que «la actividad de la Administración Pública se desarrollará con base en los principios de economía, celeridad, simplicidad, rendición de cuentas, eficacia, eficiencia, proporcionalidad, oportunidad, objetividad, imparcialidad, participación, honestidad, accesibilidad, uniformidad, modernidad, transparencia, buena fe, paralelismo de la forma y responsabilidad en el ejercicio de la misma, con sometimiento pleno a la ley y al derecho, y con supresión de las formalidades no esenciales».

bién ejercer función administrativa y, al hacerlo, dictar actos administrativos[14].

A continuación, centraremos nuestra atención en el poder discrecional que el ordenamiento jurídico venezolano confiere a los jueces para que éstos, en ejercicio de la función jurisdiccional que les es propia, conozcan y decidan una controversia específica, pronunciando una sentencia que solo incide –de manera directa– sobre los derechos e intereses de las partes procesales enfrentadas[15].

§2. La discrecionalidad de los tribunales de justicia en ejercicio de la función jurisdiccional

A) Introducción

La discrecionalidad judicial no es un tema novedoso. Lo trataron Aristóteles y Grotius, por solo citar dos filósofos conocidos por todos[16]. En palabras de Grotius, la ley permite que intervenga el juicio de un hombre justo cuando sus preceptos no han definido la solución con precisión ("*Lex non exacte difinit, sed arbitrio boni viri permittit*")[17].

Ese poder concedido al juez no ha sido merecedor de mayor consideración en el ámbito del Derecho Procesal Civil venezolano, a pesar

14 Brewer-Carías, Allan-Randolph, *Derecho Administrativo Tomo I*, Editorial Jurídica Venezolana, Caracas, 1981, p. 384.

15 Estas reflexiones no versan, *e.g.*, sobre la potestad que la Sala Constitucional se reconoció a sí misma para dictar sentencias interpretativas, esto es, decisiones judiciales capaces de introducirle modificaciones a la letra de una norma, bien mediante la adición de una palabra, frase u oración, bien mediante la sustitución de una parte de la norma, de manera que el texto –general y abstracto– resultante pueda ser conciliado con la Constitución. No la aborda porque lo decidido en ese tipo de sentencias, también conocidas en el Derecho comparado como sentencias manipulativas, no es el resultado de la discrecionalidad –típica– que en oportunidades cabe ejercer para (i) conocer y resolver asuntos específicos o concretos, (ii) sobre la base de circunstancias de hecho –tipo o modelo– previstas en, y disciplinadas por, una norma preexistente, y que, por consiguiente, (iii) concluye mediante sentencia que circunscribe sus efectos a las partes del procedimiento (*vid.* José Antonio Muci Borjas, "La base imponible del impuesto sobre la renta de las personas naturales y la Sentencia N° 301/2007 de la Sala Constitucional del Tribunal Supremo de Justicia", *Revista de Derecho Público* N° 116, octubre-diciembre 2008, Editorial Jurídica Venezolana, Caracas, pp. 267-276; y, *mutatis mutandis*, José Antonio Muci Borjas, *Potestad Reglamentaria y Reglamento, ob. cit.*, pp. 111-113).

16 Strömholm, Stig, "Introductory Address", *Judicial Discretion in European Perspective*, edited by Kluwer Law International and Norstedts Juridik AB, Stockholm, 2003, pp. 12-13.

17 *Ídem.*

de que la discrecionalidad no es ajena a la aplicación del Derecho privado por los tribunales de justicia[18]. En nuestro país tampoco han merecido mayor consideración los poderes discrecionales que otras normas constitucionales y legales confieren, de acuerdo con la jurisprudencia venezolana, al Tribunal Supremo de Justicia, los jueces penales, contencioso-administrativos y contencioso-tributarios. Las razones de esa falta de consideración parecieran remontarse a la obra de Montesquieu, filósofo y jurista francés de la Ilustración, para quien los jueces no eran sino «la boca que pronuncia[ba] las palabras de la ley» o, dicho en otros términos, «seres inanimados, que no [podían] moderar ni la fuerza ni el rigor» de la ley[19]. Para él la función jurisdiccional quedaba reducida a un ejercicio cuasi-mecánico de aplicación de la ley: la tarea confiada al juez era, insisto, cuasi-mecánica, porque a éste correspondía individualizar la respuesta –general y abstracta– que provee un ordenamiento jurídico completo y coherente[20].

Lo cierto es que la ley venezolana confiere verdaderos poderes discrecionales a los jueces venezolanos. Y dicho esto, luce pertinente destacar que para la doctrina y la jurisprudencia existe discrecionalidad judicial:

a) Primero, cuando el proceso decisorio que culmina en la sentencia judicial no está condicionado por criterios jurídicos[21]. Parafraseando a Barak cabe afirmar que existe discrecionalidad judicial cuando «el sendero de la ley conduce a una encrucijada y el juez debe decidir, sin directivas [jurídicas] claras y precisas, qué camino debe tomar»[22]. Siempre según Barak, dada esta circunstancia la discrecionalidad judicial «permanece relegada al

---

18 Véase, *mutatis mutandis*, Aharon Barak, *La discrezionalità del giudice*, Dott. A. Giuffrè Editore, S.p.a., Milano, 1995, p. 13.

19 Barón de Montesquieu, *Esprit des Lois*, deuxième édition, Paris, Librairie Ch. Delagrave, 1892, p. 244; y, , Adrián Rentería Díaz, *Discrecionalidad judicial y responsabilidad*, 2ª edición, Editorial Fontamara, Ciudad de Mexico, 2017, p. 24.

20 Serge Dauchy, "Le juge, bouche de la loi. A propos de la célèbre métaphore de Montesquieu", *Nagoya University Journal of Law and Politics*, N° 256, 2014, pp. 325-343.

21 Isabel Lifante Vidal, "Dos Conceptos de Discrecionalidad Jurídica", *Doxa* (Cuadernos de Filosofía del Derecho) N° 25, Universidad de Alicante, 2002, pp. 413-439.

22 Aharon Barak, "The Nature of Judicial Discretion and its Significance for the Administration of Justice", *Judicial Discretion in European Perspective*, edited by, Kluwer Law International and Norstedts Juridik AB, Stockholm, 2003, p. 15.

reino de lo desconocido, envuelta en nubes de misterio e incluso sus fundamentos filosóficos no están [aún del todo] claros»[23].

b) Segundo, cuando la decisión adoptada por el juez no puede ser controlada a partir de criterios jurídicos o razones de Derecho[24].

c) Tercero, cuando la ley, comprobado el presupuesto de hecho normativamente previsto, habilita al juez para elegir entre dos o más consecuencias jurídicas. Abstracción hecha de las circunstancias específicas que rodean una controversia determinada, todas y cada una de esas consecuencias jurídicas permitidas por el ordenamiento son legítimas[25].

---

23 Aharon Barak, *La discrezionalità del giudice, ob. cit.*, p. 13.

24 Sala de Casación Penal del Tribunal Supremo de Justicia, Sentencia Nº 458, del 2 de agosto de 2007, asunto *Omar Enrique Toro*. De acuerdo con dicho fallo, esa «Sala en pacífica y reiterada jurisprudencia ha sostenido el criterio de [que] la circunstancia atenuante basada en el numeral 4 del artículo 74 del Código Penal, [es] de libre apreciación y soberanía de los jueces de instancia, es decir, su aplicación es de orden discrecional, por lo que las hace incensurables en casación». En igual sentido, Sala de Casación Civil de la Corte Suprema de Justicia, Sentencia del 17 de junio de 1981, que niega al juez de alzada poder para revisar la conveniencia de las medidas preventivas dictadas con base en el artículo 1.099 del Código de Comercio (*vid.* Urdaneta Sandoval, Carlos Alberto, "Juicio de equidad en el proceso civil venezolano", *Revista de la Fundación de la Procuraduría* Nº 15, Caracas, 1996, pp. 391-393). El artículo 1.099 del Código de Comercio establece que «[e]n los casos que requieren celeridad, el juez podrá acordar la citación del demandado de un día para otro y aun de una hora para otra; pero si estuviese fuera del lugar del juicio, no podrá suprimir el término de distancia. Puede también acordar embargos provisionales de bienes muebles por valor determinado y prohibición de enajenar y gravar inmuebles especiales; y según el caso, exigir que el demandante afiance o compruebe solvencia suficiente para responder de las resultas del embargo. Estas providencias se ejecutarán no obstante apelación». Véase también Juzgado Superior en lo Civil y Contencioso-Administrativo de la Circunscripción Judicial de la Región de los Andes, Sentencia del 19 de enero de 1993, asunto *José H. Contreras* (*Revista Tachirense de Derecho*, Nº 3, enero-junio 1993, Editorial Universidad Católica del Táchira, p. 122). Según este último fallo, la solicitud de antecedentes administrativos, *ex* artículo 123 de la Ley Orgánica de la Corte Suprema de Justicia vigente *ratione temporis* (*Gaceta Oficial de la República* Nº 1.893 Extraordinario, del 30 de julio de 1976), es una actuación judicial facultativa y, por consiguiente, «no admite recurso de apelación». El artículo 123 disponía: «En la audiencia en que se dé cuenta del recurso, el Presidente podrá solicitar los antecedentes administrativos del caso, fijando un plazo prudencial a la autoridad administrativa correspondiente para la remisión de los mismos. Recibidos éstos, pasará los autos al Juzgado de Sustanciación, a fin de que revise todas las actuaciones y se pronuncie sobre la admisibilidad del recurso dentro del término de tres audiencias».

25 *Vid., mutatis mutandis,* Hartmut Maurer, *Derecho Administrativo (Parte General)*, Marcial Pons Ediciones Jurídicas y Sociales, S.A., Madrid, 2011, p. 167; y, Eberhard Schmidt-

El último de los tres criterios mencionados con anterioridad es, a nuestro entender, el criterio correcto: la elección de la solución aplicable encuentra su raíz en la remisión a los jueces de un poder que, en principio, corresponde ejercer al Poder Legislativo al sancionar normas reguladoras de la consecuencia jurídica –en singular– que ha de producirse frente a un supuesto de hecho determinado.

Las páginas que siguen abordan el tema de la discrecionalidad de los jueces venezolanos en el ejercicio de función jurisdiccional a partir de (i) algunas de las normas de Derecho positivo y (ii) un conjunto de decisiones judiciales que reconocen a nuestros jueces poderes discrecionales.

B) La discrecionalidad de la Sala Constitucional del Tribunal Supremo de Justicia en ejercicio de potestad de raíz constitucional

Comencemos por la Constitución y la Sala Constitucional del Tribunal Supremo de Justicia.

La Constitución venezolana faculta a la Sala Constitucional del Tribunal Supremo de Justicia para "revisar" las sentencias definitivamente firmes de (i) amparo constitucional y (ii) control de constitucionalidad de leyes o normas jurídicas dictadas por los tribunales de la República[26]. De esa potestad constitucional la Sala Constitucional ha dejado sentado cuanto sigue:

Assman, *La Teoría General del Derecho Administrativo como Sistema*, coedición del Instituto Nacional de Administración Pública y Marcial Pons, Ediciones Jurídicas y Sociales, S.A., Madrid, 2003, p. 219.

26 El artículo 336, numeral 10, de la Constitución establece textualmente lo siguiente: «Son atribuciones de la Sala Constitucional del Tribunal Supremo de Justicia: [...] 10. Revisar las sentencias definitivamente firmes de amparo constitucional y de control de constitucionalidad de leyes o normas jurídicas, dictadas por los Tribunales de la República, en los términos establecidos por la ley orgánica respectiva».
Este ensayo no aborda la potestad que la Sala Constitucional se ha reconocido a sí misma para dictar sentencias interpretativas, esto es, decisiones capaces de introducirle modificaciones a la letra de una norma, bien mediante la adición de una palabra, frase u oración, bien mediante la sustitución de una parte de la norma, de manera que el texto resultante pueda ser conciliado con la Constitución. No la aborda porque lo decidido en ese tipo de sentencias, también conocidas como sentencias manipulativas, tiene naturaleza o carácter normativo, ya que modifica el texto de una regla de Derecho general y abstracta y, por ello,

a. La revisión constitucional de los fallos definitivamente firmes es, primero que nada, facultativa o discrecional[27], porque habilita a la Sala Constitucional para seleccionar –a su solo criterio– cuáles son las controversias que resulta conveniente entrar a conocer y decidir. Ciertamente, para la Sala Constitucional el numeral 10 del artículo 336 de la Constitución contempla «una potestad estrictamente excepcional, extraordinaria y discrecional». Atendiendo a la jurisprudencia, estamos frente a lo que la doctrina denomina "discrecionalidad de decisión", porque es a la autoridad –en este caso, al juez constitucional– a quien corresponde determinar si debe actuar[28].
b. La potestad de revisión prevista por el numeral 10 del artículo 336 de la Constitución debe ser ejercida con «máxima prudencia»[29], habida consideración que comporta la nulidad del fallo judicial objeto de revisión[30]. La Sala entiende que debe obrar con ese elevado grado de prudencia *–i.e.*, con prudencia extrema– porque las decisiones judiciales que se pronuncien en ejercicio de dicha potestad terminan por anular la garantía constitu-

no son el resultado de potestades discrecionales –típicas, por así decirlo– ejercidas para (i) conocer y resolver asuntos específicos o concretos (ii) sobre la base de circunstancias de hecho (tipo o modelo) previstas en, y disciplinadas por, una norma preexistente. En propósito puede consultarse José Antonio Muci Borjas, "La base imponible del impuesto sobre la renta de las personas naturales y la Sentencia N° 301/2007 de la Sala Constitucional del Tribunal Supremo de Justicia" (Reflexiones sobre un fallo pronunciado por el máximo garante de la Constitución que abandona a los contribuyentes a su suerte), *Revista de Derecho Público* N° 116, octubre-diciembre 2008, Editorial Jurídica Venezolana, Caracas, pp. 267-276; y, *mutatis mutandis*, José Antonio Muci Borjas, *Potestad Reglamentaria y Reglamento, ob. cit.*, pp. 111-113.

27 Sala Constitucional del Tribunal Supremo de Justicia, Sentencia N° 44, del 2 de marzo de 2000, asunto *Francia Josefina Rondón Astor*; y, Sala Constitucional del Tribunal Supremo de Justicia, Sentencia N° 93, del 6 de febrero de 2001, asunto *Corporación de Turismo de Venezuela (Corpoturismo)*. Consúltese también Cecilia Sosa Gómez, "La revisión constitucional de las sentencias definitivamente firmes", *Revista de la Facultad de Ciencias Jurídicas y Políticas* N° 3, Universidad de Carabobo, 2007, p. 178.

28 *Vid., mutatis mutandis*, Hartmut Maurer, *Derecho Administrativo (Parte General), ob. cit.*, p. 167.

29 Sala Constitucional del Tribunal Supremo de Justicia, Sentencia N° 782, del 8 de noviembre de 2018, asunto *Florinda Pastora Peña et al.*

30 Sala Constitucional del Tribunal Supremo de Justicia, Sentencia N° 390, del 7 de abril de 2015, asunto *Marianela Becerra de Zambrano.*

cional representada por la cosa juzgada[31] y la seguridad jurídica que de aquélla dimana.

c. Dada esa discrecionalidad, la Sala Constitucional ha entendido que la revisión extraordinaria puede asimilarse *–mutatis mutandis–* al *writ of certiorari* norteamericano. Solo deben ser objeto de revisión los casos, discrecionalmente identificados por la Sala Constitucional, que por su «relevancia constitucional» sirvan para «reafirmar los valores supremos del Estado democrá-

---

31 A tenor del artículo 49 de la Constitución, «[e]l debido proceso se aplicará a todas las actuaciones judiciales y administrativas; en consecuencia: [...] 7. Ninguna persona podrá ser sometida a juicio por los mismos hechos en virtud de los cuales hubiese sido juzgada anteriormente».
La Ley Orgánica del Tribunal Supremo de Justicia (*Gaceta Oficial de la República* Nº 5.908 Extraordinario, del 19 de febrero de 2009) amplía indebidamente el elenco de sentencias definitivamente firmes que pueden ser objeto de revisión constitucional y, por tanto, los supuestos en los que la garantía constitucional de la cosa juzgada puede desconocida. Establece el artículo 25 (Competencia de la Sala Constitucional) de dicha Ley que «[s]on competencias de la Sala Constitucional del Tribunal Supremo de Justicia: [...] 10. Revisar las sentencias definitivamente firmes que sean dictadas por los Tribunales de la República, cuando hayan desconocido algún precedente dictado por la Sala Constitucional; efectuado una indebida aplicación de una norma o principio constitucional; o producido un error grave en su interpretación; o por falta de aplicación de algún principio o normas constitucionales. 11. Revisar las sentencias dictadas por las otras Salas que se subsuman en los supuestos que señala el numeral anterior, así como la violación de principios jurídicos fundamentales que estén contenidos en la Constitución de la República, tratados, pactos o convenios internacionales suscritos y ratificados válidamente por la República o cuando incurran en violaciones de derechos constitucionales. 12. Revisar las sentencias definitivamente firmes en las que se haya ejercido el control difuso de la constitucionalidad de las leyes u otras normas jurídicas, que sean dictadas por las demás Salas del Tribunal Supremo de Justicia y demás Tribunales de la República». La susodicha ampliación contradice una de las afirmaciones realizadas por la Sala Constitucional en la Sentencia Nº 93, del 6 de febrero de 2001, asunto *Corporación de Turismo de Venezuela (Corpoturismo)*, de acuerdo con la cual la «potestad extraordinaria que en este aspecto le otorga el Texto Fundamental a esta Sala no es amplia ni ilimitada, sino que se encuentra restringida, no sólo por cuanto se refiere de una manera taxativa a un determinado tipo de sentencias definitivamente firmes, sino que, igualmente, con base en la unión, integración y coherencia que debe existir en las normas constitucionales como parte de un todo, la propia Constitución, al establecer la garantía de la cosa juzgada en su artículo 49 limita la potestad extraordinaria de revisión. En consecuencia, es restringida la potestad extraordinaria de esta Sala para quebrantar discrecional y extraordinariamente la garantía de la cosa juzgada judicial, por lo que debe interpretarse, entonces, la potestad de revisión extraordinaria de sentencias definitivamente firmes de esta Sala, de una manera estrictamente limitada, y sólo en lo que respecta al tipo de sentencias o a las circunstancias que de forma específica establece la Constitución».

tico y social de Derecho y de Justicia que proclama el artículo 2 de la Constitución» y, por añadidura, asegurar la justicia en el caso concreto[32]. Lo afirmado por la Sala responde –en parte– a la Exposición de Motivos de la Constitución, de acuerdo con la cual las características del recurso de revisión debían ser precisadas por el Legislador –cosa que aún no ha ocurrido– tomando en consideración las siguientes experiencias:

> «el *writ of certiorari* que utiliza la Suprema Corte de los Estados Unidos de América; un mecanismo cuyos rasgos de discrecionalidad no sean absolutos, como el utilizado por el Tribunal Constitucional Federal de Alemania; o bien, un mecanismo cuyos requisitos de admisibilidad y procedencia estén preestablecidos en la ley, como el que se puede evidenciar en algunos ejemplos de derecho comparado».

La inexistente regulación legal sobre la admisibilidad de la revisión ha conducido a que la Sala Constitucional afirme la discrecionalidad absoluta de su poder para seleccionar las sentencias merecedoras de revisión sin un fundamento normativo explícito, a pesar de ser esta una materia que –de acuerdo con la Exposición de Motivos de la Constitución– debía ser disciplinada por el Legislador.

d. Parafraseando a Tribe, «[l]a revisión por *certiorari* no es una cuestión de derecho [subjetivo], sino de discreción judicial, y se concederá únicamente cuando existan razones especiales. Así, consideraciones de prudencia y política guían a la Corte en sus decisiones sobre si conceder o denegar una petición de *certiorari*»[33]. Tratándose de una «potestad extraordinaria, excepcional y

---

32 Sala Constitucional del Tribunal Supremo de Justicia, Sentencia N° 365, del 10 de mayo de 2010, asunto *Fernando Pérez Amado*; y, Sala Constitucional del Tribunal Supremo de Justicia Sentencia N° 1673, del 4 de noviembre de 2011, asunto *Italo del Valle Augusto Alliegro.*

33 Lawrence H. Tribe, *American Constitucional Law*, second edition, The Foundation Press, Inc., 1988, Mineola (New York), p. 44. En sentido coincidente, Brewer-Carías, Allan Randolph, "Judicial Review in Venezuela", 45 Duq. L. Rev. 439 (2007), pp. 445-446. Según la Exposición de Motivos de la Constitución de 1999, «no siendo [la revisión constitucional] un derecho», dicha revisión, diseñada como está para garantizar la uniformidad en la interpretación de las normas y principios constitucionales, la eficacia del Texto Fundamental y

discrecional», cuya finalidad no es otra que asegurar «la uniformidad de los criterios constitucionales» y, consecuentemente, la «seguridad jurídica» representada por la vigencia y eficacia de la Constitución, al proponente del recurso no le asiste un derecho subjetivo a la revisión constitucional del fallo definitivamente firme que le resultó adverso. Por la inexistencia de un derecho a la revisión, se entiende que la Sala afirme que la revisión constitucional «no constituye una tercera instancia»[34]; tampoco un recurso concebido como «medio de defensa ante las violaciones o injusticias sufridas» a raíz de un fallo definitivamente firme.

e. Los recursos extraordinarios de revisión propuestos contra ese tipo de sentencias –definitivamente firmes de amparo constitucional y de control de constitucionalidad de leyes o normas jurídicas dictadas por los tribunales– pueden, por consiguiente, ser desestimados «sin motivación alguna»[35].

---

la seguridad jurídica, no forma parte «de los derechos a la defensa, tutela judicial efectiva y amparo consagrados en la Constitución». Consúltense también Sala Constitucional del Tribunal Supremo de Justicia, Sentencia N° 286, del 26 de febrero de 2007, asunto *Trinidad María Betancourt Cedeño*; Brewer-Carías, Allan Randolph, "La metamorfosis jurisprudencial y legal del recurso extraordinario de revisión constitucional de sentencias en Venezuela", en Velandia Canosa, Eduardo Andrés (Director Científico), *Derecho procesal constitucional*, Tomo III, Volumen III, VC Editores Ltda. y Asociación Colombiana de Derecho Procesal Constitucional, Bogotá, 2012, pp. 269-304; y, Cecilia Sosa Gómez, "La revisión constitucional de las sentencias definitivamente firmes", *Revista de la Facultad de Ciencias Jurídicas y Políticas* N° 3, Universidad de Carabobo, 2007, p. 197.

34 La Sala Constitucional suele pronunciarse sobre la (i) admisibilidad y (ii) procedencia de los recursos de revisión sin que medie trámite alguno. Ese modo de obrar no puede ser conciliado con la garantía del debido proceso que informa «todas las actuaciones judiciales y administrativas» *ex* artículo 49 de la Constitución. El debido proceso impide, pues, que la revisión se practique a espaldas de la parte favorecida por el fallo definitivamente firme que adquirió la fuerza de la cosa juzgada.

35 Sala Constitucional del Tribunal Supremo de Justicia, Sentencia N° 44, del 2 de marzo de 2000, asunto *Francia Josefina Rondón Astor*; Sala Constitucional del Tribunal Supremo de Justicia, Sentencia N° 93, del 6 de febrero de 2001, asunto *Corporación de Turismo de Venezuela (Corpoturismo)*; y, Sala Constitucional del Tribunal Supremo de Justicia, Sentencia N° 833, del 16 de julio de 2014, asunto *Carlos Arturo Morillo*. En la última de las decisiones citadas la Sala justificó su poder discrecional en los términos siguientes: «esta Sala, al momento de la ejecución de su potestad de revisión de sentencias definitivamente firmes está obligada, de acuerdo con una interpretación uniforme de la Constitución [...] y en consideración a la garantía de la cosa juzgada, a guardar la máxima prudencia en cuanto

C) La discrecionalidad de los tribunales de justicia en ejercicio de potestades asignadas en virtud de normas legales

1. El artículo 23 del Código de Procedimiento Civil: clave para la interpretación de las distintas normas legales atributivas de poderes discrecionales a los jueces

Así como la discrecionalidad administrativa debe estudiarse a partir del artículo 12 de la Ley Orgánica de Procedimientos Administrativos, la discrecionalidad del juez debe estudiarse a partir del artículo 23 del Código de Procedimiento Civil. El artículo 23 establece textualmente lo siguiente:

> «Cuando la ley dice: "El Juez o Tribunal puede o podrá", se entiende que lo autoriza para obrar según su prudente arbitrio, consultando lo más equitativo o racional, en obsequio de la justicia y de la imparcialidad»[36].

El artículo 23 del Código de Procedimiento Civil se ocupa de las controversias en las que el juzgamiento no puede ser reducido a un simple silogismo –digámoslo así– en el que, subsumidos los hechos en el supuesto de hecho típico previsto en una norma legal, debe producirse una consecuencia jurídica (única) preordenada o preestablecida por dicha norma[37]. En tales controversias, por el contrario, a la decisión

---

a la admisión y procedencia de peticiones que pretendan la revisión de actos de juzgamiento que han adquirido el carácter de cosa juzgada [...]; de allí que esta Sala tenga facultad para desestimar cualquier requerimiento como el de autos, sin ningún tipo de motivación, cuando, en su criterio, se verifique que lo que se pretende en nada contribuye con la uniformidad de la interpretación de normas y principios constitucionales, en virtud, pues, del carácter excepcional y limitado que ostenta la revisión».

36 Sobre el artículo 13 del Código de Procedimiento Civil de 1916, antecedente normativo inmediato del artículo 23 del Código en vigor consúltese Arminio Borjas, *Comentarios al Código de Procedimiento Civil Venezolano*, Tomo I, 5ª edición, Librería Piñango, Caracas, 1979, pp. 54-55; y, J.M. Hernández Ron, "La Potestad Administrativa Discrecional y su Ejercicio en el Derecho Público Venezolano" (Discurso de Incorporación a la Academia Nacional de Ciencias Políticas y Sociales), *ob. cit.*, pp. 22-23. Véase también Carlos Alberto Urdaneta Sandoval, "Juicio de equidad en el proceso civil venezolano", *Revista de la Fundación de la Procuraduría* N° 15, Caracas, 1996, pp. 367-400.

37 Más allá de su aparente uniformidad, lo cierto es que el ejercicio de la función jurisdiccional –y su resultado, la sentencia judicial– puede ser menos homogéneo de lo que pudiera

–siempre imparcial– debe arribarse a partir de *principios jurídicos*[38], como son la *equidad* y la *racionalidad*, cuyo alto nivel de abstracción habilita al juez para, sopesados los pros y los contras de las distintas decisiones, alternativas entre sí, que cabría adoptar, tome la más justa[39] o, si se quiere, la más oportuna[40].

Por decisión del Legislador, la solución a la cual el juez puede arribar en el caso concreto con base en norma atributiva de poderes discrecionales es indeterminable *a priori*[41], porque supone una elección que reposa sobre el «prudente arbitrio» del sentenciador.

---

parecer a primera vista. No es lo mismo (i) declarar la nulidad de un contrato por la incapacidad de la parte que contrató antes de haber cumplido dieciocho años, *ex* artículos 18 y 1.142 del Código Civil, que (ii) determinar el *quantum* de una indemnización por daño moral, *ex* artículo 1.196 *eiusdem* (*ut infra*, numeral 2.2.1). La primera decisión es el producto de una subsunción legal, la segunda de una ponderación en Derecho. Posner explica esa diversidad de roles -*i.e.*, de habilitaciones legales- recurriendo a la anécdota de los tres árbitros encargados de dictaminar, en un juego de beisbol, si los lanzamientos son malos (bolas) o buenos (*strikes*): según el primero, él canta los lanzamientos como bolas o como strikes *de acuerdo con lo que son*; el segundo afirma que él los canta *como los ve*; finalmente, el tercero explica que ningún lanzamiento es bola o strike *hasta tanto él dictamine* si se trata de una bola o de un strike (Richard A. Posner, *How Judges Think*, Harvard University Press, Cambridge, 2010, pp. 78-81). Según Posner la actividad jurisdiccional oscilaría, pues, entre dos extremos: la aplicación cuasi-mecánica de la ley (*ut supra*, nota a pie de página N° 19), por una parte; y por la otra, la solución de la controversia a través de una determinación discrecional respetuosa –se entiende– del principio de proporcionalidad.

38 Sobre los principios como límite a la discrecionalidad judicial puede consultarse Marcos Carrillo Perera, "De la intención del legislador y otras intenciones: Una aproximación a la idea de integridad", *Revista de la Facultad de Derecho de la Universidad Católica Andrés Bello*, N° 58, Caracas, 2003, pp. 97-111.

39 Carine Signat, *Le pouvoir discrétionnaire du juge et l'inexécution du contrat* (Étude de Dtoit comparé Franco-Allemande), LGDJ, Lextenso éditions, 2018, Issy-les-Moulineaux, p. 41. Según Fuenmayor, una decisión judicial basada en la equidad, principio limitador de la discrecionalidad judicial *ex* artículo 23 del Código de Procedimiento Civil, es, por definición, una decisión subjetiva (José Andrés Fuenmayor García, "Grave Desliz", *Revista de la Facultad de Ciencias Jurídicas y Políticas de la Universidad Central de Venezuela*, N° 119, Caracas, 2000, pp. 45-48).

40 Según la doctrina francesa, este tipo de decisiones no podrían ser casadas porque el control ejercido por la Corte de Casación no se extiende a la oportunidad o conveniencia de la decisión recurrida (Carine Signat, *Le pouvoir discrétionnaire du juge et l'inexécution du contrat*, *ob. cit.*, pp. 23 y 26). En Venezuela, análoga postura han asumido, *inter alia*, la Sala de Casación Civil de la Corte Suprema de Justicia y la Sala de Casación Penal del Tribunal Supremo de Justicia (*mutatis mutandis*, *ut supra*, nota a pie de página N° 24).

41 Carine Signat, *Le pouvoir discrétionnaire du juge et l'inexécution du contrat*, *ob. cit.*, p. 40.

La racionalidad, limitativa de la discrecionalidad judicial conferida por el artículo 23 del Código de Procedimiento Civil, y la justicia e imparcialidad que guían el ejercicio de dicho poder, presuponen o demandan la observancia de los deberes siguientes:

a. Primero, a las partes procesales se le debe dispensar igualdad de trato. El artículo 15 del Código de Procedimiento Civil le impone a los Jueces el deber de garantizar el derecho de defensa de las partes procesales, respetando los derechos y facultades que la ley adjetiva les acuerda a éstas «sin preferencia[s] ni desigualdades».
b. Segundo, la constatación y valoración –previa– de las circunstancias de hecho que rodean la controversia específica sometida a la consideración del tribunal, pues la decisión judicial solo puede fundarse en medios de prueba lícitos e idóneos para crear convicción en la mente del juez. Los artículos 506 y 507 del Código de Procedimiento Civil establecen, por una parte, que las partes procesales tienen la carga de probar sus respectivas afirmaciones de hecho, y por la otra, que a menos que exista una regla legal expresa para valorar el mérito de la prueba, el Juez deberá apreciarla –objetivamente– según las reglas de la sana crítica.
c. Tercero, la decisión que se adopte debe ser racional o razonable. Por tanto, debe respetar el principio constitucional de racionalidad en el ejercicio del Poder Público[42].
d. Cuarto, la decisión debe ser objetiva. Debe reflejar los valores fundamentales del sistema legal, no los valores personales del juez, pues los primeros son los únicos valores relevantes al momento de pronunciar una sentencia[43]. En este caso la "justicia" exigida por el artículo 23 del Código de Procedimiento Civil constituye valor fundamental del ordenamiento jurídico

---

42 *Vid., mutatis mutandis*, José Antonio Muci Borjas, *Potestad Reglamentaria y Reglamento, ob. cit.*, pp. 360-363.

43 Aharon Barak, "The Nature of Judicial Discretion and its Significance for the Administration of Justice", *Judicial Discretion in European Perspective*, edited by, Kluwer Law International and Norstedts Juridik AB, Stockholm, 2003, pp. 20-21.

venezolano y, como tal, representa a un mismo tiempo fundamento y fin del ordenamiento jurídico[44].

e. Quinto, la decisión debe estar suficientemente motivada. El numeral 4° del artículo 243 del Código de Procedimiento Civil establece que las sentencias judiciales deben expresar los motivos –de hecho y de Derecho– en que se funda la decisión.

A modo de síntesis, el artículo 23 del Código de Procedimiento Civil reconoce que en oportunidades los jueces pueden adoptar decisiones que no se encuentran expresamente previstas *–i.e.*, definidas– en el texto de la ley[45]. Esa elección, empero, entraña la observancia o cabal cumplimiento de los deberes legales implícitos y explícitos que esa misma norma les impone.

La regla del artículo 23, perteneciente a las Disposiciones Fundamentales de nuestro Código de Procedimiento Civil, se aplica, he aquí una obviedad, a todas las causas de la jurisdicción civil (artículo 1° *eiusdem*). Rige también supletoriamente *–inter alia–* en las causas (i) mercantiles, por mandato de los artículos 1.109, 1.111 y 1.119 del Código de Comercio[46]; (ii) contencioso-administrativas, por mandato del artículo 31 de la Ley Orgánica de la Jurisdicción Contencioso-Administrativa[47]; (iii) contencioso-tributarias, por mandato del artículo 339 del Código Orgánico Tributario[48]; y, (iv) ante el Tribunal Supremo de Justicia, por mandato del artículo 98 de la Ley Orgánica del Tribunal Supremo de Justicia[49]. Finalmente, el artículo 23 del Código de Procedimiento Civil puede ser invocado analógicamente por los tribunales cuya actuación esté disciplinada por otras normas legales. Por la transversalidad –y consecuente aplicabilidad a múltiples ámbitos del Derecho Procesal venezolano– de la regla contenida en el artículo 23

---

44 Artículo 2° de la Constitución. Luciano Parejo Alfonso, "Constitución y valores del ordenamiento", *Estudios sobre la Constitución Española Homenaje al Profesor Eduardo García de Enterría*, Tomo I, Editorial Civitas, S.A., Madrid, 1991, p. 131.

45 El juez carece de discrecionalidad para apreciar y calificar los hechos (José Andrés Fuenmayor García, "Parecer", *Revista de la Facultad de Ciencias Jurídicas y Políticas de la Universidad Central de Venezuela*, N° 119, Caracas, 2000, pp. 273-275).

46 *Gaceta Oficial de la República* N° 475 Extraordinario, del 21 de diciembre de 1955.

47 *Gaceta Oficial de la República* N° 39.451, del 22 de junio de 2010.

48 *Gaceta Oficial de la República* N° 6.152 Extraordinario, del 18 de noviembre de 2014

49 *Gaceta Oficial de la República* N° 39.522, del 1 de octubre de 2010.

del Código de Procedimiento Civil, los distintos poderes discrecionales reconocidos a nuestros jueces deben ser analizados a la luz de la precitada disposición de ley[50].

2. Discrecionalidad y tribunales con competencia en materia civil y mercantil

2.1. Discrecionalidad judicial y decisiones interlocutorias

2.1.1. El carácter discrecional de los poderes para decretar medidas cautelares

Diversas disposiciones del Código Civil[51] conceden poderes discrecionales a los jueces con competencia en materia civil para decretar medidas de carácter cautelar. Lo acreditan, *e.g.*, los artículos 174 y 313 *eiusdem*, que establecen, respectivamente, (i) que una vez propuesta demanda de separación de bienes, a instancia de uno cualquiera de los cónyuges el juez podrá dictar «*las providencias que estimare convenientes*» a la seguridad de los bienes comunes; y, (ii) que mientras dure el procedimiento judicial de la tutela el juez nombrará un tutor interino si «lo encontrare conveniente», agregando a renglón seguido que el Juez también se halla facultado para dictar «las [demás] medidas que crea oportunas para evitar todo perjuicio»[52].

---

50 Una precisión luce pertinente por lo que respecta a la redacción del artículo 23 del Código de Procedimiento Civil: la Corte Suprema de Justicia ha afirmado con razón que en oportunidades el Legislador también puede emplear el vocablo "podrá" para asignar competencias –de obligatorio ejercicio– y no para conferir poderes de naturaleza discrecional que le permitan obrar o abstenerse de hacerlo. Según la Corte, «...no sólo cabe interpretar la expresión "podrá" en el sentido -al cual apunta el artículo 13 del Código de Procedimiento Civil [de 1916, vigente *rationae temporis*]- de facultad discrecional para adoptar una decisión o no, sino también en el de competencia atribuida por el legislador al funcionario para actuar, de regla atributiva de competencia en suma» (Sala Político-Administrativa de la Corte Suprema de Justicia, Sentencia del 3 de octubre de 1985, asunto *Iván Pulido Mora*, en *Revista de Derecho Público* N° 24, Editorial Jurídica Venezolana, Caracas, 1985, pp. 114-116). Sobre las dos acepciones del vocablo "podrá" también se ha pronunciado José Andrés Fuenmayor García, "El orden público en el Derecho Privado", *Revista de la Facultad de Derecho de la Universidad Católica Andrés Bello*, N° 55, Caracas, 2000, pp. 330-332.

51 *Gaceta Oficial de la República* N° 2.990 Extraordinario, del 26 de Julio de 1982.

52 Cabe destacar aquí, *mutatis mutandis*, que la discrecionalidad administrativa típica se caracteriza justamente por el poder, concedido a la Administración, para apreciar la opor-

El carácter discrecional de tales potestades cautelares ha sido reconocido por nuestra jurisprudencia. En propósito, cabría citar aquí, *inter alia*, la sentencia dictada por la Sala Constitucional del Tribunal Supremo de Justicia en el asunto *Distribuidora y Abastos Miraven S.R.L. et al*. En la sentencia invocada la Sala Constitucional afirma que

> «en los juicios por divorcio el Juez goza de un amplio margen de *discrecionalidad* para acordar las medidas cautelares nominadas e innominadas que considere pertinentes y necesarias para evitar la dilapidación, disposición y ocultamiento fraudulento de los bienes comunes... este poder cautelar está previsto en los artículos 171, 174 y 191, cardinal 3, del Código Civil, en concordancia con el artículo 466 de la Ley Orgánica para la Protección del Niño y del Adolescente»[53].

Las normas del Código Civil citadas con anterioridad pueden ser complementadas con el artículo 588 del Código de Procedimiento Civil[54], según el cual el Tribunal «puede decretar», en cualquier estado y grado de la causa, medidas cautelares nominadas (embargo de bienes muebles, secuestro de bienes determinados, prohibición de enajenar y gravar bienes inmuebles y cualesquiera disposiciones complementarias para asegurar la efectividad y resultado de la medida que hubiere decretado) o innominadas[55].

En este mismo orden de ideas, también cabría invocar aquí la decisión pronunciada por la Sala Político-Administrativa del Tribunal Supremo de Justicia en el asunto *Roraima Rita Bermúdez González*[56]. En

---

tunidad y conveniencia de su medida (*vid.* José Antonio Muci Borjas, "La discrecionalidad administrativa (Consideraciones a partir de la decisión judicial que resolvió el asunto "Depositaria Judicial")", *Boletin de la Academia de Ciencias Políticas y Sociales* N° 159, julio-diciembre 2019, Caracas).

53 Sala Constitucional del Tribunal Supremo de Justicia, Sentencia N° 382, del 6 de marzo de 2002, asunto *Distribuidora y Abastos Miraven S.R.L. et al.*

54 *Gaceta Oficial de la República* N° 4.209 Extraordinario, del 18 de septiembre de 1990.

55 Sala de Casación Civil del Tribunal Supremo de Justicia, Sentencia N° 64, del 25 de junio de 2001, asunto *Luis Manuel Silva Casado*; Sala de Casación Civil del Tribunal Supremo de Justicia, Sentencia N° 459, del 9 de diciembre de 2002, asunto *Miguel Ángel Capriles Cannizzaro*; y, Sala de Casación Civil del Tribunal Supremo de Justicia, Sentencia N° RC-407, del 21 de junio de 2005, asunto *Operadora Colona C.A.*

56 Sala Político-Administrativa del Tribunal Supremo de Justicia, Sentencia N° 11, del 11 de enero de 2011, asunto *Roraima Rita Bermúdez González*.

el fallo judicial citado se afirma que la Comisión de Funcionamiento y Reestructuración del Sistema Judicial no puede sancionar a un juez por el hecho de haber denegado una medida cautelar, pues la concesión o denegación de una medida como esa entra dentro de la «discrecionalidad» judicial.

Los poderes cautelares concedidos a los jueces constituyen lo que la doctrina comparada denomina "discrecionalidad de elección" porque, dado un elenco de medidas posibles y permitidas, es a la autoridad –en este caso, a los jueces–a quien corresponde elegir cuáles son las que conviene adoptar en el caso concreto[57].

De la discrecionalidad –general– conferida a los tribunales de justicia para la adopción de medidas cautelares interesa destacar aquí:

a. Primero, la mar de veces se ejerce *inaudita alteram parte* y, por tanto, antes de que el juez haya tenido oportunidad de conocer los argumentos y pruebas de las partes enfrentadas en la controversia, particularmente los de la parte contra la cual obran las medidas;
b. Segundo, las medidas adoptadas en ejercicio de este poder discrecional descansan sobre un juicio de probabilidad o verosimilitud[58] en torno a la eventual procedencia de la demanda judicial propuesta por la parte actora. Al momento de su expedición no existe certeza acerca del derecho invocado por el demandante. Es precisamente la incertidumbre en torno a la existencia del derecho invocado en juicio la que justifica la atribución del poder discrecional en materia cautelar;
c. Tercero, la discrecionalidad le permite al juez establecer la disciplina –provisional, por definición– que gobernará las relaciones de las partes procesales mientras se dirime la controversia; y,
d. Cuarto, por la naturaleza de las cosas las decisiones no producen los efectos propios y característicos de la cosa juzgada

---

57 *Vid., mutatis mutandis*, Hartmut Maurer, *Derecho Administrativo (Parte General)*, *ob. cit.*, p. 167.

58 Sala Político-Administrativa del Tribunal Supremo de Justicia, Sentencia N° 2.203, del 15 de noviembre de 2000, asunto *Empacando, C.A.*

material[59]. En concreto, no adquieren la firmeza y certeza de la declaración sobre el derecho debatido en juicio, que singulariza la resolución de controversias a través del ejercicio de la función jurisdiccional por parte de los órganos del Poder Judicial.

2.1.2. El poder para determinar la suficiencia de la caución presentada para suspender una medida cautelar

El artículo 590 del Código de Procedimiento Civil habilita al juez para decretar el embargo de bienes muebles o la prohibición de enajenar y gravar bienes inmuebles, sin estar llenos los extremos de ley, «cuando se ofrezca y constituya caución o garantías suficientes» para responder por los daños y perjuicios que dicha medida pudiera ocasionarle a la parte contra quien se dirige.

Nuestros tribunales han dejado sentado que si bien es cierto que la parte solicitante de la medida puede ofrecer el tipo de caución o garantía que estime conveniente, su propuesta «no excluye el poder discrecional del juez» para pronunciarse sobre su suficiencia, como contempla el artículo 590 del Código de Procedimiento Civil[60]. La decisión invocada añade que «ese poder, como toda potestad discrecional, debe ser ejercido dentro de los límites de la proporcionalidad y de la racionalidad».

2.1.3. La potestad para seleccionar el diario en el cual las partes procesales deben publicar los carteles legalmente exigidos

El artículo 231 del Código de Procedimiento Civil establece que cuando se compruebe que son desconocidos los sucesores de una persona determinada que ha fallecido, y esté comprobado o reconocido un derecho de la persona fallecida referente a una herencia u otra cosa común, la citación que debe hacerse a tales sucesores desconocidos, en relación con las acciones que afecten dicho derecho, se verificará

---

59 El artículo 273 del Código de Procedimiento Civil dispone que «la sentencia definitivamente firme es ley de las partes en los límites de la controversia decidida y es vinculante en todo proceso futuro».

60 Sala Constitucional del Tribunal Supremo de Justicia, Sentencia N° 432, del 25 de marzo de 2008, asunto *Inversiones Inmobiliarias 535-21 C.A.*

mediante edicto que debe ser fijado en la puerta del Tribunal y publicado en dos periódicos de los de mayor circulación en la localidad o en la más inmediata, que indicará el Juez.

Nuestra justicia entiende que la selección de los periódicos en los que el edicto debe ser publicado «es una facultad discrecional [...] con la única condición de que sean de los de mayor circulación en la localidad»[61].

2.1.4. El poder para dictar autos para mejor proveer

A tenor del artículo 514 –numeral 4°– del Código de Procedimiento Civil, después de presentados los informes el Tribunal, «si lo juzgare procedente», podrá dictar auto para mejor proveer, con el objeto de que se practique alguna experticia sobre los puntos que fije el Tribunal, o se amplíe o aclare la que existiere en autos. La norma legal citada agrega que contra esa decisión judicial no se oirá recurso alguno[62].

En criterio de nuestro más alto Tribunal, la potestad que esa norma reconoce a los jueces de instancia para ordenar la ampliación de una prueba ya promovida y evacuada tiene carácter discrecional[63].

---

61 Juzgado de Sustanciación de la Sala Político-Administrativa del Tribunal Supremo de Justicia, Sentencia N° 516, del 26 de noviembre de 2013, asunto *Sucesión Luis Asunción Bello Prado.*

62 El artículo 514 del Código de Procedimiento Civil establece textualmente lo siguiente: «Después de presentados los informes dentro del lapso perentorio de quince días, podrá el Tribunal, si lo juzgare procedente, dictar auto para mejor proveer, en el cual podrá acordar: 1° Hacer comparecer a cualquiera de los litigantes para interrogarlos sobre algún hecho importante del proceso que aparezca dudoso u obscuro. 2° La presentación de algún instrumento de cuya existencia haya algún dato en el proceso, y que se juzgue necesario. 3° Que se practique inspección judicial en alguna localidad, y se forme un croquis sobre los puntos que se determinen, o bien, que se tenga a la vista un proceso que exista en algún archivo público, y se ponga certificación de algunas actas, siempre que en el pleito de que se trate haya alguna circunstancia de tal proceso y tengan relación el uno con el otro. 4° Que se practique alguna experticia sobre los puntos que fije el Tribunal, o se amplíe o aclare la que existiere en autos. En el auto para mejor proveer, se señalará término suficiente para cumplirlo. Contra este auto no se oirá recurso alguno; cumplido que sea, las partes podrán hacer al Tribunal, antes del fallo, las observaciones que crean pertinentes respecto de las actuaciones practicadas. Los gastos que ocasionen estas actuaciones serán a cargo de las partes de por mitad, sin perjuicio de lo que se resuelva sobre costas».

63 Sala de Casación Civil del Tribunal Supremo de Justicia, Sentencia N° RC-966, del 27 de agosto de 2004, asunto *María de las Mercedes Sánchez.*

2.1.5. El poder para exhortar a las partes a la conciliación

De acuerdo con el artículo 257 del Código de Procedimiento Civil, en cualquier estado y grado de la causa, antes de la sentencia, el juez podrá exhortar a las partes a la conciliación, tanto sobre lo principal como sobre alguna incidencia, aunque ésta sea de procedimiento, exponiéndoles las razones de conveniencia. El artículo 258 *eiusdem* precisa que el juez no podrá exhortar a las partes a la conciliación cuando se trate de materias en las cuales estén prohibidas las transacciones.

Sin elaborar la idea, nuestra justicia ha afirmado que la facultad del juez de exhortar a las partes a la conciliación «es discrecional»[64].

2.2. Discrecionalidad judicial y decisiones definitivas o de fondo

2.2.1. La determinación de la suma de dinero que debe ser saldada a título de indemnización por daño moral

El artículo 1.196 del Código Civil faculta al juez para determinar el *quantum* de la indemnización que ha de ser satisfecha por quien causa un daño moral a otro[65].

En palabras de nuestro más alto Tribunal, con fundamento en el artículo 1.196 del Código «el juez, una vez comprobado el hecho, puede proceder a fijar discrecionalmente el monto del daño moral a ser indemnizado a la víctima», pues la cuantificación de ese daño «queda [librada] a su apreciación subjetiva»[66]. Esto es así porque «[n]ingún

---

64 Sala Político-Administrativa del Tribunal Supremo de Justicia, Sentencia N° 28 de enero de 2009, asunto *Luis Ignacio Pérez*.

65 El artículo 1.196 del Código Civil establece que «la obligación de reparación se extiende a todo daño material o moral causado por el acto ilícito. El Juez puede, especialmente, acordar una indemnización a la víctima en caso de lesión corporal, de atentado a su honor, a su reputación, o a los de su familia, a su libertad personal, como también en el caso de violación de su domicilio o de un secreto concerniente a la parte lesionada. El Juez puede igualmente conceder una indemnización a los parientes, afines, o cónyuge, como reparación del dolor sufrido en caso de muerte de la víctima».

66 Sala de Casación Civil del Tribunal Supremo de Justicia, Sentencia N° 278, del 10 de agosto de 2000, asunto *Luis Aguilera Fermín*; y, Sala de Casación Civil del Tribunal Supremo de Justicia, Sentencia N° 52, del 4 de febrero de 2014, asunto *Lucy Bell Oliveira De Oliveira*.

auxiliar o medio probatorio puede determinar cuánto sufrimiento, cuánto dolor, cuánta molestia, cuánto se mermó un prestigio o el honor de alguien»[67]. Por consiguiente, al decidir una reclamación por concepto de daños morales «el sentenciador, necesariamente, ha de sujetarse al proceso lógico de establecer los hechos, de calificarlos y de llegar a través de este examen a la aplicación de la Ley y la *equidad*», valorando «la importancia del daño, el grado de culpabilidad del autor, la conducta de la víctima y la llamada escala de los sufrimientos morales», para arribar «a una indemnización razonable»[68].

La regla del artículo 1.196 del Código Civil y la interpretación que la jurisprudencia ha hecho del poder que dicha norma consagra acreditan que los jueces pueden ejercer poder discrecional para pronunciar sentencias de fondo productoras de cosa juzgada material. Acreditan, dicho de otro modo, que el poder legal para decidir «según su prudente arbitrio», puede también ser ejercido para zanjar determinadas controversias de manera definitiva por lo que al fondo del asunto debatido respecta[69].

2.2.2. La decisión de una controversia de acuerdo a la equidad

El artículo 12 del Código de Procedimiento Civil establece que en sus decisiones el juez debe atenerse a las normas de Derecho a menos

---

67 Sala de Casación Civil de la Corte Suprema de Justicia, Sentencia N° 297, del 19 de septiembre de 1996, asunto *Stergios Zouras Cumpi*; y, Sala de Casación Civil del Tribunal Supremo de Justicia, Sentencia N° 52, del 4 de febrero de 2014, asunto *Lucy Bell Oliveira De Oliveira*.

68 *Ídem*.

69 Para José Rafael Mendoza, los artículos 1.187 y 1.188 del Código Civil también facultan al juez para adoptar decisiones –discrecionales, agregaríamos nosotros– conforme a la equidad (José Rafael Mendoza, citado por, Carlos Alberto Urdaneta Sandoval, "Juicio de equidad en el proceso civil venezolano", *Revista de la Fundación de la Procuraduría* N° 15, Caracas, 1996, pp. 342-343). Las normas citadas establecen, respectivamente, que (i) «[e]n caso de daño causado por una persona privada de discernimiento, si la víctima no ha podido obtener reparación de quien la tiene bajo su cuidado, los jueces pueden, en consideración a la situación de las partes, condenar al autor del daño a una indemnización equitativa»; y, (ii) «[n]o es responsable el que causa un daño a otro en su legítima defensa o en defensa de un tercero. El que causa un daño a otro para preservarse a sí mismo o para proteger a un tercero de un daño inminente y mucho más grave, no está obligado a reparación sino en la medida en que el Juez lo estime equitativo».

que la ley lo faculte para decidir con arreglo a la equidad. La norma legal citada debe ser concatenada con el artículo 13 *eiusdem*, a tenor del cual el juez «decidirá el fondo de la causa con arreglo a la equidad» cuando las partes de común acuerdo así lo soliciten y la controversia se refiera a derechos disponibles.

Por aplicación analógica de lo dispuesto por el artículo 618 del Código de Procedimiento Civil, en estos casos el juez está llamado a decidir «con entera libertad», esto es, según le parezca «más conveniente» al interés de las partes[70].

2.2.3. La reexpedición de un título-valor destruido en virtud de orden judicial

El artículo 129 del Código de Comercio establece, por una parte, que el poseedor de un título al portador, roto o deteriorado, pero identificable por señales ciertas, tiene derecho a exigir al emitente un título duplicado o un título equivalente; y por la otra, que el poseedor de un título al portador que pruebe su destrucción tiene derecho de reclamar al emitente, «en juicio», un duplicado del título destruido o un título equivalente, agregando a renglón seguido que «[l]a autoridad judicial, si ordena la entrega, debe tomar las precauciones que juzgue oportunas». Con base en ese poder, en su decisión definitiva el juez de la causa puede exigir garantía o desestimar su necesidad[71].

3. Discrecionalidad y tribunales con competencia en materia penal

Establece el artículo 74 del Código Penal[72] que se considerarán circunstancias atenuantes y, salvo disposiciones especiales de la ley, no dan lugar a rebaja especial de pena, sino a que se las tome en cuenta para aplicar ésta en menos del término medio, pero sin bajar del límite inferior de la que al respectivo hecho punible asigne la ley, las siguien-

---

70 José Andrés Fuenmayor García, "Grave Desliz", *ob. cit.*, pp. 45-48.

71 Alfredo Morles Hernández, *Curso de Derecho Mercantil*, Tomo III (Los Títulos Valores), 6ª edición, Universidad Católica Andrés Bello, 2012, pp. 1.626-1.628; y, Bolaffio, Leon, *Il Codice di Commercio Commentato*, Volumen III (De las obligaciones comerciales en general), Ediar Soc. Anon. Editores, Buenos Aires, 1947, pp. 542-544.

72 *Gaceta Oficial de la República* N° 5.768 Extraordinario, del 13 de abril de 2005.

tes: (i) ser el reo menor de veintiún años y mayor de dieciocho cuando cometió el delito; (ii) no haber tenido el culpable la intención de causar un mal de tanta gravedad como el que produjo; (iii) haber precedido injuria o amenaza de parte del ofendido, cuando no sea de tal gravedad que dé lugar a la aplicación del artículo 67 (comisión de hecho punible en un momento de arrebato o de intenso dolor, determinado por injusta provocación); y, (iv) «cualquier otra circunstancia de igual entidad que a juicio del Tribunal aminore la gravedad del hecho».

Para la Sala de Casación Penal del Tribunal Supremo de Justicia, el numeral 4° del artículo 74 del Código Penal reconoce a los jueces de instancia un poder «de orden discrecional» y, por causa de ello, su ejercicio no puede ser censurado por casación[73]. En voto salvado a la decisión pronunciada por la Sala de Casación Penal el 2 de agosto de 2007 se precisó, con tino, que el ejercicio de la susodicha potestad «debe responder a lo que resulte más equitativo, en aras de la imparcialidad y la justicia, razón por la cual, la potestad de acogerla o no debe ser un acto voluntario regido por la razón y las leyes, y no una apreciación arbitraria circunstancial o caprichosa de quienes posean dicha facultad»[74].

El artículo 375 del Código Procesal Penal[75] establece que la persona a la que se imputa la comisión de un delito puede admitir los hechos y solicitarle al tribunal la imposición inmediata de la pena respectiva,

---

73 Sala de Casación Penal del Tribunal Supremo de Justicia, Sentencia N° 458, del 2 de agosto de 2007, asunto *Omar Enrique Toro*. En idéntico sentido, Sala de Casación Penal del Tribunal Supremo de Justicia, Sentencia N° 78, del 5 de abril de 2007, asunto *José Francisco Villasmil Méndez et al.*

74 Sala de Casación Penal del Tribunal Supremo de Justicia, Sentencia N° 458, del 2 de agosto de 2007, asunto *Omar Enrique Toro*. En sentencia ulterior la Magistrada que había salvado su voto agregó: «La intención del legislador al crear la norma contenida en el artículo 74 ordinal 4° del Código Penal, es evitar cerrar la puerta, con menoscabo de la justicia, a esas circunstancias atenuantes que puedan presentarse, las cuales las dejó al prudente juicio de los tribunales para que en cada caso particular las estimare con su racional e ilustrado criterio, lo que en definitiva determina la atribución conferida a los jueces. Por ello considero, que es de obligatorio cumplimiento para los jueces motivar las razones del por qué aplican o dejan de aplicar cualquier circunstancia atenuante de la responsabilidad penal, expresando claramente los fundamentos de su decisión a través de un razonamiento lógico y justo, lo cual no sucedió en el fallo aprobado por la mayoría de la Sala» (Sala de Casación Penal del Tribunal Supremo de Justicia, Sentencia N° 386, del 6 de agosto de 2009, asunto *Junior Isaac Sepúlveda*).

75 *Gaceta Oficial de la República* N° 6.078 Extraordinario, del 15 de junio de 2012.

y que en estos casos el juez «podrá rebajar la pena aplicable al delito desde un tercio a la mitad de la pena que haya debido imponerse». La Sala de Casación Penal ha afirmado que esa disposición legal le impone al juez el deber de imponer la pena de manera inmediata, para lo cual debe tomar en consideración las circunstancias atenuantes y agravantes, así como las estipulaciones legales previstas para calcular la pena imponible, y luego aplicar la rebaja establecida en el artículo 375 del Código Orgánico Procesal Penal, que va desde un tercio a la mitad, por una parte; y por la otra, que el poder para reducir la pena *ex* artículo 375 tiene carácter discrecional[76].

4. Discrecionalidad y Tribunal Supremo de Justicia

4.1. La potestad para avocarse al conocimiento y decisión de un asunto conocido por otros tribunales

La figura del avocamiento se halla regulada por los artículos 106 al 109 de la Ley Orgánica del Tribunal Supremo de Justicia. De acuerdo con esas normas de rango legal:

a. En las materias de su respectiva competencia, cada una de las Salas «podrá» recabar cualquier expediente o causa, en el estado en que se encuentre, para resolver si «asume el conocimiento del asunto o, en su defecto, lo asigna a otro tribunal» (artículo 106 *eiusdem*)[77].
b. Ese poder de avocamiento debe ser ejercido «con suma prudencia y sólo en caso de graves desórdenes procesales o de escandalosas violaciones al ordenamiento jurídico que perjudiquen ostensiblemente la imagen del Poder Judicial, la paz pública o la institucionalidad democrática» (artículo 107 *eiusdem*).

---

[76] Sala de Casación Penal del Tribunal Supremo de Justicia, Sentencia N° 164, del 4 de abril de 2016, asunto *Carlos Enrique Urbina Flores*. Consideraciones análogas cabe formular con respecto al artículo 583 de la Ley Orgánica para la Protección de Niños, Niñas y Adolescentes (*Gaceta Oficial de la República* N° 6.185, del 8 de junio de 2015), (Sala de Casación Penal del Tribunal Supremo de Justicia, Sentencia N° 322, del 9 de agosto de 2011, asunto *B. Y. S. B.*).

[77] La norma legal citada debe ser leída conjuntamente con otras de esa misma ley que afirman la competencia de las distintas Salas para avocarse al conocimiento de causas afines a su competencia (artículo 31, numeral 1°), de oficio o a instancia de parte (numerales 16 de los artículos 25 y 26, y numeral 1° del artículo 31).

c. Al admitir la solicitud de avocamiento a trámite la Sala requerirá el expediente judicial respectivo, pudiendo ordenar la suspensión inmediata del curso de la causa, así como la prohibición de realizar cualquier clase de actuación (artículo 108 *eiusdem*).
d. La sentencia que se pronuncie sobre el avocamiento podrá (i) decretar la nulidad y subsiguiente reposición del juicio al estado que corresponda, (ii) ordenar la remisión del expediente para la continuación del proceso en otro tribunal competente en la materia, así como, (iii) «adoptar cualquier medida legal que estime idónea para el restablecimiento del orden jurídico infringido» (artículo 109 *eiusdem*).

La jurisprudencia del más alto Tribunal ha afirmado que el poder para avocarse al conocimiento de un asunto sustanciado por otro tribunal es, por su naturaleza, «discrecional y excepcional»[78]. Ha de ejercerse, ha agregado la Sala, con «extrema prudencia y ponderación» solo cuando el asunto de que se trate «rebase el interés privado de las partes involucradas y afecte ostensiblemente el interés público», habida consideración de su resultado: excluye al juez natural del conocimiento y decisión de un asunto de su competencia.

4.2. La potestad para decidir los recursos por control de legalidad propuestos contra fallos pronunciados por tribunales con competencia en materia laboral

El artículo 178 de la Ley Orgánica Procesal del Trabajo[79] establece que la Sala de Casación Social del Tribunal Supremo de Justicia puede conocer de los recursos de legalidad propuestos contra los fallos judiciales emanados de los Tribunales Superiores del Trabajo que aún y cuando no fueran recurribles en casación, (i) violenten o amenacen

---

78 *Vid.* Sala de Casación Civil del Tribunal Supremo de Justicia, Sentencia N° Avoc.98, del 22 de febrero de 2008, asunto *Gisela Paulina Quintero De Guanipa et al.*, Sala de Casación Civil del Tribunal Supremo de Justicia, Sentencia N° Avoc.170, del 2 de abril de 2009, asunto *Rubin Daniel Mustiola Villarroel*, Sala de Casación Civil del Tribunal Supremo de Justicia, Sentencia N° Avoc.527, del 11 de agosto de 2014, asunto *Gladys Yolanda Pineda A.* También Sala Político-Administrativa del Tribunal Supremo de Justicia, Sentencia N° 361, del 26 de febrero 2002, asunto *Corporación Digitel, C.A. et al.*

79 *Gaceta Oficial de la República* N° 37.504, del 13 de agosto de 2002.

con violentar las normas de orden público o (ii) contradigan la doctrina jurisprudencial reiterada de dicha Sala. El artículo 178 agrega que la Sala de Casación Social puede declarar el recurso inadmisible «sin necesidad de motivar su decisión».

A juicio de la Sala de Casación Social el recurso de legalidad previsto por el artículo 178 de la Ley Orgánica Procesal del Trabajo es «un medio de impugnación excepcional», un recurso «de naturaleza extraordinaria», que solo cabe proponer en los supuestos contemplados por dicha norma. Siempre según la Sala de Casación Social, el artículo 178 contempla una «potestad discrecional»[80] que solo cabe ejercer frente a «violaciones categóricas del orden legal establecido», contrarias a «instituciones fundamentales del derecho sustantivo del trabajo, derechos indisponibles o reglas adjetivas que menoscaban el debido proceso y derecho a la defensa» o a «la uniformidad de la jurisprudencia laboral»[81].

5. Discrecionalidad y tribunales con competencia en lo contencioso-administrativo

Mención aparte merecen los artículos 4° y 104 de la Ley Orgánica de la Jurisdicción Contencioso-Administrativa[82]. De acuerdo con el artículo 4°, para garantizar el derecho a una tutela judicial efectiva garantizado por el artículo 26 de la Constitución, los jueces contencioso-administrativos están investidos con «las más amplias potestades cautelares». Esas potestades, agrega la norma, deben ser ejercidas para asegurar (i) la continuidad de los servicios públicos y (ii) la corrección de la actividad administrativa[83]. De acuerdo con el artículo 104, los

---

80 Sala de Casación Social, Sentencia N° 692, del 12 de diciembre de 2002, asunto *Antonio del Valle Lira Méndez.*

81 Sala de Casación Social, Sentencia N° 154, del 9 de marzo de 2017, asunto *Wilmer Yohan Camacho González.*

82 *Gaceta Oficial de la República* N° 39.451, del 22 de junio de 2010. Sobre la naturaleza discrecional del poder para adoptar medidas cautelares véase el aparte que se ocupa del carácter discrecional de los poderes para decretar medidas cautelares (*ut supra*, 2.1.1.).

83 El artículo 4° establece textualmente lo siguiente: «El Juez o Jueza es el rector del proceso y debe impulsarlo de oficio o a petición de parte, hasta su conclusión. El Juez Contencioso Administrativo está investido de las más amplias potestades cautelares. A tales efectos podrá dictar, aún de oficio, las medidas preventivas que resulten adecuadas a la situación fáctica concreta, imponiendo órdenes de hacer o no hacer a los particulares, así como a los órganos y entes de la Administración Pública, según el caso concreto, en protección y

jueces contencioso-administrativos se hallan habilitados para ponderar «los intereses públicos y colectivos» en juego[84]; para adelantar, dicho de otra forma, una valoración de los intereses en conflicto esencialmente idéntica a la que caracteriza la discrecionalidad administrativa.

Dada la amplitud de los poderes cautelares que la Ley de la Jurisdicción Contencioso-Administrativa otorga al juez contencioso-administrativo y, muy particularmente, de la habilitación para brindar tutela cautelar sobre la base de una ponderación –sí, una ponderación– del interés público tutelado por la Administración, por una parte, y por la otra, de los demás intereses públicos y privados contrapuestos a aquél, parece indiscutible que en estos casos al juez incumbe ejercer un poder de naturaleza discrecional otrora reservado –en exclusiva– a la Administración. Un rol otrora reservado a la Administración, decíamos, porque la actuación cautelar de estos jueces descansa sobre una valoración del peso o importancia de los intereses enfrentados, equivalente a la que singulariza la actuación de la Administración Pública[85].

Pero la letra y sentido del artículo 104 de la Ley Orgánica de la Jurisdicción Contencioso-Administrativa obliga al intérprete a formularse la siguiente pregunta: ¿si la ley autoriza al juez contencioso-administrativo para ponderar los intereses en conflicto y, con base en esa ponderación, decretar las medidas cautelares que juzgue adecuadas, puede

---

continuidad sobre la prestación de los servicios públicos y en su correcta actividad administrativa».

84 El artículo 104 dispone textualmente: «A petición de las partes, en cualquier estado y grado del procedimiento el tribunal podrá acordar las medidas cautelares que estime pertinentes para resguardar la apariencia del buen derecho invocado y garantizar las resultas del juicio, *ponderando los intereses públicos* generales y colectivos concretizados y ciertas gravedades en juego, siempre que dichas medidas no prejuzguen sobre la decisión definitiva. El tribunal contará con los más amplios poderes cautelares para proteger a la Administración Pública, a los ciudadanos o ciudadanas, a los intereses públicos y para garantizar la tutela judicial efectiva y el restablecimiento de las situaciones jurídicas infringidas mientras dure el proceso. En causas de contenido patrimonial, el tribunal podrá exigir garantías suficientes al solicitante».

85 Sobre la discrecionalidad administrativa, entendida como ponderación de intereses –públicos y privados– en pugna o conflicto, consúltese Massimo Severo Giannini, *Diritto Amministrativo*, Volume Secondo, Dott. A. Giuffrè Editore, S.p.a., Milano, 1993, terza edizione, pp. 327. En Venezuela, Linares niega que el juez contencioso-administrativo pueda sustituir a la Administración en el ejercicio de poderes discrecionales asignados a esta última en virtud de norma de ley (Gustavo Linares Benzo, "Asedio: El control de la discrecionalidad y sus límites", *Revista Electrónica de Derecho Administrativo Venezolano* Nº 17-19, Universidad Monteávila, Caracas, 2019, pp. 409 y 418).

el juez hacer esa misma operación intelectual al momento de decidir el fondo?

Somos del criterio que si el juez se halla expresamente facultado para ponderar los intereses en juego a los efectos de regular la relación jurídica entre las partes de manera provisional, esto es, hasta tanto se decida el pleito, porque esa ponderación resulta necesaria para impartir justicia –provisional, pero efectiva– en los términos exigidos por la Constitución, pues entonces también cuenta con poder suficiente para ponderar tales intereses a los fines de regular esa misma relación jurídica, esta vez de manera permanente, a través del fallo –definitivo– mediante el cual se decide el fondo de la controversia[86].

Una y otra disciplina judicial, aludimos a las derivadas del fallo cautelar y del fallo definitivo, encuentran su justificación en una misma y única razón: el derecho constitucional a una tutela judicial *efectiva* que asiste al recurrente.

6. Discrecionalidad y tribunales con competencia en lo contencioso-tributario

6.1. Discrecionalidad y determinación de las costas procesales

El artículo 327 del Código Orgánico Tributario de 2001[87] establecía (i) que desestimado el recurso contencioso-tributario el tribunal procederá en la respectiva sentencia a condenar en costas al contribuyente o responsable, en un monto que no excederá del diez por ciento (10%) de la cuantía del recurso; (ii) que cuando el asunto no tuviese una cuantía determinada, el tribunal debía fijar prudencialmente las costas; y, (iii) que el tribunal podrá eximir del pago de costas cuando a su juicio la parte perdidosa haya tenido motivos racionales para litigar, en cuyo caso se hará declaración expresa de estos motivos en la sentencia. Esas mismas reglas gobernaban la imposición de costas a la Administración Tributaria perdidosa.

86 *Vid., mutatis mutandis,* Umberto Zuballi, "Il controllo della discrezionalità", *Potere Discrezionale e controllo giudiziario*, a cura di Parisio, Vera, Dott. A Giuffrè Editore, S.pa., Milano, 1998, p. 172.

87 *Gaceta Oficial de la República* N° 37.305, del 17 de octubre de 2001.

Para nuestra justicia la facultad prevista por el artículo 327 del Código Orgánico Tributario es «una potestad discrecional de la administración de Justicia» y, como tal, debe responder a «los principios de proporcionalidad y razonabilidad y, en esa medida, se hace ineludible que el juzgador asiente en su fallo las razones por las cuales o bien exonera la condenatoria en costas, o bien impone la correspondiente condena en una proporción determinada»[88].

6.2. Discrecionalidad y reducción de la multa previamente impuesta por la Administración Tributaria

El artículo 97 del Código Orgánico Tributario de 1994[89] facultaba a la Administración para imponer «multa desde un décimo hasta dos veces el monto del tributo omitido» a quien «mediante acción u omisión que no constituya ninguna de las otras infracciones tipificadas en este Código, cause una disminución ilegítima de ingresos tributarios, inclusive mediante la obtención indebida de exoneraciones u otros beneficios fiscales». De acuerdo con el artículo 149 del Código Orgánico Tributario de 1994, era a la Administración Tributaria a la que correspondía determinar el *quantum* de la multa aplicable.

Tras constatar que la Administración Tributaria no había tomado en consideración la circunstancia atenuante prevista por el numeral 4° del artículo 85 *eiusdem* (no haber cometido ninguna violación de normas tributarias durante los tres (3) años anteriores a aquél en que se cometió la infracción) al momento de ejercer su poder sancionador, la Sala Político-Administrativa del Tribunal Supremo de Justicia procedió a reducir la multa a una suma de dinero «equivalente al ochenta por ciento (80%) [del] tributo omitido», invocando a tales efectos «su *facultad discrecional*» para graduar la sanción –para, *i.e.*, sustituir la medida sancionadora que había sido adoptada por la Administración en ejercicio de potestad discrecional[90]–.

---

88 Sala Constitucional, Sentencia N° 2465, del 15 de octubre de 2002, asunto *José Pascual Medina Chacón.*

89 *Gaceta Oficial de la República* N° 4.727, del 27 de mayo de 1994.

90 Sala Político-Administrativa del Tribunal Supremo de Justicia, Sentencia N° 82, del 23 de enero de 2007, asunto *Iluminación Total, C.A*

§3. La discrecionalidad judicial en el ejercicio de función jurisdiccional: recapitulación

De acuerdo con la jurisprudencia venezolana, las normas constitucionales y legales invocadas a lo largo de esta Sección reconocen a los jueces –no cabe duda en propósito– poderes de carácter o naturaleza discrecional. Con base en tales poderes nuestros jueces:

a. Deciden recursos extraordinarios, como el de revisión constitucional o el de legalidad en materia laboral, y deciden también demandas ordinarias, como la que ordena reexpedir un título-valor destruido.
b. Pronuncian decisiones interlocutorias, como los decretos que acuerdan medidas cautelares o exhortan a las partes procesales a la conciliación, y pronuncian también decisiones que versan respecto del fondo del asunto debatido, como la que fija el *quantum* que ha de ser saldado para resarcir el daño moral infringido.
c. Adoptan decisiones cuyos efectos no trascienden más allá de la esfera de derechos e intereses de las partes procesales, como ocurre con la decisión que declara la suficiencia de la caución presentada para suspender una medida cautelar, y adoptan también decisiones que interesan a terceros, como ocurre con los fallos de avocamiento.
d. Deben motivar debidamente sus decisiones, excepción hecha del recurso extraordinario de revisión constitucional, cuya declaratoria de inadmisibilidad, según la jurisprudencia de la Sala Constitucional, no demanda motivación alguna.

No obstante las diferencias que median entre esos distintos poderes, lo cierto es que su ejercicio siempre es el resultado del ejercicio de la función jurisdiccional por parte de los tribunales de justicia. Por consiguiente, en todos esos casos los jueces obran como terceros *super partes* llamados a decidir –con independencia e imparcialidad– una controversia que le es ajena o extraña.

Madrid, 27 de enero de 2021.

PECULIARIDADES DE LA DISCIPLINA JUDICIAL EN EL DERECHO COMPARADO

CARLOS LUIS CARRILLO ARTILES*

I. A TÍTULO DE DEDICATORIA

Este trabajo fue redactado para ser integrado al libro homenaje a mi dilecto amigo el profesor Jesús Caballero Ortíz, a quien dispenso profundo respeto e indeleble afecto por su generosidad y consecuente actitud de entregar sin reservas sus conocimientos y amplísima experiencia a lo largo de muchos años que hemos compartido en el Instituto de Derecho Público. Por ello agradezco cada una de sus muchas enseñanzas aunque fuesen generadas en intensas discusiones o a través de sus importantes publicaciones, siempre con el gentilicio que le distin-

---

* Profesor de Derecho Administrativo de la Universidad Central de Venezuela. Docente Investigador por concurso de oposición del Instituto de Derecho Público de la misma Universidad. Profesor Invitado de post Grado en la Universidad Nacional de Colombia, Universidad Libre de Colombia, Universidad de Piura Perú. Presidente de la Asociación Venezolana de Derecho Disciplinario. carrilloartiles@gmail.com. www.carrilloartiles.com

gue y una humildad característica que lo engrandece aún más como el gran maestro de muchas generaciones, más allá de haber ocupado cabalmente tantos destinos públicos de altísima responsabilidad y prestigio en la época de mayor desarrollo jurídico por el respeto a los valores republicanos. Sin duda alguna, es un patrimonio cultural del mundo académico y profesional, que por su integralidad y honestidad es un ejemplo que todos debemos seguir.

II. PREFACIO

Dentro del universo de los servidores públicos, los jueces constituyen quizás el estamento más esencial e imprescindible para la operatividad y recta aplicación de las reglas jurídicas en la sociedad, lograr seguridad jurídica y tutelar derechos fundamentales, pues por su delicada función de juzgar a sus semejantes para declarar el derecho y ejecutar lo decidido por su fallo, son el reducto natural de la satisfacción de pretensiones, de la pacificidad de la sociedad y del control de la juridicidad, al impartir justicia a través de la heterotutela sobre los particulares e inclusive sobre los demás órganos del Poder Público, que como sujetos justiciables -ante la intervención de la Justicia Constitucional, o por la Justicia Contenciosa Administrativa-, se les impone el control judicial de la universalidad de sus conductas[1] sometiéndolas al bloque de juridicidad y de la convencionalidad vigente.

---

1 Tan significativa es esa actividad de juzgamiento y control de conductas e instrumentos de las demás ramas del Poder Público que permite la reafirmación de la fe de la institucionalidad democrática que a los órganos jurisdiccionales de la Rama Judicial, se les unge con la competencia para declarar en ejercicio de la Justicia Constitucional, el apego o no a derecho de un espectro de situaciones de la Rama Legislativa, que van desde sus productos normativos, leyes, códigos y acuerdos parlamentarios, hasta actos producidos por la actividad de control parlamentaria, pudiéndolos dejarlos sin efectos, hasta inclusive las omisiones totales del Legislador o parciales de la Ley que infraccionan a mandatos expresos de la Constitución; pero también en ejercicio de la Justicia Contencioso Administrativa se le dota de la facultad de declarar el apego o no a derecho de actos administrativos dejándolo sin efecto legal, actividades materiales, vías de hechos, abstenciones y silencios administrativos, contratos administrativos y otras situaciones provenientes del Ejecutivo como Administración Orgánica, y de la Administración Sustancial o Material originada en las otras ramas del Poder Público.

De allí que la solvencia y credibilidad social de su actividad jurisdiccional, dependerá en un primer momento, directamente del requerimiento y comprobación de singulares condiciones personales, en torno a sus antecedentes de moralidad, ética[2], probidad y a un alto grado de conocimiento especializado del derecho sustantivo y procesal para llegar a ocupar tan sensible cargo dentro de la arquitectura estatal, y posteriormente, en un segundo estadio, por el cumplimiento irrestricto de sus específicos **deberes funcionales** a dedicación exclusiva[3] que son prelativos y excluyentes sobre cualquier otra actividad[4], al estar relacionados con el servicio de administración de justicia y ser exigidos por el ordenamiento jurídico **con estándares superiores a los dispuestos a otros servidores públicos**, -entre los que resaltan, el de imparcialidad, ponderación y ecuanimidad, prudencia, serenidad, dignidad profesional y personal, reserva, humanidad, rectitud e integridad en apego a las buenas costumbres elevándose a las virtudes y alejándose de las bajas pasiones que turben su correcto juicio y lucidez-, todos ellos diseñados y circunscritos dentro de una **relación especial de sujeción "intensificada"**, y que -dependiendo del ordenamiento legal que se trate- inclusive pudieran compeler comportamientos en su vida privada más allá del tiempo y lugar del cumplimiento del servicio.

De aquí deviene que, por la importancia y trascendencia del ejercicio de su cargo, se demanda sobre él un compromiso superior de ejemplaridad personal -que lógicamente comportaría un apego y sacrificio voluntario- de tener como norte la ética y las buenas costumbres en todo su proceder personal desarrollado en su vida privada siempre que esté

2 Tanto así que la Organización de Naciones Unidas, desde el año 2001, ha promovido unos Principios de Bangalore en India sobre la Conducta Judicial que pretenden ser un referente al momento de redactar instrumentos normativos internos de los Estados Miembros para regular con estándares apropiados conducta profesional y ética de los miembros de la Judicatura, y además eran complementarios de los Principios Básicos de las Naciones Unidas sobre la Independencia de la Judicatura aprobados por el Séptimo Congreso de las Naciones Unidas sobre Prevención del Delito y Tratamiento del Delincuente, dimanados en septiembre de 1985, en Milán Italia.

3 Artículo 20 del Código de Ética del Juez Venezolano y Jueza Venezolana publicado en la Gaceta Oficial N° 6.207 Extraordinario del 28 de diciembre de 2015.

4 Salvo las actividades de naturaleza académica, de preparación individual o de mejora del estamento judicial, que resultan compatible con el ejercicio de la Judicatura.

bajo la mirada o exposición pública, y en especial, de tener el cuidado de guardar ciertas apariencias razonables en pro de la fe institucional que representa y la confianza pública[5] que en él descansa, concretamente de no trascender o superar límites prudentes con sus comportamientos, actos o críticas innecesarias que pudieran comprometer o poner en duda su ejercicio público, o la integridad, respeto o prestigio de la de sus pares de la Judicatura.

Sin embargo, por ser el juez, humano y falible, pudiera por acción u omisión incurrir en alguna inobservancia a sus compromisos funcionales relacionados con la Judicatura, y en el caso que esa infracción fuese susceptible de ser sancionada porque estuviese tasada como falta disciplinaria reprochable por el ordenamiento jurídico positivo, podría generarse la posibilidad de instaurarse -según el caso[6]- un procedimien-

---

5 Artículo 22 del Código de Ética del Juez Venezolano y Jueza Venezolana publicado en la Gaceta Oficial Nº 6.207 Extraordinario del 28 de diciembre de 2015, exalta que los Jueces evitarán realizar actos que les hagan desmerecer la estimación pública o que puedan comprometer el respeto y el decoro que exige el ejercicio de su función

6 Dependiendo de la voluntad Constituyente o Legislativa, el diseño de la naturaleza de la competencia disciplinaria Judicial puede ser otorgada a órganos de endocontrol intrínsecos a la propia rama Judicial, o por el contrario por órganos externos a ella, mediante un exocontrol. En el primer caso, dependiendo del modelo de endocontrol disciplinario asumido por el ordenamiento jurídico, pudiese ser establecida esa responsabilidad a través de un proceso jurisdiccional de juzgamiento judicial de jueces por sus pares con diversas instancias, donde se dimane finalmente una sentencia en materia disciplinaria con fuerza de cosa juzgada sobre el fondo, -éste es el caso de **Colombia**, originalmente con la extinta Sala Disciplinaria del Consejo Superior de la Judicatura, y luego con la Comisión Nacional de Disciplina Judicial y sus comisiones seccionales; y en **Venezuela**, por el Tribunal Disciplinario Judicial y por la Corte Disciplinaria Judicial como Alzada-; o a diferencia pudiese ser consagrado un procedimiento administrativo seguido por un órgano administrativo interno a la rama que finalmente genere un acto administrativo definitivamente firme que se pronuncie sobre la procedencia o no de tal determinación subjetiva, en cuyo caso se podría impugnar dicho pronunciamiento ante la Jurisdicción Contenciosa Administrativa, -como es el caso de **Argentina**, con el Jurado de Enjuiciamiento de los Magistrados y la Comisión de Disciplina y Acusación, ambos vinculado al Consejo de la Magistratura, órganos mixtos que están dentro de la rama Judicial; **Perú**, con la Oficina de Control de la Magistratura del Poder Judicial para determinación de faltas inferiores de jueces ordinarios diferentes a los Magistrados Supremos, y la novedosa Junta Nacional de Justicia para la eventual declaratoria de destitución de todos los jueces y en exclusiva para todo lo referido a la disciplina de los Magistrados Supremos; **México**, con el Consejo de la Judicatura Federal. A diferencia de **Brasil**, con el Consejo Nacional de Justicia, órgano de naturaleza exclusivamente administrativa con competencia de control disciplinario de los jueces inferiores y distintos a los del Supremo Tribunal Federal.

to o proceso para determinar su responsabilidad disciplinaria individual, como vehículo institucional para corregir esas actitudes desviadas de la legalidad, situación que *a priori* nos llevaría a la idea apresurada de aseverar que no habría ninguna diferencia sobre la responsabilidad exigible por el régimen disciplinario general a cualquier otro operador público porque finalmente se persigue que el servicio opere correctamente, no obstante, en la realidad jurídica existe un **abismo técnico de distinciones** con respecto a este régimen especialísimo, a partir de niveles superiores de exigibilidad de comportamientos por la sujeción a una serie de condicionamientos derivados de su distintivo régimen estatutario con la consagración de rigurosos deberes funcionales, y a un **singular estándar jurídico de juzgamiento de las faltas disciplinarias** que contrasta con el de los demás servidores públicos, por la especial naturaleza de la función que desempeña la rama judicial y el específico rol funcional que ejercen los jueces dentro del Estado de derecho, lo que presenta particularidades en relación a lo que puede ser censurado y la manera de hacerlo.

Esto en muchas ocasiones es inadvertido por las altas esferas del Poder Público, al igual que por las partes que intervienen en un proceso judicial, e inclusive por los operadores públicos titulares del ejercicio del poder disciplinario judicial, debido a que requiere de un profundo grado de conocimiento y un delicado análisis de la especialidad del tema de la funcionalidad del estatuto judicial, que necesariamente debe partir desde los **singulares aspectos relacionados con la forma y naturaleza de la estructuración interna de la organicidad judicial** -donde como veremos en lo sucesivo, no existe relación de jerarquía entre niveles verticales supra ordinados y subordinados que imponga automáticamente la sumisión incondicional a mandatos de órganos superiores[7], particularmente al momento de efectuar una lectura autónoma y libre

[7] La confusión de considerar erradamente a las instancias judiciales como grados verticales asimilables a niveles organizativos administrativos que operan en función del principio de jerarquía, que impone sumisión o supeditación de agentes inferiores a mandatos y órdenes un jerarca, es totalmente impropio e inaceptable dentro de la función jurisdiccional judicial, ya que de los juzgadores independientemente de la instancia a la que pertenezcan, -ya sean A quos o de Primera Instancia, Jueces de Alzada o de Revisión-, al conocer de un proceso detentan con la misma intensidad, idéntica competencia funcional jurisdiccional -salvo las asignaciones por la materia y territorio- para interpretar y aplicar libremente el

del derecho para administrar Justicia y decidir los casos sometidos por la inmediación a su conocimiento, evaluación y consideración-, hasta la imperativa necesidad de resguardar celosamente la fluidez e imperturbabilidad del ejercicio de la función Jurisdiccional, bajo la égida de garantías con pretensión de protección universal, identificadas con la Independencia y la Autonomía Judicial, que inclusive derivan en otros blindajes institucionales como sería la inamovilidad en el cargo en una especie de estabilidad superior para el operador judicial, situaciones que para un lector inadvertido parecieran ser protecciones subjetivas o individuales a la figura del Juez, aunque en verdad están efectivamente dirigidas para amparar la indemnidad y operatividad del Sistema Judicial como una parte medular del Sistema de Justicia[8].

De este manera, se gesta una amplia brecha que particulariza y condiciona el ejercicio disciplinario de los jueces a ciertos contextos característicos y a algunas limitaciones propias[9], sobre las cuales con seguridad no habrá pacifica visión doctrinal y jurisprudencial, porque muchas veces existe un profundo desconocimiento de esas peculiaridades referidas a la protección fundamental de la función y a cómo efectivamente opera el Sistema, por eso suelen generarse acrisolados debates respecto al alcance de los contenidos que son objeto de revisión

---

derecho al momento de proferir su fallo, garantizada esa libertad de criterio, por la garantía inalienable de la autonomía que posee individualmente cada juzgador. El hecho que, según el caso, se garantice la recurribilidad o revisión del fallo por la garantía ocasional de doble chequeo o revisión, doble instancia -cuando el ordenamiento jurídico lo determine así- no sujeta en principio a las instancias a acatar u obedecer instrucciones por los criterios diferentes producidos por las Alzadas. Esto será objeto de estudio en este trabajo en un punto específico posterior.

8 El Sistema de Justicia es más amplio que el Sistema Judicial, pues este último es un componente de aquél continente, en donde también intervienen otras fórmulas como los mecanismos alternativos de resolución de conflictos -mediación, arbitraje y conciliación-; el Ministerio Público con sus diversas peculiaridades, -en **Venezuela** se identifica con la Fiscalía General de la República órgano dentro de la rama Ciudadana del Poder Público, en **Perú** Fiscalía de la Nación, en **Argentina** a través del Ministerio Público Fiscal dirigido por el Procurador General y Ministerio Público de Defensa, en **México** con el Ministerio Público de la Federación presidido por el Procurador General de la República, mientras que en **Colombia** lo es directamente la institucionalidad de la Procuraduría General de la Nación-, los auxiliares de justicia -públicos y privados-; e inclusive los Abogados y a los particulares cuando intervienen en los procesos.

9 Al respecto ver nuestra posición en Carlos Luis Carrillo Artiles. Derecho Disciplinario Judicial. Editorial Jurídica Venezolana. Caracas. 2012.

por el juzgador disciplinario, entre quienes infundada y torpemente pretenden una "**funcionalización**"[10] de la disciplina de los jueces, -asimilándola erradamente al régimen y a las reglas disciplinarias generales-, y quienes comprenden con sensatez que esa disciplina especial debe manejarse con categorías restrictivas y criterios específicos, aunque se prevean niveles de exigencia superiores para el operador eventualmente disciplinable, dado que los contenidos propios de la función tienen un manto especial de impenetrabilidad por vía disciplinaria.

De allí que, en la Disciplina Judicial, incontrovertiblemente se restringe y se le veda al órgano ejercitante del poder disciplinario entrar a evaluar los contenidos del juzgamiento en sentido estricto desarrollados en el concreto proceso jurisdiccional por el juez presuntamente disciplinable, donde se presume se materializó una falta reprochable, particularmente en relación a su interpretación y a su aplicación de la ley en el caso concreto, sobre todo en lo relativo a la valoración de los argumentos de las partes, apreciación y ponderación de las pruebas y su lectura racional de la subsunción de los hechos en el derecho para finalmente producir la solución judicial, pues de inmiscuirse la disciplina en esos asuntos reservados a la Jurisdicción, siempre estaría en pendencia la posible incursión en el vicio constitucional de incompetencia por usurpación de la función jurisdiccional del acto que pretenda imponer una sanción disciplinaria, ya que éstos son contenidos restrictivos e impenetrables propios de la Administración de Justicia en sentido estricto, por ende sólo susceptibles de ser revisados y juzgados por las instancias jurisdiccionales competentes por vía de los recursos y por las acciones procesales extraordinarias que fueren plausibles por el ordenamiento jurídico en relación a ese tipo de proceso específico.

---

10 Término acuñado por nuestro amigo el profesor **Orlando Vignolo Cuevas**, en el contexto de los comentarios del conversatorio que sostuvimos en el programa "El control disciplinario de jueces y fiscales del portal electrónico" del portal lpderecho.pe, https://lpderecho.pe/envivo-el-control-disciplinario-a-jueces-y-fiscales-con-orlando-vignolo-y-carlos-luis-carrillo/, y luego en nuestra conferencia digital "La disciplina de jueces y fiscales en el nuevo régimen aprobado por la Junta Nacional de Justicia del Perú" sobre Derecho Disciplinario Judicial que impartimos conjuntamente en las Jornadas preparatorias para el curso de Fundamentos y temas actuales de Derecho Disciplinario del Instituto Peruano de Derecho Disciplinario. https://www.facebook.com/institutoperuanodederechodisciplinario/videos/644659986144672

El análisis de los aspectos relevantes de esas distintivas circunstancias será el objeto central a desarrollar en el presente opúsculo jurídico, teniendo como eje medular la delicada ponderación que debe tenerse entre la presencia de garantías sistémicas de funcionamiento y la indudable posibilidad del ejercicio de la potestad-obligación estatal de efectuar el reproche correctivo formativo, con efectos disuasivos e imponer la sanción pertinente ante las conductas constitutivas de faltas disciplinarias de los jueces, teniendo presente la predelimitación de lo reprochable y lo excluido del control disciplinario judicial, para coadyuvar a que se produzcan correctas interpretaciones de los operadores del poder disciplinario judicial al conocer los condicionamientos y situaciones particulares de esa Disciplina Judicial.

III. LOS TÉRMINOS DE LA DISCIPLINA EN EL ÁMBITO GENERAL

Cada vez que abordamos el tema disciplinario, consideramos importante reiterar como punto previo, que para nosotros el derecho disciplinario no puede ser visto sólo como un derecho puramente sancionatorio[11] bajo la égida epicéntrica punitiva, porque en realidad su

11 Entenderlo así restringiría su contenido a una visión filosófica puramente retributivista sancionatoria de generar mal por mal, en el sentido que siempre se justificaría la imposición de un mal lícito y necesario -la sanción- ante la demostración de la incursión en una falta reprochable por la realización de un comportamiento indeseado que infracciona un deber funcional, lo cual deja por fuera e inaplicable la visión correctiva y estimulante de retribución positiva correspondiente a la Disciplina Positiva, que inclusive puede valerse de mecanismos de intercambiar bien por bien, mediante la consagración y otorgamiento de estímulos o premios ante el impecable comportamiento del agente público de cumplimiento de sus deberes, que genera mayores efectos a largo plazo sobre el servicio por la interiorización de las metas y cometidos públicos, que lo que usualmente genera la sanción ablatoria que es inmediatista pero que genera rechazo y resentimiento en el tiempo. Por ello consideramos que la institucionalidad apunte a una visión constructivista consensualista hacia el servidor para que este desarrolle una relación pendular de identidad y pertenencia con las regulaciones Al respecto ver nuestra posición en Carlos Luis Carrillo Artiles. "Estatutos Disciplinarios en el Derecho Venezolano y su Problemática actual". En *Derecho Disciplinario*, Libro de Memorias del Congreso Internacional Arequipa 2016. Universidad de Piura. 2016. De igual manera recomendamos ver la posición de defensa de las sanciones positivas intercambio de bien por bien, del profesor Carlos Arturo Gómez Pavajeau. *Crítica Disciplinaria*. Ediciones Nueva Jurídica. Bogotá. 2018.

verdadera naturaleza es una correctiva formativa con efectos persuasivos y sólo como penúltima ratio eventualmente sancionadora[12], y que necesariamente tiene que enfocarse bajo la idea central de la profesionalización integral de los agentes públicos en toda la topografía estatal, por ser un tema natural de organización y de recursos humanos, lo que implica que está ungido de una lógica pseudo doméstica, ya que siempre el sistema y sus operadores deben entender que el agente público disciplinable tiene un valor intrínseco y es protegible, porque fue invertido tiempo y recursos en él, al ser previamente elegido por un concurso público y tener un desenvolvimiento y conocimientos desarrollados por su desempeño práctico que lo hacen apreciable, por ende, todo ejercicio de reproche disciplinario siempre debe inexorablemente estar dirigido a que ese agente disciplinado mejore su desempeño en su cargo a partir de la experiencia disciplinaria aleccionadora, y que el error de su incumplimiento le enseñe e incentive a no reincidir en la infracción y a realinearse con los objetivos institucionales, lo que impacta con unas características e identidad propia a la filosofía y lógica del ejercicio disciplinario sobre los aspectos de ponderación de la proporcionalidad, imposición sanción de menor gravamen y preservación del servidor, porque finalmente la visión garantística y constructiva del ejercicio del Derecho Disciplinario debe fomentar e incentivar el crecimiento de los servidores y amparar su objeto jurídico tutelado que corresponde siempre con la optimización de la operatividad del servicio.

No obstante, cuando se trate del desarrollo de su aspecto sancionatorio, la disciplina se identifica como el vehículo que tiene el Estado como titular de ese poder ablatorio y es ejercitada a través de sus órganos competentes, -como una expresión o variación del *ius puniendi* del Estado-, para corregir formativamente las conductas desviadas de sus servidores públicos dependientes y en algunas ocasiones de los particulares que ejercitan actividad pública por colaboración, mediante la imposición de una sanción derivada de la comprobación de una falta reprochable porque el ordenamiento jurídico predeterminó como supuesto de hecho en una norma estatutaria que ese comportamiento positivo o negativo -en el sentido de hacer o de no hacer-, era censurable

12 Porque la última ratio correspondería por excepción sancionatoria al derecho penal.

-como conducta indeseada y proscrita- a los efectos de establecer la responsabilidad individual del operario, siempre que se haga por conducto de un procedimiento o proceso adjetivo en donde se garantice y medie el ejercicio inequívoco del continente del Derecho a la Defensa del Disciplinable.

Ahora bien, es importante puntualizar que no necesariamente hay automaticidad entre la realización e incursión por un servidor público en una conducta prevista como falta reprensible y la imposición la sanción disciplinaria prevista por el ordenamiento jurídico ante tal proceder, ya que será únicamente reprochable sólo en la medida que el titular del ejercicio del poder disciplinario demostrase que el comportamiento desarrollado por el sujeto imputable disciplinariamente es antijurídico o ungido de ilicitud sustancial porque se aparta o distorsiona del cumplimiento del deber funcional tasado para el cargo que ocupa dentro del esquema público, -lo cual era la actitud esperada por el ordenamiento jurídico del agente en el servicio- y además que actuó usualmente **a título de culpa grave**, siendo el dolo -regularmente- sólo un agravante del rigor de la sanción en materia disciplinaria, cuando fuese exigido en la norma como variante del tipo. Con esto último aseveramos que necesariamente la responsabilidad disciplinaria es de naturaleza subjetiva, proscribiéndose en toda forma la posibilidad de idear una responsabilidad objetiva.

Todo esto supondría que el legislador debería siempre tener presente, a la hora de prever una causal de reproche disciplinario en un estatuto particular, que cada comportamiento constitutivo de falta debería necesariamente corresponder al quebrantamiento de un deber funcional, -lo cual también es carga argumentativa del operador disciplinario al momento de comprobar la ilicitud sustancial o antijuridicidad del proceder investigado-, sin embargo, en la práctica legislativa y disciplinaria no siempre hay ese nivel de tecnicismo y claridad del fundamento por el que procede una sanción disciplinaria, al obviar e inclusive desconocer el particular objeto jurídico tutelado en materia disciplinaria, como es la observancia de tales deberes funcionales y la mejora optimizada del servicio, por esa razón en ocasiones nos encontramos con faltas disciplinarias que están desarticuladas o no se corresponden con un menoscabo de un deber funcional, y sin embargo, fueron previstas veleidosamente por el legislador en un estatuto singular, en cuyo caso correspondería al órgano disciplinario motivar en la oportunidad correspondiente, de qué manera esa incursión afectaría o erosionaría sensiblemente al servicio.

Asimismo, siempre debemos tener presente que se trata de disciplinar a un sujeto -como ya advertimos- que por exigencia del ordenamiento jurídico debió teóricamente entrar al servicio por haber ganado un concurso público de conocimientos demostrando su capacidad y el cumplimiento de una cantidad de requisitos subjetivos, previos al acto condición de su nombramiento público, y que luego, debería detentar un valor intrínseco para el Estado, a partir de su desempeño porque se presumiría que desarrolló destrezas y posee una experiencia empírica y conocimientos derivados de la data de su práctica profesional.

De allí que hemos planteado, la teoría del **principio de conservación del servidor público**[13], que consiste en que al momento de la aplicación de la sanción disciplinaria, siempre deberían verificarse los antecedentes del servicio del agente público, tomarse en cuenta si nunca hubiera sido reprendido, e inevitablemente ponderar la gravedad de la contravención cometida sopesándola con la dimensión del impacto de sus consecuencias y sí produjo un efecto dañino o lesivo sobre el servicio, para luego optar a aplicar el castigo de menor gravamen lícitamente posible con la finalidad que el ejercicio sancionatorio disciplinario pudiera lograr en lo posible mantener en el servicio al Disciplinable, para materializar de esta forma un **verdadero efecto aleccionador formativo por la corrección impuesta**, salvo en aquellos casos que por la magnitud de la gravedad de los eventos desarrollados por el investigado comportasen supuestos inequívocos de destitución con la inevitable necesidad de la sustracción del operario del servicio.

---

13 Al respecto ver nuestra posición en Carlos Luis Carrillo Artiles. Ámbito subjetivo del Derecho Disciplinario en Venezuela. En Direito Disciplinário Internacional. Tomo I. Editora Fórum. 2011. Esto supone una amplia distancia del principio de *indubio pro reo* proveniente del Derecho Penal que aunque verse sobre derecho sancionatorio obedece a una filosofía y lógica totalmente distinta y ajena al Derecho Disciplinario. Al respecto ver nuestra posición en: Carlos Luis Carrillo Artiles. "Principios rectores del Derecho Disciplinario y su distancia de los contenidos del Derecho Penal. Críticas y reparos al automatismo conceptual en la importación de principios, reglas e interpretaciones". *Revista Tachirense de Derecho.* No. 25. Universidad Católica del Táchira. 2014.

IV. ACERCAMIENTO A LAS PARTICULARIDADES DE LA DISCIPLINA JUDICIAL. LA RELACIÓN DE SUJECIÓN ESPECIAL INTENSIFICADA A LA LEY Y CON EL SERVICIO

Como una variación de lo expuesto, las premisas distintivas del régimen disciplinario de los jueces, orbitan especialmente sobre la delicada función y sensible actividad de impartir Justicia que desarrolla ese singular operador público dentro del basto elenco plurisubjetivo de servidores públicos, porque justamente va a ser el principal custodio de la legalidad pero además es quien tiene sobre sus hombros garantizar la pacificidad de las relaciones inter subjetivas de los particulares integrantes de la Sociedad y las instituciones públicas, al permitir no sólo el acceso hacia la heterotutela con el ejercicio del derecho a la acción que contendrá las pretensiones procesales con las aspiraciones y reclamaciones subjetivas, sino además conocer los alegatos de todas las partes e intervinientes, para contrastar los hechos y pruebas encausándolas a un derecho aplicable, en donde siempre su resolución al ser producto de una labor interpretativa añadirá elementos a la norma sustantiva que servirá de base a su fallo.

De allí que tanto para la visión Ius Publicista del proceso que asume que su integridad y secuela son asuntos de tutela del Interés Público, como la Ius Privatista que descansa en la óptica de la protección del Interés Intersubjetivo o Privado de las partes que se encuentran en litigio y actúan libremente dentro del proceso, con las responsabilidades y secuelas de su intervención en el cumplimiento de cargas procesales, bajo el principio de preclusión, ambas convergen en afirmar que la Disciplina Judicial tiene como fundamento previo la impretermitible configuración en el rango legal de un **Estatuto Especial Judicial**, en donde se elevan unos **deberes funcionales reforzados** dentro de un contexto funcional protegido que impone hacia lo interno una relación de sujeción especial "intensificada" con el Servicio de Justicia y con un **vínculo extraordinario con la Ley frente a la cual esta exclusivamente supeditado el juez**, que presenta visible distancia de las tradicionales relaciones de supremacía especial características del diseño administrativo, en donde usualmente se le otorga a las autoridades administrativas el ejercicio de la potestad disciplinaria y se reserva la competencia decisoria para la destitución del agente público investigado al máximo jerarca.

V. INEXISTENCIA DE JERARQUÍA QUE SUPEDITE A INSTRUCCIONES VERTICALES

Justamente en aras de proteger la actividad jurisdiccional de interpretación y aplicación del derecho, es porque el juez en ejercicio de esa función detenta liberalidades que lo hacen distinguible de los otros operadores públicos, porque no se encuentra en ninguna categoría de gradación inferior vertical frente a ningún sujeto -ni desde la perspectiva personal ni desde la funcional dentro de la rama- a la cual deba irrestrictamente obedecer sus mandatos e instrucciones vinculantes como superior jerarca supraordinado, ya que sería contradictorio a la esencia del ejercicio de esa función jurisdiccional en la administración libre de Justicia y en atención a las características singulares organizativas del Poder Judicial.

Así pues, intraorgánicamente en la rama judicial, **todos los jueces detentan con la misma intensidad la potestad jurisdiccional, ya que existe un principio de titularidad múltiple**[14], por ello en el ejercicio de impartir Justicia **no hay ninguno más importante que otro, ni existe jerarquía que permita impartir instrucciones ni subordinación que imponga acatar o interiorizar mandatos de unos sobre otros,** de manera que **sólo existe una modalidad de conocimiento de las causas en base a la competencia - que se ha denominado como un fragmento de la Jurisdicción**[15], la cual esta modulada **por la materia, por el territorio, o por el grado**, todas las cuales indistintamente son asignaciones de medidas de la Jurisdicción por una decisión de política legislativa- siendo finalmente la competencia por el grado, la asignación de la atribución de conocer y decidir un mismo asunto material a

---

[14] Al respecto ver: Carlos Alberto Urdaneta Sandoval. "El juez, su independencia y el régimen de autogobierno del Poder Judicial derivado de la Constitución de 1999". *Revista de Derecho del Tribunal Supremo de Justicia* No.11. Caracas. 2004. Pg. 135.

[15] Siguiendo ideas de Eduardo Couture en *Fundamentos de Derecho Procesal Civil*. Tercera Edición. Editorial Depalma. Buenos Aires, 1958. p. 29.

un órgano correspondiente que es excluyente a cualquier otro durante el tránsito del juzgamiento y toma de la decisión en cualquier otra instancia.

Otro asunto diferente es la posibilidad de que frente a ese pronunciamiento el ordenamiento jurídico dispense el goce de una garantía especial de **"doble chequeo o doble conformidad"**, a través de la recurribilidad y/o revisión del pronunciamiento primigenio. En expresión de esa específica garantía procesal, otro órgano jurisdiccional dotado con la misma potestad que el primero, pero con las especiales atribuciones de revisar las consideraciones y conclusiones arribadas por el juez A quo -lo cual reiteramos no significa subordinación de aquél- pudiera manifestar su conformidad o disconformidad con los argumentos explanados originariamente, en cuyo caso de asumir una discrepancia de criterio, detentaría extraordinariamente la capacidad de revocar parcial o totalmente la decisión de instancia, bajo la morigeración de su propia motivación de lo que es su lectura e interpretación del derecho, sustituyendo parcial o totalmente el contenido del fallo revisado con su nuevo dicho.

Es significativo resaltar, que esas consideraciones jurídicas emanadas por un adicional conocimiento proveniente de un segundo juzgador, al cual se le denomina usualmente como Superior quien ejerce una función revisora intra proceso, aun cuando en el caso particular se deseche la decisión primaria, no supone una supeditación o dependencia de esos sustitutivos argumentos de disconformidad que fundan la revocatoria para futuros casos a conocer por el juzgador inferior, pues ese criterio que disiente sólo es indicativo de la visión particular del derecho del juzgador de la Alzada y serán vinculantes sólo al interior del proceso en concreto que se trate, siendo de obligatorio cumplimiento o acatamiento por el inferior únicamente para ese caso y no para otros diferentes en curso o nuevos por iniciarse ante la instancia. En realidad sólo vislumbraría un indicativo referencial de cuál sería la eventual posición futura del posible revisor -si es que fuese el mismo sujeto- ante el sostenimiento del criterio si fuese libremente ratificado por el inferior, siempre que manifieste con total libertad sus razones justificativas de su apreciación jurídica por las cuales revalida su dicho. Lo paradójico del Derecho y de la operación judicial es que muchas veces, los puntos de disidencia y sus ratificaciones motivadas, e inclusive los votos salvados del momento presente, en ocasiones futuras terminan convenciendo a las Alzadas y Revisores que su posición contraria no era tan infalible y finalmente se aceptan cambios y avances convirtiéndose en nuevos criterios imperantes.

Como podemos observar**, no se puede hablar de jerarquía en la rama judicial** porque no hay niveles de mando asignados a Juzgados o Tribunales Superiores que le otorguen preponderancia de criterio sobre las instancias inferiores judiciales de conocimiento, ya que **no son subordinadas ni dependientes en su proceder**, pues su autoridad y desempeño en la resolución de los asuntos que conozcan por su competencia a ambos proviene de la Ley, particularmente en la emisión de los criterios razonados y plausibles contenidos en sus fallos, los cuales perfectamente pueden ser revisados y excepcionalmente revocados, sólo en la medida que fuesen ejercitados a instancia de parte o dispuestos por mecanismos de oficio a través de vehículos procesales de reexamen relacionados con el proceso en cuestión.

Es así como de acuerdo con los Principios de Bangalore sobre Conducta Judicial se llega a aseverar que "en el Desempeño de sus funciones, el juez no es empleado de nadie. [Aunque realmente es un empleado del Estado]. Es un funcionario que sólo depende de la ley y responde únicamente ante ella y ante su conciencia, que el juez debe examinar constantemente. Es incontrovertible que, independientemente de su sistema de apelación, el juez que falla una causa no actúa bajo las órdenes o instrucciones de un tercero de dentro o fuera de la judicatura."[16] [Corchetes Nuestros].

Todo lo anteriormente expuesto tiene como base cardinal, el hecho de que al juez se le unge bajo el manto de otra garantía individual y sistémica como lo es la Autonomía Judicial a lo interno de la propia rama, la cual opera especialmente frente a las instancias de juzgamiento revisoras, como una precaución para poder juzgar y aplicar el derecho por su convencimiento de hechos y alegatos de acuerdo a su libre

---

16 Oficina de las Naciones Unidas contra la Droga y el Delito. *Comentarios sobre los Principios de Bangalore sobre la Conducta Judicial.* Naciones Unidas. Nueva York. 2013. Pg.45.

convicción sin ataduras a criterios o fórmulas, -incluso cuando en algunas ocasiones dependiendo de las particularidades del ordenamiento jurídico en específico, pudiera haber contenidos hermenéuticos reseñados previa y pacíficamente por las altas corporaciones judiciales que deban ser tomados en consideración y no ser desacatados al momento de decidir, para dar homogeneidad y uniformidad a la interpretación jurídica judicial[17]-, sin embargo, pese a que esto se prevea a texto expreso en el ordenamiento jurídico, pero dada la garantía de la Autonomía Judicial, siempre cabría la posibilidad de separarse de dichos criterios calificados como vinculantes mediante una motivación racional y plausible del derecho que se disiente, y esto no sería constitutivo de falta reprochable.

Por eso, la operación que realiza un juez cuando interpreta el Derecho requiere inexorablemente de un amplio margen de libertad apre-

---

[17] Ejemplo de ello, son los Precedentes Constitucionales Vinculantes dimanados del Tribunal Constitucional del **Perú**, -y en un momento anterior por la Corte Suprema de Justicia- criterios concebidos como de obligatorio cumplimiento y que deberían de ser invocados por los Jueces de todas las instancias judiciales, cuando así expresamente lo indique la sentencia y se precise el extremo de su efecto normativo, de acuerdo a lo dispuesto en el artículo 6 del Código Procesal Constitucional Peruano. La inobservancia de su acatamiento podría acarrear sanción disciplinaria, al considerarse una infracción a los deberes judiciales relacionados con la debida motivación del fallo, de acuerdo con lo dispuesto en el artículo 22 de la Ley Orgánica del Poder Judicial del Perú, salvo que el Juez de instancia que decida apartarse de dicho criterio, motive adecuadamente su resolución dejando constancia del precedente obligatorio que desestima y de los fundamentos que invoca.

En el caso de **Venezuela**, los efectos vinculantes de los fallos dimanados de la Sala Constitucional del Tribunal Supremo de Justicia, ha tenido un delicado tratamiento pues por criterios dimanados de la propia Sala, el contradecir ***todas*** sus interpretaciones constituiría un **error judicial inexcusable**, aun cuando no existe ninguna norma expresa en nuestro ordenamiento jurídico que se refiera a ese respecto. Esto es una interpretación singular de lo dispuesto en el artículo 334 de la Constitución de la República Bolivariana de Venezuela, que expresamente indica que las interpretaciones generadas por esa Sala Constitucional sería vinculantes para las otras Salas del mismo Tribunal Supremo y obviamente para los demás tribunales de la República, exclusivamente cuando versen y traten de su estricta competencia de control de Amparo, de control Concentrado o de control Difuso de Constitucionalidad en ejercicio de la Justicia Constitucional. Lo más delicado de esta posición jurisprudencial es que el error judicial inexcusable, es una causal de autónoma de Destitución de jueces y concepto jurídico indeterminado, previsto en el Código de Ética del Juez Venezolano y Jueza Venezolana. Esto será desarrollado en otro punto sobrevenido de este artículo.

Es importante señalar, que históricamente en Venezuela durante mucho tiempo estuvo vigente la figura de la Casación con Reenvío, donde si había un efecto vinculante de lo ordenado por la sentencia de la Sala de Casación Civil que casó y anuló un fallo, sobre el juzgador de instancia que debía volver a conocer producto de esa anulación.

ciativa para analizar los alegatos y afirmaciones llevados a su conocimiento por las partes y ponderar e integrar la trascendencia de las circunstancias fácticas que dan contexto a la controversia trabada, para luego valorar los elementos probatorios y sus resultas que se hubieren llevado a los autos del proceso incluidos los excepcionalmente producidos por aportación judicial de oficio, subsumiendo en los supuestos de hecho de las normas pertenecientes al bloque de la juridicidad vigente incluidos aquellos contenidos provenientes del control de convencionalidad, que sean aplicables por su relevancia de acuerdo a su criterio, para generar una oportuna salida satisfactoria en la determinación de un efecto jurídico concreto que otorgue tutela judicial efectiva a las pretensiones de la contención planteada con un estándar mínimo de credibilidad, racionalidad y apariencia de buen derecho apegada a la verdad material.

Así pues, que al ser el juez el singular actor estatal dotado con la potestad de ejercer la jurisdicción y hacer un flexible ejercicio de valoración del derecho, para emitir pronunciamientos con fuerza vinculante de cosa juzgada para las partes, con la atribución de otorgar y ejecutar un efecto jurídico a la vencedora del proceso que declara y constituye la protección del interés prevaleciente y la de los bienes jurídicamente tutelados, **su única sumisión y fidelidad es hacia la Ley, su subordinación y obediencia es estrictamente con el derecho[18], y nunca hacia a sujetos u órganos ni a criterios externos al proceso mismo**, en consecuencia, no es aceptable hablar ni es acertado afirmar la existencia de jerarquía funcional en la rama judicial en relación al proceso de juzgamiento y toma de la decisión judicial con ocasión al caso concreto.

Por eso el juez es un órgano del Derecho, "Es *viva vox iuris, iuris dictio*, directamente vinculada al Derecho, sin insertarse jerárquicamente su función sentenciadora en ninguna organización; sin perjuicio que ésta le designe, le sostenga y ponga al servicio de sus decisiones su propia fuerza"[19].

---

18 Y con su operación intelectual a través del fallo, cotidianamente hace vívida y efectiva a la Ley, de allí se retroalimenta su legitimidad e independencia.

19 Tomás García de Enterría, y Tomas Ramón Fernández. *Curso de Derecho Administrativo.* Décima Edición. Editorial Civitas. Madrid. 2001. p. 32.

Aunque en el errado inconsciente colectivo **usualmente se confunde a las instancias judiciales como grados verticales de niveles organizativos** que imponen sumisión o supeditación de los juzgadores de primera instancia a los mandatos y ordenes de las Alzadas. En realidad, lo que se estructura es una organización judicial diseñada en base a competencias de conocimiento que garantizan en todos sus niveles la independencia y autonomía del juzgador para una comprensión e interpretación libre del derecho dirigidas a producir una decisión consciente y razonable, dictada en base a su libre albedrío que debe evidenciar un mínimo estándar jurídico, en el sentido que el fallo sea razonable, atienda a la seguridad jurídica y a un sentido admisible de la justicia, y que en algunos momentos, -como ya advertimos- se le adiciona una **garantía de doble chequeo o revisión** a solicitud de parte interesada o de oficio, según el caso, denominada comúnmente como **doble instancia**, que en algunos ordenamientos jurídicos del derecho comparado tiene un asidero fundamental, no obstante, en muchos otros no existe esa consideración, siendo totalmente lícitas una fauna diversa de procesos de única instancia en atención a la construcción procedimental gestada por la simple decisión legislativa.

VI. LA ENTELEQUIA DE JERARQUÍA DEL ÓRGANO EJERCITANTE DE LA DISCIPLINA JUDICIAL CON RESPECTO AL JUEZ DISCIPLINABLE

Como secuela del razonamiento anteriormente desarrollado de las particularidades orgánicas de la rama judicial, emergería otro signo característico de la Disciplina Judicial, particularmente encarnado en el hecho de que la determinación de la conductas constitutivas de falta y la imposición de la eventual sanción, **no es ejercida o llevada a cabo por un superior jerarca "ni orgánico ni funcional" sobre la figura subjetiva del Juez Disciplinable.**

Esa jerarquía es usual en las tradicionales relaciones de supremacía especial ordinarias, pues en aquellas se le confía ordinariamente a ese máximo nivel organizativo administrativo decisorio un amplio espectro de potestades, que en un primer estadio eran casi omnímodas, en cuanto a la elasticidad en la determinación de los supuestos de hecho que serían reprochables al estamento regulado, comportando una laxitud discrecional en el establecimiento de las conductas constitutivas de tipos sancionables, así como su posibilidad de su consagración por vía reglamentaria, configurando un sistema abierto o flexible de faltas, en donde no se exigía que provinieran estrictamente de la reserva legal, por lo cual aún quedan atisbos en algunos ordenamientos del derecho comparado en referencia a las faltas leves y menos graves, hasta la modernización del imperio y exigencia plena de las garantías fundamentales y su amplísima protección en la actualidad, aún dentro de las modernas relaciones de especial sujeción para reprender a dependientes y subordinados o a sujetos que detenten el ejercicio de funciones públicas, o que por una situación fáctica sean sujetos de una distintiva situación afectación jurídica que revele una mayor intensidad y posible fricción con el interés público frente a los cuales se requiere la justificación del ejercicio de ese poder para su control y seguimiento.

De esta manera, el "valor constitucional de la independencia de los jueces, que se relaciona también con una concepción difusa de la judicatura, exige un trato diferente en esta materia para jueces y los funcionarios de la Administración. En materia judicial tenemos un poder difuso y exigencias de independencia interna. Ello no existe respecto de los funcionarios de la Administración. Por ello, los jueces no pueden quedar en la misma situación que los funcionarios de la Administración del Estado que sí pueden ser investigados y sancionados por sus superiores jerárquicos."[20]

Como corolario de todo lo expresado, la censura y castigo de cualquier comportamiento proscrito por su carácter ilícito como falta disciplinaria judicial provendrá de una potestad estatal sancionadora titularizada por el Estado a través de órganos especiales de ejercicio de dicho poder, pero nunca en atención a una organización piramidal vertical, ni a una supraordinación jerárquica. De allí que se gesten dos modelos organizacionales disciplinarios judiciales en el derecho comparado y en ambos el rasgo común es la ausencia de jerarquía.

---

[20] Andrés Bordalí Salamanca. "El régimen de responsabilidad disciplinaria de los jueves chilenos y su inadecuación a las exigencias constitucionales". *Revista Ius et Praxis*, Año. 24. No. 2. Talca. 2018. pp. 520-521.

VII. MODELOS DISCIPLINARIOS JUDICIALES EN EL DERECHO COMPARADO

En principio, al revisar el Derecho Disciplinario Comparado nos encontramos con el **modelo extrínseco o de exocontrol disciplinario**, que por lo general otorga la competencia y atribución del ejercicio del poder disciplinario a un órgano externo a la rama judicial, usualmente de creación constitucional y autónomo funcionalmente encargado de llevar a cabo la determinación de responsabilidad individual del juez a través de un procedimiento de naturaleza administrativa en atención al carácter acentral administrativo del órgano de donde se desarrolla, y por el tipo de acto que genera la sanción disciplinaria, lo cual acarrea que la impugnación de dicho pronunciamiento sería competencia de la Jurisdicción de lo Contencioso Administrativo. Las críticas regulares a esta forma de control disciplinario están referidas a la probable erosión y debilitamiento de la Independencia Judicial al ser llevada a cabo por órganos externos a la propia rama judicial y a la posible politización de la actividad por la intervención de intereses.

En oposición a ese modelo, también existe el **modelo intrínseco o de endocontrol disciplinario judicial** ejercido por órganos internos de la propia rama judicial, a través de dos formas diferenciadas, **una, llevada a cabo por estructuras administrativas internas** que generan las mismas secuelas a las anteriormente descritas, sólo que se ha alegado una mayor garantía de independencia e imparcialidad del órgano administrativo por estar dentro de la misma estructura, lo cual no necesariamente se verificaría en la práctica frente a los externos dotados de autonomía funcional; **y otra, encargada a una competencia jurisdiccional disciplinaria[21]**, llevada a cabo por órganos judiciales con instancias especiales de juzgamiento de jueces por sus pares, por conducto de un proceso judicial y jurisdiccional que eventualmente concluya en una sentencia definitivamente firme que se pronuncie sobre la respon-

---

21 Denominada singularmente como Jurisdicción Disciplinaria, cuando en realidad se trata de una competencia jurisdiccional especial a los efectos de la determinación de la responsabilidad disciplinaria de los Jueces y otros operadores judiciales. El concepto de Jurisdicción es indivisible y sólo debe estar asociado a la facultad estatal de impartir justicia con fuerza de cosa juzgada entre las partes.

sabilidad disciplinaria del disciplinable. A esta forma de control se le ha crítica que al ser ejercitado por iguales, existe una tendencia a la identificación de los operadores disciplinarios con el disciplinado, dada por la cercanía y compañerismo, que en ocasiones termina afectando la objetividad e imparcialidad, morigerando la sanción que debía ser impuesta y en ocasiones encubriendo comportamientos que debían ser censurables.

En todo caso, en uno u otro modelo, o a través de cualquiera de sus variantes orgánico-competenciales siempre que se trate de la disciplina de los jueces debe verificarse la conjugación de las garantías sustanciales de la universalidad del derecho a la defensa y del debido proceso o procedimiento, así como la plena imparcialidad y autonomía decisoria por el juzgador disciplinario, independientemente se trate de un sistema acusatorio con igualdad de armas procesales y sin desventaja sustancial entre acusador y juzgado, o no fuese ese el caso. Además inexorablemente debe existir la posibilidad formal y material de impugnar judicialmente el acto reprensible que impone la sanción, a través de una gama de mecanismos que deben ser previstos en el ordenamiento.

Como podemos observar del raciocinio explanado, no existe un modelo panacea que en la realidad genere mayor confianza y efectividad práctica en la disciplina judicial, pues ambos tanto el de exocontrol o el de endocontrol, presentaran siempre reparos, debilidades y dudas de cuál sería el más eficiente.

Acá es oportuno acotar que muchas veces existe soterrado en el pensamiento colectivo[22] la desviada idea que la eficacia del derecho disciplinario se mide por el mayor número de funcionarios sancionados en un período determinado bajo una gestión disciplinaria, y que además eso sea suficientemente publicitado en los diarios y noticieros, lo cual en realidad sólo revela embutidas estadísticas de agentes públicos caídos que fueron responsabilizados porque se presume se demostraron sus

22 A esto se le agrega una gran ansiedad mediática por muchos operadores políticos del Poder Público, que usualmente azuzan la iniciación seriada de más procesos disciplinarios aunque poco importe su culminación, e inclusive en ocasiones exigen la consagración de sanciones con mayor rigidez sancionatoria volviendo a esquemas casi prebecarianos, situación común en muchos países en donde se critica al mecanismo disciplinario porque no hay suficientes sancionados y para algunos eso sería la justificación de la corrupción galopante.

incumplimientos a deberes funcionales reprensibles, esto en el fondo lo que en realidad vislumbra es que en ese Estado se está desatendiendo masiva y severamente el cumplimiento del derecho por los operadores, y lo peor es que además esos servidores no interiorizan como suyos los mandatos normativos.

Lapidariamente queremos aseverar que la verdadera efectividad del Derecho Disciplinario se constata cuando en la realidad haya una verdadera disminución y casi desaparición de procedimientos disciplinarios y en consecuencia casi no sancionados por ese tipo de responsabilidad individual, porque en ese Estado si hay mayor cumplimiento de los deberes funcionales, por el auto convencimiento de los servidores ya sea por la existencia de actividad estimulo de cambiar bien por bien, o porque es tangible una mayor vigencia disuasiva persuasiva del Derecho Disciplinario vinculada al alto grado de certeza de su probable intervención oportuna y exitosa.

Para concluir este punto de los modelos de control disciplinario judicial, más allá del patrón asumido por decisión constituyente o legislativa, lo que si resultaría determinante y vital para el éxito de la Disciplina Judicial, es la integración subjetiva de quienes serán los encargados de llevar a cabo la disciplina de los jueces, quienes deben tener un altísimo grado de probidad, ponderación y asepsia de su delicada función, ejercible dentro de límites precisos y técnicos de esta particularidad.

VIII. EL OBJETO JURÍDICO TUTELADO EN LA DISCIPLINA JUDICIAL

En todo caso, el objeto jurídico tutelado en el Derecho Disciplinario Judicial siempre se identificaría concretamente con **perfeccionar la funcionalidad el Sistema Judicial y tutelar su indemnidad como un todo, significativamente en torno a su credibilidad y su operatividad, y no lo justo del contenido particular de las decisiones judiciales**,-aunque se suponen que los fallos deben aproximarse a la noción de lo justo[23], aun cuando sea muy relativa su apreciación y

[23] El concepto de lo justo de la decisión judicial no es el epicentro del objeto jurídico tutelado del derecho disciplinario judicial, sino la operatividad fluida y oportuna del servicio de justicia. Lo justo siempre será un concepto indeterminado, una noción que siempre será

determinación por la subjetividad del concepto- ya que esto no sería el objeto jurídico tutelado en el Derecho Disciplinario Judicial porque el Sistema está diseñado para resolver conflictos intersubjetivos a través de unos estándares de seguridad jurídica que se van a verificar con la subsunción de hechos y alegatos en normas jurídicas y por la motivación que el juez haga en la sentencia, y estos aspectos corresponden a contenidos monopólicos y exclusivos de la jurisdicción y de la competencia especial vinculada al proceso en cuestión, en consecuencia, nunca serían objeto de revisión, evaluación y juzgamiento por el ejercicio disciplinario.

Acá es importante resaltar que en todos los ordenamientos jurídicos existe un gran celo del Constituyente y del Legislador posteriormente, en resguardar del Sistema y la función inmanente que se desempeña, por eso la mayoría de las garantías de funcionamiento como son la Independencia y la Autonomía Judicial -que parecieran en principio subjetivas e individuales a la figura del juez- en realidad son para amparar al aparato de Justicia, de allí que entender su alcance y contenido resulta vital para entender cómo opera la Disciplina Judicial.

IX. INDEPENDENCIA Y AUTONOMÍA JUDICIAL COMO CONDICIONAMIENTOS CONTEXTUALES AL EJERCICIO DISCIPLINARIO

La **Independencia Judicial** consagrada en el ordenamiento jurídico Fundamental[24] y desarrollada en el rango legal[25], es la garantía

---

subjetiva y discutible, de hecho en todos los procesos hay dos partes en contención, y por la esencia lógica de la actividad jurisdiccional siempre saldrá una parte perdidosa o desfavorecida, que con un gran margen de incidencia calificará la sentencia como no justa.

24 La Independencia Judicial tiene en el derecho comparado arraigo en una diversidad de normas fundamentales: **Constitución Política del Perú**, artículo 139 numeral 2, consagra la Independencia de la función jurisdiccional; artículo 146 numeral 1, Independencia como una garantía de los magistrados judiciales a estar sólo sometidos a la Constitución y la ley; **Constitución de la República Bolivariana de Venezuela**, artículo 253, aduce que el Poder Judicial es independiente; artículo 256, exige a jueces y magistrados no llevar actividad político partidista, gremial ni sindical a los efectos de preservar su independencia e imparcialidad en el cargo; artículo 49 numeral 3, dentro de la garantía fundamental del debido proceso se exalta la existencia de un tribunal independiente e imparcial; **Constitución Política de Colombia**, artículo 228, afirma que la Administración de Justicia es función

instrumental estatal del sistema republicano dirigida a erigir un **límite externo** de imperturbabilidad e inalterabilidad a la actividad de la Judicatura frente a cualquier sujeto foráneo a la rama judicial, ya sean personas grupos o instituciones, y aunque en principio fue concebida frente a las probables intrusiones del poder político de las otras ramas del Poder Público, -muy particularmente del Ejecutivo-, también es igualmente esgrimible frente a cualquier particular que pudiese detentar un singular interés en los asunto sometidos al debate judicial, y es extensible hasta la eventual intervención de presiones de los medios de comunicación, que busquen movilizar la opinión pública en un sentido, por la notoriedad de los eventos controvertidos o su publicidad siempre que pudieran generar ruido o distorsiones al fluido desempeño de la actividad jurisdiccional en desarrollo. Con su implementación se busca

---

pública enfatizando que sus decisiones son independientes; artículo 230, patentiza que los jueces, en sus providencias sólo están sometidos al imperio de la ley; **Constitución Política de Bolivia**, artículo 178, declara que la potestad de impartir justicia emana del pueblo boliviano y se sustenta en los principio de independencia, imparcialidad; Constitución de Costa Rica, artículo 154, erige que el Poder Judicial sólo está sometido a la Constitución y a la ley, y las resoluciones que dicte en los asuntos de su competencia no le imponen otras responsabilidades que las expresamente señaladas por los preceptos legislativos; **Constitución de la República de Ecuador**, artículo 168 numeral ,1 preceptúa que los órganos de la Función Judicial gozarán de independencia interna y externa. Toda violación a este principio conllevará responsabilidad administrativa, civil y penal de acuerdo con la ley; Constitución de Panamá artículo 248, asevera que queda garantizada la independencia del Poder Judicial, puntualizando que los que atentasen contra la independencia del Poder Judicial y la de sus magistrados, quedarán inhabilitados para ejercer toda función pública por cinco años consecutivos, además de las penas que fije la ley; **Constitución Española**, artículo 117 numeral 1, la justicia emana del Pueblo y se administra en nombre del Rey por Jueces y Magistrados integrantes del Poder Judicial, independientes, inamovibles, responsables y sometidos únicamente al imperio de la ley; **Ley Fundamental para la República Federal de Alemania** artículo 97 numeral 1 que afirma que los jueces serán independientes y sólo estarán sometidos a la ley.

[25] Ejemplos de los fundamentos de la Independencia Judicial en el rango legal son, en el caso Venezolano el artículo 4 del Código de Ética del Juez Venezolano y Jueza Venezolana, que afirma que "Los jueces en ejercicio de sus funciones son independientes y autónomos, por lo que su actuación sólo debe estar sujeta a la Constitución de la República y al ordenamiento jurídico. Sus decisiones sustentadas en la interpretación y aplicación de la ley y el derecho, sólo podrán ser revisadas por los órganos jurisdiccionales competentes por vía de los recursos procesales, dentro de los límites del asunto sometido a su conocimiento y decisión..." aunque finalmente concluye que "Los órganos con competencia disciplinaria sobre los jueces y juezas podrán examinar su idoneidad y excelencia, sin que ello constituya una intervención indebida en la actividad jurisdiccional";

asegurar la emancipación del análisis, razonamiento y reflexión del operador que va a juzgar un asunto sometido a su conocimiento, pero también la fluidez plena del funcionamiento cabal del órgano judicial, en específico dentro del espacio de sus competencias y atribuciones. De allí que, la "relación entre el Derecho y el Juez es directa, sin que ningún otro sujeto u órgano pueda intervenir en el momento de tomar sus decisiones."[26]

Esta garantía de asepsia se caracteriza por la ajenidad a la rama judicial de los sujetos que pueden generar directa o indirectamente afectaciones a la debida neutralidad del juzgador con intromisiones indebidas, apremios, amenazas o pretendidas influencias, frente a los que el juez detenta ese blindaje jurídico que lo ampara para decidir libre y equitativamente atendiendo sólo a su auto determinación de criterio y de las reglas de derecho aplicables, por lo que el Estado es el primer obligado directo a través de un deber de contenido negativo, de abstenerse a generar algún tipo de perturbación, pero además es el principal garante en la prevención y control de cualquier vulneración proveniente de terceros encarnados por cualquier persona jurídica -natural o moral-, e inclusive a agrupaciones o sectores reunidos de facto como colectivos en torno a un ideal o interés común, pretendan inmiscuirse en la actividad judicial, aspectos que han sido regulado ampliamente por diversos instrumentos en el ámbito supranacional[27] y en las normas fundamentales de todos los ordenamientos positivos.

---

26 **Tomás García de Enterría y Tomas Ramón Fernández**. ob cit. p. 32

27 **Declaración Universal de Derechos Humanos**, adoptada y proclamada por la Asamblea General de las Naciones Unidas en París, el 10 de diciembre de 1948. Artículos 8,10 y 19; **Convención Americana sobre Derechos Humanos (Pacto de San José)**, adoptada por la Organización de Estados Americanos en la Conferencia Especializada Interamericana sobre Derechos Humanos, el 22 de noviembre de 1969. Artículos 1, 8 y 25; **Pacto Internacional de Derechos Civiles y Políticos**, adoptado y abierto a la firma, ratificación y adhesión por la Asamblea General de las Naciones Unidas en su Resolución 2200 A (XXI), de 16 de diciembre de 1966. Asimismo, **Principios básicos de las Naciones Unidas relativos a la independencia de la judicatura,** adoptados por el Séptimo Congreso de las Naciones Unidas sobre Prevención del Delito y Tratamiento del Delincuente, celebrado en Milán, Italia, del 26 de agosto al 6 de septiembre de 1985 y confirmados por la Asamblea General en sus resoluciones 40/32 de 29 de noviembre de 1985 y 40/146 de 13 de diciembre de 1985, citado por Romero, María Luisa, María Arrocha y Vanessa Coria, en Compendio de Estándares Internacionales para la Protección de la Independencia Judicial, Centro por la Justicia y el Derecho Internacional CEJIL. Primera edición. San José de Costa Rica. 2019. Pág. 7.

Es una protección a doble nivel, pues aunque aparentemente está dirigida a resguardar individualmente la independencia de la esfera del juez en su rol funcional como operador judicial, pero en realidad es de naturaleza sistémica institucional hacia la magistratura en pro del aparato de Justicia y finalmente a los intereses de la Sociedad.

En contraste, la **Autonomía Judicial** constituye un **límite interno** de inmunidad de conciencia sobre argumentos e interpretación plausible del derecho aplicable frente a los otros operadores de la propia rama judicial que se ubiquen en las instancias de Alzada o revisorías excepcionales del proceso, dirigido a garantizar que el juez decida libremente y sin temeridad que por tener y sustentar un criterio específico que circunstancialmente pudiera colidir, ser dispar o disidente de uno ya sostenido por un órgano natural de Alzada o revisor de su fallo por vía de los recursos procesales, pudiese eventualmente con posterioridad ser sancionado. Por lo que, fácilmente se infiere que no bastaría una revocatoria de su fallo para ser susceptible de reproche disciplinario, siempre que su posición e interpretación del derecho originalmente tomada estuviese sustentada coherentemente dentro de un estándar de interpretación jurídicamente razonable, y no constituya un gravísimo desconocimiento de las instituciones o del sistema jurídico vigente, de tal magnitud que configure un error judicial inexcusable.

Como corolario de este capítulo es importante resalar que, aun cuando se edifiquen están garantías protectivas de la operatividad del sistema judicial, no implican que el Juez como operador este exento de ser responsable por sus comportamientos, ya que todo ejercicio publico acarrea responsabilidad, siempre que se establezca a través de un procedimiento contradictorio.

Para reforzar las garantías enunciadas, el ordenamiento jurídico desarrolla una sub garantía adicional configurada por la estabilidad superior del juez en su cargo ejercido, a lo largo de la carrera judicial o durante el período determinado para el cual fue designado en aquellos casos de cargos judiciales sujetos temporalidad fija, lo cual inclusive también ha gestado una protección ficción de estabilidad a aquellos jueces provisorios mientras no se abriera a concurso público el cargo de juez que circunstancialmente ocupen, para evitar presiones sobre su ejercicio por la amenaza de un acto de remoción y designación de un nuevo juez transitorio o interino.

X. LA INAMOVILIDAD DEL JUEZ COMO SUB GARANTÍA SISTÉMICA DE LA INDEPENDENCIA DEL PODER JUDICIAL

La estabilidad superior para quien ocupe el cargo de juez que en el derecho comparado se identifica como inamovilidad[28] en la medida que ejercite su actividad apegado a sus obligaciones estatutarias, constituye un reforzamiento garantístico para amparar la autonomía del ejercicio jurisdiccional. Esta vendría aparejada con la producción de su nombramiento mediante el acto condición de su designación definitiva como juez titular, por haber demostrado su aptitud al haber ganado previamente el proceso concursal de ingreso a la Carrera Judicial o para el ejercicio temporal de la Judicatura en aquellos casos que por la legislación particular existiese un período limitado de actuación; en consecuencia, a partir de ese designación el juez gozaría de un fuero especial por el que no estaría sujeto a ningún tipo de presión arbitraria por los órganos internos del recursos humanos de la rama judicial que pretenda limitar su continuidad o interrumpir el goce o permanencia en el ejercicio profesional en su cargo[29], por ende, no podría ser removido,

---

[28] Garantía dispuesta en el artículo 255 de la Constitución de la República Bolivariana de **Venezuela**, del mismo modo, en el artículo 63 párrafo III de la Constitución de la **República Dominicana**; en el artículo 110 de la Constitución de la República **Argentina**; en el precepto 117.2 de la Constitución **Española**; en el artículo 97 numeral 2 de la Ley Fundamental de la República Federal de **Alemania;** en el artículo 107 de la Constitución de la República **Italiana**. Sin embargo, el ejemplo de mayor inamovilidad judicial es el carácter vitalicio de los jueces de la Corte Suprema de Justicia Norteamericana, de acuerdo al artículo III de la Constitución Norteamericana, son designados directamente por el Presidente con el visto bueno del Senado de los Estados Unidos, por lo que su cesación en el ejercicio procede sólo por renuncia, destitución o muerte.

[29] Es importante advertir que algunas ordenamientos legales particulares, como es el caso de Perú, no se ha reconocido esta garantía de inamovilidad para el ocupante del cargo de Juez como estabilidad superior para seguir ocupando el cargo salvo que se den algunas de las causas lícitas de exclusión de tal agente público, sino que por el contrario, por la disposición constitucional 154 numeral 2, y luego desarrollada en el ámbito legal, la regla general es la no permanencia del Juez en la Rama Judicial, ya que para continuar en su desempeño judicial se requiere necesariamente superar un proceso de ratificación en la magistratura cada tres años y medio (3 1/2) años, mediante la evaluación de su proceder -lo cual es igual para los fiscales- y en caso de ser aprobada su ratificación mediante un acto administrativo se le habilitaría para permanecer en la judicatura con una estabilidad relativa durante otro lapso igual de siete años, lo cual dista y no tiene ninguna relación con los procedimiento

trasladado contra su voluntad, suspendido o sustraído de su desempeño judicial, salvo aquellos casos específicos que se hubiere demostrado su manifiesta incapacidad personal física o mental; o que por determinación de responsabilidad individual disciplinaria se altere lícitamente dicha pacífica ocupación y actuación; o excepcionalmente expire el período legal de su ejercicio del cargo cuando no se tratase de jueces de Carrera Judicial.

Aunque la existencia de esa inamovilidad no implica que extraordinaria y excepcionalmente no pueda ser removida esa garantía -de manera transitoria por vía cautelar dentro de un procedimiento disciplinario, o por un pronunciamiento de fondo definitivamente firme- siempre que medie causa justificada en aquellos casos en los cuales el Juez responda subjetivamente por la presunción grave o vulneración de sus deberes funcionales a título de culpa grave, por sus conductas negligentes o dolosas que afecten el servicio, contenida en un acto o sentencia cautelar o definitivamente firme declarada con ocasión de un procedimiento o proceso que hubiese permitido el ejercicio pleno de las garantías sustanciales de su derecho a la defensa.

Esto es extensible aun en el caso singular de la designación de jueces provisorios o suplentes, que en principio no gocen de estabilidad superior o inamovilidad ya que no son titulares por no haber ingresado por un proceso concursal sino que fueron investidos como autoridad judicial transitoria para un período de tiempo precario que en realidad debería ser hasta tanto se produjera la designación de un ganador del concurso público convocado para alcanzar la titularidad de ese cargo judicial, durante el cual deberán cumplir a cabalidad todo el cúmulo de obligaciones derivadas del cargo con el mismo nivel de cuidado y diligencia que cualquier otro juez titular, por lo que correlativamente deberían gozar de la expectativa de derecho de ocupar la judicatura precariamente hasta la producción del nombramiento del ganador.

Lo que es si es importante para concluir este inciso es que esa sub garantía de la estabilidad en la ocupación temporal del cargo judicial

---

sancionatorios de naturaleza disciplinaria pues no es entendido como una sanción sino como el ejercicio de una potestad de control originalmente entregada al extinto Consejo Nacional de la Magistratura y ahora ejercible por la Junta Nacional de Justicia.

está íntimamente vinculada a la calidad de la justicia que el juez impartirá en el ejercicio libre de la judicatura, muy particularmente, con la autodeterminación de sus convicciones para interpretar el derecho y tomar una decisión consciente al aplicar una salida razonable y verosímil, porque un juez que no ingrese por concurso público y no se le reconozca esa ficción de protección evidenciaría una visible debilidad ya que sería siempre en esencia un juez "potencialmente removible" por otra designación temporal, debilitado en su proceder por su piso de vidrio con una pendencia sobre su propio nombramiento y su eventual permanencia en el ejercicio de su cargo, lo que sin lugar a dudas se reflejaría en la libertad de sus fallos y podría gestar verdaderas desviaciones de poder por los órganos que dimanen las designaciones.

Sin embargo, en algunos ordenamientos jurídicos se condiciona la inamovilidad a ciertos límites justificados en el rango legal que habilitarían al cese de la ocupación del destino público judicial por motivo de alcanzar una edad para una jubilación forzosa, lo cual ha sido un hecho de acrisoladas discusiones controvertidas pues pareciera que junto a la docencia, son oficios en los cuales con mayor tiempo en ejercicio del cargo se alcanzaría no sólo experiencia sino mayor sapiencia, destreza y sabiduría por la cavilación reflexiva que generaría el conocimiento y su permanente práctica, obviamente mientras se detente idoneidad y condiciones físicas para hacerlo porque sobrevenidamente podrían generarse problemas de discernimiento o impedimentos de su capacidad física o intelectual que le impida un correcto desempeño de su labor.

XI. LA IDONEIDAD DEL JUEZ

Un punto de confluencia en casi todos ordenamientos jurídicos es exigir como una condicionalidad primaria a todo aspirante que desee ocupar un cargo juez, la demostración de su idoneidad origen y luego durante todo su constante ejercicio, a través de la comprobación de especiales facultades intelectuales y de sus aptitudes personales y profesionales que están referidas al manejo calificado y profundo de conocimiento jurídicos -como explicaremos en el punto inmediato subsiguiente-, al igual que la capacidad singular de razonar lógicamente ante eventos, circunstancias y argumentaciones para producir juicios de valor contenidos en la motivación de la argumentación de sus decisiones interlocutorias y definitivas, con soluciones que deben ser fundadas, verosímiles y creíbles o plausibles en derecho.

También sobrevenidamente a través de su ejercicio emergerán otras evidencias de su idoneidad práctica que van más allá de ese manejo permanente de aspectos jurídicos técnicos en la interpretación y aplicación del derecho, vinculadas a la comprobación permanente de su moralidad personal y de su ética profesional, y al desempeño impecable de sus actividades relacionadas con la organización y administración de los recursos materiales de su juzgado y del personal a su cargo.

Obviamente esta multidimensionalidad de elementos que integran la noción de idoneidad del juez, son parámetros que incidirán directamente sobre la eficiencia y buen funcionamiento del servicio público de Justicia, pero cabría preguntarse ¿cuáles aspectos materiales de ésta son realmente susceptibles de juzgamiento y control disciplinario?, Se puede someter a evaluación disciplinaria la integralidad de su gestión jurisdiccional y muy particularmente sus resultados jurisdiccionales?, ¿Qué aspectos particulares deben ser excluidos de ese control disciplinario?. De seguidas entraremos a desmenuzar en detalle los elementos que nos permitirán obtener las respuestas acertadas.

XII. LA EXIGENCIA DEL CONOCIMIENTO EXTENSIVO DEL DERECHO POR EL JUEZ Y SUS IMPLICACIONES

Quizás una de las más difíciles exigencias impuestas al juez al momento de desplegar su competencia jurisdiccional, es que se le emplaza a tener un nivel de idoneidad jurídica y de tecnicismos con una visión omnicomprensiva de las reglas de la configuración, engranaje y funcionamiento del sistema jurídico muy superiores a los niveles de conocimiento exigidos para el resto de los otros operadores del Poder Público[30], en aspectos esenciales como las distintas gradaciones del

[30] Bajo el espectro de la principio-prerrogativa-presunción *iura novit curia* por el cual se asume que el juez conoce extensivamente el Derecho, detentando un holgado espacio de análisis y determinación de sus instrumentos más allá de los invocados por las partes dentro del proceso por deficiencia o desconocimiento de éstas, y de hecho se le exige no sólo el deber de conocer las disposiciones jurídicas y principios pertinentes sino que manteniendo

elenco de potestades normativas estatales y la secuela de la integración jerárquica de sus regulaciones, con un minucioso conocimiento detallado de la diversidad de instrumentos normativos que integran el bloque de juridicidad, que traslucen que su desempeño cotidiano no se reduce a una mera operación automática exegética e irreflexiva de confrontar los alegatos y defensas de las partes frente a un evento factico, para subsumirlos en un supuesto de hecho dispuesto en una norma vigente, en la búsqueda de una correcta resolución del asunto controvertido, sino que requiere de una verdadera labor de intelectual normativa hermenéutica adjetiva sustantiva, previa y en el desarrollo del proceso que culmina finalmente en una razonada motivación, que sea fiel reflejo de la verdad contenida en autos y del verdadero derecho aplicable al caso concreto.

Por eso el primer reto que debe afrontar el operador judicial, es dominar a plenitud y profundidad la intrincada fauna de normas y principios contenidos en el complejo entramado normativo positivo donde existen instrumentos que detentan prioridad de aplicación sobre otros, al ser de gradaciones diferentes por provenir de fuentes nativas nacionales Constituyentes o Legislativas, ahora complicado por la anexión constante de normas de aplicación vinculante que son producto del control de convencionalidad, que devienen de órganos supranacionales y que se integran al bloque de juridicidad del ordenamiento nacional con inclusive modulaciones agregadas por el Diálogo Jurisprudencial con los órganos judiciales internos, generados en ocasiones a un ritmo casi frenético por la fluidez de su producción.

A este complicado panorama se le agrega el esfuerzo constante que recae sobre el juez durante el desarrollo de la fase de cognoscitiva del proceso, de estar al tanto y aplicar las adecuadas normas adjetivas que permitan en la oportunidad correspondiente, la generación de alegatos y defensas de las partes, sus pruebas y conclusiones contrapuestas que luego serán ponderadas para decidir, y además coetáneamente, vigilar que las partes se mantengan dentro de los límites de la lealtad y dignidad procesal, por lo que se evidencia que su labor no se limita solamente a aplicar normas sino a ejercer impecablemente sus deberes

---

su neutralidad ejercite su poder ínsito a la función jurisdiccional y los aplique cuando fuese procedente dentro de una sana y recta aplicación de justicia.

funcionales de rector del proceso, que deben ser desarrollados bajo la égida del respeto a una estructura de valores éticos de sus procederes, de manera oportuna y sin dilaciones para calificar jurídicamente la pretensión y asignar significados jurídicos a los hechos traídos a autos del proceso por las partes, con la congruencia necesaria para dimanar una sentencia motivada. Para ello finalmente debe efectuar una calibrada y perfecta disección normativa seleccionando dentro de ese basto universo normativo, cuáles serían los idóneos fundamentos normativos que sustenten su fallo al momento de dimanar su decisión para alcanzar en la mayor medida el fin anhelado por el Derecho, que es que su fallo sea aceptablemente lo más cercano a la justo para las partes involucradas.

XIII. EL ERROR JUDICIAL INEXCUSABLE COMO CAUSAL DE REPROCHE DISCIPLINARIO

Por su parte, en algunas ocasiones el funcionamiento anormal del sistema de justicia proviene de desaciertos imputables directamente al juzgador como autor de fallo judicial, referidos a una incorrecta implementación de los principios de derecho, descuidos con el rigor del sistema de fuentes y sus prelaciones de las reglas del ordenamiento jurídico, o la mala aplicación de una norma jurídica sustantiva o procesal porque no corresponda con el contenido fáctico del proceso o no se encuentre vigente en el derecho positivo, situaciones que pudiesen constituir en algunos casos, un brutal desconocimiento del Sistema y sus reglas jurídicas revelando una ignorancia profunda y manifiesta del Derecho, lo que resulta en una palmaria ineptitud jurídicamente inexcusable del juez.

Esto dependiendo del ordenamiento jurídico, eventualmente podría erigirse como una falta grave que aparejase reproche disciplinario, siempre que fuese tan trascendente su afectación al Derecho que constituyese una grosera injustificación e irracionalidad de su proceder, ante la elementalidad de lo desconocido o desatendido, porque pudieran haber otros desaciertos judiciales que no revistan tal magnitud de gravedad, en cuyo caso deberían simplemente ser indicado y corregido por el fallo de la instancia de Alzada al entrar a revisar la decisión del Juzgado A quo, a través de una advertencia referencial de ese error en la aplicación o interpretación del Derecho como expresión natural de la dinámica de juzgamiento derivada del proceso en particular, porque "las diferencias razonables que puedan darse entre los jueces, aún erradas, es propio de la libertad judicial de interpretación jurídica a la hora de dictar la decisión correspondiente a la función jurisdiccional."[31]

Surge así la excepcional causal disciplinaria de error judicial inexcusable, con rasgos determinados a modo de cortapisa ante eventuales distorsiones gestadas entre la verdad procesal dimanada de autos y las interpretaciones y absurdas conclusiones que el juez pudiera arribar dentro de un proceso las cuales quedarían plasmadas irrebatiblemente en su injusta resolución judicial, como una mácula o impronta indeseable al funcionamiento del Sistema de Justicia, y que además resultaría contradictoria a los fines y a la naturaleza de la delicada función jurisdiccional. Todo ese indebido proceder irrumpiría contra la confianza institucional que orbita en la idea medular que el operador de la judicatura domina extensivamente y siempre aplicará correctamente el Derecho, con prudente discernimiento racional frente a los hechos y alegatos llevados a su conocimiento.

Sin embargo, la probable incursión y represión de esta conducta censurable, no deja de tener verdaderas complicaciones y particularidades en la práctica disciplinaria, por cuanto debería siempre tenerse presente una correcta ponderación entre el ejercicio de la potestad punitiva y la garantía de independencia judicial, ya que la existencia de esta protección no justificaría en modo alguno la arbitrariedad judicial o la iniquidad del Derecho por el juez, quien sería el principal llamado a protegerlo.

Lo sensible del asunto estriba en las limitaciones que detentaría el órgano titular del ejercicio disciplinario para la verificación y comprobación de la incursión de la falta sancionable, porque los errores de juzgamiento sólo podrían ser objeto de control de las instancias jurisdiccionales revisoras competentes desplegadas por los específicos mecanismos procesales previstos para el proceso en cuestión, dado que

---

31 Román Duque Corredor. *Los poderes del juez y el control de la actividad judicial*. Academia de Ciencias Políticas y Sociales, Serie Estudios 72. Editorial Torino. Caracas 2008. p. 75.

sus contenidos son propios y exclusivos de la función jurisdiccional; de esta manera inevitablemente se requerirá de una sentencia previa con carácter definitivamente firme que declare la consumación del error judicial, que se torna inexcusable porque se trata de errores de derecho en el juzgamiento "en los que jamás incurriría un juez idóneo o normal, cuya irracionalidad o ilogicidad es ostensible o patente. ... de extrema ignorancia judicial que notoriamente evidencie la falta de idoneidad del juez ... de manera que no es necesaria otra interpretación jurídica, o un reexamen de la situación juzgada, para llegar a la conclusión que la decisión del juez es un error craso, porque la ignorancia es ostensible ... por ello, si la decisión judicial contiene argumentaciones `jurídicamente viables´, no puede ser objeto de control disciplinario... [ya] que el control disciplinario no puede tener por objeto la interpretación jurídica que los jueces adopten en sus sentencias, porque en el fondo se estaría controlando la propia garantía judicial de decidir conforme a derecho."[32] [corchetes nuestros]

En consecuencia estaría vedado al juzgador disciplinario declarar prima facie la existencia del error inexcusable, -inclusive si se tratara de un órgano disciplinario jurisdiccional, por no detentar competencia material de juzgamiento y ser un sujeto extraño y ajeno revisor del proceso particular desarrollado, en donde se aduce la presunta materialización de la falta reprochable-, por cuanto inexorablemente se **requerirá de su calificación previa por la Alzada natural o la instancia de revisión judicial excepciona**l, contenida en una sentencia definitivamente firme que cierre el conocimiento judicial del asunto y nítidamente no deje ninguna duda de la materialización del burdo error inaceptable, para que posteriormente el órgano disciplinario competente -pudiera en un margen de apreciación- ponderar la suficiencia o no del error evidenciado para imponer la sanción correspondiente.

Para apreciar correctamente la incursión en un error inexcusable judicial, la instancia de cierre jurisdiccional debería apreciar no sólo epicéntricamente el pronunciamiento particular del juzgador A quo, sino además, el contexto de la decisión contrastando el nivel de dificultad y complejidad del problema jurídico planteado en el proceso

[32] Román Duque Corredor. ob. cit, pp. 74-75.

sujeto a revisión judicial, para entender la magnitud de disconformidad al derecho que evidenciaría la resolución judicial a la hora de proteger el deber de cuido de la argumentación, o de la supresión veleidosa de la realización de un acto procesal sensible a la defensa o probatorio de las partes, que matice la verdad procesal o la distorsione impactando decisivamente en su resolución, en desconocimiento grave de sus deberes funcionales como rector del proceso.

Asumir que el órgano disciplinario en aras de proteger la correcta interpretación del Derecho, pudiera entrar a evaluar los contenidos materiales competenciales reservados a otros órganos jurisdiccionales diferenciados, desbordaría su competencia funcional en virtud que nunca sería un juez natural del proceso en cuestión, pero además inclusive desnaturalizaría la **especialización de los jueces competentes**, convirtiendo al juzgador disciplinario en un **supra juez multicompetencial**, y lo supondría como infalible conocedor de todas las materias jurisdiccionales, abriendo el indeseable riesgo que la disciplina se implemente desvirtuadamente como un vehículo de retaliación ante lo decidido, generando temeridad sobre los juzgadores y finalmente resquebrajándose la tan anhelada independencia judicial, porque sus dichos y criterios contenidos en sus fallos no sólo serían revisados por sus superiores sino inclusive por un **tercero ajeno al proceso**, como un espectro de **instancia tras bastidores**, quien además con mayor lesividad pudiera sobrevenidamente imponerle una sanción que le suspendería o suprimiría su inamovilidad.

De esta manera, siempre deberíamos tener presente que la eventual procedencia de esta causal sancionatoria disciplinaria requeriría de una declaratoria preconstituida del error judicial inexcusable por los órganos naturales competentes en torno al proceso que da lugar a la intervención de la jurisdicción, referido estrictamente a las gravísimas particularidades de su incursión por la ignorancia supina de quien estaría particularmente llamado a tener un conocimiento calificado y extensivo del Derecho.

Esto dista de otros supuestos fácticos que han sido paradójicamente catalogados como error judicial inexcusable, en torno a la desatención de criterios interpretativos dimanados de las Altas Corporaciones Judiciales, calificados como vinculantes y de obligatorio acatamiento para los jueces ordinarios, lo que eventualmente conduciría a la posible imposición de un reproche disciplinario que pudiera desmembrar su inamovilidad y extirpar su autonomía judicial, aspectos que desarrollaremos posteriormente en este trabajo.

XIV. LA DEBIDA Y DELICADA FRONTERA ENTRE LO REVISABLE EN LA DISCIPLINA JUDICIAL Y LO PROHIBIDO POR SU NATURALEZA JURISDICCIONAL EN STRICTO SENSU

En el ejercicio de potestades disciplinarias judiciales siempre habrá la tentación humana de los operadores disciplinarios de entrar a controlar la universalidad de las conductas desarrolladas por el juez disciplinable, inclusive de aquellas gestadas dentro de un proceso particular referidas al ejercicio de la jurisdicción en sentido estricto, en la pretendida búsqueda de algún incumplimiento de los deberes funcionales judiciales a los efectos de establecer eventualmente su responsabilidad individual, en algunas ocasiones predispuestos por sus buenos deseos de depurar a toda costa las presuntas desviaciones de quienes participan en el juzgamiento de las causas, y en otros momentos, movidos por fines oscuros y ocultos, por una voluntad preconstituida de estructurar todo un artificio legal procedimental para generar una revancha o retaliación frente a lo decidido por aquél, -aun cuando materialmente no pudiera desaparecerse lo decidido-, o incidir en el fondo de las decisiones que eventualmente se puedan producir en procesos en curso, en donde existiesen intereses directos de esos operadores disciplinarios o de terceros que ejerzan indebidas presiones para alcanzar sus aspiraciones bajo el alegato de la rectificación de supuestas conductas reprochables, por lo que, tajantemente se requiere establecer una frontera nítida entre los sustratos que efectivamente son susceptibles de ser revisados disciplinariamente y los que escapan o están vedados de esa limitada esfera de valoración y control especial.

Por ello, lo "delicado de este tema estriba en la ponderación y balance que realmente debe hacer el órgano titular de la potestad disciplinaria de la delgada línea que existe entre la evaluación o juzgamiento aséptico de las conductas susceptibles o sometidas a disciplina desplegadas por un operario del sistema de justicia, como ejercicio lícito del poder punitivo estatal disciplinario"[33] y lo que no pertenece a ese ámbito de su control porque invadiría los contenidos restringidos de la jurisdicción.

El asunto no resulta trivial porque "si bien es cierto que la independencia judicial constituye uno de los pilares del Poder Judicial, no lo es menos que la responsabilidad judicial se presenta como un verdadero contrapeso de aquella. Independencia y responsabilidad son dos caras de la misma moneda... el juez es independiente pero también es responsable y, por lo tanto, debe explicar sus actuaciones y dar cuenta de ellas. Por ello, del establecimiento de un adecuado régimen de responsabilidad judicial, tanto en sus aspectos sustantivos como procedimentales, dependerá en buena medida la propia legitimación del Poder Judicial y la confianza de los ciudadanos en la justicia."[34]

Sin embargo, la existencia de la independencia judicial no justifica en manera alguna arbitrariedad ni antijuricidad de las conductas de los jueces quienes deben indudablemente responder por sus actuaciones, "la cuestión a determinar es el alcance y naturaleza de los controles a que pueda ser sometida su actividad jurisdiccional, de modo que no se afecte la independencia judicial, garantía de su imparcialidad. Por ello, nos encontramos ante los conceptos de necesaria armonización sobre la base de considerar la exigencia de responsabilidad del juez como instrumento que asegure el sometimiento de aquél al ordenamiento jurídico."[35]

El asunto medular estriba en tener claro que existen una diversidad de comportamientos y actuaciones constituidos por pronunciamientos e interpretaciones que por su naturaleza jurisdiccional en estricto sentido, están reservados constitucionalmente a la jurisdicción como potestad-función-competencia exclusiva y excluyente propia de la rama judicial

---

33 Al respecto ver nuestro argumento en Carlos Luis Carrillo Artiles. *Derecho Disciplinario Judicial*. Editorial Jurídica Venezolana. Colección Instituto de Derecho Público No.4. Caracas. 2012.

34 Juan Pedro Quintana Carretero. Poder Judicial y Responsabilidad: La Responsabilidad Judicial. En el libro *La responsabilidad personal del juez*. Editorial Aranzadi. Editorial Civitas. Pamplona España. 2008. Pág. 21.

35 Ibídem, p. 26.

a los efectos de producir concretamente sentencias con fuerza y autoridad de cosa juzgada, en donde estrictamente los jueces como singulares operadores de la jurisdicción tienen la exclusiva libertad de apreciación en la lectura y aplicación del Derecho, con sustratos que únicamente pudieran ser reexaminados sólo por sus pares a través de los particulares vehículos establecidos como remedios procesales por el ordenamiento jurídico para el proceso en específico, ya que se encuentran protegidos bajo el manto de las garantías de la independencia y la autonomía judicial para resguardar celosamente esos análisis -interpretativos, de aplicación del derecho y de valoración de hechos y circunstancias-, así como de las decisiones que se tomen consecuencialmente en amparo de la actividad de administración de Justicia que fue producto de su directa inmediación en la causa.

Mal podría justificarse que un órgano disciplinario incompetente materialmente, que es forastero y extraño al proceso en concreto -más allá que esté inserto o no dentro de la rama judicial y detente competencia especial jurisdiccional disciplinaria[36]- que inclusive no tuvo conexidad directa con el juzgamiento, sin contacto con las partes ni con su debate, ni con la producción de las pruebas, pretenda sobrevenidamente revisar los aspectos esenciales de contenidos de aquella competencia diferenciada, -y que además puede ser tan variada como especializaciones hubiere-, situación que en ese caso de la disciplina por endocontrol ejercida por órganos jurisdiccionales judiciales conllevaría a la idea de la concentración de un multiconocimiento del derecho por un supra juez que nunca sería instancia competente e intervendría a evaluar en frío y sin inmediación esos contenidos bajo el argumento y justificación de imponer disciplina; y que en el caso de los órganos disciplinarios de naturaleza administrativa -de endocontrol o exocontrol- eventualmente acarrearía que sus actos sancionatorios estén afectados del vicio constitucional de Usurpación de Función Jurisdiccional al invadir elementos rigurosamente reservados a la Jurisdicción.

Pero en este estado cabría preguntarnos: ¿qué contenido relacionado con un proceso judicial es realmente objeto de exclusión de la

[36] Parafraseando a Eduardo Couture, ob. cit., p. 29, todos los jueces tienen jurisdicción pero no todos tienen competencia para conocer de un determinado el asunto.

disciplina judicial, por ser efectivamente circunscrito al análisis e interpretación jurisdiccional?, y ¿cuáles conductas podrían juzgarse a través de este mecanismo de control cuando hubiese desviaciones?

Este lindero apriorísticamente no es fácil de determinar, pues pareciera circunscribirse a una amplia gama de aspectos que pudieran generar confusiones, ya que a partir de la construcción de deberes funcionales judiciales exigidos por la legislación pudiera generarse expectativas revisorías al órgano disciplinario sobre las actuaciones valorativas del juez dentro del ejercicio, que peligrosamente pudieran rebasar el ámbito competencial de la disciplina judicial.

Tal es el caso de la edificación en el rango legal del deber funcional judicial de la "**motivación de las sentencias**", -como elemento garantístico del control de la juridicidad de la interpretación y aplicación del derecho- cuyo quebrantamiento pudiera llegar a ser discutido eventualmente en sede disciplinaria, en la medida que con toda seguridad éste dentro del catálogo de faltas censurables disciplinariamente.

Frente a esta situación emergerían distintas posibilidades prácticas de pretendidos incumplimientos que abarcarían un amplio espectro de situaciones, que van desde: 1- la inexistencia total de la motivación a la hora de tomar una decisión dentro del proceso; 2- la exigua o insuficiente justificación de su dicho, -por motivación parcial-; hasta 3- la delicada calificación de una indebida o errónea motivación -cuando fuese desarrollada exhaustivamente pero se pretende disentir de su contenido-.

El problema medular aquí descansa en que por la impenetrabilidad de la función jurisdiccional, el órgano disciplinario sólo pudiera lícitamente entrar a considerar el caso de una **absoluta inexistencia de motivación**, cuando el juez ha omitido totalmente el hacerla, **como una desatención del deber funcional que no requiere entrar a analizar en manera alguna el fondo de lo sustancialmente decidido jurisdiccionalmente**, ya que en todos los otros supuestos referidos a **insuficiente o errónea motivación, sería inaccesible materialmente a la potestad disciplinaria** pues requiere de una interpretación y análisis que exclusivamente correspondería a las instancias revisoras jurisdiccionales en ejercicio de la administración de justicia, sustratos que están vedados de ser censurados o corregidos por las cortapisas garantísticas de independencia y de autonomía judicial, tantas veces aludidas a lo largo de este trabajo.

Así pues, en otros aspectos diferentes a los contenidos jurisdiccionales, no cabría duda de la posibilidad de establecer una responsabilidad individual disciplinaria del juez frente a la conculcación de sus **deberes funcionales de naturaleza administrativa** en torno al manejo de los recursos del órgano judicial o sobre su personal dependiente; al igual a la vulneración de **exigencias éticas**, como la debida neutralidad o imparcialidad ante las partes y sus alegatos, el valerse de su condición de juez para intervenir en otras causas u obtener tratos favorables ante otras autoridades de la rama judicial o administrativas inclusive de las otras ramas del Poder Público, realizar actividades que comprometan su credibilidad y la del aparato de justicia, reñidas con las buenas costumbres; infracción a alguna incompatibilidad con el ejercicio de su cargo como realizar otras actividades proscritas o paralelas a su condición de juez; y **extraordinariamente** frente al **incumplimiento o inobservancia sustancial de las normas procesales en la realización o tramitación de actos del proceso** a los que estuviese legalmente obligado de efectuar temporalmente o frente a unos eventos desarrollados por su negligencia, impudencia o dolo manifiesto, por lo cual, las dilaciones injustificadas, denegación de justicia y la desatención de la materialización de la ejecución de sus fallos pudiesen ser objeto específico de reproche, al igual que, aquellos comportamientos que vayan en detrimento de la igualdad, respeto y lealtad procesal para con las partes. Como es fácil de observar en todas estas últimas situaciones afectantes de los deberes funcionales judiciales, se trata de una **evaluación objetiva** en donde **jamás se hace una inmersión** en el debate procesal, ni en las interpretaciones o calificaciones jurídicas en la aplicación del derecho, propio de los **contenidos sustanciales de la jurisdicción**.

En todo caso por la lógica de protección de la indemnidad de la actividad jurisdiccional siempre evocaría como una obligación indisponible para el órgano disciplinario, que en el caso de duda nunca debería entrar a conocerse y a juzgarse esos particulares contenidos de la jurisdicción en sentido estricto, sobre todo si con esa indebida e inconstitucional intervención podrían inmiscuirse y efectuar interpretaciones, calificaciones jurídicas o aplicaciones del derecho al no ser órganos jurisdiccionales, en asuntos que estrictamente pueden ser conocidos por las Alzadas o por instancias extraordinarias revisoras con ocasión de los recursos procesales.

Aun cuando esto resulta inobjetable, en ocasiones por desconocimiento o por intencionalidad de los órganos disciplinarios judiciales, ha habido una inclinación a **relativizar las actividades y actos en sentido estricto jurisdiccionales**, a objeto de minusvalizarlos y someterlos a su análisis, evaluación y control, que resulta inaceptable por la particular esencia de la función y la singularidad de sus consecuencias, distorsiones que no superan ni siquiera una mínima evaluación dentro de un estándar de constitucionalidad ni de legalidad promedio, por ser una función pública reservada al órgano judicial[37] del Estado por su producto distintivo -la sentencia- y por la fuerza ínsita -cosa juzgada- que orbita y deriva de ese instrumento, a partir de ritualismos y formalidades exigidas por la ley para finalmente otorgar certidumbre jurídica sobre el interés prevaleciente en un mandato judicial que inclusive pueden ser ejecutado forzosamente contra la voluntad del obligado, por eso el "carácter de irrevisibilidad que da a las decisiones judiciales la autoridad de la cosa juzgada, no aparece en ninguno de los otros modos de actuación del Poder Público, [por lo que esa sentencia y sus contenidos] no puede ser sustituida, derogada, ni revocada por [ni] siquiera otra sentencia"[38], [corchetes nuestros].

Es importante puntualizar que el ejercicio disciplinario siempre pretende armonizar un orden institucional en aras de la perfectibilidad del servicio de justicia, pero no se puede hacer cometiendo injusticias, sacrificando las debidas formas y desvirtuando los contenidos garantizados por la Constitución y la Ley. Mal podría pretenderse combatirse la ilegalidad de una conducta reprochable a través de un ejercicio que desvirtué las formas y desconozca las reglas jurídicas, pues éste último sería tan ilegal como el que se pretende corregir.

---

37 Aunque hay la posibilidad que otros órganos diferentes al judicial puedan desarrollar la función jurisdiccional por asignación de ley, sólo que esas variantes de la función nunca podrían emitir un particular instrumento como es la sentencia con una singular autoridad de cosa juzgada.

38 Eduardo Couture. ob. cit. p. 39.

XV. CARÁCTER VINCULANTE DEL PRECEDENTE DE LA DOCTRINA JURISPRUDENCIAL CONSTITUCIONAL Y SU EVENTUAL INCIDENCIA EN LA CONFIGURACIÓN DE LA RESPONSABILIDAD DISCIPLINARIA JUDICIAL

No podríamos finalizar este artículo sin abordar el tema pendiente de las posibles incidencias en la responsabilidad disciplinaria judicial, si las hubiere, ante el evento de que un juez ordinario al momento de efectuar su interpretación del derecho con ocasión del conocimiento de un caso concreto en ejercicio de la función jurisdiccional, optase por desatender u objetar el contenido expreso de un precedente de la doctrina jurisprudencial dimanada por Tribunal, Corte o Sala Constitucional, según el caso.

Este análisis debe necesariamente partir desde la determinación de la naturaleza orgánica -constituida o constituyente- de los integrantes del Poder Público para establecer con claridad quienes por su naturaleza Constituyente estarían dotados de ese extraordinario poder, y en qué supuestos procedería por su ejercicio reformar o producir normas fundamentales, lo cual obedece a un catálogo cerrado de titulares consagrado taxativamente en la Constitución, donde **no se ha incluido expresamente al Juez, por ser un órgano constituido y limitado** que nació a la luz de esa norma fundamental, y cualquier interpretación que se efectué judicialmente debería estar dirigida a **armonizar el contenido de los instrumentos fundamentales pero no a modificarlos o a dejarlos sin efecto**, ya que estaría formalmente fuera de su absoluto control.

Y en una segunda consideración, se impondrá la evaluación minuciosa de las especiales características operativas de la función en sí misma que desarrollan esos órganos del Poder Público, para distinguir entre la jurisdiccional y la Constituyente, lo que permitirá efectivamente establecer si existiría o no un deber jurídico funcional que sujetaría al juez ordinario, a ceñirse irrestricta e inexcusablemente a un criterio interpretativo del derecho previamente explanado por la Alta Corporación Judicial que ejercite la Justicia Constitucional, como una irreductible consecuencia por haber sido previamente calificado ese razonamiento como de obligatoria observación en el afán de lograr la labor integrativa de la Constitución. Para finalmente entrar a considerar cuál es la verdadera naturaleza jurídica de las sentencias de interpretación constitucional dentro de la diversidad de los planos del ordenamiento jurídico, y sus efectos dentro de las distintas posibilidades de uniformar, homogeneizar o vincular futuras decisiones judiciales a una manera de ver y leer el derecho, lo cual pudiera ser lesivo o por lo menos afectante de protecciones establecidas en el rango fundamental, provenientes del Constituyente o inclusive del Control de Convencionalidad Supranacional y que finalmente sacrificarían e irían en desmedro de la preponderante actividad protegida como es la Jurisdicción, a favor de un único y singular máximo interprete constitucional.

Aunque resulta incontrovertible la naturaleza excepcional de la norma constitucional y de su Supremacía en el ordenamiento jurídico, y hoy en día ya es globalmente aceptada la idea de que la Constitución y las normas fundamentales foráneas a ella pudieran detentar normas de ejecución inmediata[39] y directa, y son aplicables sin necesidad de desarrollo legislativo para tutelar situaciones particulares, -sobrepasando la concepción original que contenía sólo normas de carácter programático-, la discusión se centraría en sí la Autonomía Judicial como garantía fundamental es supeditable y debe ceder a otras previsiones constitucionales en el caso que la hubiere, y refieran a un órgano en especial de la rama judicial como máximo intérprete del texto constitucional -ya sean Salas, Cortes o Tribunales Constitucionales-, generando correlativamente una sujeción con algunos de sus dichos hermenéuticos para todos los operadores judiciales -cuando fuesen calificados como tales-, implicando un deber de acatamiento incondicional en desmedro de diferentes competencias especializadas -como por ejemplo, la contenciosa administrativa, la electoral, penal, y otras- que inclusive fueron otorgadas monopólicamente por ese mismo cuerpo normativo constitucional a distintos órganos de la propia judicatura, por lo cual, en realidad esas otras Altas Corporaciones serían los verdaderos máximos intérpretes en esas distintivas competencias que le fueron asignadas constitucionalmente, sobre todo porque de alguna manera siempre habrá alguna

39 Eduardo García de Enterría. La Constitución como norma y el Tribunal Constitucional. Editorial Civitas. Madrid. 1985.

referencia, enclave o cimiento en la norma constitucional sobre esas especiales materias, y ante ese supuesto, siempre pudiese ser tentador para el ejercitante de la Justicia Constitucional efectuar una pretendida lectura "vincular" de lo que a su juicio quiso decir la Constitución con esa previsión, por lo cual no tendría ningún sentido la distinción de órganos y áreas competenciales por ese mismo instrumento fundamental.

Esta pretendida superposición ha generado conflictos a lo interno de la rama judicial en algunas latitudes, en lo que se ha denominado periodísticamente como "choque de trenes"[40] del Poder Judicial, que en realidad lo que revela son colisiones decisorias entre las distintas Altas Corporaciones Judiciales, generadas por la invasión competencial a través de sentencias anulatorias de una Corte o Tribunal Constitucional, en especiales áreas asignadas constitucionalmente a otros diferenciados órganos judiciales, los cuales finalmente ratificaron sus fallos preexistentes que fueron anulados, reivindicando sus especiales territorios de acción judicial.[41]

En este estado del desarrollo argumentativo conviene destacar que se debe tener clara la diferencia real entre el principio vertebral de Supremacía Constitucional referido al particular instrumento y las interpretaciones particulares que se hagan de la Constitución en ejercicio de integración normativa, aún bajo el entendido de que el Juez crea derecho a través de sus fallos, lo cual no está restringido a las instancias judiciales, pero que en todo caso acarrearía que la primera, es un rasgo característico y común del llamado Estado de Derecho, y presume la existencia de una norma fundamental superior que somete uniformemente a todos los otros instrumentos normativos del Estado y a todas las actuaciones del Poder Público e inclusive de los particulares, pero que en el segundo caso, aun cuando existiese esa norma expresa que otorgue dicha facultad, solo condicionaría su acatamiento a los órganos

---

40 Este es particularmente el caso de Colombia y los conflictos entre la Corte Constitucional, y el Consejo de Estado y la Corte Suprema de Justicia Colombiana.

41 Esto fue atenuado en Colombia, por disposiciones ulteriores relacionadas a la acción de tutela y ahora con un nuevo giro con las nuevas disposiciones del reciente Código de Procedimiento Administrativo y de lo Contencioso Administrativo CPACA, que indica que deberán tenerse en cuenta las sentencias de unificación jurisprudencial del Consejo de Estado en las que se interpreten y apliquen dichas normas.

judiciales pero nunca podría afectar directamente la libertad y esfera de los particulares.

Con singular distancia, se presenta la situación de Venezuela en donde se ha instaurado el argumento jurisprudencial dimanado por la Sala Constitucional del Tribunal Supremo de Justicia, que plantea que sobre sus exclusivos hombros descansaría la especial potestad de evaluar y discernir sobre el alcance e inteligencia de las disposiciones de rango constitucional[42], con la característica controversial que dichas interpretaciones dimanadas en el ejercicio de esa facultad tendrían 'efectos vinculantes erga omnes para todos los operadores públicos y por ende también indirectamente para todos los particulares', equiparando la Supremacía Constitucional del instrumento constitucional con las interpretaciones producidas por sus sentencias.

De aceptarse realmente que exista ese extenso poder entregado monopólicamente a un particular órgano constituido del Poder Público, éste podría 'aclarar' o eventualmente 'redireccionar' cualquier establecimiento normativo dimanado del Poder Constituyente del Estado, bajo su visión particular -acertada o desarticulada- de los contenidos constitucionales. Pero además mediante el ejercicio de tan particular análisis -nada más y nada menos- podría descifrar la propia extensión y contenido de las disposiciones de rango constitucionales, y como consecuencia de su propia interpretación podría auto otorgarse singulares atribuciones ilimitadas para efectuar tan importante actividad. Esta situación podría configurar una verdadera situación paradójica, de quién custodia al custodio, por cuanto estaríamos en presencia de una potestad de interpretación presuntamente otorgada por una norma que a su vez permitiría interpretar el alcance y la manera de cómo pudiera llevarse a cabo ese poder interpretativo.

Una laxa e indeterminada potestad interpretativa, que a su vez se apalanque en criterios hermenéuticos sobre su propia extensión, linderos y efectos, traería implícitamente la tentación y el peligro reverencial

---

[42] Al respecto ver nuestro desarrollo del tema en Carlos Luis Carrillo Artiles. "La asunción jurisprudencial de la interpretación constitucional por la Sala Constitucional del Tribunal Supremo de Justicia Venezolano. El Estado Constitucional y el Derecho Administrativo en Venezuela"". *Libro Homenaje a Tomás Polanco Alcántara*. Edición conjunta Instituto de Derecho Público UCV y Fundación Estudios de Derecho Administrativo FUNEDA. Caracas, 2005.

para el órgano constituido, que se considere dueño absoluto del poder de interpretar y por ende, de inmiscuirse en un campo y materias que están irrestrictamente vedados y excluidos a su control, como sería el caso del espectro formal y material monopólicamente reservado al imperio del Poder Constituyente, a través de del ejercicio de la función Constituyente, o que por la propia Constitución le pertenecen a otros órganos del Poder Público con otras formalidades y configuraciones, reservado a la función legislativa, con lo cual se distorsionaría el equilibrio y contrapesos de poder de las ramas estatales, y cambiaría la dinámica de toda índole de la Sociedad.

Sin lugar a dudas, con el pretendido establecimiento de una abierta e ilimitada facultad interpretativa de normas constitucionales sobre el objeto y contenido a interpretar, con rasgos privativos al erigirse a un supremo juez constitucional como el único operador jurídico que se elevaría con el carácter de máximo intérprete vinculante de la Constitución, se pudiera abrir una compuerta peligrosa para el "gobierno de los jueces" tan temido por los franceses con el advenimiento del Estado de Derecho Moderno, que pudiera desvirtuar el mismo principio de Supremacía Constitucional y el bloque de juridicidad, por cuanto al poseer ese 'órgano constituido' prerrogativas ilimitadas de redireccionamiento e innovación de la normativa constitucional, éste -con toda seguridad- pudiera incidir e inclusive obstruir unilateralmente la sana operatividad del engranaje de los otros órganos integrados al Poder Público, pudiendo incurrir en una innegable alteración de los mandatos constitucionales que no son otra cosa que la expresión de la voluntad popular en donde reside la titularidad directa de la Soberanía, y lo que es peor sus interpretaciones provienen innegablemente de un órgano que no es electo popularmente, por lo tanto no goza de representatividad de la Sociedad, ni es de naturaleza deliberativa política por ende jamás pueden generar consensos sociales.

Por ello, esa labor interpretativa de los mandatos constitucionales debe ser común y medular en la actividad de todos los órganos jurisdiccionales, -aunque se encuentre en ocasiones matizada por inusitados deberes de respeto y acatamiento dentro del ordenamiento- ya que todo juez al dirimir controversias intersubjetivas estaría facultado y obligado a evaluar libremente el derecho de acuerdo a su sano juicio, sobre los preponderantes valores, principios y disposiciones constitucionales antes de inclusive subsumir el hecho objeto del proceso en las normas de rango legal aplicables al caso concreto.

Como es sabido pesaría sobre los hombros del juzgador, garantizar la incolumidad del principio de indemnidad constitucional, mediante la aplicación de diversos mecanismos adjetivos inclusive aquellos de protección difusa de la constitucionalidad que el ordenamiento jurídico le ha otorgado frente a la ley como fuente normativa directa de derecho, mucho más deberían ser viables frente al pretendido cumplimiento de ciertos pronunciamientos interpretativos de algún órgano especial de la Justicia Constitucional -que inclusive en la práctica pudieran ser distorsionantes de las propias normas fundamentales por su errónea o sesgada lectura por activismo judicial- más allá que la norma le otorgue un carácter vinculante, ya que si perfectamente podría hacerlo frente a la ley como no podría hacerlo frente a un precedente.

La justificación de atar la libertad interpretativa del juez a un criterio de acatamiento obligatorio debería ser lo excepcional, aunque con ello se aspire generar seguridad jurídica y uniformidad debería ser estrictamente frente a la coincidencia de elementos fácticos que serían relevantes jurídicamente y pudieran encuadrarse en un enfoque jurídico interpretativo similar para dar un salida jurídica adecuada en otros procesos judiciales, sin embargo, se ha diseminado la idea peculiar que podrían ser sobre interpretaciones directas y en abstracto de las norma constitucional o fundamental, -con lo cual estamos al borde de la usurpación de la función constituyente-. Lo que si no sería objeto de una discusión razonable, es que inevitablemente frente a un análisis interpretativo siempre deberá garantizarse la Autonomía Judicial del juzgador como indemnidad consustanciada con el ejercicio de la función jurisdiccional, para que por excepción y de manera motivada razonablemente, tenga márgenes interpretativos y apreciativos viables y lícitos, que virtualmente permitieran diferir, apartarse y modificar los criterios establecidos como precedentes a pesar de que fuesen calificados como vinculantes, en la medida que se deje expresa constancia del conocimiento de su existencia y de las razones justificadas por las cuales se discrepa o desecha, revirtiendo la obligatoriedad de su acatamiento cuando tal imperatividad fuese expresamente dispuesta por la norma, ya que el debate de ideas y apreciaciones con una justificación creíble debe ser siempre protegido por cuanto es esencial, natural y consustancial al ejercicio jurisdiccional.

De todo el raciocinio expuesto, podríamos llegar a la conclusión que únicamente sería reprensible disciplinariamente, la desatención por desconocimiento total de un precedente que resultaba por ley de obligatorio acatamiento, siempre que fuese establecido como un deber jurídico funcional para el juzgador y existiese un comportamiento típico constitutivo de falta donde pudiera encuadrarse el reproche judicial, situación que no sería extensible al supuesto por el cual, el juez decida motivada y fundadamente objetar, apartarse o modificar una interpretación preconstituida gestada por un órgano calificado como máximo intérprete, si no hubiese identidad de hechos, por cuanto inexorablemente debería ser un ejercicio tolerable de la judicatura con márgenes protegibles para una válida lectura libre y creíble del derecho, teniendo siempre en cuenta que el apartarse de aquél criterio nunca podría entenderse como un error judicial inexcusable, porque aun cuando incurriese en imprecisiones, errores o deslices de aquella interpretación no pudiese ser calificado como tal, salvo que la magnitud de su argumento fuese en sí mismo groseramente inexcusable, en todo caso su determinación -como ya establecimos en un punto previo.

Por último, nos quedaría tratar el tema de cuál es la verdadera naturaleza jurídica de las sentencias interpretativas de la Constitución, y de cuál sería su ubicación dentro de los planos o estirpes del ordenamiento jurídico, en virtud, que constituyen una fuente secundaria de derecho, al aceptar que el juez detenta la posibilidad de crear derecho al ejercer la jurisdicción ya no sólo para el caso concreto. Esto tiene como justificación la sobreponderada afirmación que dicho intérprete se erigiría como el especial y casi exclusivo garante de la Supremacía Constitucional, bajo la singular idea de que nunca incurriría en equivocaciones o desaciertos.

No tenemos dudas que efectivamente el juez puede crear derecho con su interpretación como una norma individual surgida dentro del contexto del caso concreto, y eventualmente puede emitir interpretaciones orientativas que sirvan de ilustración y referencia para otros casos futuros que tengan un contexto fáctico idéntico relacionados con un problema jurídico similar. Sólo en el sistema del common law serían vinculantes los precedentes con su "*stare decisis*" que imponen a los jueces acatar irremisiblemente lo dispuesto en el precedente, situación que difiere del sistema jurídico de los países continentales de derecho escrito de corte romano germánico.

Más allá de esa realidad, se ha sustentado la implementación de contenidos interpretativos vinculantes para extender su acatamiento a los demás jueces ordinarios, bajo la justificación que con esa uniformidad interpretativa se generaría un mayor nivel de seguridad jurídica en el Sistema de Justicia al haber anticipadamente una certeza de la dirección de las decisiones, bajo una "predictibilidad de criterios" [43].

Pareciera que esta "camisa de fuerza" impuesta al juzgador ordinario a largo plazo pudiera generar mayores complicaciones que ventajas, porque podríamos estar aceptando la concentración omnímoda no sólo del poder interpretativo, sino de la determinación de la aplicación y ejecución del derecho, en un grupo de sujetos muy reducidos sin legitimidad democrática, base eleccionaria, ni representatividad política alguna que pudieran decidir e impactar la libertad individual de aquellos integrantes que como un todo constituyen la Soberanía, y al dejar a los otros jueces al descubierto sin gozar de las garantías que le permiten ejercer libremente su función de preservar la legalidad y finalmente amparar esa misma libertad, habremos reconocido la asunción de un monarca moderno, sin linaje ni abolengo, no proveniente de la Divinidad sino de un encubierto poder despótico que desconoce la estructuración y asignación de competencias diferenciadas, y de las propias reglas que le dan su origen y poder.

XVI. BIBLIOGRAFÍA

ALARCÓN SOTOMAYOR, Lucía. Los confines de las sanciones en busca de la frontera entre derecho penal y derecho administrativo sancionador. Revista de Administración Pública. Instituto Nacional de Administración Pública. N° 195 septiembre – diciembre 2014.

---

[43] Al respecto ver el desarrollo de ideas de Cesar Landa. "Los Precedentes Constitucionales: El caso de Perú". *Anuario Iberoamericano de Justicia Constitucional*. No.14. Madrid. 2010.

ALMAGRO NOSETE, José. El sistema español de responsabilidad judicial. El poder judicial. Instituto de Estudios Fiscales. Madrid. 1983.

ARBELÁEZ, Jaime Ossa. Derecho administrativo sancionador: hacia una teoría general y una aproximación para su autonomía. Editorial Legis. Bogotá. 2000.

AYALA CALDAS, Jorge Enrique. Elementos de derecho administrativo disciplinario en Colombia. Ediciones Doctrina y Ley. Santafé de Bogotá. 1995

AYALA CORAO, Carlos. Del Diálogo Jurisprudencial al Control de Convencionalidad. Colección Estudios Jurídicos N°. 98. Editorial Jurídica Venezolana. Caracas. 2012

BACA ONETO, Víctor Sebastián. La retroactividad favorable en Derecho Administrativo Sancionador. Themis Revista de Derecho No.69. Lima. 2016.

BALAGER CALLEJÓN, María Luisa. Interpretación de la Constitución y ordenamiento jurídico. Editorial Tecnos. Madrid.1997.

BARRETO ARDILA, Hernando. Principios y normas rectoras de la ley disciplinaria. Instituto de Estudios del Ministerio Público. Santafé de Bogotá. 1999.

BECHARA CABRERA, Luisa. Responsabilidad objetiva disciplinaria. Santafé de Bogotá. 1997.

BERNAL VALLEJO, Hugo Hernando y Hernández Rodríguez, Sandra Milen. El debido proceso disciplinario. Editorial Biblioteca Jurídica Diké. Medellín. 2001.

BORDALÍ SALAMANCA, Andrés. El Régimen de responsabilidad disciplinaria de los jueves chilenos y su inadecuación a las exigencias constitucionales. Revista Ius et Praxis, Año. 24. No.2. Talca. 2018.

BREWER CARÍAS, Allan Randolph. La Responsabilidad Administrativa de los funcionarios públicos. Archivo de Derecho Público y Ciencias de la Administración Régimen Jurídico de Salvaguarda del patrimonio Público. Universidad Central de Venezuela. Caracas. 1985.

BREWER CARÍAS, Allan Randolph. Sobre la irregular Jurisdicción Disciplinaria Judicial en Venezuela: La ley del Código de Ética del Juez Venezolana de 2010 y la interminable transitoriedad del régimen disciplinario judicial. Conferencias para el III Congreso Internacional de Derecho Disciplinario Asociación Venezolana de Derecho Disciplinario y Confederación Internacional de Derecho Disciplinario. Carcas. 2011. https://allanbrewercarias.com/wp-content/uploads/2011/11/1095-1042-Sobre-la-irregular-Jurisdicci%C3%B3n-Disciplinaria-Judicial.-III-Congresi-Int.-Dcho-Disciplinario-oct-.pdf

CABRERA CASTRO, Teófilo. El proceso disciplinario, Doctrina y Ley, Santafé de Bogotá 1997.

CANOSA SUÁREZ, Ulises. Derecho probatorio disciplinario, Instituto de Estudios del Ministerio Público Santafé de Bogotá. 1999.

CARRETERO SÁNCHEZ, Santiago. Corrupción, Funcionarios Públicos y papel de la Deontología. En La Ética Judicial: De las reglas a las actuaciones. Consejo Nacional de la Judicatura, Escuela de Capacitación Judicial. San Salvador. 2014

CARRILLO ARTILES, Carlos Luis. "La asunción jurisprudencial de la interpretación constitucional por la Sala Constitucional del Tribunal Supremo de Justicia Venezolano" El Estado Constitucional y el Derecho Administrativo en Venezuela. Libro Homenaje a Tomás Polanco Alcántara.". Edición conjunta Instituto de Derecho Público UCV y Fundación Estudios de Derecho Administrativo FUNEDA. Caracas Venezuela. 2005

CARRILLO ARTILES, Carlos Luis, Las implicaciones del nuevo Código de Ética del Juez Venezolano y Jueza Venezolana. Publicación diario Ámbito Jurídico Editorial Legis. Caracas. 2010

CARRILLO ARTILES, Carlos Luis. Ámbito subjetivo del Derecho Disciplinario en Venezuela. En Direito Disciplinário Internacional. Tomo I. Editora Fórum. 2011.

CARRILLO ARTILES, Carlos Luis. Derecho Disciplinario Judicial. Editorial Jurídica Venezolana. Colección Instituto de Derecho Público No.4. Caracas. 2012

CARRILLO ARTILES, Carlos Luis. Limites formales de la Potestad Disciplinaria por la sujeción al principio de legalidad sancionatoria y las garantías fundamentales de los agentes públicos. Revista Argentina del Régimen de la Administración Pública IV Congreso Internacional de Derecho Disciplinario y II Jornadas Provinciales de Control Público. Ediciones RAP. Santa Rosa de la Pampa Argentina 2012.

CARRILLO ARTILES, Carlos Luis. La reversión y desnaturalización por vía cautelar de la disciplina judicial en Venezuela. Libro homenaje a Clarisa Sanoja de Ochoa. Academias de Ciencias Jurídicas y Políticas. Caracas. 2013.

CARRILLO ARTILES, Carlos Luis. Principios rectores del Derecho Disciplinario y su distancia de los contenidos del Derecho Penal. Críticas y reparos al automatismo conceptual en la importación de principios, reglas e interpretaciones. Revista Tachirense de Derecho. No. 25. Universidad Católica del Táchira. 2014.

CARRILLO ARTILES, Carlos Luis. Estatutos Disciplinarios en el Derecho Venezolano y su Problemática actual. En Derecho Disciplinario Libro de Memorias del congreso Internacional Arequipa 2016. Universidad de Piura. 2016

CARRILLO ARTILES, Carlos Luis. Principios globales del derecho disciplinario y los problemas prácticos surgidos en su implementación. Libro Jornada Académica en homenaje al del profesor Allan Brewer Carías 80 años. Fundación estudios de Derecho Administrativo. Editorial Jurídica Venezolana Internacional. 2020

CASTILLO BLANCO, Federico A. Función y Poder Disciplinario del Estado. Editorial Cívitas S.A. Madrid. 1992.

CASTILLO BLANCO, Federico A. Principio de Proporcionalidad e Infracciones Disciplinarias. Editorial Tecnos S.A. Madrid. 1995.

DÍAZ DELGADO, José, y FERRANDO MARZAL, Mariano Miguel. La Independencia Judicial. Terceras Jornadas de Derecho Judicial. Vol. 2. Ministerio de Justicia, Madrid. 1987.

DIEZ PICAZO, Luis María. Notas de Derecho Comparado sobre la Independencia Judicial. Revista de Derecho Constitucional N°.34. enero abril 1992. Madrid.

DUQUE CORREDOR, Román. Los poderes del juez y el control de la actividad judicial. Academia de Ciencias Políticas y Sociales. Serie Estudios 72. Editorial Torino. Caracas. 2008.

ENRÍQUEZ BURBANO, Luis Alfonso. Perfiles de derecho administrativo disciplinario: comentarios, doctrina, jurisprudencia, apéndice legislativo. Jurídica Equidad. Cali. 1994

ESCRIBANO TESTAUT, Pedro. La responsabilidad Disciplinaria de los jueces y magistrados. En el libro La responsabilidad personal del juez. Editorial Aranzadi. Civitas. Navarra. 2008.

FERNÁNDEZ ARGÜELLO, Hubert. Las medidas cautelares y el procedimiento disciplinario en el ámbito judicial costarricense. Régimen jurídico y principios para su aplicación. Revista de derecho de la Hacienda Pública No.13. San José de Costa Rica. 2019

FERNÁNDEZ GARCÍA, Eusebio. Los jueces buenos y los jueces malos, Algunas reflexiones sencillas y dudas sobre la ética judicial. En La Ética Judicial: De las reglas a las actuaciones. Consejo Nacional de la Judicatura, Escuela de Capacitación Judicial. San Salvador. 2014

FERNÁNDEZ LÓPEZ, María Fernanda. El poder disciplinario en la empresa. Consejería de Trabajo. Junta de Andalucía. Civitas. Madrid. 1991.

FORERO SALCEDO, José Rory y Varón Cetrino, Germán. Vicisitudes del proceso disciplinario. 2° Edición. Personería de Bogotá. Bogotá. 2001.

FORERO SALCEDO, José Rory. Garantías Constitucionales en el Ámbito Disciplinario de los Servidores Estatales: Análisis derivado de la Óptica de un Derecho Disciplinario Autónomo. Revista Diálogo del Saber ISSN 0124-0021. Revista N° 25 Julio-Diciembre. Universidad Libre. Bogotá. 2006.

FOUCAULT, Michel. Vigilar y Castigar: Nacimiento de la prisión. Siglo veintiuno editores Argentina.1era Edición. Buenos Aires. 2002

GARCÍA DE ENTERRÍA, Eduardo. La Constitución como norma y el Tribunal Constitucional. Editorial Civitas.Madrid.1985

GARCÍA DE ENTERRÍA, Tomás y Tomas Ramón Fernández. Curso de Derecho Administrativo. Décima Edición. Editorial Civitas. Madrid. 2001.

GÓMEZ PAVAJEAU, Carlos Arturo. Dogmática del Derecho disciplinario. Universidad Externado de Colombia Sexta Edición. Bogotá. 2017.

GÓMEZ PAVAJEAU, Carlos Arturo. La lucha por los derechos en el Derecho Disciplinario. Universidad del Externado de Colombia. Segunda Edición. Bogotá. 2018

GÓMEZ PAVAJEAU, Carlos Arturo, Mario Roberto Molano López. La Relación Especial de Sujeción. Universidad Externado de Colombia. Bogotá. 2007

GÓMEZ PAVAJEAU, Carlos Arturo. Aspectos Centrales del Derecho Disciplinario." Colección Derecho Disciplinario, Volumen 1°, Ediciones Nueva Jurídica, Instituto Colombiano de Derecho Disciplinario, Bogotá 2009.

GÓMEZ PAVAJEAU, Carlos Arturo. Problemas Centrales del Derecho Disciplinario. Colección Derecho Disciplinario. Volumen "1. Ediciones Nueva Jurídica. Instituto Colombiano de Derecho Disciplinario. Bogotá. 2009.

GÓMEZ PAVAJEAU, Carlos Arturo. Asuntos disciplinarios. Praxis y Jurisprudencia. Colección Derecho Disciplinario, Segunda edición, Volumen 2°, Ediciones Nueva Jurídica, Instituto Colombiano de Derecho Disciplinario, Bogotá 2009.

GÓMEZ PAVAJEAU, Carlos Arturo. Elementos y propuestas para el control contencioso administrativo de la actividad disciplinaria. Colección Derecho Disciplinario, Volumen 3°, Ediciones Nueva Jurídica. Instituto Colombiano de Derecho Disciplinario. Bogotá. 2009.

GÓMEZ PAVAJEAU, Carlos Arturo. Crítica Disciplinaria. Ediciones Nueva Jurídica. Bogotá. 2018.

GÓMEZ PAVAJEAU, Carlos Arturo. Fundamentos del Derecho Disciplinario. Universidad del Externado de Colombia. Segunda Edición. Bogotá. 2018.

GÓMEZ PAVAJEAU, Carlos Arturo. Neuro derecho penal y disciplinario. Universidad del Externado de Colombia, Bogotá. 2018

GÓMEZ RUIZ, Elizabeth. Diccionario jurisprudencial disciplinario, Instituto de Estudios del Ministerio Público, Santafé de Bogotá 1998.

GONZÁLEZ PÉREZ, Jesús. Principios éticos que informan las relaciones de los empleados públicos. En La Ética Judicial: De las reglas a las actuaciones. Consejo Nacional de la Judicatura, Escuela de Capacitación Judicial. San Salvador. 2014

GUTIÉRREZ LLAMARES, M. A. Diccionario de Régimen Disciplinario de los Funcionarios (análisis jurisprudencial y normativo), Barcelona 200

HENAO PÉREZ, Juan Carlos. La responsabilidad civil del estado y el poder disciplinario. Instituto de Estudios del Ministerio Público. Santafé de Bogotá. 1998.

ISAZA SERRANO, Carlos Mario. Derecho disciplinario: parte general. Ediciones Jurídicas Gustavo Ibáñez. Santafé de Bogotá. 1997.

ISAZA SERRANO, Carlos Mario. De la suspensión provisional en materia disciplinaria. Ediciones Jurídicas Gustavo Ibáñez. Bogotá 2000

IVANEGA, Miriam Mabel. Las responsabilidades de los Funcionarios Públicos. Biblioteca Jurídica Virtual del Instituto de Investigaciones Jurídicas de la Universidad Autónoma de México.

IVANEGA, Miriam. Cuestiones de potestad disciplinaria y derecho a la defensa. 2da Edición. Revista Administración Pública Buenos Aires. 2013.

JALVO, Belén Marina. El régimen disciplinario de los funcionarios públicos: fundamentos y regulación sustantiva. Editorial Lex Nova, Valladolid 1999.

LANDA, Cesar. Los precedentes constitucionales: El caso del Perú. Anuario Iberoamericano de Justicia Constitucional. No.14. Madrid. 2010.

MARINO Y BORREGÓ, Rubén. Función Jurisdiccional e independencia Judicial. Terceras Jornadas de Derecho Judicial. Vol. 2. Ministerio de Justicia, Madrid. 1987.

MARTIN-GRANIZO FERNÁNDEZ, Mariano. Reflexiones sobre la responsabilidad de jueces y magistrados. Terceras Jornadas de Derecho Judicial. Vol. 2. Ministerio de Justicia, Madrid. 1987.

MARTÍNEZ FAGÚNDEZ, Cesar. Régimen disciplinario de los funcionarios. Jurisprudencia del Tribunal Supremo, Editorial Aranzadi, Primera Edición, Navarra 2006.

MARTÍNEZ LÓPEZ, Antonio José. Régimen disciplinario del servidor público. Librería del Profesional. Bogotá 1999.

MESEGUER YEBRA, Joaquín. El principio non bis in ídem en el procedimiento administrativo sancionador". Bosch. Barcelona. 2000.

MOLES CAUBET, Antonio. El Principio de Legalidad y sus implicaciones. Publicaciones del Instituto de Derecho Público UCV. Universidad Central de Venezuela, Caracas Venezuela. 1974.

MONTERO AROCA, Juan. Independencia y responsabilidad del juez. Cuadernos Civitas. Editorial Civitas. Madrid. 1990.

MONTERO AROCA, Juan. Sobre la imparcialidad del juez y la incompatibilidad de funciones procesales. Editorial Tirant Lo Blanch. Valencia. 1999.

MORELI, Sandra. La Corte Constitucional ¿un legislador complementario? . Temas de Derecho Público. No.45. Instituto de Estudios Constitucionales. Bogotá Colombia. 1997.

Navarro De Bautista, Zulma. La potestad disciplinaria. Ediciones Jurídicas Gustavo Ibáñez. Bogotá 2000

NIETO GARCÍA, Alejandro. Derecho Administrativo Sancionador. Editorial Tecnos. 2da Edición. Madrid.1994.

OBANDO REYES, Albanelly y Correa Uribe, Darío. Derecho administrativo disciplinario. Editorial Edmez. Santafé de Bogotá. 1996.

Oficina de las Naciones Unidas contra la Droga y el Delito. Comentarios sobre los Principios de Bangalore sobre la Conducta Judicial. Naciones Unidas. Nueva York. 2013.

OSTAU DE LAFONT PIANETA, Rafael E. Naturaleza jurídica del derecho disciplinario. Instituto de Estudios del Ministerio Público. Santafé de Bogotá. 1998

ORTÍZ PÉREZ, Francisco. El nuevo promotor de la acción disciplinaria contra jueces y magistrados: ¿un añejo inquisidor o un necesario garantizador de los derechos judiciales?. Revista General de Derecho Administrativa. No.336. Madrid. 2014.

PALACIO JARAMILLO, Martha Inés. Debido proceso disciplinario. Librería del Profesional. Bogotá.2001.

PAREJO ALFONSO, Luciano. «Algunas reflexiones sobre la necesidad de la depuración del status de la sanción administrativa.» Revista General de Derecho Administrativo, n° 36. 2014.

PARRA GUTIÉRREZ, William René. Derecho administrativo disciplinario: derecho sustancial y procedimental, Ley 200 de 1995, derecho sancionatorio, probatorio, penología, jurisprudencia del Consejo de Estado y la Corte Constitucional. Segunda edición, Librería del Profesional. Santafé de Bogotá. 1997.

PELLEGRINO, Cosimina. La interpretación de la Constitución de 1999 por la Sala Constitucional de Tribunal Supremo de Justicia. ¿existe un recurso autónomo de interpretación constitucional?. En libro homenaje a Enrique Tejera París. Temas sobre la Constitución de 1999. Centro de Investigaciones Jurídicas. Caracas. 2001.

PEÑA SOLIS, José. "La interpretación conforme a la Constitución". En el libro homenaje a Fernando Parra Aranguren. Facultad de Ciencias Jurídicas y Políticas UCV. Caracas. 2001.

PÉREZ, Teodoro. La Ética en la Administración Pública: distinciones necesarias. En La Ética Judicial: De las reglas a las actuaciones. Consejo Nacional de la Judicatura, Escuela de Capacitación Judicial. San Salvador. 2014

POLANCO DE GUERRA, Ana Mercedes. La responsabilidad disciplinaria de los jueces en Venezuela. En Revista de Derecho Procesal N°.1. Paredes Editores. Caracas. 1990.

QUINTANA, Armida. El régimen disciplinario de los jueces. Revista del Colegio de Abogados del Distrito Federal. Enero-junio 1991 No. 148. Editorial Ex Libris. Caracas. 1991.

QUINTANA CARRETERO, Juan Pedro. "Poder judicial y responsabilidad judicial" en el libro La responsabilidad personal del juez. Editorial Aranzadi, Editorial Civitas, Pamplona España 2008.

RAMOS ACEVEDO, Jairo. "Derecho Administrativo Disciplinario", Editorial Leyer, Bogotá 2002.

REBOLLO PUIG, Manuel, Manuel Izquierdo Carrasco, Antonio Bueno Armijo, y Lucía Alarcón Sotomayor. Derecho Administrativo Sancionador. Lex Nova. 2010.

RESTREPO QUIJANO, Rafael Darío. Derecho administrativo disciplinario, Editorial Leyer, Santafé de Bogotá 1999

RINCÓN CÓRDOBA, Jorge Iván. La naturaleza administrativa de la Potestad Disciplinaria: rompiendo el mito de la tan anhelada autonomía creada desde el Derecho Penal Colombiano. Memorias del Congreso Internacional de Derecho Disciplinario Arequipa 2016. Universidad de Piura. Lima. 2016.

RINCÓN CÓRDOBA, Jorge Iván. La Potestad Disciplinaria en el Derecho Administrativo. Universidad de Piura. IJ Editores. Lima 2018.

RÍO SANTOS, Fruela. La responsabilidad disciplinaria de los jueces y magistrados en España e Italia. Revista general de derecho público comparado N°. 23. 2018.

RODRÍGUEZ MORENO, Rafael. Derecho administrativo disciplinario, Segunda Edición, Editorial Jurídica Radar, Santafé de Bogotá 1996.

RODRÍGUEZ, Gustavo Humberto. Derecho Administrativo Disciplinario, Editorial El Profesional, Bogotá. 1989.

ROJAS GÓMEZ, Miguel Enrique. Las nulidades en el proceso disciplinario, Instituto de Estudios del Ministerio Público, Santafé de Bogotá 1998.

RORY FORERO, José. De las pruebas en materia disciplinaria. Ediciones Jurídicas Gustavo Ibáñez, Bogotá 2000.

ROSADO IGLESIAS, Gema. El régimen disciplinario de jueces y magistrados en la nueva Ley Boliviana del órgano judicial. Una comparación con el modelo español. Revista Boliviana de Derecho. No. 10. Santa Cruz Bolivia. 2010.

RUIZ VADILLO, Enrique y MUÑOZ CAMPOS, Juan. La responsabilidad disciplinaria de los jueces y magistrados. Terceras Jornadas de Derecho Judicial. Vol. 2. Ministerio de Justicia, Madrid. 1987.

SAGUÉS, Néstor Pedro. La interpretación judicial de la Constitución. Editorial De Palma. Buenos Aires Argentina. 1998.

SAMPEDRO ARRUBLA, Camilo. Causales de justificación de la falta disciplinaria, Instituto de Estudios del Ministerio Público., Santafé de Bogotá. 1998.

SÁNCHEZ DIEZMA, Javier. Problemas actuales del derecho disciplinario judicial. En el libro La responsabilidad personal del juez, Editorial Aranzadi, Civitas, Pamplona España 2008.

SHEFFER TUÑON, Javier Ernesto. Principios del Derecho Disciplinario. En Derecho Disciplinario Internacional. Editorial Forum. Bello Horizonte. Brasil. 2011.

STEIDEL FIGUEROA, Sigfrido. Disciplina Judicial y ética de los jueces. Revista Criterio Jurídico. Volumen 8 No.2. Cali. 2008.

SUÁREZ SÁNCHEZ, Alberto. El debido proceso disciplinario, Instituto de Estudios del Ministerio Público, Santafé de Bogotá. 1998.

TRAYTER, Juan Manuel. Manual de derecho disciplinario de los funcionarios públicos. Ediciones Jurídicas Generalita de Catalunya. Escola d'Administración Pública de Catalunya, Madrid 1992.

URDANETA SANDOVAL, Carlos Alberto. El juez, su independencia y el régimen de autogobierno del Poder Judicial derivado de la Constitución de 1999. Revista de Derecho del Tribunal Supremo de Justicia No.11. Caracas. 2004.

VACAS GARCÍA, Luis y MARTÍN MARTÍN, Gervasio. Manual de derecho Disciplinario, Editorial Aranzadi, Navarra 2005.

VARELA SÁNCHEZ, David Fernando. Régimen disciplinario de la rama judicial y el ministerio público, Pontificia Universidad Javeriana, Bogotá 1984.

VELÁSQUEZ GÓMEZ, Iván. Manual de derecho disciplinario, 2° Edición, Editorial Jurídica Sánchez, Medellín 1999.

VIGNOLO CUEVA, Orlando. Datos básicos sobre los regímenes disciplinarios comunes Peruanos. En Derecho Disciplinario. Libro de memorias del Congreso Internacional, Arequipa 2016. Universidad de Piura. Ius et Veritas. 2016

VIGO, Luis Rodolfo. Ética Judicial e interpretación jurídica. En La Ética Judicial: De las reglas a las actuaciones. Consejo Nacional de la Judicatura, Escuela de Capacitación Judicial. San Salvador. 2014.

CONFLICTO DE JURISDICCIONES. ESTADOS UNIDOS DE NORTEAMÉRICA Y VENEZUELA. CASO DIRECT TV

ALEJANDRO FUENMAYOR*
ADOLFO HOBAICA**

SUMARIO

I. Introducción. II. Aspectos tecnológicos y económicos relevantes en las normas generadoras del conflicto. III. Conflicto de jurisdicciones: EEUU – Venezuela. IV. Reacciones del FUDDC ante la suspensión de señal de Direct TV Venezuela. V. Efectos de la suspensión del servicio de Direct TV Venezuela. VI. Argumentos del FUDDC en la acción de amparo constitucional. VII. Propuesta para el restablecimiento de los derechos constitucionales conculcados. VIII. Anuncio del restablecimiento del servicio el 15 de agosto de 2020 como franquicia comercial de la empresa *SCALE CAPITAL* C.A bajo la denominación comercial SIMPLE TV. IX. Precisiones finales.

En el mes de mayo de 2020, actuando como profesionales del derecho y ciudadanos de la República de Venezuela, decidimos estudiar y emitir una opinión jurídica sobre la situación que se había presentado en el país como consecuencia de la suspensión de la señal satelital que se recibía y difundía en todo el territorio nacional a través de la empresa *Direct TV* Venezuela.

Esa decisión fue tomada por nosotros en virtud de que la situación jurídica que se planteaba nos llamó profundamente la atención y visto que nos encontrábamos en plena pandemia por el COVID19,

* Abogado en ejercicio. Universidad Católica Andrés Bello Caracas-Venezuela (1972); Doctor de Universidad en Derecho Administrativo en la Universidad de Paris I Pantheon-Sobrbonne (1976); Presidente fundador del Escritorio Jurídico Juristel S/C (2004) especializado en Derecho de las Telecomunicaciones. Arbitro y Mediador.

** Abogado en ejercicio. Universidad Santa María Caracas - Venezuela (1976); Diploma Superior de la Université de Droit, d'Economie et Sciences Sociales de Paris <Finances Publiques et Droit Fiscal> (1980); Socio fundador del Escritorio Lafee Hobaica (1985) especializado en Arbitraje y Mediación.

decidimos, dada su gran importancia a nivel social y político, analizarla a la luz de nuestro ordenamiento positivo, con la finalidad de darle un sentido a lo que realmente sucedía, aplicando nuestros conocimientos jurídicos en beneficio del colectivo, el cual se veía realmente atropellado con la situación que súbitamente dejó más de 2.200.000 hogares en Venezuela - más de 8.000.000 de personas - que pagaban por ese servicio, sin ningún tipo de señal de televisión.

Hicimos seguimiento a la acción de amparo constitucional incoada por el Frente de Usuarios y Usuarias para la Defensa de los Derechos Comunicacionales, en lo adelante FUDDC y comenzamos a elaborar nuestra opinión con relación a dicha solicitud y a la medida cautelar dictada por la Sala Constitucional del Tribunal Supremo de Justicia, la cual resultó ser ineficaz y de imposible cumplimiento.

El tiempo transcurrió solventándose la situación el 14 de agosto de 2020, fecha en la cual la señal fue restituida en los hogares venezolanos, que representaban el 45 % del mercado televisivo en Venezuela.

Hoy la Academia de Ciencias Políticas y Sociales nos ha propuesto participar con un artículo con motivo del Homenaje al Profesor y Catedrático del Derecho Administrativo Dr. Jesús Caballero Ortiz, por lo que nos ha parecido propicia la ocasión para hacer pública nuestra opinión, y hacerla del conocimiento de la comunidad jurídica del país.

I. INTRODUCCIÓN

Tal como lo comentamos, una noticia de gran relevancia acontecida en materia de comunicaciones satelitales en Venezuela en el año 2020 fue el abrupto retiro de los servicios de televisión por suscripción vía satélite (19 de mayo de 2020) que venía prestando la empresa Galaxy Entertainement de Venezuela SCA, conocida comercialmente como Direct TV Venezuela, desde hacía más de dos décadas.

Por primera vez en la historia contemporánea de las telecomunicaciones en Venezuela, una operadora de telecomunicación que presta sus servicios en el territorio nacional, cuya casa matriz esta domiciliada en territorio de los Estados Unidos de Norteamérica, en lo adelante EEUU, se vio obligada a interrumpir sus señales de televisión satelital en Venezuela por orden expresa de la Oficina Federal de Control de Activos

Extranjeros del Departamento del Tesoro del Gobierno de los Estados Unidos de Norteamérica, en lo adelante OFAC, bajo el riesgo de que en caso de no cumplir con dicha orden se vería expuesta a pagos de multas multimillonarias e inclusive revocatorias de las licencias por parte de la Comisión Federal de Comunicaciones del Gobierno de EEUU, ente regulador de las telecomunicaciones en dicho país, en lo adelante fcc.

Mediante la orden de la OFAC, que de acuerdo al Derecho Administrativo Comparado podemos definir como un acto administrativo dictado por una autoridad pública del Gobierno de EEUU en jurisdicción federal norteamericana con efectos transnacionales, se le exigía a la empresa domiciliada en EEUU, AT&T y su filial Direct TV Latinoamérica LLC, girar instrucciones a la operadora de telecomunicaciones de su propiedad en Venezuela, *Galaxy Entertainement* de Venezuela SCA, retirar de su paquete de programación a dos canales de televisión venezolanos (GLOBOVISION y PDVSA TV) por estar sancionados por la OFAC.

Es decir se trató de un acto administrativo dictado por un órgano federal de la Administración Pública en EEUU, OFAC, el cual hizo efectiva su ejecución dentro del territorio venezolano, como en efecto así ocurrió el 19 de mayo de 2020, fecha en que se retiró la señal de televisión de Venezuela.

Al mismo tiempo, observamos que Direct TV Venezuela, según normativa de orden público venezolana contemplada en la Ley de Responsabilidad Social en Radio, Televisión y Medios Electrónicos, reglamentos y providencias administrativas, estaba en la obligación de mantener en su programación dichos canales de televisión, por lo cual, si retiraba de su programación dichos canales, se vería expuesta a procedimientos administrativos sancionatorios por parte de la Comisión Nacional de Telecomunicaciones del Gobierno de Venezuela, ente regulador de las telecomunicaciones, en lo adelante CONATEL.

Por primera vez en nuestra historia contemporánea, un ente federal del Gobierno de EEUU, OFAC, cuya función es ejercer el control sobre los activos extranjeros en su jurisdicción, impone una orden a la casa matriz de un operador de telecomunicaciones en Venezuela que contraviene la normativa de derecho público que exige CONATEL a esta categoría de operadores de telecomunicaciones, configurándose un conflicto entre normas nacionales y extranjeras, redundando en un conflicto de jurisdicciones, al estar en presencia de un acto administrativo dictado por una autoridad administrativa extranjera del cual emanó una orden con efectos jurídicos dentro del territorio de Venezuela.

Para no incumplir con la orden emitida por el organismo administrativo de la jurisdicción norteamericana a su casa matriz AT&T y su filial Direct TV Latinoamérica LLC, ni incumplir con normas de orden público aplicables a estos servicios en la jurisdicción venezolana, por parte de *Galaxy Entertainement* de Venezuela SCA -Direct TV Venezuela-, la casa matriz optó por retirar sus servicios de televisión satelital en Venezuela, quizás de manera apresurada y sin un asesoramiento razonable en su momento, lo cual ocasionó que sus directivos en Venezuela fuesen objeto de órdenes de aprehensión mediante procedimientos penales por parte de la jurisdicción venezolana, los cuales se encuentran aparentemente concluidos.

La interrogante jurídica que se plantea es como la OFAC, ente federal del Gobierno de EEUU, le exigió a una empresa domiciliada en los EEUU AT&T y su filial Direct TV Latinoamérica LLC, girar instrucciones a una operadora de telecomunicaciones de su propiedad en Venezuela, *Galaxy Entertainement* de Venezuela SCA, de retirar sus servicios de telecomunicaciones en Venezuela.

Esta interrogante adquiere mayor relevancia, al haberse constatado como hecho notorio público comunicacional que en vista de la contradicción existente entre las normas venezolanas a las cuales está sometida su filial en Venezuela y las normas extranjeras que rigen la actuación de su casa matriz en EEUU, ésta última resuelve retirar sus servicios en Venezuela.

En esta secuencia de hechos constatamos que en fecha 14 de agosto de 2020 el servicio se reanudó con una nueva empresa mercantil denominada *Scale Capital* S.A. domiciliada fuera de EEUU, con el lema comercial SIMPLE TV, pero con la misma estructura tecnológica y comercial, dándole continuidad a la programación que venía presentando Direct TV Venezuela, pero sin transmitir los dos canales de televisión venezolanos GLOBOVISION y PDVSA TV, lo cual prueba, hasta el día de hoy, la ejecutoriedad y efectividad en territorio venezolano de los actos administrativos dictados por el Gobierno de EEUU y la OFAC.

Así pues, de lo anterior podemos inferir que un acto administrativo dictado por un órgano federal de la Administración Pública en EEUU, OFAC, fue acatado en forma tácita por la autoridad pública de la jurisdicción venezolana, CONATEL, al aceptar el retiro de los citados canales de televisión de dicha programación.

Bajo este hecho inequívoco, la Administración Pública venezolana desaplicó normas de derecho público venezolano contenidas en la Ley de Responsabilidad Social en Radio, Televisión y Medios Electrónicos, generando un precedente administrativo a la luz del artículo 11 de la Ley Orgánica de Procedimientos Administrativos, sin que mediase un pronunciamiento judicial previo de Sala Constitucional del Tribunal Supremo de Justicia.

Aunado a esto observamos que además de los tradicionales actos administrativos transnacionales, como pueden ser el pasaporte, el otorgamiento de la nacionalidad, las apostillas, ahora adquiere relevancia el análisis sobre los actos administrativos transnacionales dictadas por el Gobierno de EEUU, contentivos de sanciones dirigidas a países como Venezuela, Rusia, Irán, Cuba y otros.

En el presente trabajo nos enfocamos a explicar la secuencia de los hechos, nuestras opiniones legales emitidas en entrevistas a medios de comunicación en la oportunidad en que se produjo la suspensión del servicio (mayo - junio de 2020), y se introdujo la acción de amparo constitucional incoada por usuarios del servicio ante el Tribunal Supremo de Justicia en Sala Constitucional y las razones que, a nuestro juicio, motivaron a la Administración Pública de Venezuela a aceptar las órdenes dictadas por un Departamento Federal del Gobierno de EEUU, la OFAC, que no tienen justificación en nuestra estructura normativa y constitucional.

Si bien hubo una aceptación de esta orden federal por parte de las autoridades administrativas venezolanas competentes en la materia, CONATEL, no es menos cierto que el servicio se reanudó con nuevos propietarios -*Scale Capital* C.A-, bajo una relación contractual de franquicia con Direct TV *Latin America* LLC, que es la filial de AT&T encargada de la distribución de sus señales de televisión satelital en América Latina.

II. ASPECTOS TECNOLÓGICOS Y ECONÓMICOS RELEVANTES EN LAS NORMAS GENERADORAS DEL CONFLICTO

Según publicación del diario El Universal de fecha 09 de septiembre de 2001, página 2-6, Direct TV Venezuela figuraba en el mercado de la televisión por suscripción en un segundo lugar con 246.000 suscriptores después de la empresa Intercable, que contaba con 296.000.

Para el año 2020, según noticias de la prensa digital, Direct TV Venezuela, llegó a alcanzar aproximadamente 2.200.000 suscriptores, ocupando el primer lugar con un 45 % del mercado de la televisión por suscripción en Venezuela.

Haciendo un cálculo conservador, si multiplicamos por cuatro cada suscripción, ello hace un total de 8.800.000 usuarios que recibían en sus televisores este servicio de televisión por suscripción, imágenes provenientes de canales nacionales ubicados en el territorio nacional y de canales extranjeros cuyas señales provienen de América, Europa y Asia.

En este sentido observamos que *Direct TV* Venezuela es una empresa nacional cuya función era distribuir contenidos de televisión por suscripción vía satélite, cuyas señales de origen provienen principalmente de telepuertos de enlaces satelitales con fase ascendente (*up link*) y descendente (*down link*) situados fuera del territorio nacional, propiedad de empresas extranjeras sometidas y dependientes principalmente de la jurisdicción de los EEUU, en lo adelante la jurisdicción norteamericana.

Estas señales son originadas fuera de Venezuela y suben de los canales de televisión hacia diversos satélites de comunicación, los cuales a su vez rebotan estas señales de audio y video directamente a los hogares de los usuarios suscritos al servicio en Venezuela a través de la conocida Banda KU[1].

---

1 La banda K_u ("Kurz-unten band") es una porción del espectro electromagnético en el rango de las microondas que va de los 12 a los 18 GHz. La banda K_u se usa principalmente en las comunicaciones satelitales, siendo la televisión uno de sus principales usos. Esta banda se divide en diferentes segmentos que cambian por regiones geográficas de acuerdo a la ITU.

Solamente aquellos canales en bandas de VHF o UHF[2] situados en el territorio nacional, así como otros canales de televisión por suscripción nacionales son los que generan la señal desde el país, pero que en su conjunto no superan el 12 % del total de canales que distribuye este servicio de difusión por suscripción vía satélite.

Según publicación de la conocida Revista FORBES de fecha *10 de febrero de 2020*, los ingresos por comunicaciones de la empresa AT&T y su filial Direct TV Latinoamérica LLC, que son las casas matrices de *Galaxy Entertainement* de Venezuela SCA, habían disminuido un 5,7% en los últimos dos años, de $ 150.4 mil millones en 2017 a $ 141.9 mil millones en 2019; según se reporta, se espera que esta tendencia continúe también en los próximos dos años, ya que es probable que los ingresos del segmento bajen a $ 138 mil millones en 2021 debido a la disminución de los ingresos del segmento de entretenimiento, *Business Wireline* y suscripciones de pospago.

En Venezuela, por exigencias de regulación de tarifas por parte de CONATEL, los ingresos estaban muy por debajo de los costos de operación del servicio. Mientras que en los países de la región en América Latina por el mismo servicio se paga aproximadamente entre US $ 20 y US $ 30, en Venezuela se pagaba para el 19 de mayo de 2020, fecha del retiro del servicio, el equivalente a US $ 1. Esta desproporción cambió en forma radical con motivo del restablecimiento del servicio el 14 de agosto de 2020 con los nuevos propietarios *Scale Capital* S.A a la que CONATEL autorizó para establecer tarifas similares con el resto de los países de Latinoamérica cónsonas con la paridad de la divisa en US $.

La publicación de la Revista FORBES refleja un elemento desalentador desde el punto de vista de inversión, pero es claro que dada sus características la filial de AT&T Direct TV Latinoamérica LLC era la única empresa con capacidad para continuar prestando el servicio en Venezuela, porque resultaba imposible desde el punto de vista técnico migrar 2.200.000 suscripciones a otros operadores de cable en plazo

2 VHF (Very High Frequency) es la banda del espectro electromagnético que ocupa el rango de frecuencias de 30 MHz a 300 MHz. UHF (Ultra High Frequency, frecuencia ultra alta) es una banda del espectro electromagnético que ocupa el rango de frecuencias de 300 MHz a 3 GHz.

inmediato, debido a que solo esta empresa es la que contaba con la infraestructura necesaria para lo cual le tomó 19 años alcanzar esa cifra.

Resulta entonces evidente que la situación que se generó a través de las sanciones obligó a la casa matriz AT&T a suspender el suministro de la señal a su filial Direct TV Venezuela ya que, de continuar suministrándola, corría el riesgo de ser sancionada, como se indicó, por las autoridades de su país.

Inmediatamente se produjo la reacción de un grupo de usuarios del servicio representados por la FUDDC, quienes reclamaron mediante un amparo constitucional la abrupta suspensión del servicio que habían pagado por adelantado y que las privaba de su derecho a recibir información y disfrutar del entretenimiento que representaba una señal de televisión variada y plural en plena pandemia.

Correspondía a la Sala Constitucional del Tribunal Supremo de Justicia resolver esta situación que afectaba a varios sectores de la población venezolana que en su conjunto representa a más de 8.000.000 venezolanos.

Como todos sabemos, es un hecho público comunicacional que entre el Gobierno de Venezuela y el Gobierno de EEUU se han venido deteriorando las relaciones diplomáticas y comerciales desde hace varios años, con lo cual de alguna forma la situación planteada presentaba un matiz que no permitía ver el problema como una situación jurídica que debía resolverse a nivel legal sin involucrarse en cuestiones metajurídicas que podían desviar la solución del problema en perjuicio de un colectivo que representaba casi una tercera parte de la población, siendo que esa mayoría en gran parte estaba compuesta por la población más necesitada y golpeada por la crisis que atraviesa nuestro país.

En este clima de relaciones comerciales y económicas complejas observamos que, en la jurisdicción norteamericana, el entonces Presidente de dicho país, Donald Trump, dictó en fecha 05 de agosto de 2019, la orden ejecutiva No. 13.884 que establece una serie de sanciones de bloqueo económico al Gobierno de Venezuela. Es claro entonces que, a pesar de existir esta orden ejecutiva, Direct TV Venezuela había seguido transmitiendo la señal de los canales venezolanos GLOBOVISION y PDVSA TV hasta la oportunidad en que suspendió todas las señales de su programación el 19 de mayo de 2020. Es posible que el congelamiento de las tarifas insignificantes establecidas por el organismo regulador por el suministro del servicio influía también en el desinterés de la proveedora de servicios en la búsqueda de una solución.

Según esta orden ejecutiva del 05 de agosto de 2019, que equivale en el Derecho Venezolano a un decreto presidencial, se establecieron una serie de prohibiciones sobre la celebración de cualquier tipo de transacción comercial entre empresas de los Estados Unidos, sus filiales o relacionadas con el gobierno de Venezuela, entendiendo por gobierno de Venezuela a cualquier entidad pública, bien se trate de los Ministerios que conforman el Poder Ejecutivo Nacional o bien se trate de institutos autónomos y empresas en que el Estado tenga el 50% o más del capital social de la empresa o tenga alguna relación que implique una sanción[3].

En el caso que nos ocupa nos referimos específicamente a la prohibición de celebrar contratos entre las entidades señaladas en el párrafo anterior.

En esa misma fecha 05 de agosto de 2019, la OFAC, en ejercicio de las funciones que se le delegan en la aplicación y ejecución de la referida orden ejecutiva No. 13.884, dictó la licencia No. 24[4] que establece un régimen de excepción a estas prohibiciones, en materia específica de conectividad de telecomunicaciones, tanto transmisión como recepción. Así pues, según las secciones (a) y (b) de dicha licencia, cualquier transacción que realicen empresas de los Estados Unidos que se encuentren en los Estados Unidos o que estén bajo su jurisdicción y que se refieran a conectividad de telecomunicaciones, tanto transmisión como recepción, y que de alguna forma involucren al Gobierno de Venezuela están autorizadas, con excepción de los supuestos establecidos en la sección (c) de dicha licencia que no están autorizadas la cual analizaremos más adelante.

Estas normas dictadas en la jurisdicción norteamericana aplican para las empresas que están domiciliadas dentro del territorio de EEUU,

---

[3] Orden Ejecutiva No. 13.884 del Gobierno de los Estados Unidos de América de fecha 05 de agosto de 2019. Disponible:en:https://www.treasury.gov/resource-center/sanctions/Programs/Pages/venezuela.aspx#gl21. Consultada en fecha 19 de junio de 2020.

[4] La Oficina de Control de Activos Extranjeros (**OFAC**), emite **licencias** para las actividades habitualmente incidentes y necesarias para el mantenimiento de operaciones, contratos u otros acuerdos, tendientes a no perjudicar a la población.

supuesto en el cual se encuentra la empresa AT&T y su filial Direct TV Latinoamérica LLC; así como también para las empresas que, estando domiciliadas fuera del territorio norteamericano, están vinculadas en su estructura accionaria con empresas domiciliadas en los EEUU, como era el caso de *Galaxy Entertainement* de Venezuela SCA - Direct TV Venezuela, constituida bajo la jurisdicción venezolana, pero que es filial de AT&T.

Estas sanciones, que en el caso que nos ocupa son restricciones de orden contractual, tienen rango de normas federales cuya *ratio juris* es la protección a los activos extranjeros que tengan relación jurídica directa o indirecta con empresas domiciliadas en territorio norteamericano, como es el caso de AT&T y su filial Direct TV Latinoamérica LLC.

En este sentido, *Galaxy Entertainement* de Venezuela SCA - Direct TV Venezuela, es una empresa que prestó sus servicios hasta el 19 de mayo de 2020 y cuyos activos son extranjeros a los efectos de la jurisdicción norteamericana, ubicados en territorio perteneciente a la jurisdicción venezolana; tanto su constitución como su funcionamiento empresarial lo regulan normas venezolanas; sin embargo, no por esta circunstancia escapa del ámbito de aplicación de las normas federales mencionadas.

La empresa *Galaxy Entertainement* de Venezuela SCA - Direct TV Venezuela era titular de una habilitación administrativa general con atributos de difusión por suscripción vía satélite otorgada por CONATEL, de conformidad con las normas que rigen en la jurisdicción venezolana.

En esta relación jurídica CONATEL es la autoridad pública otorgante de la habilitación y *Galaxy Entertainement* de Venezuela SCA - Direct TV Venezuela era la persona jurídica privada habilitada para prestar el servicio; por lo tanto, ella estaba sometida a la legislación venezolana por ser una empresa nacional. Pero al mismo tiempo estaba sujeta a través de AT&T y su filial Direct TV Latinoamérica LLC a la jurisdicción norteamericana debido a que esta última tiene el control del enlace satelital de la mayoría de los canales de televisión, tanto en su fase ascendente (*up link*) como en su fase descendente (*down link*).

Esta relación jurídica está exenta de las sanciones establecidas por la orden ejecutiva No. 13.884 antes citada por establecerlo así las secciones (a) y (b) de la licencia No. 24 -ya citada- y por no estar en los supuestos de prohibición establecidos en la sección (c) de dicha licencia. Por esta razón, en principio, por lo que respecta a esta relación jurídica, no existe conflicto alguno entre la jurisdicción norteamericana y la jurisdicción venezolana, en el entendido que estamos en presencia de normas de orden público de obligatorio acatamiento por los sujetos sometidos a ellas.

Los contratos suscritos entre *Galaxy Entertainement* de Venezuela SCA - Direct TV Venezuela y los canales de televisión nacionales cuya propiedad accionaria pertenece a la República de Venezuela, como es C.A Venezolana de Televisión, Vive TV y otros, que son entes adscritos a la Administración Pública Nacional de Venezuela, eran contratos que estaban igualmente autorizados según las secciones (a) y (b) de la licencia No. 24 de la OFAC antes citada.

Sin embargo, la relación contractual con los canales PDVSA TV y GLOBOVISIÓN, que se encontraban incluidos en el paquete de canales que se transmitían por satélite, por exigencia de CONATEL, no estaban autorizados por la licencia No. 24, por encontrarse en los supuestos de prohibición de la sección (c) de la licencia No. 24 como veremos más adelante.

Recordemos que Direct TV Venezuela prestaba básicamente un servicio de distribución de señales de televisión por suscripción vía satélite a través de la plataforma satelital de AT&T y su filial Direct TV Latinoamérica LLC en Banda KU, la cual permite la conexión directa entre el satélite de comunicación que está ubicado a más de 36.000 kilómetros de la superficie de la tierra y los hogares de los suscriptores del servicio, los cuales reciben en forma directa esta señal mediante las antenas de menos de medio metro de diámetro de Direct TV, ubicadas en los hogares de los suscriptores en Venezuela.

En este servicio no se requiere utilizar conexiones por cable como es el caso de las operadoras de servicio de difusión por suscripción conocidas como *Supercable*, que poseen una estación rastreadora del Satélite conocidas como <u>*headend*</u>, dentro del territorio nacional, que recibe las señales de los canales vía satélite a través de la Banda C. Es decir, la distribución de la señal hacia los usuarios se encuentra dentro de la jurisdicción venezolana.

Las antenas receptoras de la Banda C, hoy en día, contrariamente a lo que sucedía hace más de 30 años por sus características técnicas, no se instalan en los hogares y por ende no se permite la conexión directa, sino que requiere de antenas parabólicas de mayor diámetro receptoras de la señal satelital y de una estación distribuidora de las señales ubicadas en la sede de las operadoras de cable. Así pues, esta estación rastreadora y distribuidora de la señal audiovisual es la que conecta y sirve de *carrier* o transporte de la señal a los hogares de los suscriptores del servicio de estas operadoras por cable.

De ahí la gran diferencia entre el servicio de televisión por suscripción directa por satélite y el servicio de televisión por suscripción indirecta donde la señal se recibe normalmente en Banda C[5] en la estación central del operador de cable y de esta estación central se distribuye vía cable a los usuarios del servicio.

Ahora bien, entrando en el análisis de las prohibiciones establecidas en la sección (c) de la licencia No. 24 del 05 de agosto de 2019, *no están autorizadas* ninguna de las transacciones prohibidas por las órdenes ejecutivas Nos. 13.884 del 5 de agosto de 2019; 13.850 del 1° de noviembre de 2018; 13.835 de 21 de mayo de 2018; 13.827 del 19 de marzo de 2018; 13.808 del 24 de agosto de 2017; 13.692 de 08 de marzo de 2015, modificada por la orden ejecutiva 13.857 del 25 de enero de 2019, ni aquellas establecidas en el artículo 31, Capítulo V del Código de Regulación Federal.

En este sentido observamos que PDVSA TV es un canal de televisión propiedad de PDVSA que, de conformidad con lo establecido en la sección 1 en concordancia con la sección 6, letra d) de la orden ejecutiva No. 13.884 del 05 de agosto de 2019, está incluido dentro de las entidades a las cuales se le prohíbe celebrar contratos con entidades organizadas bajo las leyes de los EE UU y sus sucursales.

Por su parte, la licencia No. 6 A de la OFAC de fecha 7 de enero de 2020 estableció que todas las transacciones y actividades prohibidas por la subsección 1 (a) de la orden ejecutiva 13.850, modificada por la

[5] La **Banda C** es un rango del espectro electromagnético de las microondas que comprende frecuencias de entre 3,7 y 4,2 GHz y desde 5,9 hasta 6,4 GHz. Fue el primer rango de frecuencia utilizado en operación transmisiones satelitales.

orden ejecutiva 13.857 del 25 de enero de 2019, que sean necesarias para poner fin a los contratos y acuerdos de importación de bienes, servicios o tecnología en los EE UU, que involucren a Globovisión Tele C.A. o Globovisión Tele CA, Corp., o cualquier entidad en la que Globovisión Tele C.A o Globovisión Tele CA Corp. posea directa o indirectamente un interés del 50 por ciento o más sobre su participación accionaria, y que estaban vigentes antes del 08 de enero 2019, *están autorizados hasta las 12:01 a.m., hora estándar del este, del 21 de enero de 2020.* Esta era la fecha límite para que el canal Globovisión finiquitara su relación contractual con *Galaxy Entertainement* de Venezuela SCA - Direct TV Venezuela.

III. CONFLICTO DE JURISDICCIONES: EEUU-VENEZUELA

Queda claro entonces que, ni PDVSA TV ni las empresas Globovisión Tele C.A. y Globovisión Tele C.A Corp, podían tener relación de ninguna índole con *Galaxy Entertainement* de Venezuela SCA - Direct TV Venezuela por los vínculos accionarios que tiene ésta con AT&T y su filial Direct TV Latinoamérica LLC; por ello, si ella no acataba las normas establecidas en las órdenes ejecutivas mencionadas, se exponía a multas de la OFAC e inclusive a la posibilidad de que la FCC le suspendiera su licencia de operación.

Con respecto a la jurisdicción venezolana observamos que *Galaxy Entertainement* de Venezuela SCA - Direct TV Venezuela estaba sometida al cumplimiento del artículo 11, numeral 1) de la Ley de Responsabilidad Social en Radio, Televisión y Medios Electrónicos, en lo adelante LEY RESORTE según el cual las empresas prestadoras de los servicios de televisión por suscripción, en este caso Direct TV Venezuela, están en la obligación de difundir gratuitamente, las señales de los servicios de Televisión UHF y VHF nacionales a sus usuarios, en el ámbito de cobertura total de su servicio, en proporción del 12 % del total de canales ofrecidos, pudiendo voluntariamente transmitir más del porcentaje previsto.

Según el segundo aparte del artículo 11 de la Ley citada, "… El Órgano rector con competencia en materia para la comunicación y la información [Ministerio del Poder Popular para la Comunicación e Información] instrumentará la incorporación de señales de los servicios referidos en el encabezado de este artículo [Servicios de Televisión UHF y VHF] previa aprobación de la Asamblea Nacional…"

Como se puede apreciar, Direct TV Venezuela, previa autorización de la Asamblea Nacional, estaba obligada a transmitir el canal GLOBOVISIÓN y el canal PDVSA TV.

En resumen, de lo antes expuesto se desprende que de conformidad con normas de obligatorio cumplimiento para la empresa AT&T y su filial Direct TV Latinoamérica LLC, sometidas a la jurisdicción norteamericana, ellas se encontraban impedidas por una orden ejecutiva presidencial de proveer, a través de su filial *Galaxy Entertainement* de Venezuela SCA - Direct TV Venezuela, la señal satelital de los canales PDVSA TV y GLOBOVISION, la cual a su vez estaba obligada por la jurisdicción venezolana a transmitir dichos canales de televisión de conformidad con la Ley RESORTE.

Ahora bien, Direct TV Venezuela en su cuenta oficial en Twitter anunció en fecha 19 de mayo de 2020 "el cierre de las operaciones de Direct TV Latin América en Venezuela, con efecto inmediato", anuncio realizado por la empresa estadounidense AT&T. El comunicado pone de manifiesto la discrepancia entre las leyes estadounidenses y venezolanas, que AT&T decidió resolver cerrando sus operaciones en Venezuela pues, en su opinión, existió una "imposibilidad" de "cumplir con los requisitos legales de ambos países".

Este comunicado reflejaba que según AT&T y su filial Direct TV Latinoamérica LLC, propietaria de *Galaxy Entertainement* de Venezuela SCA - Direct TV Venezuela, existía un conflicto entre los ordenamientos jurídicos de la jurisdicción norteamericana y la jurisdicción venezolana y que, si bien es cierto que Direct TV Venezuela por ser una empresa nacional debía cumplir con su ordenamiento jurídico, se veía impedida debido a que la prestación de los servicios que ella realizaba dependía de la recepción de la señal satelital que le es proveída por su casa matriz AT&T y su filial Direct TV Latinoamérica LLC, la cual dejó por mandato de su legislación de proveérsela.

IV. REACCIONES DEL FUDDC ANTE LA SUSPENSIÓN DE SEÑAL DE DIRECT TV VENEZUELA

Con motivo de este hecho, acaecido el 19 de mayo de 2020, el FUDDC, que como se dijo agrupaba a un número de usuarios del servicio de suscripción, acudió a la Sala Constitucional del Tribunal Supremo de Justicia, para solicitar la restitución de la señal de Direct TV Venezuela, la cual, conforme a lo expuesto precedentemente, fue suspendida por la casa matriz AT&T y su filial Direct TV Latinoamérica LLC.

La Sala Constitucional del Tribunal Supremo de Justicia, en ponencia conjunta el día 22 de mayo de 2020, admitió la solicitud de amparo constitucional para la tutela de los derechos e intereses colectivos y difusos interpuesta por ese grupo de ciudadanos, quienes invocaron su condición de usuarios del servicio prestado por Direct TV Venezuela y en ese mismo acto acordó medida cautelar innominada por existir una presunción grave del derecho que se reclama y un peligro en la demora, disponiendo fundamentalmente lo siguiente:

1. Ordenar a Direct TV Venezuela continuar de manera inmediata con la prestación del servicio de televisión por suscripción.
2. Ordenar a CONATEL tomar posesión inmediata de todos los bienes y equipos destinados a la prestación de los servicios.
3. Ordenar a Conatel designar una junta administradora ad hoc compuesta por los ciudadanos que allí se mencionaban.

Las medidas decretadas se cumplieron en forma parcial; los bienes fueron ocupados, pero no fue posible restituir la señal de Direct TV Venezuela. Personas vinculadas al FUDDC y algunos expertos, según se reseñó en medios informativos, manifestaron que las medidas decretadas por la Sala Constitucional del Tribunal Supremo de Justicia resultaron ser de imposible ejecución dadas las características técnicas del servicio que ya hemos explicado precedentemente.

Posteriormente se detuvo al personal ejecutivo de Direct TV Venezuela, quienes informaron a los medios periodísticos que no estaban al tanto de la medida de suspender el servicio y que eran inocentes de los cargos que le fueron imputados.

V. EFECTOS DE LA SUSPENSIÓN DEL SERVICIO DE DIRECT TV VENEZUELA

La situación jurídica planteada con el cese de las transmisiones de Direct TV Venezuela tenía varias aristas que es necesario analizar por separado, debido a que cada una tenía consecuencias particulares.

El cese abrupto de actividades en la transmisión de la señal de Direct TV Venezuela fue un acto que perjudicó gravemente a sus usuarios, pues como se ha señalado, algunos habían pagado su servicio y dejaron de recibirlo antes de que concluyese el período correspondiente. En este sentido Direct TV Venezuela no podía alegar ninguna defensa que la justificara; es indiscutible que se trató de una conducta inadecuada con los usuarios pero que posteriormente fue subsanadas con el reinicio del servicio mediante la prestación del mismo en forma gratuita por un tiempo de tres (3) meses.

Desconocemos como se desarrollaron las conversaciones entre CONATEL y Direct TV Venezuela a partir del 21 de enero de 2020, fecha en la cual entró en vigencia la prohibición de transmitir el canal GLOBOVISION. Lo mismo podemos decir con relación a las conversaciones sostenidas con respecto al canal PDVSA TV, cuya prohibición es anterior. Todo parece indicar que las hubo, según informaciones que pudimos obtener en los medios de comunicación, pero realmente no se puede saber lo que realmente se trató en esos encuentros.

Como es natural, AT&T y su filial Direct TV Latinoamérica LLC son empresas norteamericanas obligadas a cumplir con las regulaciones que le imponen las leyes a las cuales están sometidas en su país de origen como son, entre otras, las órdenes ejecutivas y licencias mencionadas.

En este sentido, AT&T y su filial Direct TV Latinoamérica LLC realizaban operaciones en Venezuela con toda normalidad a través de su filial *Galaxy Entertainement* de Venezuela SCA - Direct TV Venezuela, empresa que estaba obligada a cumplir con las leyes venezolanas.

El conflicto jurídico se suscitó a raíz de las exigencias derivadas de ambas jurisdicciones, viéndose obligada AT&T y su filial Direct TV Latinoamérica LLC a cerrar las operaciones que ejecutaban a través de *Galaxy Entertainement* de Venezuela SCA - Direct TV Venezuela en el país, según ella para no incumplir ni con la jurisdicción norteamericana a la cual están sometida AT&T y su filial Direct TV Latinoamérica LLC y tampoco incumplir con la jurisdicción venezolana a la cual estaba sometida *Galaxy Entertainement* de Venezuela SCA - Direct TV Venezuela.

En el caso de *Galaxy Entertainement* de Venezuela SCA - Direct TV Venezuela, que como se dijo, es una empresa cuya propiedad es de una sociedad extranjera, estando sometida a la jurisdicción venezolana, no podía cumplir con esta jurisdicción debido a que su casa matriz dejó de suministrarle el servicio que ella proveía por una causa no imputable ni a ella ni a su casa matriz AT&T y filial Direct TV Latinoamérica LLC, sino a una causa proveniente de una orden ejecutiva del Gobierno de EEUU que debía acatar.

Galaxy Entertainement de Venezuela SCA - Direct TV Venezuela es una empresa que hasta el 19 de mayo de 2020 prestó servicios de televisión de difusión por suscripción vía satélite e instaló en los hogares de sus suscriptores antenas receptoras y decodificadores que le permitían a los usuarios recibir mensajes audiovisuales de canales cuya mayoría provienen directamente y en forma descendente (*down link*) de satélites de comunicación (36.000 Km de la superficie terrestre) que a su vez reciben la señal ascendente (*up link*) de telepuertos satelitales que se encuentran fuera de la jurisdicción venezolana. Dentro de la jurisdicción venezolana *Galaxy Entertainement* de Venezuela SCA - Direct TV Venezuela principalmente gestionaba y supervisaba la recepción de la señal en los hogares de sus usuarios.

Siendo así, vemos que *Galaxy Entertainement* de Venezuela SCA - Direct TV Venezuela no era propietaria ni tenía el control técnico de la señal audiovisual ascendente (*up link*), que con excepción de los canales nacionales, se origina fuera de Venezuela, señal esta que sube al espacio donde se encuentra el satélite de comunicación correspondiente y éste la rebota en forma descendente y directa (*down link*) a las antenas receptoras instaladas en los hogares de los usuarios en Venezuela.

Esta operación tecnológica sigue estando a la fecha de hoy bajo el control de AT&T y su filial Direct TV Latinoamérica LLC, así como de las empresas que ella contrate bajo su instrucción y dirección. Como observamos, lo que controlaba *Galaxy Entertainement* de Venezuela

SCA - Direct TV Venezuela, hoy *Scale Capital* C.A - SIMPLE TV, es la gestión y recepción de la señal en los hogares de sus usuarios en el país.

VI. ARGUMENTOS DEL FUDDC EN LA ACCIÓN DE AMPARO CONSTITUCIONAL

Según el FUDDC, al serle suspendido el servicio de televisión satelital sin previo aviso a los usuarios de Direct TV Venezuela, se les estuvo cercenando fundamentalmente el derecho a estar informados a través de la televisión, la cual se ha convertido hoy en día en una ventana hacia al mundo donde además de informarse, se educa, se distrae y obtiene información sobre salud, disciplinas artísticas y deportivas. Se trata, como bien lo señaló el FUDDC, de un servicio público universal, como muchos otros que deben ser garantizados por el Estado.

Estos derechos se encuentran contemplados en la Constitución de la República, son inherentes a la dignidad humana, siendo que inciden en los consagrados en nuestra Constitución en los artículos 57 y 58 que, como señaló el FUDDC, comportan el derecho y garantía de la posibilidad para toda la ciudadanía de contar con los medios adecuados para expresar libremente sus pensamientos, así como también acceder, buscar y recibir mensajes por los medios que ellos libremente elijan.

Lo mismo sucede con el derecho a la educación establecido en el artículo 103 constitucional y la obligación establecida a los medios de comunicación en el artículo 108 *eiusdem* de colaborar en los procesos educativos y de formación ciudadana.

Adicionalmente, amalgamados a esos derechos fundamentales, está el esparcimiento, la tranquilidad y la comodidad que representa el acceso a todo ese compendio informativo plural y amplio para toda la ciudadanía sin distinción de edad, sexo y raza, de manera rápida y eficaz.

La supresión de la señal satelital que recibían millones de hogares del país acarreó una lesión que el FUDDC expuso en su acción de amparo constitucional, inclusive se reconoce la existencia del conflicto de jurisdicciones señalado.

Con relación a estos alegatos expuestos en la acción de amparo constitucional y la decisión del tribunal de fecha 22 de mayo de 2020, consideramos que este conflicto se debió plantear de una manera distinta, ya que al existir ese impedimento jurisdiccional para que se restituyesen realmente y de manera efectiva sus derechos, debía solicitársele a la máxima autoridad constitucional, adoptar una solución práctica y realizable y no lo hicieron.

La ocupación de la empresa como se solicitó no dio la solución esperada, pues la señal satelital que se recibe en el país no es suministrada por la empresa que la explota, la cual, como dijimos, está sometida a otra jurisdicción.

En este orden de ideas la jurisdicción venezolana no puede imponerse sobre la jurisdicción norteamericana sobre situaciones que escapan de su control, ni viceversa, como lo es este caso ampliamente explicado en donde hay una orden ejecutiva que debía respetar el sujeto sometido a ella, pues de lo contrario sería sancionado.

Es bueno recalcar que al haber sido infructuosa la restitución de la señal, la representación del FUDDC y expertos en el área admitieron que la Sala Constitucional del Tribunal Supremo de Justicia mediante su decisión no pudo restituir los derechos constitucionales lesionados de sus nacionales, al ordenarle a AT&T y su filial Direct TV Latinoamérica LLC y a *Galaxy Entertainement* de Venezuela SCA - Direct TV Venezuela cumplir con las exigencias de los usuarios en su solicitud de amparo constitucional, ni ocupando sus bienes, por cuanto se percataron en la ejecución de la medida que sin la recepción de la señal que proveía AT&T y su filial Direct TV Latinoamérica LLC esos equipos no podían hacerla llegar a los usuarios del servicio y *Galaxy Entertainement* de Venezuela SCA - Direct TV Venezuela no podía proveerla debido a una orden ejecutiva dictada por el Presidente de EE UU a su casa matriz que se lo prohibía y que tenía que obedecer.

En este sentido, la Sala Constitucional del Tribunal Supremo de Justicia debía buscar, ante la solicitud de amparo constitucional interpuesta sobre derechos e intereses constitucionales colectivos y difusos de los usuarios de Direct TV Venezuela, una salida que permitiera el restablecimiento de la situación jurídica infringida, partiendo de la base de que nos encontrábamos ante causas no imputables a las partes involucradas y así restaurar los derechos constitucionales demandados, permitiéndole a la propietaria del servicio AT&T y su filial Direct TV

Latinoamérica LLC cumplir con el suministro de la señal en el país, sin exponerse a ser sancionada por la jurisdicción norteamericana y salvaguardando al mismo tiempo la soberanía de la jurisdicción venezolana cuyo fin óptimo es la protección de los derechos colectivos sobre los derechos individuales.

VII. PROPUESTA PARA EL RESTABLECIMIENTO DE LOS DERECHOS CONSTITUCIONALES CONCULCADOS

Consideramos como premisa general que en dicho momento era necesario tener en cuenta que el supuesto de hecho suscitado era de sumo interés general, motivado por la situación que estaba atravesando el país y el mundo ante la pandemia generada por el COVID19 y el sufrimiento que estaba afectando a un sector importante de la población, obligándolo a permanecer en sus hogares, confinado con todas las otras carencias que lo agobian, acotando al día de hoy que, si bien se restauró el servicio, la pandemia aún no se ha logrado superar.

No cabe la menor duda de que la lesión constitucional existía y debía ser reparada, para lo cual era necesario que la Sala Constitucional del Tribunal Supremo de Justicia calificara como de interés general para toda la población la recepción de la señal de Direct TV Venezuela, cuestión que de hecho ya había admitido en forma implícita al decretar la medida cautelar. Por consiguiente, debía buscarse la manera de que AT&T y su filial Direct TV Latinoamérica LLC en los EEUU permitieran a su filial en Venezuela *Galaxy Entertainement* de Venezuela SCA - Direct TV Venezuela seguir cumpliendo sus obligaciones con la jurisdicción venezolana bajo la habilitación que le otorgó CONATEL, sin desacatar las exigencias de la jurisdicción norteamericana.

Consideramos que la situación estaba bastante clara ya que, las órdenes ejecutivas habían sido publicadas y aplicadas. Tampoco cabía duda de que AT&T y su filial Direct TV Latinoamérica LLC se encontraban bajo la advertencia de ser sancionadas si continuaban manteniendo relaciones con los canales de televisión GLOBOVISION y PDVSA TV.

Al conocer que el Poder Ejecutivo Nacional calificaba de arbitrarias esas sanciones, observábamos al mismo tiempo que era lógico entender que para AT&T y su filial Direct TV Latinoamérica LLC no era posible proveer la señal en las condiciones en las cuales se encontraba (con los canales de televisión GLOBOVISION y PDVSA TV en el paquete de programación) razón por la cual concluimos que estábamos en presencia de lo que la doctrina ha denominado hecho del príncipe. En este sentido, el autor de Derecho Administrativo francés André de Laubadère afirmaba que, en el significado amplio de esta noción, la expresión hecho del príncipe significa toda intervención de los poderes públicos que tenga por resultado afectar de una manera cualquiera las condiciones jurídicas, o sólo las condiciones de hecho, de acuerdo a las cuales un contratante de la administración ejecuta su contrato. Tales actos de los poderes públicos pueden ser de carácter general o de carácter particular[6]. Equivale a lo que en la doctrina norteamericana denominamos *Act of State* (actos de Estado), aplicable fundamentalmente a AT&T y su filial Direct TV Latinoamérica LLC como fundamento de su retiro de la señal en Venezuela. En el caso que nos ocupa observamos que, independientemente de que los actos administrativos dirigidos a AT&T y/o su filial Direct TV Latinoamérica LLC provienen de la OFAC, no es menos cierto que estas empresas tienen relación contractual con la FCC del Gobierno de EEUU como operadoras de telecomunicaciones.

En la oportunidad en que se produjo la orden ejecutiva del Gobierno de los EEUU, prohibiéndole a personas jurídicas o naturales la realización de operaciones de cualquier tipo relacionadas con el Gobierno Venezolano, de inmediato se produjo una imposibilidad para AT&T y su filial Direct TV Latinoamérica LLC y *Galaxy Entertainement* de Venezuela SCA - Direct TV Venezuela, de cumplir con sus obligaciones dentro del territorio nacional por un hecho sobrevenido e imprevisible para ellas, que no estaba vigente en el momento en el cual iniciaron sus operaciones en el país hace casi dos décadas.

En nuestra opinión, era muy claro que existía un eximente de responsabilidad para las empresas AT&T y su filial Direct TV Latinoamérica LLC por cuanto el incumplimiento que se les atribuía por parte de la jurisdicción venezolana a *Galaxy Entertainement* de Venezuela SCA - Direct TV Venezuela obedecía a una causa extraña no imputable a su

---

6 André de Laubadère, *Traité de Droit Administratif.* Librairie General de Droit et de Jurisprudence, sexta edición, París, Francia, 1973, p. 363.

casa matriz, como lo es la orden ejecutiva del Gobierno de los EEUU y las licencias de la OFAC comentadas, sobre todo tomando en cuenta que el retiro del servicio estaba bajo el control de su casa matriz y no de *Galaxy Entertainement* de Venezuela SCA - Direct TV Venezuela.

En la situación de especie nos encontramos con que en realidad la función de nuestro más alto tribunal era actuar para que los ciudadanos no se vieran afectados en sus derechos fundamentales, en la medida de lo posible, por esas sanciones foráneas que afectaban sus derechos fundamentales, pero dictadas fuera de nuestra jurisdicción.

En situaciones similares, aunque tal vez es la primera que se presenta ante un conflicto de jurisdicciones de esta naturaleza, la Sala Constitucional del Tribunal Supremo de Justicia había decidido priorizar el interés general sobre cualquier otro tipo de interés particular, inclusive sobre el interés que pudiese tener el Poder Ejecutivo en determinadas situaciones. En este sentido, nuestra Carta Magna establece todos los mecanismos para que las lesiones que lo afecten sean subsanadas.

En el caso sub-judice nos encontrábamos con un caso típico en el cual la Sala Constitucional del Tribunal Supremo de Justicia podía favorecer el interés general y desaplicar por control difuso el artículo 11 de la LEY RESORTE y cualquier otra norma de rango sub-legal vinculada, para reestablecer los derechos constitucionales que se denuncian vulnerados.

En este sentido, la sentencia de fecha 25 de mayo de 2001, dictada en el proceso de amparo constitucional interpuesto por el Instituto Autónomo Policía Municipal de Chacao, unificó la interpretación del artículo 334 de la Constitución de la República, que consagra la figura de desaplicación de una norma de rango legal o sublegal cuya vigencia puede colidir en un momento dado con normas constitucionales.

En dicho fallo la Sala Constitucional del Tribunal Supremo de Justicia detalló cómo se produce la desaplicación de una norma jurídica de cualquier categoría que colide de manera provisional o permanente con la Constitución, por lo que se impone dejarla sin efecto para el caso concreto o derogarla porque su vigencia es opuesta al espíritu constitucional.

En el primero de los casos el Juez, al ejercer el control difuso, no anula la norma sino que suspende su aplicación, para permitir que el derecho o interés tutelado por la Constitución se imponga sobre lo que establece la norma.

A diferencia de la declaratoria general de inconstitucionalidad, el Juez no anula la norma, sino que ignora su aplicación en el caso concreto por cuanto su aplicación en esa situación de especie produce una lesión constitucional.

Obviamente, esta potestad que corresponde a cualquier juez de la República de desaplicar una norma legal en beneficio de los derechos fundamentales de los justiciables debe ser refrendada por la Sala Constitucional del Tribunal Supremo de Justicia, tal y como se señala en el artículo 336 de nuestra Carta Magna.

Podemos ver entonces que, en este conflicto de jurisdicciones, una orden ejecutiva dictada por una autoridad extranjera, que regula la actuación de una empresa de su jurisdicción y que transmite señales de televisión vía satélite hacia nuestro territorio, colide con una norma legal que le es aplicable en nuestra jurisdicción a la filial en Venezuela que distribuye la señal televisiva a hogares venezolanos y que no puede cumplir sin exponerse a ser sancionada en su jurisdicción.

Esta orden ejecutiva y las licencias correspondientes de la OFAC expresamente prohíben la transmisión de los canales PDVSA TV y GLOBOVISION por parte de *Galaxy Entertainement* de Venezuela SCA - Direct TV Venezuela y, obviamente, se contraponen al mandato legal contenido en el artículo 11 de la Ley resorte, y a las normas sublegales vinculadas.

Esta circunstancia no era imputable a las partes involucradas, pues obedecía a razones extrañas a ellas; por tanto, le imponía a la Sala Constitucional del Tribunal Supremo de Justicia analizar la solicitud de amparo constitucional más allá de la argumentación expuesta por el FUDDC, para precisar con base en los hechos narrados en la solicitud de amparo constitucional, si las consecuencias de la aplicación de la norma vigente de nuestra legislación que exige que algunos canales de televisión nacional deben ser incluidos en la parrilla de canales que transmite el satélite, resulta un mayor perjuicio para el interés general de los usuarios de Direct TV Venezuela, que la desaplicación por control difuso de la disposición legal contenida en su articulado.

En nuestra percepción de los hechos, estábamos en presencia de un caso puntual, en el cual había que desaplicar dicha norma para que Direct TV Venezuela, retomara su actividad comercial y así su casa matriz AT&T y su filial Direct TV Latinoamérica LLC no estuviesen expuestas al impedimento que representa la orden ejecutiva del Presidente del Gobierno de los EEUU que le prohíbe tener alguna vinculación con PDVSA TV y GLOBOVISION.

De esta manera desaparecería el motivo por el cual, AT&T, su filial Direct TV Latinoamérica LLC y *Galaxy Entertainement* de Venezuela SCA - Direct TV Venezuela, se veían impedidas de prestar la señal a nuestra población. Al desaplicarse esta norma jurídica nacional a los casos puntuales de los canales mencionados, estas empresas estarían obligadas legalmente a reanudar el servicio, siendo que en caso de incumplimiento podrían ser objeto de acciones judiciales en cualquiera de las dos jurisdicciones ya que, en tales supuestos, desaparecería el eximente de lo que la doctrina ha denominado hecho del príncipe o *Act of State*.

Por otra parte, es muy importante señalar que la prohibición del Gobierno de EEUU solamente abarca esos dos canales, de manera que los usuarios pueden seguir disfrutando del acceso a la televisión satelital, y ni AT&T ni Direct TV Venezuela, pueden negarse a prestar el servicio que venían prestando, pues estarían incumpliendo con más de 2.200.000 suscriptores que le han pagado sus servicios e inclusive podrían ser objeto de acciones judiciales por los perjuicios que le estarían ocasionando a sus usuarios al no suministrarles la señal sin ningún tipo de justificación.

VIII. ANUNCIO DEL RESTABLECIMIENTO DEL SERVICIO EL 15 DE AGOSTO DE 2020 COMO FRANQUICIA COMERCIAL DE LA EMPRESA *SCALE CAPITAL* C.A BAJO LA DENOMINACIÓN COMERCIAL SIMPLE TV

En fecha 15 de agosto de 2020, según publicación del diario El País (Internacional), Direct TV anunció su regresó al país. Gracias a la entrada en juego de la compañía de inversiones *Scale Capital* C.A que decidió comprar la operación de *Galaxy Entertainement* de Venezuela

SCA - Direct TV Venezuela, cuyo accionista es la multinacional AT&T, y ha pactado con el Gobierno de Venezuela los términos del servicio de televisión por suscripción. Anunció la noticia que se dejó sin efecto la medida cautelar dictada por la Sala Constitucional del Tribunal Supremo de Justicia. Asimismo, sus directivos fueron absueltos de los procedimientos penales incoados.

Por su parte, CONATEL emitió un comunicado en el cual dijo lo siguiente: "Informamos que Direct TV, a través de la empresa *Scale Capital*, restituyó la señal de televisión por suscripción. Dicha restitución cumple con las disposiciones legales del Tribual Supremo de Justicia para la protección de sus usuarios". Se llegó a un acuerdo con la empresa privada que va a gestionar el servicio público de Direct TV, bajo el reglamento de las leyes venezolanas.

La compañía ofreció un período de gracia de tres meses de servicio gratuito para sus usuarios. El precio de las tarifas, subsidiado por años a causa de una imposición oficial, pasó a fijarse a precios internacionales con la anuencia de CONATEL. Pero el punto de discordia que obliga la salida de la señal de los canales Globovisión y PDVSA TV, al día de hoy continúa.

Como se puede apreciar, CONATEL aceptó retirar del paquete de programación a los canales Globovisión y PDVSA TV, lo cual configura un precedente administrativo al desaplicar las normas citadas e indirectamente acata las órdenes ejecutivas dictadas por el Gobierno de EEUU y las licencias dictadas por la OFAC.

IX. PRECISIONES FINALES

Se ha tratado de una controversia que, además de afectar a gran parte de la ciudadanía, ha involucrado a las empresas Globovisión Tele C.A. y Globovisión Tele CA, Corp. dueñas del canal de televisión GLOBOVISION y PDVSA TV canal vinculado a la empresa petrolera PDVSA, las cuales continúan sancionadas fuera de nuestra jurisdicción de acuerdo a sanciones publicadas en las órdenes ejecutivas del Gobierno de EEUU y las licencias dictadas por la OFAC.

Este caso debe motivar a incluir dentro del estudio de los actos administrativos transnacionales, las sanciones que impone el Gobierno de EEUU, no solamente a Venezuela, sino a países como Cuba, Rusia, Irán y otros. Consideramos que son típicos actos administrativos que dicta el Gobierno de los EEUU dentro de la jurisdicción norteamericana pero cuyos efectos traspasan las frontera de EEUU, extendiéndose a los demás continentes que conforman el planeta, teniendo en cuenta que no son los actos administrativos tradicionales como son el pasaporte, las certificaciones consulares o las apostillas en los diversos documentos legales que requieren la conformidad de los demás países, tal como lo establece la doctrina en la materia.

Como es natural las empresas Globovisión Tele C.A., Globovisión Tele CA, Corp., PDVSA y la República están en el derecho de exponer sus alegatos y defensas en la jurisdicción norteamericana y en las sedes de los organismos internacionales si fuere el caso.

Como se puede apreciar, CONATEL ha configurado un precedente administrativo en forma tácita sin previo pronunciamiento de la Sala Constitucional del Tribunal Supremo de Justicia. Este precedente administrativo, que en nuestra opinión es reserva del Poder Jurisdiccional y no de la Administración Pública (desaplicar una norma legal en beneficio de los derechos fundamentales de los justiciables), debe a todo evento ser refrendada por la Sala Constitucional del Tribunal Supremo de Justicia, tal y como se señala en el artículo 336 de nuestra Carta Magna.

La existencia del presente conflicto jurisdiccional nos demuestra que los conflictos solo se resuelven mediante la mediación y la transacción, donde las partes (personas de derecho privado o personas de derecho público - Estados) de manera irreversible se ven obligadas a ceder en beneficio del interés general y colectivo, como en efecto lo ha sido en los derechos que tienen más de 8.000.000 de personas de recibir en sus hogares las señales de televisión que se transmiten a través de esta plataforma satelital dominante en el país.

Tal vez, nuestro más alto Tribunal, ha debido propender a la solución del problema que representó ese conflicto de jurisdicciones a través de los medios alternativos para su solución aceptados y promovidos por nuestra Carta Magna, con lo cual no hubiesen sufrido durante algunos meses en plena pandemia lo que representó estar sin la programación de Direct TV.

Queda claro que las partes buscaron una vía alterna para lograr, al margen del Poder Judicial, la solución del conflicto en beneficio de los intereses colectivos, los cuales a la postre favorecieron y crearon una oportunidad de negocio.

Para finalizar observamos que el tema de las órdenes ejecutivas dictadas por el Gobierno de los EEUU y las licencias dictadas por la OFAC - sanciones - inéditas en nuestro país, pero de larga trayectoria histórica en otros, ha entrado de manera definitiva en el debate jurídico de la doctrina venezolana, que no debe agotarse en las sentencias dictadas por el Tribunal Supremo de Justicia, sino que, por el contrario, deben ser objeto de acuciosos análisis por parte de nuestro gremio de abogados en Venezuela.

Caracas, junio de 2021

V. DERECHO TRIBUTARIO

Situación actual del Arbitraje Tributario
Gabriel Ruan Santos

La actividad administrativa consultiva de la Administración Tributaria.
Luis Fraga-Pittaluga

La definición de "inversión" y el *Treaty Shopping.*
José Gregorio Torrealba R.

La metamorfosis kafkiana de la Unidad tributaria
y la dolarización de las sanciones tributarias.
Humberto Romero-Muci

SITUACIÓN ACTUAL DEL ARBITRAJE TRIBUTARIO

GABRIEL RUAN SANTOS*

SUMARIO

I. En el orden interno. II. En el orden internacional. III. Bibliografía.

La figura del arbitraje ha sido siempre poco compatible con el derecho público y el ejercicio de las potestades estatales, tanto en el ámbito interno como en el internacional, porque en el primero ha chocado con el orden público normativo y en el segundo con la soberanía de los Estados y las políticas tributarias, conceptos asumidos como fuertes dogmas jurídicos inspirados en las ideologías estatistas desde la aparición misma de la institución histórica del Estado o como celosas prevenciones. A lo cual se suma que el arbitraje es una institución nacida y desarrollada en el derecho privado, órbita en la cual ha predominado la autonomía de la voluntad del individuo, dentro del cual es reconocida la iniciativa y la creatividad de los particulares para la autorregulación de sus intereses propios. Prueba palpable de lo dicho es la temerosa norma del artículo 3 de la Ley de Arbitraje Comercial de Venezuela, que excluye la aplicación del arbitraje a las materias "directamente concernientes a las atribuciones o funciones de imperio del Estado o de personas o entes de derecho público". Y a nivel internacional, la resistencia que han presentado en el pasado los Estados frente al arbitraje fiscal, por causa del temor al menoscabo del poder tributario territorial y a perder el control de la solución de las controversias en desmedro de sus políticas fiscales, lo cual fue secundado por muchos años por la Organización para la Cooperación y el Desarrollo (OCDE), la cual siempre ha privilegiado el procedimiento amistoso o de mutuo acuerdo (MAP) en la solución de dichas controversias, concebidas exclusivamente como conflictos entre Estados.

---

* Abogado, graduado en la Universidad Central de Venezuela, Mención Magna Cum Laude en el año 1971. Estudios de PostGrado en Derecho Administrativo en la Universidad de Roma. Profesor de Derecho Administrativo y de Derecho Tributario en la U.C.V., UCAB y UNIMET. Individuo de número de la Academia de Ciencias Políticas y Sociales.

I. EN EL ORDEN INTERNO

No obstante la existencia de las barreras mencionadas, al amparo del artículo 258 de la Constitución de 1999, que ordena al legislador promover todos los medios alternativos de solución de conflictos, sin exclusiones, el legislador del Código Orgánico Tributario (COT) de 2001 dio paso con cierta originalidad y vanguardismo al arbitraje tributario entre el fisco y los contribuyentes y le dedicó el Capítulo VI del Título VI de ese Código, muy probablemente con la resistencia silenciosa de la Administración Tributaria. Algunos hemos pensado y así lo expresé en mi estudio publicado el año 2004, que se trataba de una recepción legal anticipada de una innovación audaz, que se enfrentaba a los obstáculos dogmáticos antes mencionados, que en el campo específico del derecho tributario tomaban cuerpo en el principio de legalidad, en la igualdad frente a los tributos, en la indisponibilidad de los créditos tributarios y desde luego en el orden público de las leyes tributarias. "Es probable que el legislador -decíamos en el 2004- haya iniciado el recorrido del camino a partir de sus etapas finales y más avanzadas, como son la transacción y el arbitraje, y no por sus naturales comienzos, configurados por las conferencias, negociaciones, acuerdos, facilitaciones o mediaciones en el ámbito interno de los procedimientos administrativos", lo cual habría creado el ambiente propicio para los más exigentes medios alternativos de solución de conflictos. Mucho tememos ahora que no estábamos equivocados, pues desde 2001 no se ha conocido la realización de ningún arbitraje tributario en el país y muy pocas transacciones.

En modo congruente con el escenario antes descrito, el arbitraje tributario nace en Venezuela con un perfil muy especial, dentro de un cauce limitativo y con una sumisión paradójica en su objeto a principios inherentes al contrato de transacción, ya que, siguiendo la tradición procesal civil, el Código Orgánico Tributario señala que las materias susceptibles de arbitrabilidad son legalmente aquellas susceptibles de transigibilidad, por ser disponibles, sin que el COT de 2001 hubiera precisado cuáles eran estas materias en lo tributario, como si lo hizo el COT de 1982, con respecto a la transacción, cuando en su artículo 58 expresaba en forma de autorización legislativa: "La transacción judicial es admisible en cuanto a la determinación de los hechos y no en cuanto al significado de la norma aplicable". Disposición que provenía en forma inmediata del Modelo de Código para América Latina OEA-BID, calificada por Valdés Costa -uno de sus redactores- como "solución transaccional", pero provenía en modo remoto de la doctrina de los Tribunales Financieros del Imperio y de la Federación en Alemania, la cual distinguía entre los "acuerdos sobre cuestiones de hecho" y los "acuerdos sobre las cuestiones de derecho" en el ámbito de la determinación de las obligaciones tributarias, destinados a resolver la *incertidumbre* en la comprobación y valoración de los hechos y bases imponibles, pero sin llegar a incluir una nueva interpretación de la ley tributaria, y mucho menos la posibilidad de recíprocas concesiones, pues esto era considerado lesivo del principio de legalidad estricta, regulador de las actuaciones administrativas, y de la igualdad entre los contribuyentes, así como también de la indisponibilidad de la obligación tributaria, nacida del hecho generador del tributo predispuesto en la ley, sin mediación de la voluntad individual.

Con la eliminación de esta norma del COT de 1982, por virtud de la promulgación del COT de 2001, reiterado el cambio en los códigos posteriores, el legislador pareció apartarse de la figura conocida de los "acuerdos sobre cuestiones de hecho" y haber regresado a la configuración del contrato de transacción civil, centrado en la idea de las recíprocas concesiones relativas a las pretensiones de las partes y al consiguiente límite o valladar negativo del orden público, lo cual, lejos de facilitar la comprensión de las materias transigibles y por ende arbitrables, con insinceridad, retornaba a las dudas y resistencias ideológicas que tradicionalmente han sido manifestadas mediante la objeción del orden público de las leyes tributarias, compartida por todas las leyes de derecho público, circunstancia que prácticamente podría impedir la utilización del arbitraje en el derecho tributario.

En relación con lo anterior, cabe advertir que la limitación del orden público en el derecho privado obedece fundamentalmente a que se trata de la esfera de la autonomía de la voluntad, dentro de la cual es admitida la autorregulación de los intereses propios de los particulares, quienes tienen la disposición o libre atribución sobre sus bienes y derechos, correspondiendo al orden público servir de marco o cerco de esa autorregulación, en protección del interés general. Mientras que en el derecho público y en particular en el derecho tributario, donde la generación de las obligaciones y derechos, cargas y beneficios, derivan del acoplamiento de los hechos a la hipótesis normativa legal o sub-legal preestablecida, sin que haya espacio para la autonomía de la voluntad, la noción del orden público se hace superflua, al menos en su formulación clásica, debiendo ser repensada en el derecho público, para dejar de ser un muro de contención y pasar a ser una orientación positiva de la conducta de los ciudadanos y del Estado. Y en tal sentido, es de orden público la correcta recaudación de los tributos, pero en similar medida también lo es la preservación de la fuente y su principal expresión, que es la capacidad económica de los contribuyentes.[1]

El perfil normativo del arbitraje tributario quedó fijado originalmente en el COT de 2001, luego recogido en los códigos de 2014 y de 2020 con poca diferencia. Dicha descripción nos permite no sólo distinguir el modelo limitativo y encorsetado de arbitraje, sino que nos sugiere los aspectos que deben ser reformados para que la figura tenga viabilidad en el campo tributario.

Así, según el COT, el arbitraje tributario requiere: la existencia de un recurso judicial o contencioso tributario iniciado y admitido, de manera que no cabe arbitraje para precaver litigios ni resolverlos por esta vía en la fase administrativa de los procedimientos; exige la vigencia de la acción judicial que se pretende sustituir acudiendo al arbitraje, pues este último es alternativo del proceso judicial instaurado; exclusión de toda cláusula compromisoria previa al conflicto, por ser requerida la

1 Una afortunada sentencia de la Sala Constitucional admitió la compatibilidad entre el orden público y el arbitraje del modo siguiente: "Cuando el legislador determina que conforme al principio tuitivo, una materia debe estar regida por el orden público, no deben excluirse per se los medios alternativos para la resolución de conflictos, y entre ellos, el arbitraje, ya que la declaratoria de orden público del legislador de una determinada materia lo que comporta es la imposibilidad de que las partes puedan relajar o mitigar las debidas protecciones en cabeza del débil jurídico, las cuales son de naturaleza sustantiva; siendo, por el contrario, que la libre y consensuada estipulación de optar por un medio alternativo – vgr. Arbitraje, mediación, conciliación, entre otros- en directa e inmediata ejecución de la autonomía de la voluntad de las partes es de exclusiva naturaleza objetiva". Sala Constitucional, Decisión Nº 1541 del 8 de octubre de 2008, caso Fermín Toro Jiménez. Citada por Victorino Tejera Pérez; *Arbitraje de Inversiones en Venezuela*; Editorial Jurídica Venezolana; Colección Estudios Jurídicos Nº 97; Caracas 2012, p. 235.

actualidad absoluta y determinación específica de la disputa objeto del arbitraje; designación de árbitros de derecho con la condición de abogados, a quienes tocaría únicamente aplicar la ley tributaria; constitución necesaria de una comisión de tres árbitros independientes, dos de ellos designados por las partes y el tercero por los árbitros ya designados, y si no hay acuerdo entre éstos por el tribunal del recurso interpuesto; exclusión implícita del arbitraje institucional; valor de cosa juzgada del laudo emitido por los árbitros, pero publicado por el tribunal del recurso; carácter obligatorio del laudo firme para la Administración tributaria y para el contribuyente recurrente; apelabilidad del laudo, siempre que no haya unanimidad en el veredicto, con lo cual deja una especie de derecho de veto a las partes; motivación obligatoria del laudo, a fin de poder controlar su conformidad a derecho; recurso de nulidad contra el laudo, por causales precisas atinentes a la arbitrabilidad del conflicto y a requisitos procesales esenciales; el laudo será ejecutado por la Administración Tributaria y no por el tribunal del recurso interpuesto, según las normas del COT de 2014 para ejecución de sentencias; y finalmente, acuerda supletoriedad, en la medida que tuviera cabida, a la Ley de Arbitraje Comercial y al Código de Procedimiento Civil.

La sola lectura del perfil normativo del arbitraje tributario, ya sugiere los cambios que necesariamente deberían ser propuestos en el COT, a fin de que la institución pudiera tener posibilidad de aplicación. Así, se debe liberar al arbitraje de su sumisión al objeto de la transacción, en atención a las diferencias entre ambas figuras, porque la transacción es un medio de autocomposición del conflicto por las mismas partes del mismo, en relación con la disponibilidad de las materias transigibles, mientras que el arbitraje es un medio de heterocomposición procesal, en el cual se encomienda a terceros elegidos por las partes la solución del conflicto, mediante la determinación objetiva de los hechos y la correcta aplicación de la ley tributaria. Se debe además permitir la posibilidad para la Administración y los contribuyentes de proponer y escoger la vía arbitral desde la fase administrativa del conflicto, una vez que se conozcan las pretensiones de la Administración, con el levantamiento del acta fiscal, evitando así el endurecimiento de las posiciones en confrontación y el obstáculo representado por los costos de la instauración de un recurso contencioso tributario. Se hace conveniente superar el rechazo del arbitraje institucional, a fin de aprovechar las ventajas de la organización y normativa de los centros de arbitraje, los cuales podrían adaptar su estructura y su procedimiento para dar cabida a este tipo especial de arbitraje. Muy importante también, sería suprimir la apelabilidad del arbitraje ante los tribunales judiciales, si no hay unanimidad de los árbitros, pues siempre habría la inclinación de los árbitros designados a ejercer el virtual derecho de veto que prohíba esta posibilidad. En compensación, se podrían afinar las causales del recurso de nulidad del laudo, para evitar ciertamente los laudos ilegales, pero sin incitar al uso abusivo de este recurso con el propósito de replantear la discusión sobre el fondo de la disputa. Desde luego que esta reforma implicaría superar la idea tradicional de orden público normativo, que obstaculiza la utilización de los medios consensuales o convencionales en la solución de las controversias con la autoridad pública, para dar paso a otra concepción que reconozca ampliamente el derecho de participación transparente de los ciudadanos en los procedimientos y no sea excluyente de la voluntad de los sujetos sometidos a las potestades públicas. En definitiva, sería necesario llegar al convencimiento de que en el arbitraje tributario los árbitros no harían otra cosa que lo que hacen los jueces, o sea, determinar los hechos y aplicar estrictamente la ley tributaria, pero con mayor celeridad, flexibilidad, dedicación y capacidad técnica, sin que pueda hablarse de concesiones recíprocas entre las partes ni de alterar la recta aplicación de la ley a los hechos.

Sin embargo, sin perjuicio de las reformas legales que deben proponerse con respecto al COT, a fin hacer viable la aplicación útil de la transacción y el arbitraje en el ordenamiento nacional, pienso que hoy en día todavía prevalece -y tal vez en mayor medida- la concepción ideológica de las facultades administrativas y de la obligación tributaria, sujetas sumisamente al principio de legalidad unilateral y oficioso y a la indisponibilidad de los créditos tributarios, por eso me permito proponer nuevamente, como lo hice en 2004,[2] la figura de los "acuerdos

[2] Gabriel Ruan Santos, *Visión Crítica de la Transacción y el Arbitraje en el Derecho Tributario. Hacia los Acuerdos Procedimentales*. Academia de Ciencias Políticas y Sociales; Trabajo de Incorporación; Caracas, 2004. Este estudio incluye el análisis de los Acuerdos Procedimentales en derecho comparado.

procedimentales" para resolver los conflictos entre la Administración Tributaria y los contribuyentes en modo convencional o concordado, pero sin suprimir el carácter unilateral esencial de los procedimientos de determinación tributaria. Estos acuerdos se insertan o incorporan en el procedimiento de determinación y fungen de acuerdos preparatorios de la decisión administrativa de liquidación o revisión y no alteran la naturaleza unilateral de la potestad tributaria. Estas figuras tienen por objeto facilitar la discusión de las diferencias entre la Administración y los contribuyentes dentro de un marco de flexibilidad, participación y transparencia controlado por la autoridad.

Con este propósito, lo cual sugería también en 2004, sigue siendo conveniente examinar las experiencias exitosas -aunque no sin tropiezos- que han tenido estos "acuerdos procedimentales" en países como Alemania, Italia, España y sobre todo en los Estados Unidos de América. En Alemania, con los "acuerdos sobre cuestiones de hecho", sustentados en la buena fe, los cuales han sido acompañados, según reconoce la doctrina, por la valoración jurídica de los hechos fijados consensualmente por las partes; los cuales han sido instrumentados mediante conferencias de conciliación y la conocida entrevista final previa a la liquidación administrativa. En Italia con los conocidos "concordatos tributarios", calificados inicialmente por la doctrina como contratos de fijación o "*accertamento*" y después de reformas legales como "comprobaciones unilaterales de las bases imponibles con adhesión del obligado tributario", luego de diálogos entre las partes, que propician la aproximación consensual. En España, con el espíritu de la Ley de Régimen Jurídico de las Administraciones Públicas y del Procedimiento Administrativo Común del año 1992, desde el año 2003 se ha reformado la Ley General Tributaria para dar paso a la figura de las "actas con acuerdo", precedidas de diálogos entre la Administración y el contribuyente destinados a despejar la incertidumbre en los hechos y a fijar consensualmente la base de imposición, en modo similar a las experiencias alemana e italiana. Para el jurista Ferreiro Lapatza, gran propulsor de esta reforma, el procedimiento de las "actas con acuerdo", tiene por objeto despejar la incertidumbre surgida de la interpretación de la ley y de la percepción de los hechos, porque toda ley tiene un ámbito de interpretación y todo hecho o caso concreto un ámbito posible de percepción, y precisamente allí caben los acuerdos, sin que ello signifique modificar la ley ni alterar los hechos.[3]

Sin embargo, el ejemplo más acabado y exitoso de procedimiento consensuado o acuerdo procedimental bajo el control de la Administración Tributaria lo presenta la experiencia en EE.UU de las Oficinas de Apelaciones del Servicio de Rentas Internas (IRS). Bajo el paraguas de la Ley Sobre Resolución Alternativa de Disputas Administrativas de 1990 y con el impulso de la Ley de Reestructuración y Reforma del IRS de 1998, en dichas oficinas se desenvuelven procedimientos de negociación solicitados voluntariamente por las partes, facilitados por una estructura idónea y dotadas de un procedimiento especial, que no se limita a la negociación sino que privilegia la mediación por parte de "autoridades de arreglos", distintas e independientes de los órganos ordinarios de fiscalización, cuya principal función es contribuir a resolver alternativamente las disputas entre el Servicio y los contribuyentes, antes de que sean planteadas a los tribunales. Estos procedimientos administrativos de arreglo (*settlement procedures*) tienen por tarea resolver sobre la incertidumbre de los hechos en disputa o sobre la aplicación de la ley a los casos concretos, tales como diferencias sobre ingresos declarados, deducciones, créditos, gastos, reintegros solicitados, minoraciones o reducciones impositivas, sanciones impuestas, establecimiento de precios de transferencia y preparación de acuerdos anticipados sobre los mismos, valuaciones de bienes y de activos, compensaciones razonables y otras materias similares, dentro de la amplia categoría de cuestiones de hecho. Cabe advertir que si las partes no llegan a un acuerdo sobre estas diferencias podrían acudir a la mediación y al arbitraje vinculante, instancias facultativas en las cuales las Oficinas de Apelación siguen cumpliendo un rol relevante. Es importante señalar que el éxito del procedimiento de mediación en el ámbito administrativo de las disputas tributarias, ha llevado a los jueces en EE.UU a proponer a las partes la celebración de acuerdos de mediación,

3 José Ferreiro Lapatza, *Solución Convencional de Conflictos en el Ámbito Tributario: Una Propuesta Concreta*; consultada en original, números II.3, II.4 y II.6. Comentada en mi trabajo de incorporación a la Academia de Ciencias Políticas y Sociales, antes citado.

y aún más, de arbitrajes vinculantes para resolver alternativamente la controversia, después de instaurado el proceso judicial.

En relación con esta experiencia, se ha dicho que alrededor del noventa por ciento (90%) de las disputas entre el fisco norteamericano y los contribuyentes son resueltas en la división de apelaciones del IRS, a través del procedimiento ordinario de arreglos o de la mediación, lo cual revela el nivel de progreso de los acuerdos procedimentales o procedimientos consensuados tributarios alcanzado en esa nación.

En Venezuela, al igual que en toda América Latina, el avance de los procedimientos administrativos consensuados ha sido muy limitado, porque ha habido mucha resistencia a su adopción, tanto como a la figura del arbitraje tributario. Las declaraciones favorables a su admisión por las Jornadas Latinoamericanas de Derecho Tributario han sido esperanzadoras, pero no han logrado romper la barrera de negación de las administraciones tributarias; estas últimas escasamente han llegado a aceptar las llamadas "determinaciones mixtas" con la colaboración del contribuyente. Frente a la propuesta formulada por nosotros en el año 2004, consistente en la incorporación de la negociación y los acuerdos procedimentales en el procedimiento administrativo de determinación tributaria del COT, para lo cual era ideal una reforma legal pero suficiente una reglamentación, el Servicio Nacional Integrado de Administración Aduanera y Tributaria (SENIAT) tuvo una respuesta caricaturesca, como fueron los famosos "desayunos" con la plana mayor administrativa para "discutir" los reparos a la industria privada petrolera, donde sólo cabía la alternativa de aceptar plenamente el reparo para optar a la condonación de la sanción.

II. EN EL ORDEN INTERNACIONAL

No obstante la pobreza del escenario interno examinado con anterioridad, compartimos la opinión de que el arbitraje tributario ha tenido mayor progreso en el orden internacional. Los Estados con mayor desarrollo en el mundo occidental, con apoyo de las organizaciones internacionales, están llegando al convencimiento de que la soberanía estatal en materia de tributos no debe ser obstáculo para que, *en ejercicio de esa misma soberanía*, los gobiernos puedan llegar a acuerdos de armonización de los poderes tributarios, de modo que puedan celebrar tratados bilaterales y multilaterales, no sólo para evitar la doble o múltiple imposición internacional y favorecer la economía mundial, sino también para abrir paso a la solución alternativa y amigable de las diferencias surgidas en la aplicación de los convenios para evitar la doble imposición (CDIs) y no exclusivamente por la vía de la negociación sino de recientes fórmulas arbitrales apropiadas, para suplir la incapacidad de las administraciones tributarias para llegar directamente a arreglos de sus diferencias, ante la casi total ausencia de tribunales internacionales con competencia para hacerlo, a pesar de las propuestas no aceptadas que ha habido de atribuir competencia a la Corte Internacional de Justicia o a la Corte de la Unión Europea o definitivamente, de crear una Corte Tributaria Internacional.

Sabida es la existencia de la cláusula de "procedimiento amigable" (*Muttual Agreement Procedure* MAP) para resolver las diferencias entre las administraciones tributarias con ocasión de la interpretación y aplicación de los CDIs, propuestas a los Estados en los Modelos de Convenio elaborados por la Organización para la Cooperación y el Desarrollo (OCDE) y la Organización de las Naciones Unidas (ONU) que originalmente sólo contenían en su artículo 25 un procedimiento facultativo de negociación para que las administraciones tributarias, a solicitud de los contribuyentes afectados, acordaran entre ellas discutir y buscar soluciones concretas a las controversias surgidas de la aplicación de los CDIs, haciendo lugar a que las disputas internas entre administraciones y contribuyentes relativas a los convenios pasaran al plano internacional, a través del procedimiento amigable y que se instaurara una discusión técnica entre órganos estatales, razón por la cual algunos autores señalaban que se trataba de "conflictos indirectos de derecho tributario internacional".

El procedimiento amigable o de mutuo acuerdo (MAP) ha sido la forma principal de canalizar las diferencias surgidas de los CDIs, con un resultado considerado bastante positivo, que algunos estudios estiman en el 80% de los casos planteados. Sin embargo, tiene carencias que deben ser resueltas, porque se trata de una negociación entre Estados -a través de sus administraciones tributarias, no de sus servicios exteriores- que no implica necesariamente alcanzar un acuerdo, dentro de un plazo, por ser más que todo una obligación de medios y no de resultados. A lo cual se suma que los contribuyentes no son propiamente partes del procedimiento, y que la tarea de iniciarlos, desarrollarlos y terminarlos compete a las administraciones, incluso en aquellas hipótesis en que haya conflicto de intereses entre los contribuyentes y la administración tributaria iniciadora del procedimiento.

Teniendo a la vista las carencias del procedimiento amigable o de mutuo acuerdo establecido en los CDIs, señaladas por importantes instituciones como la Asociación Fiscal Internacional (IFA) el Instituto Latinoamericano de Derecho Tributario y la Cámara de Comercio Internacional (CCI), en atención a las necesidades del comercio internacional, muchos Estados han accedido a modificar sus convenios para incluir como vía complementaria o alternativa del procedimiento amistoso -según los casos- al arbitraje tributario internacional, ya sea en modo facultativo u obligatorio, para los supuestos en que las administraciones no hayan podido llegar a acuerdos para resolver las diferencias surgidas de la interpretación o aplicación de los CDIs, habiéndose registrado más de cincuenta casos de inclusión de la vía arbitral internacional, mediante modificaciones de la cláusula del procedimiento de mutuo acuerdo o mediante protocolos adicionales. En el mismo sentido, en el año 1990, se celebró la Convención Europea de Arbitraje para la eliminación de la doble tributación relativa a la corrección y ajustes de las ganancias de las empresas asociadas o vinculadas, la cual creó una figura de arbitraje obligatorio y vinculante limitado a ciertas hipótesis, como los precios de transferencia. Este convenio multilateral recibió un nuevo impulso con el Código de Conducta para la Aplicación Efectiva del Convenio de Arbitraje publicado en 2004.

Este movimiento internacional indetenible ha dado lugar a una gran variedad de tipos de arbitrajes tributarios, los cuales pueden ser iniciados por los Estados mediante notas diplomáticas o mediante el solo consentimiento de las administraciones tributarias, por cualquiera de los Estados contratantes, por los contribuyentes afectados solicitantes si los Estados no han llegado a un acuerdo en un plazo de dos o tres años, o resueltamente por la creación de la obligación de iniciar el arbitraje después del fracaso de las negociaciones. El objeto de los arbitrajes no ha sido específicamente limitado, sino que podría versar sobre cualquiera de las materias que pudieran ser objeto del procedimiento amigable, a menos que se trate de intereses de naturaleza política, que quedan sometidos usualmente a los medios diplomáticos. El nombramiento de los árbitros y el procedimiento a seguir sería determinado en cada caso por las partes. Las actuaciones del proceso quedarían reservadas, a menos que las partes accedieran a su publicación, evitándose así la formación de precedentes.

Frente a esta fuerte tendencia promovida por el comercio internacional, la OCDE se ha visto en la necesidad de cambiar su posición original contraria al arbitraje tributario internacional, y a partir del año 2008, el Comité de Asuntos Fiscales de esa organización ha propuesto dicho arbitraje como *complemento* del procedimiento de mutuo acuerdo, mediante la modificación del artículo 25.5 de Modelo de Convenio para Evitar la Doble Imposición y Evitar la Evasión Fiscal, a lo cual ha añadido manuales especialmente elaborados para que las partes y los árbitros puedan regular el desenvolvimiento del procedimiento arbitral.

En definitiva, el Modelo de Convenio de la OCDE establece un marco muy general, que puede ser adaptado por los Estados en sus CDIs bilaterales, los cuales, una vez agotado el procedimiento de mutuo acuerdo, sin que las administraciones hayan llegado a un entendimiento en el plazo de dos años, a solicitud de los contribuyentes que consideren que no se les ha aplicado correctamente las disposiciones del CDI, podrían acordar el sometimiento de las controversias a comisiones arbitrales "ad hoc" o a tribunales internacionales, en modo facultativo u obligatorio, con decisión vinculante o condicionada a la aceptación de los interesados. El procedimiento del arbitraje podría ser compatible con el ejercicio de los recursos internos, pero si llegara a dictarse una decisión por parte de los órganos estatales, ésta dejara sin efecto el proceso arbitral iniciado. Desde luego que tocaría a los Estados resolver sobre otros aspectos importantes del procedimiento, como la designación de los árbitros, la distribución del costo del procedimiento, la mayor concreción de los derechos de los contribuyentes, la publicación de las decisiones arbitrales y las garantías para su ejecución.

En tiempos recientes, han sido planteadas disputas tributarias en el ámbito de los arbitrajes de inversión, dada la incidencia importante de los tributos en la cuantificación del retorno de las inversiones internacionales. Sin embargo, la admisibilidad de la materia tributaria ha sido objeto de muchas limitaciones tanto en los tratados bilaterales de promoción y protección de inversiones (TBIs) como en las decisiones arbitrales recaídas en disputas entre Estados receptores de inversión y nacionales inversores de otros Estados derivadas del tema principal de las inversiones transfronterizas. Efectivamente, los TBIs y arbitrajes de inversión han regulado o tenido conocimiento de la materia tributaria sólo en los supuestos específicos y admisibles de aplicación de la cláusula de la nación más favorecida y de infracción de la prohibición de trato discriminatorio a los inversores, pero han evitado o rechazado incluir las disputas tributarias en el concepto general de "trato justo y equitativo", por respeto o sumisión a la soberanía fiscal de los Estados. Incluso, en la hipótesis de expropiación ilícita -tema principal en la protección de inversiones- han tenido mucha cautela al examinar las llamadas "medidas tributarias expropiatorias" como expropiaciones de hecho o encubiertas, muy frecuentes en nuestro país.

No obstante reconocer que ha habido algún avance en el examen de los conflictos tributarios en el campo de las inversiones internacionales, los expertos en las mencionadas materias atribuyen esta cautela a que los negociadores de los TBIs han preferido que esos conflictos sean objeto de los tratados para evitar la doble imposición y la evasión fiscal (CDIs), con el fin de no provocar la suspicacia de los Estados y evitar el retardo en la celebración de los TBIs, por un lado; y por otro, porque la jurisprudencia de los arbitrajes de inversión tiende a esquivar los conflictos tributarios para no afectar la soberanía fiscal estatal y dejar esta materia a la armonización tributaria que buscan los procedimientos amigables y comisiones arbitrales en el marco de los CDIs.

Para finalizar, nos queda desear que nuestro país pueda superar el "*paradigma imperativo*" en la resolución de los conflictos con la administración tributaria, de índole estatista y autoritario, que ha llegado al terror de las sanciones desproporcionadas y ruinosas para buscar el cumplimiento de las obligaciones tributarias por parte de muchos contribuyentes asfixiados por las políticas oficiales y la pandemia, quedando muy lejos del panorama el "*paradigma de la negociación*", tanto en lo interno como en lo internacional, como cabría esperar del propósito del artículo 258 de la Constitución de 1999, que muy probablemente tendría mejores resultados para la recuperación económica y la convivencia ciudadana.

Caracas, noviembre de 2020.

III. BIBLIOGRAFÍA

BARRERA F., Alejandro, *Arbitraje Fiscal Internacional*. IFA. México. 2008. https://www.ifamexico.com.mx/wp-content/uploads/2018/07/ArbitrajeFiscalInternacional-1.pdf.

CARMONA Juan Cristóbal, *Régimen Jurídico de la Actividad Petrolera en Venezuela*. En Hidrocarburos y Minerales. Derecho y Finanzas. Academia de Ciencias Políticas y Sociales-Asociación Venezolana de Derecho Tributario; Vol. I, Caracas 2016.

CENTRO DE ARBITRAJE. CÁMARA DE CARACAS; CENTRO EMPRESARIAL DE CONCILIACIÓN Y ARBITRAJE. VENAMCHAM; CLUB ESPAÑOL DEL ARBITRAJE. CAPÍTULO VENEZOLANO. *El Arbitraje en Venezuela*. Estudios con motivo de los 15 años de la Ley de Arbitraje Comercial; Coordinadores Luis Alfredo Araque, Milagros Betancourt, Diana Droulers y Carlos Lepervanche; Caracas, 2013.

CENTRO INTERNACIONAL DE ARREGLOS DE DIFERENCIAS RELATIVAS A INVERSIONES. CIADI. Washington. Caso CIADI Nº ARB-07-30 Grupo Conoco Philips contra República de Venezuela. Decisión sobre jurisdicción y fondo. 3 de septiembre de 2013.

GARCÍA FRÍAS, María Ángeles, *El Arbitraje Tributario Internacional*. En Estudios de Derecho Tributario Constitucional e Internacional. Homenaje latinoamericano a Víctor Uckmar, coordinado por Heleno Taveira Torres y Pasquale Pistone; Editorial Ábaco, Buenos Aires, 2005.

LOZANO RODRÍGUEZ, Eleonora, *En Defensa del Arbitraje Tributario en Materia Internacional. Una Propuesta para los países latinoamericanos*. Universidad de Salamanca, Facultad de Derecho, Departamento de Derecho Administrativo, Financiero y Procesal. Salamanca, España, 2008. Disponible en https://gredos.usal.es/bitstream/handle/10366/18284/DDAFP_Defensa%20arbitraje%20internacional%20materia%20tributaria.pdf?sequence=1

RUAN SANTOS, Gabriel, *Visión Crítica de la Transacción y el Arbitraje en el Derecho Tributario. Hacia los Acuerdos Procedimentales*. Trabajo de Incorporación a la Academia de Ciencias Políticas y Sociales de Venezuela, Caracas, 2004.

SANLORIEN COBO, Víctor El Arbitraje Fiscal Internacional; Universidad Pompeu Fabra, Barcelona, España, 2016.

TEJERA PÉREZ, Victorino J., Arbitraje de Inversiones en Venezuela; Editorial Jurídica Venezolana, Colección Estudios Jurídicos N° 97; Caracas, 2012.

TROYA JARAMILLO, José Vicente y EGAS REYES, Pablo, *Arbitraje Tributario Internacional*. El caso propuesto por las empresas petroleras para la devolución del IVA en Ecuador. http://www.uasb.edu.ec/UserFiles/File/tributacion%20y%20arbitraje%20jose%20vicente%20troya.pdf

LA ACTIVIDAD ADMINISTRATIVA CONSULTIVA DE LA ADMINISTRACIÓN TRIBUTARIA

LUIS FRAGA-PITTALUGA

INTRODUCCIÓN

El ordenamiento jurídico venezolano es complejo, está plagado de normas de toda índole y de diferente jerarquía, que además suelen mo-

* Abogado egresado de la UCAB (1987), especialista en Derecho Administrativo UCAB (2002), exprofesor en el postgrado de Derecho Financiero de la UCAB, en el postgrado de Derecho Tributario de la UCAT, en el Programa Avanzado de Gerencia Tributaria de la UNIMET y ex profesor de Derecho Financiero de la UMA. Miembro del Consejo de Redacción de la Revista de Derecho Público, miembro de la Asociación Venezolana de Derecho Tributario (AVDT) y de la Asociación Venezolana de Derecho Administrativo (AVEDA). Profesor invitado del Instituto Nacional de Administración Pública de España (INAP).

dificarse con más frecuencia de la debida, al punto que en ocasiones resulta difícil saber si determinada regulación continúa vigente, pues no son extrañas las derogatorias parciales y lo que es peor aún, las implícitas. Dentro de ese abigarrado conjunto de enunciados normativos, hay un ámbito especialmente desafiante para el operador jurídico, que es el de las *normas tributarias*.

Las normas tributarias suelen ser especialmente difíciles de descifrar, porque están estructuradas normalmente sobre conceptos ajenos al Derecho y más bien propios de instituciones y fenómenos oriundos de las ciencias económicas, contables y financieras, ámbitos donde los operadores jurídicos no suelen desenvolverse con comodidad. En algunas ocasiones la técnica legislativa no es depurada, pues no son abogados especializados quienes redactan las normas, debido a la irrupción de conceptos importados de otros ámbitos del saber.

Mientras el Derecho Civil posee instituciones milenarias y en nuestro ordenamiento jurídico se rige principalmente por un Código que ya cuenta casi con cuarenta años de vigencia desde su última reforma (que además posee muchas normas que no han variado casi nada desde el Código Napoleónico), y algo similar ocurre con el Derecho Mercantil, el Procesal y el Penal, el Derecho Tributario, salvo por lo que respecta a algunos conceptos seminales, es esencialmente dinámico, cambia constantemente, para bien o para mal, y se modifican también las interpretaciones de los jueces y de las distintas administraciones tributarias, en permanente adaptación frente a los cambios del entorno económico y social donde se aplican estas normas.

Si lo anterior no fuera ya suficiente, resulta que la interpretación y aplicación de la ley tributaria, es algo diferente de la interpretación de las leyes civiles y mercantiles, porque mientras en el caso de las últimas el principio de la autonomía de la voluntad de las partes regula la gran mayoría de las relaciones y estas se basan a su vez en nociones jurídicas ancianas, en el ámbito tributario existe una relación jurídica regida esencialmente por la ley pero que se nutre de realidades económicas, donde además una de las partes está dotada de potestades administrativas que le han sido otorgadas por la ley para ejercerlas de acuerdo con ésta, y a las que no puede renunciar, y que en definitiva le obligan a seguir ciertas interpretaciones más o menos rígidas.

Estas características peculiares de las leyes tributarias y de la relación jurídico-tributaria, influyeron en la idea, fraguada en el Congreso de la *International Fiscal Association* celebrado en Londres en 1965, que era necesario regular mecanismos de consulta donde los contribuyentes pudieran conocer de antemano los criterios de la Administración Tributaria sobre asuntos concretos, desde luego relacionados con el cumplimiento de las obligaciones impositivas y los deberes formales correspondientes.

Analizaremos entonces la actividad consultiva de la Administración Tributaria, desde sus orígenes hasta sus efectos. Advertiremos que se trata de una regulación que desborda la simple actividad consultiva interna de la Administración, que como se verá, es propia de su esencia misma. Veremos cómo el propósito último de esta actividad es lograr la sistematización, racionalización y difusión de la doctrina tributaria de la Administración, a modo de parámetro indispensable tanto para la propia Administración como, y especialmente, para los contribuyentes, a los fines del oportuno y adecuado cumplimiento de las leyes tributarias

I. LA ACTIVIDAD CONSULTIVA DE LA ADMINISTRACIÓN PÚBLICA

A) Contenido

Sometida como está la Administración Pública al llamado bloque de la legalidad, según se desprende del artículo 137 de la Constitución, conforme al cual esta última y las leyes definen las atribuciones del Poder Público y a ellas debe sujetarse su ejercicio, la recta interpretación del universo de normas que conforman el ordenamiento jurídico, se presenta como una actividad trascendental y de incuestionable importancia, en el entendido de que la observancia de la ley no es el simple apego, sin más, al texto expreso de la misma, pues la norma jurídica escrita, aunque es una expresión elaborada del pensamiento humano, es casi siempre imperfecta y por ello, reclama la interpretación a objeto de colmar los vacíos y lagunas de que suele adolecer.

Según afirma Parada Vázquez, los órganos con competencias resolutorias, órganos activos, necesitan del apoyo técnico de otros para preparar sus decisiones, desarrollándose este apoyo a través de la actividad consultiva, la cual se manifiesta mediante técnicas de diversa naturaleza, discernibles en función de la estructura de los órganos que la cumplen (unipersonal, colegiada, estable y transitoria) y de la forma de comunicación con el órgano activo a que asesoran (de forma directa e inmediata, o a través de un procedimiento formalizado).[1]

En la Administración Pública, la función de interpretar la norma jurídica, abstractamente considerada o en relación a hechos concretos, se lleva a cabo a través de la actividad consultiva cuya tarea es entonces, según este enunciado, la de asesorar a los órganos de la administración activa sobre los actos y las resoluciones que deban tomar en el ejercicio de sus funciones[2], sea para eliminar la dificultad que surge de la aplicación de la enorme variedad de leyes y reglamentos, sea para dar una interpretación sobre las fuentes del derecho, sea para suministrar su propia competencia técnica[3]. Su razón de ser reside, como se advierte, en la extensión y complejidad de las funciones administrativas y en las cuestiones técnicas y jurídicas que ha de resolver la administración.[4] Pero en general, es una función normalmente interna, que no se exterioriza.

La doctrina italiana identifica como acto típico de la actividad consultiva el parecer o la opinión (*parere*) que: "...consiste en un juicio o una apreciación jurídica, administrativa o técnica, manifestada por un órgano consultivo sobre una cuestión o sobre un proyecto de acto sometido por un órgano activo. La opinión, por lo tanto, es siempre un acto interno, en una relación entre órganos; puede adquirir relevancia externa cuando se inserta en un procedimiento y en tal caso influye en cuanto a la validez del acto final a cuya emanación es preordenado y debe precederlo."[5]

En la historia del derecho administrativo, el modelo paradigmático del órgano asesor es el Consejo de Estado francés, nacido en el artículo 52 de la Constitución del año VIII y potenciado en la Administración

---

1 Ramón Parada Vásquez. *Derecho Administrativo*. Marcial Pons, Madrid, 1992, Sexta Edición, Tomo II, p.319 y ss.

2 Oreste Ranelletti. *Istituzioni di diritto pubblico*. Padua, 1937, p.427.

3 Giovanni Salemi. *Corso di diritto amministrativo*. Padua, 1938, pág. 262.

4 Manuel María Diez. *El acto administrativo*. Buenos Aires, 1953, pág.33.

5 Guido Landi -Giuseppe Potenza. *Manuale di Diritto Amministrativo*. Giuffré Editore, Milano, 1997, p. 215.

napoleónica sobre la base del antiguo *Conseil du Roi*, surgió el 25 de diciembre de 1799, en parte para solucionar el efecto nocivo que generaba en los administrados la prohibición absoluta de inmiscuirse en los asuntos ejecutivos dirigida al poder judicial[6]. Su dogma orientador se resume en la frase "deliberar y juzgar es función de muchos y ejecutar es función de uno solo". A este órgano colegiado se le atribuyeron originariamente funciones consultivas, tanto en lo que respecta a la preparación de leyes, como en lo referente al análisis de las reclamaciones presentadas por los particulares. Posteriormente, en 1806, se creó una sección dentro del Consejo para atender asuntos contenciosos, estableciéndose el procedimiento respectivo y, finalmente, en 1872, se le dieron competencias jurisdiccionales propiamente dichas, naciendo así la jurisdicción administrativa, separada de la ordinaria.[7]

---

6 "En la Edad Media, la *curia regis*, constituida por grandes personajes próximos al Rey, lo ayudaba en el gobierno del reino y en el ejercicio de la justicia. En los siglos XIII y XIV, la *curia regis* se subdividió en diversas instancias, a saber: el Parlamento, encargado de una parte de la justicia, la Cámara de Cuentas, que tenía una función contable, y en especial el Consejo del Rey. Este último era el lugar de donde el Rey tomaba consejo. Pero también el Consejo del Rey tenía poder para administrar justicia, si bien más tarde se distinguirá entre la justicia retenida, dentro del Consejo, y la justicia delegada, en el Parlamento. Bajo el Antiguo Régimen, el Consejo del Rey se reunía en diversas sesiones, diferenciadas por el nombre, los miembros y los asuntos tratados. La expresión "Consejo de Estado" aparece en 1578, bajo Enrique III y designaba el consejo encargado del gobierno interior del reino y del contencioso administrativo (…) Fue solamente bajo Luis XIV que la organización fue clarificada y que se puede distinguir el ancestro del Consejo de Estado actual (…) En la víspera de la Revolución, algunas innovaciones preparan la constitución del Consejo de Estado. En 1777, fue creado el Comité contencioso de las finanzas, y luego en 1789, el Comité contencioso de los departamentos, es decir, de los diferentes ministerios. En 1790, la Asamblea constituyente pone en práctica la teoría de la separación de poderes y se asegura de que la Administración no sea más nunca sometida a la autoridad judicial. Se conserva la idea del Antiguo Régimen de que el poder público debe ser juzgado por una jurisdicción particular. Esta fue instituida por el Consulado en 1799: El Consejo de Estado (…) El artículo 52 de la Constitución del 22 *frimaire* del año VIII (13 de diciembre de 1799) instituyó el Consejo de Estado. Recibió una doble misión, administrativa (participar en la redacción de los textos [legales] más importantes) y contenciosa (resolver los litigios vinculados a la Administración)." Traducción al español del texto en francés consultado en: https://www.conseil-etat.fr/le-conseil-d-etat/histoire-patrimoine/les-origines-du-conseil-d-etat#:~:text=L%27expression%20de%20%22Conseil%20d,le%20nom%20d%27autres%20formations.

7 Véase al respecto: Héctor Mairal. *Control Judicial de la Administración Pública*. DEPALMA, Buenos Aires, 1984. Volumen I, p.59 / Jean Rivero. *Derecho Administrativo*. Instituto de Derecho Público, UCV, Caracas, 1984, pág.208. / Maxim Letourneur – Jacqelinn Bauchet – Jean Meric. *Le Conseil d'Etat et les tribunaux administratif*. Paris, 1970.

La importancia de esta institución no sólo radica en que su prestigio extraordinario estimuló su creación en otros sistemas (España, Italia, Bélgica, Japón, Colombia), sino también en el hecho incuestionable de que su impecable doctrina sentó las bases del Derecho Administrativo. Según enseña Parada Vázquez, Napoleón no pretendió la creación de un órgano consultivo de alto nivel separado de su persona que solamente emitiera dictámenes jurídicos, escritos y solemnes. Por el contrario, quiso y logró un órgano formado por personas expertas en las más diversas ciencias y técnicas relacionadas con el quehacer público, en cuyo seno pudieran discutirse, sin seguir un procedimiento formalizado, los grandes asuntos de Estado.[8]

Hoy en día, en toda organización administrativa más o menos avanzada, existen órganos destinados a cumplir la actividad consultiva, especializados o insertos dentro de la propia administración activa.[9] Si bien no existe concierto en la doctrina en cuanto a la conveniencia de los cuerpos consultivos, es generalmente admitida su incontestable utilidad, variando sólo la forma en que los distintos ordenamientos jurídicos regulan el número de órganos, su composición interna, los procedimientos que siguen y la eficacia de sus actos.

Sin embargo, como asienta el profesor Parada Vázquez, existe una perniciosa tendencia en la actualidad a paralizar los órganos de la Administración activa a la espera de los pareceres y opiniones de la Administración consultiva, aun cuando éstos no se hayan previsto para el caso concreto como obligatorios y vinculantes. El autor citado expresa al respecto que se viene observando hoy día una velada resistencia a tomar decisiones, debida tal vez a un "hambre" real o simulada de asesoramiento jurídico que parecieran padecer los órganos decisorios tras la que, en muchas ocasiones, se oculta el temor a la responsabilidad que se intenta eludir, retrasar o compartir so pretexto de un mayor estudio, de la consulta a otros órganos, dentro y fuera de la Administración e incluso de la participación de los administrados a través de un sin fin de audiencias, encuestas e informaciones.[10]

---

8 Ramón Parada Vásquez. *Derecho Administrativo*. Marcial Pons, Madrid, 1992, p.323.

9 Entendemos por "administración activa" junto con DIEZ, la que decide y ejecuta lo decidido. *Ob. cit.*, p.33

10 Ramón Parada Vásquez. *Ob. cit.* p.320.

Lo cierto es que, aun cuando no debe abusarse de la actividad consultiva, paralizando las restantes funciones administrativas a la espera de la opinión o informe correspondiente, el órgano activo debe escuchar al consultivo cuando existan dificultades, técnicas o jurídicas, que obstaculicen su actuación o que comporten el riesgo de actuar al margen de la ley por errónea interpretación o aplicación de ésta.

Adicionalmente, es necesario advertir que la actividad consultiva forma parte, a veces, del propio procedimiento administrativo de formación de la voluntad administrativa, constituyéndose entonces en un elemento integrador de esa voluntad, en unas ocasiones con carácter obligatorio y vinculante y en otras, facultativo y no vinculante.

Debe señalarse finalmente, que la actividad consultiva de la Administración suele trascender a veces el ámbito interno de ésta, llegando así hasta los administrados. Aunque en nuestro sistema no es frecuente esta situación, algunos órganos administrativos están facultados para emitir pareceres en asuntos consultados por particulares y que, generalmente, suelen ser el preámbulo para la satisfacción de peticiones dirigidas a la Administración. Así sucede, por ejemplo, con el dictamen que debe ser emitido por el Procurador General de la República en las reclamaciones administrativas previas a las demandas contra la República, conforme lo dispone el artículo 70 de la Ley Orgánica de la Procuraduría General de la República.[11]

Como se verá más adelante, existe una actividad consultiva de la Administración Tributaria que no sólo trasciende el ámbito interno de ésta, sino que funciona y es provocada por los propios particulares, quienes someten a su consideración dudas sobre la aplicación de las leyes tributarias a un caso concreto, frente al cual se encuentran en una particular situación de hecho que los califica como *interesados afectados*.

Consultar a la Administración Tributaria con el objeto de cumplir cabalmente las leyes tributarias, es un derecho de los administrados y correlativamente es una obligación de la Administración Tributaria absolver dichas consultas oportunamente, procurando la estabilidad de sus criterios en aras de la seguridad jurídica que está llamada a proteger en el ámbito específico de sus competencias. Lo anterior es lo que se

11 Gaceta Oficial No. 6.220 del 15 de marzo de 2016.

deriva de la interpretación conjunta de los artículos 147 y 260 del Código Orgánico Tributario.

B) Organización

En la organización administrativa a nivel nacional, la actividad consultiva es cumplida, fundamentalmente, por la Procuraduría General de la República, de conformidad con el artículo 21 de la Ley Orgánica que rige sus funciones; por el Consejo de Asesoría Jurídica de la Administración Pública, regulado en los artículos 25 al 29, *ejusdem*, y por las consultorías jurídicas de los diversos entes de la Administración Pública Nacional Central y Descentralizada.

En el ámbito nacional existe un órgano especialmente dedicado a cumplir funciones consultivas internas y externas en todo aquello que concierne a la recta interpretación y aplicación de las leyes tributarias nacionales, individualmente consideradas o en su interrelación con el resto del ordenamiento jurídico. Tal órgano asesor es hoy en día la Gerencia General de los Servicios Jurídicos del Servicio Nacional Integrado de Administración Aduanera y Tributaria (SENIAT), regulada por la Providencia No. SNAT/2015-0008, mediante la cual se reorganiza la Gerencia General de Servicios Jurídicos, del SENIAT.

En todo caso, todos los entes encargados de administrar tributos regidos directa o indirectamente por el Código Orgánico Tributario pueden tener órganos dedicados a ejercer la función consultiva bajo las premisas establecidas en dicho instrumento legal.

1. La Procuraduría General de la República

Con rango constitucional desde la Constitución de 1901[12], y según se aprecia de los artículos 247 al 250 de la Constitución vigente, la Procuraduría General de la República es, al propio tiempo, el defensor de los intereses patrimoniales de la República (en la acepción estrictamente jurídica del término) y el máximo asesor de la Administración

---

[12] Para aquella época la Procuraduría General de la Nación concentraba las funciones de lo que luego sería la Fiscalía General de la República o el Ministerio Público, y lo que hoy es la Procuraduría General de la República. Su función consultiva fue establecida desde su creación, como se desprende con claridad del artículo 114.2 de la Constitución de 1901.

Pública Nacional. Se trata del único órgano administrativo con competencia asesora general, pues puede ser consultado, sin exclusión de materia alguna, como afirma el ex Procurador Dr. Carlos Leañez Siebert[13], por cualquier entidad de la Administración Pública Nacional.

Sin embargo, por la importancia de la labor cumplida y por la generalidad de sus criterios, la asesoría de este ente sólo puede ser requerida por el Presidente de la República o los Ministros, de tal suerte que el resto de los órganos de la Administración Pública Nacional, deben canalizar sus solicitudes a través del respectivo organismo de tutela o adscripción, según lo establece el artículo 21, segundo aparte, de la Ley Orgánica de la Procuraduría General de la República.

La opinión de la Procuraduría General de la República es obligatoria: *(i)* cuando se trata de las reclamaciones administrativas previas a las demandas contra la República. Si la opinión es que la reclamación es procedente, no es vinculante, pero si el parecer del Procurador es que la reclamación es improcedente, dicha opinión es vinculante. La opinión no es obligatoria en aquellas reclamaciones inferiores a quinientas unidades tributarias (500UT);[14] *(ii)* sobre los contratos de interés público nacional y sobre cualquier acuerdo o convención que de manera directa o indirecta afecte los intereses patrimoniales de la República[15]; *(iii)* cuando funcionarios públicos o funcionarias públicas, en el ejercicio de sus atribuciones, pretendan suscribir en sede administrativa convenimientos, desistimientos, compromiso en árbitros, conciliaciones, transacciones, o cualquier otro acto de disposición relacionados directamente con los derechos, bienes e intereses patrimoniales de la República[16]; y, *(iv)* en los contratos a ser suscritos por la República que establezcan cláusulas de arbitraje, tanto nacional como internacional.[17]

---

13 Carlos Leañez Siebert. "La asesoría jurídica de la administración pública nacional por la Procuraduría General de la República". *Libro Homenaje a la Procuraduría General de la República*. Caracas, 1986, p.117 y ss.

14 *Vid.* Venezuela. Ley Orgánica de la Procuraduría General de la República. Artículo 70.

15 *Vid.* Venezuela. Constitución, artículo 247 y Ley Orgánica de la Procuraduría General de la República, artículo 11.

16 *Vid.* Venezuela. Ley Orgánica de la Procuraduría General de la República. Artículo 5.

17 *Vid.* Venezuela. Ley Orgánica de la Procuraduría General de la República. Artículo 12.

Para cumplir su función asesora la Procuraduría General de la República cuenta con una estructura organizativa que distribuye en distintas dependencias las grandes materias sobre las cuales puede versar la solicitud de asesoría[18] (financiera, laboral, funcionarial, administrativa, tributaria, minera, de bienes y derechos reales, etc.).

2. Consejo de Asesoría Jurídica de la Administración Pública (C.A.J.A.P.)

De acuerdo con el artículo 25 de la Ley Orgánica de la Procuraduría General de la República, el Consejo de Asesoría Jurídica de la Administración Pública Nacional (CAJAP), tiene por función coordinar y armonizar los criterios y actuaciones jurídicas de la Administración Pública Nacional, y está integrado por el Procurador General de la República, quien lo preside, por los jefes de las unidades jurídicas superiores de la Procuraduría General de la República, por el Consultor Jurídico de la Vicepresidencia Ejecutiva, por los consultores jurídicos de los Ministerios y por cualquier otro funcionario o autoridad cuya presencia sea requerida.

3. Las Consultorías Jurídicas

A un nivel más restringido todos los órganos integrantes de la Administración Pública Nacional cuentan con unidades de consultoría legal, encargadas de asesorar jurídicamente al despacho o ente respectivo en las materias propias de su competencia. Sus funciones suelen estar establecidas en los Reglamentos Orgánicos de los Ministerios, atribuyéndole específicamente las siguientes:

i. Emitir dictámenes a solicitud de las más altas autoridades de los despachos ministeriales.
ii. Compilar las leyes, decretos, resoluciones y demás actos que se refieran al despacho, así como seleccionar, sistematizar y divulgar la doctrina y la jurisprudencia que verse sobre las materias de su competencia.

---

[18] *Vid.* Venezuela. Reglamento Interno de la Procuraduría General de la República. Gaceta Oficial No. 41.801 del 16 de enero de 2020.

iii. Elaborar o participar en la elaboración de anteproyectos de leyes, reglamentos, decretos, resoluciones, así como en las circulares, instrucciones y demás documentos de carácter general que tengan relevancia jurídica, relacionados con los diferentes servicios del despacho.
iv. Elaborar y revisar los contratos y demás actos jurídicos en que deba intervenir el ministerio respectivo, así como la documentación que se relaciones con los mismos.
v. Elaborar los aspectos jurídicos de las ponencias que deban ser presentadas por el ministerio en reuniones nacionales o internacionales.

Estas unidades organizativas, en el caso específico de las consultorías jurídicas de los ministerios, deben colaborar con el Procurador General de la República en el ejercicio de la función asesora y están integradas, por mandato de la Ley Orgánica de la Procuraduría General de la República, al Consejo de Asesoría Jurídica de la Administración Pública.

C) Naturaleza de la actividad de la Administración Consultiva

Para un amplio sector de la doctrina administrativa más calificada, los pareceres o dictámenes mediante los cuales se materializa la actividad consultiva de la Administración no son en verdad actos administrativos, al menos desde el punto de vista material, pues no se trata de manifestaciones de voluntad que creen, extingan o modifiquen una relación de derecho. Por ello, algunos respetables autores han llegado a decir que se trata de simples hechos administrativos[19], desde que no son siempre obligantes ni para la administración activa ni para los administrados, aun cuando se predica generalmente la necesidad de seguir en lo posible los lineamientos en ellos contenidos.

La doctrina clásica de la Procuraduría General de la República expresaba que las consultas son realizadas por los particulares a los fines de obtener una información genérica o específica sobre cuestiones

[19] Manuel María Diez. *Ob. cit.*, p.37.

jurídicas que les afectan y así la Administración Pública se limita a dar a conocer al administrado el criterio que tiene sobre la cuestión planteada en un momento determinado, sin producir efectos jurídicos, pues no tiene trascendencia creativa, modificativa o anulatoria de derechos subjetivos.[20]

De acuerdo a esta posición, incluso cuando la emisión de dictámenes por parte de la Administración es requerida por el administrado, éstos no adquieren el carácter de actos administrativos ni por su forma, ni por su materia, pues en ellos, haciendo uso de la interpretación jurídica, se afirma un parecer, pero no se resuelve ningún asunto; de tal suerte que al no declararse situaciones de derecho, tales pareceres no pueden afectar derechos subjetivos o intereses legítimos.

Situado en una postura menos radical a la expuesta, en la cual, como se ha visto, se despoja a las expresiones de la administración consultiva del carácter de verdaderos actos administrativos, el profesor español José Antonio García Trevijano Fos[21], expresa que la voluntad puede alcanzar varios grados en las declaraciones humanas, a veces para decir lo que se sabe, en ocasiones para enjuiciar y dar opiniones y, en algunas oportunidades para crear y constituir aquello hacia lo que la voluntad se dirige.

La actividad consultiva, según se infiere de la posición del autor citado, estaría concentrada en la emisión de declaraciones consistentes en juicios y opiniones. Según él, las declaraciones de juicio y las opiniones son un paso más hacia la meta última de los actos volitivos, estando a medio camino entre el simple conocimiento y la voluntad constitutiva. En el caso de la administración pública, según refiere el autor, la emisión de juicios y opiniones ha alcanzado un mayor desarrollo puesto que ésta, en la tarea de alcanzar el fin público a través de una buena administración y gestión se ha visto en la necesidad de diversificar los órganos y dedicar algunos a la tarea exclusiva de dar opiniones para ilustrar a los que han de tomar decisiones.[22]

---

20 Doctrina de la Procuraduría General de la República, Caracas, 1993, p.27 y ss.

21 José Antonio García Trevijano Fos. *Los Actos Administrativos*. Editorial CIVITAS, Madrid, 1991, p.274 y ss.

22 José Antonio García Trevijano Fos. *Ob. cit.*, p.319.

En la doctrina patria, el ex Procurador Dr. Carlos Leañez Siebert sostiene que el dictamen es, en realidad, una expresión de juicio o de conocimiento, y no propiamente una declaración o manifestación de voluntad dirigida a producir determinado efecto jurídico. En la explicitación de un saber, expresa el autor, para aclarar jurídicamente una situación concreta, se subsume el hecho en el derecho, iluminando la problemática jurídica mediante la interpretación de la ley y llegando a conclusiones precisas.[23]

Por su parte, Roberto Dromi, al definir el acto administrativo como toda declaración efectuada en ejercicio de la función administrativa, que produce efectos jurídicos individuales en forma directa, lo distingue de los simples actos de la administración, a los cuales describe como declaraciones unilaterales internas o interorgánicas, realizadas en ejercicio de la función administrativa que produce efectos jurídicos individuales de forma indirecta para los administrados, pues sólo los afecta a través de los actos, reglamentos y hechos administrativos, ejecutados en su consecuencia.

Para el citado autor, los simples actos de la administración a que aludimos se producen fundamentalmente a través de dictámenes cuya finalidad es facilitar ciertos elementos de opinión o juicio, para la formación de la voluntad administrativa. Así pues, el dictamen forma parte de los actos previos a la emisión de la voluntad y se integra como una etapa de carácter consultivo-deliberativo en el procedimiento administrativo de conformación de dicha voluntad.[24]

De todo cuanto antecede se deduce que la formación de la voluntad de la Administración es un proceso extremadamente complejo, integrado por diversos actos y etapas que se suceden en el tiempo antes de que se produzca el resultado final, a saber, el acto administrativo definitivo. Algunos de los estadios que integran este *iter*, lo constituyen las intervenciones de la actividad administrativa consultiva, cuyo objetivo es allanar el camino hacia la manifestación final, la cual, como se ha dicho, se haya sujeta al principio de la legalidad y, por tanto,

---

23 Carlos Leañez Siebert. Ob. cit., p.126.

24 Roberto Dromi. *El procedimiento administrativo.* Ediciones Ciudad Argentina. Buenos Aires, 1996, p.138 y ss.

debe emitirse con estricto apego al ordenamiento jurídico integralmente considerado.

Así entonces, los actos generados por la actividad consultiva integrarán las motivaciones del proveimiento definitivo, en el supuesto de que la administración activa deba o decida acogerlos, según el caso, y por ello, sin duda, afectarán de forma refleja los derechos subjetivos e intereses legítimos de los administrados. No obstante, como es fácil colegir, este efecto mediato no permite asimilar sin más estos actos, que sin duda son instrumentales, a las verdaderas manifestaciones de voluntad de la administración que crean, modifican o extinguen derechos subjetivos o, al menos, inciden sobre intereses particulares, legítimos y directos.

En todo caso, sin perjuicio de la posición que se adopte, esto es, bien que se niegue a las manifestaciones de la Administración consultiva el carácter de verdaderos actos administrativos, encuadrándolos en la categoría de simples hechos administrativos; bien que se les califique como fenómenos volitivos consistentes en la emisión de juicios u opiniones concretados en actos instrumentales que conformarán la resolución final; o bien que se les defina como meros actos de la Administración con efectos indirectos en la esfera jurídico subjetiva de los particulares, es lo cierto que los dictámenes, informes, y en general todos los actos jurídicamente relevantes que surgen como consecuencia de la actividad consultiva de la Administración, no responden a las mismas características, ni producen los mismos efectos que las manifestaciones de voluntad ordinarias de los órganos administrativos, de lo que se deduce con facilidad que no puede estudiárseles desde la óptica de los mismos principios que se aplican a estos últimos.

En este sentido es preciso advertir que no debe confundirse el acto de la Administración consultiva, y es bueno aclararlo, con la manifestación de voluntad de la Administración activa que se pronuncia y se basa en un dictamen previo de la primera; en este caso, el acto administrativo definitivo, aun cuando siga en su totalidad el parecer que le antecede, es el que dicta la Administración activa, pues en él se concreta la voluntad del órgano y con él se afecta la esfera jurídico subjetiva o el interés legítimo del o los destinatarios del mismo.

En nuestro país se han clasificado los dictámenes de la Administración consultiva en: *facultativos* y *no vinculantes*, es decir, *no preceptivos* pues no existe la necesidad de solicitarlos y *no obligatorios* pues no es forzoso acatarlos; *preceptivos* y *no vinculantes*, es decir, *obligatorios* en cuanto al deber de solicitarlos y *no obligatorios* en cuanto a la necesidad de seguirlos; y *preceptivos* y *vinculantes* que serían los dictámenes que se deben pedir y que se deben acatar.[25]

Ahora bien, de las líneas que anteceden surgen unas notas que permiten despejar algunas de las dudas existentes en cuanto a los actos de la Administración consultiva que forman parte o integran el procedimiento de conformación de la voluntad administrativa final. Así, cualquiera sea la posición que se adopte, es claro que estamos en presencia de actos subordinados o al menos relacionados con un acto final que será realmente el determinante para el administrado, tanto en lo que respecta a los efectos que se generarán en su esfera jurídico-subjetiva, como en cuanto concierne a las posibilidades de su sometimiento al control gubernativo o judicial. Es decir, hemos examinado las declaraciones de juicio o conocimiento desde la perspectiva de su integración a un *iter* volitivo, esto es, como actos preparatorios de la voluntad definitiva del órgano inserto en la Administración activa.

No obstante, estas reflexiones no explican en qué categoría debemos encuadrar los actos pronunciados por la Administración consultiva que no están dirigidos a integrarse en un procedimiento administrativo de primer grado o de formación del acto administrativo definitivo; sino que son manifestaciones autónomas del órgano consultivo que no preceden a ningún proveimiento, sino que, por mandato de la ley, en forma directa e inmediata se pronuncian sobre la consulta formulada por un particular ¿Puede decirse que estamos frente a actos definitivos? ¿Generan éstos algún derecho subjetivo o interés legítimo en el particular consultante? ¿Pueden ser impugnados estos proveimientos en vía gubernativa o judicial?

Para tratar de despejar estas interrogantes, veamos de seguidas uno de los ejemplos en los cuales la Administración consultiva pronuncia declaraciones de juicio autónomas, no subordinadas ni integradas a

[25] Carlos Leañez Siebert. Ob. cit., p.124.

ningún procedimiento administrativo de primer grado y que, por si fuera poco, han sido solicitadas, con base en expresas disposiciones legales, por un particular con respecto a un caso concreto.

II. LA ACTIVIDAD CONSULTIVA DE LA ADMINISTRACIÓN TRIBUTARIA

A) Contenido

Como se ha señalado con acierto, el tratamiento dogmático y normativo de la actividad consultiva de la Administración en general, y en el caso de la Administración Tributaria no sucede cosa distinta, es muy escaso y fragmentario, pues el régimen administrativo continental, montado como está sobre el principio de la decisión previa y ejecutoria, no acepta fácilmente un tipo de actividad administrativa *ad extra* basada en declaraciones de derecho realizadas *ad intra*.[26]

En el asunto que ocupa nuestra atención, observamos que la actividad consultiva de la Administración tributaria nacional tiene dos vertientes bien definidas. Una *interna*, dirigida a la Administración Tributaria activa o al resto de la Administración Pública, concretada mediante la emisión de pareceres, requeridos u oficiosos, en los cuales se interpreta la correcta aplicación de las normas tributarias; y una *externa*, dirigida a resolver las dudas que sobre esta misma aplicación de las normas tributarias, individualmente consideradas o en su relación con el resto del ordenamiento jurídico, abriguen los contribuyentes, cualificados por un interés personal y directo frente a una situación concreta. De estas dos vertientes nos interesa desarrollar la que trasciende hacia los particulares, en el entendido de que es sobre esta actividad que se ciernen ciertas dudas en cuanto a su naturaleza y efectos.

Se ha dicho que la contestación de consultas hacia el exterior es una actividad un tanto exótica y de la que se ignora prácticamente todo: Particularmente cuál es la naturaleza y la eficacia de los actos de contestación.[27]

---

[26] Juan Alfonso Santamaría Pastor – Luciano Parejo Alfonso. *Derecho Administrativo. La Jurisprudencia del Tribunal Supremo.* Centro de Estudios Ramón Arces, S.A., Madrid, 1992, p.273.

[27] *Idem.*

En nuestro ordenamiento jurídico la actividad consultiva externa de la Administración Tributaria está contemplada en el artículo 260 del Código Orgánico Tributario, conforme al cual: "Quien tuviere un interés personal y directo podrá consultar a la Administración Tributaria sobre la aplicación de las normas tributarias a una situación de hecho concreta. A ese efecto, el consultante deberá exponer con claridad y precisión todos los elementos constitutivos de la cuestión que motiva la consulta, pudiendo expresar su opinión fundada."

B) Antecedentes

La posibilidad de consultar a la Administración Tributaria está formalmente prevista en nuestro ordenamiento jurídico desde que se promulgó el primer Código Orgánico Tributario en 1982, en sus artículos 146 y siguientes.[28] Dicho Código se inspiró, a su vez, del Modelo de Código Tributario para América Latina del Programa conjunto OEA-BID[29], en cual se le concibió como: "...un medio para asegurar la correcta interpretación y aplicación de las normas tributarias, con anterioridad al cumplimiento de las obligaciones por parte del contribuyente." La Comisión redactora del Modelo de Código Tributario dice además que las consultas permiten "...armonizar el interés del Fisco al rápido cobro de los tributos, con el de los particulares de actuar sobre bases seguras que los pongan a cubierto de interpretaciones desconocidas por ellos (...) En la adopción del instituto influyen también las circunstancias notorias de la complejidad y variabilidad de las normas tributarias, que hace verdaderamente dificultosa la aplicación del derecho positivo

[28] Venezuela. Código Orgánico Tributario. Gaceta Oficial No. 2.992 Extraordinario del 3 de agosto de 1982.

[29] El Comité de Alternos del Programa integrado por Álvaro Magaña (Director Ejecutivo por la OEA) y James Lynn (por el BID), confirió a una comisión de tres destacados juristas Latinoamericanos, los doctores Carlos M. Giuliani Fonrouge, Rubens Gomes De Sousa y Ramón Valdés Costa, la redacción de un modelo de Código Tributario para América Latina con la asistencia de reconocidos especialistas de diferentes países de la región, a saber: Aurelio Camacho Rueda (Colombia), Enrique Piedrabuena Richard (Chile), Carlos Mersán (Paraguay), Enrique Vidal Cárdenas (Perú), Alfonso Moisés Beatriz (Salvador) y José Andrés Octavio (Venezuela). El 17 de abril de 1967, la Comisión Redactora envió al Director Ejecutivo del Programa Conjunto de Tributación OEA-BID, para ese entonces Dr. Manuel Rapoport el texto del Proyecto de Modelo de Código Tributario para América Latina junto con su Exposición de Motivos.

vigente y abren posibilidades a diversas interpretaciones, todas ellas provistas de fundamento."

Como se verá, la regulación de la actividad consultiva de la Administración Tributaria hacia los particulares ha sufrido algunos cambios menores desde su incorporación a nuestro ordenamiento jurídico, siendo tal vez los más importantes, la inclusión de presupuestos explícitos de admisibilidad y la imposibilidad de impugnación de las opiniones.

C) Presupuestos

Los artículos 260 y 261 del Código Orgánico Tributario, regulan los presupuestos necesarios para la formulación de consultas ante la Administración Tributaria:

1. Que el consultante tenga interés personal y directo en el asunto consultado

No existe en el Código Orgánico Tributario una norma que identifique en qué consiste el "interés personal y directo" requerido para consultar, a que se refiere el artículo 260. Ante una situación que no puede resolverse por las disposiciones del Código o por las leyes tributarias especiales, ni por los principios generales del Derecho tributario, pareciera necesario acudir a las regulaciones de otras ramas jurídicas.

En este sentido, se ha dicho que debe aplicarse lo dispuesto en el artículo 22 de la Ley Orgánica de Procedimientos Administrativos, que define el concepto de *interesados* haciendo una remisión a los artículos 112 y 121 de la derogada Ley Orgánica de la Corte Suprema de Justicia (LOCSJ), que a su vez desarrollaba el concepto de *interés legítimo, personal y directo.*

Sobre este concepto hubo mucha discusión en el pasado, pero luego fue perfectamente delimitado por la doctrina y la jurisprudencia, en especial en el caso líder *Cememosa,* en el cual la Corte Primera de lo Contencioso Administrativo en sentencia de fecha 13 de octubre de 1988, bajo la ponencia de la Magistrada Hildegard Rondón de Sansó, sostuvo que la exigencia de la legitimidad en los recursos de nulidad no alude solamente a un interés legítimo en los términos en que este concepto es manejado por la doctrina extranjera, esto es, un interés calificado, sino a una noción muy particular que se manifiesta en las tres notas que el legislador exige deben acompañar al interés, a saber, que sea legítimo, que sea personal y que sea directo.

El que el interés sea legítimo significa que no sea contrario a derecho y en segundo término, que el actor se encuentre en una especial situación de hecho frente al acto que lo haga objeto de sus efectos. Que el interés sea personal, lleva consigo que el actor debe ejercer el recurso a título propio y no en beneficio de un tercero. Finalmente, que el interés sea directo, supone que el acto impugnado debe haber sido dirigido en forma inmediata al recurrente de forma tal que la lesión que del mismo recibiera debe derivar del acto en forma no mediatizada, no admitiéndose que el afectado pueda recurrir contra el acto por un efecto secundario o ulterior del mismo

En consecuencia, el *interesado* será toda persona jurídicamente capaz, natural o jurídica, que requiera conocer el criterio jurídico de la Administración Tributaria sobre la interpretación y aplicación de una norma tributaria a una situación de hecho concreta. De lo expuesto puede concluirse que el interés personal y directo para consultar, es distinto al interés personal, legítimo y directo para recurrir, siendo el primero mucho más amplio que el segundo, esto es, que el universo de contribuyentes legalmente habilitados para consultar es mayor que el de los contribuyentes que lo están para recurrir.

Así, el interés personal debe vincularse, conforme a la interpretación gramatical de la norma, a la idea de que el contribuyente debe consultar en nombre propio y no en el de terceros o en el de la colectividad entera; y el interés directo, significa que el consultante debe tener una relación directa, no refleja ni mediata, con la situación concreta que genera la duda sobre la aplicación de las normas tributarias, porque esa situación le *afecta* a él o a la persona que representa.

2. Que la consulta verse sobre la aplicación de normas tributarias

Como es obvio, la consulta dirigida a la Administración Tributaria debe versar sobre la aplicación de normas tributarias relativas a los tributos administrados por la autoridad a la que se consulta. Ello no significa, sin embargo, que el pronunciamiento respectivo no pueda trascender el restringido campo de las leyes tributarias, porque la interpretación de las normas tributarias conducirá con frecuencia a la exégesis y concatenación de éstas con otras disposiciones que no pertenecen a esta rama del Derecho, todo por virtud del principio de integridad del ordenamiento jurídico.

3. Que las dudas sobre la aplicación de las normas tributarias recaigan sobre una situación de hecho concreta

El contribuyente no puede consultar en abstracto sobre la aplicación de la ley tributaria, a partir de un simple interés intelectual o académico; por el contrario, debe hacerlo cuando la aplicación de la ley en un caso concreto en el cual se halle el sujeto pasivo ofrezca dudas u obscuridades que deben ser despejadas para resolver un problema concreto que afecta sus derechos e intereses. De allí surge precisamente su legitimación para consultar que, como hemos dicho, nace de una especial situación de hecho frente a la norma sujeta a interpretación, la cual le *afecta*. Si el contribuyente consulta en abstracto el sentido y alcance de una norma tributaria, no es posible determinar cuál es su interés en el asunto y por qué ese enunciado normativo le afecta, de modo que no hay forma de precisar su legitimación activa para consultar.

4. Que el consultante exponga en detalle los hechos que motivan la consulta

La labor consultiva de la Administración Tributaria hacia los particulares es una tarea ardua que recarga aún más las ya numerosas responsabilidades de ésta. Además, como se verá *infra*, la respuesta que debe producirse está sujeta a un plazo de treinta (30) días hábiles que, a veces por la complejidad de los asuntos, resulta exiguo. Por ello, el legislador ha querido facilitar la labor consultiva exigiendo al particular que describa en detalle la situación concreta que motiva la consulta.

Si no se cumple con esta descripción detallada de los hechos que motivan la consulta, la Administración puede y debe rechazar la consulta formulada, por incumplimiento de uno de los presupuestos establecidos en el artículo 260 del Código Orgánico Tributario.

Adicionalmente y también con el ánimo de facilitar la labor consultiva, el Código prevé, pero esta vez en forma no imperativa sino facultativa, que el consultante *podrá* expresar su propia opinión sobre el asunto, práctica que estimamos es absolutamente aconsejable y provechosa tanto para el administrado como para la Administración. Nótese pues que la descripción de los hechos es distinta de la opinión que puede merecer el asunto al consultante y la cual éste puede expresar si lo considera conveniente (dice la norma: *"...pudiendo expresar su opinión fundada"*). No exponer esta opinión, no puede ser motivo para la no admisión de la consulta, pero francamente es muestra de negligencia, porque como se verá luego, si la Administración tributaria no responde a tiempo la consulta y el consultante hubiere aplicado la opinión fundada sobre el asunto que expuso al formular la consulta, luego no podría ser sancionado; pero si no expuso opinión alguna sobre el caso consultado, no podría operar esta eximente especial de responsabilidad penal tributaria.

5. Que el consultante demuestre su cualidad y la representación que invoque

Hemos señalado ya que el consultante debe tener interés para consultar, pero además debe acreditar la cualidad con la cual actúa, es decir, si lo hace en nombre propio, en cuyo caso el asunto que consulta debe afectarlo en forma directa a él; o si actúa en nombre de una persona jurídica o una persona física a la cual representa como tutor, curador o representante legal. En todos aquellos casos en los que no actúa en nombre propio, el consultante debe acreditar (*i.e.* probar) la representación que se atribuye. De lo contrario, la consulta puede ser declarada inadmisible, conforme lo dispone el artículo 261.1 del Código Orgánico Tributario.

6. Que se paguen las tasas asociadas a la formulación de consultas

De acuerdo con el artículo 4.4. de la Ley de Timbres Fiscales[30], la presentación de consultas ante la Administración Tributaria causa una tasa

30 Venezuela. Ley de Timbres Fiscales. Gaceta Oficial No. 6.150 Extraordinario del 18 de noviembre de 2014.

equivalente a cinco décimas de Unidad Tributaria (0,5 UT). La consulta podría no ser admitida si no se paga esta tasa (artículo 261.2 del Código Orgánico Tributario), pero lo que ocurre en la práctica es que no se permite la presentación de la consulta si no se ha pagado previamente dicha tasa. En este punto existe una suerte de antinomia entre la regulación del artículo 261.2 del Código Orgánico Tributario y el artículo 38 de la Ley de Timbres Fiscales, porque mientras el primero autoriza a *no admitir* la consulta, el segundo establece que lo que corresponde hacer cuando no se ha pagado la tasa es paralizar el trámite hasta que ésta sea satisfecha, pero no rechazar o impedir la presentación de la consulta. Creemos que esta antinomia debe resolverse en favor de lo dispuesto en la Ley de Timbres Fiscales, porque es la ley especial en la materia y porque de acuerdo con el artículo 147 del Código Orgánico Tributario, uno de los deberes fundamentales de la Administración Tributaria es orientar a los contribuyentes, por diversos medios, en cuanto la recta interpretación y aplicación de las leyes tributarias. No admitir una consulta por la simple omisión de pago de la tasa respectiva, que es una falta menor perfectamente subsanable, contradice ese deber de orientación impuesto a la Administración Tributaria.

7. Que no existan recursos pendientes o averiguaciones fiscales abiertas en relación con el asunto objeto de la consulta

La consulta tributaria no es un mecanismo para influenciar la decisión de un recurso administrativo pendiente, ni tampoco para impedir o suspender el ejercicio de las facultades de fiscalización y determinación de la Administración Tributaria. Por lo tanto, si hay un procedimiento administrativo pendiente de primer (constitutivo) o segundo grado (recurso) que tiene el mismo objeto o que está vinculado de manera directa con el objeto de la consulta, ésta no será admitida (artículo 262.3 del Código Orgánico Tributario).

D) Organización

El artículo 260 del Código Orgánico Tributario se refiere a la Administración Tributaria y no a un organismo en particular. En ese orden de ideas consideramos que al referirse a la Administración Tributaria el legislador adopta un concepto amplio y hace alusión a todos los órganos que administren tributos regulados, directa o supletoriamente, por el Código Orgánico Tributario, conforme lo dispone éste en su artículo 1.

En nuestro caso, nos interesa referirnos a la labor consultiva de la Administración Tributaria nacional que se cumple en el Servicio Nacional Integrado de Administración Aduanera Tributaria (SENIAT) con ocasión de los tributos administrados por éste.

En el caso del SENIAT, y atendiendo a las disposiciones de la Resolución No. SENAT/2015-008 del 3 de febrero de 2015, mediante la cual se reorganiza la Gerencia General de los Servicios Jurídicos, ésta es competente para:

i. Coordinar con los entes y organismos competentes, las investigaciones jurídicas que tengan relación e incidencia con la Administración Aduanera y Tributaria.
ii. Presentar los análisis de la normativa aduanera y tributaria, propuestas de modificaciones a las leyes, decretos, reglamentos y demás actos normativos; verificar su eficacia, opinar y recomendar sobre las mismas.
iii. Fijar lineamientos para interpretar, unificar y supervisar la aplicación de la normativa aduanera y tributaria.
iv. Asistir y asesorar a las demás dependencias del SENIAT en materia de interpretación y aplicación de las leyes, decretos, reglamentos y demás actos normativos vinculados con la materia aduanera y tributaria.
v. Evacuar de oficio o a petición de las dependencias del SENIAT, las consultas sobre interpretación de normas aduaneras y tributarias, las cuales serán de obligatorio cumplimiento para éstas si así lo dispone el Superintendente del SENIAT.
vi. Evacuar las consultas formuladas por quienes tuvieren interés personal y directo, en cuanto a la interpretación y aplicación de las normas tributarias y aduaneras en situaciones concretas.
vii. Revisar los criterios jurídicos en materia aduanera y tributaria y estudiar la procedencia de su modificación.
Asesorar, supervisar, evaluar y coordinar la unificación y la debida aplicación por parte del nivel normativo y operativo, de la normativa aduanera y tributaria, así como de los criterios de interpretación jurídica emanados de la Gerencia General de los Servicios Jurídicos.

Dentro de las atribuciones enumeradas, como se advierte, existe una labor consultiva desarrollada en el propio seno de la Administración Tributaria, otra que trasciende hacia distintos órganos de la Administración Pública y, finalmente, una que va dirigida hacia los contribuyentes, que es justamente el objeto de nuestro análisis. Asimismo, la labor consultiva puede ser desarrollada por vía general, a saber, mediante la divulgación de la doctrina tributaria, o a través de la intervención en la elaboración de proyectos de leyes, reglamentos, instructivos, etc.; o por vía particular, mediante la resolución de consultas sobre asuntos concretos planteadas por entes de la propia Administración Tributaria, de la Administración Pública en general o de los particulares.

E) Naturaleza de la actividad consultiva de la Administración Tributaria

Como ha quedado expuesto, la labor consultiva de la Administración Tributaria, incluso aquella que trasciende hacia los particulares, es parte de la actividad consultiva de la Administración Pública en general, por lo que, en principio, comparte las características de dicha actividad. Pero aquí es necesario distinguir entre el acto de consultar a la Administración y la respuesta dada a la consulta planteada.

1. Naturaleza de la consulta

Las consultas dirigidas a la Administración Tributaria por los particulares cualificados por un interés personal y directo, y referidas a un caso concreto, persiguen obtener un pronunciamiento, dictamen u opinión sobre la interpretación y correcta aplicación de una norma de carácter tributario, aisladamente considerada o en su conexión con el resto del ordenamiento jurídico. Como antes hemos sostenido y esto es trascendental, solicitar la opinión de la Administración Tributaria para un caso concreto, con base en las disposiciones del Código Orgánico Tributario, es un *derecho*.

Conviene señalar, sin embargo, que ha habido discusión en cuanto a la naturaleza jurídica de la consulta, y se ha dicho que al respecto existen cuatro posiciones: *(i)* algunos autores consideran que la consulta tributaria es una manifestación del derecho de petición, que en nuestro ordenamiento jurídico está regulado en el artículo 51 de la Constitución;[31] *(ii)* otros indican que las consultas tributarias son similares a las disposiciones interpretativas en materia tributaria o a las circulares administrativas; *(iii)* un tercer grupo afirma que la consulta tributaria es un derecho público subjetivo de los ciudadanos a obtener una respuesta de la Administración en cuanto a la interpretación de las leyes tributarias; *(iv)* y un último grupo señala que se trata de una simple facultad que el ordenamiento jurídico reconoce a los contribuyentes.[32]

No creemos que la consulta tributaria pueda concebirse como una derivación del derecho de petición y en eso coincidimos con Adame Martínez[33], porque el derecho de petición tiene rango constitucional y es genérico, es el derecho de plantear toda clase de peticiones *legítimas* y obtener oportuna y adecuada respuesta, ante cualquier ente público; la consulta tributaria, en cambio, es un derecho legalmente consagrado y es muy *específico*, porque no se trata de plantear cualquier petición frente a la Administración Tributaria, sino únicamente solicitudes de opinión sobre la interpretación y aplicación a un caso concreto de la normativa tributaria.

Tampoco pueden asimilarse las consultas tributarias a las circulares, porque estas son manifestaciones de juicio de la Administración que no son rogadas, sino oficiosas, y que no regulan casos específicos sino situaciones generales. Las consultas tributarias sólo pueden ser planteadas por los interesados en relación con un asunto concreto que afecta sus derechos e intereses, y eso es precisamente lo que los legitima para consultar. Aun cuando la opinión emitida puede servir de orientación al resto de los sujetos pasivos que estén en una situación de hecho similar, porque pasa a convertirse en *doctrina* de la Administración Tributaria; la vocación original de la respuesta no esa, sino opinar

31 Venezuela. Constitución. Gaceta Oficial No. 5.908 Extraordinario 19 de febrero de 2009. "Artículo 51. Toda persona tiene el derecho de representar o dirigir peticiones ante cualquier autoridad, funcionario público o funcionaria pública sobre los asuntos que sean de la competencia de éstos, y a obtener oportuna y adecuada respuesta. Quienes violen este derecho serán sancionados conforme a la ley, pudiendo ser destituidos del cargo respectivo."

32 Francisco David Adame Martínez. *La consulta tributaria.* Dodeca-Comares, Granada, 2000, p. 1.

33 *Ibid.* pp. 10-14.

sobre el planteamiento efectuado por el interesado para su situación particular.

Por último, consideramos que la consulta tributaria no puede concebirse como una simple facultad, porque como se verá más adelante, la consulta debe ser respondida y si eso no ocurre, el interesado no puede ser sancionado por haber seguido una interpretación de la ley que luego es calificada como incorrecta por la Administración Tributaria activa. No sólo existe entonces el derecho a consultar, sino también el derecho a obtener respuesta expresa o en caso contrario, el derecho a resultar protegido con una eximente de responsabilidad penal tributaria, cuando la Administración Tributaria no ha respondido y el sujeto pasivo ha seguido su propio criterio. El ejercicio de una simple facultad no podría tener un efecto como ese, que sin la menor duda está vinculado con la protección de principios superiores que informan la actuación de los órganos administrativos, como la transparencia y la buena fe, conforme a los artículos 141 de la Constitución y 10 de la Ley Orgánica de la Administración Pública[34] y desde luego con el valor fundamental de la seguridad jurídica, previsto en el artículo 299 de la Constitución.

2. Naturaleza de la respuesta

El pronunciamiento proferido por la Administración Tributaria se basa en los principios generales que disciplinan la hermenéutica o interpretación de las leyes. En el caso concreto de las leyes tributarias, se adicionan a las reglas interpretativas previstas en el artículo 4 del Código Civil[35] las del propio Código Orgánico Tributario, previstas en su artículo 5, a saber, que las normas tributarias se interpretarán con arreglo a todos los métodos admitidos en derecho, atendiendo a su fin y a su significación económica, pudiéndose llegar a resultados restrictivos o extensivos de los términos contenidos en las normas tributarias.

Admite así la ley tributaria el uso del *(i)* método *gramatical* o *exegético*, definido por el referido artículo 4 del Código Civil, como el

[34] Venezuela. Ley Orgánica de la Administración Pública. Gaceta Oficial No. 5.890 Extraordinario del 31 de julio de 2008.

[35] Según el cual: "a la ley debe atribuírsele el sentido que aparece evidente de sus palabras, según la conexión de éstas entre sí y la intención del legislador."

que atiende al significado propio de las palabras según la conexión de ellas entre sí; *(ii)* el método *objetivo* o de la *ratio legis*, por el cual se indaga en la construcción misma de la norma, desechando cualquier interpretación absurda o contradictoria con los propios términos en que la disposición normativa ha sido redactada, o con el entorno normativo en el que la misma se encuentra inserta; *(iii)* el método *subjetivo*, por cuya virtud el exégeta debe descubrir cuál ha sido la intención del redactor de la norma, según los propósitos expresados en la exposición de motivos de la ley que se trate, en los diarios de debate del órgano legislativo, en los considerandos del decreto, si fuere el caso, y en fin, en todos los documentos, informes y dictámenes que hayan precedido a la emisión del acto normativo; y, finalmente, *(iv)* el método *histórico*, conforme al cual la norma jurídica debe entenderse según el contexto histórico, político y social en cual se aplica, en atención a que el derecho, como ciencia social que es, debe adaptarse constantemente a los cambios acaecidos en dicho contexto; *(v)* y la interpretación *económica*, una metodología que permite al intérprete ir más allá de la apariencia formal de los negocios jurídicos, para determinar su verdadera o real sustancia económica.

Así pues, la actividad consultiva de la Administración Tributaria es, como el resto de la actividad consultiva de la Administración y salvo las diferencias que se verán más adelante, una labor de interpretación jurídica que facilita la aplicación de las leyes tributarias tanto para la Administración activa como para los administrados.

Con respecto a la naturaleza de los actos mediante los cuales se desarrolla la actividad consultiva de la Administración Tributaria, hacia los particulares, la jurisprudencia ha sostenido lo siguiente: *"Dispone el Código Orgánico Tributario, en el artículo 146 (hoy 260), que quien tuviere un interés personal y directo podrá consultar a la Administración Tributaria sobre la aplicación de las respectivas normas a una situación concreta, a cuyos efectos deberá exponer con claridad y precisión todos los elementos constitutivos del asunto que motiva la consulta, y podrá asimismo expresar su opinión fundada. Ahora bien, como acertadamente lo afirma el tribunal de origen, la consulta evacuada en atención a esta facultad concedida a la Administración, y el correlativo derecho consagrado para el contribuyente, es un acto cuyo contenido, sin embargo, no crea obligaciones ni para el administrado ni para la administración, pudiendo ésta variar el concepto expresado en la consulta, en cuyo caso la consecuencia -favorable al administrado- es que, de seguir el criterio expresado previamente 'por la Administración, no sería objeto de sanción alguna como lo establece el artículo 148. Igual consecuencia positiva para el contribuyente se produce cuando la consulta formulada no es contestada en el plazo legal, el cual, según el artículo 147, será concedido a la Administración en leyes especiales y, en su defecto, dicho plazo será de treinta (30) días'."*[36]

Ahora bien, las opiniones emitidas por la Administración a requerimiento de los particulares tienen el carácter de actos administrativos, por lo que conviene definir, primeramente, qué entendemos por tales. El acto administrativo es una declaración concreta y unilateral de voluntad, de juicio o de conocimiento de un órgano de la Administración en ejercicio de una potestad administrativa[37], o como establece el artículo 7 de nuestra Ley Orgánica de Procedimientos Administrativos, una declaración de carácter general o particular (criterio *material*) emitida de acuerdo con las formalidades y requisitos establecidos en la Ley (criterio *formal*) por los órganos de la Administración Pública (criterio *orgánico*).

El profesor Brewer-Carías, con absoluta razón, rechaza le existencia: "(...) de un criterio único y mágico para definir el acto administrativo -esencialmente heterogéneo en su forma y contenido- y conduce a propugnar la definición del acto administrativo a través de una mezcla de criterios: el orgánico, el material, el formal. En esta forma, acto administrativo, es entonces, el acto de carácter sublegal (he aquí el criterio formal) emanado en primer lugar, de los órganos del Poder Ejecutivo (he aquí el criterio orgánico), en ejercicio de todas las funciones estatales legislativas, de gobierno, administrativas y jurisdiccionales; en segundo lugar, de los órganos del Poder Legislativo en ejercicio de la función administrativa (he aquí el criterio material); y en tercer lugar, de los órganos del Poder Judicial en ejercicio de la función administrativa y legislativa (he aquí también, el criterio material) (...) estimamos

---

36 *Cf.* S. CSJ/SPA 9 de junio de 1988 caso: *Polipropileno de Venezuela Propilven*, consultada en original.

37 Manuel María Diez. Ob. cit., p.77.

que no puede utilizarse con rigidez, ni el criterio orgánico ni el criterio material para definir el acto administrativo, por lo que debe utilizarse un criterio mixto, comprendido de elementos orgánicos, materiales y formales."[38]

Cuando la actividad consultiva se produce dentro de un procedimiento administrativo, como apoyo para la emisión del acto administrativo definitivo que afectará los derechos subjetivos o intereses legítimos de un particular, es un acto de la Administración pero no un acto administrativo propiamente dicho, porque no se dirige al administrado, ni produce efectos jurídicos *directos* con respecto a éste. Pero cuando esa opinión la emite la Administración Tributaria a través de un cauce formal previsto en la ley, a requerimiento de una persona (física o jurídica), cualificada por un interés particular con respecto al asunto consultado, porque la resolución que se adopte le afecta al precisar la interpretación de la ley tributaria en un caso concreto, entonces no hay duda de que esa opinión es un acto administrativo, concretamente una manifestación de juicio de la Administración.

F) Incidencia sobre los particulares

No obstante que, como se ha dicho, no existen diferencias sustanciales entre la actividad consultiva ordinaria de la Administración y la actividad consultiva de la Administración Tributaria, deben sin embargo destacarse algunas especificidades de esta última.

La más obvia de las particularidades que reviste la labor consultiva de la Administración Tributaria, es que la misma es incitada por los particulares dotados de una especial cualificación que atañe a su interés personal y directo en el asunto consultado, sobre lo cual ya hemos abundado *supra*, y en ejercicio de un derecho que le otorga el Código Orgánico Tributario. Por otra parte, la consulta evacuada no se queda en el ámbito interno de la Administración, sino que trasciende hacia el exterior, ilustrando al sujeto consultante sobre el parecer que, en relación al caso concreto, tiene la autoridad tributaria.

---

[38] Allan Brewer-Carías. "El problema de la definición del acto administrativo". *Libro Homenaje al Dr. Eloy Lares Martínez*. UCV, Caracas, 1984, pp.40-41.

En general y como se ha visto, los dictámenes de la Administración consultiva van dirigidos hacia la Administración activa, pues la primera actúa a modo de asesor jurídico de la segunda, y es por ello que los pareceres emitidos en tal función no tienen incidencia directa sobre los particulares. Tan interna es esta labor que, en ocasiones, los dictámenes pueden tener carácter reservado o confidencial.

En el caso de las consultas tributarias que analizamos, al no quedarse la actividad consultiva en el ámbito de la Administración Tributaria, surgen dudas en cuanto a los efectos que ésta genera en la esfera jurídico-subjetiva de los consultantes, en caso de que el parecer emitido sea contrario a sus expectativas.

Para despejar esta interrogante debe señalarse, en primer lugar, que la Administración Tributaria al pronunciarse sobre la aplicación que debe darse a una ley, orienta al contribuyente e indirectamente a la propia Administración activa, pero no le impone un modo de actuar al particular consultante, de modo que éste puede acoger el criterio emitido o separarse de él; claro está, en este último caso, el sujeto consultante corre el riesgo de sufrir reparos de las autoridades tributarias en el futuro. El Código Orgánico Tributario no establece que el dictamen de la Administración Tributaria es vinculante, ni para ella ni para el consultante; cosa distinta es que ambos deberían atenerse a lo expuesto en la opinión respectiva, uno por razones de transparencia, seguridad jurídica, confianza legítima y buena fe, y el otro porque no hacerlo supone el riesgo de ser objeto de un reparo.

La Administración Tributaria en ejercicio de la función consultiva, no resuelve el caso planteado por el particular con carácter definitivo, sólo le indica un camino a seguir en la interpretación de la ley. Su labor es de apoyo al contribuyente en la correcta interpretación y aplicación de las leyes tributarias. La opinión o dictamen emitido jamás puede crear una situación de hecho o de derecho en el consultante pues de él la única consecuencia que se deriva es el conocimiento de cómo aplicará la autoridad tributaria la norma sometida a estudio. Evidentemente, la consulta evacuada genera en el contribuyente la creencia, *bona fide*, de que el criterio aplicado al caso concreto es el correcto; y así debe ser pues la Administración siempre está sometida los principios de transparencia, buena fe, seguridad y confianza legítima en sus actuaciones, de acuerdo con los artículos 141 y 299 de la Constitución y 10 de la Ley Orgánica de la Administración Pública.

En tercer lugar, el acto de la Administración consultiva, al carecer de efectos decisorios y de las prerrogativas de ejecutividad y ejecutoriedad, agota su existencia al ser emitido, de tal suerte que ninguna acción puede ser cumplida con base al mismo por la Administración activa si el particular consultante se aparta de su contenido. En este caso será necesario, como en cualquier otro en que no hubiese existido la consulta previa, que la Administración activa ejecute sus competencias de fiscalización y determine, mediante los procedimientos de ley, la existencia de un importe tributario que no ha sido pagado y la existencia infracciones a las leyes tributarias cometidas por el contribuyente o el responsable.

La doctrina española, al interpretar la jurisprudencia del Tribunal Supremo de este país, ha señalado que la naturaleza legal del acto de contestación sólo depende de su contenido sustancial, según sus condiciones intrínsecas y por ello cuando se trata de resoluciones limitadas a resolver una consulta, se ha considerado que carecen de las notas esenciales del verdadero acto administrativo, por lo que no serían impugnables; pero cuando a través de la actividad consultiva se declaren o se limiten derechos subjetivos de los administrados o se trate de informes que resuelvan peticiones concretas que afecten los derechos del reclamante, hay que admitir su impugnabilidad. De ahí que en la práctica sea necesario examinar casuísticamente la naturaleza de la consulta y el auténtico contenido de la respuesta.[39]

Se ha discutido en la doctrina si la Administración Tributaria puede fiscalizar y determinar la obligación tributaria en un caso concreto, contrariando el criterio que previamente había expresado al responder una consulta, al mismo sujeto pasivo al que ahora impone un reparo. A este respecto coincidimos con lo que expone Betty Andrade: "La armonización de los principios de indisponibilidad del tributo, seguridad jurídica e irretroactividad de los actos administrativos, únicamente pue-

[39] Juan Alfonso Santamaría Pastor – Luciano Parejo Alfonso. Ob. cit., p.275, citando sentencias del Tribunal Supremo Español del 09 de febrero de 1981 (Ar. 597) y del 11 de diciembre de 1984 (Ar. 6536).

de lograrse partiendo del hecho de que los sujetos integradores de la obligación tributaria se encuentran en una situación de igualdad frente a la Ley, y que los actos de la Administración no pueden conducir a la remisión del tributo, o a la creación de hechos generadores no contemplados en la normativa correspondiente. Por otra parte, las consultas de la Administración Tributaria que son evacuadas a los contribuyentes, en relación con un caso concreto, deben revestir ciertas consecuencias jurídicas que impidan a los organismos competentes, emitir pronunciamientos erróneos, que violen, directa o indirectamente, el derecho de los ciudadanos de prever las consecuencias jurídicas de sus actos. En este sentido, entendemos que los dictámenes emanados de la Administración Consultiva no pueden liberar al contribuyente de la obligación legal que tiene de pagar un tributo determinado. En definitiva, si nace el hecho imponible, el sujeto pasivo estará obligado al pago del tributo, sin importar las consideraciones de la Administración, ya que esta última se encuentra igualmente sometida a los mandatos de la Ley."[40]

Ahora bien, la actuación de la Administración Tributaria que desdice de su propio criterio es completamente reprochable y violatoria de los principios de transparencia, buena fe, seguridad jurídica y confianza legítima, que gobiernan la actuación de los entes administrativos, conforme a los artículos 141 y 299 de la Constitución y 10 de la Ley Orgánica de la Administración Pública. Esta conducta no sólo es reprochable, sino que puede ocasionar daños susceptibles de ser indemnizados por vía de responsabilidad objetiva o subjetiva de la Administración, según sea el caso. Tampoco, y como ya hemos visto, cabría la imposición de sanciones por el ilícito que habría cometido el sujeto pasivo al seguir el criterio de la Administración. Pero a pesar de todo lo anterior, no puede olvidarse que la obligación tributaria es una obligación *ex lege* y como tal no puede ser desconocida ni siquiera por el ente exactor, porque la relación jurídico-tributaria es un vínculo obligacional triangular donde acreedor y deudor se hayan -ambos- sometidos al imperio de la ley. El hecho imponible no nace por la voluntad de alguno de los sujetos de esa relación jurídico-tributaria, sino cuando se materializa empíricamente

---

40 Betty Andrade. "Efectos Jurídico-Económicos de las Consultas emanadas de la Administración Tributaria." *Revista de Derecho Tributario.* AVDT, Caracas, 1999, No. 85, p. 99.

el presupuesto normativo (*i.e.* el hecho imponible), sin que para nada interese cuál es la voluntad del acreedor o el deudor del tributo. Luego entonces, la emisión de una opinión o dictamen legal no puede cambiar, alterar o suspender la voluntad del legislador y las consecuencias que desencadena la ocurrencia del hecho imponible.

G) El plazo para la respuesta

Normalmente, la actividad consultiva de la Administración se desenvuelve y materializa en plazos razonables, atendiendo a la urgencia del asunto consultado y a su complejidad. Al contrario, la actividad consultiva de la Administración Tributaria está sujeta a un plazo perentorio de treinta (30) días hábiles según el artículo 263 del Código Orgánico Tributario.

La consecuencia de que la Administración tributaria no evacue la consulta en el lapso señalado es una especie de *silencio positivo* con respecto al parecer sustentado por el consultante en su solicitud de opinión, en el sentido de que éste puede seguir su propia interpretación de la ley en el caso concreto sin que sea posible imponerle luego sanción alguna por ello, en el supuesto de que hubiere cometido alguna infracción, tal como claramente se desprende del contenido del artículo 264, aparte único, del Código Orgánico Tributario.

H) Eximente de responsabilidad por ilícitos tributarios

Hemos dicho que ningún derecho subjetivo puede ser adquirido por el administrado consultante con ocasión del parecer emitido por la Administración Tributaria. Sin embargo, es sin duda una injusticia que el particular actúe en conformidad con la opinión de la autoridad tributaria y luego sea sancionado por haber infringido una ley tributaria como consecuencia de su apego a dicha opinión.

En el ámbito del derecho administrativo en general han sido objeto de estudio las consecuencias que se derivan de los actos de la Administración activa que luego son contrariados por ésta en perjuicio de los administrados, por una actuación posterior. Se trata aquí de la doctrina de los actos propios o del *estoppel* anglosajón, resumida en el viejo aforismo latino *venire contra factum proprium non valet*. Según enseña Mairal, autor de una excelente monografía sobre el tema, en sus relaciones jurídicas los particulares adoptan posiciones o siguen cursos de acción que luego descubren que son inconvenientes para sus propios intereses. Así entonces, procuran desdecirse y quienes habían confiado en el mantenimiento de la posición inicial de su contraparte para adoptar sus propias resoluciones, se ven sorprendidos ante el cambio inusitado de posición que defrauda sus expectativas y puede, incluso, generarles pérdidas o privarlos de un lucro esperado.[41]

Si bien es cierto que el derecho no puede prohibir que las personas vuelvan sobre sus pasos para tratar de corregir sus actuaciones erróneas, ni es posible pretender una coherencia impoluta en la conducta de los sujetos; es lo deseable, sin embargo, que exista un principio de autovinculación, que permita una cierta tranquilidad en el ámbito de las relaciones interpersonales, sancionando las contradicciones constantes y aviesas, producto de subterfugios y maniobras tendentes a generar incertidumbre en los demás, para obtener provecho propio.

En el caso de la Administración Pública, nadie pone en duda la facultad exorbitante de la autotutela administrativa en sus diversas manifestaciones, que le permite a ésta modificar, corregir, revocar o anular sus propias actuaciones con el único obstáculo de los derechos subjetivos e intereses legítimos de los particulares, siempre y cuando éstos no pretendan derivarse de una actuación absolutamente nula.

Como es sabido, la Administración, a diferencia de los administrados, tiene la potestad de revisar sus propias actuaciones sin acudir para ello a los órganos jurisdiccionales. Constituye esta facultad, una de las tres vertientes de la *potestad de autotutela*, la cual se configura por la potestad revisora -a la que estamos aludiendo-, la de actuación de oficio y la de ejecución de sus propias actuaciones. En este sentido, el artículo 90 de la Ley Orgánica de Procedimientos Administrativos, dispone que: *"El órgano competente para decidir el recurso de reconsideración o el jerárquico, podrá confirmar, modificar o revocar el acto impugnado, así como ordenar la reposición en caso de vicios en el procedimiento, sin perjuicio de la facultad de la administración para convalidar los actos anulables"*.

41 Héctor Mairal. *La doctrina de los propios actos y la Administración Pública*. Depalma, Buenos Aires, 1988, p.1 y ss.

La precitada disposición puede ser disgregada en las cinco potestades fundamentales en las cuales se manifiesta la autotutela administrativa en los procedimientos administrativos, a saber:

i. La potestad de *confirmar*, esto es, de ratificar y asumir como propios los argumentos de hecho y de derecho que fundamentan la decisión del inferior jerárquico, sometida a revisión, manteniendo incólume la voluntad del órgano del cual emanó el acto administrativo.

ii. La potestad de *revocar* en sentido amplio que comprende a su vez, la potestad revocatoria *estricto sensu* por cuya virtud la Administración retira o extingue los efectos de los actos administrativos que son contrarios al interés que ella tutela y que no hayan hecho nacer derechos subjetivos o intereses particulares, legítimos y directos en un administrado, y la potestad anulatoria, mediante la cual el órgano administrativo revoca los proveimientos administrativos afectados por un vicio de nulidad absoluta.[42]

iii. La potestad de *reponer* el procedimiento en caso de que el mismo se encuentre afectado de vicios formales de tal magnitud que no puedan ser convalidados y que ameritan un nuevo trámite del asunto.

iv. La potestad *convalidatoria* o de *saneamiento*, mediante la cual la Administración subsana los vicios procedimentales -para no incurrir en las llamadas reposiciones inútiles- o los vicios del acto calificables como intranscendentes o que sólo lo hacen anulable.

v. Y, finalmente, la potestad *modificatoria*, en uso de la cual el jerarca, al asumir el control del acto, lo hace con *plena competencia*, conociendo tanto de los hechos como del derecho, pudiendo en consecuencia apreciar nuevamente las circunstancias fácticas del caso, dándoles una nueva calificación jurídica

---

42 Hildegard Rondón de Sansó. "Las Potestades de la Administración en la Ley Orgánica de Procedimientos Administrativos". *El Procedimiento Administrativo. Archivo de Derecho Público y Ciencias de la Administración*, UCV, Caracas, 1983, Vol. IV / Enrique Sayagues Laso. *Tratado de Derecho Administrativo*, Montevideo, 1986, p.516 y ss.

o, manteniendo la apreciación de los hechos realizada por el inferior, aplicar normas distintas a las invocadas erróneamente por éste.

Sin embargo, toda vez que la Administración actúa en busca de la satisfacción del interés colectivo, es de presumir que sus cambios de posición sólo pretenderán satisfacer mejor éste. Lo cierto es, no obstante, que la constancia e intensidad con la que incide la Administración en la vida de los particulares, su omnipresencia y omnipotencia en la vida cotidiana de los administrados, hace que éstos, normalmente, depositen su confianza en las actuaciones de aquélla, de tal manera que es razonable esperar una coherencia y constancia mayor que la aspirada en el ámbito de las relaciones privadas.

Se ha dicho que la Administración puede contradecir su conducta anterior cuando ésta es jurídicamente ineficaz por adolecer de un vicio de ilegitimidad, pero en opinión de Mairal[43], a quien seguimos muy de cerca en este punto, esta conclusión es demasiado simplista en cuanto pasa por alto la frecuencia con que la validez de una determinada conducta administrativa constituye cuestión opinable ante el entrecruzamiento, la falta de precisión o la ambigüedad de las normas aplicables.

La doctrina de los actos propios puede ofrecer una solución justa en los casos en los cuales la interpretación inicial no era evidentemente contraria a derecho, sino que se trataba de una exégesis preliminar de las disposiciones aplicables, razonablemente acertada. El autor que citamos señala que en aquellas situaciones en que la conducta administrativa posteriormente declarada ilegítima motivó un cambio en la conducta del particular, la doctrina del *estoppel* propia del *common law*, puede servir para aceptar la nueva interpretación de la Administración pero dejando a salvo el derecho del particular de demandar una indemnización por los daños y perjuicios causados, o bien repartiendo equitativamente la responsabilidad entre la Administración y el administrado.[44]

---

43 Héctor Mairal. *La doctrina...Cit.* p.138 y ss.

44 En materia de responsabilidad patrimonial de la Administración, el Consejo de Estado francés ha dicho que en general, que si se puede reprochar un comportamiento defectuoso a la autoridad que ha hecho manifiesta una posición sobre determinado asunto y esta falta ha causado un daño, la persona que sufrió el daño puede demandar su indemnización. El

Con respecto a las consultas Mairal se pregunta si puede la Administración desconocer la respuesta dada por escrito a la interrogante planteada por el particular acerca del sentido de las normas que ésta aplica y, de tal manera, modificar su criterio al respecto en detrimento de aquél. El autor señala que el asunto se ha planteado con mayor intensidad en la materia fiscal, siendo contradictorias las respuestas dadas pues, en un caso se consideró la respuesta como un acto administrativo y, por ende, estable[45] y en otro se le negó tal carácter y el consiguiente efecto vinculante.[46] El problema no es, según el autor, que se califique el parecer o dictamen como un acto administrativo a los efectos de la aplicación del *estoppel*, sino decidir si la respuesta dada configura un *venire contra factum proprium*. Para la solución de los diversos casos que pueden plantearse, el autor propone las siguientes reglas:

i. En caso de que el particular modifique su posición jurídica sobre la base de la respuesta dada por la Administración, ésta debería verse impedida de cambiar su criterio en detrimento de aquél.
ii. Si el particular no modificó su situación, la Administración podrá cambiar su criterio, pero la anterior respuesta servirá de eximente de responsabilidad para el particular que se atuvo a ella; así, quien no pagó un tributo basándose en la respuesta

Consejo de Estado califica como promesa la manifestación de voluntad de comprometerse a realizar un acto, celebrar un contrato o dar a alguien algún beneficio o algún estatus particular. De modo pues que, si no se respetan los compromisos reales asumidos por la Administración con respecto a las administrados cuya actividad busca orientar, estas faltas comprometen su responsabilidad (CE, 25 *juin* 1954, *Otto*). Por el contrario, varios incentivos y una promesa de bonificaciones relacionados con un proyecto de establecimiento, no acompañados de un compromiso relacionado con la aprobación de la venta del terreno necesario para su realización, no pueden considerarse promesas incumplidas para aprobar esta venta (CE, 13 *mars* 1985, *Sté Barlocher-France Production* SARL, n ° 16173). Lo mismo ocurre con una propuesta simple sobre la posibilidad de prever una ejecución que forme parte de un proyecto de reconstrucción de un casco urbano, ya que no incluye ningún compromiso específico (CE, 16 *octobre* 1992, SA *Garage de Garches*). La Administración no comete una falta al abstenerse de llevar a cabo un compromiso que era ilegal, pero sí al ejecutar este compromiso (CE 24 *avril* 1964, *Sté des Huileries de Chauny*, en este caso se otorgó una garantía a los fabricantes ante una posible caída de los precios para incitarlos a comprar un producto más allá de sus necesidades normales).

45 *Cf.* Tribunal Fiscal Argentino, caso: *Indumetal. Revista Impuestos*, 1976, p.1040.

46 *Cf.* Tribunal Fiscal Argentino, caso: *Frigorífico Mellino. Revista Impuestos*, 1978, p.945.

emitida por la Administración, podrá serle exigido el pago del mismo, pero no podrá aplicársele multa alguna.

iii. La regla anterior tendrá como excepciones las respuestas claramente contrarias a derecho y las emitidas por funcionarios notoriamente incompetentes.

En nuestro derecho positivo, el artículo 11 de la Ley Orgánica de Procedimientos Administrativos, dispone que los criterios establecidos por la Administración pública podrán ser modificados, pero la nueva interpretación no podrá aplicarse a situaciones anteriores, salvo que fuere más favorable a los administrados y que, en todo caso, la modificación de los criterios no dará derecho a la revisión de los actos definitivamente firmes.[47] Consagra el precitado artículo, como se advierte, tres principios: *(i)* que la Administración puede cambiar sus criterios; *(ii)* que tales cambios no pueden aplicarse a situaciones anteriores, salvo que fueren más beneficiosos a los administrados y *(iii)* que la revisión de los criterios no puede conducir a la revisión de los actos administrativos definitivamente firmes.[48]

Por su parte, la legislación tributaria nacional acoge la doctrina de los propios actos en cuanto a la eximente de responsabilidad si el particular sigue la doctrina de la Administración o si ésta no responde en el plazo que tiene para hacerlo y el administrado sigue el criterio que expresó en su consulta[49]. Así lo señala el artículo 264 del Código

---

[47] *Cf.* S. CPCA, 19 de marzo de 1987, caso: *Hughes Services de Venezuela*, bajo la ponencia de la Magistrado Dra. Cecilia Sosa, consultada en la Revista de Derecho Público, Editorial Jurídica Venezolana, Nro. 30, p.111.

[48] Sobre el alcance y contenido de esta norma, consúltese: Humberto Briceño León. "El valor del precedente administrativo en el derecho administrativo venezolano". *Derecho Procesal Administrativo.* 1ra. Jornadas Centenarias del Colegio de Abogados del estado Carabobo. Vadell Editores, Valencia, 1995.

[49] En Francia, donde podría afirmarse que la legislación tributaria es casi siempre favorable a la Administración, el artículo L80A del Libro de Procedimientos Fiscales, dispone que: "Desde que el contribuyente ha aplicado una ley tributaria según la interpretación que la Administración ha dado a conocer a través de sus instrucciones o circulares publicadas y que no ha revocado para la fecha de las operaciones en cuestión, ésta no podrá proseguir un reparo sosteniendo una interpretación diferente." Traducción libre del texto consultado en: https://www.legifrance.gouv.fr/codes/section_lc/LEGITEXT000006069583/LEGISCTA000006163093/#LEGIARTI000037312533. Véase también: CE *Plén.* 18 *mars* 1988,

Orgánico Tributario, en los siguientes términos: "No podrá imponerse sanción a los contribuyentes que, en la aplicación de la legislación tributaria, hubieren adoptado el criterio o la interpretación expresada por la Administración Tributaria en consulta evacuada sobre el asunto. Tampoco podrá imponerse sanción en aquellos casos en que la Administración Tributaria no hubiere contestado la consulta que se le haya formulado en el plazo fijado, y el consultante hubiere aplicado la interpretación acorde con la opinión fundada que haya expresado al formular la consulta."

Nótese que esta eximente de responsabilidad opera cuando el consultante sigue la opinión de la Administración Tributaria y también cuando ha formulado una consulta y no recibe respuesta en el plazo de treinta (30) días hábiles previsto en el Código; pero en este último supuesto es necesario, para que opere la eximente, que el consultante haya expresado su propia opinión sobre el asunto al consultar a la Administración Tributaria, y sea esa opinión propia la que haya seguido en la aplicación de la ley tributaria.

Es lógico que así sea porque la consulta, acompañada de la opinión propia del consultante sobre el asunto, excluye la culpabilidad porque suprime la conciencia de la antijuridicidad de la conducta. Como afirma la mejor doctrina: "...la culpabilidad puede ser definida como la reprochabilidad del comportamiento antijurídico del sujeto consciente y libre que, pudiendo actuar de conformidad con el derecho, dirigió su voluntad hacia el hacer ilícito despreciando así el mandato coercitivo impuesto por la norma jurídica."[50]

No puede haber entonces una actuación consciente y libre dirigida a infringir el ordenamiento jurídico, en quien de manera expresa, transparente y de buena fe consulta a la Administración sobre la interpretación y aplicación de la norma tributaria, y además expresa al respecto su propia opinión, bajo la convicción de que ese parecer es ajustado a derecho y no infringe, por tanto, el ordenamiento jurídico.

---

73 693, *Min. c/Firino-Martell.* Cyrille David – Olivier Fouqet *et all. Les grands arrêts de la jurisprudence fiscale.* Dalloz, 2003, 4e édition, pp. 177-194.

50 Carlos E. Weffe H. *Garantismo y Derecho Penal Tributario en Venezuela.* Editorial Globe, Caracas, 2010, p. 360.

I) Responsabilidad de la Administración Tributaria

El haber incumplido obligaciones o deberes formales de naturaleza tributaria siguiendo el parecer de la Administración Tributaria, no es una conducta antijurídica que dé lugar a la imposición de sanciones, tal como lo dispone el artículo 264 del Código Orgánico Tributario. Pero esta norma no resuelve lo que sucede cuando el particular sigue la interpretación dada por la Administración y con ello deja de pagar un tributo que luego deberá cancelar sin que lo hubiere previsto, con lo cual su situación patrimonial resultaría, por virtud del nuevo criterio de la Administración, lesionada. Creemos que en este caso no sólo no podría imponerse sanción alguna por mandato expreso de la norma, sino que además no podría liquidarse intereses de mora, porque la mora está indisolublemente asociada al incumplimiento *culposo* de la obligación, y en este caso el incumplimiento no deriva de la culpa del deudor, sino del hecho de haber seguido el criterio de la Administración Tributaria o de haber aplicado su propia interpretación de la ley ante la falta de respuesta oportuna de aquélla frente a la consulta formulada por el interesado. Además de lo anterior, también hay un daño y la pregunta es si el mismo es resarcible.

El cambio de criterio, sobre todo si éste ha tenido cierta permanencia, puede ocasionar la pérdida de un negocio o el cese de una explotación que se había planificado sobre la base de determinada interpretación de la ley tributaria. Recuérdese que el componente impositivo es de trascendental importancia en cualquier proyecto de inversión, pues constituye una parte esencial en el cálculo de los beneficios de cualquier empresa. Si la interpretación de la ley tributaria cambia espasmódicamente, no hay seguridad jurídica ni viabilidad alguna para las inversiones a mediano y largo plazo.

En consecuencia, cuando un inversionista ha planificado toda su estructura de costos con fundamento en una reiterada y pacífica interpretación de las leyes tributarias que son aplicadas a su actividad, y luego la exégesis de éstas por parte de la Administración Tributaria cambia, pueden producirse daños que si bien no pueden calificarse como derivados de un funcionamiento anormal o de una falta de servicio -porque tal vez la nueva interpretación sea la correcta- sí pueden constituir lesiones *anormales* y *especiales* susceptibles de indemnización con base al principio del equilibrio frente a las cargas públicas.[51]

En estos casos, pareciera que además de eximirse de la multa al contribuyente, nada impide que el mismo exija el resarcimiento de los daños y perjuicios causados, con base en la doctrina de los actos propios, el principio general de la buena fe y la responsabilidad patrimonial de la Administración.

Autorizada doctrina admite que la actividad administrativa consultiva puede ser uno de los supuestos desencadenantes de responsabilidad de la Administración.[52] Tal vez la mayor dificultad surja aquí en el campo de la prueba del perjuicio sufrido, y especialmente en el establecimiento de la relación de causalidad entre el ejercicio de la actividad consultiva por parte de la Administración Tributaria y el daño causado.

En la jurisprudencia española se ha sostenido, por ejemplo, que la petición de una información urbanística no implica solicitud formal de licencia y que no puede en absoluto considerarse como una iniciación del procedimiento de otorgamiento de la misma, por lo que carece de entidad vinculante para el ayuntamiento informante. No obstante, el Tribunal Supremo Español ha dicho que ello no quiere decir que las consultas urbanísticas carezcan de toda virtualidad, puesto que pueden dar lugar a la responsabilidad patrimonial del órgano administrativo que evacuó una consulta en un determinado sentido y, posteriormente, modificó su criterio al dictar el propio acto impugnado.[53] En el caso de los actos de la Administración Tributaria, no vemos dificultad alguna para trasladar este criterio.

Es importante destacar que la Administración Tributaria se encuentra vinculada con los particulares quienes tienen el *derecho* de obtener respuestas sobre sus dudas en cuanto a la aplicación de las leyes tributarias a un caso concreto. Las respuestas a las interrogantes planteadas, al proferir de la Administración Tributaria, gozan de una autoridad y merecen una confianza que no puede ser defraudada por el ente consultivo.

---

51 *Vid.* Luis Fraga-Pittaluga. "Breves notas sobre la responsabilidad patrimonial de la Administración Tributaria". Revista de Derecho Tributario. AVDT, Caracas, 1999, Nro.83.

52 José Araujo Juárez. *Principios Generales del Derecho Procesal Administrativo.* Vadell Hermanos, Caracas, 1996, p.287.

53 Juan Alfonso Santamaría Pastor – Luciano Parejo Alfonso. Ob. cit., p.277, comentando sentencias del TSE del 29.10.82, Ar. 6463 y 05.11.84, Ar.5756.

Por lo tanto, una conducta confusa, lábil y variable por parte de la Administración Tributaria en el ejercicio de la labor consultiva, es un atentado contra los principios de seguridad jurídica, transparencia, buena fe y confianza legítima. La buena fe[54] -que además es la base del principio de confianza legítima- es fundamental en las relaciones entre la Administración y los administrados, sobre todo cuando estas relaciones envuelven, como es el caso de toda la materia tributaria, consecuencias patrimoniales. La buena fe comporta la necesidad de que los sujetos guarden en sus relaciones una conducta leal, honesta, o la que ordinariamente puede esperarse de una persona normal, de un *bonus pater familiae*.

Por su parte, la confianza legítima, que es un producto del principio de la buena fe, implica, como bien apunta Betty Andrade: "(…) la obligación de la Administración de guardar coherencia en sus actuaciones, y de no contradecir sus propios dichos. El fundamento de la confianza legítima se encuentra subsumido en los principios de buena fe y de seguridad jurídica, los cuales deben ser respetados por los sujetos integrantes de la relación jurídico-tributaria."[55]

Se ha dicho con acierto que una cosa es que la Administración, en el caso de que la consulta no sea vinculante para la misma, pueda separarse de un criterio mantenido con anterioridad, y otra cosa muy distinta es que, derivado de ese comportamiento, se genere un perjuicio al particular. Si este perjuicio es individualizable, efectivo y económicamente evaluable, a tenor de la teoría general de la responsabilidad patrimonial, resulta evidente la necesidad de que la Administración Tributaria resarza al administrado por los daños que le haya causado su cambio de criterio.[56]

Además de todo lo expuesto debe agregarse, que el principio de la responsabilidad patrimonial de la Administración Tributaria por los daños causados en el ejercicio de su labor consultiva es el único mecanismo capaz de disuadir el cambio constante y caprichoso de criterios.

---

54 Jesús González Pérez. *El principio general de la buena fe en el derecho administrativo.* CIVITAS, 1989.

55 Betty Andrade. "Efectos Jurídico-Económicos…*Cit.*, p.96.

56 María Teresa Mata Sierra. *La responsabilidad patrimonial de la Administración Tributaria.* LEX NOVA, Valladolid, 1997, pp. 153-154.

Y es que, ante el carácter no vinculante de la consulta tributaria, el administrado no tiene en sus manos ningún otro mecanismo que le garantice si no una total interdicción de cualquier tipo de arbitrariedad administrativa, sí que la Administración Tributaria no va a permanecer impune es estos casos, con lo que ello puede conllevar de moderación de dichos comportamientos.[57]

J) Inimpugnabilidad de las opiniones de la Administración Tributaria

En el pasado y hasta la reforma del Código Orgánico Tributario de 2001[58], se discutía las opiniones emitidas por la Administración Tributaria podían ser impugnadas. Se sostenía que los actos de la Administración Tributaria de efectos particulares que determinan tributos, aplican sanciones o afectan en cualquier forma los derechos de los administrados, pueden ser impugnados por quien tenga interés legítimo, mediante la interposición del recurso jerárquico o la acción contencioso tributaria, de modo que el ámbito del control gubernativo y judicial de los actos de la Administración Tributaria es bastante amplio, similar al régimen ordinario de impugnación de los actos administrativos, con lo cual pareciera que el legislador tributario se situó dentro las tendencias que propugnan la universalidad del control, por cuya virtud, el acceso a la revisión del acto deviene de toda lesión jurídica que produzca el actuar administrativo ilegal en los derechos del administrado.[59]

Sin embargo, en el campo del Derecho administrativo, la doctrina se ha pronuncia en forma mayoritaria por la inimpugnabilidad de los actos de la Administración consultiva. Así, Dromi afirma que los actos consultivos son meramente preparatorios de la voluntad administrativa, no constituyen un acto en sentido estricto en tanto no producen un efecto jurídico inmediato, sino que posiblemente tendrán un efecto jurídico a través del acto administrativo que se dicte y, por esta razón, de la carencia de efectos jurídicos directos e inmediatos, los dictámenes, en

57 *Ibid.* p.156.

58 Venezuela. Código Orgánico Tributario (derogado). Gaceta Oficial No. 37.305 de fecha 17 de octubre de 2001.

59 Véase al respecto: Santiago González-Varas Ibañez. *La jurisdicción contencioso administrativa en Alemania.* CIVITAS, Madrid, 1993, p.87 y ss.

principio, no son impugnables por recursos administrativos ni judiciales, aunque adolezcan del algún vicio.[60]

Por su parte, Mairal sostiene que la Administración sigue frecuentemente un procedimiento extenso y complejo para arribar a la decisión que desea adoptar sobre un punto determinado y que, por lo general, los actos que emite a lo largo de ese procedimiento y antes de pronunciar la decisión final, no repercuten directamente sobre el particular, razón por la cual se niega la posibilidad de su impugnabilidad. Al impedirse el control de estos actos, afirma, se evita la intromisión prematura en el proceso de formación de la voluntad administrativa. Exigir que se trate de un acto administrativo definitivo para ocurrir ante la justicia no es sino una actitud de deferencia del tribunal frente a la Administración para permitir a ésta arribar a su propia decisión libre de interferencias.[61]

Para García Trevijano Fos la cuestión de la impugnabilidad de los actos administrativos debe analizarse atendiendo a su posición jurídica. En este orden de ideas, si el acto forma parte de un procedimiento administrativo, por ser actos de trámite puros, no son impugnables; en tales casos sólo pueden impugnarse a través del recurso intentado contra el acto final, aunque sobre la base de la ilegalidad de aquél. Sin embargo, cuando los actos de la Administración consultiva no forman parte de un procedimiento administrativo de primer grado, pueden ser impugnados, sostiene, en vía administrativa y contencioso-administrativa, siguiendo las reglas generales y cita como ejemplos de tales actos los certificados de buena conducta, la certificación de calificación urbanística, los certificados sanitarios, etc.[62]

En la doctrina venezolana, el profesor Araujo Juárez expresa que el acto administrativo solo puede vincular la instancia si él mismo agravia o lesiona al recurrente en su derechos subjetivos o intereses legítimos, personales y directos, o dicho en otras palabras si es susceptible de causarle agravio. Así, expresa, para que un acto sea susceptible de causar agravio es necesario que produzca consecuencias jurídicas. Por el contrario, si el acto no crea, modifica o extingue derechos, no entra dentro

60 Roberto Dromi. *El acto... Cit,* p.144.

61 Héctor Mairal. *El Control... Cit,* p.281

62 José Antonio García Trevijano Fos. Ob. cit. p.275 y 276.

de tal categoría. De esta forma, señala el autor, los actos administrativos que, por su naturaleza, no produzcan per se efectos, porque no perjudican ni directa ni indirectamente o porque no tienen carácter ejecutorio, no pueden ser objeto de impugnación, tal como ocurre, según él, con las respuestas dadas por una autoridad administrativa a una solicitud de información.[63]

La impugnabilidad de los dictámenes jurídicos producidos por la Administración Tributaria en ejercicio de su labor consultiva hacia los particulares ha sido rechazada, con base fundamentalmente en que no se trata de actos administrativos que determinen tributos, recargos, intereses o sanciones. La jurisprudencia ha sostenido al respecto que:

> "Luego entonces, demarcado como fue al delimitar la presente controversia, la norma cuya aplicación se debate en el caso de autos es la contenida en el artículo 235 del vigente Código Orgánico Tributario, que establece: *"No procederá recurso alguno contra las opiniones emitidas por la Administración Tributaria en la interpretación de normas tributarias"*. De una primera lectura del citado dispositivo, ciertamente se observa evidente que "pese a la universalidad del control contencioso tributario respecto a los actos y actividades realizados por la Administración Tributaria", la posibilidad de recurrir de las llamadas opiniones de la Administración Tributaria en ocasión de interpretar las normas tributarias, se encuentra absolutamente condicionada por la ley rectora del procedimiento impositivo [C.O.T./2001] al hecho de que la misma constituya un acto o decisión administrativa que se considere ilegal y que como tal afecte la esfera jurídico subjetiva de su destinatario. Ello así, parece incuestionable a partir de lo previsto en los artículos 242 y 259 del vigente Código Orgánico Tributario, de cuyo examen concatenado puede esta Sala afirmar que el recurso contencioso tributario sólo procede contra los actos de la Administración Tributaria de efectos particulares que determinen tributos, apliquen sanciones o afecten de cualquier forma los derechos de los administrados, de lo cual se entiende deben tener carácter de definitivos o que prejuzguen como tales. Asimismo, ya en el contexto de Administración Tributaria

63 José Araujo Juárez. *Los Principios del Derecho Procesal Administrativo*. Vadell Hermanos, Caracas, 1996, p.416 y ss.

actuando como órgano consultivo, en el marco de las regulaciones establecidas al efecto en el Capítulo IV (De las Consultas) del Título IV del vigente Código Orgánico Tributario (ver artículos 230 al 235), también puede afirmase, como aduce la representación fiscal en el presente juicio, que las consultas evacuadas por dicha Administración se constituyen en opiniones incapaces de producir determinados efectos jurídicos y sin fuerza ejecutoria y, por tanto, de naturaleza no vinculante para quien las solicita."[64]

En este mismo sentido Mery Bóveda afirma que: "Las respuestas a las consultas se inscriben en el deber general de información y asistencia a los contribuyentes que tiene la Administración Tributaria y constituyen una manifestación de un criterio de la Administración, pero que no afectan la esfera de los derechos de los administrados. Será necesario que, en ejecución de su interpretación, eventualmente contraria a la posición del consultante, la Administración Tributaria formule un reparo, liquide un tributo o aplique una sanción, en cuyo caso quien estuviere afectado podrá interponer los recursos correspondientes contra este acto de determinación, de liquidación o sancionatorio."[65]

Hoy en día la cuestión ha quedado de alguna forma zanjada porque el artículo 265 del Código Orgánico Tributario señala que no procederá recurso alguno contra las opiniones emitidas por la Administración Tributaria en la interpretación de normas tributarias. Pero la cuestión no es tan simple como pareciera a primera vista porque el principio de universalidad del control judicial de los actos administrativos no admite excluir acto alguno de este control, siempre que se trate de actos que afecten derechos subjetivos o intereses legítimos del administrado.

Es decir, aunque un acto de la Administración Tributaria tenga la *forma* de una *opinión* y en tal virtud se pretenda su exclusión del control gubernativo o judicial, ese control siempre será posible si la supuesta "opinión" implica realmente la emisión de una manifestación de voluntad, de juicio o de conocimiento que afecta derechos subjetivos o

64 *Cf.* S. TSJ/SPA, No. 00034, 10 de enero de 2008, caso: *Línea Aérea de Servicio Regional, C.A. (Laser).*

65 Mery Bóveda. "La Consulta Tributaria". *Jornadas Internacionales – Cuestiones Actuales de Derecho Tributario.* FUNEDA, Caracas, 2007: https://www.boveda.com/La_Consulta_Tributaria.html.

intereses legítimos de una persona. No puede predicarse una conclusión distinta si se interpretan de manera armónica los artículos 26[66] y 259[67] de la Constitución, 272[68] y 286[69] del Código Orgánico Tributario.

Finalmente, es importante señalar que la imposibilidad de recurrir las opiniones de la Administración Tributaria, no se extiende a la actividad consultiva que ésta ejerce en el ámbito aduanero, con fundamento en los artículos 140 y 141 de la Ley Orgánica de Aduanas[70], por cuanto éstas consultas son vinculantes para las consultantes y por lo tanto afectan su esfera jurídico-subjetiva, tal como lo ha establecido la jurisprudencia.[71]

---

66 Venezuela. Constitución. Gaceta Oficial No. 5.908 Extraordinario 19 de febrero de 2009. Artículo 26. "Toda persona tiene derecho de acceso a los órganos de administración de justicia para hacer valer sus derechos e intereses, incluso los colectivos o difusos, a la tutela efectiva de los mismos y a obtener con prontitud la decisión correspondiente. El Estado garantizará una justicia gratuita, accesible, imparcial, idónea, transparente, autónoma, independiente, responsable, equitativa y expedita, sin dilaciones indebidas, sin formalismos o reposiciones inútiles."

67 Venezuela. Constitución. Gaceta Oficial No. 5.908 Extraordinario 19 de febrero de 2009. Artículo 259. "La jurisdicción contencioso-administrativa corresponde al Tribunal Supremo de Justicia y a los demás tribunales que determine la ley. Los órganos de la jurisdicción contencioso administrativa son competentes para anular los actos administrativos generales o individuales contrarios a derecho, incluso por desviación de poder; condenar al pago de sumas de dinero y a la reparación de daños y perjuicios originados en responsabilidad de la Administración; conocer de reclamos por la prestación de servicios públicos; y disponer lo necesario para el restablecimiento de las situaciones jurídicas subjetivas lesionadas por la actividad administrativa."

68 Venezuela. Código Orgánico Tributario. Gaceta Oficial No. 6.507 Extraordinario el 29 de enero de 2020. Artículo 272. "Los actos de la Administración Tributaria de efectos particulares, que determinen tributos, apliquen sanciones o afecten en cualquier forma los derechos de los administrados podrán ser impugnados por quien tenga interés legítimo, personal y directo, mediante la interposición del recurso jerárquico regulado en este Capítulo."

69 Venezuela. Código Orgánico Tributario. Gaceta Oficial No. 6.507 Extraordinario el 29 de enero de 2020. Artículo 286. "El Recurso Contencioso Tributario procederá: 1. Contra los mismos actos de efectos particulares que pueden ser objeto de impugnación mediante el Recurso Jerárquico, sin necesidad del previo ejercicio de dicho recurso. 2. Contra los mismos actos a que se refiere el numeral anterior, cuando habiendo mediado Recurso Jerárquico éste hubiere sido denegado tácitamente conforme al artículo 283 de este Código. 3. Contra las resoluciones en las cuales se deniegue total o parcialmente el Recurso Jerárquico, en los casos de actos de efectos particulares."

70 Gaceta Oficial No. 38.875 del 21 de febrero de 2008.

71 A este respecto la jurisprudencia ha señalado: "De la norma última transcrita destaca la consagración expresa de la naturaleza vinculante para el consultante de las opiniones evacuadas por la Administración Aduanera respecto a la aplicación de normas tributarias a

III. LAS OPINIONES DE LA ADMINISTRACIÓN TRIBUTARIA EN VENEZUELA Y SU DIFERENCIA CON LOS *TAX RULINGS* DEL DERECHO COMPARADO

Muchos ordenamientos jurídicos, en especial en el mundo industrializado, prevén la posibilidad de que las Administraciones Tributarias emitan opiniones previas estableciendo criterios estables sobre la aplicación de las leyes tributarias. Casi todos los países miembros de la Organización para la Cooperación y el Desarrollo Económico (OCDE), contemplan esta posibilidad desde hace muchos años, y esto incluso ha generado prácticas indeseables derivadas de la aplicación particu-

---

una situación de hecho concreta planteada, circunstancia ésta que difiere de la disposición aplicable respecto a las consultas formuladas ante la Administración Tributaria, cuya regulación fue descrita *supra* y asumida por el juzgador de instancia para resolver el caso sometido a su consideración. (Artículo 235 C.O.T.). A tal efecto, sin mayor análisis el *a quo* obvió estimar la norma contenida en el citado artículo 141 de la Ley Orgánica de Aduanas, a pesar de integrar la base legal de la consulta formulada por la sociedad mercantil LÍNEA AÉREA DE SERVICIO EJECUTIVO REGIONAL, C.A. (LASER), a la Gerencia de Valor de la Intendencia Nacional de Aduanas del Servicio Nacional Integrado de Administración Aduanera y Tributaria, haciendo caso omiso, además, de la limitante contenida en el artículo 139 *eiusdem*, según el cual: *"En todo lo no previsto en este Título* [De los recursos] *se aplicará supletoriamente la Ley Orgánica de Procedimientos Administrativos y el Código Orgánico Tributario";* conforme a lo cual debió concluir que regulada expresamente como está la situación debatida por la Ley Orgánica de Aduanas, sólo pudo el *a quo* fallar conforme a derecho que la consulta emitida por la mencionada Gerencia de Valor del SENIAT, actuando como órgano competente al efecto, era vinculante a la citada sociedad mercantil respecto del tema del valor en aduanas de la mercancía, a saber, *restos de una aeronave, declarada en condición no aeronavegable,* conforme a la aplicación de la metodología señalada en el Acuerdo del Valor del GATT, condicionándola incluso a *"pagar los impuestos de importación y demás tributos internos, partiendo del valor en aduana determinado previamente para la constitución de la garantía exigida para el momento que ingresó bajo el régimen de admisión temporal, todo de conformidad con el artículo 86 de la Ley Orgánica de Aduanas".* Surge pues evidente la incidencia de dicha consulta u opinión sobre valoración aduanera en la esfera jurídica subjetiva de la empresa contribuyente, de donde juzga esta Sala a partir de lo aducido sobre el particular por la apelante, que el Tribunal Superior Tercero de lo Contencioso Tributario de la Circunscripción Judicial del Área Metropolitana de Caracas, incurrió en un error de interpretación acerca del contenido y alcance del artículo 235 del vigente Código Orgánico Tributario y, por tanto, en errónea aplicación del referido dispositivo a los efectos de juzgar irrecurrible la comunicación N° INA/5110/2006-E-170 de fecha 21 de diciembre de 2006, emanada de la Gerencia de Valor de la Superintendencia Nacional de Aduanas del Servicio Nacional Integrado de Administración Aduanera y Tributaria (SENIAT)". *Cf.* S. TSJ/SPA, No. 00034, 10 de enero de 2008, caso: *Línea Aérea de Servicio Regional, C.A. (Laser).*

larizada de las normas tributarias, en contravención del principio de generalidad de los tributos e incluso de las reglas de libre competencia.

En principio, un régimen de opiniones previas persigue lograr una mayor transparencia en cuanto a las regulaciones tributarias, y promover un trato consistente y estable en beneficio tanto de los contribuyentes como de las Administraciones Tributarias. Pero como hemos dicho, hay riesgos inherentes a una regulación como esta, especialmente cuando estas opiniones no son del conocimiento general, con lo cual pudieran existir supuestos de tributación individualizada o preferente, sin justificación en la ley.

En este caso es necesario distinguir los *public tax rulings* que tienen un alcance general, no son vinculantes, y son verdaderas interpretaciones sobre las leyes tributarias de un determinado ordenamiento jurídico, de los *private tax rulings* que son individualizados, vinculantes y que se parecen menos a una opinión y más a un acuerdo previo y particular sobre la aplicación de la ley tributaria en un caso concreto.

Los primeros tienen muchas semejanzas con la actividad consultiva de la Administración Tributaria que hemos venido tratando en este trabajo; los segundos, en cambio, tienen muy poco o nada que ver con esta actividad, y podrían ser tal vez más cercanos a los *acuerdos previos de precios de transferencia.*

En un documento del Fondo Monetario Internacional (FMI) que data de 2016[72], se resumen los pros y los contras de los *private tax rulings*. A favor de estas regulaciones se dice que: *(i)* promueven la claridad y coherencia en la aplicación de la ley tributaria tanto para los contribuyentes como para la autoridad tributaria; *(ii)* mejoran la certeza en el tratamiento fiscal de las transacciones y negocios, aumentando así también la confianza del contribuyente- inversor en el sistema fiscal; *(iii)* fomentan el cumplimiento de la legislación tributaria; *(iv)* fortalecen las relaciones entre los contribuyentes y la autoridad tributaria, con una mayor cooperación que conduce a un sistema tributario más eficiente; *(v)* reducen los conflictos, porque los *private tax rulings* pueden utilizarse como un medio para resolver problemas técnicos tributarios antes de que surja una disputa formal.

---

72 Waerzeggers, C.- Hillier, C. "Introducing an advance tax ruling (ATR) regime". *Tax Law IMF Technical Note.* IMF, Legal Department, Vol. 1, 2016.

En cuanto a los argumentos en contra, se señalan los siguientes: *(i)* riesgo de erosión de la base cuando se emiten o publican decisiones incorrectas o inapropiadas; *(ii)* el sistema puede conducir a la "privatización" de la legislación fiscal. Este es particularmente el caso cuando el régimen se utiliza como un medio para atraer base imponible de otras jurisdicciones; *(iii)* el sistema puede ser costoso de administrar; *(iv)* el proceso puede llevar demasiado tiempo para que se emita o publique una resolución, particularmente en asuntos complejos o significativos, lo cual puede socavar uno de los objetivos clave del sistema de resoluciones tributarias anticipadas, que es brindar a los contribuyentes la certeza del tratamiento tributario en el contexto de su situación particular.

La realidad es que los *private tax rulings* han generado prácticas tributarias desleales, que estimulan el traslado artificial de beneficios y la erosión de las bases imponibles, en perjuicio de los titulares naturales del poder tributario para gravar las actividades respectivas, y por eso, tanto la Unión Europea como la OCDE han tenido que reaccionar.

Recientemente este asunto ha cobrado mucha importancia gracias al famoso caso Apple, del cual podemos hacer un breve recuento debido al gran interés que ha suscitado. El 15 de julio de 2020, en los asuntos identificados con los números T-778/16, *Irlanda vs Comisión*, y T-892/16, *Apple Sales International y Apple Operations Europe vs Comisión*, la Corte General de la Unión Europea con sede en Luxemburgo, anuló la Decisión (UE) 2017/1283 de la Comisión Europea (CGUE), del 30 de agosto 2016, relativa a la ayuda otorgada por el Estado Irlandés en favor de Apple, a través de dos *rulings* de la autoridad tributaria irlandesa, uno de fecha 29 de enero de 1991 y otro, que lo sustituye, de fecha 23 de mayo de 2007 y que se aplicó hasta el 2014, los cuales supuestamente supusieron un ahorro fiscal para la referida empresa, por diversos conceptos, por un monto de trece mil millones de euros en ventajas fiscales "ilegales".

La decisión de la CGUE se fundamenta en que la Comisión no logró demostrar que existía una ventaja a los efectos del artículo 107, apartado 1, del Tratado de Funcionamiento de la Unión Europea[73], de acuerdo con el cual: "Salvo que los Tratados dispongan otra cosa, serán

[73] https://eur-lex.europa.eu/legal-content/es/ALL/?uri=CELEX%3A12012E%2FTXT

incompatibles con el mercado interior, en la medida en que afecten a los intercambios comerciales entre Estados miembros, las ayudas otorgadas por los Estados o mediante fondos estatales, bajo cualquier forma, que falseen o amenacen falsear la competencia, favoreciendo a determinadas empresas o producciones". En comunicado de prensa distinguido con el número No. 90/20[74], se explica que la Comisión Europea se equivocó al declarar que Apple había recibido una ventaja económica selectiva y, por extensión, ayuda estatal.

El CGUE respalda las evaluaciones de la Comisión relativas a la fiscalidad normal con arreglo a la legislación fiscal irlandesa aplicable en el presente caso, en particular teniendo en cuenta las herramientas desarrolladas dentro de la OCDE, como el principio de plena competencia, para comprobar si el nivel imponible los beneficios determinados por las autoridades fiscales irlandesas corresponden a los que se habrían obtenido en condiciones de mercado; pero considera que la Comisión concluyó incorrectamente, en su razonamiento principal, que las autoridades fiscales irlandesas habían otorgado a Apple una ventaja como resultado de no haber asignado las licencias de propiedad intelectual del Grupo Apple, en poder de sus relacionadas, y en consecuencia, todos los ingresos comerciales de estas relacionadas obtenidos de las ventas del Grupo Apple fuera de Norteamérica y Sudamérica, a sus sucursales irlandesas. Según la CGUE, la Comisión debía haber demostrado que esos ingresos representaban el valor de las actividades realmente realizadas por las propias sucursales irlandesas, teniendo en cuenta, entre otras cosas y por un lado, las actividades y funciones realmente realizadas por las sucursales irlandesas de Apple Sales International (ASI) y Apple Operations Europe (AOE), y por el otro las decisiones estratégicas tomadas e implementadas fuera de esas sucursales. Además, la CGUE considera que la Comisión no logró demostrar, en su línea subsidiaria de razonamiento, errores metodológicos en las resoluciones fiscales impugnadas que habrían llevado a una reducción de los beneficios imputables de ASI y AOE en Irlanda. La CGUE lamenta la naturaleza incompleta y, en ocasiones, incoherente de las resoluciones fiscales impugnadas, pero indica que los defectos identificados por la Comisión

---

[74] https://curia.europa.eu/jcms/upload/docs/application/pdf/2020-07/cp200090en.pdf

no son, en sí mismos, suficientes para demostrar la existencia de una ventaja a los efectos del artículo 107, apartado 1, del TFUE. Además, la CGUE considera que la Comisión no demostró, en su razonamiento alternativo, que las resoluciones fiscales impugnadas fueron el resultado de la discrecionalidad ejercida por las autoridades fiscales irlandesas y que, en consecuencia, ASI y AOE obtuvieron una ventaja selectiva.

Más allá de las particularidades de este complejo caso, que se ha decantado por el tema de la *libre competencia* y no por el de las *prácticas fiscales perniciosas*, que se concretan en acuerdos particularizados que conceden ventajas tributarias indebidas, la realidad es que estas prácticas existen y conspiran contra la competencia tributaria *leal* y *transparente* entre los países. Por esa razón y como explica Pablo Porporatto: "...el 8 de diciembre de 2015 el Consejo de la UE ha adoptado una Directiva[75] para mejorar la transparencia en relación con los acuerdos tributarios ("rulings") formulados por los Estados miembros a empresas sobre tratamiento de la fiscalidad en casos específicos. Se pedirá a los Estados miembros que intercambien de modo automático información relativa a los acuerdos tributarios previos con efecto transfronterizo y a los acuerdos previos de precios (en adelante, APA). Los Estados miembros que reciban la información podrán solicitar más información cuando proceda. La Comisión podrá crear un repertorio central seguro, en el que se almacenará la información intercambiada. La Directiva garantiza que, cuando un Estado miembro emita un acuerdo tributario previo o APA, cualquier otro Estado miembro afectado esté en condiciones de hacer un seguimiento de la situación y de la posible incidencia sobre sus ingresos fiscales. Las nuevas normas serán de aplicación a partir del 1 de enero de 2017. Mientras tanto seguirá siendo de aplicación la obligación vigente de intercambiar información entre los Estados miembros."[76]

Por su parte, y ya en el ámbito de la OCDE, en su lucha contra la erosión de la base imponible y el traslado de beneficios, la Acción 5 del

---

[75] Directiva (UE) 2015/2376 del Consejo: https://eur-lex.europa.eu/legal-content/ES/TXT/PDF/?uri=CELEX:32015L2376&from=BG

[76] Pablo Porporatto. "Estándares de Transparencia e Intercambio Automático de Información Tributaria en América Latina." *Documentos de Trabajo.* CIAT, Junio, 2016. https://www.ciat.org/Biblioteca/DocumentosdeTrabajo/2016/DT_01_2016_Porporato.pdf

Plan BEPS destinada a Combatir las prácticas perniciosas, teniendo en cuenta la transparencia y la sustancia, intenta frenar los abusos que se han cometido a través de los *private tax rulings* fomentando el intercambio espontáneo y obligatorio de éstos para evitar prácticas elusivas que permitan la erosión de las bases imponibles y el traslado artificial de beneficios.

El Informe Final de la Acción 5 de 2015 (el Informe Final)[77], señala que la segunda prioridad de ésta es mejorar la transparencia, incluyendo el intercambio obligatorio de ciertos acuerdos específicos con un contribuyente, lo que contribuye al tercer pilar del proyecto BEPS, el cual tiene como objetivo asegurar la transparencia, al mismo tiempo que se promueve un incremento de la seguridad y de la predictibilidad.

El régimen acordado por la OCDE para el sistema obligatorio de intercambio de información espontáneo respecto de los acuerdos específicos con un contribuyente incluye seis categorías de acuerdos específicos de contribuyentes en los cuales la ausencia de intercambio de información obligatorio podría dar lugar a riesgos de BEPS, a saber: (i) acuerdos relativos a regímenes preferenciales; (ii) APAs unilaterales u otros acuerdos transfronterizos unilaterales relativos a los precios de transferencia; (iii) acuerdos transfronterizos que ofrecen un ajuste a la baja de beneficios gravables; (iv) acuerdos relativos a establecimientos permanentes; (v) acuerdos relacionados con compañías canalizadoras de rentas, tipo *conduit*[78]; y (vi) cualquier otro tipo de acuerdo considerado por el FPFP (Foro sobre Prácticas Fiscales Perniciosas) que en ausencia de un intercambio de información espontáneo diera lugar a riesgos de BEPS.[79]

El Informe Final define los *tax rulings* como *acuerdos para un contribuyente específico* y dentro de ellos: "cualquier consejo, informa-

---

[77] OCDE (2016), Lutter plus efficacement contre les pratiques fiscales dommageables, en prenant en compte la transparence et la substance, Action 5 - Rapport final 2015, Projet OCDE/G20 sur l'érosion de la base d'imposition et le transfert de bénéfices, Éditions OCDE, Paris. http://dx.doi.org/10.1787/9789264255203-fr

[78] En el mecanismo de planificación que se enfoca en el *treaty shopping*, estas son sociedades canalizadoras de rentas, que se interponen para obtener tarifas reducidas de retención o de imposición a la distribución de dividendos.

[79] OCDE (2016), Lutter plus ...*Cit.*, p. 48.

ción o compromiso suministrado por una autoridad fiscal a un contribuyente específico o grupo de contribuyentes en lo que se refiere a sus situaciones fiscales y sobre el cual está autorizado a basar su conducta."[80]

El Informe Final señala que el contribuyente está en su derecho de basar su actuación en los términos de un acuerdo, aunque está normalmente supeditado a la condición de que los hechos sobre los cuales el *tax ruling* se basa hayan sido presentados con total precisión y que el contribuyente haya cumplido los términos del mismo. La definición, que es amplia, incluye tanto los acuerdos generales, como los acuerdos específicos con un contribuyente.

En el caso específico de las *consultas tributarias* el Informe Final dice que las *vinculantes* son acuerdos específicos para un contribuyente individual y ofrecen la determinación de las consecuencias fiscales de una operación o transacción propuesta sobre la que el contribuyente particular está autorizado a basar su conducta; que pueden venir dadas en una gran variedad de formas, y que pueden incluir acuerdos o autorizaciones en el curso de un procedimiento o de una práctica administrativa, incluyendo los otorgados informalmente. Se señala además que estas consultas con frecuencia determinan si una ley o una práctica administrativa será aplicable a una transacción propuesta y cómo se aplicará.

Como puede apreciarse de lo que ha quedado expuesto, los: "(…) *rulings* generales, que no resultan de aplicación a un determinado contribuyente, sino que suponen la publicación de criterios administrativos genéricos, no quedan comprendidos en el marco de intercambio espontáneo, aunque sí en relación con las buenas prácticas. Asimismo, también queda fuera de este ámbito cualquier acuerdo alcanzado en un procedimiento inspector con un contribuyente si éste no hace referencia al tratamiento de beneficios futuros."[81]

---

80 OCDE (2016), Lutter plus…*Cit.*, pp.49.

81 Diego Arribas Plaza – Marta López Tamayo – Andrés Sánchez López. "Acción 5: Combatir las prácticas tributarias perniciosas, teniendo en cuenta la transparencia y la sustancia." *Plan de Acción BEPS. Una reflexión obligada.* Fundación Impuestos y Competitividad, Madrid, 2017, p. 147.

De modo pues que, como ya lo habíamos avanzado previamente, los *private tax rulings* comprendidos dentro de la Acción 5 del Plan BEPS, no son asimilables a la actividad consultiva que cumple la Administración Tributaria venezolana con fundamento en el artículo 260 del Código Orgánico Tributario, la cual se asemeja, aunque tampoco es idéntica, a los *public tax rulings*.

BIBLIOGRAFÍA

ADAME MARTÍNEZ, F. *La consulta tributaria.* Dodeca-Comares, Granada, 2000.

ANDRADE, B. "Efectos Jurídico-Económicos de las Consultas emanadas de la Administración Tributaria." *Revista de Derecho Tributario.* AVDT, Caracas, 1999, No. 85.

ARAUJO JUÁREZ, J. *Los Principios del Derecho Procesal Administrativo.* Vadell Hermanos, Caracas, 1996.

ARRIBAS PLAZA, D - LÓPEZ TAMAYO, M - SÁNCHEZ LÓPEZ, A. "Acción 5: Combatir las prácticas tributarias perniciosas, teniendo en cuenta la transparencia y la sustancia." *Plan de Acción BEPS. Una reflexión obligada.* Fundación Impuestos y Competitividad, Madrid, 2017.

BÓVEDA, M. "La Consulta Tributaria". *Jornadas Internacionales - Cuestiones Actuales de Derecho Tributario.* FUNEDA, Caracas, 2007: https://www.boveda.com/La_Consulta_Tributaria.html.

BREWER CARIAS, A. "El problema de la definición del acto administrativo". *Libro Homenaje al Dr. Eloy Lares Martínez.* UCV, Caracas, 1984.

______ *Nuevas Tendencias en el Contencioso Administrativo en Venezuela*, Caracas, 1992.

BRICEÑO LEÓN, H. "El valor del precedente administrativo en el derecho administrativo venezolano". *Derecho Procesal Administrativo.* 1ra. Jornadas Centenarias del Colegio de Abogados del estado Carabobo. Vadell Editores, Valencia, 1995.

DIEZ, M.M. *El acto administrativo.* Buenos Aires, 1953.

DIRECTIVA (UE) 2015/2376 del Consejo: https://eur-lex.europa.eu/legal-content/ES/TXT/PDF/?uri=CELEX:32015L2376&from=BG

DROMI, R. *El acto administrativo.* Instituto de Estudios de Administración Local, Madrid, 1985.

GARCÍA TREVIJANO FOS, J.A. *Los Actos Administrativos.* Editorial CIVITAS, Madrid, 1991.

GONZÁLEZ PÉREZ, J. *El principio general de la buena fe en el derecho administrativo.* CIVITAS, 1989.

GONZALEZ-VARAS IBAÑEZ, S. *La jurisdicción contencioso administrativa en Alemania.* CIVITAS, Madrid, 1993.

LANDI, G. - POTENZA, G. *Manuale di Diritto Amministrativo.* Giuffré Editore, Milano, 1997.

LEAÑEZ SIEBERT, C. "La asesoría jurídica de la administración pública nacional por la Procuraduría General de la República". *Libro Homenaje a la Procuraduría General de la República.* Caracas, 1986.

Doctrina de la Procuraduría General de la República, Caracas, 1993.

LETOURNEUR, BAUCHET, MERIC. *Le Conseil d'Etat et les tribunaux administratif.* Paris, 1970.

MAIRAL, H. *Control Judicial de la Administración Pública.* DEPALMA, Buenos Aires, 1984. Volumen I.

_____ *La doctrina de los propios actos y la Administración Pública.* Depalma, Buenos Aires, 1988.

MATA SIERRA, M.T. *La responsabilidad patrimonial de la Administración Tributaria.* LEX NOVA, Valladolid, 1997.

OCDE (2016), Lutter plus efficacement contre les pratiques fiscales dommageables, en prenant en compte la transparence et la substance, Action 5 - Rapport final 2015, Projet OCDE/G20 sur l'érosion de la base d'imposition et le transfert de bénéfices, Éditions OCDE, Paris. http://dx.doi.org/10.1787/9789264255203-fr.

PARADA VASQUEZ, R. *Derecho Administrativo.* Marcial Pons, Madrid, 1992, Sexta Edición, Tomo II.

PORPORATTO, P. "Estándares de Transparencia e Intercambio Automático de Información Tributaria en América Latina." *Documentos de Trabajo.* CIAT, Junio, 2016. https://www.ciat.org/Biblioteca/DocumentosdeTrabajo/2016/DT_01_2016_Porporato.pdf

RANELLETTI, O. *Istituzioni di diritto pubblico.* Padua, 1937.

RIVERO, J. *Derecho Administrativo.* Instituto de Derecho Público, UCV, Caracas, 1984.

RONDÓN DE SANSÓ, H. "Las Potestades de la Administración en la Ley Orgánica de Procedimientos Administrativos". *El Procedimiento Administrativo. Archivo de Derecho Público y Ciencias de la Administración*, UCV, Caracas, 1983, Vol. IV

SALEMI, G. *Corso di diritto amministrativo.* Padua, 1938.

SANTAMARIA PASTOR, J.A.-PAREJO ALFONSO, L. *Derecho Administrativo. La Jurisprudencia del Tribunal Supremo.* Centro de Estudios Ramón Arces, S.A., Madrid, 1992.

SAYAGUES LASO, E. *Tratado de Derecho Administrativo*, Montevideo, 1986.

WAERZEGGERS, C.- HILLIER, C. "Introducing an advance tax ruling (ATR) regime". *Tax Law IMF Technical Note.* IMF, Legal Department, Vol. 1, 2016.

WEFFE H., C.E. *Garantismo y Derecho Penal Tributario en Venezuela.* Editorial Globe, Caracas, 2010.

LA DEFINICIÓN DE "INVERSIÓN" Y EL *TREATY SHOPPING*

JOSÉ GREGORIO TORREALBA R.*

SUMARIO

INTRODUCCIÓN

El ámbito de aplicación de los Acuerdos Internacionales de Inversión (AII) se determina por dos definiciones: La de "inversionista"[1], que determina el ámbito de aplicación subjetivo del tratado, y la de "inversión" que determina su ámbito de aplicación objetivo. Esto, por supuesto, aplica también a las leyes nacionales destinadas a la protección

---

* Presidente de la Asociación Venezolana de Arbitraje para el periodo 2019-2021. Profesor de la Especializaciones en Derecho Administrativo y Derecho Mercantil de la Universidad Católica Andrés Bello (2005-2018). PhD (Candidato) y LL.M. (2004), *King's College London, University of London*; *Chevening Alumni* (2003); Especialista en Derecho Administrativo (2002), Universidad Católica Andrés Bello; Abogado (1997), Universidad Santa María.

1 Sobre la definición de "Inversionista" ver José Gregorio Torrealba R., "La Definición de 'Inversionista', la Nacionalidad y el *Treaty Shopping*", en *Libro Homenaje a Pedro Nikken*, ed. Carlos Ayala y Claudia Madrid. Academia de Ciencias Políticas y Sociales, Editorial Jurídica Venezolana. Caracas, 2021.

de la inversión extranjera, que generalmente son aplicables de manera subsidiaria ante la inexistencia de un AII que pueda ser invocado por el inversionista. Se trata de las definiciones fundamentales de todo el sistema internacional para la protección de inversiones y, sin embargo, no hay un consenso, en ningún escenario, sobre lo que debe entenderse por ellos.

En este trabajo haremos un acercamiento a los diferentes elementos que han de ser tomados en cuenta para determinar si se está o no frente a una inversión protegida y el tratamiento actual que les da la jurisprudencia arbitral internacional. En materia de *treaty shopping*, entendido como el proceso de establecer estructuras corporativas u otros mecanismos que permitan invocar la protección de un AII para el que el inversionista no estaría legitimado originalmente, esta definición es particularmente relevante, tal y como ha sido recientemente demostrado por Poulton Ed al indicar que el 44% de las objeciones de jurisdicción presentadas por los Estados demandados en un total de 61 decisiones dictadas en relación con la práctica del *treaty shopping*, se fundamentaron, precisamente en la definición de "inversión"[2], con una tasa de éxito del 41%, frente a un 30% en los casos en los que la objeción estaba relacionada con la definición de "inversionista".

La notoria ausencia de comentarios sobre la legislación venezolana en materia de inversiones se debe a que, actualmente, la cuestionada Ley Constitucional para la Inversión Extranjera Productiva no prevé la posibilidad de someter disputas contra el Estado venezolano al arbitraje internacional, aparte de establecer *ab initio* condiciones contrarias a los Tratados Bilaterales de Inversión (TBIs) vigentes para la República. Por lo tanto, la relevancia de nuestra legislación sobre la materia, a los efectos del *treaty shopping* está limitada, como podrá comprobarse, al cumplimiento de requisitos de admisión de la inversión extranjera, que además de ser inexistentes en dicha ley, escapan al objeto de este trabajo, dirigido a exponer las diferentes tendencias existentes para definir lo que debe entenderse por "inversión".

2 Ed Poulton, Yarik Kryvoi, Ekaterina Finkel y Janek Bednarz, *Corporate Restructuring and Investment Treaty Protections*. British Institute of International and Comparative Law/Baker McKenzie, Londres, 2020, p. 23. Disponible en https://www.biicl.org/documents/89_isds-corporate-restructuring.pdf, consultado el 10 de febrero de 2021.

El primer capítulo del trabajo se enfoca en delimitar lo que ha sido la evolución histórica de la noción de "inversión" a los efectos del sistema internacional de protección de inversiones extranjeras, por lo que el tema es tratado en su naturaleza. Luego, se analizan los distintos puntos de referencia y enfoques que los Estados han manejado para la redacción de la definición de "inversión" en los AIIs. Posteriormente analizamos la definición de "inversión" bajo la óptica del Convenio sobre el Arreglo de Disputas Relativas a Inversiones entre Estados y Nacionales de Otros Estados (Convención CIADI), porque, aunque se trata de un sistema de arbitraje con condiciones especiales, la definición de "inversión" que han dado los distintos tribunales arbitrales constituidos bajo dicho Convenio para interpretar los requisitos de jurisdicción *ratione materiae*, constituye una referencia muy influyente para los tribunales arbitrales constituidos de acuerdo a otras reglas de arbitraje para interpretar las definiciones de inversión contenidas en el AII correspondiente.

En el segundo y último capítulo analizaremos las características o elementos que han sido examinados por distintos tribunales arbitrales como definitorias de lo que debe entenderse por "inversión" y cómo cada una de ellas puede tener un impacto importante que puede determinar la validez y efectividad de una operación de *treaty shopping* y consecuencialmente, privar de jurisdicción al tribunal arbitral o afectar la admisibilidad o el mismo fondo de la acción.

I. LA DEFINICIÓN DE "INVERSIÓN"

A. La noción de "inversión"

La raíz del sistema internacional de protección de inversiones se encuentra en el momento en el que las misiones diplomáticas, que se encargaban de proteger la libertad y el estado físico en general de sus nacionales en los estados anfitriones, ampliaron el ámbito de la protección diplomática a la propiedad. "Inversión" es un concepto más restringido que el de "propiedad", que tiene su origen en la economía[3] y no en el derecho, que requiere darle contenido para poder aplicarlo, sobre

3 Rudolf Dolzer y Christoph Schreuer, *Principles of International Investment Law*. Oxford University Press, Oxford, 2008, p.60.

todo cuando ese contenido determina el ámbito de aplicación objetivo - *ratione materiae* - de instrumentos legales como tratados o leyes de inversión. Se trata de un término que trasciende, en su naturaleza, las definiciones que puedan dársele en los AIIs que pueden restringirla o expandirla.

Si bien no cuenta con una definición universalmente aceptada, si ha sido desarrollada una noción que gira en torno a varios elementos que Schreuer enunció en el siguiente orden: (i) el proyecto debe tener cierta duración o al menos, la expectativa de largo plazo, (ii) la regularidad de ganancias e ingresos o incluso la expectativa de tenerlos, (iii) la asunción de riesgos por ambas partes, (iv) un compromiso sustancial -en términos de valor financiero, de conocimiento, tecnología, personal y servicios-, y (v) la importancia de la operación para el desarrollo del Estado receptor[4]. Ese último elemento en particular sigue siendo hoy en día uno de los que causan mayor polémica en la jurisprudencia y la doctrina. Sornarajah señala que el argumento utilizado por los Estados exportadores de capital para justificar la protección de las inversiones extranjeras es la contribución que hacen al desarrollo del Estado receptor, al punto de haberse considerado, en los primeros arbitrajes de inversión, que las inversiones estaban sometidas a la legislación nacional cuando se hacían en Estados desarrollados, mientras que las inversiones realizadas en Estados en desarrollo estaban sujetas a un sistema legal supranacional o internacional porque involucraban un alto riesgo pero promovían el desarrollo[5].

Estas características enunciadas por Schreuer desde 1996 y que sirvieron de base a la jurisprudencia arbitral desde el caso *Fedax vs. Venezuela*[6], fueron asumidas desde la óptica de la Convención CIADI.

---

4 Christoph Schreuer, "Commentary on the ICSID Convention", *ICSID Review - Foreign Investment Law Journal*, Vol. 11, No 2, Oxford University Press, Oxford, 1996, p. 372. Disponible en https://doi.org/10.1093/icsidreview/11.2.318.

5 M. Sornarajah, *The International Law on Foreign Investment*, tercera edición, Cambridge University Press, Cambridge, 2010, p. 10, https://doi.org/10.1017/CBO9780511841439.

6 Francisco Orrego Vicuña (Presidente), Meir Heth (Árbitro), y Roberts B. Owen (Árbitro), Fedax N.V. vs. Venezuela, *Decision of the Tribunal on Objections to Jurisdiction*, ARB/96/3 (Centro Internacional para el Arreglo de Disputas Relativas a Inversiones – CIADI -), 11 de julio de 1997. Disponible en https://www.italaw.com/sites/default/files/case-documents/ita0315_0.pdf, consultado el 11 de febrero de 2021.

Desde el punto de vista general, Dolzer y Schreuer agregan, además, la participación del inversionista en el manejo del proyecto que requirió la inversión[7] como una de las características típicas de una inversión.

La definición ha pasado por un proceso histórico en el que se pueden identificar, al menos, tres etapas que, según Sornarajah, comenzaron por el reconocimiento de la propiedad de activos tangibles como "inversión". La idea básica del sistema era entonces la de exigir la responsabilidad del Estado receptor si por su acción u omisión, o la de alguno de sus órganos, se había afectado un activo tangible propiedad de un extranjero, todo bajo el estándar de protección internacional mínimo, que es el primero de la serie de estándares o principios que hoy en día protegen a las inversiones y a los inversionistas, que no son otra cosa que conceptos jurídicos indeterminados.

La segunda etapa del desarrollo de la noción de inversión implicó su expansión a los activos intangibles, particularmente a los derechos derivados de los contratos vinculados con las inversiones tangibles realizadas por el extranjero en el Estado receptor. Un caso especial lo constituye las acciones en empresas, que desde el caso *Barcelona Traction* la Corte Internacional de Justicia ha sostenido que no dan legitimidad activa al Estado de la nacionalidad del inversionista para ejercer su protección diplomática cuando la empresa se ha constituido en un tercer Estado, pues sería el Estado de la nacionalidad de la empresa el que ostenta tal legitimidad. Criterio que no obstante haber recibido críticas, ha sido ratificado por la Corte en su decisión del caso *Diallo*, dictada en mayo de 2007[8].

Es así como la práctica en el derecho internacional es que los Estados en los que se constituyen las empresas son los que cuentan con la legitimidad para ejercer su protección diplomática y si la inversión se ha realizado en un tercer Estado y los accionistas de la empresa son nacionales de un Estado distinto al de la constitución de la empresa, estos no podrán contar con la protección diplomática de su propio Estado frente a acciones u omisiones tomadas por el Estado receptor de la inversión. Por tal razón, la protección de las acciones en empresas como inversión

---

7 Dolzer y Schreuer, ob. cit., 60.

8 Citado por M. Sornarajah, ob. cit., p. 11.

extranjera depende de su inclusión en la definición de "inversión" en un AII, en un acuerdo o una declaración unilateral del Estado receptor. En el artículo 25(2)(b) de la Convención CIADI se exige, para el caso de las empresas constituidas en el Estado demandado pero controlada por un inversionista extranjero (por la propiedad de sus acciones u otros medios), que este haya acordado tratarla como inversionista extranjera a los fines de que la misma pueda tener la legitimidad necesaria para iniciar un arbitraje en su contra conforme a la Convención[9].

La inclusión de "acciones" en la definición de inversión en los AIIs ha generado otras situaciones originalmente fuera de la intención de los Estados, como lo es la protección de las inversiones de portafolio o de cartera: aquellas realizadas mediante los mercados de valores en las que se compran acciones de empresas o que no cuentan con el elemento de participación en su administración o toma de decisiones por parte del inversionista, excluyendo de este concepto de inversiones de portafolio a los accionistas minoritarios que adquieren acciones en empresas fuera del mercado de valores. Conforme al artículo 31.4 de la Convención de Viena sobre el Derecho de los Tratados[10] y tomando en cuenta el contexto en el que comenzó a incorporarse el término "acciones" en los AIIs, coincidimos con Sornarajah en que las inversiones de portafolio deben considerarse excluidas de la protección de dichos tratados[11]. La existencia de algunos AIIs que expresa o tácitamente excluyen a las inversiones de portafolio (1% según la Conferencia de las Naciones Unidas para el Comercio y el Desarrollo - UNCTAD por sus siglas en inglés-)[12], no ha sido una práctica que se haya extendido lo suficiente como para considerar, en nuestro criterio, que la práctica del Derecho

---

9 Banco Mundial, "Convenio sobre el Arreglo de Diferencias Relativas a Inversiones entre Estados y Nacionales de Otros Estados", en *Convenio CIADI, Reglamento y Reglas,* CIADI, Washington, 2006). Disponible en https://icsid.worldbank.org/sites/default/files/ICSID%20Convention%20Spanish.pdf, consultado el 11 de febrero de 2021.

10 Organización de las Naciones Unidas, "Convención de Viena sobre el Derecho de los Tratados", 1969. Artículo 31. Regla general de interpretación. …4. Se dará a un término un sentido especial si consta que tal fue la intención de las partes.

11 Sornarajah, ob. cit., p. 12.

12 UNCTAD, *Investment Policy Hub, International Investment Agreements Navigator, Mapping of IIA Content.* Disponible en https://investmentpolicy.unctad.org/international-investment-agreements/iia-mapping, consultado el 15 de febrero de 2021.

Internacional ha evolucionado hasta requerir una exclusión expresa de este tipo de inversiones.

Posteriormente, la expansión de la definición de inversión llegó a los derechos de propiedad intelectual, que tienen la particularidad de ser otorgados por el Estado receptor de la inversión, al igual que licencias o permisos otorgados para el ejercicio de determinadas actividades económicas y los derechos derivados de contratos con el Estado u otros entes públicos. Esta expansión, concluimos, es derivada de la inclusión expresa de estos activos intangibles en la definición correspondiente de "inversión" en los AIIs y todos han generado derechos a los inversionistas extranjeros.

Burger da cuenta de otras propuestas de distintos autores para definir inversión. La propuesta de Douglas[13] excluye los elementos de duración y contribución al desarrollo del Estado receptor haciendo énfasis en que la materialización de una inversión requiere del compromiso de recursos en el Estado receptor y la asunción de riesgos con la expectativa de un retorno.

David Krishan[14] sugiere utilizar la definición de inversión del Fondo Monetario Internacional para determinar el significado objetivo de la noción de inversión - en el marco de la Convención CIADI -. El Fondo Monetario Internacional distingue entre (i) inversión extranjera directa (cuando una entidad residente en una economía obtiene un interés duradero en una entidad residente en otra economía), (ii) inversión de portafolio, y (iii) otras clasificadas sobre la base de instrumentos.

Finalmente, Sattorova[15] sugiere revisar las definiciones existentes en Tratados de Libre Comercio, como el de México-Unión Europea, que define inversión sobre la base de la inversión extranjera directa de conformidad con la legislación del Estado receptor, definida por el propósito de establecer relaciones económicas duraderas y que otorgue la posibilidad de ejercer una influencia real en su administración. La

---

13 Zachary Douglas, citado por Laurence Burger, *"The Trouble with Salini (Criticism of and Alternatives to the Famous Test)"*, en *ASA Bulletin*, Vol. 31, N° 3, *Association Suisse de l'Arbitrage*; *Kluwer Law International*, Alpen aan den Rijn, 2013, p. 530.

14 Citado por Burger, ob. cit., p. 531.

15 Mavluda Sattorova, citada por Burger, ob. cit., p. 531-32.

misma autora sugiere tomar en cuenta la jurisprudencia de la Corte Europea de Justicia, que ha establecido tres categorías de inversión extranjera directa: (i) establecimiento y extensión subsidiarias y sucursales o empresas propiedad del inversor, (ii) participación en empresas nuevas o existentes con la intención de tener relaciones económicas duraderas, y (iii) préstamos a largo plazo, también con la intención de tener relaciones económicas duraderas.

No es difícil deducir por qué no se ha contado con una definición universalmente aceptada de "inversión", por lo que esto es una tarea que, en gran medida, ha quedado en manos de los Estados que suscriben un AII o que le reconocen el carácter de inversión a un determinado activo o transacción mediante otros instrumentos en su legislación nacional o en acuerdos con el propio inversionista.

B. La definición de "Inversión" en los AIIs

En los AIIs podremos encontrar varios enfoques para definir inversión y pueden ser clasificados en tres grupos: En el primero, las definiciones basadas en la propiedad de un activo seguida de una lista que puede ser enunciativa[16] o taxativa[17] de lo que puede ser considerado como inversión, entre los que se encuentran el 97% de los AIIs analizados por la UNCTAD, entre los que se encuentran los TBIs suscritos por Venezuela. El segundo grupo contiene definiciones de inversión basadas en la empresa o el emprendimiento[18], que la UNCTAD ha detectado en el 1% de los AIIs.

A estos dos grupos agregamos nosotros un tercero, constituido por los AIIs cuya definición de "inversión" establece las características que una determinada transacción o activo debe reunir para poder calificar como tal. La UNCTAD ha identificado hasta ahora 85 AIIs (3% de la totalidad de los tratados analizados) que contienen este tipo de definiciones que coinciden en tres características enunciativas: compromiso

16 96% (2.476 de 2.575) de los AIIs analizados por UNCTAD.

17 1,7% (44 de 2.575) de los AIIs analizados por UNCTAD.

18 Jorun Baumgartner, *"Jurisdiction Ratione Materiae"*, en *Treaty Shopping in International Investment Law*, Oxford University Press, Oxford 2017, p. 141. Disponible en https://oxford.universitypressscholarship.com/view/10.1093/acprof:oso/9780198787112.001.0001/acprof-9780198787112-chapter-6, consultado el 5 de febrero de 2021.

de capital u otros recursos, expectativa de beneficios o resultados y la asunción de riesgos[19]. Finalmente, el 2% de los tratados analizados por la UNCTAD no contienen una definición de inversión, en cuyo caso, los tribunales arbitrales tienen una mayor discreción para aplicar el criterio que considere más adecuado para declarar su jurisdicción *ratione materiae*.

C. El concepto de "Inversión" en la Convención CIADI y el *Test* Dual

El artículo 25(1) de la Convención CIADI prevé que la "...jurisdicción del Centro se extenderá a las diferencias de naturaleza jurídica que surjan directamente de una inversión...". Sin embargo, aun cuando se trata de un concepto tan relevante y básico para determinar la jurisdicción del CIADI, no hay en la Convención una definición de éste. Esto, según se puede leer en el Informe de los Directores Ejecutivos acerca del Convenio[20], tomó en cuenta "...el requisito esencial de consentimiento de las partes y el mecanismo mediante el cual los Estados Contratantes pueden dar a conocer de antemano si así lo desean, las clases de diferencias que estarán o no dispuestos a someter a la jurisdicción del Centro...".

Shreuer relata cómo el entonces Consultor Jurídico del Banco Mundial, Aaron Broches aconsejó dejar el concepto de "inversión" sin una definición desde el principio de las discusiones por considerar que lo contrario acarrearía controversias sobre la jurisdicción del CIADI y luego de varios intentos fallidos para definir el término, la postura de Broches resultó adoptada[21]. El mencionado autor apunta al preámbulo

---

[19] Como ejemplos de estos tratados podemos mencionar los TBIs entre Corea y Uruguay, Estados Unidos de América y Ruanda, Japón y Perú, Colombia y China. Todos disponibles en https://investmentpolicy.unctad.org/international-investment-agreements/iia-mapping, consultada el 15 de febrero de 2021.

[20] Banco Internacional de Reconstrucción y Fomento, «Informe de los Directores Ejecutivos del Banco Internacional de Reconstrucción y Fomento acerca del Convenio sobre Arreglo de Diferencias Relativas a Inversiones entre Estados y Nacionales de Otros Estados», en *Convenio CIADI, Reglamento y Reglas*, CIADI, Washington, 2006. Disponible en https://icsid.worldbank.org/sites/default/files/ICSID%20Convention%20Spanish.pdf, consultado el 11 de febrero de 2021.

[21] Christoph Schreuer, *The ICSID Convention: A Commentary*, segunda edición, Cambridge University Press, Cambridge, 2009, p. 114.

de la Convención CIADI y al Informe de los Directores y su coincidencia en mencionar la intención de alcanzar la cooperación internacional y el desarrollo económico para resaltar que es discutible que una inversión deba tener un impacto positivo en el desarrollo para que pueda calificar como "inversión" a los fines del artículo 25(1) de la Convención[22].

Otro de los antecedentes que han tenido influencia en las diversas interpretaciones que los tribunales arbitrales CIADI han realizado sobre el alcance del término "inversión", lo constituye, en el campo doctrinario, el trabajo de Carreau, Flory, Julliard publicado en 1990[23], que ya mencionaban los elementos de contribución o compromiso, durabilidad y riesgo como características acumulativas que debería cumplir una inversión, criterio que posteriormente cambiaron los autores por una concepción más liberal para trasladar lo que, como mencionáramos antes, es una noción con una nítida raíz económica que, puede decirse, está todavía en proceso de traslado al campo del derecho.

Desde el punto de vista del contexto histórico de la Convención, Gaillard recuerda que la recomendación de un criterio más flexible y liberal del término fue propuesto por Georges Delaume, miembro del equipo legal del Banco Mundial, en la etapa de la redacción de la Convención, quien sugirió la inclusión de la contribución al desarrollo económico en el Preámbulo de la convención como una alternativa a la definición basada en el compromiso, durabilidad y riesgo, que consideraba muy restrictiva[24].

De ahí que el consentimiento de las partes para la jurisdicción CIADI, no es libre en el sentido de poder darle el carácter de inversión a una operación o activo que no tenga tal naturaleza. En particular, podemos decir que la jurisdicción del CIADI no abarca operaciones meramente

22 Ibídem, p. 117.

23 D. Carreau, Th. Flory, P. Juillard, *Droit International Economique,* tercera edición, LGDJ, París, 1990, p. 558-578, citado por Emmanuel Gaillard, *"Identify or Define? Reflections on the Evolution of the Concept of Investment in ICSID Practice"*, en *International Investment Law for the 21st Century: Essays in Honour of Christoph Schreuer*, ed. Christina Binder, Ursula Kriebaum, August Reinisch y Stephan Wittich, Oxford University Press, Oxford, 2009, p, 405. Disponible en https://oxford.universitypressscholarship.com/view/10.1093/acprof:oso/9780199571345.001.0001/acprof-9780199571345-chapter-22, consultado el 8 de febrero de 2021.

24 Emmanuel Gaillard, ob. cit., p.406.

comerciales. Por lo tanto, sigue siendo relevante tomar en cuenta las características o elementos que la doctrina y la jurisprudencia arbitral han tomado en cuenta para definir el término "inversión". Es en este punto donde los tribunales arbitrales constituidos bajo la Convención deberán aplicar lo que llaman el *test* dual, que consiste en examinar si la transacción, proyecto o activo ha sido calificado como inversión en el consentimiento otorgado por las partes y que además reúna las condiciones de una inversión a los efectos de la Convención, que no deberían constituir una barrera significativa para acceder a la jurisdicción CIADI.

a. Los enfoques y métodos para definir "inversión" conforme a la Convención CIADI

La doctrina ha identificado diversos enfoques que han asumido los tribunales arbitrales CIADI para definir "inversión" de acuerdo con la Convención CIADI. Sobre la base del método, Gaillard[25] los denomina intuitivo y deductivo, mientras que Stern[26], tomando como referencia la fuente que han utilizado los tribunales arbitrales los clasifica en (i) examen objetivo, dividido en el enfoque de criterio y el enfoque liberal, (ii) examen subjetivo y (iii) examen teleológico.

Según Gàillard, el método intuitivo se basa en identificar características que ya han sido observadas por la doctrina o precedentes arbitrales que han aceptado la existencia de una inversión. El caso *CSOB vs. Eslovaquia* es, según este autor, un claro ejemplo del método intuitivo en el que el tribunal puso énfasis en el comentario de los Directores Ejecutivos del Banco Mundial sobre la ausencia de una definición de inversión para concluir que el concepto de inversión debe ser interpretado de manera amplia porque los redactores de la Convención no impusieron ninguna restricción en torno a su significado[27].

---

25 Ibídem, pp. 407 – 411.

26 Brigitte Stern, *"The Contours of the Notion of Protected Investment"*, *ICSID Review – Foreign Investment Law Journal,* Vol. 24, N° 2, Oxford University Press, Oxford, 2009, pp. 534-51. Disponible en https://doi.org/10.1093/icsidreview/24.2.534, consultado el 8 de febrero de 2021.

27 Gaillard incluye en esta corriente las decisiones dictadas los casos *MCI vs. Ecuador* (31 de julio de 2007), *CMS Gas Transmission Company vs. Argentina* (Decisión del Comité de Anulación, 25 de septiembre de 2007) y *Biwater vs. Tanzania* (24 de julio de 2008, a la que nos referimos *infra).* Gaillard, ob. cit., p. 408.

Por el contrario, el método deductivo se basa en reconocer las características típicas de la inversión, pero además busca establecer una definición del concepto y, según Gaillard, descarta el método intuitivo que al final fusiona el requisito de inversión con la condición del consentimiento de las partes y que, en su expresión más extrema, permite que cualquier tipo de transacción o activo califique como inversión si así las partes lo han acordado[28]. Conforme al método deductivo, la noción de inversión debe ser interpretada por el significado ordinario de la palabra e independientemente de lo que hayan acordado las partes[29].

En la clasificación que ofrece Stern, el examen objetivo encuentra su fundamento en la idea que la Convención CIADI ofrece un criterio objetivo que no puede ser relajado por las partes. Dentro de este examen objetivo, el denominado "enfoque de criterio" se fundamenta en el criterio establecido en *Salini vs Marruecos*[30], conocido como *Salini test*, que requiere la presencia de cuatro características: Contribuciones, duración, riesgo y, por tratarse de un arbitraje CIADI, la contribución al desarrollo económico, que como mencionáramos *supra*, es un aspecto mencionado tanto en el preámbulo de la Convención como en el Informe de los Directores Ejecutivos. Vale recordar que el *Salini test* no es sino una revisión de los criterios mencionados en la decisión sobre jurisdicción en el caso *Fedax vs. Venezuela*, citado arriba: duración, cierta regularidad de ingresos y ganancias, riesgo, compromiso sustancial y la importancia para el desarrollo del Estado receptor.

La otra tendencia identificada por Stern dentro del examen objetivo es el "enfoque liberal", que coincide con el método intuitivo señala-

---

28 Entre las decisions que siguen este método deductivo encontramos las dictadas en los casos *Salini vs. Marruecos* (23 de julio de 2001), *LESI-Dipenta vs. Algeria* (10 de enero de 2005), *Bayindir vs. Paquistán* (14 de noviembre de 2005), *Jan de Nul vs. Egipto* (16 de junio de 2006), *Saipem vs. Bangladesh* (21 de marzo de 2007), *Kardassopoulos vs. Georgia* (6 de julio de 2007) y *Victor Pey Casado vs. Chile* (8 de mayo de 2008). Gaillard, ob. cit., p. 411.

29 Emmanuel Gaillard y Yas Banifatemi, *"Chapter 8: The Long March Towards a Jurisprudence Constante on the Notion of Investment"*, en *Building International Investment Law: The First 50 Years of ICSID,* ed. Meg Kinnear, Geraldine R. Fischer et al, Kluwer Law International, Alphen aan den Rijn, 2015, p. 114.

30 Robert Briner (Presidente), Bernardo Cremades (Árbitro), y Ibrahim Fadlallah (Árbitro), *Salini Costrutorri S.P.A and Italstrade S.P.A v. Kingdom of Morocco (Decision on Jurisdiction)*, ARB/00/4, CIADI, 16 de julio de 2001.

do por Gaillard, al que hicimos referencia anteriormente. Este enfoque toma los elementos del *Salini test* como enunciativos, a diferencia del "enfoque de criterio" que los asume como elementos concurrentes.

En cuanto al examen subjetivo, Stern explica que se sostiene del acuerdo entre las partes sobre la definición que hayan dado expresamente al concepto de "inversión", bien sea en un tratado internacional, en una ley nacional que resulte aplicable, en un contrato entre el Estado receptor y el inversionista. Sin embargo, la autora llama la atención sobre el hecho de que los inversionistas no participan en la elaboración de la definición de inversión contenida en un tratado - lo mismo puede decirse de las contenidas en las legislaciones nacionales - y que lo que hacen es adoptar esa definición al utilizarla como fundamento de su acción. Esto, para Stern, tiene relación con que haya una tendencia a no ignorar por completo el *Salini test* por parte de los tribunales que asumen el examen subjetivo y utilizarlo como un punto de referencia en torno a la intención de las partes[31], como lo hizo el tribunal en el caso *Biwater*, al que haremos referencia *infra*.

En el examen subjetivo puede identificarse un último criterio mencionado por Stern, atribuido a Michael Hwang[32], que es el de los "límites exteriores", según el cual, y como hemos mencionado arriba, la discrecionalidad de las partes para dar contenido al concepto de "inversión" no es ilimitada, por lo que un acuerdo que defina como inversión a una operación meramente comercial, como una compraventa, no compromete la jurisdicción del CIADI[33].

Finalmente, el examen teleológico es una técnica que, como su nombre indica, se fundamenta en el propósito mismo del sistema internacional de protección de inversiones extranjeras que está compuesto por tratados internacionales y otros actos del Estado que tienen efectos en el derecho internacional. Como tal, esos instrumentos deben ser interpretados conforme a los principios del derecho internacional, lo que

31 Brigitte Stern, ob. cit., p. 538.

32 Michael Hwang, *"Recent Developments in Defining 'Investment'"*, *ICSID Review- Journal of Foreign Investment Law*, Vol. 25, N° 1, Oxford University Press, Oxford, 2010, pp. 21-25. Disponible en https://doi.org/10.1093/icsidreview/25.1.21, consultado el 8 de febrero de 2021.

33 Brigitte Stern, ob. cit., p. 540.

permitirá determinar, entre todas las operaciones que pueden ser calificadas como inversión, cuáles son inversiones protegidas por el sistema.

El caso *Phoenix vs. República Checa*, que analizó una inversión estructurada para obtener la protección de un TBI - *treaty shopping* -, aplicó el método teleológico al descalificar a una inversión que cumplía con los requisitos del *Salini test*. Al interpretar los tratados correspondientes - el TBI República Checa - Israel y la Convención CIADI - conforme a los principios del derecho internacional, el tribunal consideró que la intención del sistema de protección de inversiones era la de proteger inversiones (i) para el desarrollo de una actividad económica, (ii) conforme a las leyes del Estado receptor y (iii) de buena fe.

Como menciona Stern, este análisis llevó al tribunal arbitral del caso Phoenix a modificar el elemento de la contribución al desarrollo económico del *Salini test* por el desarrollo de una actividad económica en el Estado receptor, y agregó los elementos de legalidad de la inversión frente a la legislación del Estado receptor -que ya había sido utilizado en el caso *Palma vs. Bulgaria* - y la buena fe[34].

II. LOS ELEMENTOS QUE DEFINEN UNA "INVERSIÓN" Y SU IMPACTO EN EL *TREATY SHOPPING*

A. Los elementos del *Salini test*

La mayoría de los tribunales arbitrales han venido aplicando el criterio objetivo basado de una u otra forma en el *Salini test*, aplicando sus cuatro elementos por lo que resulta importante realizar el análisis de sus elementos e igualmente hacer la referencia en la forma en que los métodos alternativos han sido utilizados por los tribunales arbitrales que han aplicado los otros enfoques, llámense método intuitivo, examen subjetivo o teleológico.

Las fuentes del *Salini test* se encuentran en la fusión de dos criterios que ya hemos mencionado anteriormente: (i) el criterio doctrinario expuesto por Carreau, Flory y Juillard, que fueron los que plantearon en 1990 las tres ideas que fundamentan la definición de inversión: Contri-

34 Ibídem, pp. 546-547.

bución, duración y riesgo, aplicables de forma acumulativa, reafirmado posteriormente por Schreuer y (ii) el antecedente histórico del planteamiento de Delaume, al que ya hicimos referencia, sobre la definición alternativa y flexible establecida en el preámbulo de la Convención CIADI con la referencia a la contribución al desarrollo económico. Nótese que estas fuentes no fueron nunca planteadas para ser fusionadas, pero la primera oportunidad en la que se fusionaron no fue en el caso *Salini*, sino en el caso *Fedax*, lo que ha valido comentarios como el de Stern que indican que pudo haber sido bautizado mejor como el *Fedax test*[35].

Cómo puede observarse, el *Salini test* no incluye el elemento de ganancias e ingresos regulares, mencionado en el caso *Fedax* pero que según Schreuer, ha recibido poca atención por parte de los tribunales arbitrales constituidos bajo la Convención CIADI y podría agregarse que fue abandonado luego de su revisión en *Salini*. De hecho, el autor cita el laudo del caso *Malaysian Historical Salvors vs. Malasia* que fue muy claro en señalar que el elemento no es siempre crítico y no ha sido considerado como una característica esencial, por lo que no es determinante para la definición de inversión[36]. Stern, por su parte, considera que este elemento puede ser incluso contradictorio con el elemento de riesgo[37]. Un dato curioso es que los TBIs que establecen una definición de inversión en torno a características que debe cumplir, sí incluyen el elemento de ganancias e ingresos regulares.

Es así como el *Salini test* que comprende los cuatro elementos mencionados anteriormente, se ha convertido en una referencia muy relevante para tribunales arbitrales constituidos bajo la convención CIADI. Aun cuando el tribunal arbitral del caso *Salini* fue muy acertado en señalar que estas características o elementos debían ser examinados en su globalidad, dado que interactúan independientemente[38], la práctica ha sido que son examinados de manera concurrente, por lo que en aquellos casos en los que no se vea satisfecha alguna de esas características,

35 Ibídem, p. 536.
36 Schreuer, *The ICSID Convention: A Commentary*, p.129.
37 Brigitte Stern, ob. cit., p. 536.
38 Gaillard y Banifatemi, ob. cit., p. 103.

los tribunales que lo aplican de forma estricta han optado por declinar su jurisdicción[39].

1. Compromiso o contribución sustancial

Ya mencionamos anteriormente qué el criterio relacionado con la contribución está estrechamente vinculado con el aporte de elementos financieros, de tecnología, conocimientos, equipos, personal, servicios, etc. Reed *et al* han comentado sobre dos temas fundamentales que se derivan de este requisito de contribución y que son esenciales para la estructuración de una inversión en operaciones de *treaty shopping*.

El primero es la adquisición de acciones a precio nominal, que algunos tribunales han calificado como una característica normal de la economía global, mientras otros han considerado que una adquisición de acciones en esos términos es prueba de que no hubo una inversión. Reed *et al* sugieren que el factor decisivo para que la operación tenga mayores posibilidades de ser calificada como una inversión es que el inversionista pueda demostrar una intención real de desarrollar una actividad económica en el Estado receptor[40], criterio que comparte Baumgartner[41] apuntando además a las reestructuraciones entre empresas de un mismo grupo, en las que es muy común este tipo de traspasos de acciones a precio nominal.

La transferencia de acciones es el más común de los métodos utilizados para la estructuración corporativa de una inversión. Poulton *et al* pudieron identificar este tipo de operaciones en el 74,5% de 51 decisiones analizadas en su estudio[42] y otros varios puntos importantes que deben destacarse al momento de efectuar una restructuración de la inversión por la vía de transferencia de acciones. El primer dato es

---

39 Schreuer, ob. cit., p. 130. El autor cita los casos de *Mitchell vs. Congo*, decisión de anulación del 1 de noviembre de 2006 y *Malaysian Historical Salvors vs. Malasia,* laudo del 17 de mayo de 2007.

40 Luci Reed, Zoe Scanlon, y Dafina Atanasova, *"Protected Investment"*, en *Max Planck Encyclopedias of International Law*, *Oxford Public International Law*, Oxford University Press, Oxford, 2018, p. 26. Disponible en https://doi.org/10.1093/law-mpeipro/e3331.013.3331, consultada el 1 de febrero de 2021.

41 Baumgartner, ob. cit., p. 151.

42 Poulton et al., ob. cit., p. 20.

que las reestructuraciones con transferencia de acciones tienen mayores posibilidades de sobrevivir la objeción de jurisdicción cuando el demandante (cesionario) detenta directamente la inversión, con un 85% de éxito y en general, los tribunales arbitrales han validaron las estructuras basadas en la transferencia de acciones en un poco más del 60% de los casos[43].

El segundo tema es el de la adquisición de activos sin que medie el pago de un precio. En este aspecto los tribunales arbitrales han mostrado flexibilidad y han permitido contribuciones posteriores que incluyen contribuciones en especie, tales como la decisión de reinvertir fondos en lugar de cobrar dividendos, como sucedió en *OIEG vs. Venezuela*[44]. El límite parece estar en la legitimidad de la operación.

Un caso interesante es el de *Renée Rose Levy de Levy vs. Perú*[45] en el que la inversionista de nacionalidad francesa adquirió unas acciones en una entidad bancaria por una cesión que le hiciera su padre, de la misma nacionalidad, sin pago de precio y cinco años después de que las medidas contra el banco habían ocurrido. El tribunal no cuestionó la falta de contribución por parte de la demandante, aceptando que dicha contribución había sido realizada por el cedente - padre de la demandante -. Para Baumgartner, la continuidad de la nacionalidad (cedente y cesionario eran franceses) fue el factor determinante para que el tribunal afirmara su jurisdicción y, por lo tanto, no hay necesidad de exigir el requisito de contribución a quien recibe el activo sin costo si no hay un cambio de nacionalidad que pudiera ser un indicio de manipulación del sistema de protección de inversiones[46].

La cesión de derechos de crédito o derechos litigiosos como método para la restructuración de una inversión también fue objeto de estudio por parte de Poulton *et al*, que llegaron a las siguientes conclusiones: (i) La cesión de derechos litigiosos fue objeto de discusión en el 10% de los casos. Cuando la cesión de los derechos litigiosos tuvo lugar después de haberse presentado la demanda, no hubo un efecto negativo

43 Ibídem, p. 19.
44 Reed, Scanlon, y Atanasova, ob. cit., p. 27.
45 Baumgartner, ob. cit., p. 154.
46 Ídem.

en cuanto a la jurisdicción del tribunal. Un punto que pareciera obvio es que no se puede asignar un derecho que no se tiene, tal como lo mencionó el tribunal del caso *Mihaly vs. Sry Lanka,* mencionado por Poulton *et al*[47], en el que una empresa canadiense cedió a una empresa americana los derechos litigiosos para iniciar un arbitraje CIADI cuando su país (Canadá) no era Estado contratante de la Convención CIADI para el momento de la cesión. En tal sentido, la acción no podía ser cedida por un inversionista que no podría invocar la jurisdicción del CIADI[48]. Lo mismo podría decirse de reclamos por parte de inversionistas extranjeros que no están protegidos por un AII y que han sido objeto de medidas por parte del Estado receptor de la inversión, pues al no poder invocar un AII, mal podrían ceder derechos litigiosos a una entidad que sí contara con tal posibilidad por la sencilla razón de que no tendría un derecho que ceder. Son situaciones en las que aplica a plenitud la máxima *nemo dat quod non habet* - nadie da lo que no tiene -.

Las cesiones de créditos fue el método de *treaty shopping* evaluado en el 6% de los 51 casos analizados por Poulton *et al* en el estudio al que hemos hecho referencia anteriormente. Los casos relevantes en los que este método ha sido utilizado varían en sus conclusiones. Por ejemplo, en *Fedax vs. Venezuela*, el tribunal consideró que los pagarés que eran la base de la inversión eran libremente transferibles y, por lo tanto, una inversión protegida, mientras que en *Standard Chartered vs. Tanzania*, el tribunal concluyó que la casa matriz de un banco que no estuvo involucrado en la adquisición de un crédito por parte de una subsidiaria indirecta, no había realizado una "inversión"[49].

2. Duración

La duración del proyecto ha sido evaluada por los tribunales arbitrales en el sentido de considerar un tiempo entre 2 a 5 años, incluyendo lo que haya durado el proceso de preparación para, por ejemplo, una

---

47 Poulton et al., ob. cit., p. 19.

48 Sompong Sucharitkul (Presidente), Andrew Rogers y David Suratgar (Árbitros), *Mihaly International Corporation vs. República Democrática Socialista de Sry Lanka, Award*, ARB/00/4, CIADI, 15 de marzo de 2002. Disponible en https://www.italaw.com/sites/default/files/case-documents/ita0532.pdf, consultado el 19 de febrero de 2021.

49 Poulton et al., ob. cit., 21.

licitación u otros elementos preparatorios, así como interrupciones, renegociaciones de contratos, entre otros[50]. No obstante, el tribunal de *Salini* no dio razones para establecer ese lapso, sino que se fundamentó en la doctrina, que tampoco lo justifica, por lo que pareciera un lapso establecido de manera arbitraria.

En realidad, no hay ningún impedimento en la Convención CIADI para que una transacción de corto plazo pueda ser considerada como inversión[51]. Lo que sí es cierto es que siempre dependerá de la naturaleza propia de la operación o proyecto que pretenda calificar como "inversión".

3. Riesgo

En cuanto al elemento de riesgo, la existencia de una disputa ha sido considerada como evidencia de su existencia, así como los riesgos propios de los contratos a largo plazo, la situación política y económica y la necesidad de recurrir a los tribunales nacionales, que fue evaluado en las decisiones de los casos *Lesi-Dipenta vs. Algeria* y *Lesi y Astaldi vs. Algeria*[52]. Los tribunales no han sido dados a una definición del elemento riesgo en una inversión y los autores reportan reticencia en excluir una determinada transacción de la definición por el simple hecho de no tener un riesgo claramente implícito. El normal riesgo comercial no califica como un riesgo a los efectos de determinar una inversión, mientras que el riesgo político - la potencial interferencia del Estado - tiene más importancia, al igual que el riesgo operacional, relativo a la potencialidad de recuperar la inversión[53].

La doctrina tampoco ha llegado a un consenso sobre el elemento riesgo. Sabahi *et al* mencionan aspectos que los tribunales arbitrales han considerado como expresión de riesgo inherente a una inversión: cambios en los costos de producción o en el lapso de garantías, la inte-

---

50 Schreuer, *The ICSID Convention: A Commentary*, p. 131.

51 Reed, Scanlon, y Atanasova, ob. cit., p. 27.

52 Schreuer, *The ICSID Convention: A Commentary*, p. 131. El autor cita el laudo dictado en *Lesi-Dipenta*, dictado el 10 de enero de 2005, y la decisión sobre jurisdicción dictada en *Lesi y Astaldi* del 12 de julio de 2006 en los que se mencionó la necesidad de acudir a los tribunales nacionales del Estado receptor como un factor indicador del riesgo.

53 Reed, Scanlon, y Atanasova, ob. cit., p. 28.

rrupción de los trabajos o el otorgamiento de una garantía monetaria, el riesgo crediticio en materia de deuda soberana y el riesgo de la falta de pago que es inherente a toda actividad contractual[54].

Baumgartner, por su parte, señala que el elemento no ha sido analizado de forma relevante en la jurisprudencia arbitral y que cuando los tribunales lo han mencionado, lo hacen en conjunto con el elemento del compromiso sustancial por parte del inversionista. El autor menciona el caso *KT Asia vs. Kazaquistán* para ilustrar que ese tribunal, por ejemplo, consideró que no existía riesgo pues el demandante no había realizado una contribución y, por lo tanto, no había incurrido en riesgo alguno[55]. Pero esta conclusión, hay que analizarla a la luz de la jurisprudencia arbitral que ha considerado el elemento de contribución satisfecho aun cuando no se haya realizado una contribución real, como en el mencionado caso *Renée Rose Levy de Levy vs. Perú* o en otros en los que el inversionista haya recibido la propiedad sobre un activo sin haber pagado un precio por ello, como en los casos de sucesiones o donaciones.

4. La contribución al desarrollo económico

La contribución al desarrollo económico del Estado receptor, es un elemento importante cuando se trata de casos conocidos por tribunales arbitrales constituidos bajo la Convención CIADI, pues como mencionamos antes, es el preámbulo de esta Convención junto con el Reporte de los Directores Ejecutivos que la precedió, lo que ha llevado a la jurisprudencia arbitral a considerar que dicho elemento es necesario para que una determinada transacción, activo, operación o proyecto pueda ser calificado como una inversión a los efectos de la jurisdicción del CIADI. Arbitrajes que sean conducidos bajo otras reglas deberían tener una menor tendencia a exigir el requisito *in commento* pues no habría una base para exigirlo.

La doctrina también ha resaltado la incoherencia de los tribunales arbitrales al considerar el criterio de contribución al desarrollo

---

54 Borzu Sabahi, Noah Rubins, y Don Wallace, *Investor-State Arbitration*, segunda edición, Oxford University Press, Oxford, 2019), p. 353.

55 Baumgartner, ob. cit., p. 155.

económico porque no han utilizado una terminología consistente al colocar adjetivos distintos. Algunos tribunales se han referido al "desarrollo económico" mientras que otros han agregado adjetivos a la contribución, exigiendo que la misma sea "substancial" o "significativa", sin que haya una explicación clara sobre cuál es el significado de cada cual, generando mayor ambigüedad[56].

En el caso *Société Générale vs. República Dominicana*[57], bajo las reglas de arbitraje de la Comisión de las Naciones Unidas para el Derecho Mercantil Internacional (CNUDMI), el tribunal desestimó tomar elementos distintos a la definición existente en el TBI entre Francia y República Dominicana, aun cuando su preámbulo hacía referencia al desarrollo económico como intención de las partes. En contraste, en el caso *Michell vs. Congo y en Malaysian Historical Salviours vs. Malasia*, un Comité de Anulación en el primero y un tribunal arbitral en el segundo, desestimaron los reclamos por considerar que no había aporte al desarrollo económico y, por lo tanto, no había una inversión protegida[58].

La tendencia de requerir la contribución al desarrollo económico como un elemento esencial de la definición de "inversión" parece haber pasado de una etapa dominante a un declive debido a su subjetividad[59]. Varios casos dan cuenta de esta tendencia, que como bien sostiene Schreuer, viene a incluir un requisito jurisdiccional adicional, no previsto expresamente en la Convención, en lugar de mantenerlo como un elemento característico enunciativo de la noción de inversión[60], al punto de existir ya al menos un precedente de decisiones de Comités de Anulación, mencionado anteriormente, que han anulado un laudo por

---

56 Dalia Hussein, *"Contribution to the Host State Development: A Marginalised Criterion?"*, *BCDR International Arbitration Review* Vol. 2, Nº 2, 2015, p. 300. Disponible en https://kluwerlawonline.com/JournalArticle/BCDR+International+Arbitration+Review/2.2/BCDR2015015, consultado el 8 de febrero de 2021.

57 Francisco Orrego Vicuña (Presidente), Bernardo Cremades y Doak Bishop (Árbitros), *Société Générale* vs. República Dominicana (Decision sobre Jurisdicción), Reglas CNUDMI, UN 7927 (*London Court of International Arbitration (LCIA))*, 19 de noviembre de 2008. Disponible en https://www.italaw.com/sites/default/files/case-documents/ita0798.pdf, consultada el 13 de febrero de 2021.

58 Sabahi, Rubins, y Wallace, ob. cit., p. 355.

59 Yannaka – Small et al, citados por Reed, Scanlon, y Atanasova, ob. cit., p. 29.

60 Schreuer, *The ICSID Convention: A Commentary*, p. 133.

considerar que no hubo contribución al desarrollo económico y por lo tanto, la disputa no emanaba directamente de una inversión[61].

Recordemos que no es aplicable el principio de *stare decisis* en el arbitraje de inversiones en general, ni en el arbitraje CIADI en particular - como tampoco lo es en el arbitraje comercial - por lo que los tribunales arbitrales tienen libertad de apartarse de los criterios expuestos en decisiones anteriores dictadas por otros tribunales, lo que en el arbitraje CIADI se extiende también a los Comités de Anulación, que no están vinculados por decisiones dictadas por otros Comités. Así, el tribunal en *Mabco Constructions vs. Kosovo*[62] rechazó aplicar el elemento de desarrollo económico y dio cuenta de casos CIADI como *Saba Fakes vs. Turquía* y *Alpha Projektholding GmbH vs. Ucrania*, cuyos laudos fueron dictados en 2010 para explicar que ha dejado de ser favorecido significativamente[63], mientras asumió el criterio enunciado en el caso *Víctor Pey Casado*[64], según el cual, la contribución al desarrollo es más una consecuencia deseada de la inversión y no un elemento que la defina.

Otra perspectiva para tomar en cuenta es la del beneficiario de la contribución al desarrollo: ¿La contribución debe ser al desarrollo del Estado en general, a entidades públicas, al sector privado o a la población? El caso *Mitchell*, ya citado, es probablemente el mejor ejemplo de lo polémico que puede ser esa pregunta, pues el Comité de Anulación

---

61 Ver *Mitchell vs. Congo*, decisión sobre anulación dictada el 1 de noviembre de 2006, párrafo 23, citado por Schreuer, *The ICSID Convention : A Commentary*, p. 131.

62 George Bermann (Presidente), Gianrocco Ferraro y August Reinisch (Árbitros), *Mabco Constructions S. A. vs. Republic of Kosovo*, ARB/17/25, CIADI, 29 de octubre de 2020. Disponible en https://www.italaw.com/sites/default/files/case-documents/italaw12008.pdf, consultado el 13 de febrero de 2021.

63 Una lista mucho más amplia de casos en los que tribunales arbitrales CIADI han negado la aplicación del *Salini test* puede encontrarse en Yves Derains (Presidente), Bernard Hanotiau y Raúl Emilio Vinuesa (Árbitros), *Clorox España S. L. vs. República Bolivariana de Venezuela,* CPA No. 2015-30, Reglas CNUDMI, Corte Permanente de Arbitraje, 20 de mayo de 2019, nota al pie 113. Disponible en https://www.italaw.com/sites/default/files/case-documents/italaw10549.pdf, consultado el 14 de febrero de 2021.

64 Citado por Sabahi, Rubins, y Wallace, ob. cit. p. 357. *Victor Pey Casado y Fundación Presidente Allende vs. República de Chile*, Laudo, ARB/98/2, CIADI, 8 de mayo de 2008). Un caso más reciente que siguió este mismo criterio es el de *Quiborax S.A., Non Metallic Minerals S.A. y Allan Fosk Kaplun vs. Estado Plurinacional de Bolivia*, decisión sobre jurisdicción dictada el 27 de septiembre de 2012, citado por Burger, ob. cit., p. 528.

decidió que no había una inversión porque no hubo una asistencia directa a entidades públicas. La crítica a este enfoque es que el desarrollo del Estado receptor no debe estar confinado a las entidades públicas, sino que debe tomar en cuenta la mejora a los servicios en el Estado y la creación de empleos u oportunidades para la población[65].

B. La crítica y referencia al *Salini test* en los enfoques alternativos para definir "inversión"

Entre los métodos alternativos, en *Clorox vs. Venezuela* el tribunal arbitral se apartó del *Salini test* enfatizando que se trata de una jurisprudencia desarrollada en el sistema CIADI y que no es necesario referirse a este para interpretar el término "inversión" según el AII aplicable[66]. El tribunal hizo una importante advertencia al señalar que "Un activo o derecho que entra en la lista de un tratado no constituye necesariamente una inversión protegida por el tratado por el mero hecho de figurar en la lista. En igual sentido, salvo que un tratado precise que su lista es exhaustiva, un activo que no figura en la lista puede ser considerado como una inversión si cumple con la definición de inversión que surge del tratado pertinente"[67].

Sobre la base de la redacción del TBI España-Venezuela, el tribunal examinó (i) si el inversionista realizó la actividad de "invertir", distinguiéndolo del mero hecho de ser titular de la propiedad de la inversión, siguiendo el precedente del caso *Quiborax vs. Bolivia.* Por otra parte (ii) al aplicar la Convención de Viena para la interpretación de la definición de inversión, el tribunal recurrió a la etimología de la palabra: *in* (entrada) y *versus, vertere* (retorno) para definir inversión como "el empleo de dinero u otros bienes con la esperanza de sacar un beneficio", adoptando así el criterio de expectativa de retornos o ganancias.

Lo importante de esta decisión es que el requerir la acción de invertir por parte del inversor, es un obstáculo importante a los efectos del *treaty shopping*, pues la estructura constituida para proteger la inversión del inversionista original (nacional de los Estados Unidos de

65 Hussein, ob. cit., p. 301.

66 Yves Derains (Presidente), Bernard Hanotiau y Raúl Emilio Vinuesa (Árbitros), ob. cit., párrafo 819.

67 Ibídem, párrafo 807.

América) mediante una empresa *holding* (nacional de España), resultó inútil ante la formalidad de este requisito establecido en el tratado. Esta decisión fue objeto de un recurso de nulidad ante los tribunales suizos, que declararon la nulidad el 25 de marzo de 2020 precisamente por considerar que el TBI Venezuela-España prevé requisitos adicionales al de la tenencia de la inversión por parte de un inversionista en el territorio de la otra parte del tratado[68].

En *Biwater Gauff vs. Tanzania* el tribunal arbitral enfatizó que no hay obligación de aplicar de forma estricta el *Salini test*, particularmente después de considerar que si los redactores de la Convención CIADI no incluyeron una definición de "inversión", mal podrían los tribunales arbitrales aplicar un mismo criterio "…en todos los casos y para todos los propósitos"[69] y formuló críticas a la relevancia que ha adquirido dicho test, cuyos criterios han sido asumidos como concurrentes, excluyendo arbitrariamente ciertas transacciones del ámbito de aplicación de la Convención y además, lleva a una definición que puede ser incluso contraria a la acordada por las partes. En este caso, el tribunal aplicó el ya mencionado método intuitivo, tomando en cuenta las características de una inversión establecidas en el *Salini test* conjuntamente con las circunstancias del caso y la naturaleza del instrumento en el que se encontraba el consentimiento al arbitraje CIADI[70].

1. Elementos adicionales al *Salini test*

a. La participación activa del inversionista

Este requisito resulta muy relevante para los tribunales arbitrales al momento de analizar una inversión estructurada, pues les permite distinguir entre un *treaty shopping* legítimo de uno que no lo sea. Pero

---

68 Tribunal Federal de la Federación Helvética. 1er Juzgado en lo Civil, No. 4A_306/2019, sentencia del 25 de marzo de 2020, caso *Clorox España S.L. vs. República Bolivariana de Venezuela*. Disponible en https://www.italaw.com/sites/default/files/case-documents/italaw11531.pdf, consultado el 14 de febrero de 2021.

69 Bernard Hanotiau (Presidente), Gary Born y Toby Landau (Árbitros), *Biwater Gauff (Tanzania) Ltd. vs. República Unida de Tanzania*, ARB/05/22, CIADI, 18 de julio de 2008, párrafo 313. Disponible en https://www.italaw.com/sites/default/files/case-documents/ita0095.pdf, consultado el 15 de febrero de 2021.

70 Ibídem, párrafos 314 – 316.

no todos los casos tienen la base legal para que el tribunal arbitral pueda analizar este requisito, dependerá del texto del AII aplicable, pues no se trata de uno de los requisitos que pudieran denominarse como inherentes a la inversión. Lo interesante es que este requisito, cuando ha sido exigido por los tribunales arbitrales, podría encontrarse en la definición de inversión o inversionista o en otras disposiciones, como el consentimiento de los Estados parte del AII para someter las disputas con los inversionistas al arbitraje internacional. Lo que sí han tenido en común es que ninguno de los AIIs de los que han podido derivar la exigencia de este requisito contenía una definición de inversión o inversionista que permitiera la protección de inversiones indirectas.

Baumgartner cita el caso *Standard Chartered Bank vs. Tanzania*, que al interpretar la oferta de arbitraje del TBI Reino Unido - Tanzania, en el que el demandante pretendía la protección de una inversión indirecta, realizada por una subsidiaria constituida en Hong Kong que adquirió un crédito contra una entidad de Tanzania. El demandante no participó en la inversión y se fundamentó en el control que ejercía sobre su subsidiaria. Sin embargo, la oferta de arbitraje contenida en el TBI contenía el consentimiento de los Estados para someter a arbitraje disputas realizadas por inversionistas en sus respectivos territorios. Esta condición fue asumida por el tribunal arbitral como un requerimiento de una actividad de invertir, por lo que la tenencia de acciones o el control de la verdadera inversionista, no fue considerado como suficiente[71].

En *Alapli Elektrik BV vs. Turquía*[72] el árbitro William Park, que también había actuado en el caso *Standard Chartered Bank*, asumió un criterio similar tomando en cuenta la expresión "inversión de *[un inversionista]* en el territorio de la otra *[parte]*", presente en la oferta de arbitraje de la Carta del Tratado de la Energía y la expresión "inversiones de inversionistas de la otra Parte Contratante", presente en la norma del TBI Holanda - Turquía sobre el trato justo y equitativo. Según Park, "aunque no sea una palabra muy larga, el término "de" constituye

---

71 Baumgartner, ob. cit., p. 156.

72 William W. Park (Presidente), Marc Lalonde (Árbitro), y Brigitte Stern (Árbitro), *Alapli Elektrik B.B. vs. República de Turquía, Award,* CIADI, 16 de julio de 2012. Disponible en https://www.italaw.com/sites/default/files/case-documents/italaw4306.pdf, consultado el 15 de febrero de 2021.

el lenguaje operativo para determinar el estatus de un inversionista en ambos tratados"[73].

b. El requisito implícito de "buena fe" de la inversión

La buena fe como requisito inherente a la inversión fue asumido por primera vez, como ya mencionamos anteriormente, en el caso *Phoenix*. En dicho caso, el Tribunal tomó en cuenta que la inversión ya venía comprometida en un litigio y con problemas de impuestos con las autoridades de la República Checa, pero, además, el inversionista había admitido que su intención era la de iniciar un arbitraje CIADI sobre disputas preexistentes. Además, las transferencias fueron realizadas dentro de la misma familia y finalmente no había un plan de negocios, programa de refinanciamiento, objetivos económicos ni una valuación real. Por lo tanto, el Tribunal concluyó que se trataba de una reestructuración de los activos dentro de la familia para lograr acceso a la jurisdicción del CIADI.

Pero tal como lo indica Baumgartner, la mayoría de los tribunales que han analizado el tema se han apartado del criterio establecido en *Phoenix*. El autor señala la coincidencia de los tribunales arbitrales en los casos *Saba Fakes* y *Quiborax* al destacar que la buena fe de la inversión no la define, pero sí puede hacer la diferencia entre una inversión protegida y una que no pueda invocar un AII pues la ausencia de buena fe en la inversión puede hacer que se incurra en abuso de derecho[74].

c. La legalidad de la inversión

Otro de los elementos que ha analizado la jurisprudencia arbitral se refiere a que la inversión debe haber sido realizada conforme a la legislación nacional del Estado receptor. Sobre este elemento, que parece muy sencillo de determinar, cabe hacerse varias preguntas: ¿Se trata de un requisito inherente a la inversión extranjera?, ¿En qué momento debe cumplir la inversión con la legislación del Estado receptor, al realizarse la inversión, al ser admitida en caso de existir requisitos de admisión, o de manera continua, mientras la inversión exista en el territorio de ese Estado?, ¿El requisito se refiere al cumplimiento de la

[73] Ibídem, párrafo 359.
[74] Baumgartner, ob. cit., p. 162.

legislación relacionada con la inversión extranjera o al cumplimiento de toda la legislación?, ¿Cualquier violación a la legislación del Estado receptor afecta la validez de la inversión o su estatus como inversión protegida?. Veamos.

i. Requisito inherente de la inversión extranjera

La UNCTAD da cuenta de 1.647 AIIs que contienen como previsión expresa que la inversión debe realizarse de acuerdo con la legislación del Estado receptor. Se trata del 63% de los 2.575 AIIs cuyo contenido ha sido analizado por la mencionada organización[75]. Sin embargo, existe consenso en la doctrina y en la jurisprudencia arbitral en cuanto a que una inversión que haya sido realizada en violación a la legislación del Estado receptor no constituye una inversión protegida. Un ejemplo claro es el de los casos en los que han existido hechos de corrupción o cuando la inversión no cumplió con los requisitos para ser admitida por el Estado receptor. La definición de "inversión" que pueda existir en la legislación nacional no es relevante cuando se invoca la protección de un AII, pues la definición del tratado será la que determine su ámbito de aplicación, independientemente de lo que pueda establecer la legislación interna.

La jurisprudencia arbitral se encuentra dividida en cuanto a la inherencia del requisito de legalidad de la inversión. Polkinghorne *et al* mencionan tres casos en los que los tribunales arbitrales han asumido que la legalidad de la inversión es un requisito inherente a la definición de inversión. En *Hamester vs. Ghana* el tribunal consideró que la inversión no puede estar protegida por un tratado si no ha sido realizada en cumplimiento con la legislación del Estado receptor, enfatizando que se trata de principios generales que existen independientemente del texto del tratado[76]. Opiniones similares fueron expresadas en

[75] UNCTAD, ob. cit.

[76] *Gustav F. W. Hamester GmbH & Co. K. G. vs. República de Ghana*, ARB/07/24, CIADI, Laudo del 18 de junio de 2010, citado por Michael Polkinghorne y Sven-Michael Volkmer, "*The Legality Requirement in Investment Arbitration*", en *Journal of International Arbitration* Vol. 34, Nº 2, Alphen aan den Rijn, 2017, p. 156. Disponible en https://kluwerlawonline.com/JournalArticle/Journal+of+International+Arbitration/34.2/JOIA2017010, consultado el 4 de febrero de 2021.

los casos *Saur vs. Argentina*[77] y el ya varias veces mencionado caso *Phoenix*[78].

En contra de la inherencia del requisito de legalidad de la inversión, Polkinghorne *et al* mencionan los casos *Saba Fakes*, ya citado y *Metal-Tech vs. Uzbekistán*[79], como los casos en los que los tribunales correspondientes rechazaron que la legalidad sea un requisito inherente a la inversión y, por el contrario, consideraron que sería establecer un requisito no exigido para definir una inversión, aunque pudieran dar lugar a reclamos por abuso de derecho.

ii. El alcance temporal del requisito de legalidad de la inversión

La doctrina coincide en que el requisito de cumplir con la legislación interna opera al momento de entrada de la inversión y no significa que la inversión tenga que cumplir continuamente con la legalidad interna para considerarse una inversión protegida[80]. Si consideramos que el sistema está creado para proteger la inversión extranjera de actuaciones u omisiones del Estado receptor, no podrían los tribunales arbitrales exigir el cumplimiento de una ley que violente las disposiciones del tratado porque precisamente, habría lugar para la responsabilidad internacional del Estado.

Entre la jurisprudencia, la tendencia dominante coincide con la posición doctrinaria mencionada arriba, que ha sido asumida por los ya mencionados casos *Phoenix, Quiborax* y *Metal-Tech*, con la excepción del caso *Hamester*, cuyo tribunal declaró que la legalidad de una inversión luego de haber sido establecida puede ser relevante a los efectos de decidir el fondo de la controversia que haya sido iniciada bajo un AII[81].

---

77 *Saur International SA vs. República de Argentina*, ARB/04/4, Laudo sobre Jurisdicción y Responsabilidad, CIADI, 6 de junio de 2012, citado por Polkinghorne y Volkmer, ob. cit., p. 156.

78 Ídem

79 *Metal-Tech vs. República de Uzbekistán*, ARB/10/3, Laudo, CIADI, 4 de octubre de 2013, citado por Polkinghorne y Volkmer, ob. cit, p. 157.

80 Julien Chaisse, *"The Treaty Shopping Practice: Corporate Structuring and Restructuring to Gain Access to Investment Treaties and Arbitration"*, en *Hastings Business Law Journal* Vol. 11, Nº 2, UC Hastings Law, San Francisco, 2015, p. 296.

81 Polkinghorne y Volkmer, ob. cit., p. 160.

Esa máxima que mencionáramos *supra* con respecto al requisito de buena fe de la inversión, según la cual una inversión que no se haga de buena fe no pierde su naturaleza de inversión, pero puede perder su condición de inversión protegida, puede aplicar parcialmente en el caso del requisito de cumplimiento con la legislación del Estado receptor en el sentido de que una inversión que no cumpla con la legislación del Estado receptor al momento de efectuarse, puede mantener su naturaleza de inversión, pero no la condición de inversión protegida.

iii. El alcance material del requisito de legalidad de la inversión

Puede afirmarse que la jurisprudencia arbitral está dividida, como es natural, entre los precedentes que consideran que el requisito de legalidad de la inversión se restringe al cumplimiento de aquellas leyes relacionadas con el régimen de admisión de la inversión extranjera al territorio del Estado receptor -que llamaremos criterio restrictivo- y los que consideran que debe cumplirse con todas las normas de su ordenamiento jurídico -que llamaremos criterio flexible-.

Entre los casos que adoptaron el criterio restrictivo tenemos los ya citados *Saba Fakes*, en el que el tribunal arbitral consideró que sería contrario al objeto y propósito de los AIIs el negar la protección de aquellas inversiones que violen la legislación interna que no tenga que ver con el régimen de inversiones extranjeras y enfatizó que cuando hay una violación a las leyes del Estado receptor distintas a las relacionadas con el régimen de inversiones, es el Estado el que puede hacer ejecutar esas leyes o imponer las sanciones correspondientes[82]. Un criterio similar fue asumido por el tribunal en *Metalpar vs. Argentina*[83], que consideró que sería desproporcionado privar a la inversión de la protección del tratado y del acceso a la jurisdicción CIADI por no haber cumplido con un requisito de la legislación local que obligaba a constituir una empresa local en una oportunidad determinada.

---

[82] Citado por Polkinghorne y Volkmer, ob. cit., p. 161.

[83] *Metalpar S.A. y Buen Aire S.A. v. República Argentina*, ARB/03/5, Decisión sobre Jurisdicción, CIADI, 27 de abril de 2006, citado por Polkinghorne y Volkmer, ob. cit., p. 161.

El contraste lo encontramos en el caso *Anderson vs. Costa Rica*[84], cuyo tribunal asumió el criterio flexible y señaló la necesidad de examinar la forma en que fue adquirida la propiedad del activo y que haya cumplido con todas las normas domésticas relevantes, no solo las relacionadas con el régimen de inversiones.

El tribunal en *Quiborax* agregó una distinción entre violaciones triviales y graves de la legislación y sus efectos, estableciendo tres puntos esenciales: (i) el requisito de legalidad se refiere a violaciones graves de la legislación del Estado receptor, (ii) las violaciones a la legislación se restringen al régimen de inversión extranjera, y (iii) fraude para asegurar la inversión o ganancias. Estos tres requisitos fueron utilizados por el tribunal en *Metal-Tech*, que declinó su jurisdicción al analizar el efecto de la corrupción vis-á-vis los mencionados requisitos[85].

CONCLUSIÓN

Una inversión es una de esas cosas que se pueden identificar a simple vista, pero que nadie sabe cómo describir o en este caso, definir. Tal y como hemos podido observar, el primer paso es establecer las características esenciales a una inversión. La doctrina y la jurisprudencia, utilizando diversos métodos o enfoques, han identificado un número variante de elementos, que va de tres a seis, pero los elementos en los que parecen coincidir todos son: contribución de recursos en el Estado receptor, exposición al riesgo y cierta duración. Como muchos otros conceptos, "inversión" es un término con una raíz claramente económica que todavía está en tránsito hacia una definición jurídica.

Consideramos que un paso importante para establecer una definición legal de "inversión" lo constituye el método de interpretación histórico aplicado por Sornarajah, con las limitaciones de que puede trazarse la historia del ingreso de algunos tipos de inversión, como sucede con las inversiones de portafolio o los activos intangibles, y que no debería utilizarse para evitar una interpretación progresiva, que permita

84 *Alasdair Ross Anderson et al. vs. Republica de Costa Rica*, ARB(AF)/07/3, Laudo, CIADI, 19 de mayo de 2010, citado por Polkinghorne y Volkmer, 162.

85 Polkinghorne y Volkmer, ob. cit., p. 163.

adaptar las normas vigentes a la evolución de la economía. Si consideramos que el sistema internacional de protección de inversiones es una creación de los Estados, que son los que han negociado los diferentes tratados internacionales que lo conforman, el enfoque subjetivo luce adecuado para aquellas circunstancias en las que la naturaleza de la operación no es claramente una inversión.

El enfoque objetivo puede tener una mejor utilidad cuando se trata de operaciones en las que hay mayor facilidad para calificarlas como inversión. En todo caso, independientemente del enfoque que se asuma, en nuestra opinión, y tomando en cuenta que el arbitraje de inversiones es una forma en la que puede controlarse la actividad del Estado receptor con respecto a la inversión extranjera, la interpretación de la definición de inversión establecida en un tratado o en una legislación que resulte aplicable, debe ser siempre interpretada bajo el principio *pro investor* porque el inversionista en nada influye cuando los Estados redactan la definición de inversión, que como se ha dicho *supra*, el inversionista meramente adopta al invocar el instrumento en el que se encuentre. Las definiciones establecidas en los AIIs han venido homogeneizándose en torno a las definiciones amplias, con listas enunciativas de lo que puede considerarse como una inversión.

El *Salini test*, que es el máximo exponente del enfoque objetivo para dar contenido al término "inversión" y que ha sido utilizado tanto por tribunales constituidos bajo la Convención CIADI como por otros constituidos en base a otras reglas, ha tenido una influencia innegable, aunque su aplicación haya sido distorsionada con el tiempo con la exigencia concurrente de sus requisitos que, vale decir, se menciona como una tendencia en declive. Como hemos podido observar, hay tribunales que han aplicado el enfoque objetivo pero que no necesariamente se adhieren a todos los requisitos del *Salini test*, reduciéndolos o ampliándolos, según el criterio que apliquen al caso concreto. La crítica fundamental que se hace al mencionado test es que tiene un efecto restrictivo y que puede dejar sin protección a inversiones que sí estarían dentro del ámbito de aplicación del tratado relevante, especialmente cuando sus requisitos se aplican de forma concurrente.

A los efectos del *treaty shopping*, la inversión debe procurar cumplir con las características de una inversión, pero hay algunas que definitivamente han tenido un mayor impacto a los efectos de la efectividad y validez de la estructura que se pretenda hacer valer ante un tribunal arbitral, como lo son (i) la contribución de recursos en casos de restructuraciones corporativas que generalmente se hacen a valor nominal o a costo de los activos que se transfieren y que han sido igualmente validadas, (ii) la participación del inversionista, que ha sido aplicado por los tribunales arbitrales para validar la inversión especialmente en casos en los que no ha habido una contribución de recursos, (iii) la buena fe de la inversión, pues el hecho de que una operación de *treaty shopping* no sea realizada con este elemento, tiene un alto riesgo de fracasar en su intento por dar acceso a la jurisdicción arbitral internacional.

Ante la incertidumbre jurídica actual, que es un efecto del proceso de evolución de un sistema evidentemente descentralizado, es importante que un inversionista que pretenda invocar la protección de un AII, argumente un estándar alto de cumplimiento del mayor número de las características que han sido examinadas por los tribunales arbitrales y, adicionalmente, realice un análisis de su inversión bajo la óptica del método intuitivo como forma de reducir las posibilidades de que el tribunal declare su falta de jurisdicción *ratione materiae*. No podemos llegar a conclusiones definitivas sobre las fortalezas de una operación de *treaty shopping* pues la doctrina y la jurisprudencia arbitral están lejos de llegar a un consenso sobre todos y cada uno de los aspectos que deben ser evaluados y el enfoque con el que deben ser interpretados.

LA *METAMORFOSIS KAFKIANA* DE LA UNIDAD TRIBUTARIA* Y LA DOLARIZACIÓN DE LAS SANCIONES TRIBUTARIAS**

HUMBERTO ROMERO-MUCI***

SUMARIO

* En adelante UT. En inglés ***Tax Unit*** (TU).

** Trabajo monográfico colaboración al libro homenaje al profesor Jesús Caballero Ortiz patrocinado por la Fundación de Derecho Administrativo (FUNEDA). En testimonio de admiración, afecto y gratitud por su egregia obra académica y su impronta de venezolano ejemplar.

*** Abogado ***summa cum laude*** de la Universidad Católica Andrés Bello, Magister en Leyes de Harvard Law School, Doctor en Derecho de la Universidad Central de Venezuela, Profesor Titular y Jefe de la Cátedra de Derecho Financiero en la Universidad Católica Andrés Bello, Profesor de Derecho de la Contabilidad en el Postgrado de Derecho Financiero de la Universidad Católica Andrés Bello y en los Cursos de Doctorado en Derecho de la Universidad Central de Venezuela, Individuo de Número y ex presidente de la Academia de Ciencias Políticas y Sociales de Venezuela (Sillón No. 14). Socio en D'Empaire, despacho de abogados.

sanciones tributarias. II. Naturaleza jurídica del acto de ajuste de la UT. 1. La situación en el COT de 2014. 2. La situación en el COT 2020. 3. La subestimación del ajuste de la UT como un vicio de abuso de poder. III. La manipulación de la corrección monetaria en materia sancionatoria. 1. Desnaturalización de la corrección monetaria sancionatoria: Violación de los principios de taxatividad penal, prohibición de retroactividad, tutela judicial efectiva y proporcionalidad. 2. Involución legislativa y jurisprudencial sobre el criterio de valoración de sanciones denominadas en UT. A. El caso *Mantenimiento Quijada, C.A.* B. El caso *The Walt Disney Company Venezuela, S.A.* C. El caso *Tamayo & CIA, S.A.* a. El pretexto de "evitar la pérdida de valor original de la sanción". b. El pretexto de "evitar la pérdida del efecto disuasivo de la multa". D. La perversión por la indeterminación de la multa cifrada según la UT vigente al momento del pago. E. Otras lesiones constitucionales por cifrar las multas según la UT vigente al momento del pago. 3. Inconstitucionalidad de la dolarización de las sanciones tributarias. IV. Conclusiones. • Bibliografía.

INTRODUCCIÓN

La hiperinflación e hiperdepreciación pulverizaron el poder adquisitivo del bolívar, colapsando el sistema monetario nacional[1]. Con ello devino la destrucción del sistema tributario.

Su causa más profunda se ubica en (i) la acción ideológica alucinada del régimen y partido de gobierno, (ii) concretada en múltiples interferencias y controles sobre la economía, (iii) la violación sistemática de los derechos fundamentales políticos, sociales y económicos de los venezolanos, apalancada en (iv) la instrumentalización del derecho como un puro medio de dominación, violándolo, ignorándolo o interpretándolo falsamente, sometiéndolo a las tensiones más extremas de la conveniencia política[2].

En este contexto de regresión institucional el tributo no cumple ni puede cumplir su función racional técnica y mucho menos ética. Su

---

1 Hoy el bolívar es una moneda disfuncional. Como moneda perdió su capacidad para servir como unidad de cuenta, como medio de pago y para atesorar valor. El bolívar lleva dos reconversiones y la quita de ocho ceros. Entre febrero de 1999 y diciembre de 2020, la inflación acumulada es de un 51.246.900.000.000 o 51 billones %. En 21 años se depreció 18.310.104.529.517% o 18.3 billones %. Estas cifras son difíciles de expresar, asimilar y entender. (**Billón:** Un millón de millones, que se expresa por la unidad seguida de doce ceros). https://dle.rae.es/bill%C3%B3n

2 *Cfr.* Francisco J. Delgado, *Chavismo y derecho*, Editorial Galipán, Caracas, 2017, p. 48.

destino no es consistente con el bien común. Se desprestigió y degeneró en otro instrumento más de control social, apalancado en la imperatividad de su forma jurídica y en la amenaza coactiva de la recaudación fiscal[3]. Se utiliza como mecanismo de espolio, terror y persecución de la disidencia política y económica. Peor aún, lo recaudado es despilfarrado en burocracia bajo un marco de opacidad y no rendición de cuentas[4].

En esta investigación explicamos la ***sinrazón*** de la involución institucional de la UT y la perversión con la creación de mecanismos de corrección monetaria análogos para fines tributarios, tales como la **"unidad tributaria sancionatoria"** (UTS), los pretendidos ajustes según el **"salario mínimo nacional"**, el **"valor internacional del gramo**

---

3 Es tal la situación de quiebre institucional del Estado venezolano que, con razón se califica de **"Estado fallido"**, esto es, **"...no cuenta con la capacidad necesaria para atender sus cometidos públicos"**. Señala José Amando Mejía Betancourt, que el fracaso que acarrea el Estado venezolano hace inaplicable el derecho tributario. **"...el sistema tributario venezolano perdió su efectiva vigencia conjunto con la Constitución que establece sus bases fundamentales en los artículos 316 y 317..."** //**.... es el derecho donde se manifiesta con mayor evidencia el ejercicio del poder público y su carácter coactivo. //es un típico derecho de la actividad administrativa de coacción y por ello extraordinariamente sensible a su legitimidad política y constitucional, donde el contribuyente dispone de unas garantías muy importantes. // ante el derrumbe del Estado derecho a todo el sistema tributario venezolano desapareció y el derecho tributario perdió su efectiva vigencia. // si el estado fallido venezolano no existe entonces evidente su incapacidad para formar obligaciones tributarias como sujeto activo que es la trama esencial del derecho tributario"**. *Cfr*. José Armando Mejía Betancourt, "El sistema tributario venezolano ante un estado fallido", en *Derecho Tributario contemporáneo (libro homenaje a los 50 años del Asociación Venezolana de Derecho Tributario)*, Asociación Venezolana de Derecho Tributario, Editorial Jurídica venezolana, Caracas 2019, p. 416. Ver también José Ignacio Hernández González, "Estado fallido y recaudación tributaria en Venezuela", en *Derecho Tributario contemporáneo (libro homenaje a los 50 años de la Asociación Venezolana de Derecho Tributario)*, Asociación Venezolana de Derecho Tributario, Editorial Jurídica Venezolana, Caracas 2001 2019, p. 424.

4 Hay que recordar que la legitimidad de la contribución pasa por el modo en el que se emplea. *Cfr.* ROZAS V., José A., nota preliminar en Franco Gallo, *Las razones del fisco <ética y justicia en los tributos>*, Marcial Pons, Madrid 2011, p. 17. El régimen subestimó groseramente la necesidad que el derecho tiene de coherencia, de armonía interna, de generalidad, de estabilidad y de predictibilidad. Así disminuyó su aptitud y eficacia como técnica de ordenación de conductas, de reducción y de solución del conflicto social. Esto se convirtió en una práctica tan habitual que se tradujo en una sustancial pérdida de reconocimiento espontáneo y de obediencia del derecho en vista de que no es posible ocultar ni justificar razonablemente semejante uso (o abuso) de lo jurídico. Francisco J. Delgado, *Chavismo y derecho*, Editorial Galipán, Caracas, 2017, p. 48.

de oro”, el uso del llamado **“Petro”** y **“el tipo de cambio oficial de la moneda de mayor valor publicada por el BCV”**[5] (“dolarización”[6]).

Para ese fin (i) exponemos la crónica de ese proceso ***doloso*** de ***desconstitucionalización***[7] y ***desdemocratización***[8] del tributo y ***deslegalización***[9] de la UT (metamorfosis), (ii) evidenciamos cómo la UT degeneró en una de las muestras más grotescas de manipulación de la tributación como un medio de control social, (iii) damos cuenta de las

---

5 Por ejemplo, el previsto en los artículos 91 y 92 la reforma del COT de 2020, que introdujo el ilegitimo criterio del **“...equivalente a [...] veces el tipo de cambio oficial de la moneda de mayor valor, publicado por el Banco Central de Venezuela”.**

6 Por **“dolarización”** entendemos el concepto técnico económico que denota **“... el fenómeno que tiene lugar cuando una moneda sustituye a otra en el cumplimiento de las funciones de medio de pago y de reserva de valor. Al proceso de reemplazo en la función como medio de pago se le denomina <<sustitución de monedas>> y a la función como reserva de valor, <<sustitución de activos>>”.** *Cfr.* CASTELLANO MONTIEL, Alberto Gregorio, **“La demanda de dinero y la sustitución de monedas y de activos en Venezuela: 1997-2008”**, en ***Economía, XXXVII***, 34 Julio-diciembre, Caracas 2012., p. 90.

7 Ver Néstor Pedro Sagüés, “El concepto de <<desconstitucionalización>>” en *El falseamiento del Estado de Derecho*, Academia de Ciencias Políticas y Sociales, *World Jurist Foundation*, Editorial Jurídica Venezolana, Caracas 2021, ver también, Allan Brewer-Carias, “El falseamiento del Estado de Derecho (el caso de Venezuela)”, Carlos Ayala Corao, “Venezuela: Del Estado de Derecho al Estado de facto”, ob. cit.

8 *Vid.* Rafael Badell Madrid, “Desconstitucionalización, desdemocratización y deslegalización en Venezuela desde la Sala Constitucional del Tribunal Supremo de Justicia”, en *El falseamiento del Estado de Derecho*, Academia de Ciencias Políticas y Sociales, *World Jurist Foundation,* Editorial Jurídica Venezolana, Caracas 2021. La sistemática exclusión de la participación y representación efectiva de los ciudadanos en el Parlamento para la toma de las decisiones legislativas sobre la creación de los tributos, mediante constantes delegaciones legislativas o bien por desapoderarle de sus potestades propias (entre ellas, y muy principalmente, la legislativa), bien por haberlo suspendido (supuesto desacato) o suplantado (asamblea nacional constituyente).

9 ***Vid.***, Manuel Aragón Reyes, “El falseamiento de la legalidad”, en *El falseamiento del Estado de Derecho*, Academia de Ciencias Políticas y Sociales, *World Jurist Foundation*, Editorial Jurídica Venezolana, o Caracas 2021. Con la desconstitucionalización del sistema tributario viene anejo el fenómeno anómalo de la descodificación de la tributación. Implica un desmontaje del marco jurídico estable, cierto, comprensible, del molde de los esquemas conceptuales del tributo. Como expresión que permite una relación jurídica entre estado y ciudadanos clara y cierta. Esta degradación disminuye la posibilidad de preservar los derechos y garantías constitucionales de los contribuyentes, permitiendo que salga de cauces democráticos y garantistas, fuera de los cuales se convierte en ilegítima. ver Eduardo Meier García, “El concepto de tributo y sus categorías constitucionalizadas frente a la descodificación, la deslegalización y el auge de la parafiscalidad”, en *VIII Jornadas Venezolana de Derecho Tributario, Tributación municipal y exacciones parafiscales*, Caracas 2006, p. 282.

distintas vías de hecho administrativas, normativas y judiciales puestas en pie por el régimen para progresivamente restarle efectividad al medio corrector, exacerbar la presión fiscal y muy particularmente, manipularlo a conveniencia y discreción como un medio de intimidación y control político. Finalmente, (iv) explicamos las antinomias asociadas a la **"dolarización"** de las sanciones tributarias, su invalidez ***ex turpi causa*** y el despropósito del uso de estas, cargadas de incertidumbre e imprevisibilidad, como expresión de un derecho sancionatorio máximo o de **"el enemigo"**.

Todo ello ocurre en medio de la más pavorosa muestra de indolencia moral, ignorancia jurídica, improvisación, desprecio al derecho y al bien común.

En la cúspide de todo este proceso de desinstitucionalización destaca la acción nefaria de la inconstitucional Sala Constitucional del Tribunal Supremo de Justicia convertida en vértice autoritario de la validez del orden jurídico del país[10]. Se consagró a la manipulación del texto Constitucional aprovechándose de que sus interpretaciones son vinculantes y no impugnables con el fin de despojar de atribuciones de los demás órganos del Poder Público, particularmente de la Asamblea Nacional (creando un cerco político institucional[11]), al servicio del Ejecutivo Nacional.

---

10 Tal como señal informe de la misión internacional independiente de las Naciones Unidas sobre Venezuela: **"El Tribunal Supremo ha dejado de funcionar como un control independiente de los demás poderes del Estado. En particular, la Sala Constitucional tiene amplias facultades para anular las decisiones de todos los demás poderes del Estado. Desde enero de 2016 hasta la fecha, el Tribunal Supremo de Justicia ha anulado de manera consistente las decisiones de la Asamblea Nacional dirigida por la oposición. Como se ha señalado anteriormente, en 2017 también ha asumido, de manera notoria, funciones legislativas (Sentencia N° 156) y ha levantado la inmunidad parlamentaria de todos los diputados de la oposición (Sentencia N° 155), decisiones que posteriormente revocó a raíz de las protestas públicas", en** Cfr. **Conclusiones detalladas de la Misión internacional independiente de determinación de los hechos sobre la República Bolivariana de Venezuela, Consejo de Derechos Humanos, Cuadragésimo quinto período de sesiones, 14 de septiembre a 2 de octubre de 2020, Tema 4 de la agenda, Las situaciones de derechos humanos que requieren la atención del Consejo, de fecha 15 de septiembre de 2020, A/HRC/45/CRP.11, p. 45, en https://www.ohchr.org/SP/HRBodies/HRC/FFMV/Pages/Index.aspx**

11 *Cfr.* Jesús María Casal, *Asamblea nacional conquista democrática vs. Demolición autoritaria. <elementos de la argumentación y practica judicial autoritaria de la Sala*

Por eso el título de esta investigación: **"La *metamorfosis kafkiana* de la UT y la dolarización de las sanciones tributarias"**. Nos recuerda las chocantes, angustiosa y absurdas circunstancias del drama de Josef K, en la célebre obra de Franz Kafka, **"El proceso"** y su otra obra maestra **"La metamorfosis"** (una transformación monstruosa)[12]. Análogamente el contribuyente vive una despiadada privación de garantías y una densa opresión que transcurre en un Estado que dejó de ser de derecho y se convirtió en una vía de hecho continua y en caída libre. Una degeneración institucional en la que lo grotesco se instaló como cotidiano. Un país en el que el poder autoritario convirtió al tributo y al contribuyente en una fuente más de expolio de la riqueza nacional[13].

A todo evento, el propósito de estos comentarios consiste en documentar las desviaciones anotadas en el diseño normativo y en el uso de la UT y reivindicar los usos legítimos y propios de la UT en el contexto tributario y financiero.

Finalmente, convertir el fracaso de esta experiencia ***kafkiana*** en un gran aprendizaje, en memoria de lo que no debe repetirse en el futuro.

Constitucional del Tribunal Supremo de Justicia>, Colección Visión Venezuela, Universidad Católica Andrés Bello, Caracas 2017, p. 213; ver también del mismo autor, "La Sala Constitucional y el desmantelamiento de la democracia en Venezuela", en *El falseamiento del Estado de Derecho,* Academia de Ciencias Políticas y Sociales, *World Jurist Foundation*, Editorial Jurídica Venezolana, Caracas 2021, p. 34.

12 *Cfr*. Julio Picatoste Bobillo, *Kafka y el Derecho*, Thomson Reuters-Aranzandi, Pamplona 2021, p. 125.

13 Acertadamente calificado por Garcia Larralde, Humberto: **"La desaparición de la autonomía y equilibrio de poderes, la censura de los medios, el desconocimiento de derechos civiles y el acorralamiento de los mecanismos de mercado, en un marco de opacidad y no rendición de cuentas, dio lugar a esquemas de usufructo de la riqueza social fundamentadas en el posicionamiento en la estructura de poder auspiciada bajo la prédica "revolucionaria". Se asentó un régimen de expoliación en la forma de un Estado Patrimonial, que dio lugar a una nueva oligarquía de extracción militar y civil, muy comprometida con la preservación del poder. Para ello rompió con el orden constitucional, instaurando una dictadura a través de una asamblea constituyente fraudulenta. Maduro, sostén de esta oligarquía en el poder, se niega a rectificar sus políticas ni a permitir los mecanismos democráticos para el cambio de gobierno, pues ello implicaría desmontar el Estado Patrimonial"**. *Cfr*. "Los estragos del populismo en el bienestar de los venezolanos", Ponencia presentada en el Primer Encuentro Iberoamericano de Academias de Ciencias Morales y Políticas y de Ciencias Económicas, Madrid, 16-18 de octubre, 2017, *Cfr*. (22) (PDF) Estragos del populismo.pdf | Humberto García Larralde - Academia.edu

I. LA METAMORFOSIS DE LA UT

1. De lo racional a lo irracional

Con el COT de 2001 comenzó el abuso y perversión de la finalidad institucional de la UT. Con la reforma de 2014 y recientemente con la de 2020, fue finalmente inutilizada y convertida en un expediente al servicio del antojo de la Administración tributaria.

La finalidad institucional de la UT desde su creación normativa en el COT 1994, fue consistente con la técnica de la corrección monetaria por inflación: Neutralizar la distorsión de la depreciación monetaria sobre los valores nominales de las expresiones normativas usadas en la Ley y demás normas con fines de cuantificación, esto es, que los valores históricos se mantengan constantes independientemente de la variación del poder de compra del bolívar. El carácter objetivo del ajuste garantiza su consistencia con las exigencias de la reserva legal tributaria, pues la técnica de cálculo de la inflación, los datos estadísticos del BCV y los resultados del ajuste son, en principio, previsibles y determinables.

La UT dejó de cumplir su misión institucional como unidad de cuenta homogénea[14]. Perdió **"...su carácter de determinación objetiva y de simple aplicación aritmética"**[15]. Perdió su idoneidad para preservar un valor actualizado de la estructura de tramos, mínimos imponibles y demás variables fijas utilizadas en la definición de las bases imponibles y cuotas liquidables de los tributos. Ahora el ajuste no responde a un dato objetivo, ni es un simple cálculo aritmético, sino depende del capricho y la conveniencia de la Administración tributaria.

---

14 La UT se creó con el COT de 1994. Artículo **"Por su carácter de determinación objetiva y de simple aplicación aritmética, la Administración Tributaria reajustará el valor de la Unidad Tributaria de acuerdo con lo dispuesto en este Código"**. Artículo 229: **"... se fija en el monto de mil bolívares (Bs. 1.000,00). Esta cantidad se reajustará a comienzos de cada año por resolución de la Administración Tributaria, previa opinión favorable de las Comisiones Permanentes de Finanzas del Senado y de la Cámara de Diputados del Congreso de la República, sobre la base de la variación producida en el Índice de Precios al Consumidor (IPC) en el área de Caracas, del año inmediatamente anterior, que publicará el Banco Central de Venezuela antes del día 15 de enero de cada año"**.

15 Enunciado que se repite idénticamente en el artículo 3 desde la creación de la UT desde los COT de 1994. Las reformas de 2001 y las pretendidas reformas de 2014 y 2020.

Con la pretendida reforma del COT de 2020 la finalidad de la UT se vació de sentido. Se desvinculó su medida de un índice objetivo y previsible y se eliminó todo control preceptivo para garantizar su corrección. Con ello el expediente de la UT se deslegalizó fatalmente al servicio de la usurpación de la reserva legal tributaria, para responder ahora a la voluntad discrecional y conveniencia política de la Administración tributaria, esto es, de la arbitrariedad.

Paralelamente, en el COT de 2020 se pretende legitimar sucedáneos de ajuste referidos a especies monetarias extranjeras (o el Petro) como si fueran auténticos mecanismo de corrección monetaria, cuando solo son vías de hecho normativas para desnaturalizar la obligación tributaria, en frontal antinomia del artículo 3 y 146 del COT que impone el bolívar como moneda de presentación y pago de la obligación tributaria y sus accesorios, por ser materia de exclusiva y excluyente reserva legal tributaria.

Todo ello es un reconocimiento implícito de la disfunción del bolívar que potencia la arbitrariedad, una pretensión nefaria para que la administración tributaria se aproveche ***ex turpi causa*** de la hiperinflación e hiperdepreciación del bolívar.

En suma, la UT originalmente creada para evitar las desfiguraciones del modelo inicial de la Ley, hoy es un nombre vacío, una máscara, al servicio del juego de las apariencias, haciéndose pasar como si fuera un medio objetivo y automático de corrección inflacionario, cuando en la realidad práctica es solo un medio simbólico más de la **"voluntad de poder".** No tiene nada que ver con un expediente técnico de corrección monetaria.

2. La reforma del COT de 2001: hacia la manipulación de la UT

Todo comenzó con la acción intencional del legislador de la reforma del COT de 2001 para desviar la finalidad correctora de la UT, al subestimar el ajuste (i) postergando su aplicación (la vigente por 183 días del periodo tributario), (ii) pretender su vigencia desde la publicación de dicho ajuste y no desde el comienzo del año respectivo[16] y

[16] Articulo 3 parágrafo tercero COT 2001.

finalmente, (iii) minimizar la corrección correspondiente, al no recoger la inflación real representada por el ajuste del INPC elaborado por el BCV anualmente[17]. En palabras resumidas se postergó y subestimó el efecto correctivo de la UT, por la práctica aplicativa de la Administración tributaria que decidió a conveniencia el momento de la entrada en vigor y la medida del ajuste de la UT.

Paradójicamente la UT se aplicó a situaciones jurídicas donde no corresponde utilizarla por razones garantistas, asociadas a la seguridad jurídica, concretamente, en el caso de sanciones pecuniarias.

Con la reforma del 2001, se vinculó el valor de la UT al de la fecha del pago y no al de la comisión del ilícito, tanto en el caso de multas expresadas en UT[18], como las expresadas en términos porcentuales[19] (convertibles al equivalente de UT correspondientes al momento de comisión del ilícito, pero exigibles al valor de la UT al momento del pago).

Con esa medida normativa se infringen los principios constitucionales de taxatividad penal, la prohibición de retroactividad normativa y de razonabilidad de la ley[20]. Con ellos se perdió la certeza en la aplicación de sanciones y se convirtieron en un instrumento de intimidación y persecución para inhibir el derecho a la defensa frente a la aplicación incierta y desproporcionada de la pretendida sanción por multa.

En suma, como hemos denunciado anteriormente[21], el legislador deslealmente difirió la aplicación de la UT para medir la capacidad tri-

---

17 Desde el COT 2001La UT debió reajustarse por la Administración Tributaria, *ex* artículo 139 (15) del COT, dentro de los quince (15) primeros días del mes de febrero de cada año, previa opinión favorable de la Comisión Permanente de Finanzas de la Asamblea Nacional, sobre la base de la variación del INPC del año inmediatamente anterior, publicado por el BCV. Así mismo la LISR, establece la obligación del BCV, de publicar en los primeros diez (10) días de cada mes, la variación y el INPC del mes anterior, expresados con cinco decimales. Este enunciado normativo es del mismo tenor de su antecedente en el COT 1994.

18 Artículo 94, parágrafo primero.

19 Artículo 94, parágrafo segundo.

20 Ver nuestros comentarios en ROMERO-MUCI, Humberto, *Uso, abuso y perversión de la unidad tributaria <una reflexión sobre tributación indigna>*, Serie Estudios No. 111, Academia de Ciencias Políticas y Sociales, Editorial Jurídica Venezolana, Asociación Venezolana de Derecho Tributario, Caracas 2016, p. 6.

21 Ibídem, p. 103.

butaria del contribuyente en perjuicio de éste, pero a su vez, pretendió el inconstitucional cobro de sanciones tributarias en base al valor actualizado de la UT al momento del pago.

3. La reforma del COT de 2014 y las reformas de la LISR de 2014 y 2015: hacia la negación de la inflación para fines fiscales

Desde 2013 a 2020 el fracaso del control sobre la economía (control de precios, salarios, intereses y cambio externo) impuso la necesidad ideológica de ocultar el inmenso fiasco de la gestión económica del régimen y partido de gobierno. Hubo un interés en ocultar fundamentalmente la hiperinflación y con ello su reconocimiento a los fines fiscales. Esto ocurrió subestimando el ajuste anual de la UT, pero también eliminando la corrección monetaria (o el ajuste integral por inflación) de la base imponible del ISR.

Para este fin ya desde 2013 se recurrió al expediente de las delegaciones legislativas mediante el abuso de la llamada **"Ley habilitante"**, a favor del Poder Ejecutivo para regular con rango y valor de ley la materia delegada, esto es, interferir materias reservadas a la Ley formal. Esto ocurrió bajo el singular pretexto de luchar contra **"...la corrupción y guerra económica que acechan a la Patria..."**[22].

Así las cosas, el abuso del medio (la delegación legislativa) sirvió para deslegalizar el tributo y la UT en particular, para circunvenir la regulación de la legalidad aplicable, las exigencias de la reserva legal, la deliberación y representatividad democrática.

Esa fue la sinrazón y fundamento de las reformas de la LISR, en las que se excluyeron del ajuste integral por inflación en 2014[23] a las entidades financieras y de seguros y posteriormente en 2015[24], a los denominados sujetos pasivos especiales[25]. Con estas reformas legislativas

---

22 ***Gaceta Oficial*** N° 6.112 Extraordinario de fecha 19 de noviembre de 2013.

23 ***Gaceta Oficial*** No. 6.152 Extraordinaria del 18 de noviembre de 2014.

24 ***Gaceta Oficial*** N° 6210 Extraordinaria del 30 de diciembre de 2015.

25 En la exposición de motivos se justifica la eliminación del ajuste por inflación, sin ninguna explicación racional con el pretexto simplista de que **"...el ajuste por inflación se ha constituido en un mecanismo de disminución injustificada del pago de impuesto"**. Nada más. Ver nuestros trabajos críticos: "**Aspectos *protervos* en la eliminación del ajuste integral por inflación fiscal a las entidades financieras y de seguros**", en

no hubo discusión mediante la representación democrática, ni consulta técnica, ni fundamentación, ni corrección, sino retórica y manipulación eficaz.

En efecto, a partir de un criterio improvisado e irresponsable y una visión ideológica alucinada que no toma en cuenta ni la realidad de la inflación[26], ni sus consecuencias sobre la medida de capacidad económica efectiva, se afirma que la inflación es una ilusión del lenguaje, un invento ideológico de dominación política y económica, y no un fenómeno económico que envilece el poder adquisitivo y una exacción oculta que empobrece a la población[27].

En ese contexto la corrección monetaria es asimilada a un subterfugio que permite escapar a la tributación y no un mecanismo técnico que limitadamente pretende neutralizar sus efectos distorsionantes sobre la estructura normativa de los tributos.

XIV Jornadas Venezolanas de Derecho Tributario, Asociación Venezolana de Derecho Tributario, Caracas 2015, y **"El <*Impuesto a la Inflación*> sobre el Patrimonio Bancario: Inconstitucionalidad de la eliminación del ajuste integral por inflación fiscal a las entidades financieras y de seguros"**, en el libro de Alfredo Morles Hernández, ***La Banca <en el Marco de la Transición de Sistemas Económicos en Venezuela>***, Segunda Edición, Universidad Católica Andrés Bello, Caracas, 2016.

26 ***Vid.*** Luis Salas, "Adiós al ajuste por inflación o la eliminación de un impuesto de las élites económicas contra la ciudadanía", en: http://questiondigital.com/?p=31606, publicado jueves, 31 Dic 2015 05:58 PM. "<La inflación no existe en la vida real>, esto es, cuando una persona va a un local y se encuentra con que los precios han aumentado, no está en presencia de una "inflación". En realidad, lo que tiene al frente es justamente eso: un aumento de los precios, problema del cual la inflación en cuanto teoría y sentido común dominante se presenta como la única explicación posible, cuando en verdad es tan solo una y no la mejor. Se presenta como la única posible porque es la explicación del sector dominante de la economía, en razón de la cual se la impone al resto. En tal sentido, debemos ver cómo se forma y cómo funciona esta idea, pero sobre todo qué cosa no nos muestra, qué cuestiones claves no nos deja ver ni nos explica tras todo lo que dice mostrarnos y explicarnos como obvio". http://www.psuv.org.ve/wp-content/uploads/2016/01/22-claves-para-entender-y-combatir-la-Guerra-Econ%C3%B3mica.pdf, p. 8-9.

27 La creación de dinero puede ser y frecuentemente es utilizada por los gobiernos como un instrumento recaudatorio, esto es, la inflación tiene una funcionalidad como impuesto. El privilegio monopolístico en la creación de dinero es equivalente a permitirle que establezca un impuesto sobre los activos monetarios. Con razón dijo John Mainard Keynes **"no hay un medio más útil ni seguro para subvertir las bases actuales de a la sociedad que la corrupción de la moneda".** ***The economic consecuences of the Peace***, p. 236, citado por Brennan, Geoffrey y Buchanan, James, ***El poder fiscal <fundamentos analíticos>***, Unión Editorial, Madrid 1987, p. 146.

La causa de la hiperinflación se ubica en la pérdida autonomía del BCV en desmedro del equilibrio socioeconómico del país. Un incumplimiento de sus deberes constitucionales y legales de mantener la estabilidad de los precios y preservar el valor interno y externo de la unidad monetaria. Perdió su facultad para administrar las reservas internacionales, obligándosele a financiar o convalidar políticas fiscales deficitarias o a otorgar créditos directos al Gobierno Nacional y de la Estatal Petrolera (PDVSA)[28]. Esto degeneró en monstruosos déficits fiscales, endeudamiento externo e interno desproporcionado, emisión descontrolada de dinero inorgánico, pérdida del valor externo del bolívar y la perversa hiperinflación. Ambas situaciones ilícitas y dañinas son imputables al Estado Venezolano.

Pero hay más desafueros imputables al BCV. En ese contexto de perfidia entre los años de 2016 hasta abril de 2019 el BCV omitió la

---

28 Concretamente en la reforma de la LBCV de 2015, el legislador delegado inoculó el veneno de la hiperinflación en el Articulo 37(2). Allí se estableció una excepción a la prohibición para el BCV de otorgar créditos directos al Gobierno Nacional o cualquier otro ente de carácter público o mixto. Sin embargo, en un esfuerzo fútil de disimulo, la misma redacción hace pasar por excepción a la prohibición de crédito al gobierno, una excepción normativa que se convirtió en la regla de permiso a la emisión inorgánica de bolívares. Así la parte final del mismo ordinal, incluye una excepción que niega la prohibición de principio: **"...podrá obtener, otorgar o financiar créditos al Estado y entidades públicas o privadas, cuando objetivamente exista amenaza interna o externa a la seguridad u otro perjuicio al interés público, que calificará el Presidente o Presidenta de la República mediante Informe confidencial; o en aquellos casos en que hayan sido aprobados de forma unánime por los miembros del Directorio".** Sobre los demás controles del ejecutivo sobre el BCV ver, José Ignacio Hernández González, "Comentarios a la reforma de 2015 de la Ley del Banco Central de Venezuela y su defensa por la Sala Constitucional, en *Revista de Derecho Público*, No. 145-146, Enero-Junio de 2016, Caracas, pp. 107; ver también ABADI M, Anabella, 15 años de violaciones.a la autonomía del BCV <Proceso constante, resultado fulminante>, en Transparencia Venezuela, Caracas 2018, https://transparencia.org.ve/wp-content/uploads/2018/07/Violaciones-Autonomi%CC%81a-BCV-2018-Anabella-Abadi-M.-.pdf Academia de Ciencias Políticas y Sociales, **"Opinión sobre el pedimento del Poder Ejecutivo Nacional al Banco Central de Venezuela para disponer, con propósitos de financiamiento del sistema agropecuario nacional, de 1000 millones de $ de las reservas monetarias internacionales y otras formas de financiamiento, sin la contraprestación correspondiente en bolívares",** consultado el 15 de mayo de 2018, disponible en web: <http://www.acienpol.org.ve/cmacienpol/Resources/Pronunciamientos/Opinión%20de%20la%20Academia%20sobre%20el%20Pedimento%20del%20Ejecutivo%20al%20BCV%20de%201000%20millones%20de%20dólares%20de%20las%20reservas%20monetarias%20internacionales.pdf>.

publicación tempestiva de las cifras sobre inflación y otras cuentas nacionales en el país. Cuando el BCV publicó en 2019 la información omitida reveló el fracaso de la gestión económica del sector público durante esos años[29], concretamente el reconocimiento de la hiperinflación, el decrecimiento económico y la involución de la economía venezolana a niveles de 1948.

El desastre económico continua hoy[30]. Solo para tener una idea del tamaño de la destrucción de la economía venezolana basta con mencionar la serie estadística sobre las variaciones del producto interno bruto (PIB) entre los años 2014 hasta el primer trimestre de 2021. Estas cifras revelan el colapso macroeconómico más agudo de la historia mundial: (i) un ciclo recesivo (decrecimiento económico) de 8 años seguidos, (ii) una contracción agregada de 77% del PIB.

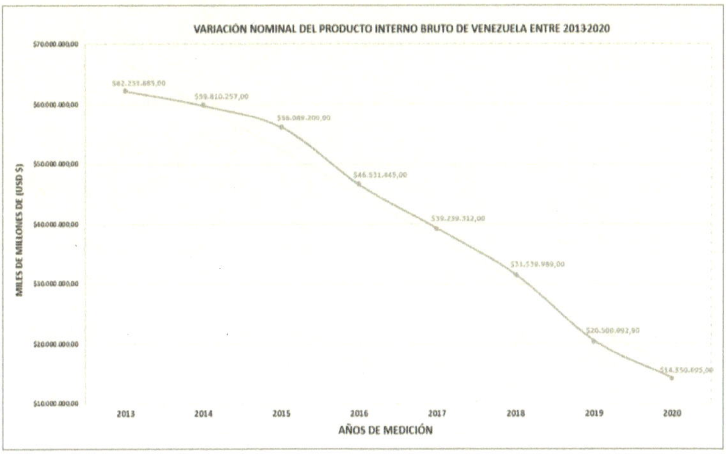

Fuente: BCV.

---

29 Según Humberto Garcia Larralde **"Las cifras revelan una caída de la actividad económica del 36,1% entre 2012 y 2017. De proyectarse para todo el año 2018 el comportamiento observado durante los primeros nueve meses, la contracción habrá sido del 48,1% para el período presidencial completo. Esto significa una contracción promedia en el ingreso de cada venezolano del 51,6%, situándolo en términos absolutos en un nivel ligeramente inferior al de 1950. Es la contracción más pronunciada de un país que no esté en guerra, mayor que la de Grecia en el siglo XXI, y que el de Ucrania o de Cuba en los '90". "La catástrofe que al fin reconoce el BCV"**, en https://www.descifrado.com/2019/07/28/humberto-garcia-larralde-la-catastrofe-que-al-fin-reconoce-el-bcv/

30 **"...Las razones de esta tragedia están en las equivocadas políticas, derivadas del modelo político-ideológico del Socialismo del Siglo XXI y no en las sanciones económicas**

La caída interanual es de: -3.9%, -6.2%, -17.0%, -15.7%, -19.6%, -35.05%, -30.0% y -10.0%, para 2014, 2015,2016, 2017, 2018, 2019, 2020 y 2021(primer trimestre), respectivamente.

Fuente: BCV.

Una situación calificada como **"Emergencia Humanitaria Compleja en Venezuela"[31]. Quizás lo más doloroso sea 5.4 millones de**

---

aplicadas por el gobierno de los Estados Unidos, como alegan quienes ejercen el gobierno. Es necesario aclarar que el año en que fueron introducidas sanciones financieras a la República y a Pdvsa (2017), el Estado venezolano se vio imposibilitado de pagar su deuda internacional (default) aislándose, por su cuenta, de los mercados financieros mundiales. Asimismo, para el momento de entrar en vigencia las sanciones petroleras (21.01.2019), la producción de crudos había caído a apenas la tercera parte de la de 2013. Si bien puede decirse que esas sanciones acentuaron ese declive –hoy se produce apenas el 16%–, es evidente que la destrucción de la capacidad productiva de la industria petrolera ya había ocurrido. Las sanciones personales, por su parte, no son contra Venezuela, si no a funcionarios imputados de haber violado derechos humanos y/o incurrido en corruptelas. Por tanto, no tienen repercusiones económicas". *Cfr.* Pronunciamiento de la Academia Nacional de Ciencias Económicas de fecha 9 de marzo de 2021.

31 https://www.hrw.org/es/report/2019/04/04/la-emergencia-humanitaria-en-venezuela/se-requiere-una-respuesta-gran-escala-de#; ver también https://news.un.org/es/story/2019/11/1464991; ver **"...El país sigue sufriendo una hiperinflación, una grave escasez de alimentos y medicinas, y una grave crisis humanitaria. Esta situación ha obligado a alrededor de una sexta parte de la población a abandonar el país, con más de cinco millones de venezolanos que habrían emigrado hasta abril de 2020, según estimaciones del ACNUR".** ***Conclusiones detalladas de la Misión internacional independiente de determinación de los hechos sobre la República Bolivariana de Venezuela, Consejo de Derechos Humanos Cuadragésimo quinto período de sesiones 14 de septiembre a 2***

habitantes desplazados o emigrados en los últimos 15 años según ANCUR (Agencia de las Naciones Unidas para refugiados)[32].

Por su parte la hiperinflación despuntó vertiginosamente con porcentajes interanuales escandalosos. Va desde 2014 con 68%, en 2015 180%, en 2016 274%, en 2017 862% en 2018 de 130.060%, 2019 de 9585% y 2020 de 2959%, según información del BCV e INE para 2020.

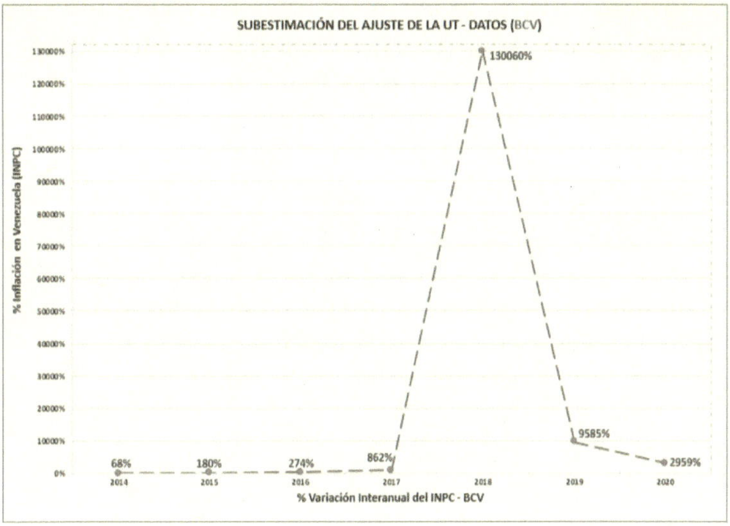

Fuente: BCV.

La razón principal de la hiperinflación consiste en el financiamiento directo y sin límite de las empresas y entes públicos, incluida PDVSA por el BCV. Para este fin se modificó la LBCV en 2009 con el objeto deliberado de habilitar esta práctica nociva y manifiestamente contraria a la función de un banco central cuya misión es la estabilidad de los precios y el valor de la moneda local.

---

de octubre de 2020 Tema 4 de la agenda Las situaciones de derechos humanos que requieren la atención del Consejo, 15 de septiembre de 2020. **En https://www.ohchr.org/Documents/HRBodies/HRCouncil/FFMV/A_HRC_45_CRP.11_SP.pdf**

32 https://www.acnur.org/situacion-en-venezuela.html. **"Las personas continúan saliendo de Venezuela para huir de la violencia, la inseguridad y las amenazas, así como la falta de alimentos, medicinas y servicios esenciales. Con más de 5 millones de venezolanos y venezolanas que se encuentran viviendo en el exterior, la gran mayoría en países de América Latina y el Caribe, esta se ha convertido en una de las principales crisis de desplazamiento del mundo".**

La situación empeoró con la caída de los precios del petróleo en 2014 con sensible impacto en los aportes fiscales de origen petrolero sobre el presupuesto del gobierno central. Paralelamente, la inflación fue encontrando combustible; la recesión económica hizo manifiesta la profundización de la erosión de los ingresos tributarios internos. **"Con una renta de origen petrolero mermada, ingresos tributarios internos insuficientes y sin acceso al financiamiento internacional, el sector público no encontró otra fuente de financiamiento que la impresión explosiva de dinero primario"**[33].

Venezuela entró en el último trimestre de 2017 en un contexto de hiperinflación ahogada por los compromisos externos, con precios e ingresos petroleros insuficientes para cubrir las necesidades de la economía nacional; sin reservas, incumplió sus compromisos financieros y aislada de los mercados internacionales de crédito (en ***default***), lo que obligó a eliminar el régimen de control de cambios y sus ilícitos y a liberar el tipo de cambio a mediados de 2018[34].

En efecto, el régimen de cambio se desreguló y despenalizó. Tanto (i) las contrataciones en moneda extranjera como las (ii) operaciones de cambio de monedas fueron sustancialmente liberalizadas, mediante (a) el efecto derogatorio de todas las normas sancionatorias a través del **"Decreto Constituyente derogatorio del régimen cambiario y sus ilícitos"**[35] y el (b) desmontaje que hace el nuevo CC No. 1 de todos los convenios cambiarios que integraban el antiguo régimen cambiario. En su lugar, se crearon y organizaron nuevas opciones institucionales de intercambio para el comprador o vendedor del bolívar por la moneda extranjera denominado **"sistema de mercado cambiario"** en esencia de libre flotación.

El ajuste cambiario en ese año de 2018 fue de 2.268 %.

A su vez, el ritmo explosivo de la cotización del dólar socavó la confianza y pulverizó el valor de la moneda nacional[36].

---

33 *Cfr.* Leonardo Vera Azaf, ¿Hacia dónde avanza el desorden monetario venezolano?, en https://ancevenezuela.org.ve/hacia-donde-avanza-el-desorden-monetario-venezolano/p.15.

34 Vid., Leonardo Vera Azaf, ob. cit., p. 15

35 ***Gaceta Oficial*** No. 41.452 del 2 de agosto de 2018.

36 Puede consultarse el contraste de la serie sobre el producto interno bruto (PIB) constante, según precios de 1997, su variación porcentual anual, así como el producto interno bruto ***per capita*** desde 1950 a 2021. La fuente de información es el BCV. La serie desde 2019,

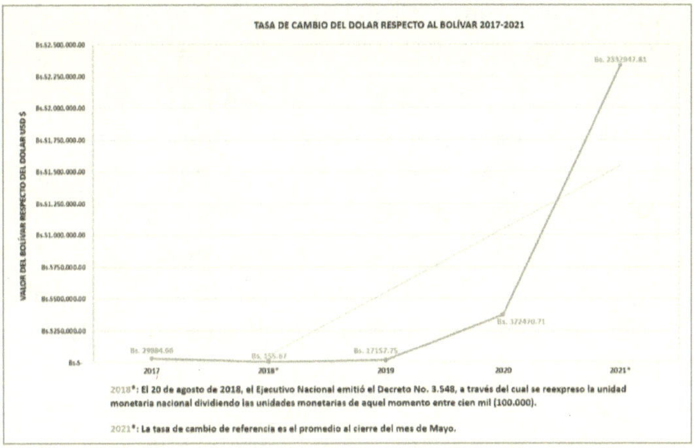

Fuente: BCV.

De otro lado, la emisión monetaria sin respaldo financió el gasto público, impulsó la inflación, la depreciación del bolívar. Con ello los operadores económicos iniciaron una progresiva sustitución espontánea por la moneda extranjera como marcador de precios para transacciones en moneda local. Su causalidad atiende a una simple razón de riesgo y rentabilidad atizada por la pérdida de confianza de la moneda de curso legal. Así devino forzosamente la pérdida de las funciones del bolívar como moneda, tanto para servir como medio de reserva de valor, hasta medio para denominar y pagar obligaciones pecuniarias. El fenómeno económico que denota la pérdida de cualquiera de estas funciones se denomina "dolarización".

Se trata de una situación fáctica y espontánea. La "dolarización" que enfatiza los aspectos transaccionales e implica sustitución de las funciones de medio de pago de la moneda de curso legal, se denomina "sustitución de monedas". Por su parte, cuando el énfasis recae sobre la función del dinero como reserva de valor, se denomina "sustitución de activos"[37].

---

son cálculos basados en la caída estimada por el FMI. En cuanto a la población, la serie es del INE hasta 2014, y de ahí fue modificada para asimilar la migración de 6 millones de venezolanos entre esa fecha y 2021.

37 Ver Alberto Gregorio Castellano Montiel, "La demanda de dinero y la sustitución de monedas y de activos en Venezuela: 1997-2008", en *Economía, XXXVII*, 34 Julio-diciembre, Caracas 2012, p. 98.

Esta dolarización transaccional agravó la desigual distribución del ingreso; pues alimenta la inflación para aquellos que solo tienen posibilidades de compra en bolívares. Ello desnuda la odiosa realidad del empobrecimiento de los que no tienen o generan divisas[38].

Esta circunstancia es radicalmente relevante desde un punto de vista jurídico, pues como veremos, la responsabilidad de los daños por la hiperinflación y la hiperdepreciación o devaluación del bolívar son directamente imputables al mal funcionamiento del BCV. Este ente público incumplió su deber institucional de **"lograr la estabilidad de los precios y preservar el valor de la moneda"**[39]. Muy por el contrario, puso en pie una política deliberada y una práctica consistente de emisión inorgánica de bolívares para el financiamiento del gasto del poder central. Su falencia compromete la responsabilidad patrimonial del Estado en la destrucción del sistema monetario y de todos los daños causados a la economía nacional, a los ciudadanos y a su nivel de vida, a su bienestar y prosperidad ***ex*** artículo 2, 6 y 140 constitucionales.

De allí la ilegitimidad de cualquier medida de corrección o ajuste de obligaciones tributarias principales o accesorias a favor de cualquier administración tributaria, vinculadas al uso de otra moneda o referencia de valor como el dólar o del llamado Petro. Se trataría de un provecho o lucro indebido a expensas del daño creado por el propio Estado, pues

---

38 Humberto Garcia Larralde, "Algunas implicaciones de la dolarización transaccional en Venezuela", en http://cronicadesdewashington.blogspot.com/2021/01/humberto-garcia-larralde-algunas.html

39 Artículo 318 de la Constitución: **"Las competencias monetarias del Poder Nacional serán ejercidas de manera exclusiva y obligatoria por el Banco Central de Venezuela. El objetivo fundamental del Banco Central de Venezuela es lograr la estabilidad de precios y preservar el valor interno y externo de la unidad monetaria"** Articulo 5 LBCV: **"El objetivo fundamental del Banco Central de Venezuela es lograr la estabilidad de los precios y preservar el valor de la moneda". Artículo 7: "Para el adecuado cumplimiento de su objetivo, el Banco Central de Venezuela tendrá a su cargo las siguientes funciones: 1. Formular y ejecutar la política monetaria; 9. Ejercer con carácter exclusivo, la facultad de emitir especies monetarias"; Artículo 21: corresponde al directorio ejercer la Suprema dirección del Banco Central de Venezuela, En particular, tendrá las siguientes atribuciones en: 2. formular y ejecutar las directrices de la política monetaria y establecer los mecanismos para su ejecución, así como realizar los ajustes que resulten de su seguimiento y evaluación. En este sentido ejercerá las facultades atribuidas al Banco Central en materia de encajes y otros instrumentos de política monetaria.**

nadie puede beneficiarse de ilícito propio o ajeno (***Ex turpi causa non oritur actio***). Lo contrario implica el absurdo de tolerar una desigualdad adicional al daño causado por el Estado con la hiperinflación y la hiperdepreciación del bolívar, que se convierte en un objeto jurídicamente protegido. Algo inaceptable en el Estado Social de Derecho y de Justicia.

Por lo tanto, si el Estado es responsable por los daños y perjuicios causados por su actividad ilícita, con mayor razón, ***a fortiori***, no puede ni debe beneficiarse, enriquecerse o lucrarse de los daños causados por su dolo. Esto aplica directamente a la Administración tributaria nacional como a cualquier otra administración pública, porque también es ilegitimo el enriquecimiento de cualquiera a partir del hecho ilícito de otro.

Particularmente dañina fue la política deliberada de opacidad del BCV de omitir la publicación tempestiva de las cifras sobre inflación en el país y otras cuentas nacionales entre los años de 2016 hasta abril de 2019. Se trató del incumplimiento de un deber de transparencia de interés general, del que depende el derecho a la información veraz y oportuna de la población para el ejercicio de otros derechos particulares, entre ellos la corrección monetaria de derechos y obligaciones pecuniarias para todo tipo de propósitos contractuales, la actualización de beneficios y derechos laborales, la tutela judicial efectiva mediante la actualización de condenas de sumas de dinero por los tribunales y por supuesto el derecho tributario a la corrección de bases imponibles, alícuotas y cuotas tributarias. Esta fue una situación vergonzosamente cohonestada por la Sala Política Administrativa del Tribunal Supremo de Justicia[40].

En definitiva, la exclusión del ajuste integral por inflación para los sujetos pasivos especiales, la subestimación del ajuste de la UT, el

---

[40] Ver Sentencia No. 935 de 4 de agosto de 2015 dictada en el caso ***Asociación Civil Transparencia Venezuela contra el Presidente del Banco Central de Venezuelan*** http://historico.tsj.gob.ve/decisiones/spa/agosto/180378-00935- 5815-2015-2015-0732.HTML vid. comentarios de Allan Brewer-Carías. *El secreto y la mentira como política de Estado y el fin de la Obligación de Transparencia, en http://allanbrewercarias.com/documentos/el-secreto-y-la-mentira-como-politica-de-estado-y-el-fin-de-la-obligacion- de-transparencia-de-como-el-tribunal-supremo-de-justicia-libero-inconstitucionalmente-al-banco-central-de-venezuela-de-cumplir/*,

retraso en la publicación de los INPC, simplemente fueron parte de una burda estrategia del poder: ***negar la realidad para instalar una mentira***[41]. Su objetivo fue y sigue siendo, manipular la aplicación de los enunciados normativos y los fundamentos fácticos de la corrección monetaria.

Por su parte la ***praxis*** de la Administración tributaria de postergar y subestimar el ajuste de la UT implicó una mayor presión fiscal, artificial e injusta, sobre todo a las personas naturales. Ello degradó la tributación a condiciones indignas, contrarias a los ***derechos humanos***, lesiva del ***mínimo vital***.

En efecto, no ajustar la UT en proporción al cambio del INPC tiene el efecto de incorporar en la base imponible ingresos que no constituyen incremento alguno en la capacidad real de pago de los contribuyentes, lo que incrementa la tasa efectiva de recaudación y toma la apariencia de una mayor eficiencia en la recaudación mediante la elevación implícita de las alícuotas del impuesto.

Los efectos del fallo en el ajuste de la UT en el caso del ISR de las personas naturales, además de ampliar indebidamente la base de contribuyentes, elevan las alícuotas reales del impuesto, reduce el monto real del desgravamen único (mínimo tributable) y de las rebajas y deducciones, eleva la tasa de retenciones e incorpora a más contribuyentes especiales. Además, causa efectos indirectos sobre las obligaciones patronales como el caso del bono de alimentación de los trabajadores, el cual se deteriora restando calidad de vida a la fuerza laboral ocupada en el sector formal de la economía[42].

Por ejemplo, en el año 2014 la diferencia entre la UT real y la UT oficial fue de 205%. La mayor presión fiscal sobre el tramo más bajo de la tarifa No. 1 para las personas naturales fue de 59,36%[43]. Para el año 2013 la diferencia fue de 107% y en 2012 de 108%.

---

41 *Cfr*. Luis Herrera Orellana, "El fenómeno de la *neolengua* como instrumento de quiebre de la democracia y del estado de derecho <propuestas para el rescate de la lengua y la libertad>", en *La neolengua del poder en Venezuela<dominación política y destrucción de la democracia>*, Editorial Galipán, Caracas 2014, p. 144.

42 *Cfr*. José Contreras, Andrés Santeliz y Mariángel Álvarez, "Recaudación fiscal. Estructura productiva, configuración fiscal, equidad y volatilidad", en *Revista Banco Central de Venezuela*, Vol. XXX / N° 2, Biblioteca del pensamiento Económico, ISSN: 0005-4720, Caracas 2015, p. 35.

43 *Ibid*. p. 41.

En resumen, la ilegal e inconstitucional subestimación de los ajustes de la UT implica la subestimación de los ajustes de los tramos nominales de renta por causa de la inflación y se convierte en una forma subrepticia e ilegítima de sobreimposición a la renta.

Desde un punto de vista jurídico, la inconsistencia anotada se traduce en una lesión directa al derecho constitucional de tributar conforme a la capacidad económica efectiva del ciudadano contribuyente *ex* artículo 316 Constitucional, que implica un pago indebido por exceso de tributación. Su efecto puede y debe ser calificado como confiscatorio, situación prohibida por el artículo 317 Constitucional. Por tal razón, todo ello implica el derecho a la indemnización del daño causado por la Administración Tributaria por el cobro indebido, *ex* artículos 26,30, 49, 137,139, 140 y 259 Constitucional y 237 del COT.

Por ejemplo, con la inflación desatada entre 2015 y 2016 (180 % y 274 %) fue muy superior a los ajustes de la UT (18% y 18%, respectivamente), las personas naturales perceptoras de salario mínimo pasaron a ser contribuyentes aún por debajo de un **mínimo vital** y a pesar del impacto mismo del impuesto inflación. ***Una situación que describimos como indigna y violatoria de derechos humanos***[44].

Tal fue el demérito creado por el Gobierno Nacional que, subrepticiamente en marzo de 2016, tuvo que improvisar un decreto de exoneración de ISR[45] para dispensar con 3000 UT adicionales a las personas naturales, impulsando, en la práctica el umbral mínimo de tributación a 3774 UT. El resto de los tramos de tributación expresados en UT, permanecen incólumes, comprometiendo la regresividad de la medida.

En palabra resumidas, para pretender corregir una de las perversidades de la ilegal subestimación del ajuste de la UT, se atropelló una vez más el orden jurídico, inventando una exoneración sin fundamento jurídico, cuya aplicación es retroactiva para el ejercicio fiscal de 2015, con duración limitada solo hasta el ejercicio de 2016.

---

44 Ver Humberto Romero-Muci, *Uso, abuso y perversión de la UT...*, ob. cit., p. 76.

45 ***Gaceta Oficial*** N° 40.864 de fecha 8 de marzo de 2016, mediante la cual se publica el Decreto N° 2266 del 8 de marzo de 2016. Artículo 1: **"Se exoneran de impuesto sobre la renta el enriquecimiento neto anual de fuente territorial obtenido por las personas naturales residentes en el país, hasta por un monto en bolívares equivalente a tres mil unidades tributarias (3000 UT)".**

Debido a la exoneración decretada, para el 2015 el mínimo imponible se ubicó en Bs 566.100,00[46], y para el 2016, con el valor de la UT a Bs. 177, implica un mínimo imponible de Bs. 667.998[47].

No obstante, la exoneración creada por el Decreto No. 2266 de fecha 8 de marzo de 2016, ubica un único pretendido fundamento jurídico en el artículo 197 de la LISR. Los demás fundamentos son retóricos y falaces. Dicha norma faculta al Presidente de la República para exonerar del ISR a determinados contribuyentes, en **"sectores que se consideren de particular importancia para el desarrollo económico nacional o que generen mayor capacidad de empleo, así como también los enriquecimientos derivados de las industrias o proyectos que se establezcan o desarrollen en determinadas regiones del país"**.

Independientemente, del propósito de alivio de la medida, en ningún caso, el artículo 197, sirve para fundamentar semejante exoneración. Por su naturaleza técnica, la exoneración es una dispensa impositiva, una medida de estímulo, que implica una excepción al principio de generalidad en la imposición. El destino de la facultad presidencial en el artículo 197, está circunscrito a los enriquecimientos netos que generen aquellos contribuyentes que, por su importancia, inviertan en actividades que promueven el desarrollo o la capacidad de empleo, esto es, la generación de mayores ingresos.

En el caso en comentarios, la exoneración no promueve el desarrollo económico, sino que, pragmáticamente evita -en algo- la iniquidad y la indignidad de la imposición de enriquecimientos que están bajo el mínimo imponible legal, en lesión del mínimo vital en el ISR. Un demerito que tiene su causa -entre otras razones- en la subestimación y en el retraso en la aplicación del ajuste de la UT conforme a la variación del INPC, esto es, en la ilegalidad de la propia Administración Tributaria.

Por eso, llama poderosamente la atención que, el Decreto No. 2266, del 8 de marzo de 2016, motive la creación de la exoneración en cuestión, con aplicación para el ejercicio concluido en 2015, invocando como fundamento la política fiscal del Ejecutivo Nacional **"...en los**

---

46 (3774 UT X Bs. 150).

47 (3774 UT X Bs. 177).

principios de progresividad, equidad y eficiencia del sistema tributario, con la finalidad de generar los ingresos suficientes que permitan ejecutar las políticas públicas, con especial énfasis en el ámbito social, procurando especialmente la protección de las familias más vulnerables y el estímulo a la clase media trabajadora"[48].

Si el Ejecutivo hubiera tenido una intención sincera de proteger el poder adquisitivo de las familias más vulnerables y de la clase media trabajadora, sencillamente le habría bastado con corregir integra y oportunamente la UT según la variación del INPC. Así no solo habría corregido el mínimo imponible, sino todos los tramos de la tarifa No. 1. No era necesaria ni idónea la improvisación de la exoneración del Decreto No. 2.266 de fecha 8 de marzo de 2016, que no cumple con la finalidad de generar nuevos ingresos, ni para los contribuyentes, ni para el fisco.

En efecto, el ajuste correcto de la UT para el 2015 (de acuerdo con la variación del INPC del ejercicio anterior de 2014) habría sido Bs. **238** y un desgravamen único de Bs. **184.212,00**. Si la corrección de la UT para el ejercicio 2015 se hubiera aplicado oportunamente según el INPC experimentado al cierre de dicho año (declarada en febrero de 2016), la UT habría sido de Bs. **668,5** y el mínimo imponible de Bs. **517.453,00**.

Ese actuar habría sido consistente con el deber constitucional de garantizar **"...la progresividad, la equidad y eficiencia del sistema tributario"**. Pero más importante aún, habría sido consistente con el deber de respeto al mínimo vital, concretamente de preservación del mínimo imponible en el ISR y asegurar la progresividad de los restantes tramos de la tarifa evitando el ***bracket creep***.

Efectivamente, solo por lo que respecta al mínimo imponible, sumando la exoneración (3000 UT) y el desgravamen único (774 UT), a Bs.150 por UT, equivale a Bs. 634.212,00. Eso representa un 20% sobre el ajuste debido y oportuno de la UT (634.212,00/517.453,00).

Solo focalizarse en el mínimo imponible, constituye un despropósito regresivo e inequitativo que lesiona el derecho de los contribuyen-

48 Considerando segundo.

tes a contribuir sobre base real y efectiva, porque el resto de los tramos de la tarifa No. 1, siguen sometidos a un ajuste incompleto e inoportuno de la UT.

Por supuesto, no faltó la clásica justificación ideologizada, según que: **"...el Gobierno Revolucionario, se enfrenta en los actuales momentos a una feroz guerra librada por factores internos y externos que persiguen el deterioro de la economía y el debilitamiento del poder adquisitivo de la población, por lo que se hace necesario adoptar las medidas suficientes que permitan garantizar a los venezolanos y venezolanas, el acceso a los bienes y servicios suficientes para la satisfacción de sus necesidades"**.

Si esta justificación fuera sincera, lo consistente con el orden jurídico vigente, habría sido que el Ejecutivo Nacional hubiera corregido integra y oportunamente la UT según la variación del INPC, **"...para la defensa de la economía y para evitar el debilitamiento del poder adquisitivo de la población, en garantía del acceso a bienes y servicios suficientes para la satisfacción de sus necesidades"**.

El resto de los contribuyentes personas naturales tienen el derecho a que los demás tramos de la tarifa expresados en UT, sean ajustados íntegra y oportunamente según la variación del INPC. Habría sido lo consistente con **"...la defensa de la economía..."** y, por su puesto, evitaría el **"...debilitamiento del poder adquisitivo [del resto] de la población..."**. Ello habría impedido que fueran gravados todos aquellos contribuyentes que superaron nominalmente el nuevo mínimo imponible, por la parte de la renta neta en exceso de ese monto, esto es, **"debilitados en su poder adquisitivo"** con una tarifa expresada en tramos denominados en UT subestimada en términos reales.

Vaya de muestra un ejemplo para ilustrar la situación: tomaremos el caso de un contribuyente (persona natural) con un enriquecimiento neto de **Bs. 1.200.000** para el 2015:

(**i**) En el caso hipotético de no haberse publicado el decreto de exoneración de 3000 UT, el contribuyente tendría un enriquecimiento neto gravable igual a **Bs. 1.083.900** (1.200.000 – 116.100 <774 UT desgravamen único x 150 valor de la UT al 2015>) y deberá **Bs. 237.276** por ISR, de acuerdo con la estructura de tramos dispuesta por la LISR:

Enriquecimiento neto gravable= 1.083.900
150.000 x 0.06 (Tramo I 0-1000 UT 6%)
- 75.000 x 0.09 (Tramo II 1000-1500 UT 9%)
75.000 x 0.12 (Tramo III 1500-2000 UT 12%)
75.000 x 0.16 (Tramo IV 2000-2500 UT 16%)
75.000 x 0.20 (Tramo V 2500-3000 UT 20%)
150.000 x 0.24 (Tramo VI 3000-4000 UT 24%)
300.000 x 0.29 (Tramo VII 4000-6000 UT 29%)
183.900 x 0.34 (Tramo VIII de 6000 UT en adelante 34%)
Total de Impuesto a pagar = 237.276

(**ii**) En el caso de considerarse el decreto de exoneración de 3000 UT, el contribuyente tendría un enriquecimiento neto gravable de **Bs. 633.900** (1.200.000 – 566.100 <116.100 desgravamen único + 450.000 exoneración) y deberá un monto total de **Bs. 97.581**, de ISR, acuerdo a la estructura de tramos dispuesta por la LISR:
Enriquecimiento neto gravable = 633.900
150.000 x 0.06 (Tramo I 0-1000 UT 6%)
75.000 x 0.09 (Tramo II 1000-1500 UT 9%)
75.000 x 0.12 (Tramo III 1500-2000 UT 12%)
75.000 x 0.16 (Tramo IV 2000-2500 UT 16%)
75.000 x 0.20 (Tramo V 2500-3000 UT 20%)
150.000 x 0.24 (Tramo VI 3000-4000 UT 24%)
33.900 x 0.29 (Tramo VII 4000-6000 UT 29%)
Total de Impuesto a pagar = 97.581

(**iii**) Por el contrario en el caso de considerarse el valor de la UT acorde con el INPC para el cierre del 2015 (igual a Bs. 668.5 según nuestro análisis antes expuesto), y aun descartando la exoneración, el contribuyente tendría una renta gravada de **Bs. 682.581** (1.200.000 – 517.419 <774 UT desgravamen único x valor de la UT ajustada>). No obstante, el contribuyente deberá un monto total de **Bs. 41.377,29**, por ISR, con motivo al ajuste de la estructura de tramos dispuesta por la LISR:
Enriquecimiento neto gravable = 682.581
668.500 x 0.06 (Tramo I 0-1000 UT 6%)
14.081 x 0.09 (Tramo II 1000-1500 UT 9%)
Total de Impuesto a pagar = 41.377,29

Esto significa que, con el ajuste correcto de la UT acorde con el INPC (Bs. 41.377,29 de ISR) el cual incide directamente en la configuración de tramos de la LISR, se habría evitado la sobrestimación del impuesto a pagar de un **473%** para el caso (**i**) de no existir exoneración de las 3000 UT (Bs. 237.276). Mientras que en el caso (**ii**) la exoneración, la sobrestimación del impuesto a pagar **asciende a 135,8%** (Bs. 97.581).

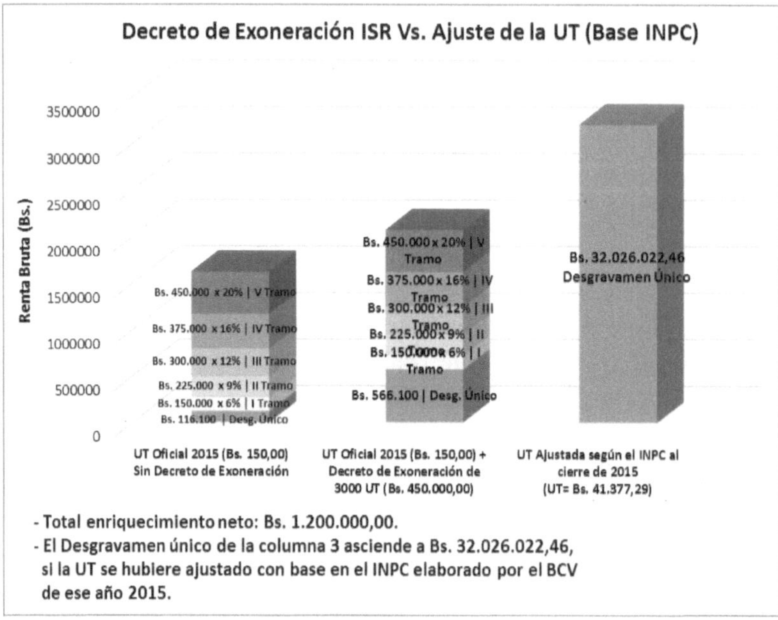

De la misma forma, para los ejercicios coincidentes con los años 2017[49], 2019[50] y 2020[51] el ejecutivo nacional incurrió en sendas vías de

[49] Ver ***Gaceta Oficial*** No. 41.293 del 5 de diciembre de 2017 mediante la cual se publicó el Decreto No. 3.185, a través de la cual se exonero el enriquecimiento neto anual de fuente territorial obtenido por personas naturales residentes en el país, hasta por un monto de 32.000 U.T., esto es Bs. 9.600.000,00 (antes de la reconversión monetaria de 2018).

[50] Ver ***Gaceta Oficial*** No. 6.523 *Extraordinaria* del 2 de abril de 2020, mediante la cual se publicó el Decreto No. 4.171, a través de la cual se exonero del pago del Impuesto sobre la renta, el enriquecimiento neto anual de fuente territorial obtenido por personas naturales residentes en el país, cuyo salario normal o ingreso proveniente del ejercicio de su actividad, al cierre de dicho período no supere el monto equivalente a tres (3) salarios mínimos, esto es (Bs. 900.000,00), después de la reconversión de 2018.

[51] Ver ***Gaceta Oficial*** No. 42.049 del 18 de enero de 2021, mediante la cual se publicó el Decreto No. 4.420, a través del cual las personas naturales residentes en el país deberán

hecho normativas para establecer pretendidas exoneraciones de ISLR para esos respectivos períodos fiscales. Para el año 2017 durante el ejercicio en curso y para los años 2019 y 2020 después de vencido el periodo fiscal. De esta forma se atropelló el orden jurídico para aplicar retroactivamente beneficios fiscales (como supuestas exoneraciones) como dispensa que se agrega al nivel más bajo de imposición, discriminando al resto de los tramos de imposición de la tarifa No. 1 y haciendo inútiles los pretendidos efectos de aliviar la imposición sobre los niveles de ingreso más bajos de la población.

En todos los casos las medidas pretendieron justificarse con el artificio retórico de garantizar **"...la protección de las familias más vulnerables y el estímulo de la clase media trabajadora"**, como expresión de **"progresividad, equidad y eficiencia del sistema tributario"**. Para los últimos ejercicios se dramatizó la concesión de la exoneración extemporánea por sedicentes motivos de solidaridad con los venezolanos por la pandemia del COVID 19.

Nuevamente focalizarse en incidir sobre el mínimo imponible constituye un despropósito regresivo, inequitativo e ineficiente. Ello lesiona el derecho del contribuyente a contribuir sobre una base real y efectiva, ya que el resto de los tramos de la tarifa siguen excluidos de un ajuste por inflación de la UT (por incompleto e inoportuno). Todo ello aleja de la realidad contributiva el modelo de imposición originalmente previsto por el legislador.

Vaya nuevamente de muestra varios ejemplos para los ejercicios 2017, 2019 y 2020.

Se tomará como ejemplo el caso de un contribuyente (persona natural) con un enriquecimiento neto distinto para cada ejercicio en análisis.

Para estos efectos consideramos en la opción (c) de cada año la UT ajustada por inflación del INPC publicado por el BCV, tal como lo mostramos en el siguiente cuadro:

---

pagar el impuesto sobre la renta sólo por los enriquecimientos netos gravables de fuente territorial obtenidos durante el ejercicio fiscal 2020, que superen las 5.000 U.T., esto es (Bs. 7.500.000,00).

Descripción	2017	2019	2020
U.T. Oficial	300	50	1500
U.T. acorde con el valor del INPC	4.336,62	11.175,79	18.014,97

Para el 2017 asumimos un contribuyente con un enriquecimiento neto de Bs. 12.000.000

a. Para este caso hipotético de no haberse publicado el decreto de exoneración de 32000 UT, el contribuyente tendría un enriquecimiento neto gravable igual a Bs. **11.767.800** (12.000.000 – 232.200 <774 UT desgravamen único x 300 valor de la UT al 2017>) y deberá Bs. **3.738.552** por ISLR, de acuerdo con la estructura de tramos dispuesta por la LISLR:
   Enriquecimiento neto gravable = 11.767.800
   300.000 x 0.06 (Tramo I 0-1000 UT 6%)
   150.000 x 0.09 (Tramo II 1000-1500 UT 9%)
   150.000 x 0.12 (Tramo III 1500-2000 UT 12%)
   150.000 x 0.16 (Tramo IV 2000-2500 UT 16%)
   150.000 x 0.20 (Tramo V 2500-3000 UT 20%)
   300.000 x 0.24 (Tramo VI 3000-4000 UT 24%)
   600.000 x 0.29 (Tramo VII 4000-6000 UT 29%)
   9.967.800 x 0.34 (Tramo VIII 6000 UT en adelante 34%
   Total de Impuesto a pagar = 3.738.552
   Tasa Efectiva 32%
b. En el caso de aplicarse el decreto de exoneración de 32000 UT, el contribuyente tendría un enriquecimiento neto gravable de Bs. **2.167.800** (12.000.000 – 9.832.200 <232.200 desgravamen único + 9.600.000 exoneración>) y deberá un monto total de Bs. **474.552** de ISLR, de acuerdo con la estructura de tramos dispuesta por la LISLR:
   Enriquecimiento neto gravable = 5.167.800
   300.000 x 0.06 (Tramo I 0-1000 UT 6%)
   150.000 x 0.09 (Tramo II 1000-1500 UT 9%)
   150.000 x 0.12 (Tramo III 1500-2000 UT 12%)
   150.000 x 0.16 (Tramo IV 2000-2500 UT 16%)

150.000 x 0.20 (Tramo V 2500-3000 UT 20%)
300.000 x 0.24 (Tramo VI 3000-4000 UT 24%)
600.000 x 0.29 (Tramo VII 4000-6000 UT 29%)
367.800 x 0.34 (Tramo VIII 6000 UT en adelante 34%)
Total de Impuesto a pagar = 474.552
Tasa efectiva 22%

c. Por el contrario, en el caso de considerarse el valor de la UT acorde con el INPC para el cierre del 2017 (igual a Bs. 4.336,52 de acuerdo con nuestro análisis), y aun descartando la exoneración, el contribuyente tendría una renta gravable de Bs. 8.643.458,47 (12.000.000 –3.356.541,53 <774 UT desgravamen único x valor de la UT ajustada>). No obstante, el contribuyente deberá un monto total de Bs. **711.968,74** por ISLR, con motivo al ajuste de la estructura de tramos dispuesta por la LISLR:
Enriquecimiento neto gravable = 9.996.888,00
4.336.616,97 x 0.06 (Tramo I 0-1000 UT 6%)
2.168.308,48 x 0.09 (Tramo II 1000-1500 UT 9%)
2.138.533,01 x 0.12 (Tramo III 1500-2000 UT 12%)
Total de Impuesto a pagar = **711.968,74**
Tasa efectiva de: 8%

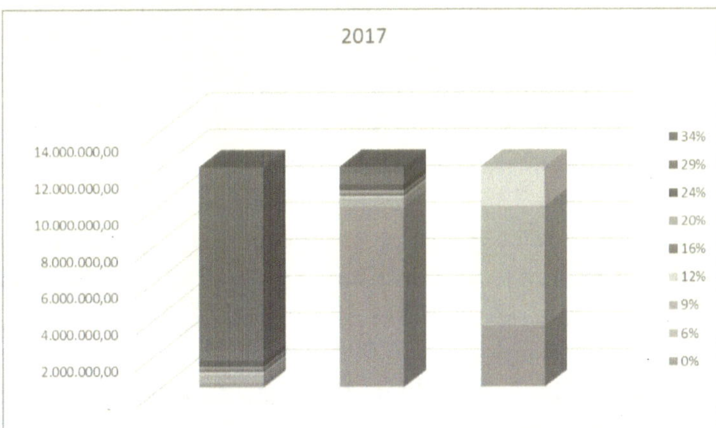

El ejemplo anterior demuestra que, con el ajuste correcto de la UT acorde con el INPC del BCV el impuesto habría sido de Bs. **711.968,74**. Este ajuste habría incidido directamente en la configuración de tramos de la tarifa No. 1 de la LISR y evitado la sobrestimación del impuesto a pagar de un 425% para el caso (i) de no existir exoneración de las 3000 UT (Bs. 3.738.552). Mientras que en el caso (ii) la exoneración subestima el impuesto a pagar en un 0.6% (Bs. 474.552) y solo incide en los niveles más bajos de la escala impositiva pero su efecto se pierde para los niveles superiores a los cuales discrimina a medida que suben los niveles de renta.

Para el 2019 asumimos un contribuyente con un enriquecimiento neto estimado de BsF. 5.000.000

a. Para este caso hipotético de no haberse publicado el decreto de exoneración en base a 3 salarios mínimos, el contribuyente tendría un enriquecimiento neto gravable igual a Bs. **4.961.300** (5.000.000 – 38.700 <774 UT desgravamen único x 50 valor de la UT al 2019>) y deberá Bs. **1.643.092** por ISLR, de acuerdo con la estructura de tramos dispuesta por la LISLR:
   Enriquecimiento neto gravable = 4.961.300
   50.000 x 0.06 (Tramo I 0-1000 UT 6%)
   25.000 x 0.09 (Tramo II 1000-1500 UT 9%)
   25.000 x 0.12 (Tramo III 1500-2000 UT 12%)
   25.000 x 0.16 (Tramo IV 2000-2500 UT 16%)
   25.000 x 0.20 (Tramo V 2500-3000 UT 20%)
   50.000 x 0.24 (Tramo VI 3000-4000 UT 24%)
   100.000 x 0.29 (Tramo VII 4000-6000 UT 29%)
   4.661.300 x 0.34 (Tramo VIII 6000 UT en adelante 34%)
   Total de Impuesto a pagar = 1.643.092
   Tasa efectiva 33%
b. En el caso de aplicarse el decreto de exoneración en base a 3 salarios mínimos, el contribuyente tendría un enriquecimiento neto gravable de Bs**. 4.511.300** (5.000.000 – 488.700 <38.700 desgravamen único + 450.000 exoneración>) y deberá un monto total de Bs. **1.490.092** de ISLR, de acuerdo con la estructura de tramos dispuesta por la LISLR:
   Enriquecimiento neto gravable = 4.511.300
   50.000 x 0.06 (Tramo I 0-1000 UT 6%)
   25.000 x 0.09 (Tramo II 1000-1500 UT 9%)

25.000 x 0.12 (Tramo III 1500-2000 UT 12%)
25.000 x 0.16 (Tramo IV 2000-2500 UT 16%)
25.000 x 0.20 (Tramo V 2500-3000 UT 20%)
50.000 x 0.24 (Tramo VI 3000-4000 UT 24%)
100.000 x 0.29 (Tramo VII 4000-6000 UT 29%)
4.211.300 x 0.34 (Tramo VIII 6000 UT en adelante 34%)
Total de Impuesto a pagar = **1.490.092**
Tasa efectiva 33%

c. Por el contrario, en el caso de aplicarse la corrección del valor de la UT acorde con la variación del INPC para el cierre del ejercicio 2019 (igual a Bs. 11.175,79), y aun descartando la aplicación de la exoneración, el contribuyente no alcanzaría el enriquecimiento neto mínimo necesario para presentar su declaración anual de ISLR.

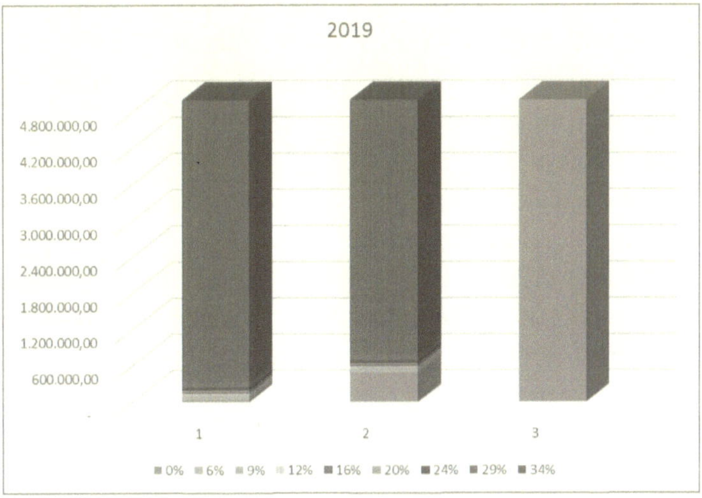

Este ejemplo demuestra que, si se hubiera aplicado el ajuste correcto de la UT acorde con la variación del INPC el impuesto a pagar habría sido de Bs. 0,00. Ello habría incidido directamente en la configuración de tramos de la LISR y habría evitado la sobrestimación del impuesto a pagar en Bs. **1.643.092,00** para el caso (**i**) de no existir exoneración de los 3 salarios mínimos (Bs. 450.00,00). Mientras que en el caso (**ii**) a pesar de la exoneración, la sobrestimación del impuesto a pagar es de Bs. **1.490.092**.

Para el 2020 asumimos un enriquecimiento neto estimado de Bs. 12.000.000

a. Para este caso hipotético de no haberse publicado el decreto de exoneración de 5000 UT, el contribuyente tendría un enriquecimiento neto gravable igual a Bs. **10.839.000** (12.000.000 – 1.161.000 <774 UT desgravamen único x 1500 valor de la UT al 2020>) y deberá Bs. **2.372.760** por ISLR, de acuerdo con la estructura de tramos dispuesta por la LISLR:
Enriquecimiento neto gravable = 10.839.000
1.500.000 x 0.06 (Tramo I 0-1000 UT 6%)
750.000 x 0.09 (Tramo II 1000-1500 UT 9%)
750.000 x 0.12 (Tramo III 1500-2000 UT 12%)
750.000 x 0.16 (Tramo IV 2000-2500 UT 16%)
750.000 x 0.20 (Tramo V 2500-3000 UT 20%)
1.500.000 x 0.24 (Tramo VI 3000-4000 UT 24%)
3.000.000 x 0.29 (Tramo VII 4000-6000 UT 29%)
1.839.000 x 0.34 (Tramo VIII 6000 UT en adelante 34%)
Total de Impuesto a pagar = 2.372.760
Tasa efectiva 21,89%

b. En el caso de aplicar la exoneración de 5000 UT, el contribuyente tendría un enriquecimiento neto gravable de Bs. **3.339.000** (12.000.000 – 8.661.000 <1.161.000 desgravamen único + 7.500.000 exoneración>) y deberá un monto total de Bs. **301.740** de ISLR, de acuerdo con la estructura de tramos dispuesta por la LISLR:
Enriquecimiento neto gravable = Bs. 3.339.000
1.500.000 x 0.06 (Tramo I 0-1000 UT 6%)
750.000 x 0.09 (Tramo II 1000-1500 UT 9%)
750.000 x 0.12 (Tramo III 1500-2000 UT 12%)
339.000 x 0.16 (Tramo IV 2000-2500 UT 16%)
Total de Impuesto a pagar = Bs. 301.740
Tasa efectiva 9%

c. Por el contrario, en el caso de considerarse el valor de la UT acorde con el INPC para el cierre del 2020 (igual a Bs. 44.398), y aun descartando la exoneración, el contribuyente no alcanza-

ría el enriquecimiento neto mínimo necesario para presentar su declaración anual de ISLR.
Total de impuesto a pagar = 0
Tasa efectiva 0%

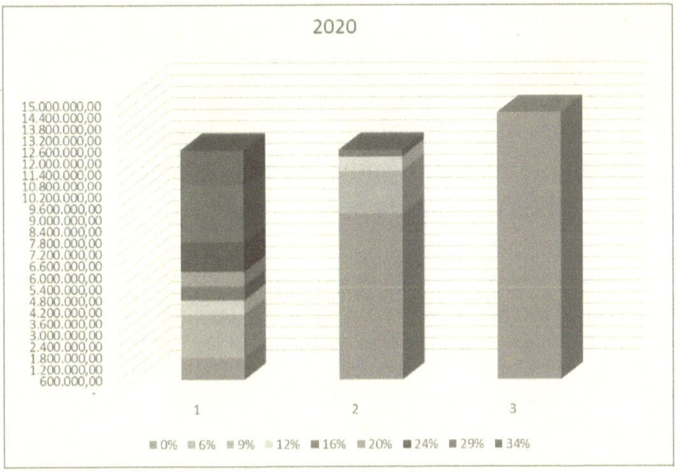

El anterior ejemplo evidencia que, si se hubiera aplicado el ajuste correcto de la UT acorde con la variación del INPC el impuesto a pagar habría sido de Bs. 0,00. Ello habría incidido directamente en la configuración de tramos de la LISR y habría evitado la sobrestimación del impuesto a pagar en Bs. **1.643.092,00** para el caso (**i**) de no existir exoneración de los 3 salarios mínimos (Bs. 7.500.000). Mientras que en el caso (**ii**) a pesar de la exoneración, la sobrestimación del impuesto a pagar se mantiene en Bs. **1.490.092**.

4. La aparición de la fracasada Unidad tributaria sancionatoria (UTS): un intento torpe e inútil de preterir a la AN

En 2017 el régimen se inventó la llamada **"unidad tributaria sancionatoria"**[52] **(UTS)**. Se trató de una vía de hecho normativa obra de la inconstitucional Asamblea Nacional Constituyente[53].

52 Ver ***Gaceta Oficial*** N° 41.305, del 21 de diciembre de 2017: **"Ley Constitucional sobre la creación de la Unidad Tributaria Sancionatoria"** dictada por la Asamblea Nacional Constituyente.

53 "Desde su formación en agosto de 2017, la Asamblea Nacional Constituyente se ha convertido en un poder legislativo de facto, asumiendo las funciones de mandato constitucio-

Fue creada con el propósito espurio de circunvenir, anular y suprimir las atribuciones de la Asamblea Nacional, único órgano del Poder Público legitimado por el pueblo venezolano mediante elecciones libres, universales, directas y secretas, para legislar en las materias de la competencia Nacional[54-55].

Se trató de un claro subterfugio para disociar acomodaticiamente la aplicación del ajuste de la UT a (i) los elementos monetarios en la estructura de tramos y otras unidades monetarias fijas en la definición de la base imponible de los tributos y otras obligaciones, (ii) de la corrección de sanciones tributarias pecuniarias[56].

---

nal de la Asamblea Nacional. Habiéndose otorgado la facultad de legislar sobre materias relacionadas con la garantía de la paz, la seguridad y la soberanía", la Asamblea Nacional Constituyente ha aprobado una serie de las denominadas "leyes constitucionales" o "decretos constitucionales" sobre una serie de temas. Entre ellos se incluyen: (…) Decisiones que afectan a la economía nacional, entre ellas: 1) implementar una régimen fiscal especial en la región del Arco Minero; 2) aprobar todos los presupuestos nacionales a partir de 2017; 3) reformar la ley de impuestos sobre las grandes transacciones financieras; 4) derogar el régimen de cambio de divisas ilegales; 5) aprobar el Plan Nacional de la Patria 2019-2025; 6) fijar los costos de los bienes prioritarios; 7) regular los Consejos Productivos de Trabajadores ("para fortalecer el modelo económico socialista"); 8) institucionalizar los Comités Locales de Abastecimiento y Producción (CLAP); y 9) adoptar medidas contra la supuesta "guerra económica". ***Cfr. Conclusiones detalladas de la Misión internacional independiente de determinación de los hechos sobre la República Bolivariana de Venezuela*, Consejo de Derechos Humanos, Cuadragésimo quinto período de sesiones,** 14 de septiembre a 2 de octubre de 2020, Tema 4 de la agenda, **Las situaciones de derechos humanos que requieren la atención del Consejo, de fecha 15 de septiembre de 2020, A/HRC/45/CRP.11, p. 35, en https://www.ohchr.org/SP/HRBodies/HRC/FFMV/Pages/Index.aspx**

54 Ver Pronunciamiento de las Academias Nacionales de fecha 15 de agosto de 2017. Disponible en web: <http://www.acienpol.org.ve/cmacienpol/Resources/Pronunciamientos/2017-08-15%20Pronunciamiento%20Academias%20ante%20ilegitima%20ANC.pdf>.

55 Academia de Ciencias Políticas y Sociales, "*Pronunciamiento de la Academia de Ciencias Políticas y Sociales ante la "Ley Constitucional contra el odio, por la convivencia pacífica y la tolerancia", dictada por la Asamblea Nacional Constituyente*", Caracas, diciembre, 2017, consultado el 8 de mayo de 2018, disponible en web: <http://www.acienpol.org.ve/cmacienpol/Resources/Pronunciamientos/Pronunciamiento%20Ley%20Contra%20el%20Odio.%20Acienpol.pdf>.

56 Esta pretendida "Ley Constitucional" es inconstitucional porque viola los artículos 187, numeral 1, y 202 (*funciones legislativas de la Asamblea Nacional*), los artículos 2, 3, 7 y 131 (*soberanía popular, preeminencia de los derechos humanos, defensa y desarrollo de la persona y el respeto a la dignidad humana, supremacía constitucional y demás principios del Estado de Derecho*) y vulnera, ***inter alia***, las garantías a los derechos humanos reguladas en los artículos 19 (*goce y ejercicio progresivo, irrenunciable, indivisible e inter-*

Se trató también de un claro expediente persecutorio y discriminatorio, cuya finalidad **"sancionatoria"** fue confesada desde el mismo título de la llamada **"Ley"** así como el pretendido **"efecto disuasorio"** de la dicha medida coercitiva. Su ajuste se independizó de la UT regulada por el COT a los propósitos de "**...crear una unidad tributaria especial que será utilizada exclusivamente para determinar el monto de las multas y sanciones pecuniarias, cuya base de cálculo esté prevista en unidades tributarias, en los respectivos instrumentos normativos que las prevén**"[57].

Su propósito oculto también fue independizar su ajuste de la participación institucional de la Asamblea Nacional según el artículo 115 del COT de 2014[58].

Sin embargo, la llamada UTS fue todo un fracaso. Nunca llegó a aplicarse. La razón más obvia porque el ajuste debía hacerlo el Ejecutivo Nacional, conforme a la variación del IPC fijado por la autoridad competente, esto es, por el mismo BCV, oída la opinión de un batiburrillo de autoridades, haciéndola inútil, incluidas **"...el Ministerio del**

dependiente de los derechos humanos), 20 (*libre desenvolvimiento de la personalidad*), 49 (*debido proceso y derecho a la defensa*), 44.3 y 316 (*carácter retributivo y no recaudatorio de las sanciones tributarias*), 319 (*finalidad técnica de la UT como unidad de medida*), 62 (*derecho de participación política y ciudadana*), 112 (*libertad económica*) y 299 y 320 (*seguridad jurídica y estabilidad económica*) todos previstos en la Constitución vigente.

57 Artículo 1. **"El objeto de esta Ley Constitucional es crear una unidad tributaria especial que será utilizada exclusivamente para determinar el monto de las multas y sanciones pecuniarias, cuya base de cálculo esté prevista en unidades tributarias, en los respectivos instrumentos normativos que las prevén, la cual se denomina Unidad Tributaria Sancionatoria".**

58 La UTS es en esencia una manifestación írrita y discriminatoria de desviación de poder, al pretender tipos diferenciados de medición para los (a) umbrales de tributación y para la (b) expresión cuantitativa de las sanciones pecuniarias, lo que constituye **(i)** una regulación discriminatoria y desviada de la finalidad técnica de la UT como unidad de medida que, como tal, sólo puede ser universal y unívoca, **(ii)** un vaciamiento y tergiversación del carácter retributivo y no recaudatorio de las sanciones tributarias y **(iii)** un retroceso al derecho penal del infractor, del sujeto en cuanto tal y no del acto, que desdice de los principios de afectación del bien jurídico tutelado, de la sanción como *última ratio* y demás principios garantistas previstos en la Constitución. Sin dudas una especie de criminalización del sujeto infractor *per se*, con la anticipación del valor diferencial del dinero, como si la pérdida del poder adquisitivo del valor original y real de la sanción no fuera igual a la pérdida del poder adquisitivo del valor original y real del desgravamen único, de los tramos de renta y de cualquier otro saldo monetario expresado en UT, que afecte a los sujetos distintos a la Administración Tributaria.

Poder Popular con competencia en materia de seguridad ciudadana, el Tribunal Supremo de Justicia y el Poder Ciudadano".

En palabras resumidas el ajuste seria el mismo que el del BCV y con ello no debía ni podía ser distinto del previsto para la UT según el COT, salvo la posible arbitrariedad adicional del Ejecutivo Nacional para fijar discrecionalmente un valor de "conveniencia" de la UTS.

5. El Decreto de emergencia económica para delegar el ajuste de la UT marginando la intervención de la Asamblea Nacional

El expediente de los **"Decretos de Emergencia económica"**[59] fue otro subterfugio abusado por del Poder Ejecutivo para la desdemocratización del Estado y con ello facilitar la deslegalización de la UT, entre otros despropósitos.

Por este medio normativo el Presidente de la República pretendió circunvenir la legalidad y la representación y la participación democrática, para nuevamente insistir en (i) manipular el ajuste según criterios acomodaticios no consistentes con la inflación real y (ii) disociar la fijación de la UT de la intervención de la Asamblea Nacional.

En 2018 apareció el denominado Decreto Presidencial Nº 3.239, de fecha 9 de enero de 2018[60], mediante el cual se declaró el ***Estado de Excepción y de Emergencia Económica en todo el territorio Nacional***. La medida extrema de intervención de los derechos y garantías económicas de los venezolanos se justificó en el conflicto político con

---

59 **"Antes de promulgar los estados de emergencia y excepción, el Presidente Maduro gobernaba en virtud de dos <<leyes habilitantes>> promulgadas por la anterior Asamblea Nacional, que el partido PSUV seguía controlando. La segunda de ellas, la "Ley habilitante Antiimperialista", aprobada en marzo de 2015, confería poderes especiales al Presidente para dictar leyes y decretos durante un período de seis meses. Esto siguió la práctica del ex Presidente Hugo Chávez de gobernar con arreglo a leyes habilitantes dictadas por la Asamblea Nacional. Desde que el partido de gobierno se convirtió en la minoría de la Asamblea Nacional, el Presidente ha recurrido a los estados de excepción y de emergencia para gobernar."** *Cfr*. Conclusiones detalladas de la Misión internacional independiente de determinación de los hechos sobre la República Bolivariana de Venezuela, Consejo de Derechos Humanos, Cuadragésimo quinto período de sesiones, 14 de septiembre a 2 de octubre de 2020, Tema 4 de la agenda, Las situaciones de derechos humanos que requieren la atención del Consejo, de fecha 15 de septiembre de 2020, A/HRC/45/CRP.11, p. 41, en https://www.ohchr.org/SP/HRBodies/HRC/FFMV/Pages/Index.aspx

60 ***Gaceta Oficial*** No. 6.356 de fecha 9 de enero de 2018

la Asamblea Nacional, bajo el pretexto de la pretensión desde ese órgano del estado de **"...destituir y desconocer las máximas autoridades del Poder ejecutivo nacional"**[61], así como en **"...la amenaza a la economía nacional..."** causada por las medidas llamadas de **"bloqueo económico"** dictadas por el gobierno de los Estados Unidos de América contra algunos personeros del régimen[62].

Se estableció como una medida excepcional **"...facultar a la Administración Tributaria para reajustar la Unidad Tributaria (U.T.), con base a los análisis técnicos que correspondan, cuando el órgano competente que autorice se encuentre inhabilitado legal o judicialmente para hacerlo".**[63]

---

61 Decreto No. 3239 de 9 de enero de 2018; Considerando No. 5: **"...la Asamblea Nacional, ha efectuado una serie de actos fraudulentos y simulaciones de situaciones jurídicas para engañar a la comunidad nacional e internacional, ejecutando actos írritos que pretenden la destitución y el desconocimiento de las máximas autoridades del Poder Ejecutivo Nacional, del Poder Ciudadano, Poder Judicial y del Poder Electoral, generando desconcierto y zozobra en la población, impactando directamente sobre la economía del país y la Paz de la República...".**

62 Considerando No. **"...[la] Orden Ejecutiva del Presidente de los Estados Unidos de América, Donald Trump de impon[er] un bloqueo económico y financiero contra el Pueblo Soberano de la República Bolivariana de Venezuela, a través de ilícitas e ilegítimas sanciones, en extensión y aplicación de la Orden Ejecutiva de Barack Obama que considera a Venezuela <<una amenaza inusual y extraordinaria a la seguridad nacional de los EE.UU y a su política exterior>>".**

63 Conviene citar el texto del pronunciamiento de la Academia Nacional de Ciencias Económicas de Fecha 9 de marzo de 2021, que desmiente el argumento de la guerra económica y ubica las razones de la crisis económica en las políticas económicas equivocadas del gobierno, identificadas como socialismo del siglo XXI. **"... Las razones de esta tragedia están en las equivocadas políticas, derivadas del modelo político-ideológico del Socialismo del Siglo XXI y no en las sanciones económicas aplicadas por el gobierno de los Estados Unidos, como alegan quienes ejercen el gobierno. Es necesario aclarar que el año en que fueron introducidas sanciones financieras a la República y a Pdvsa (2017), el Estado venezolano se vio imposibilitado de pagar su deuda internacional (default) aislándose, por su cuenta, de los mercados financieros mundiales. Asimismo, para el momento de entrar en vigor las sanciones petroleras (21.01.2019), la producción de crudos había caído a apenas la tercera parte de la de 2013. Si bien puede decirse que esas sanciones acentuaron ese declive –hoy se produce apenas el 16%--, es evidente que la destrucción de la capacidad productiva de la industria petrolera ya había ocurrido. Las sanciones personales, por su parte, no son contra Venezuela, si no a funcionarios imputados de haber violado derechos humanos y/o incurrido en corruptelas. Por tanto, no tienen repercusiones económicas.".** ***Cfr.*** https://ancevenezuela.org.ve/wp-content/uploads/2021/03/20210309-PronunciamientoANCE.pdf

Por Decreto Presidencial Nº 3.393 de 30 de abril de 2018[64] se concretó la decisión de facultar a la Administración Tributaria para reajustar la UT.

Nuevamente la justificación de la medida atiende a la "**imposibilidad del órgano legislativo de sesionar**", debido a su "**...desacato contumaz (sic), continuado, manifiesto y persistente desde el 5 de enero de 2016, lo que invalida y hace irrita sus actuaciones, así como de las de las comisiones que lo integran...**"[65].

La validez de este decreto fue avalada por la Sala Constitucional del Tribunal Supremo de Justicia, en sentencia No. 18-0033 de fecha 17 de enero 2019. La extensión del decreto fue prorrogada 60 días mediante decreto Nº 3.308 de fecha 9 de marzo de 2018[66]. Un ejemplo clínico del uso de la justicia constitucional como un mecanismo de afianzamiento del autoritarismo y la concentración de poder en el Ejecutivo, para despojar a la Asamblea Nacional de sus potestades y funciones tanto legislativas como las de control político sobre el gobierno y la administración pública.

De esta forma se contrarió el artículo 131(15) del COT de 2014 que ordena a la Administración Tributaria reajustar la UT sobre la base de la variación producida en el Índice Nacional de Precios al Consumidor (INPC) fijado por el BCV, del año inmediatamente anterior. Para más degradación se deslegalizó inconstitucional e ilegalmente en la Administración Tributaria la fijación del valor de la UT al margen del control de la Asamblea Nacional y de su fundamentación en información técnica idónea sobre la inflación acumulada.

La decisión de reajuste de la UT fue ejecutada según providencia Administrativa SNAT/2017/28 emitida por el SENIAT en fecha 3 de septiembre de 2018[67]. La decisión destaca la omisión de toda justificación sobre los análisis técnicos que deben soportar el cálculo del ajuste, a pesar de lo exigido por el Decreto No. 3239 de fecha 9 de enero de 2018.

---

[64] ***Gaceta Oficial*** No. 41.387 de 30 de abril de 2018.

[65] Considerando único.

[66] ***Gaceta Oficial*** No. 41.357 del 9 de marzo de 2018.

[67] ***Gaceta Oficial*** No. 6.356 de fecha 9 de enero de 2018.

Es importante destacar que el SENIAT ajustó el valor de la UT cuatro veces en ese año calendario, no obstante, la disposición del artículo 131 del COT de 2014, que impone hacerlo una sola vez, dentro de los 15 días del mes de febrero de cada año, previa opinión favorable de la Comisión Permanente de Finanzas de la Asamblea Nacional[68].

Un ajuste de 4 veces en un año solo evidencia improvisación, desprecio a la legalidad y la seguridad jurídica.

Esto es especialmente perturbador en el caso de los tributos que se liquidan por periodos. En tal caso la UT aplicable es la vigente por más de 183 días durante la anualidad, según ordena el artículo 3, parágrafo tercero del COT de 2014.

Esta condición de validez temporal de la UT aplica tanto a los aspectos que incidan sobre la determinación del tributo como sus accesorios, incluidas las multas por incumplimiento de deberes formales o materiales. Por eso, como quiera que ninguna UT ajustada en el año 2018 estuvo vigente por más de 183 días durante ese año calendario[69], razones de seguridad jurídica obligan a considerar aplicable la UT vigente durante el periodo 2017 de BsF 300 en razón que de esta no fue aumentada o modificada legalmente para el año de 2018 y debió continuar aplicándose para el año de 2018[70].

---

68 Valor UT Bs. F. 500 (***Gaceta Oficial*** No. 41 1351 de fecha 1 de marzo de 2018, UT Bs. F. 850 (***Gaceta Oficial*** No. 41388 del 2 de mayo de 2018), UT Bs. F 1200 en (***Gaceta Oficial*** No. 6383 extraordinaria del 20 de junio de 2018) y Bs. S 17 (***Gaceta Oficial*** No. 41 1479 del 11 de septiembre de 2018).

69 Como notó acertadamente Manuel Iturbe **"… resulta totalmente desproporcionado y violatorio a los principios de capacidad contributiva y de no confiscación el aumento de la UT que efectuó el SENIAT en fecha 11 de septiembre de 2018 de Bs.F1.200 (0,0120 en bolívares soberanos) a Bs.S 17 (1.700.000 en bolívares fuertes), lo cual representa un aumento de 1.416 veces la UT que había establecido el 20 de junio de 2018 en los citados Bs.F 1.200 y que vendría a ser lo mismo que afirmar que el aumento de una UT a otra fue de más de 141.000%, es decir, en menos de 3 meses la UT fue aumentada por el SENIAT de forma desproporcionada y exagerada y sin ningún parámetro objetivo respecto a la inflación oficial reflejada por el Banco Central de Venezuela (BCV) para el periodo respectivo año anterior o proyección de inflación del año En tal sentido, cualquier multa que se haya actualizado con base en esta UT de Bs. S 17, sería violatoria a tales principios"**. ***vid.*** Manuel Iturbe Alarcón, "Algunos aspectos relevantes sobre la actualización de las multas conforme al Código Orgánico Tributario", en *XVIII Jornadas de Derecho Tributario*, Asociación Venezolana de Derecho Tributario, Caracas 2019, p. 640.

70 *Ibid.* p. 655. Coincide con este planteamiento, Elvira Dupouy Mendoza, ob. cit, p. 6.

6. La aplicación exclusiva de la UT por la Administración Tributaria Nacional: la prohibición de uso de la UT por los Estados y Municipios

Otro fallo insólito en la providencia Administrativa SNAT/2017/28 del SENIAT fue decidir, sin base legal alguna, el uso de la UT exclusivamente para los tributos nacionales gestionados por la Administración tributaria, y prohibir su uso **"...por otros órganos y entes del poder público para la determinación de beneficios laborales o de tasas y contribuciones especiales derivados de los servicios que prestan"**[71].

Con pretendido rango legal esta prohibición aparece recogida con igual tenor en la norma del segundo aparte del parágrafo tercero del artículo 3 de la pretendida reforma del COT de 2020[72].

Es importante destacar el inmenso dislate regresivo que esta medida causó para el sistema tributario y el sistema jurídico en general. Su efecto es la desarmonización y anarquización de los medios de corrección monetaria tributarios y para otros fines para los que se venía utilizando la UT.

En complemento el artículo 346 del COT de 2020 dispuso una suerte de ***ultimátum***, según que **"'...los órganos y entes del Poder Público tendrán un plazo de un (1) año contado a partir de la fecha de publicación de este Decreto Constituyente en la Gaceta Oficial de la República Bolivariana de Venezuela, para sustituir la unidad de medida para la determinación de beneficios laborales o tasas y contribuciones especiales derivadas de los servicios que prestan, en los casos en que se encuentren actualmente establecidas en unidades tributarias"**.

Esta medida es un contrasentido al propósito coherentista de la UT. Implosionó la finalidad de establecer un valor uniforme para la correc-

---

71 **Artículo 2°. "El valor de la Unidad Tributaria establecido en esta Providencia Administrativa sólo podrá ser utilizado como Unidad de Medida para la determinación de los Tributos Nacionales cuya recaudación y control sean de la competencia del Servicio Nacional Integrado de Administración Aduanera y Tributaria, así como de las sanciones impuestas por este Servicio, no pudiendo ser utilizada por otros órganos y entes del poder público para la determinación de beneficios laborales o de tasas y contribuciones especiales derivados de los servicios que prestan".**

72 ***Gaceta Oficial*** N° 6.507 Extraordinaria del 29 de enero de 2020.

ción de todo tipo de normas que utilicen unidades monetarias fijas, no solo tributarias sino laborales, procesales, administrativas, en general todo un ordenamiento que se acopló a un mecanismo uniforme y a una técnica de aplicación universal para ajustar el valor constante del bolívar en el uso de unidades monetarias en las definiciones normativas.

La exclusión comentada tuvo un inmediato efecto anarquizante del sistema tributario y una licencia a la deslegalización e improvisación en una materia que supone el orden y la coherencia de un diseño técnico objetivo, único y funcional.

A. La rocambolesca aparición de especies correctoras municipales

Varios municipios reaccionaron estableciendo sus propios criterios de corrección monetaria **"...bajo parámetros totalmente arbitrarios y disimiles, de dudoso rigor técnico frente al mismo fenómeno inflacionario"**[73]. Algunos municipios se vincularon al (i) salario mínimo nacional[74], (ii) el propio INPC publicado por el BCV o "...cualquier **criterios técnicos, económicos y sociales necesarios para garantizar los servicios y obras sociales**..."[75], (ii) el valor del oro según el

[73] *Cfr*. Elvira Dupouy Mendoza, "Consideraciones sobre la constitucionalidad e ilegalidad de actualización de las multas establecidas en el Código Orgánico Tributario y la Ley Orgánica de Aduanas", en *Libro homenaje a Luis Cova Arria*, Tomo III, Academia de Ciencias Políticas y Sociales, Caracas 2020, p. 345.

[74] El Municipio Bolivariano Chacao del Estado Miranda creó la Unidad de Valor Fiscal Municipal Tributaria, con base en el **"0,125% del salario mínimo nacional vigente a raíz de la reconversión monetaria realizada en el mes de agosto de 2018". *Cfr***. Ordenanza de creación de las unidades de valor fiscal en Municipio Chacao del Estado Bolivariano de Miranda, publicada en Gaceta Municipal del Municipio Chacao N° 8796 Extraordinaria de fecha 5 de febrero de 2018) disponible en: https://atencionalciudadanochacao.blogspot.com/2019/02/gaceta-municipal-nro-extraordinario_5.html

[75] El Municipio Bolivariano Carirubana del Estado Falcón creó la Unidad de Cálculo Aritmético Municipal (UCAM), con base en el **"Índice de Precios al Consumidor (IPC) publicado por el Banco Central de Venezuela (BVC) o en su defecto con base a criterios técnicos, económicos y sociales necesarios para garantizar los servicios y obras sociales de su competencia...". *Cfr***. Ordenanza de creación y aplicación de la Unidad de Cálculo Aritmético Municipal (UCAM) del Municipio Carirubana, publicada en Gaceta Municipal N° 343-2018 Extraordinaria de fecha 31 de mayo de 2018) disponible en: http://www.alcaldiadecarirubana.com.ve/documentos/ ORDENANZA %20DE%20CREACION%20 Y%20 APLICACION%20DE%20LA%20UNIDAD%20DE%20CALCULO%20ARITMETICO%20MUNICIPAL.pdf;

precio internacional publicado por el BCV[76] (iii) el **"...15% del valor fijado por el sistema de mercado cambiario oficial manejado por el BCV"**[77] o (iv) el valor del llamado "Petro" [78].

B. La desconstitucionalización de la armonización tributaria y la centralización de la tributación municipal y estadal por la inconstitucional Sala Constitucional

En medio de esta tormenta anarquizante se produjo un conjunto de las más insólitas decisiones de la Sala Constitucional del Tribunal Supremo de Justicia en su pérfido propósito de desconstitucionalizar el Estado de derecho y particularmente el sistema tributario. Un ejemplo

---

76 Ver Municipio Carrizal del Estado Miranda: ORDENANZA SOBRE LA UNIDAD TRIBUTARIA MUNICIPAL de fecha 30 de agosto de 2019. Artículo 4.- **"Se fija el valor de la "Unidad Tributaria Municipal" (UTM)", en 0.36% del precio referencial en bolívares de un gramo de oro, según la progresiva cotización internacional del mineral publicada por el Banco Central de Venezuela"**. Señala la respectiva exposición de motivos. **"...Finalmente la adopción del precio referencial en bolívares del precio del gramos del oro como factor de recuperación y estabilización de los tributos municipales,[ ] se adopta luego de exhaustivos análisis; el oro como es sabido, es utilizado internacionalmente como un mineral de respaldo de conos monetarios, además quien determina los precios del valor del oro son los mercados mundiales, es decir, que los factores económicos nacionales, no afectan dicho precio; y por el contrario es considerado como una cobertura en caso de procesos inflacionarios como los que actualmente está pasando Venezuela".**

77 El Municipio Chacao del Estado Miranda, reformó la Ordenanza sobre el "Unidad de Valor Fiscal Municipal". Abandonó la referencia al "salario mínimo" y lo vinculó al "valor del dólar publicado en el mercado cambiario regulado por el Banco Central de Venezuela" (***Cfr.*** Ordenanza de creación de la Unidad de Valor Fiscal Municipal, publicada en Gaceta Municipal Extraordinaria Nº 8.824 de fecha 12 de abril de 2019) disponible en: https://atencionalciudadanochacao.blogspot.com/2019/02/gaceta-municipal-nro-extraordinario_5.html. También reformó la Unidad de valor fiscal sancionatoria equivalente a "0,080% del valor de la moneda publicada por el sistema de mercado cambiario oficial regulado por el BCV" articulo 4.

78 El Municipio Bolivariano Libertador del Distrito Capital creó la "Unidad Tributaria Municipal" equivalente a los **"bolívares que correspondan al uno coma siete por ciento (1.7%) del criptoactivo Petro fluctuante creado mediante Decreto Nº 3.196 publicado en Gaceta Oficial Nº 6.346 Extraordinaria de fecha 8 de diciembre de 2017"** (***Cfr.*** Ordenanza mediante la cual se establece la Unidad Tributaria Municipal en jurisdicción del Municipio Bolivariano Libertador del Distrito Capital, publicada en ***Gaceta Municipal*** Nº 4.535 de fecha 27 de febrero de 2020), disponible en: https://sumat.gob.ve/wp-content/uploads/2020/03/Ordenanza-N%C2%B0-4535-Unidad-Tributaria-Municipal-en Jurisdiccio%CC% 81n-1.pdf;

patético de cómo el juez constitucional usurpó los poderes legislativos de la Asamblea Nacional y de los estados y municipios, propiciando la concentración del poder y la centralización política de la federación, mutando la Constitución para imponer una solución autoritaria a la pluralidad tributaria.

Destacan una seguidilla de sentencias (i) N° 0250 de fecha 08 de agosto de 2019, (ii) N° 078 de fecha 07 de julio de 2020, la (iii) No. 118 de fecha 18 de agosto de 2020 y las (iv) Nos. 0161 del 20 de noviembre de 2020 y 0273 de fecha 30 de diciembre de 2020, en colusión con otros poderes del Estado y operadores políticos.

a. Sentencia No. 0250

Por sentencia N° 0250 de fecha 08 de agosto de 2019, la Sala Constitucional del Tribunal Supremo de Justicia, expediente 19-0333, admitió el recurso de nulidad incoado por Juan Garantón H. contra las Ordenanzas 001.19 y 008-19 del Municipio Bolivariano Chacao del Estado Miranda, que modificaron la creación de la Unidad de Valores Fiscales y la de Convivencia Ciudadana respectivamente, y adicionalmente, acordó la solicitud de amparo cautelar de suspensión de dichas Ordenanzas, hasta tanto se resuelva el fondo de la acción de nulidad.

b. Sentencia No. 078

Lo insólito fue que, por sentencia N° 078 de fecha 07 de julio de 2020 la misma Sala Constitucional decidió suspender, con efecto ***erga omnes***, la potestad tributaria de los estados y municipios, esto es, **"... la aplicación de cualquier instrumento normativo dictado por los concejos municipales y consejos legislativos de los estados que establezcan algún tipo de tasa o contribución de naturaleza tributaria, así como cualquier decreto o acto administrativo de efectos generales dictado por los alcaldes o gobernadores con la misma finalidad"**. Justificó su decisión en un pretexto falso según que, el **"...Poder Legislativo Nacional no ha dictado la legislación a que se refiere el cardinal 13 del artículo 156 de la Constitución..."**, razón por la cual, **"... Sala Constitucional juzga que resulta imprescindible, dado la actual situación de Estado de Excepción, tanto de Emergencia Económica, como de Alarma, que se proceda de manera urgente**

a concretar el mandato constitucional referido a la coordinación y armonización tributaria"[79].

En efecto, la Sala Constitucional suspendió por 90 días la aplicación de cualquier instrumento normativo dictado por los concejos municipales y consejos legislativos de los Estados que establezcan algún tipo de tasa o contribución de naturaleza tributaria, así como cualquier decreto o acto administrativo de efectos generales dictado por los alcaldes o gobernadores con la misma finalidad.

Finalmente, ordenó al vicepresidente sectorial del área económica y Ministro del Poder Popular de Industria y producción para que, junto con los gobernadores, los alcaldes y el jefe de Gobierno del Distrito Capital, conformen una mesa técnica a fin de coordinar los parámetros dentro de los cuales ejercerán su potestad tributaria, en particular, para armonizar lo referido a los tipos impositivos y alícuotas de los tributos.

Es importante enfatizar la barbaridad del efecto práctico de esta decisión: En nombre de la armonización tributaria, de la exclusiva competencia de la Asamblea Nacional, se interfirió descaradamente la autonomía tributaria de los estados y municipios, al extremo de suspenderla en todo su alcance jurídico y económico.

Se enervó la potestad tributaria de los estados y municipios del país, esto es, la facultad de creación de los tributos reconocidos constitucionalmente como ingresos propios, así como la gestión de estos. Ello incluye todas las competencias administrativas asociadas a la verificación, determinación y liquidación de los tributos, las facultades de fiscalización, de asegurar el cumplimiento tributario, controlar los actos de liquidación y recaudar el tributo y sus accesorios. Se mediatizó indolentemente la autonomía tributaria de los entes políticos menores de recaudar y percibir sus propios tributos y se bloquearon las finanzas de dichos entes, así fuera con carácter temporal.

---

[79] Sentencia N° 0250 de fecha 08 de agosto de 2019, la Sala Constitucional del Tribunal Supremo de Justicia, expediente 19-0333, con ponencia del Magistrado Arcadio Delgado Rosales, admitió el recurso de nulidad incoado por Juan Garantón H. contra las Ordenanzas 001.19 y 008-19 que modifican la creación de la Unidad de Valores Fiscales y la de Convivencia Ciudadana respectivamente, y adicionalmente, acordó la solicitud de amparo cautelar de suspensión de dichas Ordenanzas, hasta tanto se resuelva el fondo de la acción de nulidad.

La doctrina constitucional más autorizada[80] señaló que, la decisión de la Sala Constitucional de suspender ***erga omnes*** la potestad tributaria de los estados y municipios, violó el (i) principio de separación de poderes al usurpar las potestades exclusivas y excluyentes de la Asamblea Nacional para legislar sobre la coordinación y armonización de las distintas potestades tributarias[81], (ii) usurpó atribuciones del presidente de la República al fundamentarse en la sentencia en **"la actual situación del estado de excepción tanto de emergencia económica como de alarma"**[82]; (iii) violó la autonomía estadal y municipal al desconocer las potestades tributarias de los municipios y de los estados, en detrimento de la distribución territorial del poder público y del Estado federal; además (iv) violó el debido proceso por incurrir en ***extra petita*** al decidir sobre un asunto que no le fue solicitado por las partes y (v) violó el carácter de instrumental de la provisionalidad y el carácter accesorio de las medidas cautelares; en definitiva, por violar el derecho a la defensa de los entes públicos sobre los cuales recayeron los efectos de la medida cautelar.

La Sala Constitucional una vez más pisoteó el sentido de la función judicial. Violó el debido proceso, así como la garantía de la tutela judicial efectiva, al decidir, excediéndose incongruentemente, en un asunto que nunca le fue planteado en un proceso judicial. En su desafuero la Sala Constitucional llegó al extremo, incluso de usurpar la función de Gobierno para justificar su intervención acomodaticiamente bajo los pretextos de la "emergencia económica" y del "estado de alarma" írritamente decretados por el ejecutivo y cohonestados por el juez constitucional.

Por eso Badell señala con rotundidad que la decisión de la Sala Constitucional no es una sentencia, cautelar o definitiva; por el contrario, constituye una medida artera de dirección política totalmente ajena

---

80 *Cfr*. Rafael Badell Madrid, "Consideraciones sobre la sentencia de la Sala Constitucional del Tribunal Supremo de Justicia que suspendió la aplicación de las leyes estadales y municipales sobre impuestos", en *Boletín* No. 161 julio-diciembre 2020, Academia de Ciencias Políticas y Sociales, Caracas, p. 1203.

81 Artículo 136 156(13) y 187(1) de la Constitución.

82 Artículos 337 de la Constitución y 15 (b) de la Ley Orgánica sobre Estados de Excepción.

a sus funciones y en consecuencia es nula de conformidad con lo dispuesto en el artículo 138 de la Constitución[83].

Con esta decisión, quedó clara la intención de la Sala Constitucional de falsear y desfigurar el régimen constitucional y democrático establecido en la Constitución, pues sólo el Parlamento tiene legitimidad y dignidad democrática para dictar leyes en sentido formal. Esta garantía asegura el más amplio consenso y la participación de todos los pensamientos políticos, incluidas las minorías, perfeccionándose de esta forma los principios constitucionales del pluralismo y representatividad, de raigambre esencial según confirman los artículos 2 y 5 constitucionales. La protección de la garantía de la reserva legal supone precisamente que será inconstitucional cualquier regulación que no emane del legislador nacional y sin cumplir el procedimiento constitucionalmente establecido.

Lo más perturbador: en completa violación de la Constitución, la Sala Constitucional pretendió dictar la regulación relativa coordinación y armonización de distintas potestades tributarias que sólo corresponde a la Asamblea Nacional de conformidad con los artículos 156 (13) y 187(1), a través de la creación de una mesa técnica presidida por el Vicepresidente Sectorial del Área Económica y Ministro del Poder Popular de Industria y Producción, junto a gobernadores, alcaldes y el Jefe del Gobierno del Distrito Capital. La Sala Constitucional usurpó las competencias de la Asamblea Nacional sobre coordinación y armonización de distintas potestades tributarias, pero especialmente despreció la especial trascendencia nacional de la materia y por tanto su sujeción a la discusión parlamentaria, así como a la consulta popular que exige la Constitución.

Más aun, toda esta argumentación se fundamentó en un pretexto falso; la supuesta inexistencia de una legislación nacional sobre armonización tributaria estadal y municipal, cuando lo cierto es que la (i) Ley Orgánica del poder público municipal[84], es precisamente una ley de armonización tributaria. A ello se suma la ignorancia sobre las iniciativas de armonización tributaria estadal como fue la (ii) Ley Orgánica

83 *Ibid.* p. 38.

84 ***Gaceta Oficial*** No. 6015 extraordinaria de fecha 28 de diciembre de 2010.

para la Hacienda Pública Estadal, sancionada por la Asamblea Nacional en 11 de marzo de 2004, vetada por el presidente de la República el 15 de abril de 2004.

c. La sentencia No. 118

El último exceso en esta zaga arbitraria fue la sentencia No. 118 de fecha 18 de agosto de 2020. Un gigantesco fraude a la constitución y a los derechos de los estados y municipios y todos los contribuyentes a quienes se pretende aplicar estas vías de hecho.

Su objeto fue imponer el llamado Acuerdo Nacional de Armonización Tributaria Municipal ("ANAT") presentado por Tareck El Aissami en ejecución de la sentencia No. 78; en concreto: (i) ordenar a los alcaldes suscriptores del acuerdo a adecuar las ordenanzas relativas a los impuestos de actividades económicas y de inmuebles urbanos de conformidad a lo dispuesto en este instrumento, ello con la finalidad del levantamiento de la medida cautelar de la sentencia No. 78, una vez oída opinión favorable del Ministerio de Finanzas y (ii) notificar a los alcaldes no suscriptores el contenido del ANAT para que procedan a manifestar su conformidad con el acuerdo.

El llamado ANAT es un documento suscrito por el Consejo Bolivariano de Alcaldes de la República Bolivariana de Venezuela ("CBA"), cuya finalidad anunciada es el cumplimiento con los artículos 178 y 179 de la Constitución nacional, así como del artículo 162 de la Ley del Poder Público Municipal[85].

Ahora bien, lo cierto es que, el llamado ANAT no es una Ordenanza Municipal, ni un Acuerdo en los términos del ordenamiento jurídico vigente, que son actos que dictan los Concejos Municipales y deben ser publicados en la Gaceta Municipal cuando afecten la Hacienda Pública Municipal, para que surtan efectos y sean válidos para sus destinatarios.

De otro lado tampoco el CBA es un órgano o entidad de Derecho público, ni tiene legitimidad constitucional. Tampoco es una corpora-

[85] Artículo 162 **"Los municipios podrán celebrar acuerdos entre ellos y con otras entidades político-territoriales con el fin de propiciar la coordinación y armonización tributaria y evitar la doble o múltiple tributación interjurisdiccional. Dichos convenios entrarán en vigencia en la fecha de su publicación en la respectiva Gaceta Municipal o en la fecha posterior que se indique."**

ción de derecho público o privado en el ámbito local, ni una mancomunidad ni una asociación intergubernamental. La CBA parece ser una asociación política que representa intereses políticos partidistas concretos. En tal sentido no goza de carácter plural ni institucional. Al carecer de personería jurídica de derecho público no tiene facultades ni puede comprometer el poder tributario de los Municipios, siendo que no ostenta ni puede ostentar la representación legal de los intereses del colectivo, sino los meramente políticos.

d. Sentencias Nos. 0161 y 0273

Por sentencias 0161 y 0273 fechas 20 de noviembre[86] y 30 de diciembre de 2020[87] respectivamente, la Sala Constitucional levantó la

[86] Sobre los instrumentos normativos dictados por los concejos municipales de: Municipio Maneiro, Estado Nueva Esparta Municipio Sucre, Estado Miranda Municipio Chacao, Estado Miranda Municipio Guaicaipuro Estado Miranda. Municipio Zamora, Estado Miranda Municipio Vargas, Estado La Guaira. Municipio Libertador, Distrito Capital. Municipio Valencia, Estado Carabobo. Municipio Los Guayos, Estado Carabobo. Municipio Girardot, Estado Aragua. Municipio Caroní Estado Bolívar. Municipio Lima Blanco, Estado Cojedes. Municipio Agua Blanca, Estado Portuguesa. Municipio Sucre, Estado Portuguesa. ORDENA al Ministerio del Poder Popular de Economía, Finanzas y Comercio Exterior, así como a los Alcaldes de los Municipios Maneiro, Estado Nueva Esparta; Sucre, Estado Miranda; Chacao, Estado Miranda; Guaicaipuro, Estado Miranda; Zamora, Estado Miranda; Vargas, Estado La Guaira; Libertador, Distrito Capital; Valencia, Estado Carabobo; Los Guayos, Estado Carabobo; Girardot, Estado Aragua; Caroní, Estado Bolívar; Lima Blanco, Estado Cojedes; Agua Blanca, Estado Portuguesa; Sucre, Estado Portuguesa, ello de conformidad con lo dispuesto en el artículo 91.3 de la Ley Orgánica del Tribunal Supremo de Justicia **, en https://scc.org.ve/sala-constitucional-del-tsj-restablecio-cobro-de-impuestos-en-14-municipios/**

[87] Sobre los instrumentos normativos dictados por los concejos municipales de: Carirubana, Estado Falcón; Los Salias, Estado Miranda; Municipio Biruaca, Estado Apure; Rómulo Gallegos, Estado Apure; San Fernando, Estado Apure; Sucre, Estado Aragua; Alberto Arvelo Torrealba, Estado Barinas; Cruz Paredes, Estado Barinas; Heres, Estado Bolívar; Bejuma, Estado Carabobo; Carlos Arvelo, Estado Carabobo; Montalbán, Estado Carabobo; Puerto Cabello, Estado Carabobo; San Diego, Estado Carabobo; El Pao, Estado Cojedes; San Carlos, Estado Cojedes; Dabajuro, Estado Falcón; Santa María de Ipire, Estado Guárico; Pedro Zaraza, Estado Guárico; Camaguan, Estado Guárico; El Socorro, Estado Guárico; José Félix Rivas, Estado Guárico; Juan Germán Roscio, Estado Guárico; Julián Mellado, Estado Guárico; Leonardo Infante, Estado Guárico; San Gerónimo de Guayabal, Estado Guárico; Iribarren, Estado Lara; Torres, Estado Lara; Carrizal, Estado Miranda; Arismendi, Estado Nueva Esparta; Mariño, Estado Nueva Esparta; Páez, Estado Portuguesa; Cajigal, Estado Sucre; Bolívar, Estado Táchira; Cárdenas, Estado Táchira; Junín, Estado Táchira; Boconó, Estado Trujillo; Carache, Estado Trujillo; San Rafael de Carvajal,

suspensión de 90 días decretada mediante decisión 0078 del 07 de julio de 2020 a los municipios que se identifican en las decisiones respectivas. Así puso fin al asedio de la autonomía tributaria de algunos municipios restableciendo su actividad financiera con la ***capiti de minucio*** impuesta a través del inconstitucional ANAT.

En definitiva, el ANAT es otra vía de hecho parte de la conjura orquestada por la inconstitucional Sala Constitucional para ***desconstitucionalizar, deslegalizar*** y ***desdemocratizar*** las facultades de armonización tributaria de la Asamblea Nacional y particularmente usurpar la autonomía tributaria de los municipios, para imponer autoritariamente su voluntad de poder.

C. La imposición del Petro a nivel municipal

Pero más allá de esta otra vía de hecho, nos interesa resaltar el contenido referido al uso del llamado "Petro" para el cálculo de tributos y sus accesorios[88]. Sobre esta particular en el llamado ANAT señala que se **"aprueba el uso del Petro"**, al que se define como criptoactivo venezolano para ser utilizado como unidad de cuenta para el cálculo dinámico de los tributos y sanciones, cobrando exclusivamente a partir de su equivalente en bolívares soberanos, indicando que se hace **"... con el firme propósito de avanzar en su uso como criptoactivo para fortalecer este ecosistema".**

Como confirmaremos más adelante, el uso del Petro como unidad de cuenta o pago o como pretendido mecanismo de corrección de la obligación y sanciones tributarias viola frontalmente la (i) obligación de determinar y pagar la obligación tributaria y sus accesorios en bolívares según el artículo 146 (encabezado) del COT de 2020, la (ii) indeterminación de su valor implica una deslegalización prohibida,

Estado Trujillo; Trujillo, Estado Trujillo; Valera, Estado Trujillo; San Felipe, Estado Yaracuy; Cañada de Urdaneta, Estado Zulia; Colón, Estado Zulia; Lagunillas, Estado Zulia; Rosario de Perijá, Estado Zulia; San Francisco, Estado Zulia; Sucre, Estado Zulia; Valmore Rodríguez, Estado Zulia; Bolívar, Estado Aragua; José Félix Rivas, Estado Aragua y el Municipio Turístico El Morro, Estado Anzoátegui.

88 Otros temas abordados en el ANAT fueron: (i) exhortación de cambios normativos en 30 días, (ii) reducción del Clasificador de Actividades Económicas, (iii) aprobación de la tabla de valores catastrales, (iv) creación de un servicio de asesoría, (v) creación de una taquilla única virtual o física, (vi) formalización de instancias de coordinación.

(a) por tratarse de una materia de estricta reserva legal tributaria, según confirman el artículo 3 ***eiusdem*** y ultimadamente (b) porque el Petro no es moneda ni unidad monetaria y mucho menos tiene curso legal en Venezuela.

Por las mismas razones fracasó estrepitosamente el Decreto No. 3.719 de fecha 28 de diciembre de 2018[89], cuyo objeto fue la determinación y pago en "moneda extranjera" o en "criptomonedas" de obligaciones tributarias por transacciones ocurridas en territorio nacional denominadas en moneda extranjera o en criptomonedas. Nunca fue implementado por la propia Administración. Con razón fue cuestionado como inconstitucional e ilegal, no solo por ser una frontal usurpación de materia de rango legal a través de un acto normativo sublegal, sino por contrariar el mandato del artículo 146 del COT de 2014 que prescribe el uso del bolívar como unidad de cuenta y pago de las obligaciones tributarias y con ello, pretender deslegalizar la unidad de cuenta y pago de las obligaciones tributarias, aunque sea para transacciones en moneda extranjera como estableció el finado Decreto 3.719.

Como veremos el uso del Petro como pretendido medio de corrección monetaria de las obligaciones y accesorios tributarios municipales, es radicalmente irrazonable; inidóneo, innecesario y desproporcionado; resulta un contrasentido porque desnaturaliza la obligación tributaria originalmente en bolívares para medirla en términos de esa unidad de valor (que no unidad monetaria), aunque se pague en bolívares a su contravalor.

El uso del Petro constituye una forma de **"dolarización"** por **"sustitución de activos"** que tiene su causa en la hiperdevaluación y la hiperdepreciación del bolívar. Su objetivo es la sustitución del bolívar y el uso indirecto de la moneda extranjera de referencia que usa el Petro, como reserva de valor para la denominación de las obligaciones tributarias y sus accesorios. Independientemente de su ilicitud, económicamente, esa sustitución asegura una medida de equilibrio entre el uso del bolívar y la protección de valor indirectamente en el dólar o alguna moneda dura.

---

[89] ***Gaceta Oficial*** No. 6420 de fecha 28 de diciembre de 2018

En efecto, el valor del Petro no responde a los cambios del poder de compra del bolívar. Solo pretende medir la especie a la que se refiere implícitamente, la cual no tiene conexión ni causalidad con la unidad de medida de la obligación tributaria que pretende ajustar. Es simplemente la sustitución indirecta del bolívar por otra moneda de valor estable.

El uso del Petro implica un provecho sobre el daño sufrido por el contribuyente por la inflación o la depreciación del bolívar, que tiene su causa directamente en el fallo de Administración Pública ***ex turpi causa***. En definitiva, se trata de una forma desproporcionada de agravar la situación fiscal del contribuyente sustituyéndola y sometiéndola a las vicisitudes del valor o de quien decida fijar el valor del llamado Petro. En esta pretendida corrección de valor no hay una finalidad legítima, sino un provecho sobre el daño ilícito por la hiperinflación y la hiperdepreciación del bolívar causado por el propio Estado, de la que no puede ni debe beneficiarse ninguna administración pública.

En definitiva, la seguidilla de sentencias de la Sala Constitucional No. 0250, 078, 118, 0161, 0273 y el llamado acuerdo ANAT son prueba de una colusión para ***desconstitucionalizar, deslegalizar, desdemocratizar*** y ***centralizar*** autoritariamente las reglas sobre tributación municipal, al margen de las facultades armonizadoras de la Asamblea Nacional y en fraude la autonomía tributaria de los estados y municipios.

7. La derogación del régimen del control de cambio y sus ilícitos: la vuelta a la libertad cambiaria, la disfunción del bolívar y el invento del llamado "Petro"

A. La disfunción del bolívar

Paralelamente en agosto de 2018 se derogó el régimen de control cambio y sus ilícitos y apareció el convenio cambiario No. 1 que restableció la libertad de contratación en moneda extranjera y la libertad de cambio mediante la libre flotación del bolívar. Ello determinó el desplazamiento del tipo de cambio, pulverizó la convertibilidad externa del bolívar y, por supuesto, potenció más la hiperinflación.

Ante esa situación de ruina del poder de compra interno y externo del bolívar se hizo evidente la disfunción de la moneda de curso legal. Perdió su capacidad para servir como medio para denominar obligaciones pecuniarias, como medio de pago y para atesorar valor, a pesar de la rigidez constitucional que dispone al bolívar como moneda de curso legal ***ex*** artículo 129 Constitucional y 106 de la Ley del Banco Central de Venezuela. El bolívar quedó reducido a un simple medio para presentación de información financiera por la rigidez del mandato del artículo 129 y 130 ***ejusdem***.

Seguidamente el país entró en un proceso radical de dolarización transaccional de la economía que impuso la moneda extranjera como medio alternativo para denominar y pagar obligaciones pecuniarias en todos los contextos y por todos los operadores económicos.

B. El despropósito del Petro

Paralelamente surgió la iniciativa de circunvenir el uso del dólar como moneda de curso efectivo. El régimen no podía tolerar ideológicamente el fracaso del sistema monetario. Para ello el régimen inventó el llamado "Petro".

Sus fundamentos también tienen una carta de naturaleza espuria. Es otro producto inconstitucional de la inconstitucional asamblea nacional constituyente[90].

Como señalamos en otra oportunidad, el Petro es el último eufemismo mendaz para esconder y evadir la ruina económica del país[91].

---

[90] ***Gaceta Oficial*** No 6.370 Extraordinario, de fecha 9 de abril de 2018. **Decreto constituyente sobre criptoactivos y la criptomoneda soberana petro**

[91] Ver nuestro trabajo "**La mentira contable: Crónica de incomunicación y engaño1<Aspectos jurídicos de la liberación del tipo de cambio según el CC2 No. 1 y de la publicación extemporánea de los INPC por el BCV para los años 2016, 2017, 2018 hasta septiembre 2019>**", en ***Revista Venezolana de Legislación y Jurisprudencia***, No. 13 (en homenaje al académico profesor James-Otis Rodner), Caracas 2019.
El llamado Petro no tiene futuro. Así lo confirman su falta de respaldo, o peor, su mal respaldo, su ilegitimidad jurídica y su falta de reconocimiento efectivo como medio de intercambio. Servirá para generar más inflación y pasar a la historia como el nombre infame de otro vehículo faccioso para ejercer el poder ideológico y la dominación en una economía arruinada. O simplemente para recordar que ese nombre es un mal nombre o el mismo nombre de un fetiche usado por los espiritistas (loas) del Vudú como representación de la violencia, la muerte, la venganza y como herramienta para afianzar la ambición de poder o de riqueza de aquellos que lo invocan. Ver nuestro discurso de contestación al discurso de incorporación del profesor Juan Cristóbal Carmona Borjas a la Academia de Ciencias Políticas y Sociales, http://www.acienpol.org.ve/cma- cienpol/Resources/IndividuosDocs//246/Discurso2.pdf

Como toda impostura ideológica, su equilibrio inestable terminó por no ocultar la realidad.

El Petro es un pretendido criptoactivo. Busca utilizarse como una representación digital de derechos con la finalidad de instituir una unidad de cuenta y sin mucho éxito como un medio de pago (*token*)[92].

Pero en realidad el Petro es solo un nombre vacío, encubierto bajo el halo de ambigüedad que ofrecen la complejidad de la tecnología *blockchain*, la novedad del llamado dinero digital y la arbitrariedad regulativa del tema, tanto de las criptomonedas como del propio "criptoactivo venezolano".

En todo caso, el Petro ni los "criptoactivos" tienen funcionalidad monetaria para servir como unidad de cuenta y tampoco como medio de pago. Esto lo comprueba su falta de condición económica de dinero y por lo tanto su inidoneidad para ser utilizados como denominador homogéneo de valor para la expresión cuantitativa.

Tanto es así que, ni siquiera para fines contables los criptoactivos se clasifican como "efectivo" o como "monedas" según los estándares técnicos de las Normas Internacionales de Información Financiera (NIIF) [93]. Entre otras razones porque los criptoactivos no tienen calidad de curso legal en ninguna jurisdicción, esto es, no son de recepción obligatoria. En Venezuela ya dejamos claro que el Petro no está instituido ni designado como moneda de curso legal[94].

---

92 *Vid.* Estela Rivas Nieto, "Las implicaciones tributarias de la tokenización de bienes", en *La tokenización de bienes en blockchain (cuestiones civiles y tributarios)*, Aranzadi-Thomson Reuters, Pamplona 2020, p. 222.

93 International financial reporting system (IFRS). Ver PRICE, WATERHOUSE COOPERS, "Cryptographic assets and related transactions: accounting considerations under IFRS", No 2019-05 In depth: a look at current financial reporting issues, December 2019. Consultado en https://www.google.co.ve/url?sa=t&rct=j&q=&esrc=s&source=web&cd=1&ved=2ahUKEwjHvtzGzPzmAhWRjFkKHVjJAAAQFjAAegQIARAC&url=https%3A%2F%2Fwww.pwc.com%2Fgx%2Fen%2Faudit-services%2Fifrs%2Fpublications%2Fifrs-16%2Fcryptographic-assets-related-transactions-accounting-considerations-ifrs-pwc-in-depth.pdf&usg=AOvVaw0WanW8JzR1yMVbpzaGNXbt. El día 11 de enero de 2020.

94 El Petro ni los criptoactivos son de uso generalizado en la denominación de los elementos patrimoniales que típicamente representan transacciones o hechos económicos. Tampoco cumplen por sí mismos una función de significación económica confiable o de almacenamiento de valor de aceptación general. Su falta de uniformidad y estabilidad (su volatilidad) no facilita la comparación de elementos patrimoniales en el tiempo. No aporta a la eficiencia económica ayudando a los operadores económicos el uso de un lenguaje confiable que reduzca los costos de información.

El Petro, ni los criptoactivos, tienen idoneidad para fijar precios de bienes y servicios directamente[95]. Tampoco califican como activos financieros porque no suponen un derecho de conversión o redención de algún derecho subyacente al criptoactivo.

En definitiva, el Petro ni los criptoactivos son de uso generalizado en la denominación de los elementos patrimoniales que típicamente representan transacciones o hechos económicos. Tampoco cumplen por sí mismos una función de significación económica confiable o de almacenamiento de valor de aceptación general. Su falta de uniformidad y estabilidad (su volatilidad) no facilita la comparación de elementos patrimoniales en el tiempo. No aporta a la eficiencia económica ayudando a los operadores económicos el uso de un lenguaje confiable que reduzca los costos de información.

La realidad del Petro es que, siempre estará referido a otra unidad monetaria que signifique el valor efectivo de intercambio, lo cual evidencia su precariedad e impostura monetaria. Pero lo más grave aún, es que el valor del Petro es un misterio. La realidad del **"valor"** del Petro es el que aparece en la página web de la SUNACRIP, esto es, ***el valor del Petro no es propio, es el que le fija el gobierno. Su valor está controlado a conveniencia[96].***

---

95 En el mismo sentido Juan Cristóbal Carmona "**Jurídicamente se considera que las criptomonedas no tienen estatus de curso legal, ni manejo centralizado, ni presencia física o material, elementos connaturales al dinero. Desde el punto de vista económico, el uso efectivo de las criptomonedas no es generalizado, no fungen como mecanismo efectivo de almacenamiento de valor en el tiempo dada su inestabilidad, ni sirven como medida relativa de valor, en tanto sólo lo logran atadas al comportamiento de las monedas fiduciarias tradicionales (Dólar, Euro, Yen, etc.). Las mismas razones empleadas para negarle a las criptomonedas propiamente dichas (Ej. bitcoin) carácter de dinero, en buena medida aplican respecto del Petro**". En "Contabilidad en Petros el registro de otra irregularidad", ob. cit.

96 a) Inicialmente se pretendió que 1 Petro equivale al precio de 1 barril de petróleo. Así apareció en el primer borrador del *Whitepaper*.

b) Cuando Maduro el 17 de agosto de 2018 aludió al Petro como Unidad de Cuenta Fluctuante para fijar el monto del salario mínimo, mantuvo esa misma posición -1 Petro equivale a 1 barril de petróleo-. En ese momento el barril se cotizaba a US$60. De allí que se dijera que un Petro equivalía o valía US$ 60.

c) A medida que fue avanzando la idea del Petro y seguramente habiéndose emitido el supuesto criptoactivo, la SUNACRIP comenzó a publicar su valor. Poco después se modificó el *whitepaper* y se estableció que el valor del Petro **a efectos de su primera emisión** estaría determinado por una fórmula que se basa en una cesta de *commodities* integradas por:

Ya la iniciativa de convertir el Petro en medio de cuantificación y pago de obligaciones tributarias fue plasmada defectuosamente en el Decreto No. 3719 de fecha 28 de diciembre de 2018[97], en ejecución del Decreto de Estado de Excepción y Emergencia Económica en todo el territorio nacional No. 3610 de fecha 10 de septiembre de 2018, prorrogado por el Decreto No. 3655 de fecha 9 de noviembre de 2018.

Esta iniciativa fracasó y nunca fue implementada por el Ministerio de Finanzas encargado de su ejecución, independientemente del despropósito, ilegal e inconstitucional, de descontinuar el uso del bolívar, como medio para representar las bases imponibles y el pago de tributos y accesorios[98], asociados a transacciones en el territorio nacional denominados en moneda extranjera o **"criptodivisas"**.

---

petróleo, hierro, oro y diamantes. Nunca quedó del todo claro si cuando se decía a efectos de su primera emisión era la fijación del precio de venta inicial o si permanentemente esa emisión se valoría con base en esa fórmula.

Debe tenerse en cuenta que el Petro teóricamente puede transarse en el mercado secundario libremente y, por tanto, su valor de mercado pudiera ser diferente al de la fórmula del whitepaper.

c) Luego, el BCV dejó de publicar en su página web el valor del Petro como Unidad de Cuenta Fluctuante que valga observar se quedó en US$ 80 desde abril de 2019. De esta cotización más nunca se habló. Hoy día, únicamente se encuentra en la página de la SUNCARIP la cotización del Petro como criptoactivo.

d) Es de observar que el último aumento de salario mínimo no se basó en el Petro. Muchas ordenanzas que habían adoptado al Petro (Unidad de Cuenta Fluctuante/ US$ 80) tuvieron que hacer cambios para adaptarse y adoptar a esos mismos fines al Petro como Unidad de Valor.

En todo caso el Petro como Unidad de Cuenta Fluctuante desapareció.

El valor del Petro que actualmente es posible conseguir oficialmente es el que publica la SUNACRIP que en principio obedece a la fórmula del Whitepaper.

A tal punto es cierto lo señalado que, conforme a las publicaciones efectuadas por la SUNACRIP, el 23 de julio de 2019, el "criptoactivo soberano" se cotizaba a Bs. 447.533,19, el 30 de agosto de 2019 en Bs. 1.225.583,02, el 9 de diciembre de 2019 en Bs. 2.513.711,58 y el 8 de enero de 2020 en Bs. 3.349.956,26. Es así como, en menos de seis (6) meses experimentó una variación del 748%.

Como expresa Juan Cristóbal Carmona: **"...Efectuadas estas consideraciones, puede también concluirse que, el precio del PTR es el que decida, a su total discreción, el Ejecutivo Nacional, a quien el año 2020 llegó, en época de pandemia, a quitarle la máscara"**. Ver también: ¿Cuánto vale el Petro?, en https://derysoc.com/cuanto-vale-el-petro/. ¿Cuánto vale un Petro? Lo que diga Maduro. https://hispanopost.com/cuanto-vale-un-petro-lo-que-diga-maduro/

97 *Gaceta Oficial* No. 6420 de fecha 28 de diciembre de 2018.

98 Artículo 1. "**Los sujetos pasivos que realicen operaciones en el territorio nacional en moneda extranjera o cripto divisas, autorizadas por la ley, a través de los convenios**

La razón por la que algunas jurisdicciones municipales se decantan por el uso del Petro como criterio de valoración o ajuste para fines fiscales es fundamentalmente ideológica, pero bajo la convicción de que su valor será estable por tratarse de un valor intervenido por el gobierno para encubrir una dolarización de la economía. Por eso el Petro no es el Petro; el Petro es otra referencia al dólar sin mencionarlo.

Si el Petro fuera un auténtico criptoactivo su valor efectivo fluctuaría haciéndolo inidóneo para utilizarlo como referente para ajustar algún valor de forma estable y confiable y menos de obligaciones pecuniarias cifradas en bolívares.

El pretendido uso del Petro o de cualquier especie como unidad de cuenta de una obligación pecuniaria originalmente denominada en bolívares, la desnaturaliza, sustituyéndola por sustancia del mismo Petro o de la especie del criptoactivo que se convierte en medio de ajuste, aunque se pague en bolívares. Con el Petro o con la moneda extranjera no se procura un valor homogéneo o constante de la obligación denominada en bolívares, sino la actualización de un valor específico en Petros o en la moneda extrajera que se use como referente. Esto en sí mismo no es idóneo ni necesario para asegurar un valor estable de la obligación. Las diferencias de valor por la actualización de la especie que sustituye al bolívar en el cálculo de la obligación tributaria o sus accesorios por encima del valor constante constituirán un incremento injustificado de la obligación original y un lucro indebido a favor de la entidad acreedora ***ex turpi causa.***

Aun así, la indeterminación del valor del Petro en manos de la SUNACRIP convierte su uso en una formula deslegalizada que infringe las exigencias de la reserva legal tributaria, que imponen la determinabilidad, predictibilidad y seguridad en el cálculo de cualquier elemento de la estructura del tributo y sus accesorios[99].

---

cambiarios suscritos entre el Ejecutivo nacional y el Banco Central de Venezuela o mediante decreto presidencial, que constituyan hechos imponibles generadores de tributos nacionales, deben determinar y pagar las obligaciones en moneda extranjera o cripto divisas".

99 *Vid.* Juan Cristóbal Carmona Borjas, *El Petro como sucedáneo monetario*, Boletín No. 160 de la Academia de Ciencias Políticas y Sociales, Caracas 2020, p. 305. "**Siendo ello así, que corresponda a la SUNACRIP definir la fórmula y fijación del valor del PTR y que en función de ello se impacte la estructura de los tributos y el importe de las sanciones**

Como vimos más arriba el pretendido uso del Petro es parte de una estrategia de la Sala Constitucional del Tribunal Supremo de Justicia en el contexto de una conjura para imponer autoritariamente un régimen uniforme a la tributación municipal usurpando las atribuciones de la Asamblea Nacional para armonizar los tributos estatales y municipales y centralizar la autonomía tributaria de los estados y municipios.

Peor aún, el Petro es un pretendido criptoactivo radicalmente cuestionado en su validez jurídica[100] y hasta sancionado internacionalmente[101], lo que lo hace inapropiado para generar confianza.

No obstante, los deméritos del Petro el régimen se empecina en usarlo como unidad de medida y pago en varios contextos económicos.

Como un pretendido medio de pago tiene una funcionalidad liberatoria limitadísima, impuesta autoritariamente (normativamente) para transacciones solo de tipo administrativo[102].

Su pretendido uso para fines de la valoración de estados financieros[103] fracasó, precisamente por razones técnicas que demostraron su

---

pecuniarias, representa una clara violación al Principio de Reserva Legal Tributaria previsto en los artículos 133 y 317 de la CRBV".

100 *Cfr*. Juan Cristóbal Carmona Borjas, ***Mundo jurídico de las criptomonedas***, Academia de Ciencias Políticas y Sociales, Caracas, 2019, p. 29.

101 **"A la luz de las recientes acciones tomadas por el régimen de Maduro para intentar eludir las sanciones de los EEUU mediante la emisión de una moneda digital en un proceso que la Asamblea Nacional democráticamente electa de Venezuela ha denunciado como ilegal, ordenaremos que (...) todas las transacciones relacionadas con (...) cualquier moneda digital o ficha digital, emitida por, para o en nombre del gobierno de Venezuela a partir del 9 de enero de 2018, están prohibidas".** https://www.treasury.gov/resource-center/sanctions/Programs/Documents/vz_eo_petro.pdf ; https://www.whitehouse.gov/presidential-actions/executive-order-taking-additional-steps-address-situation-venezuela/

102 Ver Decreto No. **4.096** de fecha 14 de enero de 2020, **"...mediante el cual se procede a la liquidación, venta y pago de servicios en Criptoactivos Soberanos Petro (PTR), que en él se especifican"**, publicado en ***Gaceta Oficial Extraordinaria*** No. **6.504** de fecha 14 de enero de 2020. Desde la publicación del Decreto en cuestión en Gaceta Oficial, los servicios desconcentrados y entes descentralizados funcionalmente de la República, con o sin fines empresariales, acreedores de pagos en moneda extranjera por concepto de tasas, contribuciones, tarifas, comisiones, recargos y precios públicos, procederán a la liquidación y cobro de estas obligaciones monetarias en PTR.

103 Decreto No. 4025 del 19 de noviembre de 2019 (Gaceta Oficial No. 41763 de fecha 19 de noviembre de 2019) y en la Providencia No. 098-2019 de fecha 26 de diciembre de 2019, emanada de la Superintendencia Nacional de Criptoactivos (SUNACRIP) sobre **"el registro contable de operaciones y hechos económicos expresados con criptoactivos" (Gaceta Oficial No. *Gaceta Oficial* No. 41.788 de fecha 26 de diciembre de 2019,**

inidoneidad para funcionar como unidad de cuenta contable, especialmente la pretensión de crear una contabilidad dual con el bolívar[104]. Recientemente pretende usarse para la corrección judicial de obligaciones pecuniarias[105]

En este último caso se denunció acertadamente que la corrección de la condena en Petros, implica una desnaturalización de la obligación originalmente en bolívares, para convertirla en un valor ajeno al poder de compra que pretende actualizarse de la suma originalmente demandada[106]. El ajuste según el valor del Petro mide los cambios de precio específico del llamado criptoactivo, pero no cumple una función de neutralizar la distorsión de la inflación a valores constantes sobre la suma demandada. El uso del Petro implica una valoración irrazonable, inidónea e inconsecuente del derecho reclamado.

C. La reforma del COT 2020: la discrecionalidad máxima para la fijación de la UT y la antinómica "dolarización" de las sanciones tributarias

En 2020 el régimen y partido de gobierno se inventó una nueva vía de hecho normativa desde la inconstitucional asamblea nacional

modifica la Providencia 097-2019 de fecha 23 de diciembre de 2019, Gaceta Oficial No. 41.787).

104 Ver nuestro trabajo con Humberto Romero-Muci y Sary Levi Carciente, "El Petro: ¿Un engaño? Análisis de sus motivaciones, objetivos y consecuencias", en https://cedice.org.ve/observatoriogp/portfolio-items/el-petro-un-engano-analisis-de-sus-motivaciones-objetivos-y-consecuencias/. Fue así como la Federación de Colegios de Contadores Públicos de Venezuela (FCCPV), emitió el Boletín de actualización BA VEN NIF No12 versión No. 0 sobre **"Tenencia de criptoactivos propios".** Decidió que la medición de estados financieros en criptoactivos solo es con fines complementarios, nunca con propósito general. Esto implica que no puede haber técnicamente una contabilidad dual en criptoactivos y la moneda funcional o la de reporte. *Cfr.* **"Cuando por disposición legal o reglamentaria o por solicitud de otro usuario, sea requerida la presentación expresada en criptoactivos de los elementos de los estados financieros, la entidad deberá presentarla como información adicional, convirtiendo tales elementos al valor de referencia del criptoactivo a la fecha que se informa" Párrafo 16.**

105 Caso emblemático la sentencia Nº 81 de la Sala de Casación Civil (SCC) del Tribunal Supremo de Justicia (TSJ) de fecha 16 de abril de 2021, en la que se condenó a la sociedad mercantil ***C.A., EDITORIAL EL NACIONAL*** a indemnizar al ciudadano Diosdado Cabello Rondón (DCR), por concepto de daño moral, la cantidad equivalente en bolívares de 237.000 Petros (PTR), calculada según el valor del "criptoactivo" para el momento del pago. http://historico.tsj.gob.ve/cuentas/generadas/scc2/2019/cuentascc2-81-10062019.html

106 CARMONA BORJAS, Juna Cristóbal, ***El Petro como herramienta de indexación judicial***, en https://derysoc.com/el-petro-como-herramienta-de-indexacion-judicial/

constituyente. Esta vez reformó el COT con el llamado **"Decreto constituyente mediante el cual se dicta el Código Orgánico Tributario"**[107] También reformó la Ley Orgánica de Aduanas (LOA)[108] con iguales propósitos.

Con esta pretendida reforma[109] se exacerbó la deslegalización de la UT para (i) independizar el ajuste de la intervención de la Asamblea Nacional, (ii) reafirmar su uso exclusivo por la Administración Tributaria Nacional[110], (iii) facultarla para ajustarla a discreción, sin referencia

---

107 ***Gaceta Oficial*** No. 6.507 *Extraordinaria* del 29 de enero de 2020.

108 ***Gaceta Oficial*** N° 6.507 *Extraordinario* del 29 de enero de 2020.

109 En su día la Academia de Ciencias Políticas y Sociales fue firme en denunciar y rechazar la pretendida reforma fiscal de 2020: "La Academia de Ciencias Políticas y Sociales, en cumplimiento de sus atribuciones legales, se dirige a la sociedad venezolana para manifestar su absoluto rechazo a los denominados "Decretos Constitucionales" que modifican el Código Orgánico Tributario (COT), la Ley Orgánica de Aduanas (LOA) y la Ley de impuesto al valor agregado (LIVA), emanadas de la inconstitucional Asamblea Nacional Constituyente (ANC), publicadas en la *Gaceta Oficial* No. 6.507 *Extraordinaria* del 29 de enero de 2020, y alerta a la ciudadanía de la nulidad e ineficacia de las mencionadas vías de hecho normativas. Con ellas se pretende (i) radicalizar la persecución tributaria, con la puesta en vigencia de sanciones, manifestación de un derecho penal del «enemigo» en contra del ciudadano contribuyente y (ii) la creación de nuevos tributos que, antes que basarse en la capacidad contributiva y procurar la elevación del nivel de vida de la población como lo demanda la Constitución, penalizan los medios de pago de uso legítimo, en violación de los más elementales derechos y garantías constitucionales y convencionales, que presiden la creación de sanciones y tributos en Venezuela, con evidentes propósitos de control y dominación social, contrarios a la libertad y dignidad humana.
La Academia de Ciencias Políticas y Sociales reitera una vez más su criterio sobre la ilegitimidad de origen de la ANC1 y sobre la espuria intención de anular y suprimir a la Asamblea Nacional, único órgano constitucional del Poder Público legitimado por el pueblo venezolano para legislar en las materias de competencia Nacional.
Consecuentemente, la Academia de Ciencias Políticas y Sociales condena la inconstitucional pretensión de la usurpadora ANC de legislar sobre materias de la reserva legal y soslayar la necesaria representación deliberativa esencial a la creación de tributos y sanciones en el Estado democrático de derecho. Tal como señaló la Corte Interamericana de Derechos Humanos. "Sólo la ley adoptada por los órganos democráticamente elegidos y constitucionalmente facultados, ceñidas al bien común, puede restringir el goce y ejercicio de los derechos y libertades de la persona humana.". *Pronunciamiento de la Academia de Ciencias Políticas y Sociales en rechazo a los "Decretos Constitucionales" que pretenden modificar el Código Orgánico Tributario, la Ley Orgánica de Aduanas y la Ley de impuesto al valor agregado dictadas por la inconstitucional Asamblea Nacional Constituyente*, de fecha 2 de febrero de 2020.

110 **Artículo 346.** "Los órganos y entes del Poder Público tendrán un plazo de un (1) año contado a partir de la fecha de publicación de este Decreto Constituyente en la Gaceta

a ningún criterio objetivo, solo condicionada por la **"autorización del Presidente de la República"**[111], (iv) disponer que se aplique la UT vigente al cierre del ejercicio respectivo para tributos que se liquiden por periodos y, finalmente, (v) manipular el ajuste del valor de las sanciones pecuniarias con una fórmula distinta a la UT asociada al tipo de cambio de la especie monetaria extranjera de mayor valor vigente a la fecha del pago de la sanción. De esta manera se descontinuó el uso de la UT como medio de reexpresión de valor de las sanciones tributarias y se derogó tácitamente[112] la llamada **"Ley Constitucional sobre la creación de la Unidad Tributaria Sancionatoria"**, que nunca se aplicó.

En efecto, en el COT 2020 se modificaron los artículos 91 y 92 con la inclusión de un ajuste de las sanciones pecuniarias mediante la fórmula de cuantificación en términos de un número de **"...veces el tipo de cambio oficial de la moneda de mayor valor publicada por el Banco Central de Venezuela vigente a la fecha de pago de dichas obligaciones"**[113].

Se trata de un mecanismo absolutamente indeterminado y desproporcionado que desnaturaliza la obligación tributaria causada en

---

Oficial de la República Bolivariana de Venezuela, para sustituir la unidad de medida para la determinación de beneficios laborales o tasas y contribuciones especiales derivadas de los servicios que prestan, en los casos en que se encuentren actualmente establecidas en unidades tributarias".

111 **Artículo 131(15)** "La Administración Tributaria tendrá las facultades, atribuciones y funciones que establezcan la Ley de la Administración Tributaria y demás leyes y reglamentos, y en especial: (15) "reajustar la unidad tributaria (UT) previa autorización del Presidente de la República."

112 **Artículo 351.** Se deroga el Decreto con Rango, Valor y Fuerza de Ley del Código Orgánico Tributario publicado en la Gaceta Oficial de la República Bolivariana de Venezuela N° 6.152 Extraordinario, de fecha 18 de noviembre de 2014 y todas las disposiciones legales que colidan con las materias que regula este Decreto Constituyente, las cuales estarán regidas únicamente por sus normas y por las leyes a las que éste remita expresamente.

113 Artículo 91: **"Cuando las multas establecidas en este Código estén expresadas en el tipo de cambio oficial de la moneda de mayor valor, publicado por el Banco Central de Venezuela, se utilizará el valor del tipo de cambio que estuviere vigente para el momento del pago".**

Artículo 92: **"Las multas establecidas en este Código expresadas en términos porcentuales se convertirán al equivalente al tipo de cambio oficial de la moneda de mayor valor publicado por el Banco Central de Venezuela que correspondan al momento de la comisión del ilícito y se cancelarán utilizando el valor de la misma que estuviere vigente para el momento del pago".**

bolívares, para convertirla en una obligación medida en términos de la moneda extranjera que se utiliza como especie de corrección. La multa ya no se determinará en bolívares sino en la moneda extranjera que ventajosamente se decida aplicar **"como la de mayor valor"**, aunque se pague en bolívares. Económicamente un reconocimiento de la disfunción del bolívar como unidad monetaria y jurídicamente un subterfugio para "dolarizar" las sanciones tributarias.

Usamos el término **"dolarización"** para expresar una simplificación en el lenguaje sobre el objetivo práctico de la referencia a la **"moneda extranjera"**, como una fórmula de ajuste de valor estable, que protege, compensa o resarce al acreedor de la depreciación del bolívar.

La referencia **"al tipo de cambio de la moneda de mayor valor"**, sin menoscabo de la indeterminación de la identidad de la moneda, confiesa el propósito de maximizar el ajuste. Por supuesto la indeterminación de la moneda es también una prueba de la deslegalización del pretendido ajuste.

Pero cuál es esa ¿**"...moneda de mayor valor publicada por el Banco Central de Venezuela..."?**[114] **¿Qué significa moneda de mayor valor? ¿Por qué usar la moneda de mayor valor?** El BCV informa una lista de 35 monedas extranjeras con sus respectivas cotizaciones en términos de bolívar. **¿Mayor valor es mayor valor nominal en el cambio? ¿O mayor estabilidad en el cambio?** Sólo hacernos esta pregunta para evidenciar la vaguedad del enunciado y su ilicitud para constituir elemento de la base normativa de la sanción tributaria. Pareciera que **"mayor valor"** significa la moneda que ofrezca la equivalencia más alta al momento de la conversión. Lo que evidencia el propósito adicional de hacer más ventajosa la traducción de valor.

En todo caso, esta pretendida dolarización *ex* artículos 91 y 92[115] constituye una antinomia frontal al artículo 146 del mismo COT de

---

114 http://www.bcv.org.ve/estadisticas/otras-monedas. Contiene una lista de 35 monedas.

115 El equivalente en la reforma de la Ley Orgánica de Adunas: **Artículo 159. "Cuando las multas establecidas en este Decreto con Rango Valor y Fuerza de Ley se refieran al valor en aduana de las mercancías, <u>se convertirán al equivalente del tipo de cambio oficial de la moneda de mayor valor</u>, publicado por el Banco Central de Venezuela que corresponda al momento de la comisión del ilícito, y se cancelarán en bolívares utilizando el tipo de cambio oficial que estuviere vigente en el momento del pago.**
En caso de que no se pudiera determinar el momento de la comisión del ilícito, se

2020 que ordena el uso del bolívar como moneda obligatoria para la representación y pago de la obligación tributaria y sus accesorios, como materia de exclusiva reserva legal, en concordancia con el artículo 3, que prohíbe la deslegalización de los elementos esenciales a la obligación tributaria y sus accesorios.

Por supuesto, también se trata de una deslegalización prohibida de la sanción tributaria, al fijarla en función de una fórmula indeterminada según **"...el tipo de cambio oficial de la moneda de mayor valor publicada por el BCV cotización de mayor valor..."**. Una situación de indeterminación normativa en franca violación de la taxatividad penal, la prohibición de retroactividad, el derecho a la tutela judicial efectiva y el principio de proporcionalidad.

Finalmente, desvirtúa la garantía de certeza respecto de la medida de la pena a este fin y expone al sujeto pasivo de la sanción a la indeterminación de valor que supone la variación **"...el tipo de cambio oficial de la moneda de mayor valor publicada por el BCV**..." entre el momento de la comisión de la infracción y el pago definitivo.

Ahora bien, ¿por qué el régimen mantiene el ajuste de la UT (en bolívares) y sin embargo dolarizó las sanciones?

Primero, porque el régimen no puede deshacerse del bolívar por razones económicas, políticas y jurídicas. Ante todo, porque como explica Leonardo Vera Azaf[116] **"... eliminar el bolívar no es opción para el gobierno [...], pues la miseria se [...] reparte en salarios y pensiones, a 7 millones y medio de empleados públicos y pensionados, sólo puede hacerse en bolívares (que es lo que produce). El pago en petros es una opción que sólo tiene viabilidad mientras haya convertibilidad con el bolívar, pues con el dólar resultó en un pronosticado fracaso"**. A ello se añade la rigidez constitucional y legal que obliga a utilizar el bolívar como unidad de cuenta y presentación obligatoria de la información económica[117].

---

tomará en cuenta el momento en que la Administración Aduanera tuvo conocimiento del mismo."

116 *Cfr*. Leonardo Vera Azaf, ¿Hacia dónde avanza el desorden monetario venezolano?, en https://ancevenezuela.org.ve/hacia-donde-avanza-el-desorden-monetario-venezolano/

117 Artículo 129 de la LBCV: **"En la contabilidad de las oficinas, públicas o privadas y en los libros cuyo empleo es obligatorio, de acuerdo con el código de Comercio, los**

Segundo, porque con esta ambigüedad el régimen puede (i) manejar a su antojo el valor de la UT, subestimándola a conveniencia, con el fin de aumentar la presión fiscal a discreción, (ii) garantizarse un poder adquisitivo **"actualizado"** para un ingreso por las sanciones vinculado al valor de una divisa estable, a la par que (iii) mantiene una política de intimidación y control social sobre los contribuyentes, en el contexto de una gestión recaudatoria sin debido proceso.

II. NATURALEZA JURÍDICA DEL ACTO DE AJUSTE DE LA UT

1. La situación en el COT 2014

El enunciado del artículo 131(15) del COT de 2014, determina una competencia estrictamente reglada al respecto, que circunscribe la facultad correspondiente a **"reajustar** (*recticus*: **reexpresar) la UT... sobre la base de la variación producida en el INPC del año anterior, publicado por el Banco Central de Venezuela..."**. Así lo confirma concurrentemente el enunciado del parágrafo tercero del artículo 3 ***eiusdem***, al establecer las condiciones del reajuste de valor de la UT como **"...una determinación objetiva y de simple aplicación aritmética"**.

La claridad del texto legal es notoria y no deja campo a la duda. Nada puede ni debe añadir la Administración Tributaria a la reexpresión de la UT, que no sea la simple constatación de la variación del INPC del periodo y traducir dicho ajuste en términos de la UT, para comunicarlo en la forma y tiempo establecidos por el mismo artículo 131(15), esto es, (i) dentro de los 15 primeros días del mes de febrero de cada año y (ii) conforme a la opinión favorable de la Comisión Permanente de Finanzas de la Asamblea Nacional, la cual debe producirse también dentro de los 15 días continuos siguientes de solicitada. La eficacia temporal de la publicación debe retrotraerse a la fecha del cierre del periodo al que se refiere el ajuste y no desde la fecha de la publica-

valores se expresarán en bolívares. No obstante, pueden asentarse operaciones de intercambio internacional contratadas en monedas extranjeras, cuya mención puede hacerse, aunque llevando a la contabilidad del respectivo contravalor en bolívares. Igualmente, pueden llevarse libros auxiliares para la misma clase de operaciones, con indicaciones y asientos en moneda extranjeras"

ción o exteriorización del ajuste de la UT, pues como hemos dicho, solo se trata de una declaración de certeza sobre el cambio de valor y jamás de una determinación con efectos constitutivos.

De otro lado, la invocada opinión de la Comisión Permanente de Finanzas de la Asamblea Nacional constituye la típica forma de control del parlamento sobre la Administración Tributaria. Por su naturaleza solo podría confirmar la corrección del ajuste efectuado por la Administración, según el estándar metodológico establecido, condicionado la validez del ajuste a las proporciones objetivas que resulten de la variación del INPC.

Pero tampoco puede añadir valor distinto a esa circunstancia objetiva. Por eso, si la Administración Pública ajusta la UT sin seguir el procedimiento legalmente establecido, en nada compromete la validez de este, en la medida que se corresponda con la variación real del INPC para el periodo correspondiente al año de que se trate. Se tratará de una irregularidad no invalidante. El problema se presenta si la Administración Tributaria publica un ajuste no consistente con la variación del INPC correspondiente al periodo de medición o lo hace sin contar con la autorización de la Asamblea Nacional.

La doctrina califica la naturaleza de la opinión favorable de la Comisión Permanente de Finanzas de la Asamblea Nacional como un acto complejo[118]. Se trata de un "acto de colaboración" entre poderes para cumplir los fines comunes del Estado[119]. Su objetivo es garantizar que la corrección del ajuste será en la medida real de cambio del INPC y evitar que la determinación de la UT sea una decisión unilateral de la Administración Tributaria. Se trata de una expresión del control político de la Asamblea Nacional sobre la administración pública y de una garantía del derecho de participación de la ciudadanía (indirectamente) en el proceso de gestión pública.

En este orden de ideas, si la Administración Tributaria no reconoce el ajuste anual de la UT, según la variación del INPC, sino que, por

---

118 Vid. Carlos Weffe Hernández, "Inflación, Derecho Tributario y control parlamentario. El ajuste de la Unidad Tributario como acto administrativo complejo", en *Revista de la Facultad de Ciencias jurídicas y Políticas de la Universidad Monteávila,* No. 16, abril 2020, Derecho y Sociedad, Caracas, p. 69.

119 Artículo 136 Constitucional.

el contrario, refleja un monto mucho menor a la inflación real, sencillamente desnaturaliza -entre otras cosas- la ***intensidad*** con la que el legislador pretendió gravar las diferentes manifestaciones de capacidad contributiva, frustrando el uso de la UT como un mecanismo homogéneo de corrección monetaria por efectos de la inflación.

Se insiste en que la competencia de la Administración Tributaria a este respecto es estrictamente reglada. Su actuación se resuelve en un acto de mera constatación, en un acto de certeza de carácter complejo que lo supedita a elementos externos no valorativos, ni de oportunidad, ni de discrecionalidad[120].

En definitiva, la intervención de la Asamblea Nacional es una expresión de la garantía del derecho de participación ciudadano, control político, transparencia y responsabilidad de la administración pública previsto en los artículos 62, 141 y 187(3) de la Constitución.

2. La situación en el COT 2020

La desdemocratización y la deslegalización de la UT se patentiza en el Decreto Presidencial N° 3.239, de fecha 9 de enero de 2018[121], por el que se declaró el ***Estado de Excepción y de Emergencia Económica en todo el territorio Nacional***. Se estableció como una medida excepcional **"...Facultar a la Administración Tributaria para reajustar la Unidad Tributaria (U.T.), con base a los análisis técnicos que correspondan, cuando el órgano competente que autorice se encuentre inhabilitado legal o judicialmente para hacerlo"**[122].

120 La solución que establecida *ex* artículos 3 y 131 (15) del Código Orgánico Tributario, en nada depende de criterios internos de la Administración Tributaria, al no aparejar margen alguno de apreciación y discrecionalidad técnica por parte de la misma, de allí que los criterios políticos preferentes que se están empleando para fijar la UT en los últimos años constituyen una apariencia de legalidad absolutamente ilegítima, al pretender preterir la aplicación de normas taxativas, regladas y objetivas y desconocer las cifras oficiales de inflación, por no hacer la debida conjunción o subsunción que significa el reajuste sobre la variación producida del INPC.

121 ***Gaceta Oficial*** No. 6.356 de fecha 9 de enero de 2018.

122 Conviene citar el texto del pronunciamiento de la Academia Nacional de Ciencias Económicas de Fecha 9 de marzo de 2021, que desmiente el argumento de la guerra económica y ubica las razones de la crisis económica en las políticas económicas equivocadas del gobierno, identificadas como socialismo del siglo XXI. **"... Las razones de esta tragedia están en las equivocadas políticas, derivadas del modelo político-ideológico del Socia-**

Como expresamos anteriormente, de esta forma se contrarió el artículo 131 (15) del COT de 2014 que ordena a la Administración Tributaria reajustar la UT sobre la base de la variación producida en el Índice Nacional de Precios al Consumidor (INPC) fijado por el BCV, del año inmediatamente anterior. Para más degradación se deslegalizó inconstitucional e ilegalmente en la Administración Tributaria la fijación del valor de la UT al margen del control de la Asamblea Nacional y de su fundamentación en información técnica idónea sobre la inflación acumulada.

La desdemocratización y la deslegalización de la UT se radicalizó con la reforma del artículo 131(15) del COT de 2020. Este texto (i) excluye el control de la Asamblea Nacional y sometiéndola alternativamente a la autorización del Presidente de la República e (ii) independizando la corrección de la referencia al INPC.

Excluir el control político de la Asamblea Nacional en el procedimiento de ajuste de al UT como ocurrió en el COT 2020, implica una violación del derecho de participación del ciudadano en un asunto del control de la gestión pública, que menoscaba su desarrollo individual y colectivo, interfiere la obligada transparencia y responsabilidad de la función pública e impide el control sobre la Administración Pública que ejerce la Asamblea Nacional.

Pero lo peor hace depender el ajuste de la "autorización del presidente de la Republica", lo cual solo confirma el propósito hegemónico de la reforma y su propósito de concentrar el poder en el circuito cerrado del ejecutivo nacional.

---

lismo del Siglo XXI y no en las sanciones económicas aplicadas por el gobierno de los Estados Unidos, como alegan quienes ejercen el gobierno. Es necesario aclarar que el año en que fueron introducidas sanciones financieras a la República y a Pdvsa (2017), el Estado venezolano se vio imposibilitado de pagar su deuda internacional (default) aislándose, por su cuenta, de los mercados financieros mundiales. Asimismo, para el momento de entrar en vigor las sanciones petroleras (21.01.2019), la producción de crudos había caído a apenas la tercera parte de la de 2013. Si bien puede decirse que esas sanciones acentuaron ese declive –hoy se produce apenas el 16%--, es evidente que la destrucción de la capacidad productiva de la industria petrolera ya había ocurrido. Las sanciones personales, por su parte, no son contra Venezuela, si no a funcionarios imputados de haber violado derechos humanos y/o incurrido en corruptelas. Por tanto, no tienen repercusiones económicas.". *Cfr.* https://ancevenezuela.org.ve/wp-content/uploads/2021/03/20210309-PronunciamientoANCE.pdf

En suma, la exclusión del control de la Asamblea Nacional en el procedimiento del ajuste de la UT es una medida más de concentración del poder del Ejecutivo, desdemocratizando su determinación, todo ello para degradarlo en un medio irresponsable al servicio de la improvisación, la discrecionalidad y la arbitrariedad que lo hace absolutamente inútil.

Pero lo más arbitrario es desconectar el ajuste de la UT del parámetro de variación de la INPC. Esta es una torpe mutación que degrada la corrección a un medio subjetivo contrario a la esencia técnica de la UT que prescribe el mismo artículo 3 del COT 2020, esto es, deja de ser un ajuste objetivo, determinable, predecible de corrección para convertirse un subterfugio al servicio de la discreción de la Administración Tributaria y con ello de la improvisación. Esta antinomia infringe el principio mismo que define la función de la UT, la deslegaliza y la hace inútil, ilegal e inaplicable.

3. La subestimación del ajuste de la UT como un vicio de abuso de poder

Como expusimos en otra oportunidad, la situación de ajuste incompleto de la UT por la Administración Tributaria constituye, lisamente, una protuberante situación de ***abuso de poder***, al incumplir las condiciones del ajuste establecidas normativa y técnicamente como necesarias.

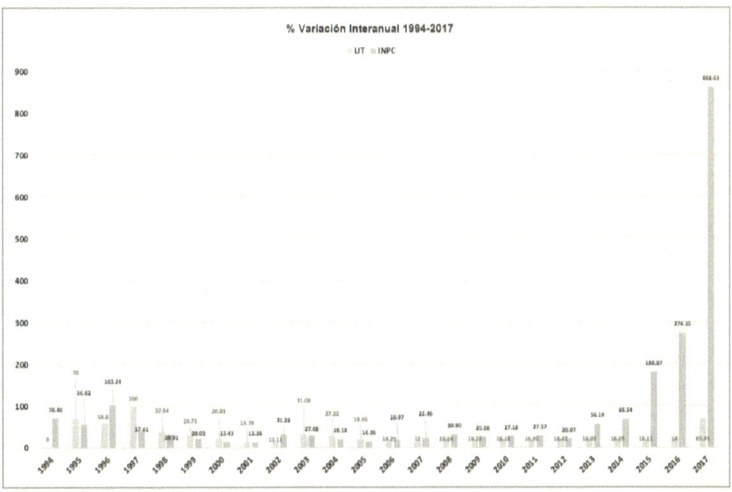

En el gráfico que sigue ilustramos la convicción sobre la manipulación y distorsión por la subestimación del ajuste de la UT por la Administración Tributaria, particularmente desde el año 2006 hasta el año 2017, según la variación declarada del INPC por el BCV[123].

En los cuadros que siguen continuamos la serie desde el año 2017 hasta 2020 comparando índices de inflación reportados por el BCV y contrastándolo con la subestimación del ajuste de la UT por la Administración Tributaria.

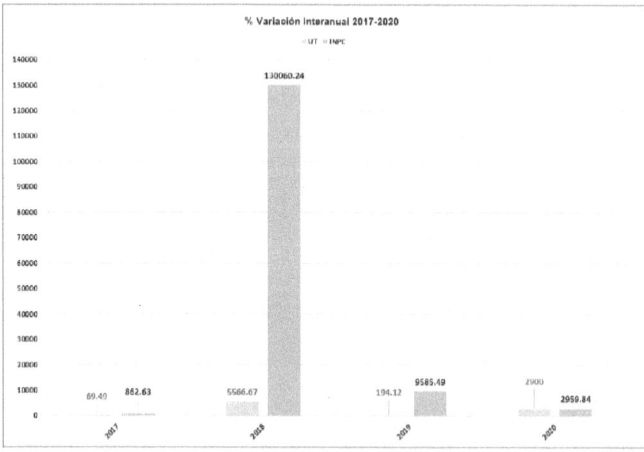

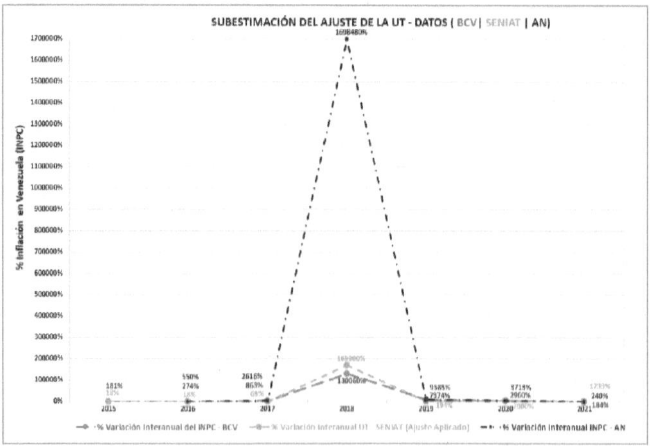

123 De 1994 a 2007 se utilizó como referencia el Índice de Precios al consumidor del Área Metropolitana de Caracas. A partir del 2007 y hasta el 2020 se utilizó como referencia el del Índice Nacional de Precios al Consumidor (INPC), en virtud de su entrada en vigor. Datos del Banco Central de Venezuela, consultados en: http://www.bcv.org.ve/estadisticas/consumidor.

A título de ejemplo, el aumento de la inflación fue de 56, 68, 180 y 274 %, para los años 2013, 2014, 2015 y 2016, respectivamente, mientras que el ajuste de la UT para esos mismos años fue acomodaticiamente del 18% cada año.

En particular, en el año de 2017 el ajuste de la UT equivale a 0.003 Bs, cuando su valor real debió estar en 0.025 Bs, esto es, una subestimación del 93%.

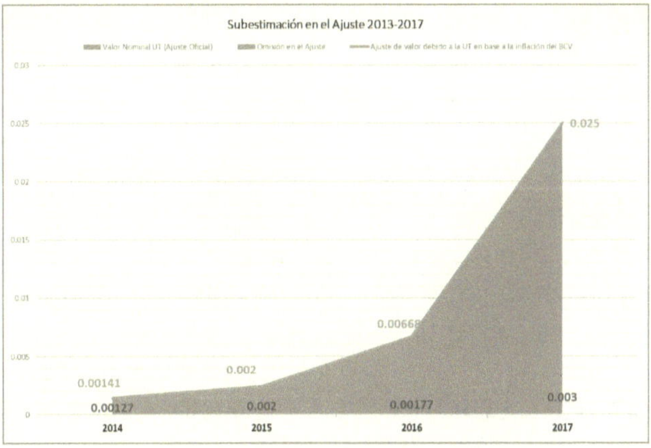

Más aun, para el año 2020 el ajuste de la UT equivale a 1500 Bs, cuando su valor real debió estar en 30334 Bs, esto es, una subestimación del 95%.

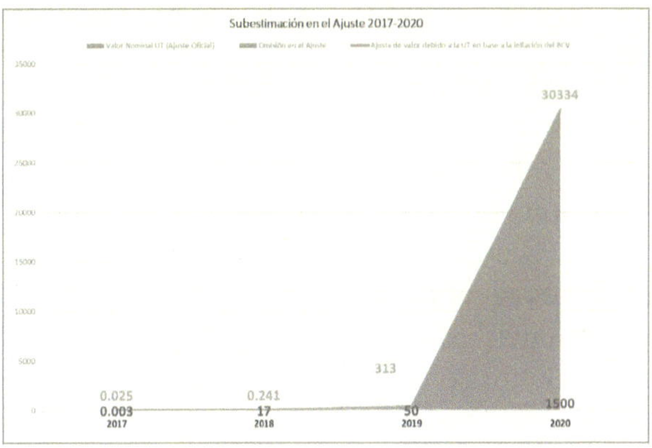

Mediante Decreto N° 3.554, de fecha 25 de julio y publicado en ***Gaceta Oficial*** N° 41.446 de misma fecha, el Ejecutivo Nacional implementó una reconversión monetaria por la cual se implementa una nueva moneda nacional denominada Bolívar soberano (Bs.S), y cuya tasa de conversión equivale a una reducción de cinco ceros con respecto al valor de la monda anterior (100.000 Bs.F. es igual a 1 Bs.S.).

Como hemos referido con anterioridad, en períodos de inflación, la renta nominal aumenta en mayor medida y rapidez que la renta real. La interacción de esta realidad con la rigidez de la estructura legal del impuesto aumentará la carga impositiva media para todos los niveles de renta[124]. Los contribuyentes con niveles muy diferentes de ingreso antes no gravados, pueden ahora verse sometidos al impuesto, sin que en la realidad hayan aumentado sus ingresos reales. Igual sucede con los contribuyentes antes gravados que lo serán a tipos impositivos superiores (***creeping effect***). En palabras resumidas, los contribuyentes se ven empujados hacia arriba en una escala progresiva y en consecuencia, sometidos a una carga impositiva superior. De modo que, al aumentar la renta nominal del contribuyente, éstos son desplazados a tramos superiores de imposición.[125]

En resumen, la ilegal e inconstitucional subestimación de los ajustes de los tramos nominales de renta por causa de la inflación, se convierte en una forma subrepticia de sobreimposición a la renta.

III. LA MANIPULACIÓN DE LA CORRECCIÓN MONETARIA EN MATERIA SANCIONATORIA

1. Desnaturalización de la corrección monetaria sancionatoria: Violación de los principios de taxatividad penal, prohibición de retroactividad, tutela judicial efectiva y proporcionalidad

El absurdo de la situación de retraso y subestimación del ajuste de la UT contrasta radicalmente con la pretensión de cifrar el valor de las multas en función del valor de la UT al momento del pago de aquellas[126], ***ex*** artículo 92 del COT 2014, y no en aquel en que se cometió la infracción. Esto es igualmente válido para el caso de la dolarización de las sanciones tributarias ***ex*** artículos 91 y 92 del COT 2020 o con el pretendido uso del Petro como unidad de cuenta.

124 *Cfr.* Vito Tanzi, *Inflación e impuesto sobre la renta<una perspectiva internacional>*, Instituto de Estudios Fiscales, Madrid 1982, p. 36.

125 *Cfr.* Amalio Humberto Petrei "Inflation Adjustment schemes under personal income tax", en *Staff Papers,* Volume XXII No 2, Julio 1975, International Monetary Fund, Washington, p. 539.

126 Artículo 94, parágrafo primero del COT de 2001.

En efecto, el legislador deslealmente difiere la aplicación de la UT para medir la capacidad económica del contribuyente en perjuicio de éste y, a su vez, pretende el cobro de sanciones tributarias en base al valor actualizado de la UT o del dólar al momento del pago. Semejante ***desproporción*** sólo demuestra la desviación de la finalidad institucional de la UT, de la dolarización de las sanciones y la manipulación de su uso con propósitos ventajistas, discriminatorios y ajenos a su racionalidad técnica en contra del contribuyente.

Esta es una situación que ha sufrido una deplorable involución institucional.

En los comienzos de la UT con el COT de 1994 la Administración Tributaria[127] opinó con corrección que, cuando se trata de sanciones, el propósito de la UT es medir el valor actualizado de la sanción al momento de la comisión de la infracción, y no al momento del pago. Es más, la opinión citada señala que tales consecuencias son exigencias de la **"...objetividad normativa, certeza en la determinación de las conductas infractoras y aplicación irretroactiva de las normas, resultan de la proyección al campo del derecho administrativo sancionador de los principios garantizadores propios del orden penal, que imponen restricciones a las potestades sancionadoras de la administración"**.

Congruentemente, el Código Procesal Penal de **2001** (COPP) en su artículo 548 dispuso que las multas allí reguladas, se **"...calcularán con base al valor de la UT vigente en la fecha en que se cometió el hecho que origine la sanción"**[128].

Esta situación no podía ser de otra manera. Lo contrario equivaldría a la violación del principio de taxatividad como expresión del de-

---

[127] Opinión emanada de la gerencia Jurídico Tributaria del Servicio Nacional Integrado de Administración Aduanero y Tributario, en el caso ***Víctor Figueroa Lara***, en Oficio No. HGJT-200-90 de fecha 4 de mayo de 1998.

[128] ***Gaceta Oficial*** Extraordinaria Nº 5.930 del 4 de septiembre de 2009. En la reforma del COPP de 2012 (***Gaceta Oficial*** Nº 6.078 del 15 de junio de 2012), dicha disposición fue suprimida, dejando en incertidumbre cuál sería el valor de la UT aplicable a las multas. No obstante, en virtud de los principios constitucionales y penales de irretroactividad y de trato más favorable al reo, se debe seguir atendiendo al valor de la UT vigente en la fecha en que se cometió el hecho que origine la sanción (artículo 24 Constitucional), en obsequio de las nociones más elementales de seguridad jurídica.

ber constitucional de tipicidad penal[129] y la prohibición de aplicación retroactiva de una unidad de valor que no estaba vigente al momento de la comisión del ilícito[130].

En efecto, si el mecanismo de la UT busca mantener el poder adquisitivo de la expresión legislativa en el tiempo, el valor a tomar en cuenta es el vigente en el momento de la comisión del ilícito, en expresión de las exigencias de tipicidad de la sanción[131]. Aplicar el valor de la UT al tiempo de la determinación de la sanción o del pago respectivo, desvirtúa la garantía de certeza respecto de la medida de la pena a este fin y expone al sujeto pasivo de la sanción a la indeterminación de valor que supone la variación de la UT entre el momento de la comisión de la infracción y el pago definitivo.

Lo propio cabe hoy reprochar a la pretendida **"dolarización"** o corrección de las sanciones según la cotización de **"...el tipo de cambio oficial de la moneda de mayor valor publicada por el BCV"** o a nivel municipal con el uso de Petro como unidad de cuenta de la obligación tributaria y sus accesorios.

2. Involución legislativa y jurisprudencial sobre el criterio de valoración de sanciones denominadas en UT

A. El caso *Mantenimiento Quijada, C.A*

La anterior línea de argumentación fue acogida en las primeras decisiones judiciales para señalar que, conforme al COT reformado en el año 1994 la valoración de la sanción denominada en UT, debía hacerse según la vigente al tiempo de la comisión de la infracción. Así se

129 *Cfr*. Eugenio Zaffaroni, Alejandro Alagia, y Alejandro Slokar, *Derecho Penal* (parte general), Ediar, Buenos Aires 2000, p. 110.

130 *Cfr*. Carlos Weffe Hernández, "Breves Anotaciones sobre la Parte General del Derecho Penal Tributario en el Código Orgánico Tributario de 2001", en *Revista de Derecho Tributario* No. 95, Asociación Venezolana de Derecho Tributario, Caracas, 2002, p. 101. Más actual su publicación sobre el tema de la corrección monetaria de las sanciones tributarias, "Inflación y derecho penal tributario <las sanciones tributarias como obligaciones de valor>, Trabajo inédito de investigación para su incorporación como miembro corresponsal por Venezuela en la Academia Mexicana de Derecho Fiscal, México D.F. 2015

131 *Vid*. Juan . Zornoza Pérez, *El sistema de infracciones y sanciones tributarias <Los principios constitucionales del derecho sancionador>*, Estudios de derecho financiero y tributario, Civitas, Madrid 1992, p. 91.

pronunció la Sala Político Administrativa en el caso ***Mantenimiento Quijada, C.A***[132] **"(...), la Sala considera que, en el presente caso, la aplicación de las multas a la contribuyente fue realizada de manera ilegal, ya que el valor que debió tomar para la imposición de la misma atendiendo a la norma dispuesta en el artículo 104 del Código Orgánico Tributario de 1994, era el valor vigente de la unidad tributaria para el momento en que se cometió la infracción, (...)**".

El anterior criterio jurisprudencial fue desvirtuado inconstitucionalmente en la reforma del COT de 2001, al recoger positivamente la postura según la cual, en el caso de sanciones que se expresen en UT, el valor correspondiente es aquel vigente a la fecha del pago de la multa y

---

132 Sentencia Nº 02178 de fecha 17 de noviembre de 2004, caso ***Mantenimiento Quijada, C.A vs. República de Venezuela***, **"Ante tales circunstancias, considera esta Sala que la intención del legislados de 1994 era aplicar el valor de la unidad tributaria para el momento en que se cometió la infracción. Lo anterior podría inferirse del contenido de la norma contenido(sic) en el artículo 90 del precitado Código, la cual impone para los casos de sanciones relacionadas con el valor de las mercancías y objetos en infracción, la obligación de tomar en cuenta el valor de mercado al día en que se cometió la infracción.**
Concatenado el mandato de la norma supra referida puede concluirse ante la falta de previsión expresa, que en aquellos casos en que las multas establecidas en el Código de 1994 estén expresadas en unidades tributarias, deberá utilizarse el valor de la unidad tributaria vigente para el momento en que se cometió la infracción". Consultada en: http://historico.tsj.gob.ve/decisiones/spa/noviembre/02179-171104-1999-16174. HTM. Sin embargo, años antes en otro caso, la misma Sala Político-Administrativa, se había pronunciado de forma inconsistente con el criterio anteriormente comentado, afirmando que, la valoración de una multa por un ilícito aeronáutico denominada en UT, debía ser según la vigente a la fecha de la emisión de la resolución de la sanción. No se refirió al momento de la comisión de la infracción ni a la fecha del pago. Así se pronunció en el **caso *Aserca Airlines, C.A* vs. *Dirección General Sectorial de Transporte Aéreo* "En el mismo orden de ideas y en cuanto a lo indicado por la apoderada judicial de la recurrente, referente a que no se señala en el acto impugnado cual es el monto en bolívares de cada unidad tributaria, observa esta Sala, que la Resolución número 004, contentiva de las multas, fue dictada el 28 de febrero de 2000, siendo esta fecha, la que debe tomarse en cuenta a los fines de determinar el valor de la unidad tributaria aplicable, toda vez que fue en ese momento cuando la Administración determinó que efectivamente la sociedad mercantil Aserca Airlines, C.A. había cometido una infracción, al haber vulnerado las normas de la Ley de Aviación Civil y resultaba procedente la aplicación de una sanción". Sentencia de la Sala Político-Administrativa del Tribunal Supremo de Justicia de fecha 3 de octubre de 2002, con ponencia del Magistrado Hadel Mostafa Paolini, caso *Aserca Airlines vs. República De Venezuela (Ministerio de Transporte y Comunicaciones)***, consultada en: http://historico.tsj.gob.ve/decisiones/spa/octubre/012020310020928. HTML

no el de la comisión de la infracción. Así lo confirma la dicción del artículo 94, parágrafo primero (hoy artículo 91 del COT 2014): **"Cuando las multas establecidas en este Código estén expresadas en Unidades Tributarias (U.T), se utilizará el valor de la Unidad Tributaria que estuviere vigente para el momento del pago".**

Del mismo modo, en la reforma del 2001 se introdujo el abyecto e inconstitucional Parágrafo Segundo del artículo 94[133] (hoy artículo 92 del COT 2014), que recoge la regla según la cual **"...las multas expresadas en términos porcentuales deberán convertirse al equivalente en Unidades Tributarias correspondientes al momento de la comisión del ilícito, y posteriormente, se ajustarán utilizando el valor de la UT vigente para la oportunidad del pago"**.

B. El caso *The Walt Disney Company Venezuela, S.A.*

Bajo el pretexto del cambio legislativo antes descrito, en el caso ***The Walt Disney Company Venezuela, S.A.***[134], la Sala Político Administrativa cambió de criterio señalando que, "...**a los efectos de considerar cuál es la Unidad Tributaria aplicable para la fijación del monto de la sanción de multa con las infracciones cometidas bajo la vigencia del Código Tributario de 2001, ha expresado que debe tomarse en cuenta la fecha de emisión del acto administrativo, pues es ése el momento cuando la Administración Tributaria determina -previo procedimiento- la comisión de la infracción que consecuentemente origina la aplicación de la sanción respectiva".**

Adicionalmente, matizó la solución jurídica anterior, señalando que, en aquellos casos en que el sujeto pasivo (i) pague de manera extemporánea y (ii) en forma voluntaria el tributo omitido, el cálculo de

---

133 Artículo 94: **"Las sanciones aplicables son: (...) parágrafo segundo: Las multas establecidas en este Código expresadas en términos porcentuales se convertirán al equivalente de Unidades Tributarias (U.T.) que correspondan al momento de la comisión del ilícito, y se cancelarán utilizando el valor de la misma que estuviere vigente para el momento del pago."**

134 Sentencia de la Sala Político-Administrativa del Tribunal Supremo de Justicia de fecha 12 de noviembre de 2008, con ponencia de la Magistrado Evelyn Marrero Ortiz caso ***The Walt Disney Company Venezuela, S.A. vs. República de Venezuela (Fisco Nacional)*** consultada en: http://historico.tsj.gob.ve/decisiones/spa/noviembre/01426-121108-2008-2006-1847.HTML.

la sanción por multa deberá hacerse tomando en cuenta "**la Unidad Tributaria vigente para el momento en que realizó el pago de la obligación principal**", esto es, la multa deberá valorarse utilizando la UT vigente para el momento en que se realizó el pago extemporáneo y voluntario del tributo omitido. Al respecto, la Sala justificó que: "... **la tardanza que pueda ocurrir por parte del organismo recaudador en la emisión de las planillas de liquidación respectiva no debe ser imputada al contribuyente, por cuanto dicha actuación sería contraria a la intención del legislador, habida cuenta que el pago a que hace referencia el legislador debe ser considerado como el momento del pago de la obligación tributaria principal, cuya falta de cumplimiento genera el hecho sancionador. Así se declara**". Dicho criterio jurisprudencial fue repetido reiteradamente en diversas sentencias de la Sala Político-Administrativa[135].

Por consiguiente, la sentencia en referencia (i) mantuvo el criterio jurisprudencial imperante a esa fecha, que establecía que, en aquellos casos en que el contribuyente no pague de manera voluntaria el tributo omitido, éste deberá pagar la multa correspondiente calculada con la UT vigente para la oportunidad de la emisión del acto sancionador. No obstante, (ii) establece una excepción en aquellos casos en que el contribuyente pague de manera extemporánea pero voluntaria el tributo omitido, deberá y podrá cumplir con la multa correspondiente calculada con la UT vigente para el momento en que se realizó el pago (extemporáneo) de la obligación principal.

---

135 Sentencia de la Sala Político-Administrativa del Tribunal Supremo de Justicia de fecha 12 de diciembre de 2012, con ponencia de la Magistrado Mónica Misticchio Tortorella caso ***Statoilhydro Orinoco, S.A. vs. República de Venezuela (Fisco Nacional)*** consultada en: http://historico.tsj.gob.ve/decisiones/spa/diciembre/01523-121212-2012-2012-1470.html; Sentencia de la Sala Político-Administrativa del Tribunal Supremo de Justicia de fecha 22 de mayo de 2012, con ponencia de la Magistrado Mónica Misticchio Tortorella caso ***Bayer, S.A. vs. República de Venezuela (Fisco Nacional)*** consultada en: http://historico.tsj.gob.ve/decisiones/spa/mayo/00536-22512-2012-2009-0849.HTML; y
Sentencia de la Sala Político-Administrativa del Tribunal Supremo de Justicia de fecha 21 de marzo de 2012, con ponencia de la Magistrado Yolanda Jaimes Guerrero caso ***Distribuidora y Perfumería Dulcinea, C.A. vs. República de Venezuela (Fisco Nacional)*** consultada en: http://historico.tsj.gob.ve/decisiones/spa/marzo/00222-21312-2012-2011-1098.HTML.

C. El caso *Tamayo & CIA, S.A*

Posteriormente, la Sala Político-Administrativa del Tribunal Supremo de Justicia replanteó el sentido del Parágrafo Segundo del artículo 94 del COT de 2001 (actual artículo 92 del COT de 2014). Como consecuencia, el Alto Tribunal revocó el criterio establecido en el caso ***The Walt Disney Company Venezuela, S.A.***, únicamente en lo que respecta al supuesto que el contribuyente pague de manera extemporánea y en forma voluntaria el tributo omitido. Así lo decidió en el caso ***Tamayo & CIA, S.A.***[136],

En tal sentido, la Sala señaló que la multa correspondiente deberá calcularse y pagarse en función del valor de la UT que estuviere vigente para el momento del pago contra el instrumento de liquidación, y no la del momento en que se pague de manera extemporánea y voluntaria la obligación principal. Este cambio de posición interpretativa se justificó bajo el argumento de que "…**si el valor de la sanción se mantuviese intacto para el momento en el que se produjo el ilícito, o bien cuando se pagó de manera extemporánea y de forma voluntaria el tributo omitido, la multa iría perdiendo todo su efecto disuasivo…".** Así las cosas, concluye señalando que, **"…[p]or tal motivo, no es posible aplicar a los fines del pago de la sanción, la Unidad Tributaria vigente al momento que la Administración fiscaliza y/o verifica y detecta el ilícito, ni tampoco la que esté vigente para cuando el sujeto pasivo pague la obligación principal (enteramiento tardío), sino la del pago de la respectiva multa, tomando en cuenta que lo pretendido es que la sanción no pierda su valor con el transcurso del tiempo (...)"**[137].

---

[136] Sentencia de la Sala Político-Administrativa del Tribunal Supremo de Justicia de fecha 4 de junio de 2014, con ponencia del Magistrado Emilio Ramos González, caso ***Tamayo & CIA., S.A. vs. República de Venezuela (Fisco Nacional)***, publicada en ***Gaceta Oficial*** No. 40.468 de fecha 5 de agosto de 2014, consultada en: http://historico.tsj.gob.ve/decisiones/spa/junio/165176-00815-4614-2014-2012-1813.HTML.

[137] Adicionalmente la Sala señaló que: "**Declarado lo anterior, esta Sala modifica el criterio sostenido a partir de la sentencia No. 01426 de fecha 12 de noviembre de 2008, caso: *The Walt Disney Company Venezuela, S.A.*, únicamente en lo que respecta al supuesto que el contribuyente pague de manera extemporánea y en forma voluntaria el tributo omitido. A tal efecto, el nuevo criterio se aplicará a los casos futuros, es decir, aquellos que se conozcan con posterioridad a la publicación del presente fallo en la**

En suma, en criterio de la Sala Político-Administrativa la valoración de las sanciones denominadas en UT, debe efectuarse según el valor a la fecha del pago respectivo, y no el de (i) la comisión del ilícito, (ii) la determinación de la comisión del mismo, (iii) ni siquiera en caso de un pago voluntario y extemporáneo. Las razones (los pretextos) que justifican esa acomodaticia posición son: (i) evitar la pérdida del efecto disuasivo de la multa y (ii) evitar la pérdida del poder adquisitivo del valor original y real de la sanción.

a. El pretexto de "evitar la pérdida de valor original de la sanción"

Es incorrecto predicar que, la falta de ajuste de la UT a la fecha del pago de la sanción implicaría **"...una pérdida de valor original de la sanción".** Este argumento constituye una afirmación vaga y encierra una generalización apresurada, pues no precisa desde donde y hasta donde se ajusta la sanción denominada en UT, esto es, oculta lo que debe y no debe ajustarse en materia de sanciones en atención a la técnica de la corrección monetaria y las garantías que presiden la creación y aplicación de sanciones.

Primero, lo que debe y puede ajustarse es el valor original de la sanción expresada en UT, al momento de la comisión del ilícito. Este es el único momento en que se conoce y puede determinarse con certeza el valor de la sanción y por lo tanto sus consecuencias previsibles. El conocimiento previo se reduce al contenido ***in obligationem*** de la obligación pecuniaria por la multa, no al conteniendo material ***in solutionem*** de la misma, pues su conocimiento previo a la comisión del ilícito fiscal imposible[138]. Es contrario a la legalidad penal, ajustar la sanción sea al momento del pago voluntario o previa determinación de la Administración, pues se trata de momentos ***ex post facto*** desconocidos en

---

Gaceta Oficial **de la República Bolivariana de Venezuela, cuyos incumplimientos se hayan verificado bajo la vigencia de la norma contenida en el artículo 94 del Código Orgánico Tributario de 2001".**

138 *Cfr*. Carlos Weffe Hernández, "Inflación y derecho penal tributario <las sanciones tributarias como obligaciones de valor>, Trabajo inédito de investigación para su incorporación a la Academia Mexicana de Derecho Fiscal, México D.F. 2015, p. 32.

el tiempo. Un ajuste en estas circunstancias constituye una situación incierta que implica una corrección indeterminada.

Cualquier ajuste posterior desvirtúa la actualización de la sanción, implica la aplicación retroactiva de un valor que no representaba el valor real de la UT al momento de la infracción y la convierte en un mecanismo indemnizatorio reñido con el mismo propósito sancionatorio (sea represivo o disuasivo) de la multa, aparte de un obstáculo al ejercicio del derecho a la tutela judicial efectiva como evidenciaremos más adelante.

Con razón hay quienes anotan que esta desviación técnica impide **"...el conocimiento previo, cierto y preciso de las consecuencias punitivas derivadas del eventual incumplimiento de las normas tributarias formales o materiales, lo cual vulnera las exigencias de la legalidad penal al configurar a la norma penal fiscal como una ley penal en blanco <<al revés>>"**, a la vez que, ha pasado a desnaturalizar la condición de la obligación tributaria de una típica obligación pecuniaria, regida por el principio nominalístico, **"...a ser una obligación <<de valor>>"**, esto es, como si se tratara de una **"prestación de valor"**[139].

Segundo, el pretexto de la **"pérdida de valor original de la sanción"**, contrasta radicalmente, en igualdad de condiciones, con la justificación dada por la misma Sala[140], para negar correctamente (no permitir) el ajuste de los saldos monetarios variables o no fijos de la estructura de la base imponible o de la cuota a pagar, bajo el pretexto de que tal ajuste no era consistente con la finalidad técnica de la corrección monetaria de la UT, ni estaba expresamente permitido por la Ley. Más aun, es inconsistente con la ***praxis*** que subestima el ajuste y posterga la aplicación de la UT en el tiempo. Si de lo que se trata es de **"...evitar la pérdida del poder adquisitivo del valor original y real de la sanción"**, con igual razón se debería **"...evitar la pérdida del poder**

139 *Ibíd.*, p. 14.

140 *Cfr.* Sentencia de la Sala Político-Administrativa del Tribunal Supremo de Justicia de fecha 16 de abril de 2008, con ponencia de la Magistrado Evelyn Marrero Ortíz, caso ***Corporación Agroindustrial Corina C.A. vs. República de Venezuela (Fisco Nacional),*** consultada en: http://historico.tsj.gob.ve/decisiones/spa/Abril/00443-16408-2008-2006-0137.html.

adquisitivo del valor original y real [del desgravamen único, de los tramos de renta, de cualquier saldo monetario expresados en UT, etc.]".

En palabras resumidas, el legislador deslealmente difiere la aplicación de la UT para medir la capacidad económica del contribuyente en perjuicio de éste, pero a su vez, pretende el cobro de sanciones tributarias en base al valor actualizado de la UT al momento del pago. Esa falta de consistencia evidencia un despropósito en el uso (o abuso) de la UT para la corrección de las multas y su perversión autoritaria como expresión de un derecho sancionatorio máximo.

Tercero, en el caso del pago extemporáneo y voluntario de tributos, no tiene sentido ajustar la multa al valor de la UT a la fecha posterior de la determinación de la infracción, por la sencilla razón de que ya la obligación tributaria principal se habría extinguido. Elementales razones de proporcionalidad previenen la punición de una conducta perjudicial a un bien jurídico que en todo caso ha sido superado o satisfecho. Se hace evidente la innecesidad de un castigo mayor, **"...produciendo un mal mayor que el que se ha querido prevenir"**[141].

b. El pretexto de "evitar la pérdida del efecto disuasivo de la multa"

Nadie duda que, en el contexto de la racionalidad penal, la pena cumple finalidades retributivas y también preventivas o disuasivas, para la protección de bienes jurídicos. En ningún caso la pena cumple una finalidad indemnizatoria, de reparación de un daño, sino de retribución aflictiva, con fines preventivos o represivos. En el caso de la multa, la ablación parcial del patrimonio del culpable como consecuencia de la comisión de un ilícito.

Pero que la finalidad de la pena pueda ser preventiva o disuasiva, no justifica ni se asegura con la incerteza o la indeterminación de su valor. La creación de una multa de cuantía incierta por indeterminada es un sinsentido que, la desnaturaliza inconstitucionalmente y la convierte en un medio arbitrario que depende de la voluntad del aplicador,

[141] *Cfr*. Gloria Patricia Lopera Mesa, *El principio de proporcionalidad y ley penal<bases para un modelo de control de constitucionalidad de las leyes penales>*, Centro de Estudios Políticos y Constitucionales, Madrid 2006, p. 202.

esto es, ***lex incerta***[142]. Por eso, ***el pretexto de la finalidad disuasiva de la multa indeterminada solo encubre el despropósito de la aplicación arbitraria de la misma.***

Como señala acertadamente Weffe, citando la autorizada opinión de Roxin: **"hay que considerar como inconstitucional un marco penal que sea ilimitado. [...] es inadmisible la previsión típica de una pena de multa de cuantía indeterminada, dado que una sanción asi se mueve entre el simple recordatorio y la total destrucción de le existencia económica, no proporciona una garantía suficiente frente a la arbitrariedad"**[143].

D. La perversión por la indeterminación de la multa cifrada según la UT vigente al momento del pago

El ejemplo que sigue contribuye a esclarecer el asunto y evidenciar los efectos desproporcionados del criterio sentado en el caso ***Tamayo & CIA***, en la interpretación de los artículos 92 del COT de 2014.

Imaginemos un contribuyente que omite el enteramiento de una retención en materia de IVA, correspondiente a la primera quincena del mes de mayo de 2004. A esa fecha, el valor de la UT es de Bs. 24.700, expresados hoy en día en Bs. F. 24,70. El 6 de julio de 2006, el mismo contribuyente entera de manera extemporánea y voluntariamente el tributo omitido en el mes de mayo 2004. Al momento del enteramiento, el valor de la UT era de Bs. 33.600, expresados hoy en día en Bs. F. 33,60. Ulteriormente, el 23 de noviembre de 2009, la Gerencia Regional de Tributos Internos de la Región Capital del SENIAT, emite una Resolución de Imposición de Sanción y Determinación de Intereses Moratorios, ordenando pagar al contribuyente los intereses moratorios y la sanción de multa respectiva. Al momento de la emisión de la Resolución de Imposición de Sanción, el valor de la UT es de Bs. F. 55. Como consecuencia, la multa impuesta al contribuyente se calcularía utilizando la UT al valor de Bs. 55, al ser éste el valor vigente para

---

142 *Cfr*. Claus Roxin, *Derecho Penal*, Parte General, Tomo I, Fundamentos. La Estructura de la Teoría del Delito, Civitas, Madrid 1997, p. 141.

143 *Cfr*. Carlos Weffe Hernández, "Inflación y derecho penal tributario <las sanciones tributarias como obligaciones de valor>, Trabajo inédito de investigación para su incorporación como miembro corresponsal por Venezuela en la Academia Mexicana de Derecho Fiscal, México D.F. 2015, p.28.

la fecha de emisión de la planilla de pago de la multa impuesta por enteramiento tardío de retenciones. El valor de la UT utilizado por la Gerencia Regional está sujeto a actualización, dependiendo del valor de la UT vigente al momento del pago efectivo de la multa impuesta al contribuyente por dicha Gerencia.

Supongamos que el tributo omitido es de Bs. 80.000, y la multa expresada en términos porcentuales es del 1.000% <artículo 115(4) COT de 2014>.

En primer lugar, la Administración Tributaria deberá convertir las multas expresadas en términos porcentuales (1.000%), al equivalente en UT que correspondan al momento de la comisión del ilícito, esto es, en el presente caso, Bs. 24,70:

El 1.000% de Bs.80.000 es: Bs.800.000.

Bs. 800.000/Bs. 24,70 (valor de la UT al momento del ilícito) = 32.388,66 UT.

En segundo lugar, deberá ajustar ese resultado al valor de la UT vigente para la oportunidad del pago de la multa, esto es Bs. 55, (siguiendo el criterio en el caso ***Tamayo & CIA.***):

32.388,66 UT* (UT= Bs. 55) = **Bs. 1.781.376,3 (Total multa a pagar)**.

El cuadro a continuación muestra los montos que tendría que enterar el contribuyente por concepto de multa si se tomará para la segunda fase del cálculo de la multa *(i)* la UT para el momento de la comisión del ilícito, *(ii)* la UT para el momento del enteramiento tardío de la obligación principal y *(iii)* la UT para el momento del pago de la multa:

Concepto	**Fecha**	**Valor UT**	**Monto total Multa bs.**
Comisión del ilícito tributario	Mayo 2004	Bs. 24,70	799.999,90
Enteramiento tardío voluntario del tributo	Julio 2006	Bs. 33,60	1.088.258,97
Emisión del acto administrativo sancionador	Noviembre 2009	Bs. 55,00	**1.781.376,3**

Del ejemplo expuesto, se hace evidente, no solo la desproporción que sufre el valor de la sanción, sino que, la tardanza de la Administración Tributaria para emitir la resolución de imposición de sanción potencia esa desviación, que termina sufriendo injustamente el contribuyente, al hacerla depender de la indeterminación temporal y de la voluntad de la Administración para emitir la liquidación respectiva. Se trata de un patente quebrantamiento de la debida previsibilidad y certeza de la sanción, según exige la legalidad penal[144].

En suma, la desproporción de consecuencias jurídicas anotada no es idónea ni necesaria a la finalidad del mecanismo de actualización monetaria a que se refiere el expediente de la UT y desvirtúa ostensiblemente su efectividad correctora.

E. Otras lesiones constitucionales por cifrar las multas según la UT vigente al momento del pago

Pero hay más. La aplicación de la UT ajustada al tiempo del pago de sanciones, implica una violación del derecho a la tutela judicial efectiva[145], pues supone un bloqueo ilegítimo al acceso a la justicia por la desproporción causada por la mayor onerosidad que puede significar el ejercicio de su derecho de impugnación frente al reclamo administrativo y la pendencia del proceso y el efecto inhibitorio que semejante amenaza económica implica (el ajuste permanente de la UT hasta el momento incierto del pago) frente a la incerteza de las resultas y la prolongación del lance judicial. Ello, en la práctica, constituye un subterfugio legal que enerva parcialmente la eficacia del derecho a la tutela judicial efectiva y que puede obligar a los contribuyentes a allanarse al viciado reclamo fiscal. Esto es lo que en otras jurisdicciones del derecho comparado se identifica como el **"efecto congelamiento"** (***chilling effect***) en el ejercicio de derechos constitucionalmente prote-

---

[144] La Sala Político-Administrativa del Tribunal Supremo de Justicia, en sentencia de fecha 29 de octubre de 2014, aplicó retroactivamente el criterio sostenido en el caso de ***Tamayo & CIA***. Ver caso ***Knoll Gomas Industriales C.A.*** vs. ***República de Venezuela (Fisco Nacional)***, consultada en: http://historico.tsj.gob.ve/decisiones/spa/octubre/170804-01485-291014-2014-2014-0711.HTML

[145] Artículo 26 de la Constitución de la República Bolivariana de Venezuela.

gidos, como aquellas prácticas violatorias del principio constitucional de proporcionalidad[146].

En definitiva, los mandatos consagrados en los parágrafos primero y segundo del artículo 92 del COT de 2014, así como, los criterios mantenidos por la jurisprudencia del Tribunal Supremo de Justicia, constituyen un obstáculo para el acceso a la justicia y a una tutela judicial efectiva, ya que inhiben a los contribuyentes a recurrir el acto administrativo por temor a la mayor onerosidad que pueda repercutir sobre la deuda tributaria, la incertidumbre de las resultas del pleito y el prolongado transcurso del tiempo hasta la decisión final.

Finalmente, el absurdo que plantea la reexpresión de las sanciones, también se traduce en el despropósito de pretender perpetuar la ineficiencia de la Administración Tributaria en la recaudación de los tributos, a través de un sistema que garantiza una automática y desproporcionada "indemnización"[147], premiándosela por su desidia en total contradicción con los derechos y garantías de los ciudadanos, consagrados en la Constitución y en la Ley.

3. Inconstitucionalidad de la "dolarización" o del uso del Petro en el cálculo de las sanciones tributarias

Venimos anticipando que, la **"dolarización"** de sanciones en el COT de 2020 así como el uso del Petro como criterio de valoración de sanciones tributarias constituye una protuberante antinomia de los artículos 146 y 3 encabezado del COT 2020, que obligan a la presentación y pago del tributo y sus accesorios en bolívares, con exclusión de cualquier otra moneda y ***a fortiori***, de cualquier sucedáneo monetario de cuantificación como el Petro.

Ello en sí mismo constituye una ilegalidad e inconstitucionalidad que invalida cualquier pretendida aplicación de sanciones medidas en dólares o en Petros.

---

146 *Vid.*, Markus González Beilfuss, *El principio de proporcionalidad en la jurisprudencia del Tribunal Constitucional*, Thomson Reuters Aranzadi, Pamplona 2015, p. 45

147 *Vid.* José Andrés Octavio Leal, "El ajuste por inflación de las sanciones pecuniarias en el Código Orgánico Tributario de 2001", en *Revista de Derecho Tributario* No. 115, Julio-Septiembre de 2007, Asociación Venezolana de Derecho Tributario, Caracas, p. 68.

Efectivamente, el artículo 146 del COT 2020 señala que, los montos de la base imponible y de los créditos y débitos de carácter tributario que determinen los sujetos pasivos o la Administración Tributaria, en las declaraciones y planillas de pago de cualquier naturaleza, así como las cantidades que se determinen por concepto de tributos, accesorios o sanciones en actos administrativos o judiciales, **se expresarán y pagarán en bolívares**.

La redacción de este enunciado solo varió con respecto al texto del mismo artículo 146 del COT de 2014 señalando que la determinación solo se haría en "bolívares", dejando abierto la posibilidad del pago en alguna moneda extranjera, según disposición de la Ley creadora del tributo o por disposición del Ejecutivo Nacional. Obsérvese que el uso del medio de pago se limita a una **"especie monetaria"**, lo que, en principio excluye al Petro por no ser una especie monetaria sino un ***token*** o a lo más un pretendido criptoactivo.

De otro lado, la única moneda de curso legal en Venezuela es el bolívar[148], corresponde exclusivamente al BCV la facultad de emitir moneda de curso legal, prohibiendo esa acción a cualquier otra institución pública o privada[149]. De otro lado se atribuye al bolívar el poder liberatorio sin limitación alguna para el pago de obligaciones públicas y privadas, y con una redacción equivoca **"... sin perjuicio de disposiciones especiales, de las leyes que prescriban un pago de impuestos, contribuciones obligaciones en determinada forma y del derecho de estipular modos especiales de pago"[150].**

En todo caso, la redacción del artículo 146 del COT de 2014 es objetable porque la identificación de la moneda de pago del tributo es ***indelegable***, en razón que, todo lo relativo a la determinación de la obligación tributaria es materia de reserva legal, incluyendo la unidad monetaria de cuantificación y pago, según confirma el artículo 3 del mismo Código. Todas estas previsiones deben venir determinadas desde el rango legal. Semejante desafuero equivale a una deslegalización prohibida que acarrea la nulidad de la eventual decisión del Ejecutivo

148 Artículo 106 de la LBCV.

149 Artículo 107 de la LBCV.

150 Artículo 116 de LBCV.

de utilizar un medio de pago distinto al bolívar, así como de la de cualquier acto de ejecución de aquella.

Por su parte, esta nueva redacción del artículo 146 del COT 2020 establece que, tanto la ***expresión*** como el ***pago*** de la obligación tributaria serán en bolívares, sin perjuicio de las *excepciones que establezca el Banco Central de Venezuela a requerimiento del Ministerio con competencia en materia de Finanzas*. Por un lado, concreta el principio del carácter pecuniario de la obligación tributaria, esto es, el bolívar está en la denominación como en la solución o pago de la obligación, pero de otro, incurre en el mismo vicio de deslegalización de la unidad monetaria de cuantificación o de pago de la obligación tributaria al establecer una regulación indeterminada sobre las pretendidas **"excepciones que establezca"** el BCV.

Pero adicionalmente la dolarización y el uso del Petro implican una desnaturalización de la obligación pecuniaria en bolívares, porque económicamente la sustituye o transforma en esa otra especie monetaria extranjera que se utiliza como factor de corrección, independientemente de que se pague en bolívares. La sola medición de la obligación pecuniaria en dólares o en Petros sea por concepto de impuesto o por cualquier accesorio de la obligación tributaria, hace de la sanción una obligación de valor en dólares o en Petros, prohibida por el artículo 146 del COT. Expone al contribuyente a las vicisitudes y riesgos del dólar o del Petro cuando la obligación tributaria es imperativamente en bolívares. El objetivo como en toda dolarización por sustitución de activos, consiste en evitar el riesgo cambiario del bolívar. En este caso desplazar el riesgo cambiario al contribuyente.

Esto, aparte de prohibido, es discriminatorio con el resto de las mediciones de los elementos de la obligación tributaria que deben determinarse en bolívares y no en otra especie monetaria o pseudo monetaria.

Adicionalmente, la medición de la sanción se hace depender de una cotización incierta de la especie de que se trate a la fecha de su pago. No se trata de un medio de valor determinable y objetivo, sino de un criterio incierto en el caso de la dolarización y arbitrario en el caso del Petro. En el primer caso la medición depende de **"…el tipo de cambio oficial de la moneda de mayor valor publicada por el BCV**…" y en el segundo, el valor depende del que la SUNACRIP asigne al Petro.

En ambos casos, son mediciones inidóneas contrarias a la previsibilidad y certeza de la sanción penal. Son paradigmas de la deslegalización y subjetividad del aplicador. Infringen los principios de taxatividad penal, la prohibición de retroactividad normativa y de razonabilidad de la Ley[151].

Al igual que el ajuste de las sanciones al valor de la UT a la fecha del pago, la dolarización de las sanciones o su pago en Petros, constituyen un obstáculo para el acceso a la justicia y a una tutela judicial efectiva, ya que (i) inhiben a los contribuyentes a recurrir el acto administrativo por temor a la mayor onerosidad que pueda repercutir sobre la deuda tributaria, la incertidumbre de las resultas del pleito y el prolongado transcurso del tiempo hasta la decisión final y se (ii) traduce en el despropósito de pretender perpetuar la ineficiencia de la Administración Tributaria en la recaudación de los tributos.

Finalmente, pretender un ajuste de la sanción según el valor de la UT, del dólar o del llamado Petro a la fecha del pago constituye un provecho ilegitimo del acreedor tributario sobre el daño antijurídico imputable directamente al funcionamiento ilegal de la Administración Pública, al ser causa eficiente, directa y absoluta de la hiperinflación y de la hiperdepreciación del bolívar. Es ilícito que alguna administración pública pueda beneficiarse de su propio acto ilícito o del ilícito y los daños causados por el Estado a los ciudadanos[152] (***Ex turpi causa non oritur actio***).

El ajuste de la sanción según el valor de la UT, del dólar o del llamado Petro a la fecha del pago no constituye un supuesto de

---

151 Con elocuencia Fraga Pittaluga describe la situación de incerteza **"...no hay forma alguna de establecer la equivalencia entre la infracción cometida y el castigo previsto por el ordenamiento jurídico, desde que, como hemos dicho, la pena es desconocida y previamente indeterminable. Se suprime de un plumazo la necesaria relación de causalidad entre la conducta antijurídica y el castigo, pues éste no depende ya de la ley, sino de agentes totalmente externos a ésta, que además no atienden a ningún criterio objetivo de medición sino, ni más ni menos, al azar."**. ***Cfr***. FRAGA PITTALUGA, Luis Jesús, *Algunos comentarios sobre la reforma del Código Orgánico Tributario de 2020*, en https://fragapittaluga.com.ve/fraga/index.php/e-learning/item/9-algunos-comentarios-sobre-la-reforma-del-codigo-organico-tributario-de-2020

152 Nos recuerda las películas de terror en las que el Conde Drácula después de quitarle la vida a sus víctimas, continuaba chupándoles sangre después de muertos.

enriquecimiento sin causa. Por el contrario, se trata de un provecho por causa ilegítima.

Así como el ciudadano tiene derecho y acción para exigir indemnización por los daños causados por la prestación de la actividad administrativa ***ex*** artículo 140 Constitucional, con mayor razón, ***a fortiori***, tiene derecho a oponerse y excepcionarse de cualquier pretendido provecho, compensación o lucro de alguna administración pública que tenga fundamento en un hecho ilícito como la hiperinflación o la hiperdepreciación del bolívar, como una pretensión ilegitima ***ex turpi causa***.

V. CONCLUSIONES

1. La finalidad institucional de la UT fue pervertida por el Legislador de COT. Fue llevada al paroxismo de la desproporción: (i) hay defecto de corrección allí donde la inflación sobrestima las capacidades contributivas y (ii) hay exceso de corrección allí donde la incidencia de la inflación no justifica su corrección.
2. La corrección monetaria de la UT fue (i) subestimada a conveniencia por el retraso y minimización de su ajuste, con el propósito de (ii) subestimar la corrección de los umbrales de tributación y otras expresiones monetarias fijas utilizadas como créditos a la base imponible o a la cuota a pagar, fundamentalmente en el impuesto sobre la renta.
3. El objetivo final de esta ***praxis*** manipulativa consiste en un ilegitimo aumento de la presión fiscal a las personas naturales, que no se corresponde con su capacidad contributiva efectiva. Esta subestimación del ajuste empuja a dichos contribuyentes a tramos superiores de imposición (***bracket creep***), incluso gravando a algunos que están por debajo de la base de un mínimo impositivo en términos reales, esto es, de un ***mínimo vital.***
4. Esto se traduce en un ostensible daño al contribuyente y en una dejación de fines esenciales del Estado, que la obligan a la defensa y desarrollo de la persona y el respeto a su dignidad, según prescribe con rotundidad el enunciado normativo del artículo 3 y 316 Constitucionales.

5. Igualmente, compromete la responsabilidad patrimonial de la República y de los funcionarios directamente involucrados en a la infracción del orden legal, que ha degenerado en el cobro indebido de tributos, susceptibles de repetición, tal como garantizan los artículos 26, 30, 49, 137, 139, 140 y 259 de la Constitución, en concordancia con el artículo 327 del COT.
6. Con la pretendida reforma del COT de 2020 la finalidad correctiva de la UT se vació de sentido. Se desvinculó su medida de un índice objetivo y previsible y se eliminó todo control preceptivo para garantizar su corrección. Con ello el expediente de la UT se deslegalizó fatalmente al servicio de la usurpación de la reserva legal tributaria, para responder ahora a la voluntad discrecional y conveniencia política de la Administración tributaria, esto es, de la arbitrariedad.
7. Paralelamente, en el COT de 2020 se pretende legitimar sucedáneos de ajuste referidos a especies monetarias extranjeras (o el Petro) como si fueran auténticos mecanismo de corrección monetaria, cuando solo son vías de hecho normativas para desnaturalizar la obligación tributaria, en frontal antinomia del artículo 3 y 146 del COT que impone el bolívar como moneda de presentación y pago de la obligación tributaria y sus accesorios, por ser materia de exclusiva y excluyente reserva legal tributaria.
8. Es inconstitucional e ilegal la utilización de la UT la dolarización (**"…el tipo de cambio oficial de la moneda de mayor valor publicada por el BCV**…") o el Petro, vigente a la fecha del pago para dimensionar las multas expresadas normativamente en términos de dicha unidad de valor y no según la vigente a la fecha de la comisión del ilícito. Semejante regulación constituye una infracción de los principios de taxatividad penal, de la prohibición de retroactividad normativa y de razonabilidad de la Ley.
9. Es ilegítima cualquier medida de corrección o ajuste de obligaciones tributarias principales o accesorias a favor de cualquier administración tributaria, vinculadas al uso de otra moneda o referencia de valor como el dólar o del llamado Petro. Se

trataría de un provecho o lucro indebido a expensas del daño creado por el propio Estado por la hiperinflación y la hiperdepreciación del bolívar, pues nadie puede beneficiarse de un ilícito propio o ajeno (***Ex turpi causa non oritur actio***).

BIBLIOGRAFÍA

AAVV, XXV *Jornadas Latinoamericanas de Derecho Tributario*, Colombia 2010, Tomo II, Responsabilidad del Estado por Actos de Contenido Tributario, Memorias, Abeledo Perrot, Buenos Aires 2010

ABADI M, Anabella, 15 años de violaciones a la autonomía del BCV <Proceso constante, resultado fulminante>, en *Transparencia Venezuela*, Caracas 2018, https://transparencia.org.ve/wp-content/uploads/2018/07/ Violaciones Autonomi%CC%81a-BCV-2018-Anabella-Abadi-M.-.pdf

Academia de Ciencias Políticas y Sociales, "*Pronunciamiento de la Academia de Ciencias Políticas y Sociales ante la "Ley Constitucional contra el odio, por la convivencia pacífica y la tolerancia", dictada por la Asamblea Nacional Constituyente"*, Caracas, diciembre, 2017, disponible en web: <http://www.acienpol.org.ve/cmacienpol/Resources/Pronunciamientos/Pronunciamiento%20Ley%20Contra%20el%20Odio.%20 Acienpol.pdf>.

Academia Nacional de Ciencias Económicas de fecha 9 de marzo de 2021, en https://ancevenezuela.org.ve/wp-content/uploads/2021/03/20210309-PronunciamientoANCE.pdf

ALCHOURÓN, Carlos y BULYGIN, Eugenio, *Sobre la Existencia de Normas Jurídicas*, Fontamara, México D.F. 1997.

ANDRADE RODRÍGUEZ, Betty Graciela, *Inmunidad Tributaria de los Derechos Humanos. Capacidad Contributiva y Mínimo Vital*, Tesis Doctoral, defendida el 24 de febrero de 2014, Facultad de Ciencias Jurídicas y Políticas de la Universidad Central de Venezuela, inédita.

_____________,"Contencioso Tributario de Nulidad y Condena. Especial Referencia a la Responsabilidad Patrimonial de la Administración Tributaria" en *Revista de Derecho Administrativo* N° 17, septiembre - diciembre de 2003, Editorial Sherwood, Caracas.

ARAGÓN REYES, Manuel, "El falseamiento de la legalidad", en *El falseamiento del Estado de Derecho*, Academia de Ciencias Políticas y Sociales, *World Jurist Association*, Editorial Jurídica Venezolana, Caracas, 2021.

AYALA CORAO, Carlos, "Venezuela: Del Estado de Derecho al Estado de facto", en *El falseamiento del Estado de Derecho*, Academia de Ciencias Políticas y Sociales, *World Jurist Association*, Editorial Jurídica Venezolana, Caracas 2021.

BADELL MADRID, Rafael, "Consideraciones sobre la sentencia de la Sala Constitucional del Tribunal Supremo de Justicia que suspendió la aplicación de las leyes estadales y municipales sobre impuestos", en *Boletín* No. 161 julio-diciembre 2020, Academia de Ciencias Políticas y Sociales, Caracas

BADELL MADRID; Rafael, "Desconstitucionalización, desdemocratización y deslegalización en Venezuela desde la Sala Constitucional del Tribunal Supremo de Justicia", en *El falseamiento del Estado de Derecho*, Academia de Ciencias Políticas y Sociales, *World Jurist Association*, Editorial Jurídica Venezolana, Caracas 2021

BARA, Ricardo, "Los principios económicos de la tributación", en *Tratado de tributación*, Tomo II, Política y Economía, Astrea Buenos Aires

BASTIAT, Frédéric, *The Law*, The Foundation for Economic Education, New York

BERNAL PULIDO, Carlos, *El principio de proporcionalidad y los derechos fundamentales*, 3ra Edición, Centro de Estudios Políticos y Constitucionales, Madrid 2007

BREWER-CARÍAS, Allan R., "El Derecho Administrativo y la Ley Orgánica de Procedimientos Administrativos", en *Colección Estudios Jurídicos* Nº 16, Editorial Jurídica Venezolana, Caracas 2010.

BREWER CARÍAS, Allan, "El falseamiento del Estado de Derecho (el caso de Venezuela)", en *El falseamiento del Estado de Derecho*, Academia de Ciencias Políticas y Sociales, *World Jurist Association*, Editorial Jurídica Venezolana, Caracas 2021.

______________, "El secreto y la mentira como política de estado y el fin de la obligación de transparencia <<De cómo el Tribunal Supremo de Justicia liberó inconstitucionalmente al Banco Central de Venezuela de cumplir su obligación legal de informar al país sobre los indicadores económicos, arrebatándole a los ciudadanos sus derechos a la trasparencia gubernamental, de acceso a la justicia y de acceso a la información administrativa>>", en *Revista de Derecho Público*, No. 145-146, Enero-Junio de 2016, Caracas.

CARMONA BORJAS, Juan Cristóbal, *Mundo jurídico de las criptomonedas*, Academia de Ciencias Políticas y Sociales, Caracas 2019

______________, "El Petro como sucedáneo monetario", *Boletín* No. 160 de la Academia de Ciencias Políticas y Sociales, Caracas 2020

______________, ¿Cuánto vale el Petro?, en https://derysoc.com/cuanto-vale-el-petro/. ¿Cuánto vale un Petro? Lo que diga Maduro. https://hispano-post.com/cuanto-vale-un-petro-lo-que-diga-maduro/

CASAL H., Jesús M., *Asamblea nacional conquista democrática vs. Demolición autoritaria. <elementos de la argumentación y practica judicial autoritaria de la Sala Constitucional del Tribunal Supremo de Justicia>*, Colección Visión Venezuela, Universidad Católica Andrés Bello, Caracas 2017

______________, "La Sala Constitucional y el desmantelamiento de la democracia en Venezuela", en *El falseamiento del Estado de Derecho,* Academia de Ciencias Políticas y Sociales, *World Jurist Association*, Editorial Jurídica Venezolana, Caracas 2021

______________, *La Asamblea nacional conquista democrática vs. Demolición autoritaria. <elementos de la argumentación y practica judicial autoritaria de la Sala Constitucional del Tribunal Supremo de Justicia>*, Colección Visión Venezuela, Universidad Católica Andrés Bello, Caracas 2017

CHIASSONI, Pierluigi. *Técnicas de Interpretación Jurídica. Breviario para Juristas*, Marcial Pons, Madrid, 2011

CONTRERAS, José, SANTELIZ, Andrés, ALVAREZ, Mariángel, "Recaudación fiscal. Estructura productiva, configuración fiscal, equidad y volatilidad", en *Revista Banco Central de Venezuela,* Vol. XXX / N° 2, Biblioteca del pensamiento Económico, ISSN: 0005-4720, Caracas 2015

DELGADO, Francisco J, *Chavismo y derecho*, Editorial Galipán, Caracas, 2017

DIEZ RIPOLLES, José Luis, *La racionalidad de las leyes penales*, Editorial Trotta, Madrid 2003

DUPOUY MENDOZA, Elvira, "Consideraciones sobre la constitucionalidad e ilegalidad de actualización de las multas establecidas en el Código Orgánico Tributario y la Ley Orgánica de Aduanas", en *Libro homenaje a Luis Cova Arria*, Tomo III, Academia de Ciencias Políticas y Sociales, Caracas 2020

ENGLISCH, Joachim, "The impact of human rights on domestic substantive taxation-the German experience", en *Human Rights and Taxation in Europe and the World*, International Bureau of Fiscal Documentation (IBFD), Amsterdam 2011

FERNANDEZ, Luis Omar, "El impuesto a la renta", en *Tratado de tributación*, Tomo II, Política y Economía, Astrea Buenos Aires

FARRAJOLI, Luiggi, *Derecho y razón<teoría del garantismo penal>*, Sexta Edición, Editorial Trotta, Madrid 2004

FRAGA LO CURTO, "4 décadas de políticas inflacionarias", Presentación del libro <Control e inflación. La inviabilidad del sistema venezolano de planificación centralizada de precios>, Universidad Metropolitana, Caracas 2015

FRAGA PITTALUGA, Luis Jesús, "Algunos comentarios sobre la reforma del Código Orgánico Tributario de 2020", en https://fragapittaluga.com.ve/fraga/index.php/e-learning/item/9-algunos-comentarios-sobre-la-reforma-del-codigo-organico-tributario-de-2020

FRIEDMAN, Milton, *La Economía Monetarista*, Editorial Gedisa, Barcelona 1992.

GALLO, Franco, *Las razones del fisco<ética y justicia en los tributos>*, Marcial Pons, Madrid 2011

GARCÍA DORADO, Francisco, *Prohibición constitucional de confiscatoriedad y deber de tributación,* Dykinson, Madrid 2002.

GARCÍA LARRALDE, Humberto, "Algunas implicaciones de la dolarización transaccional en Venezuela", en http://cronicadesdewashington.blogspot.com/2021/01/humberto-garcia-larralde-algunas.html

____________, "La catástrofe que al fin reconoce el BCV", en https://www.descifrado.com/2019/07/28/humberto-garcia-larralde-la-catastrofe-que-al-fin-reconoce-el-bcv/

____________, "Los estragos del populismo en el bienestar de los venezolanos", Ponencia presentada en el Primer Encuentro Iberoamericano de Academias de Ciencias Morales y Políticas y de Ciencias Económicas, Madrid, 16-18 de octubre, 2017, (22) (PDF) Estragos del populismo.pdf | Humberto García Larralde - Academia.edu

GONZALEZ BEILFUSS, Markus, *El principio de proporcionalidad en la jurisprudencia del Tribunal Constitucional*, Thomson Reuters Aranzadi, Pamplona 2015,

GUEVARA CÁRDENAS, Eduardo, "Timbre fiscal, impuesto sobre transmisiones y actos documentados y la actualización monetaria", en *Revista de Derecho Tributario* No. 77, Octubre-Diciembre de 1997, Asociación Venezolana de Derecho Tributario, Caracas.

HABERLE, Peter, "La dignidad como fundamento de la comunidad estatal", en *Dignidad de la persona, derechos fundamentales, justicia constitucional*, (Francisco Fernández Segado-Coordinador), Dykinson Constitucional, Madrid 2008

HERNÁNDEZ GONZÁLEZ, José Ignacio, "Estado fallido y recaudación tributaria en Venezuela", en *Derecho Tributario contemporáneo (libro homenaje a los 50 años de la Asociación Venezolana de Derecho Tributario)*, Asociación Venezolana de Derecho Tributario, Editorial Jurídica Venezolana, Caracas 2001 2019

_____________, "Comentarios a la reforma de 2015 de la Ley del Banco Central de Venezuela y su defensa por la Sala Constitucional", en *Revista de Derecho Público*, No. 145-146, Enero-Junio de 2016, Caracas.

HERRERA MOLINA, Pedro, *Capacidad económica y sistema fiscal <análisis del ordenamiento español a la luz del Derecho alemán>*, Marcial Pons, Madrid 1998.

_____________, *La exención tributaria*, Editorial Colex, Madrid 1990

HERRERA ORELLANA, Luis, "El fenómeno de la *neolengua* como instrumento de quiebre de la democracia y del estado de derecho <propuestas para el rescate de la lengua y la libertad>", en *La neolengua del poder en Venezuela<dominación política y destrucción de la democracia>*, Editorial Galipán, Caracas 2014

HUERGO LARA, Alejandro, *Las sanciones administrativas*, Iustel, Madrid 2007

HORWITIZ, Steven, "The cost of inflation revisited", en *Review of Austrian Economics*, No. 16, Kluwer Academic Publishers, Netherlands 2003

ITURBE ALARCÓN, Manuel, "Algunos aspectos relevantes sobre la actualización de las multas conforme al Código Orgánico Tributario", en *XVIII Jornadas de Derecho Tributario*, Asociación Venezolana de Derecho Tributario, Caracas 2019

KOFLER, George and PISTONE, Pascuale, "General report", en *Human Rights and Taxation in Europe and the World,* International Bureau of Fiscal Documentation (IBFD), Amsterdam 2011

LOPERA MESA, Gloria Patricia, *Principio de proporcionalidad y ley penal, <bases para un modelo de control de constitucionalidad de las leyes penales>*, Centro de Estudios Políticos y Constitucionales Madrid 2006

LÓPEZ SANTISO, Horacio y García, Fernando D., *Ajuste impositivo por inflación*, Ediciones Macchi, Buenos Aires 1988.

MATA SIERRA, María Teresa, *La responsabilidad patrimonial de la Administración Pública*, Editorial Lex Nova, Valladolid 1997.

MEIER ECHEVERRÍA, Henrique, *Teoría de las Nulidades en el Derecho Administrativo*, Editorial Jurídica ALVA, 2da. Edición, Caracas, 2001.

MEIER GARCÍA, Eduardo, "El concepto de tributo y sus categorías constitucionalizadas frente a la descodificación, la deslegalización y el auge de la parafiscalidad", en *VIII Jornadas Venezolana de Derecho Tributario, Tributación municipal y exacciones parafiscales*, Caracas 2006,

MEJÍA BETANCOURT, José Amando, "El sistema tributario venezolano ante un estado fallido", en *Derecho Tributario contemporáneo (libro homenaje a los 50 años del Asociación Venezolana de Derecho Tributario)*, Asociación Venezolana de Derecho Tributario, Editorial Jurídica venezolana, Caracas 2019

Misión internacional independiente de determinación de los hechos sobre la República Bolivariana de Venezuela, en *Consejo de Derechos Humanos, Cuadragésimo quinto período de sesiones*, 14 de septiembre a 2 de octubre de 2020, Tema 4 de la agenda, Las situaciones de derechos humanos que requieren la atención del Consejo, de fecha 15 de septiembre de 2020, A/HRC/45/CRP.11, p. 35, en https://www.ohchr.org/SP/HRBodies/HRC/FFMV/Pages/Index.aspx

MORENO FERNÁNDEZ, Juan Ignacio, *La discrecionalidad en el Derecho Tributario*, Editorial Lex Nova, Valladolid 1998.

MORRISON, Kevin, *Nontaxation and representation <the fiscal foundations of política stability>*, Cambridge Universtiy Press, New York 2015

MOSCHETTI, Francesco, *El principio de capacidad contributiva*, Estudios de Hacienda Pública, Instituto de Estudios Fiscales, Ministerio de Hacienda, Madrid 1980

MURPHY, Liam y NAGEL, Thomas, *The myth of ownership <taxes and justice>*, Oxford University Press, New York 2002.

NEUMARK, Fritz, *Principios de la imposición*, Instituto de Estudios Fiscales, Madrid 1974

NAVA TOVAR, Alejandro, *La institucionalización de la razón<filosofía del derecho de Robert Alexy*, Anthropos, Universidad Autónoma Metropolitana, Grupo Editorial Siglo XXI, México DF, 2015.

OCTAVIO PÉREZ, José Andrés, *Comentarios analíticos al Código Orgánico Tributario*, Colección Textos legislativos No.17, Editorial Jurídica Venezolana, Caracas 1998.

OCTAVIO LEAL, José Andrés, "El ajuste por inflación de las sanciones pecuniarias en el Código Orgánico Tributario de 2001", en *Revista de Derecho Tributario* No. 115, Julio-Septiembre de 2007, Asociación Venezolana de Derecho Tributario, Caracas.

PECES-BARBA MARTÍNEZ, G., *La dignidad de la persona desde la Filosofía del Derecho*, Cuadernos "Bartolomé de las Casas", Dykinson, Madrid, 2003

PÉREZ LUÑO, Antonio Enrique, *Derechos humanos, estado de derecho y constitución*, Séptima Edición, Tecnos, Madrid 2001

PÉREZ LUÑO, Antonio Enrique, *Los derechos fundamentales*, Séptima Edición, Tecnos, Madrid 1998, p. 66.

PETREI, Amalio Humberto, "Inflation Adjustment schemes under personal income tax", en *Staff Papers* Volumen XXII No 2, Julio 1975, International Monetary Fund, Washington.

PICATOSTE BOBILLO, Julio, *Kafka y el Derecho*, Thomson Reuters-Aranzandi, Pamplona 2021

PRICE, WATERHOUSE COOPERS, "Cryptographic assets and related transactions: accounting considerations under IFRS", No 2019-05 *In depth: a look at current financial reporting issues*, December 2019. Consultado en https://www.google.co.ve/url?sa=t&rct=j&q=&esrc=s&source=web&cd=1&ved=2ahUKEwjHvtzGzPzmAhWRjFkKHVjJAAAQFjAAegQIARAC&url=https%3A%2F%2Fwww.pwc.com%2Fgx%2Fen%2Faudit-services%2Fifrs%2Fpublications%2Fifrs-16%2Fcryptographic-assets-related-transactions-accounting-considerations-ifrs-pwc-in-depth.pdf&usg=AOvVaw0WanW8JzR1yMVbpzaGNXbt. El día 11 de enero de 2020

QUIÑONEZ CRUZ, Natalia, "*Minimun vitalis* and the fundamental right to property as a limit to taxation in Colombia", en *Human Rights and Taxation in Europe and the World*, International Bureau of Fiscal Documentation (IBFD), Amsterdam 2011

Rivas Nieto, Estela, "Las implicaciones tributarias de la tokenización de bienes", en *La tokenización de bienes en blockchain (cuestiones civiles y tributarios)*, Aranzadi-Thomson Reuters, Pamplona 2020.

ROMERO-MUCI, Humberto, *La Racionalidad del Sistema de Corrección Monetaria Fiscal*, Editorial Jurídica Venezolana, Caracas 2005

______________, "Desinstitucionalización del concepto deducción en el impuesto sobre la renta<un caso de manipulación semántica en el lenguaje jurídico>", en "*Libro homenaje a la Academia de Ciencias Políticas y Sociales en el Centenario de su fundación <1915-2015>*, Tomo III, Academia de Ciencias Políticas y Sociales, Caracas 2016

______________, *Uso, abuso y perversión de la unidad tributaria <una reflexión sobre tributación indigna>*, Serie Estudios No. 111, Academia de Ciencias Políticas y Sociales, Editorial Jurídica Venezolana, Asociación Venezolana de Derecho Tributario, Caracas 2016

______________, “La mentira contable: Crónica de incomunicación y engaño1<Aspectos jurídicos de la liberación del tipo de cambio según el CC2 No. 1 y de la publicación extemporánea de los INPC por el BCV para los años 2016, 2017, 2018 hasta septiembre 2019>”, en *Revista Venezolana de Legislación y Jurisprudencia*, No. 13 (en homenaje al académico profesor James-Otis Rodner), Caracas 2019

______________, “El <*Impuesto a la Inflación*> sobre el Patrimonio Bancario: Inconstitucionalidad de la eliminación del ajuste integral por inflación fiscal a las entidades financieras y de seguros”, en el libro de Alfredo Morles Hernández, *La Banca <en el Marco de la Transición de Sistemas Económicos en Venezuela>*, Segunda Edición, Universidad Católica Andrés Bello, Caracas, 2016.

______________, “Aspectos *protervos* en la eliminación del ajuste integral por inflación fiscal a las entidades financieras y de seguros”, en *XIV Jornadas Venezolanas de Derecho Tributario*, Asociación Venezolana de Derecho Tributario, Caracas 2015,

______________, y LEVY CARCIENTE, Sary, “El Petro: ¿Un engaño? Análisis de sus motivaciones, objetivos y consecuencias”, en https://cedice.org.ve/observatoriogp/portfolio-items/el-petro-un-engano-analisis-de-sus-motivaciones-objetivos-y-consecuencias/.

______________, “(In)moralidad tributaria en Venezuela. Entre la distopía y la anomia social”, en *Derecho Tributario contemporáneo (libro homenaje a los 50 años del Asociación Venezolana de Derecho Tributario)*, Asociación Venezolana de Derecho Tributario, Editorial Jurídica venezolana, Caracas 2019

ROXIN, Claus, *Teoría del tipo penal <tipos abiertos y elementos del deber jurídico>*, Editorial D de F, Buenos Aires 2014.

______________, *Derecho Penal <Parte general>,* Tomo I, Fundamentos. La Estructura de la Teoría del Delito, Civitas, Madrid 1997

ROZAS V., José A., nota preliminar en GALLO, Franco, *Las razones del fisco<ética y justicia en los tributos>*, Marcial Pons, Madrid 2011

SAGÜÉS, Néstor Pedro, “El concepto de <<desconstitucionalización>>” en *El falseamiento del Estado de Derecho*, Academia de Ciencias Políticas y Sociales, World Jurist Association, Editorial Jurídica Venezolana, Caracas 2021

TANZI, Vito, *Inflación e impuesto sobre la renta<una perspectiva internacional>*, Instituto de Estudios Fiscales, Madrid 1982.

TIPKE, Klaus, *Moral tributaria del Estado y de los contribuyentes*, Marcial Pons, Madrid 2002

VERA AZAF, Leonardo, ¿Hacia dónde avanza el desorden monetario venezolano?, en Revista de Cultura y Ciencias Sociales No 94, Abaco, Gijón 2017 https://ancevenezuela.org.ve/hacia-donde-avanza-el-desorden-monetario-venezolano/

_____________, ¿Cómo explicar la catástrofe económica venezolana?, en *Nueva Sociedad* No 274, marzo-abril de 2018, ISSN: 0251-3552, <www.nuso.org>.

WEFFE E., Carlos H., "Breves Anotaciones sobre la Parte General del Derecho Penal Tributario en el Código Orgánico Tributario de 2001", en *Revista de Derecho Tributario* No. 95, Asociación Venezolana de Derecho Tributario, Caracas 2002.

_____________,"Inflación y derecho penal tributario <las sanciones tributarias como obligaciones de valor>, en *Revista de Derecho Tributario*, No. 150, Abril-Junio 2016, Asociación Venezolana de Derecho Tributario, Caracas

_____________, "Inflación, Derecho Tributario y control parlamentario. El ajuste de la Unidad Tributaria como acto administrativo complejo", en *Derecho y Sociedad*, Revista de la Facultad de Ciencias Jurídicas y Políticas de la Universidad Monteávila, No. 16-2020, Caracas

ZAFFARONI, Eugenio, ALAGIA, Alejandro, y SLOKAR, Alejandro, *Derecho Penal* (parte general), Ediar, Buenos Aires, 2000.

ZORNOZA PÉREZ, Juan, *El sistema de infracciones y sanciones tributarias <Los principios constitucionales del derecho sancionador>*, Estudios de derecho financiero y tributario, Civitas, Madrid 1992.

LEGISLACIÓN

Venezuela. Constitución de la República Bolivariana de Venezuela, publicada en Gaceta Oficial No. 5.908 Extraordinario, de fecha 19 de febrero de 2009.

Venezuela. Código Orgánico Tributario, Decreto-ley No.189, publicado en Gaceta Oficial No. 4.727, de fecha 27 de mayo de 1994.

Venezuela. Ley Orgánica de Estados de Excepción, publicada en Gaceta Oficial No. 37.261, de fecha 15 de agosto de 2001.

Venezuela. Código Orgánico Procesal Penal, publicado en Gaceta Oficial No. 5.558 Extraordinario de fecha 14 de noviembre de 2001.

Venezuela. Código Orgánico Tributario, publicado en Gaceta Oficial No. 37.305, de fecha 17 de octubre de 2001.

Venezuela. Sentencia No. 0102 de la Sala Político-Administrativa del Tribunal Supremo de Justicia, caso Aserca Airlines vs. República de Venezuela (Ministerio de Transporte y Comunicaciones), de fecha 3 de octubre de 2002, disponible en web: [http://historico.tsj.gob.ve/decisiones/spa/octubre/01202031002092 8.HTML].

Venezuela. Sentencia No. 02179 de Sala Político-Administrativa del Tribunal Supremo de Justicia, caso Mantenimiento Quijada, C.A vs. República de Venezuela, de fecha 17 de noviembre de 2004, disponible en web: [http://historico.tsj.gob.ve/decisiones/spa/noviembre/02179-171104-1999-16174.HTM].

Venezuela. Sentencia No. 01426 de la Sala Político-Administrativa del Tribunal Supremo de Justicia, caso The Walt Disney Company Venezuela, S.A. vs. República de Venezuela (Fisco Nacional), de fecha 12 de noviembre de 2008, disponible en web: [http://historico.tsj.gob.ve/decisiones/spa/noviembre/01426-121108-2008-2006-1847.HTML].

Venezuela. Reforma Parcial de la Ley del Banco Central de Venezuela, publicada en Gaceta Oficial No. 39.300, de fecha 15 de noviembre de 2009.

Venezuela. Ley Orgánica del Tribunal Supremo de Justicia, publicada en Gaceta Oficial No. 39.483, de fecha 9 de agosto de 2010.

Venezuela. Ley Orgánica del poder público municipal, publicada en Gaceta Oficial No. 6015 extraordinaria de fecha 28 de diciembre de 2010.

Venezuela. Ley Habilitante, publicada en Gaceta Oficial No. 6.112 Extraordinario, de fecha 19 de noviembre de 2013.

Venezuela. Sentencia No. 00815 de la Sala Político-Administrativa del Tribunal Supremo de Justicia, caso Tamayo & CIA., S.A. vs. República de Venezuela (Fisco Nacional), publicada en Gaceta Oficial No. 40.468 de fecha 5 de agosto de 2014, de fecha 4 de junio de 2014, disponible en web: [http://historico.tsj.gob.ve/decisiones/spa/junio/165176-00815-4614-2014-2012-1813.HTML].

Venezuela. Sentencia No. 01485 de la Sala Político-Administrativa del Tribunal Supremo de Justicia, caso Knoll Gomas Industriales C.A. vs. República de Venezuela (Fisco Nacional), de fecha 29 de octubre de 2014, disponible en web [http://historico.tsj.gob.ve/decisiones/spa/octubre/170804-01485-291014-2014-2014-0711.HTML]

Venezuela. Código Orgánico Tributario, Decreto-ley No.189, publicado en Gaceta Oficial No. 6.152 Extraordinario, de fecha 18 de noviembre de 2014.

Venezuela. Ley de Impuesto Sobre la Renta, publicada en Gaceta Oficial No. 6.152, de fecha 18 de noviembre de 2014.

Venezuela., Ley de Impuesto Sobre la Renta, publicada en Gaceta Oficial No. 6.210, de fecha 30 de diciembre de 2015.

Venezuela. Sentencia No. 935 de la Sala Político-Administrativa del Tribunal Supremo de Justicia, caso: Asociación Civil Transparencia Venezuela contra el Presidente del Banco Central de Venezuela, de fecha 4 de agosto de 2015, disponible en web [http://historico.tsj.gob.ve/decisiones/spa/agosto/180378-00935-5815-2015-2015-0732.HTML]

Venezuela. Decreto No. 2.266 de Exoneración del Impuesto sobre la renta sobre los enriquecimientos obtenidos por Personas Naturales menor a 3.000 Unidades Tributarias, publicado en Gaceta Oficial No. 40.864, de fecha 8 de marzo de 2016.

Venezuela. Sentencia No. 155 de la Sala de Constitucional del Tribunal Supremo de Justicia, de fecha 28 de marzo de 2017, disponible en web: [https://pandectasdigital.blogspot.com/2017/03/sentencia-n-155-de-fecha-28-de-marzo-de.html]

Venezuela. Sentencia No. 156 de la Sala de Constitucional del Tribunal Supremo de Justicia, caso: Interpretación del artículo 33 de la Ley Orgánica de Hidrocarburos, de fecha 29 de marzo de 2017, disponible en web: [https://pandectasdigital.blogspot.com/2017/03/sentencia-n-156-de-fecha-29-de-marzo-de.html#:~:text=Digital%2018.4.17-,Sentencia%20N%C2%B0%20156%20de%20fecha%2029%20de%20marzo%20de,Hidrocarburos%2C%20a%20cuyo%20efecto%20el]

Venezuela. Decreto No. 3.185 de Exoneración del Impuesto sobre la renta para las personas naturales con ingreso anual inferior a 32.000 Unidades Tributarias (bs. 9.600.000,00) en el ejercicio 2017, publicado en Gaceta Oficial No. 41.293, de fecha 5 de diciembre de 2017.

Venezuela. Ley Constitucional sobre la creación de la Unidad Tributaria Sancionatoria, publicada en Gaceta Oficial No. 41.305, de fecha 21 de diciembre de 2017.

Venezuela. Decreto Presidencial No. 3.239 que declaró el Estado de Excepción y de Emergencia Económica en todo el territorio Nacional, publicada en Gaceta Oficial No. 6.356, de fecha 9 de enero de 2018.

Venezuela. Ordenanza de creación de las unidades de valor fiscal en Municipio Chacao del Estado Bolivariano de Miranda, publicado en Gaceta Municipal del Municipio Chacao No. 8796 Extraordinaria, de fecha 5 de febrero de 2018, disponible en web: [https://atencionalciudadanochacao.blogspot.com/2019/02/gaceta-municipal-nro-extraordinario_5.html]

Venezuela. Decreto Presidencial No. 3.308 que prorroga la extensión del decreto [X], publicado en Gaceta Oficial No. 41.357, de fecha 9 de marzo de 2018.

Venezuela. Decreto constituyente sobre criptoactivos y la criptomoneda soberana petro, publicado en Gaceta Oficial No. 6.370 Extraordinario, de fecha 9 de abril de 2018.

Venezuela. Decreto Presidencial No. 3.393 que faculta a la Administración Tributaria para reajustar la unidad tributaria, publicado en Gaceta Oficial No. 41.387, de fecha 30 de abril de 2018.

Venezuela. Ordenanza de creación y aplicación de la Unidad de Cálculo Aritmético Municipal (UCAM) del Municipio Caruribana, publicado en Gaceta Municipal No. 343-208 Extraordinaria, de fecha 31 de mayo de 2018, disponible en web: [http://www.alcaldiadecarirubana.com.ve/documentos/ORDENANZA%20DE%20CREACION%20Y%20APLICACION%20DE%20LA%20UNIDAD%20DE%20CALCULO%20ARITMETICO%20MUNICIPAL.pdf]

Venezuela. Providencia Administrativa SNAT/2017/28 emitida por el SENIAT, publicada en Gaceta Oficial No. 6.356, de fecha 3 de septiembre de 2018.

Venezuela. Decreto de estado de excepción y emergencia económica en todo el territorio nacional No. 3610, publicado en Gaceta Oficial No. 41.478, de fecha 10 de septiembre de 2018.

Venezuela. Decreto de estado de excepción y emergencia económica en todo el territorio nacional No. 3655, que prorroga el Decreto No. 3610, publicado en Gaceta Oficial No. 41.521, de fecha 9 de noviembre de 2018.

Venezuela. Convenio Cambiario No. 1, publicado en Gaceta Oficial No. 6.405 Extraordinario, de fecha 7 de septiembre de 2018, disponible en web: [http://www.bcv.org.ve/marco/convenio-cambiario-ndeg1-nuevo-marco-cambiario]

Venezuela. Decreto Presidencial No. 3.719, mediante el cual los sujetos pasivos que realicen operaciones en el territorio nacional en moneda extranjera o criptodivisas, autorizadas por la Ley, deben determinar y pagar las obligaciones en moneda extranjera o criptodivisas, publicado en Gaceta Oficial No. 6420 de fecha 28 de diciembre de 2018.

Venezuela. Sentencia No. 18-033 de la Sala Constitucional del Tribunal Supremo de Justicia, de fecha 17 de enero de 2019, disponible en web: [X]

Venezuela. Sentencia No. 0250 de la Sala Constitucional del Tribunal Supremo de Justicia, de fecha 08 de agosto de 2019, disponible en web [X].

Venezuela. Ordenanza sobre la Unidad Tributaria Municipal del Municipio Carrizal del Estado Miranda, publicado en Gaceta Municipal No. 098/2019 Extraordinario, de fecha 30 de agosto de 2019, disponible en web: [https://www.concejodelmunicipiocarrizal.gob.ve/wp-content/uploads/2020/07/GACETA-EXTRAORDINARIA-N%C2%BA-099-ORDENANZA-UNIDAD-TRIBUTARIA-MUNICIPAL.pdf].

Venezuela. Decreto No. 4.025 que regula el Registro Contable en Criptoactivos, publicado en Gaceta Oficial No. 41.763 de fecha 19 de noviembre de 2019.

Venezuela. Providencia No. 098-2019, emanada de la Superintendencia Nacional de Criptoactivos (SUNACRIP) sobre "el registro contable de operaciones y hechos económicos expresados con criptoactivos", publicada en Gaceta Oficial No. 41.788 de fecha 26 de diciembre de 2019, modifica la Providencia 097-2019 de fecha 23 de diciembre de 2019, Gaceta Oficial No. 41.787.

Venezuela. Decreto No. 4.096 mediante el cual se procede a la liquidación, venta y pago de servicios en Criptoactivos Soberanos Petro (PTR) que en él se especifican, publicado en Gaceta Oficial No. 6.504 Extraordinario, reimpreso en la Gaceta Oficial No. 41.800, de fecha 15 de enero de 2020.

Venezuela. Código Orgánico Tributario, publicado en Gaceta Oficial No. 6.507 Extraordinario, de fecha 29 de enero de 2020.

Venezuela. Ley Orgánica de Aduanas, publicada en Gaceta Oficial No. 6.507 Extraordinario, de fecha 29 de enero de 2020.

Venezuela. Ordenanza mediante la cual se establece la Unidad Tributaria Municipal en jurisdicción del Municipio Bolivariano Libertador del Distrito Capital, publicada en Gaceta Municipal No. 4.535 de fecha 27 de febrero de 2020), disponible en web: [https://sumat.gob.ve/wp-content/uploads/2020/03/Ordenanza-N%C2%B0-4535-Unidad-Tributaria-Municipal-en Jurisdiccio%CC% 81n-1.pdf]

Venezuela. Decreto No. 4.171 de Exoneración del Impuesto sobre la renta sobre el enriquecimiento neto anual de fuente territorial obtenido por personas naturales residentes en el país, cuyo salario normal o ingreso proveniente del ejercicio de su actividad, al cierre de dicho período no supere el monto equivalente a tres (3) salarios mínimos, publicado en Gaceta Oficial No. 6.523 Extraordinaria, de fecha 2 de abril de 2020.

Venezuela. Sentencia No. 078 de la Sala Constitucional del Tribunal Supremo de Justicia, de fecha 07 de julio de 2020, disponible en web: [X]

Venezuela. Sentencia No. 118 de la Sala Constitucional del Tribunal Supremo de Justicia, de fecha 18 de agosto de 2020, disponible en web: [X]

Venezuela. Sentencia No. 0161 de la Sala Constitucional del Tribunal Supremo de Justicia, de fecha 20 de noviembre de 2020, disponible en web: [X]

Venezuela. Sentencia No. 0273 de la Sala Constitucional del Tribunal Supremo de Justicia, de fecha 20 de noviembre de 2020, disponible en web: [X]

Venezuela. Decreto 4.420 mediante el cual se exonera del pago Impuesto sobre la renta a las personas naturales cuyos ingresos no superen el monto equivalente a 5 salarios mínimos durante el ejercicio fiscal del año 2020, publicado en Gaceta Oficial No. 42.049, de fecha 18 de enero de 2021.

Venezuela. Sentencia No. 81 de la Sala de Casación Civil del Tribunal Supremo de Justicia, de fecha 16 de abril de 2021, disponible en web [http://historico.tsj.gob.ve/cuentas/generadas/scc2/2019/cuentascc2-81-10062019.html]

www.ingramcontent.com/pod-product-compliance
Lightning Source LLC
LaVergne TN
LVHW090210051026
849517LV00001B/32
* 9 7 8 9 8 0 4 1 6 0 4 4 8 *